朝鮮分断の起源

独立と統一の相克

小此木政夫

THE ORIGINS OF THE KOREAN DIVISION

THE STRUGGLE BETWEEN INDEPENDENCE AND UNIFICATION

慶應義塾大学法学研究会叢書［89］

慶應義塾大学法学研究会

目次

朝鮮分断の起源——独立と統一の相克

プロローグ——朝鮮分断とは何か

広島と長崎への原子爆弾の投下は、日本現代史だけでなく世界史に特筆される出来事である。二〇一六年五月に広島を訪れたバラク・オバマ（Obama, Barack）米大統領は、それを「七一年前の明るく晴れ渡った朝、死が空から舞い降り、世界は一変した」と形容し、核兵器を「人類が自らを破滅に導く手段」と表現した。それに続いて、オバマは一〇万人を超える日本人、何千人もの朝鮮人（thousands of Koreans）、そして十数人の米国人捕虜（a dozen Americans held prisoner）の犠牲に言及し、それらのすべての人々のために祈ったのである。しかし、そのことから飛躍して、原爆投下が大日本帝国の滅亡、さらにその一部であった朝鮮半島に及ぼした影響について想像する者はほとんどいなかっただろう。

原子爆弾の開発という軍事技術革命が日米戦争の終結に大きな役割を演じたとすれば、広島や長崎の住民にもたらされた深刻な被害とはまったく別の形で、それは朝鮮現代史、とりわけその地域の解放と分断に大きな影響を及ぼしたはずである。事実、もし米国が数ヵ月早く原子爆弾を完成し、それを連続的に投下していれば、ソ連軍が対日参戦の準備を整える前に日米戦争は終結して、朝鮮半島全体が米軍によって占領されたことだろう。また、もしその完成が数ヵ月遅れていれば、朝鮮半島は参戦したソ連軍の占領下に入ったことだろう。あのタイミングで原子爆弾が完成し、投下されたことが、朝鮮分断の大きな契機になり、五年後に米中両国を巻き込む大戦争を発生させる原因の一つになったのである。その戦争の犠牲者は数百万人に達し、全世界的な広がりをもった。さらに、朝鮮分断はその後も解消されず、今日も国際的な地域紛争の源泉であり続けている。本書は、そのような壮大な歴史ドラマの「始まり」に関する記述である。

朝鮮分断は第二次世界大戦の終結や米ソ冷戦の開始と密接に関係していた。言い換えれば、それは二つの大戦の狭間で進行した一つのプロセスだったのである。しかし、本書第一章の記述は、日本海軍の艦載機がハワイ・オアフ島の米海軍基地を攻撃したことから始まっている。なぜならば、それを契機にして、ローズヴェルト（Roosevelt,

Franklin D.）大統領は一九四二年一月一日に「連合国宣言」に署名し、ウィルソン（Wilson, Woodrow）的な民族自決の原則を日本の植民地や支配地域に及ぼしたからである。さらに、一九四三年一二月一日のカイロ宣言によって、朝鮮の「自由・独立」が戦後に実現されるべき連合国の目標として確認された。しかし、周知のように、スターリン（Stalin, Joseph）首相は戦後世界に民族自決や領土不拡大の原則を適用するよりも、自らの地政学的な不安感を解消するために、自国の周辺に防御的空間を確保しようとした。ヨーロッパの大国は戦争が終わるたびに国境線を調整し、その後の平和を維持してきたし、自国に有利な国境線の確保こそ、次の大戦を遅らせ、ソ連の将来の安全を保障すると考えたからである。朝鮮分断の背景には、そのような米ソの安全保障観の対立が存在したのである。

日本は日米戦争の一方の当事者であっただけではない。冷戦と呼ばれる米ソ対立の舞台を東アジアに設定するうえでも、大きな役割を演じた。なぜならば、日米戦争以前の時期、さらに開戦後の約六ヵ月間に、大日本帝国の版図が日本列島から、台湾、朝鮮、満洲、中国北部、インドシナ、南西太平洋諸島にまで拡大したからである。日本の敗戦によって、そこに、冷戦の舞台となる巨大な「力の真空」が発生したのである。いうまでもなく、冷戦初期に、米ソは北東アジアで対峙した。第二章で詳細に分析するが、その接点となった朝鮮半島の北緯三八度線は、日本軍の降伏を受理するために、米ソが陸上作戦の境界線として設定したものであった。当初から政治的な意図が存在しなかったわけではないが、東西冷戦が朝鮮半島に波及することによって、それが二つの体制を隔てる「鉄のカーテン」の一部に変化したのである。他方、この地域の戦略的な地政学のために、伝統的に日本の敵とみなされてきたものが、日本に代わって米国の敵にならざるをえなかった。日本を占領した米国が、日本の安全と関連する紛争要因を引き継いだからである。

米国による南朝鮮占領は対日戦争勝利の副産物であり、それに伴う特別の方針や準備があったとは思えない。将来の「自由・独立」を約束したにもかかわらず、第二次世界大戦中、米国は一貫して朝鮮半島を「大日本帝国の不可分の領土」とみなしていたのである。マッカーサー（MacArthur, Douglas）総司令官が厚木飛行場に降り立つ二日前に、日本占領方式が直接統治から間接統治に大きく切り替えられたときにも、それが朝鮮占領に及ぼす影響について懸念する者はほとんどいなかった。八月二八日に発令された「作戦命令第四号・付属八（軍事政府）」は、北緯三八度線以南の朝鮮を日本本土と区別しないまま、そこに「天皇および大日本帝国の各種の統治手段を通じて統制権を行使する」ことを要求していたのである。そのために、南朝鮮に進駐した米第二四軍団のホッジ（Hodge, John R.）中将は、当然のように、朝鮮総督府の主要幹部を留任させ、その行政機構を統治手段として使用しようとしたのである。それが南朝鮮内で強い反発を招来したことはいうまでもない。本書第五章で詳述するように、ソ連軍による北朝鮮占領も、その東欧諸国占領に準ずるものであった。

他方、朝鮮の解放や分割占領が何を意味するのかは、朝鮮人指導者にとって、きわめて重要かつ難解であった。連合国宣言やカイロ宣言にもかかわらず、そこには「解放＝独立」の等式が存在しなかったからである。事実、第二次世界大戦中にローズヴェルト大統領や米国務省が構想し、中国、ソ連、英国から同意を得ていたのは、朝鮮の即時独立ではなく、それら四ヵ国による朝鮮の信託統治であった。しかし、米軍が進駐する前に、解放直後のソウル（京城）で表面化したのは、呂運亨を中心にする左派民族主義勢力と朝鮮共産党の連合であり、それによる「朝鮮建国準備委員会」の結成や「朝鮮人民共和国」樹立のための運動、すなわち左派勢力主導の建国運動であった。他方、右派民族主義勢力は重慶にある大韓民国臨時政府を支持し、その早期帰還に期待を寄せた。しかし、その大韓民国臨時政府は、ポーランドのロンドン亡命政府のように、国際的な承認を獲得した亡命政府ではなかった。それは、むしろド・ゴール（de Gaulle, Charles）将軍の率いる「フランス民族解放委員会」に似ていたのである。しかし、それならば、だれが朝鮮のド・ゴールなのだろうか。解放当時に臨時政府主席だった金九だろうか、それとも初代臨時大統領であった李承晩だろうか。北朝鮮では、やがて金日成が「民族の英雄」として登場した。

最後に、それらの指導者たちにとって、朝鮮分断とは何だったのだろうか。それは独立と統一の不可解な関係、すなわちその両者の「非両立性ないし相克」であったに違いない。なぜならば、解放後の朝鮮に存在し、朝鮮戦争を通じて定着したのは、「独立を達成しようとすれば統一が不可能になり、統一を実現しようとすれば戦争が不可避になるという不都合な状態」だったからである。それが朝鮮分断であり、北朝鮮では、早くも一九四六年二月に、金日成委員長を首班にして、事実上の単独政府である北朝鮮臨時人民委員会が成立した。冷戦の勃興とともに、南北協商によって分断を克服するよりも、まず可能な地域に政府を樹立するという単独政府論が優勢になり、それがやがて武力統一論に姿を変えたのである。もし米ソによる分割占領がなければ、比較的早期に、朝鮮の民族主義者と共産主義者の間で内戦が発生したことだろう。第二次世界大戦後の混乱した時期には、ナショナリズム、すなわち独立意欲が統一戦争を準備したからである。中国でも国共内戦が発生し、激化した。また、その後も米ソによる介入がなければ、その内戦は一、二年内に決着をみたことだろう。どちらが勝利しても、朝鮮の分断「状態」は解消されたのである。しかし、実際には、三年間に及ぶ激しい国際内戦を経て、朝鮮半島の南北対立は世界的な冷戦体制の重要な一部となり、それは米韓相互防衛条約やソ朝および中朝の友好協力・相互援助条約によって制度化された。それが分断「体制」の誕生であった。

第一章　朝鮮独立問題と信託統治構想

――民族自決主義の国際政治

はじめに

一九四一年一二月七日午前八時（現地時間）少し前に、日本海軍の艦載機がハワイ・オアフ島の真珠湾にある米海軍基地を攻撃した。その翌日午後には、ローズヴェルト米大統領が米連邦議会議事堂で日本の「奇襲攻撃」を非難し、上下両院は対日宣戦決議をほぼ満場一致で可決（下院で反対一票）した。ドイツとイタリアに対する宣戦は、両国による対米宣戦布告を待って、一一日にそれぞれ満場一致で採択された。こうして、米国世論の一致した支持を集めて、ローズヴェルトは第二次世界大戦に突入したのである。その結果、すでにドイツと戦争状態にあった英国とソ連、四年以上にわたって日本と戦ってきた中国、そして新たに加わった米国の間の戦時連合が形を整えた。翌年一月一日、その他の国々に先立って、これら四ヵ国代表がワシントンで「連合国宣言」に署名して、それぞれの枢軸国との戦争を最後まで遂行すること、すなわち単独不講和・不休戦を誓約したのである。それより四ヵ月余り前の八月一四日、ローズヴェルトとチャーチル（Churchill, Winston. S.）英首相はニューファウンドランドのプラセンティア湾で会談し、米英共通の戦争目的を「大西洋憲章」として表明しており、その内容の多くが「連合国宣言」に引き継がれることになった。しかも、領土不拡大、航海の自由、自由貿易など、大西洋憲章の八項目のうちの六項目は、第一次世界大戦当時、ウィルソン米大統領が連邦議会に提示した世界平和のための「一四ヵ条の原則」を復活させるものであった。とりわけその第三項目にある民族自決は、米国の建国精神を引き継ぐものとして、日米戦争の開始とともに、日本の植民地や支配地域にも適用されるべき重要な原則になったのである。(1)

しかし、それにもかかわらず、民族自決などの普遍的原則を尊重し、集団安全保障機構（国際連合）の創設を重視する米国の安全保障観は、自らの地政学的な不安を解消するために、自国の周辺に防御的空間を確保しようとするソ連の安全保障観と当初から必ずしも一致しなかった。たとえば、日米開戦後まもなく、独ソが激しく攻防するモスクワを訪問した英国のイーデン（Eden, Anthony）外相に対して、スターリンソ連首相は露骨にもバルト三国のソ連への併合、フィンランドからのペッツァモ奪取、ポーランドとの国境のソ連に有利な画定（カーゾン線をポーランドとの国境とし、ポーランドの西部国境の内側に東プロシアと回廊を含ませる）、ドイツからのライン地方（および可能ならばバイエルン地方も）の分離、オーストリアの分離独立、その他を含む英ソ秘密協定の締結を提案した。要するに、将来にわたるドイツとの敵対を覚悟したスターリンは、戦後のヨーロッパに民族自決や領土不拡大の原則を適用するよりも、一九四一年六月の独ソ戦開始以前のソ連国境を維持し、さらにドイツを分割して弱体化させ、ソ連周辺に自らの安全に寄与する体制を樹立しようとしたのである。したがって、連合国宣言への署名にもかかわらず、ソ連がやがて対日戦争に参加すれば、スターリンは同じように極東地図の塗り替え、すなわち、台湾、そして満洲の日本からの分離や日本の徹底的な弱体化だけでなく、外モンゴルの現状維持と日露戦争以前に帝政ロシアが保有した極東権益の回復を要求するかもしれなかった。しかし、それだけだろうか。スターリンの野心は千島列島や朝鮮半島の支配にまで及ばないだろうか。ヤルタ秘密協定への道程はモスクワ郊外でのソ連軍の反撃から始まったのである(2)。

イーデンの訪ソ以後、連合国首脳はカイロ、テヘラン、ヤルタそしてポツダムで会談した。とりわけカイロ会談で、ローズヴェルト、チャーチルそして蔣介石は太平洋上の一切の島嶼を日本から剝奪し、満洲、台湾および澎湖島を中国に返還することを誓約し、さらに「朝鮮人民の奴隷状態に留意して、朝鮮をやがて自由かつ独立のものとする」との決意を表明した。太平洋の戦局が連合国側に有利に変化するなかで、大西洋憲章に謳われ、連合国宣言に継承された民族自決や領土不拡大の原則を対日戦争にも適用することが対日宣言として再確認されたのである。しかし、それならば、カイロ宣言にある朝鮮の「自由・独立」と「やがて」という文言はどのように関係したのだろうか。そもそも、朝鮮半島に対する米国の無関心はどのように払拭されたのだろうか。米国の朝鮮独立運動への支持はどのような形で表明されたのだろうか。米国政府は朝鮮独立運動の特定の党派を支援したのだろうか。それとも、それを回避したのだろうか。さらに、米国の戦後世界構想とソ連の安全保障観は、朝鮮半島をめぐって対立しなかったのだろうか。ローズヴェルトが構想し、国務省が政策化を試みた朝鮮の国際的信託統治の本質は何だったのだろうか。それは大西洋憲章、カイロ宣言そしてヤルタ秘密協定とどのように関係したのだろうか。ローズヴェルトの「四人の警察官」や国際連合機構との関係はどうだったのだろうか。テヘラン会談で朝鮮の「自由・独立」に賛意を表明し、ヤルタ会談で朝鮮の信託統治に同意したとき、スターリンは何を考えていたのだろうか。ドイツ降伏後、ポーランド問題をめぐって激化した米ソ対立やポツダム会談直前の原爆実験の成功は、日本の降伏と関連する朝鮮独立問題や信託統治構想にどのような影響を及ぼしたのだろうか。

一　民族自決主義と信託統治構想

1　大西洋憲章と朝鮮独立問題

日露戦争終結後、第二次日韓協約（保護条約）の締結に伴って、一九〇五年一一月にソウルの公使館を閉鎖して公使を撤収させてから、約三六年間にわたって、米国政府は日本の朝鮮支配を承認し、朝鮮民族主義運動への支援を抑制していた。その間の不介入政策を象徴したのが、同年七月の桂太郎首相とタフト（Taft, William H.）陸軍長官との会話（いわゆる「桂・タフト覚書」）である。しかし、日本軍による真珠湾攻撃によって、そのような不介入政策は政治的、法律的に不必要になっただけでなく、道義的に不適切になった。事実、一九一九年の三・一独立運動後に上海で樹立され、日中開戦後の一九四〇年九月に重慶に移転した大韓民国臨時政府は、一九四一年八月二九日に「ローズヴェルト・チャーチル宣言」（大西洋憲章）の第三項および第八項に注目する声明を発表したし、真珠湾攻撃後の一二月一〇日に「対日宣戦声明書」を発表して、大西洋憲章の各項目を韓国独立の実現に適用するように主張したのである。また、ワシントンに在住する著名な独立運動指導者であり、臨時政府の駐米外交委員長に任ぜられていた李承晩は、一二月九日、国務省のホーンベック（Hornbeck, Stanley K.）極東部長に「不可避的な衝突がついに到来した……朝鮮人は米国の大義に奉仕するためのあらゆる機会を求めている」とする書簡を送り、それに添えて、大韓民国臨時政府の金九主席と趙素昂外務部長の名義で李承晩を駐ワシントン全権代表に選任する「信任状」を提出した(3)。

しかし、それにもかかわらず、米国政府は朝鮮独立のための具体的な政策をもっていなかった。一世代以上にわたって朝鮮への関心を欠いていたために、その内部情勢や独立運動についてきわめて限定された知識や情報しかもっていなかったのである。したがって、対日戦争開始後もしばらくの間、米国の政策は国際主義的な理念の表明というレベルに止まらざるをえなかった。たとえば一九四二年二月二三日のラジオ演説で、ローズヴェルト大統領ははじめて公式に「朝鮮と満洲の人民は日本の過酷な独裁を身をもって経験している」と指摘し、さらに「侵略者の武装解除、諸民族と国民の自決、そして四つの自由――言論の自由、宗教の自由、欠乏からの自由、恐怖からの自由――など、大西洋憲章は大西洋に接する地域に対してだけでなく、全世界に適用される」（傍点引用者）と主張したのである。また、七月二三日のラジオ演説で、ハル（Hull, Cordell）国務長官も被支配人民に対する米国の立場を「人種、皮膚の色、あるいは宗教の区別なく、自由がもたらす責任を引き受ける用意があり、かつ進んで引き受ける人々は、だれでもそれを享受する資格をもっている……自由の達成を支援するためにあらゆる影響力を行使することが、過去に我々の目的であったし、将来も我々の目的であり続けるだろう」と指摘した。米国の朝鮮政策がこれらの理念の表明から始まったことは特筆に値する(4)。

また、これらの公式的かつ普遍的な意思表明の背後にあって、米国の朝鮮政策の具体的な基礎を準備したのは、国務省極東部のラングドン（Langdon, William R.）であった。一九三三年から一九三六年に米国の在京城（ソウル）領事館に総領事として勤務した経験をもつラングドンは、ローズヴェルトのラジオ演説の三日前に「朝鮮独立問題の諸側面」と題する重要な政策文書を提出して、日本の支配下にある朝鮮の社会構造や朝鮮人の政治意識・対日感情、独立問題、独立の手順、当面の措置などについて幅広く分析し、思慮深い主張を展開していたのである。たとえば、そのなかで、ラングドンは朝鮮人の対日感情を時系列的に分析し、「自由な朝鮮を知っているのは五〇歳を超える朝鮮人だけである」と指摘し、満洲事変以後、朝鮮人が「重要な物質的な恩恵」に浴し、過去一〇年間に「外見的にも精神的にもますます日本人になっている」ことを認めた。しかし、それにもかかわらず、朝鮮人は依然として日本への同化を拒絶し続けているし、「もし再び独立することと、日本に従属し続けることのいずれかを選択することが許されれば、かれらは全員一致で独立を選ぶだろう」と結論づけた。(5)

しかし、その内容から推測できるように、ラングドンは朝鮮の即時独立を主張したわけではない。独立に伴う政治的、軍事的、そして経済的な困難を具体的に指摘したうえで、「少なくとも一世代の間、近代国家に向けて、朝鮮は諸大国によって保護され、指導され、そして援助されなければならない」と指摘したのである。ラングドンは続けて、朝鮮内に具体的な独立運動を見出せないのだから、「独立の準備は海外で組織されなければならないし、朝鮮内の朝鮮人指導者との連絡が確立されなければならない」と主張した。米国政府が「あわてて朝鮮独立を宣言したり、時期尚早に、または中国、ソ連、英国との協議なしに、あるいは少なくとも中国と英国との合意なしに、朝鮮人による何らかの影の組織を朝鮮臨時政府として承認したりする」ことに警告を発したのである。さらに、「米国が日本に対して何らかの実質的な勝利を挙げるまで」、朝鮮独立を約束するべきではないとも主張した。なぜならば、そのことが朝鮮の大義を傷つけ、日本とその同盟国に嘲笑の種を与え、米国の味方を苛立たせると考えたからである。この覚書に注目したマトレー(Matray, James Irving)は、そこに、朝鮮信託統治構想の起源を見出した。(6)

しかし、即時独立を主張しなかったからといって、ラングドンの主張は必ずしも民族自決主義や大西洋憲章に反するものではなかった。事実、民族自決主義といっても、ウィルソン大統領自身、すべての被支配民族をただちに独立させようとしたわけではない。被支配民族が自治能力をもつ文明民族であり、その独立が世界平和や米国にとって有益であると判断される場合に、その完全な独立を承認するという方式で、それを適用しようとしたのである。たとえばフィリピンに関して、ウィルソンは米国が一定の期間指導し、十分な実力を身に付けた後に自治権を付与しようとしたし、後に指摘するように、そのような主張は明らかにローズヴェルト大統領に引き継がれた。大西洋憲章やそれに続く多くの声明にもかかわらず、ローズヴェルトの反植民地主義も絶対的なものではなかったし、信託統治を含めて、かれの戦後構想として知られる多くの概念は、一九四二年から四三年にかけて、国務省内のローズヴェルト側近であったウェルズ（Welles, Summer）次官の下で検討され、準備されたのである。ラングドンの主張も、おそらくウェルズを経由して、ローズヴェルトの戦後世界構想に反映されたのだろう(7)。

他方、ラングドンの主張には、中国本土にある朝鮮独立運動団体や武装組織に対する不信感がうかがえる。事実、かれは重慶にある大韓民国臨時政府に十分な敬意を払おうとしなかったし、中国内の義勇軍を信用すべきでないと主張した。むしろ、長期にわたって単独で、あるいは中国人ゲリラと共同で満洲国軍と戦っている間島省や安東省の朝鮮人革命家、無法者、不満分子を「素晴らしい戦士」「信頼できる同盟者」として高く評価したのである。驚くべきことに、ここで特別に言及された東満洲の「不満分子」の指導者は金某（名不詳――おそらく金日成だろう）と崔賢の二人であった。また、ラングドンは大西洋憲章の第三項に「すべての者が自ら生活する政府の形態を選択する権利の尊重」および「主権と自治を強奪された者にそれが回復される希望」が掲げられていることに注意を喚起し、それらを強調することによって、情勢がより明確になるまで、朝鮮人の独立への希望を挫かないようにすべきであるとも主張した。ローズヴェルトやハルのラジオ演説の内容は、そのようなラングドンの提言とみごとに一致していたのである(8)。

2　臨時政府承認問題

李承晩や趙素昂による臨時政府承認の要請に促されて、また一九四一年一二月二二日の本国政府の指示に基づいて、在重慶米国大使館は大韓民国臨時政府の活動とそれに対する中国政府の態度についての調査に着手した。しかし、臨時政府の活動に関するガウス（Gauss, Clarence）大使の評価は決して高くなかった。中国政府の態度も「熱意に欠けている」と報告された。また、翌年二月初旬に、趙素昂が米国大使館を訪問してガウスと非公式に会談し、米国政府に臨時政府の承認と財政および軍事援助を要請した。しかし、ガウスの報告によれば、臨時政府に関する趙の説明は「きわめて曖昧かつ不満足」なものであり、「誇張」されていた。満洲の独立運動グループの活動やそれとの関係についても、趙は明確に語ろうとしなかった。事実、一九一九年の三・一独立運動後、各地の独立運動を統合して、九月に上海に樹立された大韓民国臨時政府は、当初、常設の交通局を設置して国内と国外を連結し、連通制によって内外の運動や行政を体系的に指揮、監督しようとしたが、日本の官憲によって多くの通信員が逮捕され、一九二一年後半までに、そのような活動を停止せざるをえなかった。言い換えれば、臨時政府の運動は初期段階で国内の独立運動と提携する手段を失っていたのである。他方、在ロンドン米国大使館からの報告によれば、英国外務省も米国や英国による独立承認が日本支配地域内の朝鮮人を立ち上がらせる可能性は小さいと判断していた。しかし、それでも、中国政府の関心を適切に評価して、臨時政府の承認と関連する行動については、中国政府と十分に協議する方針であることを示唆した。(9)

事実、ガウスの観察に反して、中国政府の朝鮮独立問題に対する関心は決して小さくなかった。それについての議論は政策決定の最高レベルで進展していたのである。たとえば、蒋介石総統は朝鮮の独立を支援し、そこに、最終的に「三民主義の独立国家」を樹立することを目指して、すでに日米開戦前の一九四一年一〇月初旬に、中国政府軍事委員会に対して朝鮮独立運動の統一のための指導工作の「最高原則」を作成するように指示（「陥川指示」）していた。

また、それに応えて、日米開戦直後に、軍事委員会は「対韓国在華革命力量扶助運用指導方案」と題して、中国内のすべての革命党派を受け入れて、それらを大韓民国臨時政府と金九主席の下で指導、育成すること、国際情勢に合わせて時機を逸することなく臨時政府を承認すること、独立運動の武装力をできるだけ早期に韓国光復軍に結集させ、しばらくの間、それを軍事委員会の直轄下に置くこと、中国側の資金援助の窓口を一本化することなどの方針を作成していたのである。さらに、その指導方針は翌年一〇月に中国国民党中央執行委員会秘書長・呉鉄城が作成した「扶助朝鮮復国運動指導方案（草稿）」として結実し、蔣介石委員長もそれを承認した。ただし、それらの文書に示されたように、中国政府の基本方針は臨時政府を即時承認することではなく、中国内の独立運動や武装組織を臨時政府（金九主席）の下に一本化して指導、育成し、さらに臨時政府を承認するための機会を逃さないようにすることであった。(10)

ところで、興味深いことに、蔣介石の外交戦略は単なる「抗日」ではなかった。そもそも蔣介石が革命運動に参加したのは、中国と英国やソ連との間で起きている領土問題のためであった。とくにソ連が中国の新疆とイリ地方に侵入することに対して、蔣介石は強い警戒心と不快感を抱いた。それどころか、蔣は「中国の最終的な敵はソ連である」との認識に到達していたのである。そのため、太平洋戦争の開戦直後には、連合国宣言に政治・経済条件を付記して、ソ連や英国の領土的な野心を牽制し、チベット、九龍、外モンゴル（蒙古）、新疆、東四省、旅順・大連、南満洲についての中国の領土主権を確認し、不平等条約を撤廃することを考慮したほどであった。したがって、当然のことながら、朝鮮やインドの独立運動に対しても、蔣介石はそれを反帝国主義的な観点から支持した。一九三九年八月、蔣介石は中国の対日戦争に強い関心を抱くインド国民会議派議長ネルー（Nehru, Jawaharlal）を重慶に迎え、インド独立運動への協力を約束した。また、一九四三年七月に金九主席をはじめとする臨時政府要人と会見したときにも、「中国革命の最後の目的は韓国とタイ国を援助し、完全に独立するようにすることである」と言明した。言い換えれば、蔣介石による朝鮮独立運動支援の背景には、英国とソ連の帝国主義に対する強い警戒心や民族自決主義への共感が存在したのである。[11]

事実、そのような蔣介石の態度を背景に、また前述のローズヴェルト大統領の演説が朝鮮と満洲、そして大西洋憲章の普遍的な適用について言及したことに鼓舞されて、二月二五日（一九四二年）には、蔣廷黻・行政院発言人（報道官）が「中国は韓国独立の承認を欲する」との談話を発表し、三月二二日には孫科・立法院長が東方文化協会、国際反侵略分会、国民外交協会などの主催する時局講演会の演題として朝鮮独立問題を取り上げて、独立支援と臨時政府承認を強く主張した。とりわけ孫科は朝鮮独立の熱心な唱導者であり、四月六日の国防最高委員会で大韓民国臨時政府の即時承認を提起した。三時間に及ぶ激論の末、その最終的な判断が蔣介石総統に委ねられたのである。そこでの議論は朝鮮に同情的であり、独立運動団体間の派閥的な対立の沈静化を促すものであったが、それと同時に、臨時政府承認に対するソ連の反応や植民地人民の独立に対する英国その他の反応に大きな懸念を表明するものでもあったとされる。[12]

このような状況の下で、一九四二年四月、朝鮮独立問題がはじめて連合国政府間の協議の対象にされた。太平洋戦争協議会（the Pacific War Council）の中国代表としてワシントンを訪問した宋子文外相が、それまでの中国での議論を整理する形で、四月八日、ローズヴェルト大統領に中国政府の正式の覚書を手交したのである。それによれば、朝鮮独立を支援するために、中国政府は米国に二つのことを提案した。その第一は、統一的な組織への援助を約束することによって、中国内の二つの競合する独立運動団体、すなわち臨時政府系の韓国独立党と左派の朝鮮民族革命党の間の融合を促進した後、華北のゲリラ活動地域で五万人の朝鮮人非正規軍を武装し、これを朝鮮内外における革命運動や非正規活動の中核にすることであった。第二は、太平洋戦争協議会が適当な時期に朝鮮に独立をもたらす決意を表明し、それと同時に、あるいはその後の適当な時期に大韓民国臨時政府を承認することであった。同覚書はまた、シベリアで二ないし三個の朝鮮人連隊がソ連軍に編入されていると指摘し、これに注意を喚起した(13)。

宋子文の第二の提案、すなわち適当な時期に大韓民国臨時政府を承認するとの提案は、インド独立をめぐる英印交渉の一時的な進展に鼓舞されていた。事実、蔣介石は二月にインドを訪問し、英印を仲介する外交を展開していた。ネルーやガンディー（Gandhi, Mahatma）には英国と協力して対日戦争に参加するように呼びかけたが、それと同時に直接あるいはローズヴェルトを介して英国政府にインド政策の変更を要請したのである。そのような外交的圧力に反応して、チャーチルは三月下旬にクリップス（Cripps, Stafford）使節団をインドに派遣した。言い換えれば、ローズヴェルトの民族自決の主張に同調し、さらに英印関係を調停することによって、蔣介石は植民地独立問題に対する英国の政策を牽制し、中国の政治的立場を強化しようとしたのである。しかも、インドと比べて、朝鮮半島はソ連の影響力の拡大が懸念される地域であり、日清戦争以来の歴史が示すように、それは中国本土の安全と密接に関係していた。したがって、ソ連の関心が対独戦争に集中している間に、またその対日参戦が日程に上る前に、米国政府と共同で朝鮮の将来の独立を宣言し、さらに適当な時期に臨時政府を承認することは、中国政府にとっては、戦後の対ソ関係に有利な地歩を築くための重要な措置であった。これとは逆に、宋子文が指摘したように、ソ連が独自の朝鮮人軍事組織を育成して、この地域に傀儡政府を樹立し、満洲や華北に影響力を拡大することほど、中国にとって深刻な脅威は存在しなかったのである(14)。

それでは、宋子文の提案に対するローズヴェルトの回答はどのようなものだったのだろうか。国務省極東部の検討を経て、四月一三日、ウェルズ国務次官から大統領に提出された見解は、朝鮮人非正規軍の組織と武装を支援することに全面的な賛意を表明しつつも、太平洋戦争協議会が朝鮮の将来の独立を宣言することを時期尚早としていた。ウェルズは、その理由として、戦局が日本に有利に展開している状況の下では同協議会の声明も現実味に乏しいこと、最近の英国とインド間の交渉の失敗が民族解放に関する広汎な政策の表明を妨げていることの二点を挙げた。また、独立運動団体の融合および適当な時期の臨時政府承認に関しては、重慶に存在する主要な革命組織以外にも満洲その他に朝鮮人独立運動団体が存在するが、両者の間に緊密な関係が存在しないと指摘し、臨時政府の承認を「より好ましい時期まで」延期すべきであると主張した。そのような提言に従って、四月一五日に開催された太平洋戦争協議会第三回会合で、議長役のローズヴェルトは中国外相から提出された覚書およびウェルズ次官から表明された見解の双方を読み上げたのである⒂。

しかし、太平洋の戦局や英印交渉の不調を理由とする臨時政府承認の延期は、米国が中ソの確執に無関心であったことを意味するものではない。事実、戦争開始直後から、国務省極東部は朝鮮独立に対する中国、ソ連、英国、その他関係国の態度を考慮することが望ましいし、ソ連が協議に参加できるようになる前に、臨時政府承認問題を議論することは時期尚早であると判断していた。また、四月二九日のハル国務長官の覚書は「中国政府はソ連の支援を受けた朝鮮人グループの成長を芽のうちに摘み取ることを願っているのかもしれない」と指摘し、「重慶にある大韓民国臨時政府が中国政府によって承認されれば、ソ連はソ連とイデオロギーをともにする別の朝鮮人グループを承認するだろう」と主張していた。さらにハルは、五月一日、ガウス大使に対して、「我々は、地理的および人種的要因から、当該の問題が米国にとって以上に中国にとって緊急の関心事であることを知っており……もし中国政府が大韓民国臨時政府を承認するならば、米国政府はもちろんそのような新しい事態の下で自らの立場を再検討する」と中国政府に強調するように訓令していた。それに従って、五月六日、ガウス大使は米国政府の見解を改めて口頭で中国側に伝えた。しかし、そのときまでに、中国政府も臨時政府の承認を「少なくともより望ましい時期まで」延期するとの方針を固めていたのである⒃。

3　朝鮮信託統治構想

朝鮮独立問題に関する米国政府の立場はきわめて複雑なものであった。大西洋憲章で掲げた民族自決原則の適用を表明しつつ、一九四二年春以降、大韓民国臨時政府の早期承認を求める中国の主張と、それが実行される場合に予想されるソ連の反発を考慮に入れて、何らかの戦後朝鮮構想を準備せざるをえない立場に置かれていたのである。言い換えれば、そこに米国の重大な利益が存在するからであるよりも、そこが中ソの勢力圏的な対立の舞台になり、再び極東の平和と安定が脅かされることを懸念して、米国は当初から中国だけでなくソ連との共同行動の必要性に留意していたのである。しかも、米国の構想は植民地問題に関する英国の基本方針と大きく対立するものであってはならなかった。さらに、米国政府は朝鮮独立運動が一つに統合されているとも、大韓民国臨時政府が朝鮮人民によって自由に表明される意思を代表しているとも、考えなかった。翌年三月二七日、ローズヴェルトはイーデンに「朝鮮は中国、米国およびその他一、二ヵ国が参加する国際的な信託統治の下に置かれるだろう」と告げたが、その信託統治構想にはこれらすべての要素が反映されていたのである(17)。

このローズヴェルトの発言は、一九四三年三月第二週に始まる米英協議の「もっとも公式的な会談」でなされたものである。また、そこにはハル国務長官とウェルズ国務次官が同席していた。冒頭で、ローズヴェルトは新たに設立される国際連合組織の構造について語り、米国、英国、ソ連とともに、中国があらゆる重要な決定に参加し、警察的な権力を掌握する「執行委員会」（常任理事国）の一員として、戦後世界の平和管理に参加することがきわめて重要であると主張した。ローズヴェルトはまた、「中国は侵略的でも帝国主義的でもなく、ソ連と均衡をとるための重しになるだろう」と説明した。これに対して、イーデンは中国の国内情勢に関して悲観的であり、「中国は戦争の後に革命を経験することになるかもしれない」との懸念を表明した。しかし、ローズヴェルトはさらに極東と太平洋の領土的な問題について語り、満洲と台湾は中国に、南サハリン（樺太）はソ連に返還され、太平洋にある日本の委任信託統治諸島は国際連合の信託統治の下に置かれるべきであると主張した。このような会話に続いて、朝鮮とインドシナの国際的な信託統治に言及したのである。ただし、イーデンの記録によれば、ローズヴェルトが朝鮮の信託統治国として挙げたのは、米国、ソ連そして中国の三ヵ国であった[18]。

大西洋憲章で表明されたウィルソン的な原則に公開的に関与したにもかかわらず、以上にみたように、ローズヴェルトの信託統治構想には、地政学的な拠点をめぐる大国間の権力闘争を調整するという現実主義的かつ権力政治的な要素が濃厚に存在した。さらに、前年六月にソ連のモロトフ（Molotov, Vyacheslav M.）外相に語っていたように、植民地問題が世界平和の障害になることを防止するという観点から、ローズヴェルトにとって信託統治構想は世界秩序の形成に中ソを積極的に参加させる「四人の警察官」構想の一部であった。ギャディス（Gaddis, John Lewis）が指摘するように、「理想主義的な方式で行動していても、現実主義的な方式で行動していても、ローズヴェルトの思考には単独行動主義がほとんど存在しなかった」のだから、朝鮮信託統治の重要な目的の一つは、ソ連をそれに参加させて、その行動を抑制することにほかならなかったのである。事実、一九四二年一二月、ローズヴェルトによって加筆され、蔣介石に送られたラティモア（Lattimore, Owen）の書簡は、次のように記されていた[19]。

閣下と同じく、大統領は仏領インドシナ付近から日本付近にかけての西太平洋に関係する大国は米国と中国であると確信している（と私は大統領に進言した）。今次大戦の終結後、我々は中国、米国、英国そしてソ連を世界の「四人の警察官」と考えざるをえないだろう……しかし、米国の領土がシベリア、朝鮮そして日本に接近する北部太平洋においては、朝鮮独立のような問題からソ連を排除しようとすることは望ましくない。世界のこの地域でソ連を孤立させることは、緊張を緩和するどころか、それを醸成する危険を野放しにするようなものだろう。（括弧内はローズヴェルトによる修正）

また、すでに紹介したウィルソン大統領の民族自決原則の適用と同じく、ローズヴェルト大統領は四〇年余りのフィリピンの経験を植民地支配から解放されるアジア人民のためのモデルとして考えていた。たとえば一九四二年一一月のラジオ演説で、米国のフィリピンにおける成功は二つの要因に基づいていると指摘した。その第一は教育の普及および物質的、社会的、経済的な要求を正しく認識し、それを充足するための準備期間が存在したことであり、第二は地方政府から始まり、いくつかの段階を経て完全な国家に移行するための漸進的な自治の実践、すなわち究極的な独立主権のための訓練期間が存在したことであった。このような指摘にみられるローズヴェルトの保護者的ないし父親的温情主義（paternalism）が、完全な独立のためには国際的な保護の下での長期間の準備と訓練が必要であるという信念、すなわち信託統治構想と密接に関係したのである。[20]

ただし、朝鮮信託統治という構想はローズヴェルトだけのものではなかった。たとえば、すでに指摘したように、一九四二年二月には国務省極東部のラングドンがそれを示唆する覚書を起草していた。さらに、同じ頃、大統領への助言機関としてハル国務長官の下に発足した戦後政策諮問委員会（the Advisory Committee on Postwar Policy）の政治問題小委員会が戦後国際政治の主要問題についての検討を開始していた。同年八月一日にオースティン（Austin, Warren R.）上院議員やコナリー（Connally, Tom）上院議員が出席し、ウェルズ国務次官が主宰した会合では、戦後日本の領土区分として「日清戦争以前にあった境界線」が確認され、朝鮮を独立させることに異論は表明されなかった。それどころか、朝鮮を中国の緩やかな連邦に組み込む可能性を含めて、朝鮮の国際的な信託統治について多くの議論がなされたのである。すでに紹介した議論と同じく、ここでも、フィリピンの経験が尊重されるべきであること、一〇―二〇年の信託統治の後に朝鮮独立が可能になること、中国とソ連が直接的な利害関係国であることなどが指摘された。そのような観点から、オースティンやコナリーも朝鮮の信託統治を強く支持したのである。[21]

また、戦後政策諮問委員会とその小委員会が提出した見解や勧告は、ハル国務長官から大統領に伝達されたし、それに対して、大統領自身も重要な意見を表明していた。ハルの証言によれば、一九四二年二月から四三年六月にかけて、「ウェルズと私はこれ（委員会）と関連して頻繁に大統領と会ったし、とりわけ国際機構、信託統治、そしてドイツの取り扱いなどの分野で多くの草案を大統領に送付した。次に、我々に示された大統領の見解を委員会に伝えた」（括弧内引用者）とされる。事実、大統領が委員会のメンバーと直接意見を交換する機会もあった。たとえば、前述のイーデン外相との会談の約一ヵ月前、一九四三年二月二二日に、ハルとウェルズに加えて、テイラー（Taylor, Myron C.）、ボーマン（Bowman, Isaiah）、パスヴォルスキー（Pasvolsky, Leo）がホワイトハウスに招かれて、約一時間にわたって大統領と懇談した。このとき、ローズヴェルトは「中国は台湾と満洲を回収すべきであり、朝鮮は信託統治の下に置かれるべきである」と明言し、さらに太平洋諸島の信託統治についても言及した。言い換えれば、朝鮮信託統治は大統領の「お気に入り」の構想であるだけでなく、国務省要人、極東専門家などとの「共同作品」でもあったのである。ローズヴェルトは、このとき、一方において、米国、英国、ソ連そして中国の四ヵ国を除いて、世界は武装解除されるべきだとしながら、他方において、ソ連の西側にあるヨーロッパが一つの国家に統合され、ソ連の西方進出に対抗するために重武装すべきだとの考えを称賛した。ソ連について大いに警戒しながら、それをどう取り扱うべきかについて明確な解答をもたなかったのだろう。(22)

ところで、同じ頃、ローズヴェルトは中国の要人、すなわち自らが米国に招待した蔣介石夫人に対しても、米中協力や戦後の世界秩序について語っていた。宋美齢は二月後半にホワイトハウスの賓客として一一日間滞在し、その後米国各地で講演活動を展開した。その間に、ローズヴェルトは琉球諸島、満洲、台湾の中国への返還、香港の中国主権の下での国際港化、米中による朝鮮独立の保障などについて語ったのである。さらに、六月二四日に帰国の挨拶に訪れた宋美齢に対して、中国と米海空軍による大連、旅順、台湾の共同使用に同意し、「朝鮮を暫時、中、米、ソで共同管理するつもりである」と言明した。宋美齢の帰国後、蔣介石は二人の会談の結果を欣快として、ローズヴェルトに連合国首脳会談（カイロ会談）の開催に同意すると回答した。また、宋美齢の兄である宋子文外相は、九月末にホーンベック極東部長に対して、中国政府内の一般的な意見が「朝鮮は国際的信託統治の下に置かれるべきであるという考えに傾いている」と伝えた。このとき、両者はさらに「もしその原則を適用する努力がなされる場合に遭遇すると思われる困難」についても討議したのである。ローズヴェルトはまた、カイロ会談の直前、戦艦アイオワの提督室で統合参謀長たちに蒋介石が米中ソによる朝鮮の信託統治を望んでいることを示唆した。他方、朝鮮独立について、米国と共同で適当な時期に大韓民国臨時政府を承認することを期待していた中国は、カイロ会談が開催される一九四三年一一月までに、中国と米英ソが歩調を合わせて、共同ないし個別的に戦後の朝鮮独立を承認するか、宣言を発表することを最高レベルで決定していた。要するに、いかなる場合にも、ソ連に遅れて朝鮮独立を承認してはならなかったのだろう。それを前提にして、蒋介石はカイロ会談を前に朝鮮信託統治を受け入れたのである。(23)

他方、カイロでの蒋介石総統との会談のために、ハリマン（Harriman, W. Averell）駐ソ大使がローズヴェルト大統領のために起草した覚書は、米国政府がモスクワでソ連政府に朝鮮信託統治を打診していたことを示している。それによれば、ソ連の態度は「四大国の参加するある種の信託統治の下での朝鮮独立に同意する点で一貫する」ものであった。ただし、これに対する英国の態度は終始否定的であった。すでに前述の米英会談において、イーデンは複数国による共同管理の妥当性に疑問を投げかけていた。また、八月の第一次ケベック会議で、ハル国務長官が信託統治に関する討議を繰り返し要請したにもかかわらず、イーデン外相はそれを拒絶し続けたのである。このようなソ連と英国の態度は一〇月のモスクワ外相会議でも変化しなかった。要するに、一九四三年夏から秋にかけて、朝鮮信託統治について、米国政府は英中ソと積極的に協議しようとしたが、それへの強い反対は、中国やソ連からではなく、むしろ英国から表明されたのである。(24)

二　カイロ会談からヤルタ会談まで

1　カイロ会談――朝鮮の「自由・独立」

米軍が一九四二年六月にミッドウェー海戦で勝利し、一一月にガダルカナル島での攻防を制したことによって、太平洋での日本軍の攻勢にようやく歯止めがかかった。そのために、翌年一月のカサブランカでの米英首脳会談では、「戦略的防衛」を維持しつつも、米軍が日本軍に対して「主導権をとる」ことが許容されたのである。それどころか、ローズヴェルト大統領は日独伊に対して「無条件降伏を要求する」と発言した。言い換えれば、民族自決や領土不拡大の文脈において、連合国が包括的な対日宣言を発表できる機会が到来したのである。しかし、そのための舞台としてローズヴェルトが選択したのは、太平洋戦争協議会ではなく米英中三国首脳会談であった。一九四三年一一月三日、ローズヴェルトは米国が保有する最新かつ最大の戦艦であるアイオアに乗艦し、ヴァージニア州ハンプトン・ローズを出港した。アイオアは一一月二〇日にアルジェリア北西部のオラン港に到着し、ローズヴェルトはそこでアイゼンハワー（Eisenhower, Dwight D.）将軍とその作戦地区に配属されていた三人の息子の出迎えを受けた。ローズヴェルトはそこから輸送機でチュニスに飛び、翌日、アイゼンハワーと一緒に古代カルタゴの遺跡を見物して、その日の夕刻にカイロに向かったのである。マーシャル（Marshall, George C.）、アーノルド（Arnold, Henry V.）、リーヒ（Leahy, William D.）、キング（King, Ernest J.）らの参謀総長や提督たちが大統領に随行した。(25)

一一月二二日から二六日にかけて、ローズヴェルト大統領とチャーチル首相は北アフリカのカイロで蔣介石総統と会談し、一二月一日付で共同声明（「カイロ宣言」）を発表した。これによって、連合国による対日戦争の目的は日本の侵略を阻止し、それを罰することであり、日本から太平洋島嶼を剝奪し、満洲、台湾および澎湖諸島を中国に返還し、その他の地域から日本軍を駆逐することであると定義されたのである。それとともに、三国首脳は「朝鮮人民の奴隷状態に留意し、朝鮮をやがて自由かつ独立のものとする」決意を表明した。また、第一次カイロ会談からカイロ宣言（第二次カイロ会談）までの短い期間に、ローズヴェルトとチャーチルはイランを訪問し、そこでスターリン首相と会談した。テヘランで最初の米英ソ首脳会談が開催されたのである。第二次世界大戦がヨーロッパ、北アフリカ、地中海戦域と太平洋、極東戦域に二分され、ソ連がいまだに対日戦争に参加していなかったのだから、カイロとテヘランで連続して開催された二つの首脳会談は実質的には一つの四大国首脳会談であったといってよい。カイロ会談に蔣介石を参加させることによって、ローズヴェルトは「中国の大国化」という持論を完成しようとしたのである。[26]

しかし、極東戦域の軍事問題協議に関する限り、その内容は「中国の大国化」からはほど遠かった。中心的な議題になったのは、日本軍をビルマから駆逐して、封鎖されている中国との陸上連絡を再開するための「アナキム」（ANAKIM）計画を大幅に拡大することであった。一一月二六日に第一次カイロ会談が終了するまでに、確かに三国首脳とその参謀長たちは、スティルウェル（Stilwell, Joseph W.）米陸軍中将の指揮下で中国軍を主力とする部隊が北部ビルマで大規模な地上攻勢を敢行し、それと同時に航空母艦を含む英国艦隊がベンガル湾に派遣され、マウントバッテン（Mountbatten, Lord Louis）英提督の指揮下で南部ビルマに上陸作戦を実施することに合意した。しかし、それはいかにも熱意を欠いた作戦計画だったのである。蔣介石は南部ビルマへの上陸作戦の重要性を強調したが、北部ビルマ作戦の細部に言質を与えようとしなかった。そのうえで、「ビルマはアジア戦役全体の鍵である。敵がビルマから一掃された後、その第二の足場は華北に、そして最後には満洲に置かれる」と主張したのである。しかし、チャーチルにとってビルマは「帝国の前哨」にすぎなかった。戦略的な重要性という観点から、それはシンガポールや香港に及ばなかったのである。[27]

他方、政治問題の討議に関して、カイロ会談は首脳外交として完結しており、ローズヴェルトはハル国務長官その他の国務省関係者を同伴しなかった。スターリンとチャーチルへの特使であるハリマン駐ソ大使が唯一の例外だったのである。一一月二三日の軍事問題討議の後、午後七時半からの蔣介石夫妻との晩餐会の席上で、ローズヴェルトは戦後に設立される国際機構で中国が四大国の一員としての地位を占めるべきであるとの見解を改めて表明し、中国と協議してアジア問題を決定することを約束した。ローズヴェルトと蔣介石は日本の皇室の地位、対日軍事占領、日本の対中賠償、新疆、ソ連の対日参戦などについて討議し、満洲、台湾そして澎湖諸島が中国に返還されることに合意した。ローズヴェルトは中国が琉球諸島を領有する意思があるかどうかを繰り返し質問したが、蔣介石は米中共同占領およびその後の国際的な信託統治下での共同管理に同意できると回答するのみであった。さらに、ローズヴェルトは朝鮮、インドシナ、タイなどの将来の地位について言及し、それらの問題について、米中両国が相互に了解に達するべきであると指摘した。これに対して、蔣介石は朝鮮に独立を付与する問題の重要性について力説し、二人でインドシナの独立達成のために協力し、タイの独立を回復すべきであると主張した。ローズヴェルトと蔣介石の会話は、その後、中国に対する経済援助、外モンゴル、統一指揮問題などに移った(28)。

この晩餐会にハリマンは同席しなかった。ただ一人ローズヴェルトに同伴した個人秘書ホプキンズ（Hopkins, Harry L.）は、翌日、カイロ宣言の最初の草案を口述で作成し、午後四時に蔣介石側近の王寵恵・国防最高委員会秘書長に手交した。その朝鮮関係の部分は「我々は日本による朝鮮人民の背信的な奴隷化に留意し、日本敗北後の可能な限りもっとも早い時期に、その国を自由かつ独立の国とすることを決意する」と表現されていた。中国はそれに異議を唱えなかった。さらに、二五日午前、米中合意案はホプキンズから英国のカドガン（Cadogan, Alexander）外務次官に手交されたが、そのときまでに、ホプキンズの原案にあった「可能な限りもっとも早い時期に」（"at the earliest possible moment"）との表現は、ローズヴェルト大統領の手によって、「適当な時期に」（"at the proper moment"）に修正されていた。しかし、二六日午後三時半、カイロ宣言の最終的な検討の場に提出された英国案の当該部分は米中合意案とは大きく異なっていた。同案にあった「その国を自由かつ独立の国とする」との一節は完全に削除され、「朝鮮を日本の統治から離脱せしめる」に修正されていたのである。英国が連合国による朝鮮独立の表明に反対であることは歴然としていた。さらに、台湾および澎湖諸島の帰属も「当然に日本が放棄すべきもの」とされるにすぎなかった。植民地独立をめぐる中国と英国の対立は依然として継続していたのである。[29]

中国の強い反対に直面したカドガンは、英国の内閣はこの問題をいまだに議論しておらず、閣議決定が必要とされること、またソ連の態度と反応が明らかでないことを理由に挙げて、もし修正が不可能であるならば、当該部分の全段を削除すべきであると主張した。これに対してハリマンは、この問題はソ連とは無関係であり、とくにソ連に配慮する必要はないとするローズヴェルトの意見を紹介して、中国の主張を支持した。結局、討議の結果は原案の維持に終わったのである。ただし、実際の宣言文にみられるとおり、「その国を適当な時期に自由かつ独立の国とする」という表現は最終的には「朝鮮をやがて("in due course")自由かつ独立のものとする」に修正された。また、ローズヴェルトが挿入した「日本が暴力と貪欲で獲得したすべての征服領土は、その毒牙から解放される」とする文言も、「日本は暴力と貪欲によって獲得した、その他すべての領土から駆逐される」に改められた。大西洋憲章の精神を踏襲する植民地解放や民族自決の文脈が、それだけ曖昧にされたのである。その他の穏当な表現への修正も、英国によるものであり、最終的には、チャーチルが手書きの修正を施した。[30]

ところで、すでに指摘したように、国務省内には信託統治問題を含む戦後構想に関する研究の蓄積が存在したが、それはカイロ会談で利用されなかったのだろうか。ハル国務長官が参加せず、それらの研究を統括していたウェルズ国務次官が会談直前に解任されていたのだから、直接的な意味では、そのことに否定的にならざるをえない。しかし、(1)米国が「大西洋憲章の諸原則が朝鮮に適用可能である」と考えていることを明確に表明し、(2)「いかなる特定の団体も朝鮮の正統政府として承認しないまま、すべての朝鮮人指導者に将来の責任を強く認識させ」、さらに(3)「一定期間の信託統治が設定される可能性を排除しないまま、将来の完全独立のために準備する責任を朝鮮人民と共有する」という方式に関する限り、それは明らかに国務省の調査機関（特別調査部極東班）においてボートン(Borton, Hugh)が起草した政策研究文書の提言に依拠していた。興味深いことに、ボートンは米西戦争当時の一八九八年四月二〇日に米国上下両院が採択した決議、すなわちキューバ人民の独立を承認するための決議に、その先例を見出していたのである。米国議会は、このとき、特定のキューバ政府を承認することなく、「キューバ島の人民は自由かつ独立であり、そうあるべき権利を有する」（傍点引用者）と決議した。ローズヴェルト大統領の強力なイニシアティブによって、国務省の政策研究の成果はカイロ宣言の文言に明確に反映され、米国の朝鮮政策のもっとも重要な部分の一つを形成したのである。[31]

2　テヘラン会談——希望か背信か

カイロ宣言の「朝鮮をやがて自由かつ独立のものとする」との一節は、将来の朝鮮独立を誓約しつつも、それに「やがて」という条件を付すものであった。それが朝鮮の国際的な信託統治とその後の独立を意味したことはいうまでもない。したがって、続いて開催されたテヘラン会談で、それについて、ローズヴェルトがスターリンに同意を求めたのは当然のことである。しかし、会談の議事録による限り、朝鮮独立問題が首脳会談で議論されたのは一度だけである。すなわち、一一月三〇日の昼食会で、チャーチルがスターリンにカイロ宣言草案を読んだかどうかを質問したときのことである。それに対して、スターリンは「朝鮮は独立すべきであり、満洲、台湾および澎湖諸島が中国に返還されるべきであるというのは正しい」と答えた。ハリマンが数日前に宣言文案をソ連のモロトフ外相に提示していたのである。カイロ宣言の内容から、ローズヴェルトがこれらの地域に民族自決や領土不拡大の原則を適用しようとしていることを読み取って、スターリンはそれを「正しい」と表現したのだろう。[32]

しかし、スターリンの領土的な欲求を熟知するチャーチルは、そのような形式的な回答に満足しなかった。それに続けて、極東の戦後問題と「不凍港」について問いかけたのである。それに対して、スターリンは「もちろんロシア人は自らの見解をもっている。しかし、ロシア人が極東戦争に積極的に参加するときまで（意見表明を）待つ方がよいだろう」（括弧内引用者）と慎重に答え、「ウラジオストクは部分的にのみ不凍港であり、その他の港は日本が支配する海峡によって封じられているので、極東には閉ざされない港がない」と遠慮がちに付け加えた。それを聞いたローズヴェルトは、大連を「自由港」とする考えを明らかにした。スターリンが「中国人がそのような計画を好むとは思えない」と疑問を提起すると、ローズヴェルトはそれを「国際保障の自由港」にすることを示唆したのである。スターリンは「それは悪くない」と反応し、「カムチャツカのペトロパブロフスクは素晴らしい不凍港だが、鉄道と連結していない」（傍点引用者）と付け加えて、大連と連結する鉄道の存在を想起させた。他方、ソ連の対日参戦に関して、ローズヴェルトはスターリンから確約を得たがっていた。しかし、この頃から、スターリンはソ連が参戦する以前に日本が降伏してしまうことを恐れていた[33]。

テヘラン会談での米英ソ首脳の議論には、極東ソ連に近接する朝鮮半島の不凍港、すなわち北東部の日本海側に位置する羅津、清津、そして元山は登場しなかった。また、ウラジオストクと遼東半島を中継する釜山、群山、済州島などに対する言及も存在しなかった。しかし、それらの不凍港や南サハリン、千島列島、対馬海峡などの地名が登場しなかったからといって、そのことは必ずしもスターリンの無関心を証明するものではなかった。事実、次章で詳述するように、翌年一〇月にソ連の対日軍事作戦計画について説明したとき、スターリンはハリマン大使とディーン（Dean, John R.）米軍事使節団長に「北部朝鮮の諸港はソ連の地上軍および海軍によって占領される」と明言したのである。さらに、ソ連外務省の文書は南部朝鮮の釜山（鎮海）、済州島および仁川を重要な拠点とみなしていた。事実、ソ連船舶の海峡通過問題は大戦中のソ連の対日要求のもっとも重要な項目であった。しかし、それにもかかわらず、二年前のイーデン英外相との会談とは大きく異なって、テヘランにおいて、スターリンは終始慎重に反応した。

不凍港に関する議論にみられたように、極東の領土や権益について主張することを注意深く抑制したのである。むしろローズヴェルトが多弁であり、スターリンは「聞き役」であった。スターリンとしては、初対面のローズヴェルトに日露戦争以前のロシア権益の回復を主張するよりも、民族自決や領土不拡大の原則に賛意を表明して、その信頼を獲得することが重要であると判断したのだろう。(34)

大局的にみれば、一二月一日に発表されたテヘラン宣言の冒頭にあるように、米英ソ首脳は第二次世界大戦という未曾有の危機に直面して、「共通の政策」を形成し、確認するためにイランの首都に集合した。とりわけ重要であったのが、ヨーロッパにおける第二戦線の開設、すなわち米英軍の南フランス上陸および西ヨーロッパ侵攻作戦(OVERLORD)の実施およびその範囲とタイミングであった。ローズヴェルトは米英軍の南フランス上陸作戦を一九四四年五月に実施すると明言した。チャーチルはそのための最初の兵力が米軍一九個師団、英軍一六個師団から編成され、その後の展開のための兵力は米国が派遣すると補足的に説明した。対日戦争に関しては、一一月二八日の最初の正式会議で、ローズヴェルトが「米国は対日戦争から直接的な影響を受けている……米海軍部隊のより大きな部分が太平洋におり、一〇〇万人以上の兵員がそこに維持されている」と指摘し、さらに、中国に対日戦争を継続させることが一つの大きな目標であり、そのために大規模なビルマ作戦が計画されつつあると紹介した。これに対して、スターリンはシベリアのソ連軍兵力は純粋に防御的な目的のためには十分だが、日本軍に対して地上攻勢作戦に出るためには不十分であり、その兵力を三倍に増強しなければならないとして、対独戦争勝利の三ヵ月後に対日戦争に参戦することを約束した。スターリンは「そのとき、我々は共同戦線によって日本を打倒することができる」(傍点引用者)と断言したのである。しかし、スターリンがテヘラン会談で遼東半島での帝政ロシアの権益回復その他を直接的に要求せずに、むしろ満洲と台湾の中国への返還や朝鮮の将来の「自由・独立」、すなわち民族自決主義を明確に支持したことが、後にヤルタ会談で露骨に領土や権益を主張するスターリンへの不信感を増大させたのである。(35)

これらの内容からわかるように、テヘラン会議で、米英ソ首脳はヨーロッパ戦域と太平洋・極東戦域を連結する第二次世界大戦の大戦略についても議論した。また、ローズヴェルトは戦後世界の集団安全保障のための国際機構の設立とそれへのソ連の参加について、スターリンから同意を取り付けることを最優先の課題にしていた。ローズヴェルトにとって、それは「戦争を終わらせるための戦争」を正当化するための「恒久平和」の象徴だったのである。したがって、三首脳はそれぞれの戦争目的に対して互いに配慮しなければならなかった。たとえばソ連・ポーランド国境問題に関して、ポーランドの主張が正当であることを熟知しながら、また、バッファロー、デトロイト、シカゴなどに居住する約六〇〇万人のポーランド系米国人やロンドン亡命政府の強い反対を押し切って、ローズヴェルトはスターリンの要求、すなわちソ連が一九三九年八月の独ソ不可侵条約の秘密議定書によって獲得した「勢力圏」の境界線（カーゾン線）をそのまま維持し、ポーランド・ドイツ国境をオーデル川まで西方に移動させることに同意した。翌年（一九四四年）一月二〇日に、それに激しく抗議するポーランド亡命政府のミコワイチク（Mikołajczyk, Stanisław）首相に対して、チャーチルは「英国も米国もポーランドの東部国境を守るための戦争はしない。いま、この国境について合意すれば、その合意は英国とソ連によって保証されるだろう」と主張して、ポーランド政府がスターリンの領土要求を承認して、断絶状態にあるソ連との関係を回復するように助言した。カティンの森でのソ連軍によるポーランド人将校の大量虐殺が発覚（一九四三年四月）してから、両者の関係は完全に破綻していたのである。六月七日には、ローズヴェルトもミコワイチクに「あなた方はロシアを自力で倒せないし、英国も米国もロシアと戦う気はない」と断言した。しかし、このときにはまだ、ローズヴェルトもチャーチルも、国境問題でスターリンに譲歩することと、ポーランド独立へのソ連の干渉を許容することは別の問題であると考えていたのである。ローズヴェルトは「スターリンは現実主義者であるが……帝国主義者ではない」「スターリンはポーランドから自由を奪おうとはしていない……なぜならば、米国政府があなた方の背後に確固として構えていることを知っているからだ」と語っていた[36]。

ローズヴェルトはテヘラン宣言の最後の文言、すなわち「我々は希望と決意を抱いてここに集まり、事実と精神、そして目的において、友人としてここを去る」との修辞が単なる言葉以上のものであると心から信じていたようである。そのことを強調して、シャーウッド（Sherwood, Robert E.）は「もしローズヴェルトの生涯に何らかの頂点があったとすれば、それはこのとき、すなわちテヘラン会談の閉幕時であったといってよい」と記したほどである。事実、ローズヴェルトはスターリンがウィットに富み、すばやく反応し、ユーモアを解することに深く印象づけられた。スターリンは予想以上にタフであったが、結局は「何とかなる」（gettable）と感じたのである。言い換えれば、「不凍港へのアクセス権のような正当な主張や必要が完全に承認されると確信すれば、ソ連は戦後世界の平和維持に対して従順かつ協力的であるだろう」（傍点引用者）と考えたのである。ローズヴェルトはスターリンに譲りすぎたことを自覚していたが、それが必要なことであり、スターリンも最後には国際機構の設立に協力し、占領地域で民主主義を尊重すると信じていた。しかし、スターリンの側からみれば、テヘランでの合意はポーランドやバルト諸国での自由選挙の実施を約束するものではなかった。しかも、それは最終的な合意であり、新しい交渉を必要としなかった。スターリンもまた戦後長期にわたって米英仏との友好関係を保持しなければならないと考えていたが、それは「ドイツが約二五年後に新しい戦争を引き起こす」と予想していたからであった[37]。

他方、ローズヴェルト大統領はカイロで「中国を大国として扱う」ことを意図したが、結果的には、蔣介石の態度に少なからず失望したようである。「米国の参戦が終局的には中国の勝利を意味する」状況の下で、蔣介石は日本軍との戦闘に積極的ではなかったからである。しかし、数日後にテヘランで会談したスターリンの態度は、それとは対照的に決然としていた。カイロ宣言に全面的な支持を表明しただけでなく、「中国人は戦わなければならないし、これまでそうではなかった」と指摘したのである。もし対独戦争終結後にソ連が全力で対日戦争に参戦するのであれば、極東戦域で中国軍に付与されていた戦略的な役割は疑問視されざるをえなかった。事実、次章で詳述するように、一九四四年以後、中国内陸部に代わって、中部太平洋のマリアナ諸島から日本本土を爆撃するという新しい軍事戦略が登場し、やがてビルマ作戦は忘れ去られたのである。言い換えれば、カイロとテヘランでの首脳会談の後、極東戦域においても、蔣介石の中国に代わってスターリンのソ連が米国の主要なパートナーとして登場したのである。そのことが朝鮮独立問題や信託統治構想に大きな影響を及ぼさないはずはなかった(38)。

ところで、興味深いことに、一九四四年一月一二日にワシントンで開かれた太平洋戦争協議会の席上で、ローズヴェルトは首脳間の討議を紹介して、スターリンが朝鮮に関する「四〇年間の後見制（tutelage）」に同意したと主張した。これはテヘラン会談の議事録には存在しない内容である。シャーウッドによれば、前年一一月二七日にカイロから空路テヘランに到着したローズヴェルトは、翌日午後にソ連大使館内の宿舎に移動するやいなや、予告なしにスターリンの訪問を受けた。簡単な挨拶の後、二人の会話は東部戦線の状況からインドシナにまで及んだとされる。スターリンがインドシナの植民地問題に言及すると、ローズヴェルトは蔣介石と交わした会話やビルマにおける計画に言及し、やがて「かれの得意の話題、すなわちインドシナ、ビルマ、マラヤ、東インド諸島のような極東植民地の人民を自治の技術に関して教育する問題」について誇らしげに語った。太平洋戦争協議会で紹介したように、このときに、ローズヴェルトは「朝鮮人はいまだに独立政府を運営し、維持する能力をもたないので、四〇年間の後見制の下に置かれるべきである」と主張し、スターリンがそれに同意したのかもしれない。チャーチルと米英の参謀長たちが到着するまで、二人の会話は四五分間ほど継続した。これに同席したのは、通訳のボーレン（Bohlen, Charles E.）とパブロフ（Pavlov, V. N.）の二人だけであった(39)。

また、ローズヴェルトは、同じ太平洋戦争協議会の会合で、大連の自由港化をめぐる議論を紹介するときに、スターリンが「満洲鉄道（東清鉄道と南部支線か）が中国政府の所有となるべきである」（括弧内引用者）と認めたと報告し、「サハリン全体がソ連に返還され、シベリアに通じる海峡を統制するために千島列島がソ連に引き渡される」ことを希望していると続けた。ただし、すでに紹介した一一月三〇日の首脳会談の議事録を含めて、この部分もテヘラン会談の記録には残されていない。それも一一月二八日午後の二人だけの会話の一部だったのだろうか。しかし、後にみるように、スターリンが満洲鉄道の中国所有を簡単に認めるとは考え難い。それはローズヴェルトによる過大な解釈だったのかもしれない。このとき、スターリンはドイツの敗戦後の再興を警戒して、「ドイツが再び侵略に着手しないことを確実にするための拠点を確保することが必要である」と強調しただけでなく、同じ方式を適用して、「日本が再侵略に着手することを予防するために、日本の周辺諸島を確保すべきである」（傍点引用者）と付け加えた。(40)

3　カイロ宣言の波紋

カイロで朝鮮の「自由・独立」を誓約した後も、ローズヴェルト大統領は特定の独立運動団体に関与することなく、むしろ信託統治構想を積極的に推進した。それは国務省が立案する朝鮮政策を正確に反映していた。後にグルー（Grew, Joseph C.）国務長官代理によって明確に表明されるように、朝鮮人民の自由な意思は一定期間の信託統治の後に総選挙を通じて正しく表明されるし、その結果に基づいて新しい独立政府の形態や構成が決定されると考えられたのである。したがって、カイロ宣言発表後、朝鮮の「自由・独立」に付された「やがて」（"in due course"）という限定句がさまざまな憶測を呼ぶことは避けられなかった。たとえば一九四三年一二月二日の『ニューヨーク・タイムズ』社説は、その文言が「自治が可能になるまで、朝鮮が何らかの保護、おそらく中国の保護の下に置かれることを意味するに違いない」と論じて、在米朝鮮人社会に大きな波紋を投げかけたのである。重慶駐在のガウス大使も、そのような噂のために、朝鮮人が中国の意図に対して強い懸念を示していると報告した。しかし、それにもかかわらず、米国の政策が変化することはなかった。一九四四年四月九日のラジオ演説でも、ハル国務長官は「太平洋に関するカイロ宣言は、日本から再び隣国を攻撃する力を奪って、中国の領土を中国に返還し、朝鮮人民の自由を回復して、日本の占領と領土略奪を清算することを保証した」と語るのみで、それ以上の言及を回避したのである。(41)

ワシントンにある韓国委員会、正式には韓国欧米委員部（the Korean Commission to America and Europe）の委員長であり、大韓民国臨時政府の駐米外交委員長であった李承晩も、カイロ宣言にある朝鮮独立の誓約に「やがて」という制約が付されていることに注目し、それをローズヴェルト大統領の「植民地国家に対する認識を表したもの」であると解釈した。一九一九年の三・一独立運動の直前に、李承晩はウィルソン大統領に対して、将来の独立を前提に、韓国を国際連盟の委任統治の下に置くように請願書を提出し、それが後に上海臨時政府で問題化したことがある。そのような李承晩がローズヴェルトの意図に気づかなかったはずはない。李承晩は米国務省にその意味を明らかにするように要求しただけでなく、米議会の中堅政治家たちに問題点を指摘する書簡を送ったのである。他方、臨時政府の趙素昂外務部長は一九四四年五月一六日に申翼熙内務部長を同伴して重慶の米国大使館を訪問し、ガウス大使に朝鮮独立と臨時政府承認について質問した。これに対して、個人的な見解と前置きしたうえで、ガウス大使は「やがて」の意味を「まず軍事的な段階が来なければならない。次に文民政府のための準備があり、やがて独立が来る」ときわめて率直に説明した。趙素昂や申翼熙が閣僚を務める大韓民国臨時政府についても、ノルウェー、ベルギー、オランダ政府などの「亡命政府」とは異なる範疇に属すると指摘し、ド・ゴールのフランス民族解放委員会（自由フランス）と同じく、海外で組織された「解放運動」であると定義した。そのうえで、フランス民族解放委員会は「連合国と一定の関係をもつが、フランス政府として承認されていない」と指摘したのである。ワシントンはそれらの見解に全面的な支持を表明した。(42)

それとは別に、米国務省の冷淡な態度に失望していた李承晩は、重慶で臨時政府の指揮下にある五〇〇—一〇〇〇名の韓国人青年を訓練して、サボタージュや破壊工作など、対日作戦の遂行を容易にするための地下活動に従事させることを構想した。一九四三年九月二九日、李承晩はその費用五〇万ドルをクローリー（Crowley, Leo T.）米武器貸与管理局長に要請したのである。さらに、クローリーからこの件が統合参謀本部事務局に回付されたことを知らされると、一一月八日の書簡で、米軍の損害を限定し、対日戦勝利を早めるために、その計画が遅滞なく実現されるように、李承晩はマーシャル陸軍参謀総長に「懇願」する書簡を送付した。その結果、李承晩の計画は統合参謀本部の情報機関である戦略諜報局（OSS：the Office of Strategic Services）で検討されることになったのである。そのことを知らされた李承晩は、一二月九日、今度はローズヴェルト大統領に書簡を送り、発表されたカイロ宣言、「旧友であり師である」ウィルソン元大統領、三・一独立運動などに言及し、さらに戦略諜報局のグッドフェロー（Goodfellow, M. Preston）大佐から最大限の協力を得ていることを紹介しながら、この件に関して大統領の直接的な指示がなされることに期待を表明した(43)。

しかし、戦略諜報局の検討は長期化した。そのために、半年以上が経過した一九四四年七月一三日に、李承晩は改めて統合参謀本部に書簡を送り、日本人によく似た外見をもち、日本語を話せて、日本人を憎悪し、朝鮮の自由を欲し、そして民主的原則を愛する朝鮮人を「フランス式の地下活動」のために使用するように訴えたのである。しかし、最終的な検討結果は、李承晩の期待を大きく裏切るものであった。一九四四年七月二九日にドノヴァン（Donovan, William J.）局長の下で作成された覚書は、「李承晩博士と韓国委員会を通じて韓国人を取り扱った本機関の過去の経験は、このチャンネルが実用的な接近経路ではないことを示している。そのうえに、本機関が李博士を使用すれば、それは米国政府による承認を意味するものとして、かれとかれのグループによって解釈され、利用されるだろう」と率直に指摘したのである。要するに、対日戦争遂行のためにより多くの韓国人を使用すべきことに賛意を表明しながらも、ドノヴァンは、李承晩や韓国委員会の計画に依存するよりも、それを戦略諜報局が独自に展開すべきであるとの結論を下したのである。事実、一九四三年以後、戦略諜報局は米国内で選抜した韓国系アメリカ人を含む小規模の韓国人グループに、スパイ、サボタージュ、宣伝活動のための訓練を施していた。一九四五年四月現在、そのうちから訓練を終えた九名が作戦に投入され、さらに一二名が訓練中であった。しかし、その成果は必ずしも芳しくなかった。(44)

4　戦後政策の基本原則――「共同行動」と「中央管理」

二つの首脳会談が終了した後、すなわち一九四四年初めに、米国政府内ではカイロ宣言に表明された「やがて」の内容を具体的に検討する体系的な作業が開始された。同年二月、陸軍省と海軍省は極東・太平洋地域での戦後の民政計画について質問する文書を国務省に提出したが、そのなかには「a　朝鮮を究極的に独立のものとするというカイロ宣言の観点から、いかなる暫定政府機関が樹立されるべきか」、「b　米国陸軍と（あるいは）海軍はどの程度まで民政の管理責任を負うのか」、「c　民政の責任は英国と分担されるのか。中国はどうか。また（あるいは）、ソ連はどうか（もし極東戦争に参加すれば）」など、戦後朝鮮に関する五つの政治・政策問題が含まれていたのである。しかも、これと関連して、国務省はすでに一月にハル国務長官の下に戦後計画委員会（the Postwar Programs Committee）を発足させ、その下に部局間極東地域委員会（the Inter-Divisional Area Committee on the Far East）などを設置していた。したがって、これらの問題はそこで検討されたのである。(45)

興味深いことに、作戦、占領、信託統治などを具体的に検討する過程で、国務省は戦後朝鮮政策のいくつかの原則を確認することになった。たとえば、上記bおよびcの質問に答えて、三月二九日に極東地域委員会が提出し、戦後計画委員会の承認を得た文書「朝鮮――占領と軍事政府――軍隊の構成」は、朝鮮解放が実際の戦闘を伴うかどうか、軍事作戦が共同で実施されるかどうかなどを予測することは不可能であるとしつつも、朝鮮での戦闘および占領行政が米国、中国、英国ないし英連邦の一国、そして対日参戦した場合のソ連の派遣軍によって、連合して代表されることが「政治的に望ましい」と展望していた。また、それらの軍隊がそれぞれ作戦地帯を分担し、そのことが異なる軍事政府を出現させても、「このような民政上の管理はできるだけ早期に中央管理に変更されるべきである」と指摘し、各国派遣軍の幹部将校によって構成される理事会が監督的な権限をもって、朝鮮全土での作戦や軍事政府を調整する責任を負うべきであると主張していた。同文書は、これを「中央管理の原則」と呼んだのである(46)。

また、同じく五月四日に承認された文書「朝鮮――政治問題――暫定政府」は、前記aの質問に対して、「独立しても弱体な朝鮮は再び国際的な圧力と陰謀を受けやすくなり、太平洋の政治的安定と平和を脅かすだろう」と指摘して、次のように回答した。国務省は明らかに「何らかの暫定的な監督機構」への米国の積極的な参加と四大国の共同行動をいま一つの原則としたのである(47)。

もし朝鮮に対する暫定的信託統治が単一の国家に委ねられるとすれば、どの国が責任をとるかについて困難な問題が発生する。自らが管理者に任ぜられるべきだとする中国人の願望とはかかわりなく、中国は自国の再建という膨大な課題に直面して、朝鮮情勢の管理を助けるための使用可能で有能な人材をほとんどもたないだろう。また、ソ連が過渡期の朝鮮を監督することは深刻な政治問題を引き起こすだろう。中国は朝鮮がソビエト化されはしないかと恐れ、米国はそのような展開を太平洋における将来の安全に対する脅威とみなすかもしれない。最後に、米国が朝鮮の信託統治を引き受けることを希望するかどうかも疑問である。

そのために、完全独立の達成以前の朝鮮行政の監督には、少なくとも中国、ソ連、米国および英国代表から構成される当局者が任ぜられることになりそうである……国際組織が樹立される場合には、朝鮮に関するいかなる取り決めも一般的計画と両立すべきであるが、いかなる場合にも、米国単独の委任信託統治であってはならない。（傍点原文）

ここにみられる「中央管理」や「共同行動」の原則は、カイロとテヘランでの首脳会談に基づく楽観的な展望を反映していたが、その後、戦後朝鮮に関する国務省の政策の基礎になった。たとえばヤルタ会談前夜に大統領用のブリーフィング・ペーパーとして作成された「朝鮮に関する連合国間の協議」と題する文書は、朝鮮の独立を達成するためには「共同行動が重要かつ必要である」との観点から、軍事作戦の終了とともに、「朝鮮占領軍と軍事政府は可能な限り連合国が共同で」代表すべきであり、それは「米国、英国、中国、そして対日参戦した場合のソ連のように、朝鮮の将来に重要な利害を有する国々によって構成されるべきである」と主張していた。また、米国以外の国々の代表権は「米国の指導力を不釣り合いに減じ、その効果を弱めるほど大きくてはならない」と指摘していた。さらに、「新たに設立される国際機構の権威の下で、あるいはそれから独立して設定される暫定的な国際管理ないし信託統治」については、「対日参戦のいかんにかかわらず、それにソ連を参加させることが望ましい」と主張していた。(48)

他方、大韓民国臨時政府の承認を要請する李承晩や趙素昂の努力は、そのような米国政府の朝鮮政策の基本方針と相当に乖離ないし相反していた。たとえば、一九四五年二月初めに、李承晩はソ連軍が朝鮮に進撃して「朝鮮解放委員会」を樹立する危険性を警告する書簡を国務次官に送付し、それ以前に民主的な大韓民国政府を承認し、朝鮮に帰国するための機会を与えるべきであると主張した。また、二月下旬に、臨時政府の趙素昂は重慶の米国大使館を訪問して、従来からの要請に加えて、四月下旬からサンフランシスコで開催される国際機構に関する連合国会議に大韓民国臨時政府の代表を招待するように要請し、さらに近い将来に自らが個人的に米国を訪問する希望を表明して、入国ビザの発給を容易にする措置をとるように依頼した。これらに対して、国務省は李承晩の書簡には回答することなく、趙素昂には、サンフランシスコ会議への招待は一九四五年三月一日の時点で連合国を構成する国に対してなされ、その他の諸国によるオブザーバー参加は認められないとの回答を伝達した。また、趙素昂の米国訪問については、それが対日戦争の遂行に寄与するかどうかの判断を在重慶米国大使館に委ねて、それが発給される場合でも、「一人の韓国市民」(“a private Korean citizen”)としてのビザに限定するように明確に指示した。(49)

5 ヤルタ会談――「多すぎず、少なすぎず」

フランス東部アルデンヌ地方でのドイツ軍の大反攻は、一九四四年一二月末に失敗に終わり、西部戦線の連合軍は翌年二月初めについに緩慢な前進を開始した。他方、東部戦線では、ソ連軍の大攻勢によってドイツ軍がドイツ国内に押し戻されていた。しかし、それにもかかわらず、戦後のヨーロッパで何がなされるべきかに関して、米英ソ三国首脳は一年以上前にテヘランで合意した以上のものをもっていなかった。また、対日戦争に関しても、スターリンはテヘランで参戦意思を明確に表明したが、その期日や代償（「政治的条件」）を明示していなかった。これらの重要問題を協議するために、四選され改めて大統領に就任したばかりのローズヴェルトは、健康を著しく悪化させていたにもかかわらず、巡洋艦クインシーで一二日間航海してマルタ島に入港し、そこから大統領専用機セイクリッド・カウ（聖なる牛）による夜間飛行でギリシャ上空を経由して、二月三日正午少し過ぎにクリミア半島西部のサキ空港に到着した。さらに、そこから、スターリンが差し向けたパッカード・リムジンに乗車して、陸路を五時間かけて黒海沿岸の保養地であるヤルタの宿舎に移動したのである。ローズヴェルト一行を待ち受けていたのは、皇帝ニコライ二世お気に入りのルネサンス様式の大邸宅、すなわちリヴァディア宮殿であった。スターリンは三日早く二月一日にモスクワからの特別列車でクリミアに到着していた。(50)

二月四日から一一日まで、八回にわたって繰り返された三国首脳の全体会合では、ヨーロッパの重要問題、とりわけポーランド独立問題をめぐって激しい議論が展開された。チャーチルによれば、それこそ「ヤルタ会談を開くもっとも緊急の理由であり、大同盟を破綻に導く大きな原因の最初のもの」だったのである。事実、一月初めにソ連はポーランド民族解放委員会（ルブリン委員会）をポーランドの臨時政府として承認したし、ワルシャワ蜂起が完全に鎮圧された後、その臨時政府はソ連軍とともにワルシャワに入城したのである。二月六日の全体会合で、ローズヴェルトは、カーゾン線についてソ連に若干の譲歩を要請した後、「すべての大国に支持され、ポーランドの主要政党の代表から構成される代議制政府の樹立を望んでいる」と述べ、労働者党、農民党、社会党など五つの政党の委員長から構成される政府を樹立するために、ポーランド指導者が協議会を設置することが望ましいとした。チャーチルは「国境線よりもポーランドの主権と独立に関心がある」と述べ、英国が「ドイツの侵略からポーランドを守るために」命がけで参戦したことを忘れるべきでないと主張した。そのうえで、英国の「名誉の問題」として、「ポーランドを自由で独立した国家にしない」ような解決を受け入れることはできないと強調したのである。しかし、短い休憩の後、スターリンは猛然と反論し、ソ連にとってポーランドの将来は、「名誉」の問題であるだけでなく、「戦略的な安全保障」の問題であると指摘した。さらに続けて、「歴史を通じて、ポーランドはロシアに対する攻撃のための回廊であった。過去三〇年間に、ドイツはこの回廊を二度通過した。それはポーランドが弱体だったからだ。ソ連は強力で、独立した民主的ポーランドを望んでいる」と主張して、ポーランド国境の移動を正当化したのである。スターリンはまた、自分は「独裁者」と呼ばれているが、「ポーランド人と協議せずにはポーランド政府を樹立しないくらいの民主的な感覚」はもっていると主張し、問題の根源をポーランド人の二つのグループ（ロンドン政府とルブリン政府）が対立して、対話が成立しないことにすり替えた(51)。

会談の終了後、ローズヴェルトはボーレンにスターリン宛の書簡を口述筆記させた。ソ連と米英が異なるポーランド臨時政府を承認している事態を解消しなければならないが、米英が現在のルブリン政府を承認することは不可能であると率直に指摘したうえで、ただちにルブリン政府からビエルト（Bierut, Boleslaw）とオスプカ＝モラフスキ（Osóbka-Morawski, Edward）、そしてその他の党派から数人をヤルタに招集して、三首脳の立ち会いの下で、ミコワイチク、グラブスキ（Grabski, Stanislaw）、そしてロメル（Romer, Tadeusz）を含む海外指導者とポーランド臨時政府の形成について合意すべきであり、それができれば、米英ソは新しい臨時政府を承認すると提案したのである。しかし、翌日の全体会合で、スターリンはそれに応じようとしなかった。大統領の書簡を九〇分前に受け取ったので、ポーランド人指導者たちと連絡がつかなかったと弁明したのである。その後、モロトフ外相が「ポーランド人の亡命圏から何人かの民主的指導者をポーランド臨時政府に加える」、「拡大されたポーランド臨時政府が連合国政府に承認される」、「拡大されたポーランド臨時政府は……可及的速やかにポーランド住民に恒久的なポーランド政府機関を組織するための投票を呼びかける」などの提案をした。「拡大されたポーランド臨時政府」とは「拡大されたルブリン政府」にすぎなかったが、ローズヴェルトもチャーチルもそのことに異議を唱えずに、ポーランド問題を外相会談に託したのである。三人の外相が二月九日に署名した文書には、「現在ポーランドで機能している臨時政府はポーランド内とポーランド外からの民主的指導者を含めて、より広汎な民主的基盤のうえに再編成されるべきである。その後、この新しい政府はポーランド民族統一臨時政府（PPGNU）と呼ばれるべきである」、米英ソ政府は「新しいポーランド民族統一臨時政府と外交関係を樹立し、大使を交換する」、その政府が「普通選挙権と無記名投票に基づいて自由で拘束のない選挙をできるだけ速やかに実施する」ことを保証することなどが規定されていた。要するに、スターリンは、（1）テヘラン会談で認められたソ連領土の拡大だけでなく、（2）ルブリン政府を中心とする親ソ政権の樹立についても、少しも譲歩しようとしなかったのである。[52]

ソ連の対日参戦の「政治的条件」が議論されたのは、二月八日午後、リヴァディア宮殿での約三〇分間のローズヴェルトとスターリンの非公式会談でのことであった。カイロでのローズヴェルト・蔣介石会談（晩餐会）と同じく、極東の政治問題に関する会談にチャーチルが招かれることはなかった。ローズヴェルトが同伴したのは、通訳のボーレンとハリマン駐ソ大使だけであった。ボーレンの記録によれば、冒頭で、ローズヴェルトはマニラが陥落したことによって太平洋での戦争が新段階に入り、小笠原諸島および台湾周辺の島嶼に米軍基地が展開されるだろうと述べた。二人はコムソモルスク、ニコラエフスク、カムチャツカなどに基地を設定する可能性についても議論した。さらに、ブダペストでの米軍の飛行場使用、ソ連軍解放地域における爆撃調査などについて協議した後、再び話題を極東に転じた。スターリンがソ連の対日参戦のための「政治的条件」について議論することを希望したのである。スターリンが前年一二月にハリマン大使とそれについて議論したことを告げると、ローズヴェルトはその報告を受け取ったことを認めて、「戦争終結時にサハリンの南半分と千島列島をソ連に引き渡すことに困難はない」と述べた。さらに、テヘランでの会話を回想して、「ソ連には南満洲鉄道の終点にある不凍港、おそらく関東半島の大連の使用権が与えられる」と付け加えた。さらに、ローズヴェルトは英国が香港の主権を中国に返還し、それが国際的自由港になることを希望した。これに対して、スターリンは「ロシア皇帝は満洲里からハルビン、およびそこから大連と旅順に向かう鉄道線の使用権をもっていた」と指摘して、ハリマンに東清鉄道とその南部支線（南満洲鉄道）、および旅順港の租借を要求したことを思い出させようとした。二月一一日にチャーチル首相の署名を得て締結され、一年後に公表されたヤルタ秘密協定の内容からわかるように、スターリンはほとんどすべての要求を実現し、その後にようやく「ドイツが降伏して、ヨーロッパの戦争が終結した後、二ないし三ヵ月以内に、ソ連は連合国の側に立って対日戦争に参加する」ことを確認したのである(53)。

ローズヴェルトが朝鮮の将来について語ったのは、そのような「政治的条件」を議論した後のことであり、ソ連、米国、中国の代表からなる信託統治を考えていると言明した。改めてフィリピンの例を引き、「朝鮮の場合には、二〇年から三〇年ほどの期間でよいかもしれない」と主張したのである。これに対して、スターリンは「信託統治の期間は短ければ短いほど望ましい」と答え、朝鮮に外国軍隊を駐留させるべきかどうかについて質問した。ローズヴェルトはそれに否定的に回答し、スターリンもそれに同意した。信託統治に英国を参加させることについて、ローズヴェルトは消極的であった。英国の参加は必要ないと思うが、そのような行動をとった場合に「英国が憤慨するかもしれないと感じている」と指摘したのである。スターリンは「英国が不快な感情を抱くことはきわめて明白である」と述べ、「（チャーチルが）我々を殺しかねない」（括弧内引用者）と冗談をいった。それと関連して、ローズヴェルトはインドシナの信託統治を希望して、英国の反対に懸念を表明した。スターリンは「インドシナは非常に重要な地域である」と応じた。ここで、二人は話題を中国情勢に転じたのである。[54]

ヤルタでのローズヴェルトとスターリンの会話は、公式に文書化されることはなかったが、第二次世界大戦中に朝鮮の将来に関して到達したもっとも重要な米ソ合意となり、その後の事態の展開に大きな影響を及ぼした。しかし、それにもかかわらず、それが意味したことは必ずしも明瞭ではなかった。二人の指導者がそれぞれ別の観点から信託統治について語ったからである。すでに指摘したように、「朝鮮の自由・独立」を目標に掲げつつも、ローズヴェルトはそれが三ないし四大国による信託統治を経て実現されると考え、ヤルタでもソ連との共同行動の必要性に固執した。五百旗頭真の言葉を借りれば、ローズヴェルトが追求したのは、ウィルソン的な普遍主義に基づく世界再興という「水平原理」、そして四大国による権力政治的な世界管理という「垂直原理」の間の巧みな調和であり、朝鮮信託統治はそれを極東の小地域で具体化する構想にほかならなかった。それこそ米ソの協調と対立の小宇宙だったのである。しかし、国務省による研究や大統領用のブリーフィング・ペーパーの存在にもかかわらず、ローズヴェルトがスターリンから獲得したのは、四大国による信託統治という統治方式に関する同意だけであった。ソ連に対日参戦を要請しながら、ローズヴェルトは朝鮮解放のための軍事作戦やその後の占領行政について何の関心も示さなかったのである。[55]

他方、朝鮮の国際的な信託統治に関して、スターリンがこの時点で最終的な結論に到達していたかどうかは疑わしい。事実、ローズヴェルトの積極的なイニシアティブに敬意を払いつつも、スターリンの関心は抽象的な理念や包括的な宣言にはなかった。スターリンはそれらを「代数」と呼び、かつてイーデン外相に「代数を非難しようとは思わないが、私は代数よりも算数の方が好きだ」と語っていた。イデオロギー的に民族自決や領土不拡大の原則を否定したり、朝鮮信託統治に反対したりすることはなかったが、スターリンは信託統治の長期化も朝鮮への外国軍隊の駐留も好まなかったのである。二人の会談に同席したハリマンによれば、ローズヴェルトが信託統治を提案したとき、スターリンは「もし朝鮮人に満足できる政府をつくることができれば、信託統治が必要になる理由があるだろうか」と反応したとされる。そこから、ハリマンはスターリンが間違いなく朝鮮で「ボルシェビキ、すなわちソビエト政府」の樹立を想定していると解釈したのである。対日参戦を前に、日露戦争で失った南サハリンや南満洲の諸権益を回復するだけでなく、外モンゴルの現状維持や千島列島の獲得まで要求したのだから、朝鮮半島に関して、スターリンがもっと明確にソ連の関心を表明しても不思議ではなかった。[56]

それでは、なぜスターリンは朝鮮信託統治に異議を唱えなかったのだろうか。ソ連にとってより重要な対日参戦の「政治的条件」について同意を取り付けることを優先したからだろうか。ローズヴェルトが香港やインドシナに言及したので、朝鮮での信託統治をその他の重要地域の信託統治と関連させて、一括して実現しようとしたのだろうか。それとも、ハリマンが疑ったように、対日参戦後、ソ連軍が朝鮮半島の一部ないし全部を占領し、そこに親ソ的な体制を樹立すればよいと考えたのだろうか。いずれにしろ、朝鮮の将来は多分に将来の軍事作戦に依存していたのだから、優れた現実主義者であるスターリンが性急に結論を出す必要はなかったのだろう。マストニー（Mastny, Vojtech）の指摘によれば、スターリンは一九四一年一二月に英国のイーデン外相に自らの領土的な欲求を露骨に表明して、米国の強い反対に遭遇した。その失敗を教訓にして、翌年五月に領土条項を含まない英ソ同盟条約を締結してから、ヤルタでローズヴェルトと会談するまでの間、スターリンは「戦争の代価が不明確なままである限り、多くを要求しすぎたり少なすぎたりして、自らの手を縛らない」という方針の下で行動したのである。朝鮮半島に関しては、おそらくそのような方針をヤルタ会談でも継続して、ローズヴェルトの主張する信託統治への関与を尊重することにしたのだろう。なぜならば、その他の極東地域とは異なり、米軍が参戦する可能性やソ連軍が軍事作戦の主導権を握れるかどうかを含めて、朝鮮半島の軍事情勢は依然としてきわめて不透明だったからである。[57]

テヘラン会談での合意と同じく、ヤルタ会談での合意も、米英ソ三国の将来にわたる外交的な協調を前提にしていた。ローズヴェルトとスターリンの会話からわかるように、朝鮮半島でも依然として四大国の共同行動が追求されていたのである。横手慎二が指摘するように、この時点のソ連の戦後構想は、「ヨーロッパ方面と東アジア方面がほぼ同一の論理で構成されていた」し、「英米との友好関係を維持することを前提」にして、「長期にわたってソ連の安全」を確保することを最優先していた。そのために、スターリンは（1）敵対国（ドイツと日本）の徹底的な無力化、（2）周辺国の領土的な犠牲に基づくソ連の軍事的、地政学的条件の改善、（3）ソ連周辺での非敵対的空間の創出、そして（4）周辺国の非強制的な社会主義化という四つの目標を設定していたのである。ソ連がポーランド、外モンゴル、千島列島、そして部分的に遼東半島で追求した目標が（2）であったとすれば、朝鮮半島で追求したのはいまだに（3）にほかならなかった。(58)

三　対ソ不信の増大と信託統治構想

1　ローズヴェルトからトルーマンへ

ヤルタ会談終了の二ヵ月後、一九四五年四月一二日午後一時過ぎに、ローズヴェルト大統領はジョージア州ウォームスプリングの山荘で逝去した。長い間、そこはかれの休息地であり、避難所であった。詳細を知らないまま、午後五時二五分にホワイトハウスに到着したトルーマン（Truman, Harry S.）副大統領は、その二時間後に、簡素な就任式を終えて第三三代米国大統領に就任したのである。ハル国務長官が大統領選挙前に入院し、ノックス（Knox, Frank）海軍長官が死去していたので、トルーマンが引き継いだ第四期ローズヴェルト政権の国務長官と海軍長官には、それぞれステッティニアス（Stettinius, Edward R. Jr.）国務次官とフォレスタル（Forrestal, James V.）海軍次官が昇格していた。七七歳のスティムソン（Stimson, Henry L.）陸軍長官は長老として留任したが、大統領の分身として活躍したホプキンズは著しく健康を害していた。トルーマンは議員歴の長い政界の先輩、友人であり、数ヵ月前まで自分以上に有力な副大統領候補であったバーンズ（Byrnes, James F.）上院議員を国務長官に任命しようとしたが、ステッティニアスが国際連合創設のためのサンフランシスコ会議に忙殺されていたので、それを七月初めまで延期せざるをえなかった。その結果、四月から六月までの重要な時期に、グルー国務長官代理がワシントンの外交機関を束ねることになったのである[59]。

ミズーリ州の弁護士出身の実直な上院議員であったトルーマンは、外交経験に乏しかったために、ローズヴェルトの外交遺産に忠実であろうとした。しかし、その外交遺産とは何だったのだろうか。トルーマンが大統領に就任したとき、ローズヴェルトのヤルタ外交そのものが大きな試練に直面していた。ローズヴェルトとチャーチルは、ウィルソン的な理念によって戦争目的を定義しつつも、安全保障上の不安感から東ヨーロッパに勢力圏を確保しようとするスターリンの要求にある程度まで理解を示し、ヤルタ会談で両者を調和させるために努力した。要するに、二人は「原則を奉じながら、勢力を均衡させるような戦後問題の解決を思い描いていた」のである。しかし、ヤルタ会談後も、スターリンは「自分たちのやり方」を貫徹しようとした。事実、合意文書にある「民主主義」を自分勝手に解釈して、三月末にはポーランド国内にいたロンドン亡命政府系の一六人の指導者を逮捕して、ソ連に移送してしまった。また、米英ソの代表、すなわちモロトフ、ハリマンとクラーク・カー（Clark Kerr, Archibald）駐ソ英国大使が「現在の政府の再編成」に関して協議すべき「ポーランド内外の民主的指導者」から、ロンドン政府系の有力な指導者たちを排除しようとした。モロトフはポーランドに関するヤルタ合意への同意を留保する指導者はだ︀れ︀も︀こ︀の︀協︀議︀に参加できないと主張したのである。結局、モスクワで開催された新臨時政府樹立のための会合に参加したロンドン政府系の有力指導者はミコワイチクほか一人であり、六月末に発足したポーランド挙国一致政府の二一人の閣僚のうち、一四人はルブリン委員会の指導者たちであった。親ソ容共以外の勢力を「反民主主義」と規定して、臨時政府樹立のための協議対象から排除しようとするやり方は、後に、朝鮮半島で李承晩や金九などの海外亡命指導者たちを朝鮮臨時民主政府樹立のための米ソ協議から排除する方式そのものであった。スターリンの乱暴なやり方のために、死を前にしたローズヴェルトは自らの努力が失敗に終わったのではないかと懸念したし、トルーマン新大統領はローズヴェルトが最後には強硬な対ソ政策を採用しようとしていたと理解したのである(60)。

また、当然のことながら、最高指導者の交代は外交スタイルの変化を伴った。ローズヴェルトが官僚組織による拘束を嫌って、独自の構想の下で首脳外交を展開したのに対して、トルーマンは正規の手続きやルールに基づく堅実な外交を志向して、閣僚や官僚の助言に依存した。要するに、ローズヴェルトの対外政策の内容に忠実であろうとしても、その決定過程まで継承することはできなかったのである。しかし、官僚組織、すなわち国務省の外交を尊重すれば、政策内容も変化せざるをえなかった。なぜならば、それまで重要な政策決定から遠ざけられ、ローズヴェルトの決定に異論を唱えられなかった国務省幹部たちは、とりわけヤルタ会談以後、ローズヴェルトの宥和的な対ソ協調政策に対する批判を強めていたからである。たとえば、トルーマン大統領とモロトフ外相との会談を準備し、そのためにワシントンに一時帰国したハリマン大使は、トルーマンに厳格な「見返り」を要求する対ソ政策を採用するように進言した。スティムソン陸軍長官はソ連と正面衝突しないように主張したが、ステッティニアスもフォレスタルもハリマンに同調した。そのために、多数派の意見を受け入れたトルーマンは、はじめて会談したモロトフ外相に対して不躾な態度でヤルタ合意、とりわけポーランド問題に関する合意の履行を迫ったのである。さらに、五月中旬までに、グルー国務長官代理の助言に従って、トルーマンは武器貸与（Lend-Lease）を一方的に停止した。積荷が中止されただけでなく、ソ連に向けて航行中の輸送船まで引き返させたのである。新しい米国大統領の強硬な対ソ政策を示すものとして、これらがスターリンの激しい反発を招来したことはいうまでもない(61)。

しかし、それらはトルーマンによる試行錯誤の第一歩にすぎなかった。強硬な政策がソ連側の譲歩ではなく、むしろ米ソ関係の急速な悪化を招来したことに当惑して、トルーマンは次にローズヴェルトの助言者であり、その対ソ関係の基礎を築いたデイヴィース（Davis, Joseph E.）元駐ソ大使の忠告に耳を傾け、やがてスティムソンの慎重論を受け入れたのである。他方、強硬な政策の失敗に気づいたハリマンも、故ローズヴェルト大統領の側近であり、スターリンとの首脳会談の詳細に通じるホプキンズをモスクワに派遣し、ローズヴェルトの政策が維持されることをスターリンに保証するように提案した。ホプキンズは、武器貸与法の立案者として米ソ関係の円滑な時代を象徴する人物だったのである。ハリマンはさらに、再度の米英ソ首脳会談を早急に開催すべきであると主張した。後に詳述するように、五月末にモスクワに派遣されたホプキンズは、スターリンから二つの約束、すなわち七月一五日を目標日にする三国首脳会談の開催、および八月八日までの対日参戦の準備完了の約束を取り付けることに成功した。病床で米ソ関係の悪化に心を痛めていたホプキンズは、モスクワ派遣を示唆されると、一瞬のうちに「警報に接した昔ながらの老消防馬」のように、自らの「最後の使命」を果たしたのである。[62]

他方、ワシントンに向かう前のスターリンとの会話に基づいて、ハリマンはソ連の対日参戦と関連する極東問題について、トルーマン政権の立場を確認する必要に迫られていた。遼東半島の二つの港と鉄道、サハリンの南半分、千島列島など、ソ連の対日参戦に伴う「政治的条件」についての意見を集約するために、五月一二日、ハリマンは国務省、海軍省、陸軍省を代表するグルー、フォレスタル、マックロイ（McCloy, John J.）陸軍次官と重要な会合をもったのである。そこでは、ソ連の合意違反やヨーロッパでの戦争終結という事実に照らして、ヤルタ協定は再検討されるべきであるか否か、ソ連の対日参戦はどこまで緊急かつ重要であるか、ソ連が日本本土の軍事占領への参加を主張する場合にどのように対応すべきかなどが論じられた。さらに、ヤルタでのローズヴェルトとスターリンの会話を紹介しつつ、ハリマンは朝鮮信託統治に関する現在の米国の立場について検討するように要請した。すでに指摘したように、ハリマンは朝鮮独立問題に対するスターリンの態度をポーランド問題から類推し始めていたのである。[63]

対ソ強硬派のグルーはヤルタ秘密協定の具体的な内容をはじめて知って驚愕し、その日のうちに、スティムソンに陸軍省の見解を求める覚書を提出した。ポーランド問題に関するソ連の態度に反発して、ヤルタで合意した極東に関するソ連の政治的要求をそのまま実行することに疑問を提起したのである。グルーはソ連による明確な関与や説明が必要とされるものとして、（1）国民党政府の下での中国統一のための中国共産党に対する影響力の行使、（2）中国への満洲の返還や朝鮮の将来の地位を含むカイロ宣言への明確な関与、（3）米英中ソ四ヵ国による朝鮮信託統治に関する確実な合意、（4）千島列島のいくつかの島嶼への商業用航空機の緊急着陸権の確保の四項目を掲げた。また、それだけでなく、これらの問題に関する国務省内の検討を急がせて、その成果をモスクワに出発するボーレンに託して、ハリマン大使に伝達した。したがって、ここで作成された政策文書の朝鮮関係部分はソ連の対日参戦を意識しつつ、それ以前に国務省が到達したもっとも詳細かつ重要な戦後朝鮮構想であり、それにはヤルタ会談以後の対ソ不信が反映されていたと考えてよい。[64]

その内容は次のように要約できる。[65]

（1）朝鮮の解放は米軍ないしソ連軍によって単独で、あるいは米国、中国、ソ連、英国軍隊によって共同でもたらされるが、いずれにせよ四ヵ国は朝鮮の民政に同等の権限をもって参加し、かつそれを代表する。（傍点引用者）

（2）上記の四ヵ国は朝鮮に信託統治を設定し、あらゆる軍事、行政、司法機関を同等に代表する。信託統治下の各種の行政・社会機能は通常単一の独立政府によって行使され、信頼に値し、かつ有能な現地朝鮮人が最大限に利用され、かつ訓練される。（傍点原文強調）

（3）信託統治期間は対日戦争が公式に終結した後の五年間である。

（4）四ヵ国による信託統治機構の設立後、それぞれの国はそれぞれ五千名を超えない名目的な兵力を除き、陸海空のあらゆる兵力を朝鮮の領域から撤退させる。

（5）五ヵ年の信託統治期間の後、完全なる自由・独立朝鮮が四ヵ国によって公式かつ公然と再び是認され、自由・主権・独立朝鮮政府が樹立される。新国家を構成する領土はすべての国によって尊重され、紛争は国際安全保障機構によって任命される公平な委員会によって解決される。朝鮮との交易においては、門戸開放と機会均等の原則が厳格に遵守される。

（6）国際安全保障機構の安全保障理事会が、極東の安全保障上の考慮から、朝鮮領土への軍事基地の設置が必要かつ望ましいかどうかを決定する。それが肯定される場合でも、そのような基地は朝鮮政府の同意によって、朝鮮の主権を毀損することなく設置される。

このような経過を背景にして、スターリンとホプキンズの会談は一九四五年五月二六日から開始された。ホプキンズはポーランド問題、ドイツ管理委員会の設立、そして太平洋戦争と中国・極東問題の三つの議題を提示し、五月二八日に第三議題が討議された。この会談には米国側のハリマンとボーレン、ソ連側のモロトフとパブロフが同席した。ホプキンズはまずソ連の対日参戦の期日について質問した。スターリンは「ソ連軍は八月八日までに十分に準備を整えて配置されるだろう」と明言したが、実際の作戦は「ソ連の要求するヤルタ協定の実施に依存するだろう」と主張して、対日参戦の準備が進行する七月初旬に、「政治的条件」の問題を宋子文外相にモスクワで提起する意向を示した。スターリンは中国問題について多弁であり、「蔣介石の下での中国の統一を促進するためにできるだけのことをする」との発言を繰り返した。また、ソ連は満洲、新疆、その他の地域で「中国の主権を変更しようとはしない」と強調し、外モンゴルの現状は維持されるべきであると指摘した。さらに「中国共産党の指導者が蔣介石に匹敵するほど有能であり、中国に統一をもたらすことができるとは思えない」と付け加えた。ここで話題が日本問題に移り、スターリンはそれには「軍隊の作戦区域と日本占領区域のような問題」（傍点引用者）が含まれると指摘した。(66) 後述するように、スターリンは米ソの連合戦争を想定していたのである。

朝鮮信託統治は最後の問題として取り上げられた。ホプキンズは極東に関して残された問題は朝鮮の地位に関するものであると述べ、それについてヤルタで非公式の討議がなされたことに注意を喚起し、「慎重な検討の後に、米国政府はソ連、米国、中国および英国によって構成される朝鮮信託統治を設定することが望ましいとの結論に到達した」（傍点引用者）と指摘した。さらに、「信託統治の期間は固定されなかった。それは二五年であるかもしれないし、もっと短いかもしれないが、五年ないし一〇年であることは確かである」と付け加えた。これに対して、スターリンは「四大国による信託統治が望ましいことに完全に同意する」と言明したが、それ以上は何も語らなかった。そのために、ホプキンズは話題をドイツの戦争捕虜や戦争犯罪の問題に転じたのである。(67)

ホプキンズは朝鮮信託統治に関するローズヴェルトとスターリンの合意を再確認し、それで満足したようである。ホプキンズにとって、スターリンとの会談の目的は、ローズヴェルトに代わってヤルタ会談の内容を再確認して、次の首脳会談の開催を確実にすることであり、トルーマンに代わってスターリンと新たに交渉することではなかった。そのために、「慎重な研究」の存在にもかかわらず、その成果を提示しなかったのだろう。また、たとえそれが示されても、スターリンが新しい議論に応じるかどうかは疑わしかった。さらに、グルーがボーレンに託した政策文書をスターリンとの会談で使用することについては、米国政府内に異論が存在した。それまでのソ連との交渉経験から判断して、中国関係の文書を含めて、陸軍省はその詳細な内容をソ連側に明らかにすることに否定的であったし、それについての中国の同意も得られていなかったからである。将来の軍事関与に関連する部分に関しては、陸・海軍省と統合参謀本部によるさらなる検討が必要とされていたのである。(68) 他方、スターリンもまた信託統治の細目を討議しようとしなかった。対日参戦によって、ソ連軍による朝鮮半島の単独占領さえ予想できるような情勢の下で、それに踏み込むことは自分で自分の手足を縛るようなものであると判断したのだろう。事実、沖縄で激戦を展開する米軍部隊が早期に日本本土に上陸できるような情勢ではなかったのである。

2 ポツダム会談――「極東のポーランド問題」

第二次世界大戦の最後を飾る米英ソ首脳会談は、七月一七日からベルリン郊外のポツダムで開催され、八月二日まで継続した。トルーマン大統領は七月七日に巡洋艦オーガスタに乗船して、一五日にアントワープに入港した。主要な助言者として同行したのは、バーンズ国務長官とリーヒ統合参謀本部議長であった。七月三日に国務長官に就任したばかりのバーンズは、外交には素人であったが、トルーマンの全面的な支持を得て対ソ交渉を担当した。そもそも、トルーマンがバーンズを国務長官に任命した大きな理由の一つは、バーンズがローズヴェルトの随行員としてヤルタ会談の全体会議に出席し、首脳会談の内容に精通していると信じたからにほかならない。それとは別に、大統領に就任後まもない四月二五日、トルーマンはスティムソン陸軍長官から「一発で一つの都市全体を破壊できる爆弾」の完成が近づいているとの説明を受け、その実験と戦争での使用、戦後のエネルギー利用などについて検討し、大統領に提言するための「暫定委員会」(the Interim Committee)を設置することに同意していた。バーンズは大統領の代理として、この委員会に加わったのである。ポツダム会談には、そのほかに、フォレスタル、マックロイ、デイヴィースなどが同行した。他方、対日声明(ポツダム宣言)の推進者であったスティムソンとグルーの名前は乗船名簿になかった。高齢のスティムソンはポツダムに押しかけて、七月一六日以後、原子爆弾の実験成功と関連する問題について重要な助言をしたのである。(69)

ポツダム会談の議題は、五ヵ国(米英ソ中仏)外相会議の設置、ドイツの管理原則、賠償・戦争犯罪、オーストリア問題、西部国境を含むポーランド問題、信託統治領など多彩であった。スターリンが会談の場所としてポツダムを選択したのは、ソ連がヨーロッパ戦域で支払った犠牲の大きさをみせつけ、それに見合うだけの獲得物を米英に承認させるためであったとされる。しかし、極東での新しい戦争が目前に迫っており、対日参戦の「政治的条件」の履行を確実にすることも、スターリンにとっては重大な関心事であった。他方、それと関連する最大の懸念材料は、中国との交渉が難航するなかで、日本の早期降伏の可能性が表面化したことであった。事実、スターリンは日本の降伏意思をだれよりも早く、またれよりも正確に知りうる立場にあった。なぜならば、日本政府はソ連を仲介者とする和平工作を推進し、ポツダム会談前の七月一三日に、佐藤尚武駐ソ大使を通じて、明確な形で戦争終結意思をソ連政府に伝えていたからである。もしソ連が参戦する前に日本が降伏してしまえば、ヤルタ会談で承認された対日参戦のための「政治的条件」は白紙に還元されるかもしれなかったのである。スターリンにとって、それは悪夢であった[70]。

もちろん、米国にとっても、対日戦争の早期終結は現実の可能性になりつつあった。暗号解読によって、わずかに数日の遅れで、米国は日本がソ連に和平の斡旋を依頼した事実を知ったからである。したがって、次章で詳述するように、すでにポツダム宣言発表以前に、日本の突然の降伏に対応する占領計画の作成が「緊急の課題」として浮上していた。しかし、その間にも、国務省はソ連の対日参戦が極東情勢に及ぼす政治的影響を検討し続け、「朝鮮の暫定管理と予想されるソ連の態度」、「朝鮮の戦後政府」などのブリーフィング・ペーパーを作成していた。それらの政策文書において、朝鮮に関してもっとも重視されたのは、ポツダム会談でソ連からカイロ宣言支持の確約を取り付けることであった。しかし、ソ連が暫定政府の主導権を要求して、その他の国に名目的な発言権しか認めない可能性も想定し、その場合には、「朝鮮を信託統治地域に指定して、国際連合機構自体の権威の下に置くことが望ましいだろう」と指摘していた。これは後に実行に移される朝鮮独立問題の国連付託案の原型にほかならない。さらに、朝鮮の戦後政府については、連合国が共同で代表する軍事政府から始まって、暫定的な国際的監督機構を経て、自由で独立した朝鮮にいたることが確認されていた[71]。

また、米国政府の要人たちがポーランド独立問題からの類推によって朝鮮独立問題を理解し始めたことも重要であった。たとえば、ソ連の意図に疑念を抱いていたハリマン大使は、七月八日、大統領と国務長官に「提案中の四大国による朝鮮信託統治の性質に関する詳細な討議のための準備がなされるべきである」と主張したし、スティムソン陸軍長官も朝鮮に「ソ連が支配する現地政府」が樹立されることを懸念して、七月一六日、すなわちポツダム会談開幕の前日、大統領に朝鮮信託統治を推進するように進言した。ソ連がすでに一個ないし二個の朝鮮人師団を訓練し、それを朝鮮で使用しようとしているとの誇大な情報に基づいて、スティムソンは朝鮮問題を「極東に移植されたポーランド問題」と表現し、「信託統治の期間中、少なくとも名目的な米国の陸軍兵士か海兵隊員が朝鮮に駐屯する」必要があると主張したのである。事実、ポツダム会談前の六月後半には、ロンドン亡命政府の元首相である農民党のミコワイチクの参加を「隠れ蓑」にして、ハリマン、クラーク・カーそしてモロトフの立ち会いの下で、オスプカ＝モラフスキーを首班とする「ポーランド民族統一政府」がモスクワで組織された。その政府が六月二七日にワルシャワに入ったことが、翌日、スターリンの信任を得たビエルトによって正式に発表された。ヤルタでの合意に基づいて、米英ソ政府はそれを正式に承認し、ロンドン亡命政府との関係を断絶したのである。しかし、いま一つの合意である自由選挙が実施される展望はまったく開かれなかった。また、対ソ不信の拡大にもかかわらず、米国が朝鮮の分割管理や対ソ共同行動の放棄を検討した形跡はまったく存在しない。米国政府要人たちはそれまで以上にソ連との共同行動と中央管理（統一管理）の原則に執着して、ポツダム会談で、それについてソ連の同意を取り付けようとしたのである。(72)

他方、ソ連の態度に対する中国の疑念も拡大していた。六月三〇日、ヤルタ秘密協定で認められたソ連の権益に関して宋子文外相と議論して、スターリンが四大国による朝鮮信託統治について確認したとき、そこに同席したモロトフ外相は「これは類例のない合意であるので、詳細な合意に到達することが必要になるだろう」と介入したのである。

それに加えて、スターリンは「外国の部隊や外国の警察が存在するべきではない」と明言した。そのために、宋子文はソ連がシベリアで訓練した朝鮮人部隊やソ連式に訓練した政治要員を朝鮮に送り込むつもりであると理解し、ハリマン駐ソ大使に「これらの条件の下では、四ヵ国の信託統治であっても、ソ連は朝鮮問題の支配権を獲得するだろう」との強い懸念を表明したのである。すでに紹介したスティムソンの懸念、とりわけ「少なくとも名目的な米国の陸軍兵士か海兵隊員」を朝鮮に駐屯させるべきであるとの主張には、この宋子文の警告が反映されていた。(73)

このような疑惑が浮上するなかで、ポツダム会談において、モロトフは国際連盟の委任信託統治領やアフリカおよび地中海のイタリア旧植民地についての意見交換を米英側に要請し、そのときに朝鮮にも言及した。モロトフは、それらをサンフランシスコ会議で合意されたばかりの国連憲章の国際信託統治制度と関連させて、七月二二日の第六回本会議の議題として提案したのである。もちろん、この段階では、ソ連の関心は地中海に集中していた。モロトフはイタリアが植民地を完全に喪失したとの報道に言及し、「だれがそれを引き受けたのか、どこでそれが決められたのか」と問い詰め、その問題を外相会議で詳細に検討し、具体的な提案を作成するように要求したのである。したがって、それはこの地域での英国の伝統的な立場に挑戦するものと理解された。なぜモロトフが朝鮮に言及したのかは明確でないが、イタリア旧植民地と同じく、それは国連憲章にある「第二次世界大戦の結果として敵国から分離される地域」に該当した。さらに、香港、インドシナなど、その他の戦略的地域の信託統治およびそれへのソ連の参加を念頭に置いたことも間違いないだろう。したがって、この時点でソ連は朝鮮信託統治に必ずしも反対していなかった。むしろ、それをその他の地域の信託統治と関連させて、自らの地政学的ないし戦略的立場を強化するために利用しようとしていたのかもしれない。ポツダム会談を前にソ連外務省によって準備された政策文書も、「もちろん、ソ連はそれ（信託統治）に明確に参加すべきである」（括弧内引用者）と断定していた。(74)

しかし、チャーチルは信託統治問題を新たに設立される国際連合機構で討議するように主張し、英国が多大な犠牲を払ってほとんど単独でリビア、キレナイカ、そしてトリポリを解放したことに注意を喚起した。また、スターリンの執拗な要求に対して、「ソ連がアフリカの広大な沿岸地帯を獲得したがっているとは考えなかった」と反論した。これに対して、スターリンはソ連代表団がサンフランシスコ会議で信託統治領の受託について希望を表明していた事実を告げ、改めてこれらの問題を外相会談に付託するように主張した。激しい議論の結果、トルーマンがソ連の主張に同意し、チャーチルもそれに追従した。しかし、米英側はソ連が東ヨーロッパに勢力圏を設定するだけでなく、トルコに基地を求め、さらにイタリア旧植民地の信託統治化とそれへの参加を示唆したことを警戒せざるをえなかった。会議に同席したハリマンは、翌日のスティムソン、マックロイ、バンディ（Bundy, McGeorge）との会合で、英仏が香港とインドシナの信託統治に反対し続ければ、「ソ連はおそらく朝鮮の信託統治案を取り下げ、その単独支配を要求するだろう」と警告した。(75)

さらに、翌日、すなわち七月二三日に開催された三国外相会談でも、モロトフは再びイタリア旧植民地問題を取り上げ、「もしそれがイタリアから分離されるのであれば、米国、英国およびソ連による共同の信託統治が設定されるべきである」ときわめて率直にソ連の要求を明らかにした。それに対して、イーデン英外相はイタリアが敗戦国であるかどうかがまず決められるべきであり、旧植民地がイタリアに返還されないのであれば、国際連合機構が信託統治の形態を決定するかもしれないと主張した。また、英国政府はいまだに一部あるいはすべての植民地がイタリアから剝奪されるべきかどうかを決定していないと述べた。バーンズ国務長官はイタリアとの平和条約締結は新たに設置される米英ソ中仏の外相理事会（the Council of Foreign Ministers）の最初の仕事であると指摘し、そこで植民地の処理、トリエステ境界線、その他のイタリア領土に関する決定がなされなければならないと主張した。(76)こうして、これらの問題は九月初めにロンドンで開催される最初の外相理事会の議題にされたのである。

ハリマンやスティムソンの要請にもかかわらず、ポツダム会談で朝鮮信託統治が議論されることはなかった。イタリア旧植民地に対するソ連の強い要求に直面して、トルーマンやバーンズはそれを取り上げることが賢明でないと考えたのだろう。しかし、それに加えて、ポツダム会談開始の前日、すなわち七月一六日にアラモゴルドで原子爆弾の実験が成功し、ソ連の対日参戦の必要性がなくなったことが、二人の態度に影響を及ぼしたのかもしれない。原爆投下によってソ連の参戦以前に日本が降伏すれば、ヤルタ秘密協定の大前提が崩れ、宋子文がスターリンに譲歩する必要がなくなるだけでなく、朝鮮に「ソ連が支配する現地政府」が樹立される可能性も消えるからであった。トルーマンの死後に公表された『ポツダム日記』は、七月一七日正午に、スターリンにはじめて会ったときのトルーマンの心境を記録している。スターリンに対して、トルーマンは「私は外交官ではないが、通常、話をすべて聞いた後で質問に対してイエスかノーかを答える」と述べて、スターリンの発言を誘導した。すると、スターリンはスペインでフランコを辞めさせたり、イタリア旧植民地やその他の信託統治領を分割したりすることについて喜んで語り、話は中国情勢にまで及んだ。それは「ダイナマイト」を炸裂させるようであった。また、スターリンは八月一五日に対日参戦すると語った。しかし、トルーマンは「私もあるダイナマイトをもっているが、いまは破裂させない」と記し、「私はスターリンと取り引きできる。かれは正直だが……とても油断がならない」と記した。[77]

さらに七月一八日、トルーマンはチャーチルの宿舎を訪れて、二人だけで昼食をともにした。そこで原爆実験の成功について議論し、それについてスターリンに告げることを決定した。トルーマンは「私はソ連が介入する前に日本が手を上げると信じている。マンハッタン（原子爆弾）が本土上空に出現すれば、かれらは確実に降伏する」（括弧内引用者）と記した。他方、バーンズも、原子爆弾が戦争を終わらせるまで宋子文がソ連との交渉を長引かせることを期待して、とくに大連と旅順に言及しながら、フォレスタルにソ連軍が「一度そこに入れれば、追い出すのは容易ではない」と感じていると語った。次章で再論するように、トルーマンもバーンズも原爆投下による戦争の早期終結に期待を寄せたのである。そのことが朝鮮信託統治問題についての議論を回避させたのだろう。事実、原爆実験の詳細に関するグローヴス（Groves, Leslie Richard）准将の「計り知れないほど強力な文書」が大統領に届けられたのは、信託統治問題が議論される前日の七月二一日のことであった(78)。

おわりに

第二次世界大戦の時間的および空間的な枠組み、すなわちヨーロッパ大戦が先行し、太平洋戦争が後続したという単純な事実ほど、戦後東アジア秩序の形成や朝鮮独立問題に大きな影響を及ぼしたものはないだろう。米英両国に関する限り、対日戦争の目的はそれが開始される以前に大西洋憲章によって定義されることになったし、連合国宣言とカイロ宣言を通じて、それは蔣介石の中国にも共有されたのである。国際政治的な観点からみれば、満洲や台湾の中国への返還と同じく、朝鮮独立はこれらの誓約の戦後世界への適用の問題にほかならなかった。しかし、中ソ両国の戦略的な利害が錯綜するという地政学的な条件および政治、経済その他の内部的な条件のために、ローズヴェルト大統領も米国務省も、朝鮮の即時独立が望ましいとは考えなかった。また、海外にある朝鮮独立運動が統合されているとも、それが朝鮮内部と十分な連絡を維持しているとも考えなかった。さらに、インド独立問題を抱える英国は朝鮮の即時独立に反対していた。したがって、朝鮮を暫定的に四大国の信託統治の下に置くことによって、その将来の独立と地域的な安定を同時に確保するというローズヴェルトと国務省の構想には、理想主義と権力政治、すなわち民族自決と勢力均衡を巧みに調和させようとする政治的な知恵や意思が込められていたのである。そのような政治戦略を超えて、米国が朝鮮半島に領土的ないし軍事的な野心を抱いた形跡は存在しない。それどころか、米国が民族自決という戦争目的に固執しなければ、はじめから朝鮮信託統治構想は存在せず、地政学的な便宜主義の観点から、おそらくソ連が主導する勢力圏の設定が進行したことだろう。

最大の問題は、米ソの間に戦略的な共同行動が可能であるかどうかであった。確かにスターリンは、テヘラン会談で朝鮮の「自由・独立」に賛意を表明し、ヤルタ会談で朝鮮の信託統治に同意したが、ここでも、第二次世界大戦の時間的および空間的な枠組み、すなわち対日戦争が終結する以前にドイツが降伏して、最大の「共通の敵」が消滅したことが重要な意味をもつことになった。それ以後、ヨーロッパのみならず世界各地で、米英とソ連の間の共同行動が困難になっていったからである。朝鮮独立問題との関連では、とりわけポーランドで独立を回復して、自由選挙を実施する問題が重要であった。なぜならば、民族自決と勢力均衡を調和させようとする点において、ポーランド問題と朝鮮問題は本質的に同じだったからである。そうだからこそ、ヤルタ会談以後、スターリンがポーランドで民族自決主義を蹂躙したとき、米国の指導者たちは朝鮮独立問題を「極東に移植されたポーランド問題」として認識し始めたのである。しかし、ソ連の地政学的な不安を解消するうえで、ヨーロッパ正面に位置するポーランドは特別な重要性をもっていた。他方、対日戦争が終結して、ソ連軍が極東で演じた役割が明確になるまで、あるいはその後もしばらくの間、スターリンは朝鮮信託統治に明確に反対しなかった。米国が原子爆弾を完成するまで、ソ連は明らかに朝鮮半島で軍事的な優位に立ちつつあったし、朝鮮で共同行動に応じることによって、その他の戦略的地域で何が得られるかを確認したかったのだろう。言い換えれば、米国が朝鮮問題を理念的にポーランド問題と比較しても、スターリンにとって、朝鮮半島は地政学的にソ連極東部の安全と関係する隣接地域だったのである。その戦略的な重要性がポーランドに匹敵したとは思えないが、詳細については次章以降の検討課題にしたい。

首脳会談における議論ほどではないが、その間に進展した米国政府内での論議や研究を通じて、米国の戦後朝鮮政策の基礎が具体的かつ段階的に形成されたことも注目に値する。カイロ宣言による朝鮮の「自由・独立」に関する誓約、それを実現するための信託統治などは、ローズヴェルトの構想を国務省が政策化したものであり、朝鮮に関する戦後計画の政策形成が二層的であったことを示している。米国政府は大韓民国臨時政府の承認を一貫して拒否し、米国内での李承晩の活動を含む特定の独立運動に積極的に関与しようとしなかった。特定の党派を支持することなく、戦後に樹立される政府の「究極的な形態や人的構成を選択する権利」を朝鮮人民に保障することこそ、米国の朝鮮政策の第一の原則だったのである。そのための国際的な枠組みが信託統治であったといってもよい。さらに、国務省は朝鮮での軍事作戦とその後の占領行政をできる限り米ソないし四大国が共同で実施して、信託統治への移行を容易にしようとした。また、占領地域の民政を早期に一元的な中央管理に移行させるべきであるとも考えた。これらの方針、すなわち米ソないし四大国の共同行動および占領行政の中央管理（統一管理）が米国の戦後政策の第二および第三の原則であった。しかし、日本の降伏後、ヨーロッパにおいて米ソ協調が崩壊するなかで、戦時同盟を土台にする「不完全な合意」が大きな困難に直面したことはいうまでもない。朝鮮独立問題に関しては、「解放ヨーロッパ宣言」やポーランドに関するヤルタ合意のような曖昧な合意文書さえ存在しなかったのである。[79]

（1）連合国宣言には、一月一日、ローズヴェルト、チャーチル、ソ連のリトヴィノフ大使、そして中国の宋子文大使が署名した。その他の二二ヵ国政府代表の署名は翌日になされた。大西洋憲章第三項は「すべての人民の自ら生きる政府の形態を選択する権利を尊重し、主権および自治を強奪された者にそれが回復されることを希望する」ことを表明していた。Cordell Hull, *The Memoirs of Cordell Hull*, Vol. II (New York: Macmillan, 1948), pp. 1114-1126; *A Decade of American Foreign Policy: Basic Documents, 1941-1949* (Revised Edition, Washington, D.C.: Department of States, 1985), pp. 2-3, 269, 397, 415; *Foreign Relations of the United States* (Hereafter cited as *FRUS*), *1942*, I (Washington D.C.: Department of State), pp. 1-38; Ian W. Toll, *Pacific Crucible: War at Sea in the Pacific, 1941-1942* (New York: Norton, 2012), pp. 59-62. 細谷雄一「『ユナイテッド・ネーションズ』への道（二）――イギリス外交と『大同盟』の成立、一九四一―四二年」、『法学研究』（慶應義塾大学法学研究会）第八三巻五号、二〇一〇年五月、一九―二三頁。

（2）冷戦の大きな原因の一つになった米ソの安全保障観の対立について、ギャディスはアメリカ人がそれを代議制民主主義や集団安全保障という「制度」（institution）の観点から考えたのに対して、ロシア人は敵対者への縦深防御を可能にする「空間」（space）の観点を重視したと説明した。また、マストニーは安全保障に対するスターリンの「飽くなき欲求が東西間に緊張を増大させる根本要因であった。やがて訪れる冷戦は意図されたものでも期待されたものでもなかったが、それとまったく同じく、あらかじめ決められていた」と指摘した。事実、同じ英国首脳を相手にしても、ローズヴェルトは民族自決を掲げる大西洋憲章を説き、スターリンは領土拡大を約束する秘密協定を要求したのである。John Lewis Gaddis, *Russia, the Soviet Union, and the United States: An Interpretive History*（New York: John Wiley and Sons, 1978）, p. 176; Vojtech Mastny, *The Cold War and Soviet Insecurity: The Stalin Years*（New York: Oxford University Press, 1996）, p. 23. 他方、代表的な修正主義者の一人であるウィリアムズは大西洋憲章を「門戸開放帝国主義」の宣言とみなし、ヨーロッパを勢力圏的に分割しようとしたスターリンの主張を擁護した（William Appleman Williams, *The Tragedy of American Diplomacy*, Second Edition, New York: Dell, 1972, pp. 205-206, 209-213）。ラフィーバーはより穏やかな形で同じような主張を展開した（Walter LaFeber, *America, Russia, and the Cold War 1945-1975*, Third Edition, New York: John Wiley and Sons, 1976, pp. 9-14）。二人が批判したのは、自由貿易と機会均等を主張する大西洋憲章の第四項である。しかし、これらの指摘も米ソの安全保障観や国際政治観の対立に着目したものにほかならない。米ソ対立についてのさらに壮大な叙述として、ハレーの古典的な著作を参照されたい（Louis J. Halle, *The Cold War as History*, New York: Harper & Row, 1967）。なお、イーデンとの会談には、ソ連側からはモロトフとマイスキーも参加した。スターリンの発言については、ロシアの文献を使用した研究として横手慎二「第二次大戦期のソ連の対日政策、一九四一—一九四四」（『法学研究』第七一巻一号、一九九八年一月、二〇七頁）を参照した。また、英国の文献を使用した論文としては、細谷「『ユナイテッド・ネーションズ』への道（一）」（『法学研究』第八三巻四号、二〇一〇年四月、二三一—二六頁）を参照した。Anthony Eden, *The Reckoning*（Boston: Houghton Mifflin, 1965）, p. 332; Winston S. Churchill, *The Grand Alliance: The Second World War*, Vol. III（Reprinted, London: Penguin, 1985）, pp. 553-560; Andrew Nagorski, *The Greatest Battle: Stalin, Hitler, and the Desperate Struggle for Moscow That Changed the Course of World War II*（New York: Simon & Schuster, 2007）, pp. 271-287. チャーチルはイーデン外相がモスクワから持ち帰った報告に大きな不安を覚え、スターリンの「領土的野心」についてローズヴェルトと議論した。ローズヴェルトはイーデンが示した「強い立場」を繰り返し歓迎した。二人は大西洋憲章や連合国宣言が試されていると理解したのである（Churchill, *The Grand Alliance*, pp. 615–616）。

（3） 李炫熙『大韓民国臨時政府史』（ソウル、集文堂、一九八二年）、三三四、四五一―四五二頁。白凡金九先生全集編纂委員会『白凡金九全集』第五巻（ソウル、大韓毎日新報社、一九九九年）、八八―八九、一〇二―一〇三頁。なお、大西洋憲章は米国の日本・極東専門家の戦後構想にも大きな影響を及ぼした。やがてカイロ宣言で表明される領土処理や民族自決の原則などは、その衝撃の下で検討されたのである（五百旗頭真『米国の日本占領政策』上巻、中央公論社、一九八五年、二二六―二三三頁）。Rhee to Hornbeck, 9 December 1941, 895.01/54, Decimal File 1940-44, Central Records of the Department of State, RG 59, National Archives and Records Administration（NARA）. 李承晩の書簡は「信任状」の実物を提出し、その手続きの可否を問うものであった。ただし、「信任状」の日付は大韓民国二三年（一九四一年）六月四日であり、それは国務省極東部のファイルにとどめられた。また、重慶では、一二月一一日に臨時政府の趙素昂外務部長がローズヴェルト大統領宛の書簡を持参して米国大使館を訪問し、臨時政府の承認を要請した（Gauss to Hull, 20 December 1941, Decimal File 895.01/48）。

（4） Radio Address by the President of the United States, 23 February 1942, *Department of State Bulletin*, 28 February 1942, pp. 186–188; Address by the Secretary of State, 23 July 1942, *Department of State Bulletin*, 25 July 1942, p. 642.

（5） William R. Langdon, "Some Aspects of the Question of Korean Independence," 20 February 1941, Decimal File 895.01/79.

（6） *Ibid.*; James Irving Matray, *The Reluctant Crusade: American Foreign Policy in Korea, 1941–1950*（Honolulu: University of Hawaii Press, 1985）, pp. 8–9.

（7） 長田彰文『日本の朝鮮統治と国際関係――朝鮮独立運動とアメリカ 1910–1922』（平凡社、二〇〇五年）、八二―八三頁。五百旗頭『米国の日本占領政策』上巻、七三頁。ラングドン覚書に添付された極東部メモは、ウェルズ国務次官を含む国務省のすべての関係者に覚書への留意を要請していた。また、これ以後、国際的信託統治をもっとも包括的に論じたのはウェルズであった。第二次世界大戦終結後、アジア太平洋全域での国際関係の根本的な再調整が不可欠になるとの観点から、戦後に設立される世界機構と関連させつつ、ウェルズはこれらの地域を「やがて」独立国に復帰する朝鮮、近い将来に自治を享受できるインドやオランダ領東インド、いまだに十分に発展していないビルマ、マラヤ、フランス領インドシナ、依然として未開を脱していない南西太平洋諸島に分類して、それらに国際的信託統治を適用する可能性を論じたのである。そこには、国際連合機構や地域的な権力政治についての認識とともに、明らかに、被支配地域の発展段階についての認識が存在した。Sumner Wells, *The Time for Decision* (New York: Harper & Brothers, 1944), pp. 297–304; Robert Dallek, *Franklin D. Roosevelt and American Foreign Policy, 1932–1945* (New York: Oxford University Press, 1979), pp. 536–537.

(8) Langdon, "Korean Independence." ただし、金日成も崔賢も、この頃には満洲を脱出してソ連軍に収容され、ハバロフスク郊外で野営訓練に励んでいた。東満洲での二人の抗日闘争が知られていたのは、一九三七年六月に朝鮮国内に浸透して、恵山鎮に近い国境の村である普天堡を襲撃し、駐在所、郵便局、面(村)役場などに火を放った事件のためだろう。その詳細については、Dae-Sook Suh, *Kim Il Sung: The North Korean Leader* (New York: Columbia University Press, 1988), pp. 34–54. 和田春樹『金日成と満州抗日戦争』(平凡社、一九九二年)、一八三―一八九頁を参照されたい。

(9) Hull to Gauss, 22 December 1941, Decimal File 895.01/54; Gauss to Hull, 12 January 1942, Decimal File 895.01/56; Gauss to Hull, 12 February 1942, Decimal File 895.01/61; Matthews to Hull, 28 February 1942, Decimal File 895.01/73. 李炫熙『大韓民国臨時政府史』、八四―一〇七頁。

(10) 中国軍事委員会「対韓国在華革命力量扶助運用指導方案」、一九四一年一一月、秋憲樹編『史料・韓国独立運動』第一巻(ソウル、延世大学校出版部、一九七一年)、六七一―六七三頁。「陥川指示」の内容については、その要点が国民政府軍事委員会快電(蔣介石発信、呉鉄城受信、一九四二年一〇月九日)に引用されている(同上、六七三―六七四頁)。崔鍾健編訳『大韓民国臨時政府文書輯覧』(ソウル、知人社、一九七六年)、六四―六七頁。鐸木昌之「朝鮮民族解放運動をめぐる国際関係――中国共産党および中国政府を中心に」、中村勝範編著『近代日本政治の諸相――時代による展開と考察』(慶應通信、一九八九年)、三二五―三二八頁。蔣介石総統も、日米開戦後まもなく、郭泰祺外相による臨時政府承認の提案を却下した（Gauss to Hull, "Disunity Among Korean Independence Groups," 16 May 1942, Decimal File 895.01/130）。

（11）崔鍾健編訳『大韓民国臨時政府文書輯覧』、九〇―九一頁。家近亮子『蔣介石の外交戦略と日中戦争』（岩波書店、二〇一二年）、二六三―二六七頁。段瑞聡「一九四二年蔣介石のインド訪問」、『中国研究』（慶應義塾大学日吉紀要）第三号（二〇一〇年）、一一四―一一五頁。

（12）胡春恵「中国為韓国独立問題在外交的奮闘」、王大任・林秋山主編『中韓文化論集』（台北、中華学術院韓国研究所、一九七五年）、三六頁。孫科「韓国独立問題」、秋憲樹編『史料・韓国独立運動』第一巻、五三一―五三六頁。Gauss to Hull, 10 April 1942, Decimal File 895.01/96.

（13）Roosevelt to Welles, 8 April 1942, *FRUS, 1942*, I, pp. 867-869. 同年一〇月までに、中国側は二つの独立運動団体との接触の窓口を呉鐵城・国民党中央執行委員会秘書長の下に一本化した（国民政府軍事委員会快郵代電、一九四二年一〇月九日、秋憲樹編『史料・韓国独立運動』第一巻、六七三―六七四頁）。また、「二ないし三個の朝鮮人連隊」とは、一九四〇年末までに満洲から逃れ、ハバロフスク郊外に集結した東北抗日連軍の生き残りの兵士たち、六〇〇―七〇〇名を指すものと思われる。しかし、朝鮮人兵士はその一部にすぎなかった（和田『金日成と満州抗日戦争』、三二〇―三二一頁）。それらの兵士たちは一九四二年八月に、ソ連籍のナナイ人部隊とともに、ヴャーツコエ野営地で赤軍第八八特別狙撃旅団を編成した（和田春樹『北朝鮮現代史』、岩波新書、岩波書店、二〇一二年、一三―一六頁）。

（14）Christopher Thorne, *Allies of a Kind: The United States, Britain, and the War against Japan, 1941~1945* (London: Hamish Hamilton, 1978), pp. 231-240; Gauss to Hull, 16 May 1942, Decimal File 895.01/130. 家近『蔣介石の外交戦略』、二六五―二六七頁。家近亮子「中国の抗日戦争と戦後構想」、『東アジア近現代通史』（6）（岩波書店、二〇一一年）、一六七頁。段瑞聡「一九四二年蔣介石のインド訪問」、『中国研究』、一二四―一二九、一三八頁。

（15）Wells to Roosevelt, 13 April 1942, *FRUS, 1942*, I, pp. 870-872. 他方、四月一八日のガウス大使からの報告によれば、その当時、蔣介石は臨時政府を「遅滞なく承認することが望ましい」と感じていたし、中国政府も米国政府にこの問題に関する見解を早期に表明するように要請していた（Gauss to Hull, 18 April 1942, *ibid.*, pp. 872-873; Gauss to Hull, 8 May

1942, *ibid.*, p. 875)。

(16) Hornbeck Memorandum, 20 December 1941, Decimal File 895.01/54; Robert T. Oliver, *Syngman Rhee: The Man Behind the Myth* (New York: Dodd Mead, 1954), pp. 177–178; Matray, *The Reluctant Crusade*, p. 10; Hull to Roosevelt, 29 April 1942, *FRUS, 1942*, I, p. 873; Hull to Gauss, 1 May 1942, *ibid.*, pp. 873–875; Gauss to Hull, 8 May 1942, *ibid.*, p. 875. その後、蔣介石の指示を受けた呉鐵城が一九四二年一二月までに「扶助朝鮮復國運動指導方案」を作成し、それがその後の中国の基本方針になった。それによれば、臨時政府の承認は「適当な時期に他国に先駆けて」なされ、その「国際法上の手続きおよび有利な時機の選択」は呉鐵城、何應欽（軍事委員会参謀総長・軍政部長）、陳立夫（国民党組織部長）の三人の指導人員が責任を負って、総裁の指示を受けて外交部に委ねるものとされた。これについては、秋憲樹編『史料・韓国独立運動』第一巻、六八六―六八七頁、および蔣君章「孫文・蔣介石の韓国獨立運動支持」、韓国精神文化研究院『韓国獨立運動史資料集（中國人士證言）』（ソウル、博文社、一九八三年）、一九九―二〇二頁を参照されたい。

(17) Memorandum of Conversation by Hull, 27 March 1943, *FRUS 1943*, III, p. 37. 金昇龍が指摘するように、それはある種の「平和維持構想」であった（Seung-Young Kim, "The Rise and Fall of the United States Trusteeship Plan for Korea as a Peace-maintenance Scheme," *Diplomacy and Statecraft*, No. 24, 2013, pp. 227–252）。

(18) Eden, *The Reckoning*, pp. 436–438; Memorandum of Conversation by Hopkins, 27 March 1943, *FRUS 1943*, III, pp. 38–39; Robert E. Sherwood, *Roosevelt and Hopkins: An Intimate History* (New York: Harper and Brothers, 1948), pp. 706–719.

(19) 細谷雄一「国連構想と地域主義（一）――グラッドウィン・ジェブと大国間協調の精神、一九四二―四三年」『法学研究』第八三巻九号、二〇一〇年九月、一四頁。John Lewis Gaddis, *We Now Know: Rethinking Cold War History* (New York: Oxford University Press, 1997), pp. 12–13; Draft of Letter from Lattimore to Chiang Kai-shek, *FRUS, 1942, China*, pp. 185–186.

(20) Roosevelt, "Radio Address on the 7th Anniversary of the Philippines Commonwealth Government," 15 November 1942, *Public Papers and Addresses of the Presidents of the United States, Roosevelt* (New York: Harper & Brothers), XI,

p. 475.

(21) P Minutes 20, August 1, 1942, *Post World War II Foreign Policy Planning: State Department Records of Harley A. Notter, 1939–1945*, microform, Division of Special Research, Department of State. 五百旗頭『米国の日本占領政策』上巻、七二―七三頁。入江昭『日米戦争』(中央公論社、一九七八年)、一一六―一一八頁。

(22) "Indications of Contact with President on Post-War Matters," Talks with F.D.R. 1942–45, Records of the Advisory Committee on Post-War Foreign Policy 1942–45, *Records of Harry A. Notter, 1939–45*, Department of State, RG 59, 250/46/22/06, Box 54, NARA.

(23) 『蔣介石秘録』第一四巻(サンケイ新聞社、一九七七年)、五二―六〇頁。宋美齢は蔣介石の「分身」として一一月二七日にニューヨークに到着し、七〇日余りの療養の後、二月一七日からホワイトハウスに滞在して米国議会で演説し、その後、米国各地とカナダを巡回講演した。Conversation by Hornbeck, September 28, 1943, *FRUS, China, 1943*, pp. 133–137; Minutes of the President's Meeting With the Joint Chiefs of Staff, November 19, 1943, *FRUS, Cairo and Teheran, 1943*, p. 257.「国防最高委員会秘書庁自重慶呈蔣委員長関於準備在開羅会議中提出之戦時軍事合作、戦時政治合作及戦後中美経済合作等三種方案」、民国三二年(一九四三年)一一月、中華民国重要史料初編編集委員会編『中華民国重要史料初編――対日抗戦時期』、第三篇、戦時外交(台北、中国国民党中央委員会党史委員会刊行、中華民国七十年、一九五九年)、五〇四―五〇五頁。

(24) U.S. Delegation Memorandum, 23 November 1943, *FRUS, Cairo and Teheram, 1943*, p. 376; W. Averell Harriman and Elie Abel, *Special Envoy to Churchill and Stalin, 1941–1946* (New York: Random House, 1975), pp. 261–262; Department of State Minutes, 20 and 21 August 1943, *FRUS, Washington and Quebec, 1943*, pp. 914, 919; Memorandum by Pasvolsky, 18 August 1943, *ibid.*, p. 717; Conference Note, August 21, 1943, *ibid.*, pp. 926–927; Hull, *The Memoirs by Cordell Hull*, II, pp. 1237–1238, 1304–1305, 1596.

(25) 福田茂夫『第二次大戦の米軍事戦略』(中央公論社、一九七九年)、一一一―一一七頁。Sherwood, *Roosevelt and Hopkins*, pp. 766–771.

(26) Final Text of the Communiqué, *FRUS, Cairo and Teheran, 1943*, pp. 448-449. 五百旗頭『米国の日本占領政策』上巻、一五五―一六一頁。

(27) Sherwood, *Roosevelt and Hopkins*, pp. 771-773; Grace Person Hayes, *The History of the Joint Chiefs of Staff in World War II: The War Against Japan* (Annapolis: Naval Institute Press, 1982), pp. 523-528.

(28) Chinese Summary Record, Roosevelt-Chiang Dinner Meeting, 23 November 1943, *FRUS, Cairo and Teheran, 1943*, pp. 322-325. 一一月二四日、王寵恵がホプキンズに手交した中国政府の覚書は、朝鮮に関する両首脳の会話を「中国、英国、米国は戦後の朝鮮独立を承認すべきである。この朝鮮独立承認のための合意へのソ連の参加はいつでも歓迎される」と記録している（Memorandum by the Chinese Government, 24 November 1943, *ibid.*, p. 389）。『蔣介石日記』、一九四三年一一月二三日。

(29) American Draft of the Communiqué With Amendments by Roosevelt, American Draft of the Communiqué With Amendments by Hopkins, and Revised American Draft of the Communiqué, *ibid.*, pp. 399-404; David Dilks, ed., *The Diaries of Sir Alexander Cadogan, 1938-1945* (New York: G. P. Putnam's Sons, 1971), p. 577.「国防最高委員会秘書長王寵恵自重慶呈蔣委員長関於開羅会議日誌」、民国三二年（一九四三年）一一月、『中華民国重要史料初編――対日抗戦時期』第三篇、戦時外交、五二七―五三二頁。梁敬錞『開羅会議』（台北、台湾商務印書館、一九七三年）、一三九―一四二頁。

(30) British Draft of the Communiqué, *FRUS, Cairo and Teheran, 1943*, p. 404; Dilks, ed., *The Diaries of Cadogan*, p. 578.「王寵恵開羅会議日誌」、『中華民国重要史料初編』、五三二―五三三頁。梁敬錞『開羅会議』、一四三―一四五頁。五百旗頭『米国の日本占領政策』上巻、一六八―一六九頁。神谷不二は"in due time"と区別して、"in due course"を「しかるべき順序を経て」と訳すべきだと指摘した。英国側が付与しようとしたニュアンスは、そのようなものだったのだろう（神谷不二『現代国際政治の視角』、有斐閣、一九六六年、三七―三九頁）。

(31) T-319, "Korea: Problems of Independence," 26 May 1943, *The Occupation of Japan, Part 1: U.S. Planning Documents, 1942-1945*, microform (Washington, D. C.: Congressional Information Service, 1987); *United States Statutes*

at Large, XXX（Washington, D. C.: Government Printing Office, 1899）, pp.738-739. 五百旗頭『米国の日本占領政策』上巻、一五五—一五七頁。ニューヨークの対外関係評議会（the Council on Foreign Relations）は一九四一年秋に極東研究グループを組織し、若き有力な日本研究者であったボートンがその幹事役を務めることになった。ボートンはその頃から朝鮮の将来について関心をもった。同研究グループの一九四二年三月の会合では、朝鮮の自立能力に疑問を呈する悲観的意見が相次いで表明され、ボートンは「朝鮮の究極的な独立を目標としつつ、当面は何らかの自治的地位を考慮する」と提案したとされる（同上、二〇八—二〇九頁）。

（32）Roosevelt-Churchill-Stalin Luncheon Meeting, 30 November 1943, *FRUS, Cairo and Teheran, 1943*, p. 566; Harriman and Abel, *Special Envoy to Churchill and Stalin*, p.275.

（33）*FRUS, Cairo and Teheran, 1943*, p. 567; Dennis J. Dunn, *Caught between Roosevelt and Stalin: America's Ambassadors to Moscow*（Lexington: University of Kentucky Press, 1998）, pp. 219-220.

（34）Kathryn Weathersby, "Soviet Aims in Korea and the Origins of the Korean War, 1945-1950: New Evidence from Russian Archives," Working Paper No. 8, Cold War International History Project, Woodrow Wilson International Center for Scholars, November 1993, pp.9-10. 横手「第二次大戦期のソ連の対日政策」、二二五—二二六頁。Herbert Feis, *Churchill Roosevelt Stalin: The War Waged and Peace They Sought*.（New Jersey: Princeton University Press, 1966）, p.465; Dunn, *Caught between Roosevelt and Stalin*, p. 214.

（35）*A Decade of American Foreign Policy*, p.21; *FRUS, Cairo and Teheran, 1943*, pp. 488-491.

（36）Harriman and Abel, *Special Envoy to Churchill and Stalin*, p. 275; Feis, *Churchill Roosevelt Stalin*, pp. 278-280; Dunn, *Caught between Roosevelt and Stalin*, pp. 214-219; Michael Dobbs, *Six Months in 1945: FDR, Stalin, Churchill, and Truman—From World War to Cold War*（London: Arrow Books, 2013）, pp. 77-78, 80-81; Stanislaw Mikolajczyk, *The Rape of Poland: Pattern of Soviet Aggression*（Connecticut: Greenwood Press, 1972, Originally Published in 1948 by Whittlesey House）, pp. 51-52, 59-60. 赤木完爾『第二次世界大戦の政治と戦略』（慶應義塾大学出版会、一九九七年）、二七—三二頁。

(37) Sherwood, *Roosevelt and Hopkins*, pp. 798–799; Harriman and Abel, *Special Envoy to Churchill and Stalin*, pp. 278–280; Dunn, *Caught between Roosevelt and Stalin*, pp. 221–222; Mikołajczyk, *The Rape of Poland*, p.79.

(38) *FRUS, 1943, Cairo and Teheran*, pp. 489, 500 and 566. 五百旗頭『米国の日本占領政策』上巻、一四九―一五一、一六九―一七五頁。

(39) Sherwood, *Roosevelt and Hopkins*, pp. 776–777; Minutes of a Meeting of the Pacific War Council, 12 January 1944, *FRUS, 1943, Cairo and Teheran*, p. 869. 呉忠根によれば、後出のローズヴェルト・スターリンの非公式会談（ヤルタ）についてのソ連側記録に、「テヘランで朝鮮の後見制度の樹立について話した」とするローズヴェルトの発言が収録されている。呉忠根「朝鮮分断の国際的起源――原則の放棄と現状の承認」（『朝鮮半島の国際政治』、日本国際政治学会編『国際政治』九二号、一九八九年一〇月、九八頁）を参照されたい。ただし、ローズヴェルトが「思い違い」をした可能性も排除できない。ローズヴェルト大統領周辺でなされていた議論の概要については、入江『日米戦争』（一一六―一一八頁）を参照されたい。

(40) *FRUS, Cairo and Teheran, 1943*, p. 532. この部分はスターリンの具体的な発言であったというよりも、それに触発されたローズヴェルトの個人的な着想だったのではないだろうか。ローズヴェルトは被侵略国である中国の領土主権を擁護することには敏感であったが、日本の領土を奪取することを躊躇しなかった。本文中で指摘したように、蔣介石に対しても琉球諸島を領有する意思があるかどうかを繰り返し質問した。

(41) Joseph G. Grew, Statement by Acting Secretary of State, "Review of Policy Regarding Korea," Statement released to press June 8, 1945, *Department of State Bulletin*, 10 June 1945, pp. 1058–1059; *New York Times*, 2 December 1943; Gauss to Hull, 7 December 1943, Decimal File 895.01/315; "Foreign Policy of the United States," Address by the Secretary of State, April 9, 1944, *Department of State Bulletin*, 15 April 1944, p.339.

(42) 韓豹頊『李承晩と韓米外交』（ソウル、中央日報社、一九九六年）、三四頁。高珽休「大韓民国臨時政府臨時大統領としての李承晩」、柳永益『李承晩大統領再評価』（ソウル、延世大学出版部、二〇〇六年）、二四頁。韓詩俊「李承晩と大韓民国臨時政府」、柳永益編『李承晩研究――独立運動と大韓民国建国』（ソウル、延世大学出版部、二〇〇〇年）、一八

九―一九〇頁。Gauss to Hull, 19 May 1944, Decimal File 895.01/338; Hull to Gauss, 12 June 1944, Decimal File 895.01/340.

(43) Letter, Rhee to Crowley, 29 September 1943, Crowley to Rhee, 20 October 1943, OPD 381 (29 September 1945), China Theater of Operation (CTO), Section IV, Case 146–185, RG 165, Records of the War Department, General and Special Staffs, NARA; Letter, Rhee to Marshall, 8 November 1943, and Memorandum by Hull, 12 November 1943, OPD 381 CTO (8 November 1945), "Plan to Train, Equip and Put into Action Unit of Koreans in Free China for Strategic Services," *ibid.*; Letter, Rhee to Roosevelt, 9 December 1943, and Memorandum by Hull, 16 December 1943, and Memo for Record, 16 December 1943, OPD 381 CTO (9 December 1943), "Plan to Train, Equip and Put into Action Unit of Koreans in Free China for Strategic Services," *ibid.*

(44) Rhee to JCS, 18 July 1944, Memorandum for JCS by Donovan, 29 July 1944, and Memorandum for JCS by McFarland, 2 August 1945, OPD 318 CTO (2 August 1944), "Proposed Korean Resistance Group in the Pacific," *ibid.*; "Utilization of Koreans in the War Efforts," SWNCC 115, 23 April 1945, OPD 014.1 TS (Section V), RG 165, Records of the War Department, General and Special Staffs, NARA.

(45) Preliminary Political and Policy Questions Bearing on Civil Affairs Planning for the Far East and Pacific Area, 18 February 1944, *FRUS, 1944*, V, pp. 1190–1194.

(46) "Korea: Occupation and Military Government: Composition of Forces," 29 March 1944, *ibid.*, pp. 1224–1228.

(47) "Korea: Political Problems: Provisional Government," 4 May 1944, *ibid.*, pp. 1239–1242. 五百旗頭『米国の日本占領政策』下巻、五―一〇頁。また、「e．日本人の技術要員の残留に対してはどのような政策がとられるか」との質問に対しても、三月二九日、「朝鮮――占領と軍事政府――日本人技術者」("Korea: Occupation and Military Government: Japanese Technical Personnel," 2p.) と題する政策文書が作成され、戦後計画委員会に承認された (2-A-44, *The Occupation of Japan*, 5p.)。さらに、同委員会の下部機関である特別政治局領土研究部門のボートンは、一一月に「朝鮮――内部的政治構造」("Korea: Internal Political Structure," 11p.) と題する論文を公表し、「日本の朝鮮支配がどれほど徹底し、朝鮮人の自治の経験がどれほど制限されているか」を論じた。信託統治化のための理論武装だろう。*Department of State Bulletin*, 12 November 1944, pp. 578–583.

（48） "Inter-Allied Consultation Regarding Korea," Briefing Book Paper, *FRUS, 1945, Malta and Yalta*, pp. 358–361.

（49） *FRUS, 1945*, VI, pp. 1022–1025. 大韓民国臨時政府に対する米国政府の態度は一貫していた。戦争終結の約二ヵ月前の時点でも、「『大韓民国臨時政府』は朝鮮のいかなる部分に対しても一度として行政権を行使したことがないし、それを今日の朝鮮人民の代表とみなすことはできない」と正式に表明して、その承認やサンフランシスコ講和会議への参加の可能性を否定したのである。グルーが『国務省公報』に発表した声明（Grew, "Review of Policy Regarding Korea," June 8, 1945, *Department of State Bulletin*, 10 June 1945, pp. 1058–1059）を参照されたい。

（50） Sherwood, *Roosevelt and Hopkins*, pp. 843–845; Dobbs, *Six Months in 1945*, pp. 3–6.

（51） Winston S. Churchill, *Triumph and Tragedy, The Second World War*, VI (London: Cassell, 1954, Reprinted by Penguin, 1985), pp. 320–325; *FRUS, Malta and Yalta, 1945*, pp. 667–671; Dobbs, *Six Months in 1945*, pp. 57–60.

（52） *FRUS, 1945, Malta and Yalta*, pp. 711, 716–718, 727–728, 867–868; Harriman and Abel, *Special Envoy to Churchill and Stalin*, pp. 411–415; Sherwood, *Roosevelt and Hopkins*, p. 866; Dobbs, *Six Months in 1945*, pp. 61–65.

（53） Harriman to Roosevelt, 15 December 1944, *FRUS, Malta and Yalta, 1945*, pp. 378–379; Roosevelt-Stalin Meeting, 8 February 1945, *ibid.*, pp. 766–771; Yalta Agreement, *ibid.*, p. 984; Harriman and Abel, *Special Envoy to Churchill and Stalin*, pp. 397–399. ソ連側は二人の会話を文章化した秘密協定の原案を作成し、二月一〇日にモロトフからハリマンに手交した。それには、外モンゴルの現状維持、中国が満洲の主権を完全に保持するとの理解に基づく日露戦争以前のロシア権益（大連・旅順租借、東清鉄道・南部支線の運営権）の回復、サハリン南部の回復、千島列島のソ連への委譲が明記されていた。これに対して、ハリマンはモロトフに旅順・大連の自由港化、東清鉄道・南部支線の中ソ合弁による共同運営、そしてこれら二点についての蔣介石総統の同意の必要性を明記するように要求した。しかし、スターリンはソ連海軍基地としての旅順港租借を譲らず、それを強引に実現した。チャーチルの署名を含めて、協定文作成の詳細な過程についてはファイスの研究を参照されたい。Herbert Feis, *The China Tangle: The American Effort in China from Pearl Harbor to the Marshall Mission* (New Jersey: Princeton University Press, 1972), pp. 240–250.

（54） *Ibid.* 呉忠根はソ連側の記録を紹介している。それによれば、ローズヴェルトは「彼らには後見への参加を主張する根拠がない」「始めは三者が後見人になって、もしイギリス人が騒ぎたてたら、後で彼らを招くこともできよう」と発言した。呉忠根「朝鮮分断の国際的起源」（『朝鮮半島の国際政治』、九七―九八頁）を参照されたい。

（55） 五百旗頭『米国の日本占領政策』上巻、八〇―八一頁および下巻、七一頁。

（56） Walter Millis ed. with B. S. Duffield, *The Forrestal Diaries* (New York: Viking Press, 1951), p. 56; Harriman and Abel, *Special Envoy to Churchill and Stalin*, p. 461; Dobbs, *Six Months in 1945*, pp. 82-83. ソ連の拡張主義を警戒する李承晩は米ソのヤルタ密約の存在を信じて疑わなかった。公表された会談報告のどこにも朝鮮に関する言及がないことに不審を抱いたうえに、米ソがカイロ宣言に反する密約を交わしたとの誤った情報に接して、李承晩はトルーマン大統領に「朝鮮が秘密外交の犠牲にされたのははじめてではない」と抗議した。*See*, Report of the Conference, *Department of State Bulletin*, 18 Feburuary 1945, pp. 213-216; Rhee to Truman, 15 May 1945, *FRUS, 1945*, VI, pp. 1028-1029. ワシントンで李承晩の側近として活躍し、後に外務部長官に就任した林炳稷も、後年、「ソ連参戦の代価として、韓国が分断されて生贄になったことは間違いのない事実である」と回顧した（林炳稷『林炳稷回顧録――近代韓国外交の裏面史』女苑社、一九六四年、二六一頁）。韓豹頊『李承晩と韓米外交』（中央日報社、一九九六年、三四―三七頁）も参照されたい。それに対する当時の反論として次の文献がある。Arthur L. Grey, Jr., "The Thirty-Eight Parallel," *Foreign Affairs*, Vol. 29, No. 3, 1951.

（57） Mastny, *The Cold War and Soviet Insecurity*, p. 17; Vojtech Mastny, *Russia's Road to the Cold War: Diplomacy, Warfare, and the Politics of Communism, 1941–1945* (New York: Columbia University Press, 1979), pp. 44-47; Hull, *The Memoirs of Cordell Hull*, II, p. 1172.

（58） 横手「ソ連の戦後アジア構想」、三三八頁。

（59） Harry S. Truman, *Year of Decisions* (New York: Doubleday, 1955), pp. 4-8. 五百旗頭『米国の日本占領政策』下巻、九六―一〇二頁。ただし、ローズヴェルト政権から引き継いだ一〇人の閣僚のうち、六ヵ月後にその任務にあったのは、フォレスタル海軍長官、イッキーズ内務長官およびウォーレス商務長官の三人だけであった。Donald R. McCoy, *The Presidency of Harry S. Truman* (Lawrence: University Press of Kansas, 1984), pp. 19-20; Robert L. Messer, *The End of an Alliance: James F. Byrnes, Roosevelt, Truman and the Origins of the Cold War* (Chapel Hill: University of North Carolina Press, 1982), pp. 11-15.

（60） John Lewis Gaddis, *The Long Peace: Inquiries into the History of the Cold War* (New York: Oxford University Press, 1987), p. 30; John Lewis Gaddis, *The Cold War: A New History* (New York: Penguin Books, 2005), pp. 20-21, 26-27; McCoy, *The Presidency of Truman*, pp. 28-29; Dobbs, *Six Months in 1945*, pp. 132-134, 153-158; Mikołajczyk, *The Rape of Poland*, pp. 130-132.

（61） McCoy, *The Presidency of Truman*, pp. 15-17, 29-30. 五百旗頭『米国の日本占領政策』下巻、一四一—一四四頁。長谷川毅『暗闘』（中央公論新社、二〇〇六年）、一〇二—一一〇、一二三—一二四頁。Gaddis, *The Long Peace*, pp. 30-31.

（62） Dunn, *Caught between Roosevelt and Stalin*, pp. 68-72. 長谷川『暗闘』、一二四—一二五頁。William O. McCagg, Jr., *Stalin Embattled, 1943-1948* (Detroit: Wayne State University Press, 1978), pp. 190-191; Harriman and Abel, *Special Envoy to Churchill and Stalin*, pp. 457-461: Sherwood, *Roosevelt and Hopkins*, pp. 885-887.

（63） Harriman and Abel, *Special Envoy to Churchill and Stalin*, pp. 461-462; Millis ed. with Duffield, *The Forrestal Diaries*, p. 56.

（64） *FRUS, 1945*, VII, pp. 869-870; Joseph G. Grew, *Turbulent Era: A Diplomatic Record of Forty Years, 1904-1945*, II, ed. by Walter Johnson (Boston: Houghton Mifflin, 1952), pp. 1455-1457. なお、スティムソンの回答については、本書第二章第三節を参照されたい。

（65） *FRUS, 1945*, VII, pp. 878-883.

（66） Memorandum of 3rd Conversation at Kremlin, 28 May 1945, *FRUS, Berlin, 1945*, I, pp. 41-47; Cabled Summary by Hopkins, quoted from *Roosevelt and Hopkins*, pp. 902-903.

(67) *FRUS, Berlin, 1945*, I, p. 47.

(68) McCloy to Grew, 27 May 1945, *FRUS, 1945*, VII, pp. 884–887. ただし、マックロイは信託統治期間中に許容される各国の駐留兵力の上限を一万名に引き上げるように主張した。

(69) Truman, *Year of Decisions*, pp. 190–191, 334–339; Henry L. Stimson and McGeorge Bundy, *On Active Service in Peace and War* (New York: Harper and Brothers, 1947), p. 635; James F. Byrnes, *Speaking Frankly* (New York: Harper & Brothers, 1947), p. 259; Messer, *The End of an Alliance*, pp. 44–45, 69–70. 五百旗頭『米国の日本占領政策』下巻、一九四頁。

(70) The Berlin (Potsdam) Conference, July 17–August 2, 1945, *A Decade of American Foreign Policy*, pp. 28–39. 佐藤大使から東郷大臣宛電報（一三八五号）、外務省編『終戦史録』3、北洋社、一九七七年、一六九―一七一頁。長谷川『暗闘』、二〇二―二〇七、二一七―二二〇頁。

(71) *FRUS, Berlin, 1945*, I, pp. 310–314.

(72) Harriman to Truman and Byrnes, 9[8] July 1945, *ibid*., p. 234; Stimson to Truman, July 16, 1945, *FRUS, Berlin, 1945*, II, p. 631; Mikołajczyk, *The Rape of Poland*, pp. 124–129; Dobbs, *Six Months in 1945*, pp. 332–333.

(73) Harriman to Truman and Byrnes, 3 July 1945, *FRUS, 1945*, VII, pp. 912–914.

(74) Thompson's Minutes, Sixth Plenary Meeting, 22 July 1945, *FRUS, Berlin, 1945*, II, pp. 252–253. Zhukov and Zabrodin, "Korea, Short Report," 29 June 1945, Weathersby, "Soviet Aims in Korea and the Origins of the Korean War, 1945–1950, pp. 6–8. この外務省文書はソ連の戦略的な立場を伝統的な観点、すなわち日本その他の敵対勢力に対する防御という地政学的な観点から説明している。

(75) Six Plenary Meeting, 22 July 1945, *FRUS, Berlin, 1945*, II, pp. 254–256; Footnote 51, *ibid*., p. 260; Byrnes, *Speaking Frankly*, pp. 76–77.

(76) Department of State Minutes, Sixth Meeting of the Foreign Ministers, 23 July 1945, *FRUS, Berlin, 1945*, II, pp. 281–283.

（77） James F. Byrnes, *All in One Lifetime* (New York: Harper & Brothers, 1958), p. 291; Byrnes, *Speaking Frankly*, p. 208; Robert H. Ferrell, ed., *Off the Record: The Private Papers of Harry S. Truman* (New York: Harper & Row, 1980), pp. 53-54; Messer, *The End of an Alliance*, p. 105; Martin J. Sherwin, *A World Destroyed: The Atomic Bomb and the Grand Alliance* (New York: Vintage Books, 1977), pp. 224-227; J. Samuel Walker, *Prompt & Utter Destruction: Truman and the Use of Atomic Bombs against Japan* (Chapel Hill: University of Northern Carolina Press, 1997), pp. 56-65.

（78） Ferrell, ed., *Off the Record*, pp. 53-54; Millis ed. with Duffield, *The Forrestal Diaries*, p. 78. バーンズ外交と朝鮮問題との関係については、呉忠根が早くから注目していた。呉忠根「戦時米ソ交渉における朝鮮問題――ポツダム会談を中心に」（『法学研究』第五六巻六号、一九八三年六月、四八―五二頁）を参照されたい。

（79） Grew, "Review of Policy Regarding Korea," June 8, 1945, *Department of State Bulletin*, 10 June 1945, pp. 1058-1059.

第二章　三八度線設定の地政学

――米国の対日軍事戦略と国際政治

はじめに

　朝鮮半島における三八度線の設定については、ヤルタ会談密約説から軍事的便宜説、政治的意図説、そして冷戦起源説にいたるまで、これまでに多くの議論が積み重ねられてきた。しかし、本章の第一の目的は、それが設定された原因や過程を直接的に分析し、その責任を追及することではない。それよりも、変遷する第二次世界大戦の米軍事戦略のなかで、朝鮮半島がいかなる地政学的な位置を占めたのかを問い直し、そこから朝鮮分断に関する新しい視座を獲得することにある。戦争初期に、米統合参謀本部（JCS）は中国内陸部からの日本本土爆撃を検討し、次に台湾とその対岸の厦門を占領して、日本本土と東南アジアとの間の海空の連絡線を切断する軍事戦略を構想した。その後も、舟山列島・寧波半島、山東半島、朝鮮西海岸、済州島など、中国大陸沿岸地域を北上し、日本列島を西側から封鎖し、爆撃する戦略を検討した。それらの朝鮮半島の将来に直接的に関係する作戦計画はどのように生まれ、消えたのだろうか。一九四三年末までに米国内で進行した二つの軍事技術革命（RMA）、すなわちエセックス級高速航空母艦とB‐29長距離爆撃機の登場は、米国の軍事戦略をどのように変化させたのだろうか。また、ヤルタ会談以後、米国が沖縄を経て日本本土を強襲する軍事戦略を採用し、ソ連軍が満洲、そして朝鮮半島への侵攻を準備するなかで、太平洋陸軍総司令部（AFPAC）、統合参謀本部、そして国務・陸軍・海軍三省調整委員会（SWNCC）は、どのような朝鮮作戦を想定したのだろうか。さらに、戦争の最終段階で生じた日本の「突然の崩壊ないし降伏」の可能性に対応して、どのような朝鮮進駐・占領計画が準備されたのだろうか。そこで問い直されるのは、「実際に何が起きたか」である以上に、米国の軍事指導者たちが「何を考えて、いかに戦ったか」である。「歴史のイフ（if）」を問うことが目的ではないが、一見して朝鮮半島とは無縁な多くの軍事戦略および作戦計画を検討することが、三八度線設定の軍事的な本質を理解するための枠組みを提供してくれるだろう(1)。

本章の第二の目的は、グローバルな国際政治のなかで、軍事作戦の政治的な意味を考えることである。多くの重要な軍事戦略や作戦計画が政治的な意味をもつことは自明であるが、ヤルタ会談を支配した論理とポツダム会談で台頭した論理の間には大きな違いがあった。極東問題に関する限り、前者ではソ連の対日参戦が中心的な議題になった。それを確実にするために、病身のローズヴェルト大統領がヤルタまで大旅行を敢行し、さらに大きな政治的代償を支払ったのである。しかし、後者では、ドイツ降伏後の東ヨーロッパでの経験、日本の早期降伏の展望、そしていま一つの巨大な軍事技術革命、すなわち原子爆弾の完成が、トルーマン大統領やバーンズ国務長官の政策決定に大きな影響を及ぼした。ポツダム会談が近づくにつれて、朝鮮独立問題はポーランド問題と対比されたし、原爆実験の成功によって、ソ連の参戦自体が必ずしも必要とされなくなったからである。カイロ会談で誓約された朝鮮の「自由・独立」、ヤルタ会談で確認された四大国による朝鮮信託統治などは、戦争の最終段階での米国の軍事作戦や占領計画にどのような影響を及ぼしたのだろうか。その当時に検討された米ソの共同作戦や連合国の共同占領は単なる「言葉の遊戯」にすぎなかったのだろうか。さらに、朝鮮半島を二分する米ソの進駐計画はいつ、どのように浮上したのだろうか。ポツダムでの米ソ参謀長会議では、米ソの海上・潜水艦作戦や航空作戦のための境界線が引かれたのに、なぜ地上作戦のための陸上境界線は引かれなかったのだろうか。そこに米国の原爆外交が介入する余地はなかったのだろうか。もし政治的な意図が介在したとすれば、それはどのようなものだったのだろうか。それらの疑問に答えることが、三八度線設定の国際政治的な本質を明らかにするだろう。

一　軍事戦略のなかの朝鮮半島

1　中国内陸部から中部太平洋諸島へ

日米開戦がヨーロッパ大戦に戦略的な衝撃を与えるなかで、一九四一年一二月二二日、チャーチル首相と英軍参謀長たちがワシントンに到着した。同日夜のローズヴェルト・チャーチル会談に続いて、翌日から米英連合参謀長会議が開催されたのである。一連の会合は秘匿名称でアルカディア（ARCADIA）と呼ばれたが、そのもっとも重要な議題は第二次世界大戦の大戦略に関するものであり、一二月三一日までに、対独戦争と対日戦争の関係に関するもっとも重要な認識が米英間に共有された。米英両首脳と軍事指導者たちは、ドイツこそ枢軸国のうちの主要な敵であり、日本の参戦にもかかわらず、大西洋・ヨーロッパ戦域でドイツを打倒することこそ第二次世界大戦勝利のための鍵であることを確認して、そのような連合戦略からの逸脱を「その他の戦域でのもっとも重要な利益の防衛のために必要な最小限の戦力」に限って許容したのである。米英にとっての最大の悪夢は、ヒトラーの圧力に屈して、スターリンがドイツとの単独講和に踏み切ることであった。しかし、それだけでなく、チャーチルとしては米国の軍隊と支援の主力が太平洋戦域に投入されることを警戒せざるをえなかったし、ローズヴェルトもまた米国国民の関心が対日戦争に集中することを恐れて、対独戦争重視の戦略に同意したのである(2)。

しかし、アルカディアが開催されるまでの間にも、西太平洋から欧米の勢力を駆逐するための日本軍の大攻勢が進展していた。グアムとウェーク島が占領され、フィリピンではマッカーサー（MacArthur, Douglas）大将がバターンへの退却を開始したし、一二月一〇日には英国の戦艦プリンス・オブ・ウェールズと巡洋戦艦レパルズが日本軍の航空機によって撃沈された。主力艦が洋上で航空攻撃によって撃沈されるのは、戦争の歴史上はじめてのことであった。とくに前者は英海軍の最新鋭艦であり、この年の八月にチャーチル首相を乗せてプラセンティア湾まで航海し、その甲板を英米首脳会談の舞台として提供したばかりであった。さらに、クリスマスに香港、翌一九四二年一月二日にマニラが陥落し、二月一五日にシンガポール、そして三月九日にラングーンが陥落した。要するに、最初の数ヵ月間に、日本軍は自国を中心とする巨大で同心円的な軍事空間を構築し、それをさらに拡大し続けたのである。他方、アルカディアで定義された「もっとも重要な利益の防衛」という任務は膨大なものであった。それには、第一にオーストラリア、ニュージーランドおよびインドの安全と中国の抗戦努力に対する支援、第二に将来の対日攻勢のための重要拠点として、ハワイ、アラスカ、シンガポール、蘭領東インドの障壁線、フィリピン諸島、ラングーン、中国へのルートそしてシベリア沿海州の確保が含まれていたのである。しかも、そのために必要とされる「最小限の戦力」は米英「相互の討議事項」とされていた。(3)

そのような軍事情勢を反映して、一九四二年から四三年初めまで、太平洋・極東戦域において長期的な軍事戦略を描けないまま、米軍は「戦術的な機会主義」と「抽象的な地政学理論」に依存して、日本軍の強固な「接近拒否・領域拒否」(Anti-Access/Area Denial) に対応せざるをえなかった。また、日本海軍の積極果敢な迎撃作戦によって、米海軍は太平洋に保有する五隻の航空母艦のうちの二隻を珊瑚海海戦とミッドウェー海戦で失い、さらに二隻が日本軍潜水艦の魚雷攻撃と艦上攻撃機の爆撃によって撃沈された。一九四三年初頭の一時期には、太平洋で行動する米空母は一隻(サラトガ)のみになったのである。しかし、それにもかかわらず、米軍は一九四二年二月に二隻の空母でマーシャル諸島を空襲し、四月にB-25爆撃機隊(ドーリットル)によって東京空襲を敢行し、五月に珊瑚海で日本軍のポートモレスビー(ニューギニア)攻略部隊の上陸を阻止した。さらに、六月のミッドウェー海戦では日本海軍の空母四隻を一挙に撃沈した。また、その機会を逃すことなく、南西太平洋のサンタクルーズ諸島、ニューヘブリデス諸島から地上航空基地を北上させる戦術的攻撃(ウォッチタワー)作戦を立案し、八月以後、それをガダルカナル島で実行に移した。夜間攻撃を伴う日本軍の激しい攻撃は、米海軍部隊に大きな損害を与えたが、戦闘は一一月中旬に実質的に終了し、米軍は地上航空基地から出撃する陸軍爆撃機によって、南西太平洋の制空権を掌握することに成功したのである。しかし、そのために太平洋戦域に展開された米軍戦力（航空機と兵力）は膨大になり、それは対独戦争のためにヨーロッパに展開した戦力にほぼ匹敵した(4)。

その結果、一九四三年一月に開催されたカサブランカ米英首脳会談では、太平洋・極東戦域にすでに蓄積された戦力によって、米国が「日本に対する圧力を維持し、イニシアティブを保持して、ドイツ降伏後、できるだけ早期に連合国による全面的な対日攻勢を可能にするための準備を整える」（傍点引用者）ことが承認された。また、日本列島に対する攻撃はヨーロッパ戦域での英国諸島に対する攻撃にたとえられ、封鎖、爆撃、強襲の三段階から構想された。そのうちで、一九四三年の軍事目的にされたのは、第一段階から第二段階に向かうこと、すなわち日本本土の爆撃を可能にする地上航空基地を確保することであった。それこそ対日戦争勝利に向けての第一歩だったのである。しかし、この当時は、依然としてB-29によるマリアナ諸島からの日本本土爆撃という戦略概念は存在しなかった。英軍参謀総長からの質問に答えて、アーノルド（Arnold, Henry Harley）陸軍航空部隊総司令官が具体的に言及できたのは、日本本土を新型長距離爆撃機の航続距離内に含めることができる中国内陸部の拠点、すなわち南昌地域、およびソ連領沿海州に設定される航空基地にほかならなかった。言い換えれば、アーノルドは依然として日本軍がすでに確保した「距離の暴威」（tyranny of distance）を打破して、「接近阻止・領域拒否」戦略を克服する方法を発見できなかったのである。総参謀長たちは第三段階である日本本土に対する「強襲」を遠い将来のこととして、それが必要になるとの確信さえもてなかった(5)。

そのような情勢の下で、キング（King. Ernest Joseph）海軍作戦部長（米艦隊総司令官）は中国による対日戦争継続と中国・ビルマ・インド戦域での米軍の指揮権確立を地政学的な観点から正当化して、「ヨーロッパ戦域では、地理的な位置と人的資源の観点から、ロシアがドイツと対抗するうえで最も有利な立場にある。太平洋では、中国が日本に対して同じような関係にある。ロシアと中国の人的資源に必要とされる武器を供給して、日本との戦いを可能にすることこそ、我々の基本的な政策であるべきだ」と主張した。さらに、米英の参謀長たちは、台湾海峡と中国沿岸の日本の連絡網を攻撃するために、中国の地政学的な位置を利用することができると考えていた。これらの理由から、五月にワシントンで開催される米英連合参謀長会議（トライデント）のために米統合参謀本部が準備した文書は、一九四三―四四年に達成されるべき軍事目標として、アリューシャン列島からの日本軍の排除、中央太平洋のマーシャル諸島からの西進、すなわちカロリン諸島、ソロモン諸島、ビスマーク諸島、そして日本支配下のニューギニアの奪取などと並んで、中国内および中国からの航空作戦、そして中国への補給を強化するためのビルマ作戦の実施が掲げられていた。これらが初期の米国対日軍事戦略の核心的部分だったのである。(6)

しかし、このような中国の地政学的な役割に対する高い評価は、その後、一九四三年末までに二つの要因によって修正されていった。第一に、米国の戦略構想に反して、英国も中国もビルマ作戦に積極的でなかった。そのために、重慶に派遣されたスティルウェル中将は「米陸軍が第二次世界大戦中に経験した最も複雑な政治的および行政的な状況」に直面し、蔣介石総統と感情的に対立せざるをえなかったのである。論争の焦点になったのは、中国への陸上補給を可能にするビルマ・ルートの拡大であり、それは中国が対日戦争を継続するために不可欠であると考えられていた。前章で指摘したように、米国は英海軍による南部ビルマへの上陸作戦を要求したが、英国はそれを単独で遂行することに消極的であり、それに呼応して、中国軍が雲南から北部ビルマに大規模な攻勢を敢行することを要求した。しかし、蔣介石にはそれが不満であった。他方、日本本土爆撃のために中国内陸部に航空基地を設定することも容易ではなかった。八月にケベックで開催された米英連合参謀長会議（クォドラント）では、日本の中心部から約二四〇〇キロメートルの距離にあり、南昌に近い長沙地域が有力候補地とされたが、長沙も、後に浮上する桂林も、日本軍による攻撃が地理的に可能な範囲内に位置したのである。中国内陸部への航空基地の設定が日本軍による必死の反撃を招来することは明らかであった。しかも、ビルマ・ルートが開通するまで、蔣介石が日本軍を駆逐するための作戦を積極的に遂行するとは考えられなかった。(7)

第二に、一九四三年末までに進行した二つの軍事技術革命、すなわちエセックス級新型高速航空母艦を中心とする米艦隊の再編成とB-29長距離爆撃機の実戦配備の展望が、サイパン島とグアム島を含むマリアナ諸島からの日本本土爆撃という新しい戦略概念の台頭を促した。このうち前者は、一九四三年五月以後、革命的な設計(レーダーによる索敵と射撃指揮、三〇ノット以上の速度を維持する巨大タービン、九〇―一〇〇機の航空機搭載など)によって建造されたエセックス級空母が相次いで竣工し、それにインディペンデンス級軽空母が加わって、太平洋艦隊が高速空母任務部隊を中心に再編成されたことを指している。ミッドウェー海戦で撃沈されたヨークタウンも、この年の夏にエセックス級の新鋭空母に姿を変えて真珠湾に復帰した。一九四三年初頭にわずか一隻の航空母艦を残すのみになった米太平洋艦隊が、わずか一年の間に、エセックス級六隻、インディペンデンス級六隻の新型航空母艦を擁する大艦隊に変貌したのである。新たに編成された複数の空母で構成される任務部隊は、上陸目標に対する航空攻撃と艦砲射撃に威力を発揮して、一九四四年以後、マーシャル諸島、ニューギニア島、マリアナ諸島、フィリピン諸島、琉球諸島への上陸作戦で大きな成果を挙げ、日本本土に迫る海上ルートを開拓したのである。(8)

B-29は第二次世界大戦中に開発されたもっとも先進的な長距離重爆撃機であり、「空の要塞」(super-fortress)と称された。一〇トンの爆弾を積載しても、航続距離は約六六〇〇キロメートルに達した。上昇限度はほぼ一万メートルであり、敵戦闘機も高射砲も到達できない高度を飛行できた。そのために、すでに一九四三年一〇月の段階で、統合参謀本部内で「重爆撃基地の設定を最重要の使命として、できるだけ早期にマリアナ諸島を奪取すべきである」との提案が検討されたほどである。要するに、中国内陸部の南昌・長沙・桂林地域に代わって、日本列島の中心部に向けて連なる中部太平洋諸島、とくにマリアナ諸島(サイパン、グアム、テニアン島)がB-29による効果的な本土爆撃を可能にする航空基地として急浮上したのである。もし同じ時期に進行した二つの軍事技術革命の結合がなければ、米軍はニューギニアからセレベス、フィリピン北部、中国大陸沿岸部に向けて前進し、そこから沖縄を奪取して航空基地を建設し、日本本土爆撃を強化するという時間のかかる方法を選択せざるをえなかっただろう。ただし、日本本土爆撃の初期段階では、B-29を中国のさらに内陸から出撃させるという強引な計画も実行に移された。事実、一九四四年六月にはじめて出撃したB-29は、インドの航空基地からバンコクにある日本軍の鉄道整備工場を爆撃した。そして、その一〇日後に、四七機のB-29がインドからヒマラヤを越えて成都に到着し、そこで給油した後に、北九州の八幡製鉄所を爆撃したのである。しかし、それと同じ頃、マリアナ諸島では、米海軍によるサイパン島上陸作戦が開始されていた。そして、一一月二四日には、そこから出撃した九四機のB-29がついに日本の首都・東京を空襲したのである。(9)

2 台湾・厦門か、ルソン島か

ところで、中部太平洋諸島から日本本土を爆撃するという作戦のためには、日本軍に占領されたギルバート諸島を奪回し、そこからカロリン諸島、マーシャル群島、そしてマリアナ諸島を攻略して、硫黄島を目指すという「海洋型」戦略が必要とされた。他方、米陸軍の作戦計画はオーストラリアからニューギニアへ北上し、ソロモン諸島、ビスマーク諸島を経由して、セレベス島（スラウェシ島）やルソン島（フィリピン諸島）を奪回するというものであった。確かに南西太平洋戦域を正面にするマッカーサーの作戦計画は、中国内陸部を出発点とする作戦計画やビルマ作戦よりもはるかに効率的であった。しかし、エセックス級航空母艦を中心にする航母艦隊の再編成によって、いま一つの正面、すなわちニミッツ（Nimitz, Chester W.）提督の指揮する中部太平洋戦域での進撃が驚くべき速度で進展した。事実、マッカーサーがようやくニューギニア北西沖のビアク島を奪取したとき、ニミッツはすでにマリアナ諸島を占領し、硫黄島と沖縄本島を攻略する作戦の準備を始めていたのである。したがって、南西太平洋戦域の陸軍部隊がフィリピンの大部分を放置して、台湾を目指すべきであるとの主張には相当の根拠があった。事実、マッカーサーにとっては不快であっただろうが、テニアン島から出撃したB-29による原子爆弾の投下を含めて、結果的には、米海軍が中部太平洋戦域で突出したことが、日本本土の爆撃を可能にして、太平洋戦争の帰趨を決したのである[10]。

したがって、一九四四年を通じて、ワシントンの統合参謀本部が直面した最大の戦略問題の一つは、太平洋の米軍をルソン島とフィリピン諸島に向けて進撃させるべきか、フィリピンを迂回して台湾とその対岸の厦門を占領するべきかという問題であった。マッカーサーが強調したように、戦争初期に日本軍に占領されたフィリピンの解放には政治的な象徴性が存在したが、統合参謀本部としては、ルソン島解放と台湾奪取の戦略的な利点を軍事的な観点から比較せざるをえなかったのである。とりわけ、台湾作戦の唱道者であったキング海軍作戦部長は、台湾島を占領するだけでなく、台湾海峡を支配し、厦門近郊の大陸沿岸地域に上陸することによって、日本本土とオランダ領東インド諸島や東南アジアとの間の海空の連絡線を切断することができると主張した。その結果、台湾・厦門かルソン島かの論争に決着をつけないまま、三月一二日、統合参謀本部はマッカーサー南西太平洋区域総司令官（CINCSWPA）とニミッツ太平洋海洋区域総司令官（CINCPOA）に対して「もっとも重要なルソン、台湾、中国沿岸地域」の三角地帯に向けた進撃を命令し、台湾占領の暫定的な目標日を翌年二月一五日に設定したのである。しかも、それは台湾占領までにルソン島を奪取する可能性を排除していなかった[11]。

暫定的にしろ、台湾占領の目標日が設定されると、統合参謀本部の下で重要な作戦計画の立案を担当した統合計画参謀（JPS）の間では、それ以後の作戦計画、すなわち日本本土侵攻が必要であるか否かが真剣に議論され始めた。しかも、一九四三年一月のカサブランカ首脳会談当時とは異なって、一九四四年四月には、「封鎖と爆撃だけで、日本が崩壊するかどうかはきわめて疑わしい」「日本本土への侵攻によってのみ、日本の崩壊は確実になる」との意見が有力になっていたのである。さらに、次回の米英連合参謀長会議に備えて、統合計画参謀の下部機関である統合戦争計画委員会（JWPC）は六月末に「台湾以後の対日作戦」（J.C.S. 924）と題する包括的な研究を提出したが、それは台湾占領以後の戦略概念として「日本の工業的な心臓部に侵攻して目標地点を奪取する」ことを構想すべきであると主張していた。また、そのための基本的な作戦計画としては、台湾とマリアナ諸島からの日本本土爆撃に加えて、一九四五年四月一日に始まる第一段階で小笠原諸島と奄美大島を含む琉球諸島を奪取し、さらに厦門から大陸沿岸を北上して温州地域を占領し、七月一日以後の第二段階で小笠原諸島、琉球諸島、中国沿岸地域を統合して、そこから敵の攻撃能力を削減し、そして第三段階で九州（一〇月一日）と関東平野（一二月三一日）を強襲することを想定していた。この新しい戦略概念は、統合参謀本部による若干の修正の後、一九四四年九月に開催された第二次ケベック米英連合参謀長会議（オクタゴン）に提出され、米英の連合戦略に正式に組み込まれたのである。(12)

他方、ローズヴェルト大統領は、七月のハワイ訪問の機会に、マッカーサー大将とニミッツ提督の双方から台湾作戦とルソン島作戦についての意見を聴取した。ニミッツは海軍にとっては台湾作戦の方が望ましく、それが日本本土への進撃を促進すると主張したが、マッカーサーは陸軍にとってはルソン作戦の方が容易であり、それが政治的な意義をもつことを強調した。ただし、双方とも、ただちに最終的な決断を下す必要がなく、秋まで決定を延期できるとした。大統領はマッカーサーが描いた構想により好意的であり、台湾作戦を排除しないまま、フィリピン奪回に保証を与えた。リデル＝ハート（Liddell-Hart, Basil Henry）が指摘するように、「政治的な配慮、そしてフィリピンに凱旋したいというマッカーサーの当然の欲求が、フィリピン諸島を迂回しようという主張を押しのけた」のである。しかし、それ以後、ニミッツ提督は台湾作戦を南部地域に限定して、迅速に中国沿岸の厦門を占領する作戦を計画した。しかし、ニミッツとキング提督は、それがマッカーサーによるルソン島侵攻を遅延させることはないと主張したのである。しかし、マーシャル陸軍参謀総長は、台湾・厦門作戦の終了後に南方に後退して、ルソン島作戦に着手することを好まなかった。それよりも、ルソン島作戦後にむしろ台湾を迂回して、九州に直進する可能性を示唆したのである。[13]

台湾・厦門かルソン島かの論争に決着をつけたのは、九月末のキング・ニミッツ会談であった。上陸作戦に適した兵力の不足や物資調達の困難性の観点から、ニミッツ提督が台湾作戦の実行可能性に疑問を投げかけたために、キング提督も説得されたのである。こうして、長期にわたる台湾・ルソン島論争は終結した。一〇月三日、統合参謀本部はマッカーサーに一九四四年一二月二〇日を目標日とするルソン島の奪取と占領を命令し、ニミッツ提督にそれぞれ翌年一月二〇日と三月一日を目標日とする小笠原諸島（硫黄島）と南西諸島（沖縄本島）の拠点攻略を命令したのである。結果的に、米軍は中部太平洋戦域と南西太平洋戦域で並行して攻勢をとることになり、日本軍は二正面での防衛という膨大な消耗戦を強いられることになった。しかし、台湾・ルソン島論争が終息すると、改めて日本本土侵攻の困難性が認識されざるをえなかった。同じ頃、陸軍省作戦部（OPD）がスティムソン陸軍長官に提出した報告書は、一方で中国大陸から日本を攻撃する場合に「この戦争でかつて試みられたことのないほど大きな補給問題」が提起されることを指摘していたが、さらに進んで、他方で「英国の基地からわずか五〇マイルほどの海峡を渡るノルマンディ上陸作戦の困難性を生々しく記憶する人々」にとって、「数千マイルの太平洋を越えて、数十万もの人員と膨大な量の物資を輸送する」海上作戦の重大性は明白であると指摘した。これにみられるように、台湾迂回の決定は必ずしも大陸沿岸作戦の消滅を意味しなかったのである。[14]

3　大陸沿岸部北上か、日本本土直進か

それどころか、興味深いことに、台湾・厦門かルソン島かの論争は日本本土侵攻計画のなかで形を変えて再燃した。たとえば、一九四四年一二月、太平洋海洋区域（ニミッツ）司令部の参謀たちは、中距離爆撃機によって日本国内の重要地域に到達できる大陸沿岸の拠点を確保して、日本本土を集中的に爆撃し、さらに日本と華中および満洲・朝鮮

との間の連絡を切断する計画を検討していた。その候補地として、山東半島の一ヵ所、朝鮮の一ヵ所を挙げ、上海の南方に位置する舟山列島・寧波半島を最適地としたのである。また、統合参謀本部は、翌月、そこへの上陸準備を開始しないという了解の下で、ニミッツ提督に舟山・寧波作戦の立案を命令した。それを九州侵攻計画と具体的に関連させることは控えつつ、作戦立案を迅速に承認したのである。他方、ワシントンの統合計画参謀たちも、この地域を望ましい作戦目標として想定し、それを一九四五年六月には攻略できると考えていた。舟山・寧波作戦のもっとも熱心な唱道者は、エンタープライズ艦上でミッドウェー海戦を冷静に指揮したスプルアンス（Spruance, Raymond Ames）第五艦隊司令官であった。しかし、親友のハルゼー（Halsey, William Frederick, Jr.）第三艦隊司令官がそれに強く反対したために、ときに二人の議論は白熱せざるをえなかった(15)。

しかし、ヤルタ会談後の二月一三日、さらに有力な反対意見がマッカーサー将軍から表明された。クリミアからマニラに派遣されたワシントンの統合計画参謀グループに対して、マッカーサーは「軍事的見地からは、米軍が日本に侵攻する以前にソ連を対日戦争に参加させるために、あらゆる努力を払うべきである。そうでなければ、我々は日本軍の重圧を受けて損害を被るが、ソ連は適当な時期に大きな抵抗を受けることなく、その他の地域に侵入することになるだろう」「ソ連は満洲、朝鮮の全域とおそらく華北の一部を欲するだろう。これらの領土の占拠は不可避だろう」（傍点引用者）と指摘したうえで、「ソ連軍の行動およびそこから得られる戦略的な驚愕と結び付けて、適当な時機にはじめから日本の心臓部に上陸して、敵の兵力を分裂させる方が、日本列島の他の遠隔地域に最初に上陸して我々の兵力を削るよりもはるかに大きな利点をもつ」と主張したのである。言い換えれば、マッカーサーは大陸部での大規模な軍事作戦をすべてソ連軍に委ねて、その衝撃を最大限に利用して、米軍を関東平野に直進させることを提案したのである。しかし、マニラからグアムに向かったリンカーン（Lincoln, George A.）准将を待っていたのは、朝鮮作戦の立案に努力する太平洋海洋区域司令部の参謀たちの姿であった(16)。

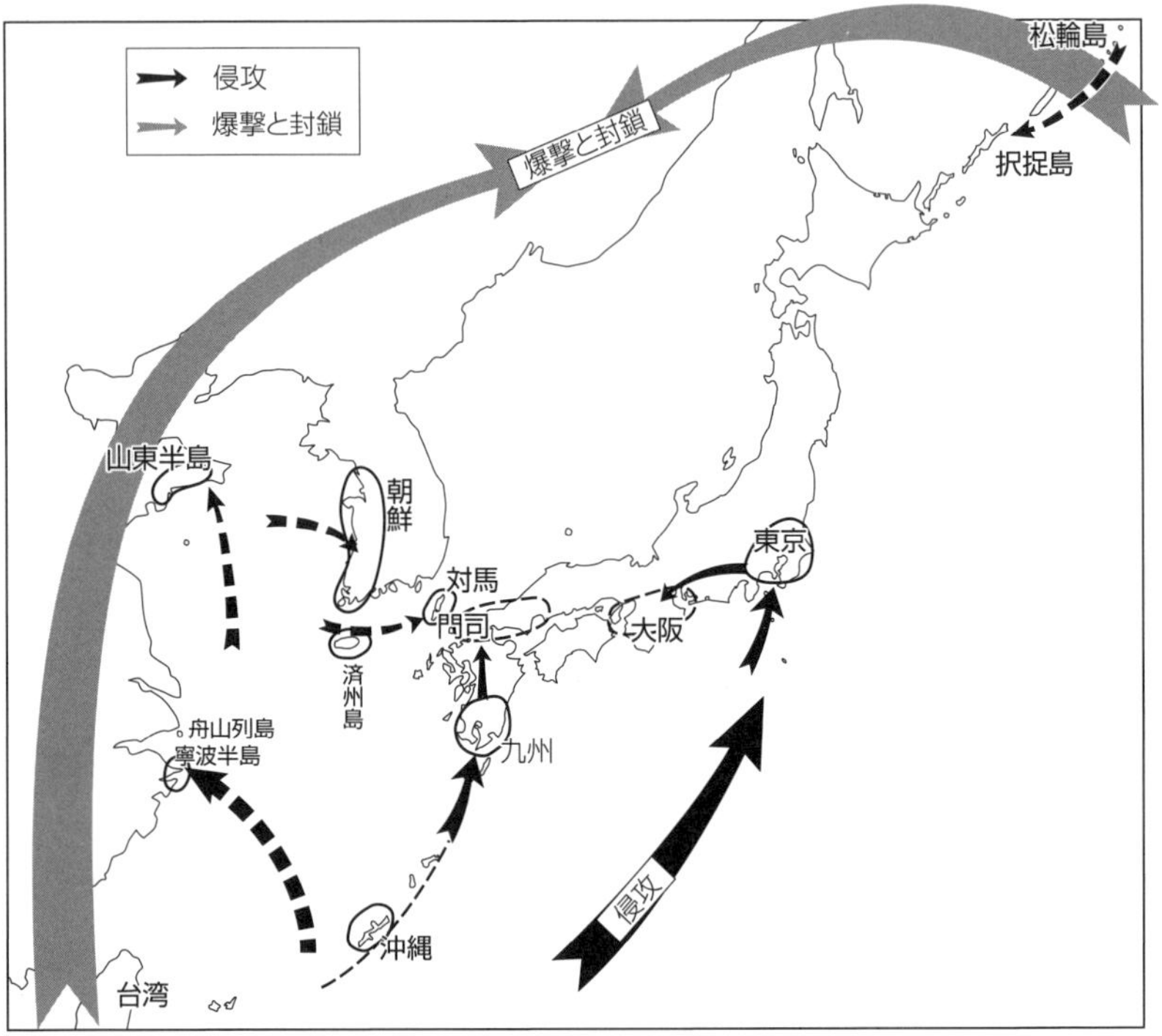

地図１　日本本土の包囲・侵攻計画
出典：J. C. S. 924/15（25 April 1945）に収録の地図から作成。
破線の矢印は実行されなかった大陸沿岸北上・朝鮮半島経由のルート。

沖縄上陸作戦が予定よりも一ヵ月遅れて一九四五年四月一日に開始されると、次の目標として九州侵攻を設定するか、大陸沿岸の拠点その他の奪取によって日本本土の封鎖を完成するかが、早急に決定されなければならなかった。このような状況の下で、四月一二日、マーシャル陸軍参謀総長はマッカーサー将軍に統合参謀本部内の二つの見解を伝えて、それについての意見を聴取した。いうまでもなく、第一の見解は舟山列島・寧波半島、山東半島ないし朝鮮西海岸の拠点、あるいは済州島、対馬の奪取を含む海空からの日本本土の爆撃・封鎖を主張するものであり、第二の見解はフィリピンへの兵力の集結と琉球諸島への陸上航空基地の設定後、ただちに実施される日本本土への侵攻を支持するものであった。これに対して、四月二〇日に打電されたマッカーサーの回答は、予想されたとおり、「琉球諸島への航空基地の展開は、空母艦載機とともに、九州上陸を支援するのに十分な航空力を提供するし、九州への航空力の設定は本土への完全なる制空権を保証するだろう」とするものであった。他方、ニミッツ提督も「決定的な勝利を達成するための早期の九州侵攻」を進言した。両者ともに、九州上陸作戦の開始を一一月に設定したのである。ただし、ニミッツは、それが一九四五年末までに開始できない場合に、舟山列島を占領し、朝鮮海峡を支配することを進言した。また、これによって、それまで検討されていた東シベリアへの航空基地の設定とアラスカ・シベリア補給路の開設はその重要性を喪失した。(17)

マッカーサーの意見を聴取した後、ワシントンの統合戦争計画委員会が四月下旬に提出した「太平洋戦略」(J.C.S. 924/15) と題する報告書は、爆撃と封鎖だけでは、連合国が掲げる日本の無条件降伏という目的を達成することができないと主張していた。そのうえで、系統的な爆撃によって、一二月までに日本本土への上陸が可能な状態が出現し、九州と本州に侵攻するための十分な兵力と資源が利用可能になるものと推定したのである。また、大陸沿岸からの包囲作戦が一九四六年秋に終了するのに対して、本土侵攻作戦の完了を同年六月と推定した。しかも、日本本土への侵攻は、中国大陸沿岸の拠点を占領する必要性をなくすだけでなく、中国共産党や蔣介石の国民政府との間に存在する政治的な問題に巻き込まれることなく、もっとも犠牲の少ない方法で中国内の日本軍を降伏に導くことを可能にすると判断したのである。ただし、それにもかかわらず、この報告書には「カイロ宣言は満洲が中国に返還されるべきであるとの条項を含んでいるが、ソ連はいまだにこの宣言の諸原則に同意していない。もしソ連が参戦すれば、その軍隊はおそらく最初の満洲侵攻軍になるだろう。このことは少なくとも象徴的な米軍を中国に導入する問題を提起するだろう」との一節が含まれていた。九州に侵攻する「オリンピック」(OLYMPIC) 作戦および関東平野に侵攻する「コロネット」(CORONET) 作戦のために必要とされる総兵力は、三六個師団と推定された。(18)

キング提督は統合計画参謀が提案する行動方針を承認したが、必ずしも日本本土への侵攻が不可欠であるとは考えなかった。依然として、事前の圧力と封鎖の強化によって、米軍を上陸作戦に従事させることなしに、対日戦争の勝利を達成できるかもしれないと感じていたのである。しかし、前線の司令官に対して明確な指示を与える必要性を認めて、「日本の産業的な心臓部への決定的な侵攻のための望ましい条件を設定する」九州上陸作戦の実施を命令すべきであると勧告した。作戦統制権に関する複雑な議論が展開された後、五月二五日、統合参謀本部はマッカーサー将軍、ニミッツ太平洋艦隊司令官、そしてアーノルド第二〇航空部隊司令官に対して、「オリンピック」作戦のための指令を送ったのである。「オリンピック」作戦遂行の第一義的な責任は、「適切な海軍司令官を通じて実施される実際の上陸作戦の統制権を含めて」、太平洋陸軍総司令官（CINCAFPAC）・南西太平洋戦域司令官に委ねられ、五月二八日、マッカーサーは二つの段階の上陸作戦を組み合わせた戦略計画「ダウンフォール」（DOWNFALL）の第一段階（「オリンピック」作戦）を発令した。それによれば、一一月一日（X-Day）に開始される第一段階で、米第六軍は九州南部（全体の約三分の一）を掌握して、そこに関東平野侵攻作戦を支援するための空軍と海軍基地を設定し、一九四六年三月一日を目標日（Y-Day）とする第二段階の「コロネット」作戦で、三個軍を投入して東京・横浜地域を占領する予定であった。それぞれ七六万六七〇〇人と一〇二万六〇〇〇人の人員が投入される予定であった。こうして、大規模な大陸沿岸作戦が実施される可能性は完全に消滅したのである。(19)

二　ソ連参戦の展望と朝鮮半島

1　対日参戦の政治的条件

ソ連の対日参戦に関する米国からの最初の要請は、日米開戦直後の一九四一年一二月八日、ローズヴェルト大統領によって、リトヴィノフ（Litvinov, Maxim）駐米ソ連大使に対して間接的な形で表明され、同日中に、ハル国務長官とリトヴィノフ大使の間で議論された。また、一二月一〇日には、マッカーサーが統合参謀本部に打電して、日本に対する「北方からの迅速な攻撃」がきわめて効果的であると主張した。日本の海空力が伸び切って本土防衛が脆弱になっているので、「ソ連の参戦は敵にとって最大の恐怖である」と強調したのである。しかし、リトヴィノフは「ソ連はドイツとの大規模な戦闘に従事しており、日本から攻撃される危険を冒すことはできない」として、一二月一一日、これを正式に拒絶した。そのため、それからしばらくの間、ソ連の対日参戦に大きな関心が払われることはなかったのである。一九四二年八月になって、スターリンがハリマン駐ソ大使に「日本はロシアの歴史的な敵であり、その最終的な敗北はロシアの利益である」と語ったが、統合参謀本部が「ドイツの脅威が除去された後のある段階で、ソ連は対日戦争に介入しそうである」との判断に到達したのは、それからさらに一年後、一九四三年八月にケベックで米英連合参謀長会議（クォドラント）が開催される頃のことであった。[20]

そのような米国の判断は、一九四三年一〇月にモスクワで開催された外相会談の最終日に具体的に裏づけられた。晩餐会が終わると、ハル国務長官を含む米英からの出席者は日本軍が一九二一年にシベリアに侵入する映像を長時間にわたって鑑賞することになったし、非公式ながら、モロトフ外相とヴィシンスキー（Vyshinski, Andrei. I.）外務次官が対独戦争勝利後の対日参戦について語ったのである。スターリン自身も、それについてハルに明言した。また、一一月初めに、モロトフはハリマン駐ソ大使にも同じような保証を与えた。さらに、一一月にテヘランで開催された米英ソ首脳会談では、前章で指摘したように、スターリンはついにソ連の対日参戦の意思を最高レベルで直接的に表明した。ローズヴェルト大統領が連合戦略について概観し、太平洋での米国の作戦についてやや詳細に説明したとき、スターリンは「（日本に対する）攻撃作戦のために、極東ソ連軍は三倍に増強されなければならない。この条件はドイツが降伏するまで発生しない。しかし、そのときに、我々は共同戦線によって勝利することができる」と応じたのである。[21]

もちろん、米国にとって、ソ連の対日参戦が具体的な意味をもつようになったのは、米国が日本本土侵攻を真剣に検討し始めてから、すなわち一九四四年夏以後のことである。しかし、すでに紹介した「台湾以後の対日作戦」では、ソ連の積極的な参戦が対日戦争勝利のための不可欠の条件であるとは必ずしも考えられていなかった。むしろ、ドイツ敗北の数ヵ月後まで極東ソ連軍が増強されないことに注目し、日本がソ連参戦を察知してシベリア鉄道を切断すれば、ソ連軍は「連合国による援助なしには、自己の立場を維持し、関東軍を引きつける以上のことはできない」と考えたのである。しかし、それにもかかわらず、ソ連が米軍の九州侵攻に呼応して、あるいはそれに先立って参戦する可能性も検討し、その場合には、「日本軍の（満洲から）朝鮮や華北への意味ある南下を妨げ、アジア大陸のすべての日本軍を引き止めて……我々の九州侵攻と日本の心臓部への最終的な侵攻を容易にするだろう」（括弧内引用者）と判断した。それと関連して、統合参謀本部はソ連がカムチャツカと黒龍江渓谷の飛行場からの米軍による戦略爆撃を許容するかもしれないと期待した。それが日本を攻撃する航空基地の増大と攻撃方向の多様化をもたらすと考えたのである。しかし、そのためには、北太平洋での海上作戦とシベリア・ルートの開設が必要とされた。[22]

さらに、その約六ヵ月後の一九四四年一一月に、統合戦争計画委員会は「ソ連の対日参戦」と題する最初の本格的な報告書を統合参謀本部に提出した。興味深いのは、統合計画参謀たちが「ソ連の参戦なしでも、対日戦争の勝利を達成することができる」との確信、および「できるだけ早期に日本を打倒するためには、ソ連の早期参戦が望ましい」との認識の二つを共有していたことであり、ソ連の意図と能力を現実的に評価して、「極東と戦後世界政治における利益のために、ソ連は間違いなく対日戦争に介入するだろう」（傍点引用者）と判断していたことである。また、ソ連の対日参戦が実現するのは、（1）在シベリア兵力が増強されて、関東軍に対する作戦の成功が展望されるか、（2）米国の太平洋における立場が強化され、迅速かつ決定的な勝利が見込まれるか、二つの条件のうちの一方が満たされたときであると指摘していた。後に実現したソ連の対日参戦では、それら二つの条件がほとんど同時に整ったのである。さらに、統合戦争計画委員会は、ソ連の参戦によって、華北や満洲にある日本軍の本土防衛への転用が妨げられ、日本から満洲への兵力の後退さえありうると考えていた。もっとも重要なのはタイミングであり、対日参戦は米軍の九州侵攻の少なくとも三ヵ月前でなければならなかった。しかし、それを決する最大の要素は、ヨーロッパ戦域でドイツ軍がいつ降伏するかであった。そのような形で、ヨーロッパ大戦の推移が対日戦争に大きく関係したのである。(23)

ところで、それより少し前に、モスクワに駐在するハリマン米大使とディーン（Deane, John, R.）米軍事使節団長が、はじめてソ連首脳や参謀長たちと対日参戦計画について意見を交換する機会を得たことはあまり注目されていない。ローズヴェルト不在のなかで、一九四四年一〇月九日から英ソ首脳会談がモスクワで開催されたが、それに付随する参謀長会議（トルストイ）にハリマンとディーンの出席が許されたのである。一〇月一四日にクレムリンで開かれた「きわめて興味深く、成功した軍事協議」では、アラン・ブルック（Alan Fransis Brooke）英軍参謀総長によるヨーロッパ西部戦線、南部戦線、そしてビルマ戦線についての説明に続いて、ディーン准将が太平洋戦線について報告した。ディーンは真珠湾攻撃以後の戦局について説明し、近い将来に米軍がフィリピンに上陸すると予告した。また、すでにスターリンからハリマンに寄せられていた質問に答えて、対日戦争でのソ連の役割に関する見解を披瀝し、ソ連軍ができるだけ早期に全力で参戦するように要請した。さらに、ディーンはソ連の戦争計画について率直に質問した。最後に、アントノフ（Antonov, Aleksei I.）ソ連軍副参謀総長がヨーロッパ東部戦線について説明した。また、翌日の会談では、アントノフが満洲に集結する日本軍の兵力を四〇—五〇個師団と推定して、それに対抗するために極東にあるソ連軍を六〇個師団まで増強すると説明し、それに要する日数を約二ヵ月半から三ヵ月と想定した。ハリマンの質問に答えて、スターリンはドイツ降伏後約三ヵ月で参戦できるが、「ロシア人は戦争目的が何であり、日本に何を要求するかをまだ決めていない」と語ったのである。[24]

しかし、スターリンはソ連軍による対日参戦が長期化するとは考えていなかったようである。米国の爆撃部隊と海軍艦艇のために沿海州の航空基地とペトロパヴロフスクの海軍基地の使用を可能にすると語ったが、米側に二ヵ月間の補給のための食糧、燃料、輸送装備などの支援を要請するだけであった。それよりも、一〇月一七日、それらの問題を討議するために開催された米ソだけの軍事協議の幕間に語られたことが重大であった。スターリンは、三日前にディーンが期待したソ連の軍事的な役割をそのまま受け入れただけでなく、さらにソ連軍の作戦計画について地図を使用して説明し始めたのである。それによれば、ソ連軍は北方と東方の国境方面から満洲に直接的な打撃を加えるだけでなく、高速機動部隊によって、ザバイカル方面から外モンゴル・内モンゴルを経て、カルガン（張家口）、北京、そして天津に侵攻し、満洲と中国にある日本軍を切断することを計画していた。日ソ間の主要な戦闘が満洲よりも華北で展開されると想定して、「米軍が日本軍の守備隊を南方の諸島に分断し、ソ連軍が日本の地上軍を中国で分断する」と明言したのである。それどころか、ヨーロッパでの戦争と対比して、スターリンは米軍が対独戦争に参戦したのと同じような方法でソ連軍が対日戦争に参戦すると考えていたようである。また、沿海州周辺での作戦と関連して、米海軍の日本海への展開を歓迎しつつも、スターリンは「北部朝鮮の諸港はソ連の地上軍および海軍によって占領されるべきである」（傍点引用者）と主張した。ソ連領に近い北朝鮮の沿岸部で、満洲侵攻作戦に付随する陸海共同作戦を実施することを計画していたのである。ハリマンによれば、ワシントンの反応は「その取引に十分に満足する」というものであった。[25]

その後、ヤルタ会談を控えた一九四四年一二月に、スターリンはハリマン大使にソ連の対日参戦の「政治的条件」を示唆した。外モンゴルの現状維持だけでなく、中国が満洲の主権を保持するとの理解の下での日露戦争以前のロシアの権益、すなわち大連と旅順の租借、東清鉄道および南満洲鉄道の運営権の回復、さらにサハリンの南半分の返還、そして千島列島の委譲まで要求したのである。これらの要求は約四ヵ月後のヤルタ会談で繰り返され、そのとき、スターリンは「もしこれらの条件が満たされなければ、ソ連国民になぜソ連が対日戦争に介入するのかを説明することが困難だろう」と強調した。すでに前章で論じたように、ローズヴェルトは、蔣介石総統と協議していないので中国を代弁する立場にないとしつつも、大連を国際管理の自由港とし、二つの鉄道を中ソが共同管理することを提案した。ただし、それにはソ連による旅順港の租借は含まれていなかった。ソ連の対日参戦の「政治的条件」に関する秘密協定は、一九四五年二月一一日、チャーチルを加えた米英ソの三首脳によって署名された。中国に関連する部分については「蔣介石総統の同意」を必要とすることが明記されたが、それには旅順港のソ連海軍基地としての租借が含まれていた。ローズヴェルトはスターリンの強引な要求に抵抗しきれなかったのである。(26)

2　北部朝鮮への侵攻作戦

それから二ヵ月後の四月一二日、ローズヴェルト大統領が死去し、五月八日には対独戦争が終結した。ソ連に支援された政権がポーランドに樹立され、大戦中の米ソ関係が急速に崩れていくなかで、ヤルタ協定や「オリンピック」作戦の実施を含めて、すべての懸案がトルーマン新大統領に引き継がれたのである。しかも、そのなかには、統合参謀本部の権限下にない最高機密、すなわち原子爆弾の開発に関する情報も含まれていた。当時七八歳で、すでにタフト大統領とローズヴェルト大統領に仕えたスティムソン陸軍長官は、四月二五日、ホワイトハウスを訪問して、トルーマン大統領に人類史上かつてない恐ろしい兵器、すなわち「一発で一つの都市全体を破壊することができる爆弾」が「四ヵ月以内にほぼ間違いなく完成する」と説明したのである。また、スティムソンは「原子爆弾が我々の将来の対外関係に及ぼすと思われる影響」に注目し、それがもつ「歴史を形成する役割」についても大統領に説明した。この問題を担当するグローヴス准将は、さらに詳細に、原子爆弾が七月初めにニューメキシコで実験され、八月一日に使用可能になると報告した。トルーマンは新型爆弾に強く印象づけられ、それを首脳外交に利用しようと考えたようである。事実、原子爆弾の当初の実験予定日を念頭に置いて、トルーマンはポツダム会談の開催日を七月一五日に設定しようとしたのである。スティムソンも、五月一〇日の日記に、米国の経済援助と新型爆弾が対ソ外交の「ロイヤル・ストレート・フラッシュ」であると記した[27]。

他方、スターリン首相は、五月末にモスクワに派遣されたホプキンズ米大統領特使に対して、八月八日までに対日戦争の準備を完了すると明言し、七月一五日を目標日とするポツダム会談の開催に同意した。また、スターリンとの会談に備えて、六月一八日、トルーマン大統領はホワイトハウスに統合参謀本部のメンバーを招いて、日本本土侵攻計画について詳細に議論した。それには陸海軍長官と陸軍次官補も同席した。トルーマンが希望したのは、とりわけ日本本土侵攻のために必要とされる時間と犠牲に関する正確な情報であった。マーシャル陸軍参謀総長は九州上陸作戦をノルマンディ上陸作戦にたとえて説明し、それこそ「唯一の追求されるべき行動方針である」と主張した。キング提督もそれに同意して、「いま九州に上陸すれば、ソ連や中国による作戦がもたらす効果を判断する時間が得られる」と指摘した。また、九州侵攻のために予想される損害を、沖縄上陸よりは少なく、ルソン島上陸よりも大きいと推定した。さらに、大統領はその後の決定がソ連の同意を必要としないかどうかを質問した。それが「相当に影響力をもつ」というのが共通の認識であった。興味深いのが、スティムソン陸軍長官の発言であった。参謀長たちの選択に同意したうえで、「軍事的な考慮よりも政治的な考慮について、個人的に大統領に対して責任を負っている」との観点から、かれは「依然として他の手段による何らかの実りある結実を希望している」（傍点引用者）と指摘したのである。原子爆弾の投下による対日戦争の早期終結の可能性が暗示されたのである[28]。

さらに、朝鮮作戦の軍事的妥当性について語られた部分も興味深い。マーシャルは「朝鮮攻撃のための際立った軍事拠点は、唯一の強襲可能地域であるとみられる南東隅の釜山と西海岸を相当に北上する京城であるが、いずれも困難な地形と海岸条件の下にある。堅固な要塞地域である釜山に到達するためには、大規模で脆弱な強襲兵力に日本軍の要塞地帯を通過させなければならない。作戦は九州侵攻よりも困難で、大きな犠牲を伴うように思われる。京城（強襲）も同じくらいに困難で、犠牲を伴う作戦になるだろう。しかし、二つの作戦の一方に着手した後も、（対日戦争は）九州侵攻ほどに前進したことにならない」（括弧内引用者）と指摘した。また、アジア大陸の掃討に関して、「我々の目的はソ連を満洲の日本軍に（もし必要ならば朝鮮も）当たらせ、米国の航空力とある程度の補給によって中国を鼓舞して、自国を掃討できるようにすることであるべきである」（傍点引用者）と主張した。このようなマーシャルの主張は、ヤルタ会談以後の軍事的判断を引き継ぐものであり、さらにマッカーサーの判断を反映していた。事実、マーシャルはマッカーサーの電報を引用しつつ自説を展開したのである。しかし、キング提督は「ソ連の参戦は望ましいが、不可欠ではない。だから、ソ連に介入を懇願すべきではない……この事実を理解することが、きたるべき（ポツダム）会談で大統領の立場を大いに強化するだろう」（括弧内引用者）と主張した。キングもまた「ロイヤル・ストレート・フラッシュ」の存在を意識していたのだろう。[29]

他方、一九四五年二月にワシレフスキー（Vasilevskii, Aleksandr M.）元帥に代わって参謀総長に就任したアントノフ元帥の下で、五月八日のドイツ降伏以後、ソ連軍の対日戦争準備が急速に進展した。ヨーロッパから極東への大規模な兵力移送が実施される間に、アントノフは六月二七日までに極東地域での軍事作戦計画を完成し、翌日、総司令部の正式な承認を獲得したのである。その基本計画の第一段階は、前年一〇月のスターリンの説明とは異なって、三方面、すなわち西方からザバイカル方面軍、北方から極東方面軍（その後、第二極東方面軍に改称）、そして東方から沿海州集団軍（その後、第一極東方面軍に改称）が満洲にある関東軍を分断するというものであった。また、スターリンがハリマンとディーンに言明したように、それらの主要作戦はウラジオストクに近い北部朝鮮の雄基、羅津そして清津に対する小規模な地上および上陸作戦を伴っていた。これらの諸港の奪取は、地上軍の満洲侵攻が成功した後に、

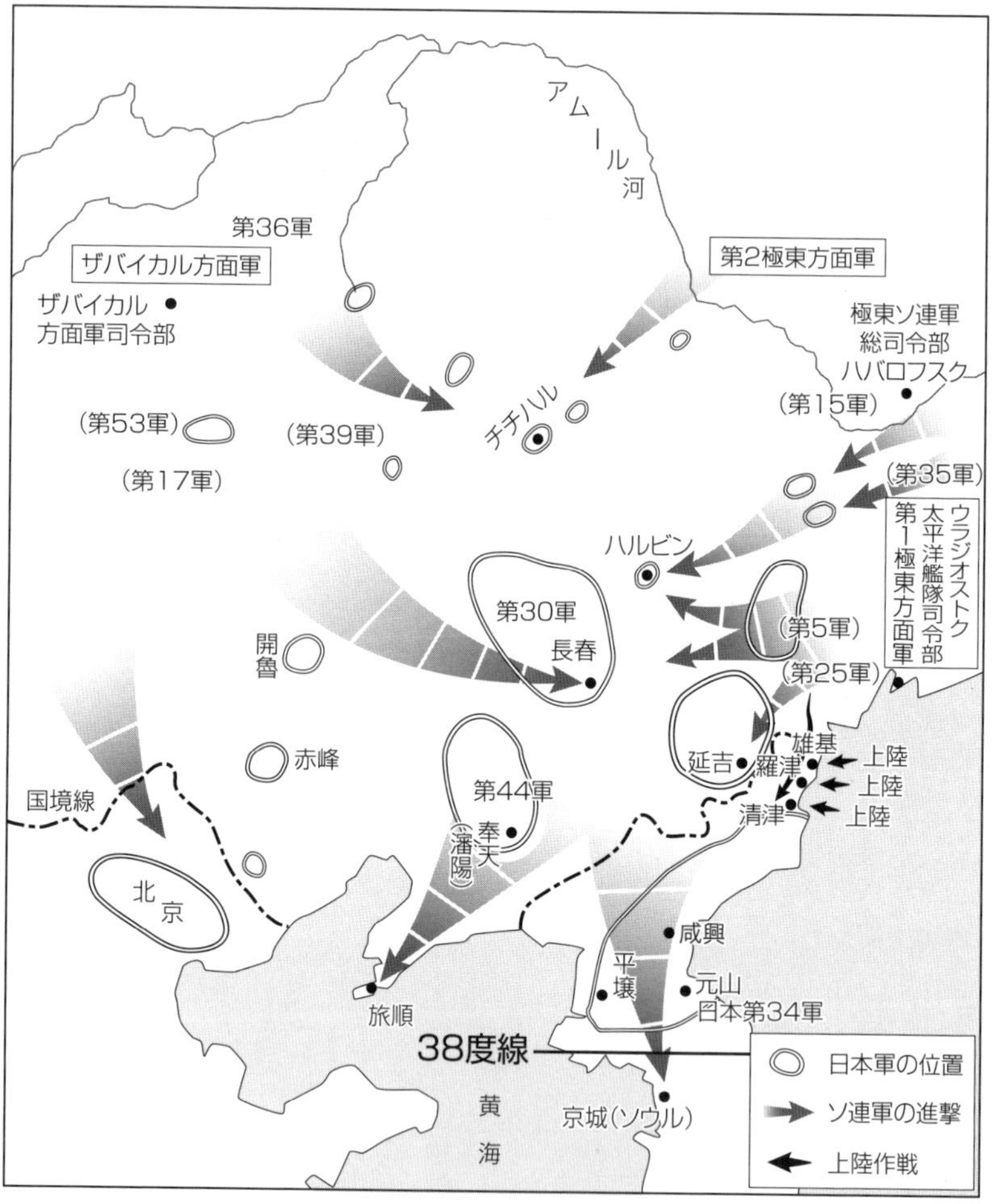

地図２　ソ連軍の満洲侵攻作戦（1945 年 6 月）

出典：Erik van Ree, *Socialism in One Zone* (p. 43) に収録の地図から作成。

日本の海上交通を遮断し、日本艦隊によるソ連沿岸への揚陸を阻止するために実施される予定であり、それは関東軍主力の撃滅という主要任務に従属していたのである。さらに、アントノフは主要目標である長春・吉林占領後の第二段階を用意していた。ザバイカル方面軍と沿海州集団軍には、そこで握手した後、「進撃方向を変えて、遼東半島と北部朝鮮の領域に激しい攻撃を加える」（傍点引用者）ことが要求されたのである。作戦地図上の大きな矢印は遼東半島の旅順と朝鮮半島の京城（ソウル）が最終目標であることを明示していた（地図2参照）。しかし、スターリンの慎重な態度を反映するかのように、ソウル以南の南部朝鮮への進撃は計画されていなかった[30]。

三　米ソの作戦計画と原子爆弾

1　軍事作戦の政治的修正

マーシャルが端的に指摘したように、多くの軍事指導者にとって、九州上陸作戦は太平洋戦域のノルマンディ上陸作戦にほかならなかった。「オリンピック」作戦の実行責任者であり、一九四四年一二月に元帥に就任したマッカーサーは、そのような観点から、「この目標（九州侵攻）のために直接的に寄与しない資源の移動や配分はすべて排除されるべきである」（括弧内引用者）と主張したほどである。大陸沿岸部と朝鮮側から日本を包囲して攻略することを構想していたキング提督は、意見を共有するニミッツがマッカーサーの参謀たちと激しく論争しないことに不満であったが、その作戦計画が軍事的に回り道であることは否定できなかった。マッカーサーの信奉者であったハルゼーは、寧波・山東作戦を「サクランボを二度嚙むような時間の浪費」と表現したほどである。しかし、チャーチルがヨーロッパ戦域で構想した軍事戦略、すなわちバルカン半島から東欧諸国を経由してドイツに到達する作戦計画に似て、政治的な観点からは、日本本土に直進するよりも、中国大陸沿岸を迂回する方がはるかに賢明であった。事実、後述するように、日本の降伏意思が確認されるや否や急浮上したのは、大連、朝鮮の一港、そして大陸沿岸諸港を緊急に占領する必要性だったのである[31]。

ソ連の対日参戦が及ぼす影響について、政治戦略的な観点からもっとも敏感に反応したのはグルー国務長官代理であった。後に公表された一九四五年五月一九日の個人的な覚書に記されたことは、やがて多くの指導者に共有される冷戦認識の原型であったといっても過言ではない。すなわち、グルーは「ポーランド、ブルガリア、ハンガリー、オーストリア、チェコスロバキア、ユーゴスラビアで、ソ連はすでに自らが描き出し、創ろうとする将来の世界の形を我々に示している……ソ連がひとたび対日戦争に参加すれば、モンゴル、満洲そして朝鮮が次々にソ連圏に滑り込むだろう。そしてやがて中国が、最後には日本も……ソ連との将来の戦争は自明なくらいに確実である。それはほんの数年のうちに到来するかもしれない」（傍点引用者）と主張していたのである。また、フォレスタル海軍長官、ハリマン駐ソ大使、マックロイ陸軍次官らとの五月一二日の会合でヤルタ協定の内容について知らされた後、焦燥感に駆られたグルーは極東の政治問題に関してスティムソン陸軍長官の見解を求める覚書を作成した。それに対して、五月二一日、スティムソンは「ヤルタでなされた極東問題に関する対ソ譲歩は……一般的にソ連の軍事力の範囲内で獲得されるものである。米国の軍隊がそれらの地域を占領できるようになる前に、ソ連は軍事的に日本に勝利して、サハリン、満洲、千島列島、朝鮮そして華北を占領することができる」とする「権威ある見解」を伝えていた。六月一八日のホワイトハウス会議は、そのような軍事的な観点からのリアリズムに基づいて進行したのである[32]。

しかし、このグルーの問題提起によって、国務省と陸・海軍省の政策立案者たちは改めて朝鮮作戦がもつ政治的な重要性に注目せざるをえなかった。しかも、前年一一月末には、政治と軍事の両面にわたる問題について、その見解を調整して責任をもって国務長官に提言するために、国務・陸軍・海軍三省調整委員会（SWNCC）が発足していたし、それには下部機関として極東小委員会（SFE）が設置されていたのである。三月頃までに、三省調整委員会は対日占領政策をはじめとする統合的な政軍政策を決定するきわめて重要な委員会に成長し、極東小委員会も統合参謀本部の下部機関と協議しつつ、初期の統一的政策案を作成する重要な役割を担った。そのような政軍連携を反映して、すでに紹介したように、五月末のスターリン・ホプキンズ会談のために準備された政策文書は、朝鮮解放が「米軍ないしソ連軍によって単独で、あるいは米国、中国、ソ連、英国軍によって共同で」実施され、戦争終結後に実施される五年間の信託統治期間中に、それぞれが「五千名を超えない象徴的な兵力」を朝鮮に駐留させることを明記していたのである。また、この文書の重要性を示唆するかのように、その後、陸軍省作戦部は釜山・鎮海地域と京城・仁川地域での占領任務のための五千名の限度を一万名に拡大するように主張した(33)。

さらに、六月末頃にポツダム会談のために準備されたブリーフィング・ペーパー「ソ連軍参戦の形態」は、対日戦争の作戦区域を明確に三分割し、朝鮮半島を日本列島や満洲、モンゴルおよび華北と区別していた。日本列島は第一義的に米国の作戦区域に属し、中国軍が導入されなければ、朝鮮を除くアジア大陸での作戦はソ連軍によって遂行されるが、朝鮮半島での軍事作戦については、海からの上陸とシベリアからの陸続きの侵入を結合させること、すなわち米ソ共同の水陸作戦として実施することを想定していたのである。同じ頃にアントノフが構想していたソ連の朝鮮作戦と比べて明らかなように、朝鮮半島全体を排他的に自らの作戦区域にしないという意味で、米ソの作戦計画にはある種の共通性ないし相互補完性が存在したのである。ただし、それにもかかわらず、この文書はソ連と米国がそれぞれ実施する満洲侵攻作戦と日本本土への上陸作戦のタイミングや連携についてまったく言及していなかった(34)。

また、朝鮮半島を第三の作戦区域にすべき「政治的な理由」について、その地政学的な条件やカイロ宣言で表明された誓約に注意を払いつつ、同文書は「辺境を共有するために、あるいは極東の平和と安全に死活的な影響力をもつ朝鮮の戦略的位置のために、さまざまな国々、とくに中国、ソ連、英国そして米国が朝鮮に利害をもっている。いずれの国も、これらの国のいずれか一国が朝鮮に優越的な立場を獲得することを望まないだろう。さらに、米英中の三ヵ国は『朝鮮をやがて自由かつ独立のものとする』との原則に関与し、そのために、朝鮮の自由と独立を妨げるような条件に同意することができない……これらの理由から、日本軍を駆逐するために、いずれかの利害関係国が単独で朝鮮に侵攻することは政治的に適切でないと考えられる」と指摘していた。そのような推論の帰結として、「もし軍事的に実行可能であれば、単一の包括的な連合指揮の下で、侵攻軍がさまざまな利害関係国の部隊から構成されることが望ましい」（傍点引用者）としたのである。言い換えれば、明らかに、朝鮮の将来に関する政治的な要求、すなわちカイロ宣言で表明された政治的目標を達成する必要性が米国の軍事作戦に大きな影響を及ぼしたのである。事実、これ以後、米国の対日作戦構想において朝鮮全体がソ連による単独の軍事行動に委ねられることはなかった。(35)

2 「突然の崩壊ないし降伏」？

日本本土侵攻と関連する朝鮮作戦が検討される間に、米陸軍省作戦部内では、それとはまったく異なる事態、すなわち日本が突然崩壊ないし降伏する「理論的可能性」が指摘され、それに対応する緊急作戦を準備する必要性が提起されていた。そのような実際の兆候は依然として察知されていなかったが、欧州で占領作戦計画を担当した経験をもつグッドパスター（Goodpaster, Jr. A. J.）中佐およびその上官であり、戦略・政策グループ（Strategy and Policy Group）の責任者であるリンカーン准将の提言を採用して、六月一四日、統合参謀本部は日本の突然の崩壊ないし降伏という新しい事態をただちに利用して、占領を目的とする日本本土への進駐を実施するための作戦計画を検討するように指示したのである。その最初の成果として、六月二八日、統合戦争計画委員会が提出したのが、「日本崩壊ないし敗北後の日本および日本保有領土の占領」（J.W.P.C. 375/2）と題する作戦計画であった。興味深いことに、それは「日本保有領土」である朝鮮半島を大日本帝国の不可分の一部とみなし、米国がその占領を担当する意思を明示していた。同文書は、日本が突然に崩壊ないし降伏した場合、「日本列島、台湾、南西諸島および小笠原諸島に対する初期の占領は米軍によってなされるべきである」と主張したうえで、「現在、朝鮮は大日本帝国に完全に統合されているので、米国の利益はその地域の効果的な占領を必要とする」と明記していたのである(36)。

ただし、その場合にも、ソ連が参戦する可能性は排除されなかった。もしソ連が参戦すれば、「その主要な努力は満洲とサハリンに向けられ、華北および北部朝鮮での作戦を伴うだろう。したがって、これらの地域と千島列島に対する初期の占領はソ連の責任とされるべきである」(傍点引用者)と指摘し、さらに「もしソ連の参戦以前に日本が崩壊すれば、米国と中国の責任が満洲に拡大される」と主張していた。要するに、「日本の突然の崩壊ないし降伏」という事態に対して、ワシントンの統合作戦参謀たちはソ連が参戦する場合としない場合、および初期の占領と最終的な占領を明確に区別し、ソ連が参戦する場合には、その軍事作戦と初期の占領は北部朝鮮を含むことになるが、その場合でも、大日本帝国の不可欠の一部である朝鮮の最終的な占領は米国に委ねられるべきであると考えたのである。後の事態の展開からみれば、初期占領と最終占領を区別するのは非現実的であったが、ポツダム会談が近づくにつれて、いかなる場合であれ、日本占領は米国が単独で実施すべきであり、そこには朝鮮も含まれるとの信念が生まれていたのだろう。また、いかなる場合にも、ソ連の軍事行動が南部朝鮮に及ぶことは想定されなかった(37)。

この最初の日本進駐計画ともいえる文書は、さらに二つの点で注目に値する。第一に、朝鮮の北緯三八度線やインドシナの北緯一六度線こそ設定していないものの、太平洋・極東全域を米英中ソの占領地域に区分することによって、それは後にマッカーサー連合国軍最高司令官が発令する一般命令第一号の原型としての体裁を整えていた。第二に、ソ連軍が参戦する場合に、その作戦は満洲とサハリンに向けられ、それが華北、北部朝鮮そして千島列島に拡大するものと予想していた。前年一〇月の英ソ参謀総長会議、とりわけそれに続く米ソ軍事協議で、ハリマン大使とディーン准将がスターリンから聴取したソ連軍の作戦計画が、そのような判断の基礎になったのだろう。事実、後述するポツダムでの米英ソ三国参謀長会議まで、それ以外にソ連側から権威ある説明は得られなかったのである。しかし、それでは、沿海州周辺での軍事作戦、すなわちソ連軍による北部朝鮮諸港に対する海陸共同作戦についてのスターリンの説明は、ワシントンでの占領作戦の立案に何の影響も及ぼさなかったのだろうか。対日参戦したソ連軍がそれらの海岸拠点や北部朝鮮を占領し、そこから撤退しなければ、後の事態が示すように、好むと好まざるとにかかわらず、朝鮮半島は米ソによって分割占領されざるをえなかったはずである(38)。

しかし、同文書において、米英中ソの初期の占領地域は下記のような一覧表に整理されていた(39)。すでにみたように、「日本保有領土」である朝鮮は、当然のように、米国の最終的な占領に委ねられたのである。

米国――日本列島、台湾、朝鮮、南西諸島、南方諸島および日本の信託統治領
英国――現在の南西太平洋地域を含む東南アジア
ソ連（参戦の場合）――満洲、モンゴル、千島列島とおそらく華北
中国――満洲とおそらく華北を除く中国

他方、ポツダム会談に参加する米国政府要人もようやく朝鮮の将来に関連する政治軍事問題に注意を払い始めた。たとえば、首脳会談の開幕を翌日に控えた七月一六日、スティムソン陸軍長官がバーンズ国務長官を通じてトルーマン大統領に伝達した覚書は、「ソ連がすでに一ないし二個の朝鮮人師団を訓練し、それを朝鮮で使用しようとしている」との情報に注意を喚起して、ヤルタ会談以後の自らの「権威ある見解」を部分的に修正して、ソ連に対して朝鮮の信託統治化を強く迫るように進言したのである。スティムソンは「もし朝鮮に国際的信託統治が設定されなければ、またおそらく設定されても、これらの朝鮮人師団が支配権を獲得し、独立政府よりも、ソ連支配の現地政府の樹立に影響力をもつだろう。これは極東に移植されたポーランド問題である」（傍点引用者）と指摘し、「信託統治の期間中

に、少なくとも象徴的な陸軍兵士か海兵隊員が朝鮮に駐留すべきである」と主張した。ドイツ敗戦後のヨーロッパで勃興した米ソ対立がわずか二、三ヵ月の「時差」で東アジアに波及し、朝鮮問題がポーランド問題からの類推によって理解され始めたという意味で、またスティムソンがついにグルーやハリマンの主張に同調したという意味で、これは画期的な変化であった(40)。

それに加えて、七月一六日早朝、アラモゴルドで原爆実験が成功したことも、対日戦争の終結期に登場した新しい重要な要素であった。ポツダムで夕食が始まる頃に、ワシントンのハリソン(Harrison, George)補佐官からスティムソンに第一報(「結果は満足で、すでに期待を超える」)が入り、スティムソンがそれを携えて午後八時過ぎにトルーマンとバーンズを訪問したのである。また、グローヴス准将が起草した詳細な報告、すなわち「計り知れないほど強力な文書」は、二一日正午近くにクーリエによって届けられた。スティムソン、バーンズとともにそれを検討して、トルーマンは「非常に喜び」「明らかに大いに勇気づけられた」ようであった。トルーマン自身が、「まったく新しい自信感が生まれた」と語るほどであった。さらに、二三日までに、原子爆弾が「おそらく八月四日から五日に、ほぼ確実に八月一〇日までに」使用可能になることも伝えられた。これらの情報をチャーチルと慎重に協議した後、七月二四日午後、全体会議終了後の立ち話の形で、トルーマンは米国が「並外れた破壊力のある新兵器をもった」ことを「さり気なく」スターリンに伝えた。原爆実験の成功によって、いまや、ソ連の対日参戦が必要とされなくなったのである。また、ポーランドでのソ連の行動に憤慨していたトルーマンとその側近たちは、この新兵器がソ連からより妥協的な態度を引き出すことを期待した(41)。

トルーマンからの情報に素直に反応し、スターリンはそれを「日本に対して上手に使う」ように希望した。二人の表情を観察していたチャーチルには、そのとき、スターリンは単純に「喜んでいる」ようにみえた。スターリンもまた「さり気なく」反応して、何も質問しなかったのである。ソ連の反応について知られることを避けたのだろう。しかし、それにもかかわらず、スターリンにとって、それが大きな衝撃であったことは間違いない。原子爆弾が使用され、ソ連軍が満洲に侵攻する以前に対日戦争が終結すれば、ヤルタ協定の前提が崩壊し、それが履行されなくなるかもしれなかったからである。事実、フォレスタル海軍長官の回想によれば、バーンズ国務長官は「ソ連が介入して、とりわけ大連や旅順に入る前に対日戦争が終わる」ことを熱望した。バーンズ自身も「東ドイツでのソ連の行動とポーランド、ルーマニアそしてブルガリアでのヤルタ協定違反を知っていたので、ソ連が戦争に介入しなければよいと思った」と記述した。同じように、「ソ連が満洲や朝鮮に入る前に戦争が終わる」ことを熱望したはずである。こうして、日本の降伏を目前にして、突如、原子爆弾の投下とソ満国境に集結するソ連軍の参戦や進撃の間で、「地政学的な戦略競争」が開始されたのである。最初の原子爆弾が八月六日に広島に投下されると、宋子文外相が中ソ友好同盟条約や旅順・大連に関する協定に署名するのを待つことなしに、八月七日、スターリンとアントノフはソ連軍の満洲侵攻作戦を八月九日に繰り上げて開始するように命令した。宋子文による署名がなされたのは、日本がポツダム宣言を正式に受諾した八月一四日のことである。(42)

3　米英ソ参謀長会議

七月一七日から八月二日まで、ベルリン郊外のポツダムで米英ソ三国による最後の戦時首脳会談が開催された。前章でみたように、ポツダム会談で朝鮮信託統治が議論されることはなかったが、七月二四日には、最初で最後の米英ソ三国参謀長会議が開催され、対日軍事作戦に関する情報が交換された。この会議が始まる時点で原爆実験の成功とその早期投下の可能性に関する正確な情報に接していたのは、米側のマーシャル陸軍参謀総長と、その補佐官であり、陸軍作戦部長を務めるハル（Hull, John E.）中将だけであった。会議の冒頭で、ソ連側の首席代表であるアントノフ元帥は、ソ連軍が極東に集結中であり、八月後半に対日作戦開始の準備が整うことを明らかにし、さらに「ソ連の極東での目的は満洲にある日本軍の撃滅と遼東半島の占領である」と明言した。アントノフはまた、対日戦争勝利の後に満洲からソ連軍を撤収するとの方針を表明し、ソ連の作戦を成功させるために、日本軍が中国や日本本土から兵力を増強して、満洲戦線を強化することを阻止しなければならないと主張した。米国側の参謀長は、これに対して、日本軍はむしろ本土に向けて移動しており、三個師団が満洲から九州に移動し、二個師団が朝鮮から本土に移動したこと、潜水艦の行動と機雷の敷設によって日本本土と大陸の間の連絡網が大きく妨害され、下関・釜山航路と黄海の航行が終焉したこと、中国から満洲への鉄道による大規模な移動が不可能であることなどを指摘した(43)。

とりわけ重要であったのが、それに続く千島、朝鮮およびサハリン作戦に関する会話である。アントノフは米国がシベリアへの連絡線を開設するために千島列島に対して軍事行動をとるかどうかを質問し、カムチャツカにある兵力によって支援する用意があるが、海上ルートの開設がもっとも重要であると指摘した。また、「半島に対して攻勢をとっているソ連軍と調整して、米軍が朝鮮の海岸に対して軍事行動をとる」ことが可能であるかどうかを質問した。これに対して、キング提督は千島作戦の可能性を否定し、現状でも海上ルートの利用に困難はないと指摘した。朝鮮作戦については、マーシャルが「そのような上陸作戦は企画されていないし、とくに近い将来にはない」と否定的に回答した。さらに、南部朝鮮にある日本の航空力を破壊し、日本本土の一部を完全に支配するまで、朝鮮上陸作戦の実施は米軍の艦艇を空と海からの日本の自殺攻撃（特攻）にさらすこと、三方面からの九州上陸作戦のために多数の上陸用舟艇が必要とされ、朝鮮上陸のために使用する舟艇が不足することなどについて説明し、少数の部隊が上海南方の中国沿岸に上陸できれば、ウェデマイヤー（Wedemeyer, Albert C.）中国戦域司令官に対する大きな支援になるだろうと示唆した。そのうえで、マーシャルは「ソ連の作戦にとっての朝鮮の重要性は理解するが、朝鮮攻撃の可能性は九州上陸後に決定されなければならない」（傍点引用者）と主張したのである。また、キングがソ連の企図するサハリン南端の奪取による宗谷海峡支配について質問すると、アントノフは「ソ連が直面する第一の任務は満洲にある日本軍の撃滅である……南サハリンに対する攻撃は第二の攻勢として着手されるだろう」と答えた(44)。

このような参謀長たちの会話は、対日参戦に伴うソ連の軍事作戦について、いくつかの重要な確認や推測を可能にした。たとえば、ソ連軍の攻勢は第一段階では満洲にある日本軍の撃滅に集中しており、それと関連するソ連領に近い北部朝鮮諸港の奪取を除けば、サハリン、千島列島そして朝鮮半島での作戦は、遼東半島への進撃と並行して進展する第二段階の攻勢の一部として計画されていた。アントノフの質問は、ソ連側がその間の米軍の行動、とくに千島および朝鮮作戦に着手する可能性に重大な関心を寄せていることを示していた。ソ連の作戦への協力要請であれ、米国の作戦への支援表明であれ、それについての質問は米国の作戦計画についての探索を目的にしていたのだろう。さらに、キングやマーシャルの回答から、一一月初めに米軍が九州に上陸する以前に、ソ連軍がこれらの作戦に単独で着手できることが明白になった。七月二五日までに完成するメレツコフ (Meretskov, Kirill A.) 第一極東方面軍司令官の作戦計画によれば、北部朝鮮の解放を担当する第二五軍は、満洲侵攻作戦開始後も最初の一週間は国境防衛の任務に就き、八日目に東寧を奪取した後、戦争開始後二五日目までに北部朝鮮と隣接する汪清・図們・琿春の三角形を占領する予定であった。言い換えれば、八月中旬に満洲侵攻を開始すれば、ソ連軍は九月中旬には朝鮮侵攻作戦に着手することができたのである。それは米軍による九州上陸作戦の開始よりも約二ヵ月先行していた(45)。

したがって、朝鮮半島に関して、米国が直面した事態は容易ではなかった。タイミング的にみて、ポツダム会談以前に想定したような「米ソ共同の水陸作戦」が実行不可能であるばかりか、米軍が九州上陸作戦を準備する間に、ソ連軍は京城(ソウル)に向けて進撃し、さらに南下して半島全域を席巻するかもしれなかったのである。しかし、それにもかかわらず、原爆実験の成功が新たに特別の意味をもって登場した。なぜならば、八月初旬に日本本土に原子爆弾が投下されれば、そのような状況が一変するからであった。事実、それによって日本の「突然の崩壊ないし降伏」が現実のものになれば、米軍による九州上陸作戦は必要とされなくなり、それに代わって、日本各地の重要拠点を占領するための緊急進駐作戦が発動されるはずであった。また、それらのなかには、京城や釜山のような朝鮮の主要拠点も含まれるはずであった。さらに、朝鮮への軍事展開は侵攻作戦のような大規模な兵力を必要とせず、比較的小規模の兵力によって、機動的に実行することが可能であった。要するに、いまや、米軍の朝鮮での目標は、そこにある日本の軍事力をいかに打倒するかではなく、そこにいかに迅速に進駐するかに変化しつつあったのである。他方、ソ連軍は朝鮮に進駐する前に満洲にある日本の軍事力を打倒しなければならなかった。原爆実験の成功によって、突然、極東における「軍事方程式」が変化して、朝鮮半島における米ソの軍事的な立場がほぼ対等になったのである。(46)

4 バーンズの「小さな原爆外交」

そのような流動的な状況のなかで、英軍参謀長たちの参加なしに、米ソの参謀長は七月二六日にも会談した。このときまでに、ソ連軍の参謀長たちはスターリンから米国が原子爆弾の実験に成功したことを知らされていたはずである。しかし、米ソ会議はそれを無視するかのように進行した。前々日の会合でマーシャルからアントノフに手交されていた五項目の質問に対して、アントノフがソ連側の回答を逐一読み上げたのである。それらは気象データを送るためにペトロパヴロフスクとハバロフスクに無線基地を設置する問題から始まり、船舶と航空機の修理や医療支援のために港湾と飛行場を選定する問題に及んだが、もっとも重要だったのは、第二項目の米ソの海空作戦を地域的に分離するための境界線を日本海に設定する問題であり、第三項目の米ソの航空作戦を分離するための境界線を朝鮮と満洲に設定する問題であった。すでに米軍による朝鮮上陸の可能性が否定されていたので、陸上作戦を分離するための境界線が協議されることはなかった。(47)

マーシャルは米海軍に日本海とオホーツク海全域での海上作戦を無制限に許容し、潜水艦作戦については北緯三八度線上の朝鮮東海岸（襄陽の南）を基点として、北緯四〇度東経一三五度、北緯四五度四五分東経一四〇度を経て、

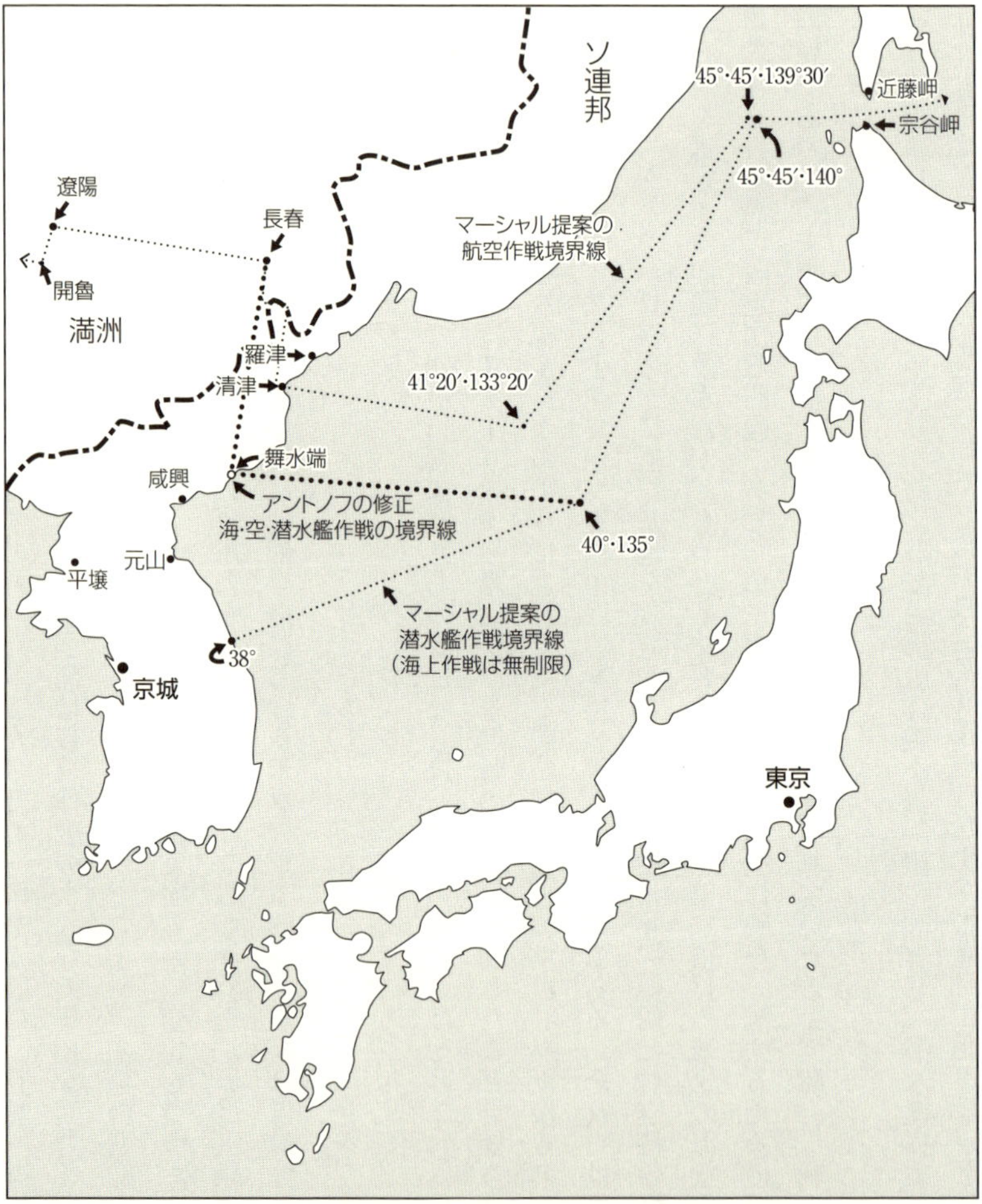

地図３　海・空・潜水艦作戦の米ソ境界線（1945 年 7 月 26 日）

出典：*FRUS, Berlin, 1945,* II（pp. 410–411, 1327）.

その後北緯四五度四五分線に沿って東に伸びる連結線を米軍の作戦行動の北限とするように主張した。これに対して、アントノフは米海軍の作戦区域からオホーツク海を除外し、さらに朝鮮東海岸の舞水端を基点として、北緯四〇度東経一三五度を経て北上し、マーシャル提案と同じく北緯四五度四五分東経一四〇度を経て、東に伸びて、サハリン南端の近藤岬と北海道の宗谷岬を結ぶ線に到達する連結線を日本海における米ソの海上・航空および潜水艦作戦の境界線とすることを提案して、マーシャルの同意を獲得した。また、朝鮮と満洲における航空作戦の境界線に関しても、アントノフはマーシャルの提案を修正し、舞水端と長春を結び、マーシャル提案と同じく、西方に遼陽、開魯、赤峰、北京、大同に延びて、内蒙古の南側境界に沿った境界線を提案して、米国側の同意を得ることができた。アントノフによる修正の要点は、米海軍による潜水艦作戦の北限について譲歩することによって、朝鮮北東部の咸鏡北道沖およびソ連領沿海州沖の海域から米国の海空作戦を、また咸鏡北道の大部分と南満州一帯から米国の航空作戦を排除することにあった。これによって、ウラジオストクからのソ連太平洋艦隊による北部朝鮮諸港、とりわけ羅津および清津への上陸作戦が担保され、千島列島への上陸作戦も可能になったのである(48)。

潜水艦作戦のための境界線とはいえ、なぜマーシャルが最初に北緯三八度線上の朝鮮東海岸（束草と江陵のほぼ中間）を基点として提案したのかについては、いかなる記録も存在しない。それは後の三八度線の設定と無関係だったのだろうか。ハル中将に対するアップルマン（Appleman, Roy E.）のインタビューによれば、ポツダム会談中のある日、マーシャルからの指示を受けて、ハルは何人かの作戦参謀とともに朝鮮半島の地図を取り囲んだ。当然のことながら、そこにはリンカーン准将も含まれていたことだろう。どこに米ソの陸上作戦の境界線を引くべきかを検討し、「少なくとも二つの主要な港が米国の担当区域内に含まれるべきである」との考慮から、仁川と釜山を含む京城北方に線を引いた。それが「三八度線上ではなかったが、その近くにあり、全般的にそれに沿っていた」というのだから、この境界線は半島中部の行政区画を考慮した京畿道および江原道の北側境界線、すなわち黄海道および咸鏡南道の南側境界線であった可能性が高い。また、この件については、ウォード（Ward, Orlando）陸軍省戦史室長がほぼ同じ内容の覚書を残しており、マーシャルの指示がバーンズ国務長官からの要請に基づくものであったことが記録されている。事実、ウォードはそこに三八度線の起源を求めたのである。また、それらの証言を裏づけるかのように、アントノフからソ連軍の作戦について知らされたマーシャルは、七月二五日、トルーマン大統領に戦争終結後すぐに釜山に一個師団を上陸させるように進言し、その他の戦略拠点としてソウルと清津を挙げた(49)。

さらに、電話による別のインタビューに対して、ハルが「三八度線はポツダムで設定された」と率直に語ったとする重要な記録も発掘されている。また、ハルはバーンズ国務長官が「（ソ連軍だけでなく）米軍部隊が朝鮮にいるべきだ」（括弧内引用者）と指摘したこと、ソウル北方に設定した境界線は米ソ軍隊の衝突を避けるための「調整線」（a coordinating line）であり、純粋に軍事的な観点を反映するものであって、政治的なものでも、永続的なものでもなかったこと、それはマーシャル陸軍参謀総長と統合参謀本部の了解を得て、バーンズ国務長官に提示されたことなどを明らかにした。しかし、その後の経緯について、ハルは「ロシア人と話すときに、それについて、バーンズが何といったかはよく知らない」と付言しただけで、それ以上の説明を回避した。その境界線がソ連側との討議のためのものであることを明確に認識し、それがバーンズやマーシャルから提案されるものと考えていたのだろう(50)。

それでは、そのような内部的検討の存在にもかかわらず、なぜマーシャルはアントノフに陸上境界線の設定を提案しなかったのだろうか。興味深いことに、マーシャルの発言について、ソ連の公式戦史は「アメリカ軍司令部は、軍事行動中のソビエト国軍と共同行動をとるために、三八度線以南で上陸作戦をおこなうことを、拒否した」（傍点引用者）と記述している。アントノフはマーシャルの消極的な態度に疑問を抱いたのである。しかし、バーンズが期待したように、もし原子爆弾の投下によってソ連軍の参戦前に日本が降伏すれば、陸上境界線についての合意の存在はソ連軍によるその後の朝鮮進駐に不必要な根拠を与えることになるかもしれなかった。明らかに政治的な観点から、バーンズはマーシャルにソ連側との陸上境界線についての討議を回避するように要請したのだろう。言い換えれば、そこには、日本本土への原爆投下の効果が判明するまで、ソ連との合意を回避するという「小さな原爆外交」が存在したのである。しかし、それにもかかわらず、日本が降伏する前にソ連軍が参戦すれば、その作戦範囲を北部朝鮮に制限するために、ただちに陸上境界線を設定しなければならなかった。それが後に現実になった事態である。バーンズ、そしておそらくトルーマンも、ある種の「機会主義」によって朝鮮半島の軍事情勢に対応したのである。[51]

他方、このような複雑な経過をどこまで知ってか、ワシントンの統合戦争計画委員会は、原子爆弾の投下による戦争の早期終結を前提にして、七月三〇日に「初期の日本占領のための計画」(J.W.P.C. 390/1)と題する報告書を三省調整委員会に提出した。すでに紹介した約一ヵ月前の報告書(J.W.P.C. 375/2)の内容を再確認したうえで、新しい報告書はさらに太平洋陸軍総司令官を含む各戦域司令官に、中国沿岸の一港の確保、中部太平洋の日本保有諸島の占領、中国軍の台湾移送だけでなく、「占領を目的とする最小限の米軍部隊による南部朝鮮への侵入」(傍点引用者)を命令するように要請していたのである。他方、興味深いことに、同文書はソ連がサハリン、千島および北部朝鮮の初期占領を担当することに関して、トルーマン大統領からスターリン首相に提案するように促していた。要するに、七月末の段階で、具体的な陸上境界線こそ指摘しなかったものの、ワシントンの統合参謀たちは南部朝鮮と北部朝鮮の初期占領を地域的に区分し、北部朝鮮の初期占領をソ連軍に託すことを提案し、それが最高指導者のレベルで合意されるべきであると主張していたのである。ただし、三八度線を含めて、北部朝鮮と南部朝鮮の初期占領を区分する境界線をどこに設定すべきかについては、何も指摘していなかった。[52]

四　日本降伏と三八度線の設定

1　「ブラックリスト」作戦計画

一九四五年七月二六日に、日本に「無条件降伏」を要求する米英中のポツダム宣言が発表された。鈴木貫太郎首相はそれを「黙殺」したが、その頃までに、本土決戦を唱える陸軍を除けば、米軍による封鎖と爆撃によって、日本政府内の交戦意欲は限界に達していた。広島・長崎への原爆投下を待つまでもなく、ソ連に仲介を依頼する日本政府の和平工作が表面化したのである。広田弘毅元首相・外相とマリク（Malik, Yakov）駐日ソ連大使の箱根会談が六月初めに開始され、ポツダム会談を目前に控える七月一三日には、佐藤尚武・駐ソ大使を通じて、戦争終結の意思とそれが天皇自身から発せられたという事実がソ連側に伝えられた。その結果、スターリンは、七月二八日のポツダム会談全体会議の席上で、皇族のモスクワ派遣を含む日本からの要請について紹介することができたのである。しかし、暗号電報の解読によって、その動きはすぐに米国の知るところとなり、すでに七月二一日に、統合参謀本部はマッカーサーに「近い将来、ソ連の参戦以前にも、日本の降伏を土台にして行動することが必要になるかもしれない」（傍点引用者）と伝えたし、ワシントンの陸軍省作戦部内でも、日本が「予想外に、次の二、三週間以内に降伏する」（傍点引用者）可能性が議論されていた(53)。

日本の突然の崩壊ないし降伏という「理論的可能性」が「現実的可能性」に変化することにもっとも敏感に反応していたのは、すでにみたように、リンカーン准将とグッドパスター中佐であった。統合戦争計画委員会の報告書（J.W.P.C. 357/2）を持参して、グッドパスターは六月末から約二週間マニラに滞在して、マッカーサー司令部の作戦参謀たちに日本進駐作戦計画（「ブラックリスト」）の作成を急がせた。さらに、グッドパスターは七月一一日に「ブラックリスト」作戦の未完成草案を携えてマニラからワシントンに戻り、その内容をポツダムに赴くリンカーンに打電したのである。この未完成草案は、第一段階で関東平野その他の本州の拠点地域に、第二段階で九州、北海道および四国の拠点地域に、そして第三段階でその他の多くの地域に進駐する日本本土占領計画であったが、その「日本本土」に朝鮮半島は含まれていなかった。後に南朝鮮の占領を担当する第一〇軍（最終的には、その第二四軍団）には、その時点では、北関東への進駐が割り当てられていたのである。その後、「朝鮮の三から六地域」（地名は特定せず）を含む「ブラックリスト」作戦計画の第一版がポツダム会談前夜の七月一六日に、そして第二版が七月二五日に、最終版になる第三版が八月八日に完成した。(54)

また、七月二〇日には、陸軍の作戦計画である「ブラックリスト」と海軍の作戦計画である「キャンパス」を草案段階で調整するための会合がグアムで開催された。しかし、そこで、ニミッツは陸軍の占領計画を議論することを拒絶し、東京湾の緊急海上占領から始まって、日本の主要な港湾に対する海軍の展開、それに続く陸軍による日本占領にいたる三段階の占領計画を主張した。双方の意見が衝突するなかで、七月二六日、統合参謀本部はマッカーサーとニミッツに「日本政府が降伏する場合にとられるべき手続きのための計画調整がいまや緊急の課題になっている」と強調したうえで、「日本の重要拠点に対する海軍による緊急占領が望ましいだろう」との意見を表明した。また、統合参謀本部は「アジア大陸でも、同様の手続きがとられることがきわめて望ましいだろう」と主張し、優先順位に従って上海、釜山、芝罘そして渤海湾の秦皇島を列挙して、「海兵隊による予備的な上陸が最善だろう」と示唆した。さらに、台湾北端部の占領も、日本と中国の間での作戦と連絡のために役立つことが指摘された。ポツダムでの七月二四日の米英ソ参謀長会議の結果が敏感に反映されたのだろう。(55)

しかし、マッカーサーは統合参謀本部の提案が「キャンパス」に傾斜していることに強く反発して、七月二七日に「依然として強大な陸軍が存在する敵国を占領するのに海軍を使用しようとするのは戦略的に誤りである」「あらゆる上陸は反対に直面し、打ち勝つために準備されるべきである」「占領をむやみに急ぐ理由を見出すことができない」

などと、大々的に反論を展開した。統合参謀本部にはグァムでの会合の内容が正しく伝えられていないと指摘し、「ブラックリスト」こそ「標準的な共同手続きに沿った占領計画」であると主張したのである。さらに、同日の別の電報で、マッカーサーは、日本本土、朝鮮、中国沿岸諸港および台湾の占領のために「単一の調整当局者」を任命することが不可欠であると強調し、日本本土の一四の拠点に加えて、朝鮮の三〜六の拠点を三段階で占領する方針を伝えた。朝鮮での優先順位の第一位には釜山に代わって京城が挙げられ、第二位に釜山、第三位に群山・全州が続いた。

注目すべきことに、ソ連参戦以前にも日本が降伏する可能性が指摘され、ポツダムで米ソ作戦の陸上境界線が設定されなかったにもかかわらず、米軍の北部朝鮮への進出は計画されていなかった。それどころか、そこには、「連合国軍による北部朝鮮における追加的な拠点の占領が想定される」(傍点引用者)と付記されていた。ワシントンでの統合計画参謀たちの議論を反映して、「ブラックリスト」は当初から北部朝鮮の初期占領をソ連軍に委ねていたのだろう。[56]

八月八日に完成した「ブラックリスト」の第三版は、次のような順序で、日本本土の一四地域(サハリンを含む)と朝鮮の三地域を占領し、日本軍の武装を解除して、通信統制を確立することを初期の任務としていた。米軍による日本本土と南部朝鮮への進駐は基本的にこの作戦計画に基づいて実施されたのである。ただし、ここでもまた、「連合国軍が参加する朝鮮占領計画の準備」を主要な課題の一つとしていた[57](傍点引用者)。

第一段階——関東平野、佐世保・長崎、神戸・大阪・京都、京城(朝鮮)、青森・大湊
第二段階——日本:下関・福岡、名古屋、札幌(北海道)
　　　　　　朝鮮:釜山
第三段階——日本:広島・呉、高知(四国)、岡山、敦賀、大泊、仙台、新潟
　　　　　　朝鮮:群山・全州

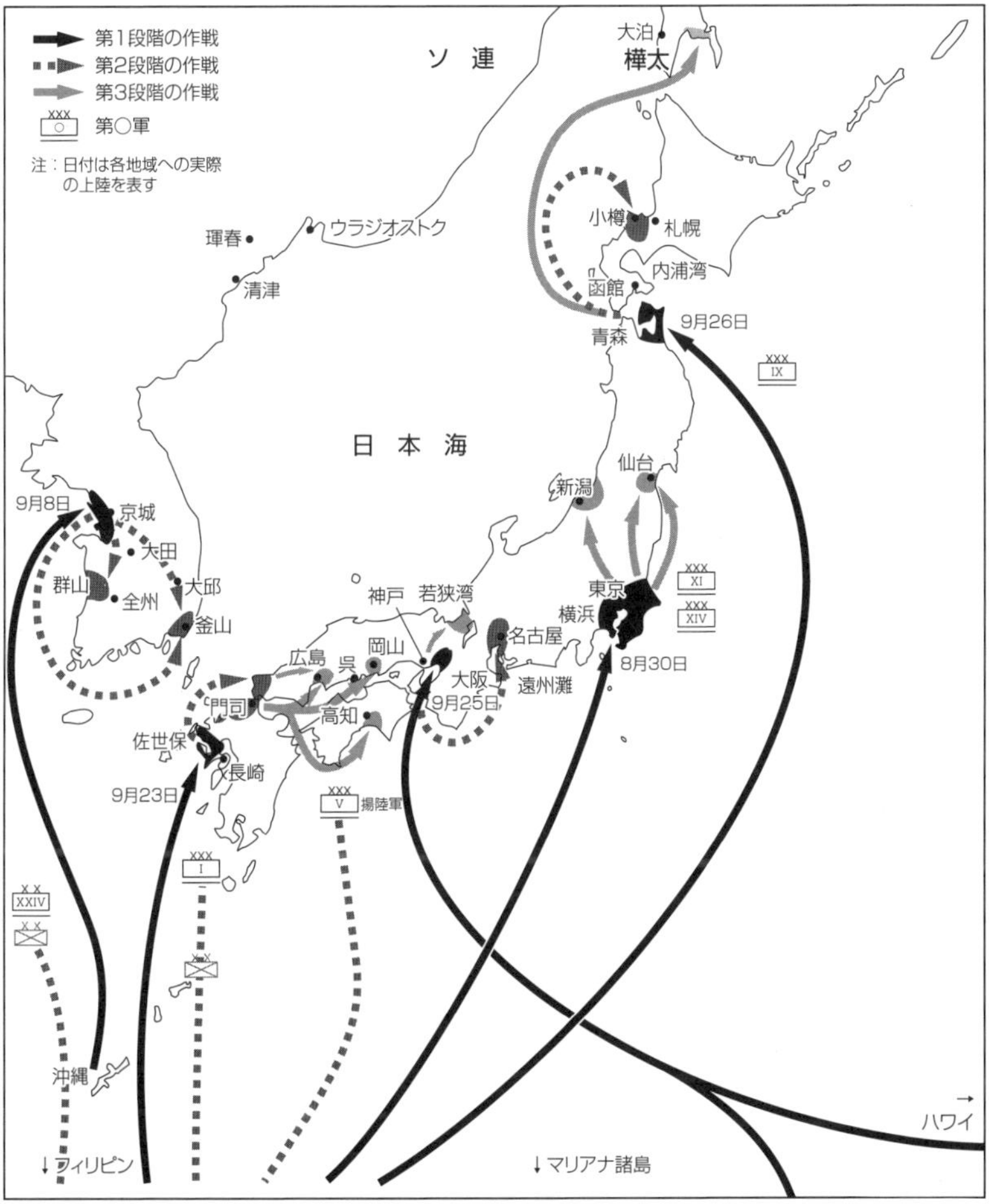

地図4　日本進駐作戦計画（「ブラックリスト」1945年8月8日）

出典：*Report of General MacArthur*, I（p. 439）に収録の地図から作成。主要な軍および軍団のみ示した。

また、統合戦争計画委員会は「ブラックリスト」と「キャンパス」を検討し、それらを調整する報告書（J.W.P.C. 264/8）を八月一〇日に完成した。きわめて重要なタイミングで提出された同報告書は、「米軍の朝鮮への早期導入がカイロ宣言で表明された関与の実行を容易にする」との観点から、朝鮮に日本本土に次ぐ優先順位を付与し、京城を朝鮮内の最優先の目標とする「ブラックリスト」の占領方針を支持した。第八軍による関東平野占領の目標日は発令後（日本降伏後）一五日目、第一〇軍による京城占領は一七日目に予定された。しかし、「ブラックリスト」で主張されたサハリンの占領は望ましくも実行可能でもないとしたし、シアトルと上海を結ぶ航空ルートに沿っているという理由で、千島列島のマツワ（松輪）島ないしパラムシル（幌筵）島・シムシル（新知）島の占領を主張した。さらに、中国大陸沿岸では秦皇島の占領がもっとも重視され、青島、上海がそれに続いた。また、この報告書に添付された「ブラックリスト」作戦計画には、第一段階の占領目標のなかで、関東平野と京城が「最初の占領地域」として強調されていた。ただし、ポツダムでの参謀長会議以後も、米ソは陸上作戦を分離する境界線をもっていなかった。言い換えれば、米ソ首脳によって三八度線が日本軍の降服を受理するための米ソ両軍の境界線として合意されるまで、米軍による京城占領は確定しなかったのである。(58)

2　三八度線の設定

八月六日に最初の原子爆弾が広島に投下されると、ソ連軍は予定を繰り上げて八月九日零時（ザバイカル時間）に満洲侵攻作戦を開始した。しかし、参戦したソ連軍には「ブラックリスト」に対応する戦闘終結後の進駐計画は存在しなかった。満洲への戦略的侵攻作戦はもちろん、南サハリン、千島列島、朝鮮半島への侵攻作戦も、対独戦争と同じく、それがそのまま日本領土への進駐作戦だったのである。すでにみたように、六月二八日に承認されたアントノフの戦略的侵攻計画に基づいて、ソ連の各方面軍はそれぞれ詳細な作戦計画を作成していた。しかし、ヴァン・リー

(van Ree, Erik) が指摘するように、スターリンとアントノフが八月七日に実際に発令したソ連軍の作戦計画には微妙な修正が施されていた。朝鮮半島を京城に向けて進撃することを要求していた大きな矢印が、奇妙なことに、京城の手前、すなわち三八度線付近で停止していたのである。原爆投下による日本の早期降伏を想定し、南朝鮮に緊急に展開する米軍部隊が京城に進駐する可能性に配慮したのだろう。言い換えれば、マッカーサーの「ブラックリスト」が北部朝鮮の占領をソ連軍に委ねたのと同じように、ソ連軍の侵攻作戦も京城を含む南部朝鮮の占領を米軍に委ねたのである。あたかも、後に設定される三八度線がすでに存在するかのような展開であった(59)。

八月九日にソ連軍が参戦し、同じ日に長崎にも原子爆弾が投下されたために、八月一〇日、「天皇の国家統治の大権」が侵されないという条件を付して、日本政府はスイスとスウェーデン政府を通じてポツダム宣言を受諾する意思を表明した。日本本土の徹底的な封鎖と爆撃、二発の原子爆弾の投下、そしてソ連軍の参戦という「三者の組み合わせ」が日本を降伏に導いたのである。とりわけ原子爆弾の連続投下は、米軍による日本本土侵攻を不必要にし、日本陸軍から本土決戦(「決号」作戦)の機会を剥奪するかのようであった。ワシントンでは、その日の午前中に大統領と政府要人がホワイトハウスで協議し、日本政府が提示した条件を拒絶することを決定した。バーンズ国務長官の回答は「降伏の瞬間から、天皇と日本政府の国家統治の権威は連合国軍最高司令官に従属する」とするものであり、英中ソの承認を得て、それは八月一一日午前中にスイス政府を通じて日本政府に伝えられた。その過程で、ソ連は一人の連合国軍最高司令官(SCAP)が任命されることに異議を唱えたが、米国の強い態度に直面して、それを受け入れざるをえなかった。こうして、同日中に、統合参謀本部はマッカーサーに、連合国間の交渉のために降服受理の手続きに関する統合参謀本部の指令が遅れること、日本の降伏を執行するために連合国軍最高司令官が指名されること、国家統治のための天皇の権威は連合国軍最高司令官に従属することなどを通知することができたのである。また、同日のもっとも重要な占領命令(WARX 47945)は「戦略的重要地域への兵力の早期導入」を要求し、優先順位の第一位

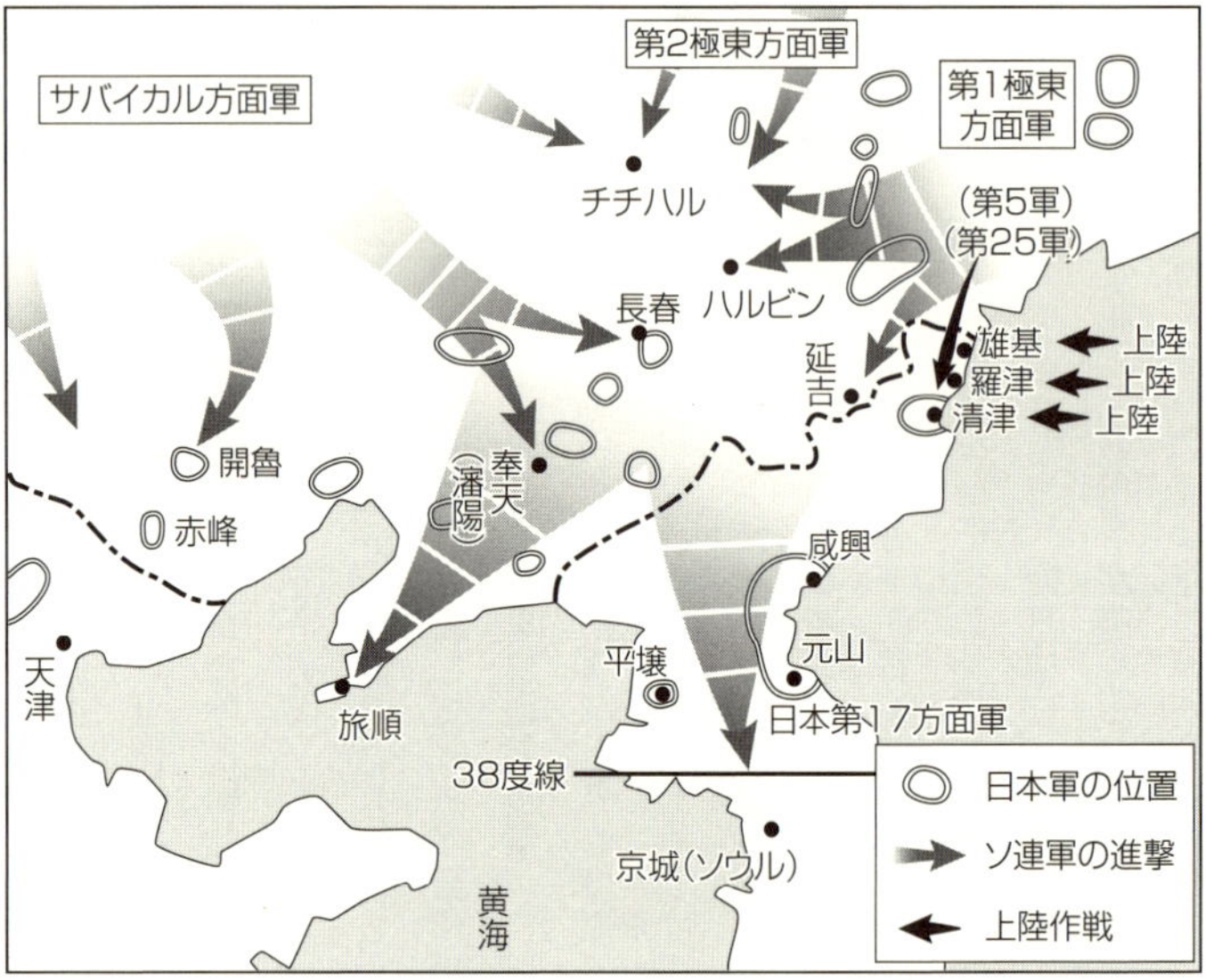

地図５　ソ連軍の満洲侵攻作戦計画（1945年7−8月）
出典：Erik van Ree, *Socialism in One Zone* (p. 50) に収録の地図から作成。

に日本本土、第二位に京城、第三位に中国と台湾を挙げ、さらに朝鮮を太平洋戦域に編入して、そこでの作戦を太平洋陸軍総司令官に委ねた(60)。

しかし、それらの命令に続いて、統合参謀本部は、同日中に、「もしそのときにこれらの港がソ連に接収されていなければ」という条件つきであったが、マッカーサーに「大統領が日本降伏に続いてただちに大連と朝鮮の一港を占領することを可能にするような事前の準備がなされることを欲している」（WARX 48004）（傍点引用者）ことを通知した。いうまでもなく、これは「ブラックリスト」作戦の第一段階に先行する緊急占領の準備を命令するものであり、タイミング的にみれば、このような大統領の判断に影響を与えたのは、モスクワからの二通の緊急電報であった。ドイツの賠償問題についてソ連と交渉していた大統領特使ポーレー（Pauley, Edwin）は、一〇日の深夜に、ソ連側との議論を通じて到達した結論として、極東問題について「わが軍は南端から始めて北方に進撃し、できるだけ多くの朝鮮と満洲の工業地域を迅速に占領すべきである。私は……関係諸国が賠償や領土権、あるいはその他の利権に関して満足できる合意に到達するまで、その占領を継続すべきであると思っている」と主張した。また、ハリマン大使は、ポツダムでそれが議論されたことを想起しながら、「スターリンが宋（子文外相）に対する要求を強めているやり方を考えれば、少なくとも遼東半島と朝鮮で日本軍の降伏を受理するために、これらの（朝鮮と大連への）上陸がなされるべきであると進言する。我々にソ連の軍事作戦地域を尊重すべき責務があるとは思わない」（括弧内引用者）と主張したのである[61]。

いうまでもなく、日本政府がポツダム宣言を無条件で受諾し、スイス政府を通じて、そのことをワシントンに伝えたのは八月一四日午後一一時のことである。天皇はそれを翌日正午にNHKラジオ放送を通じて自ら国民に伝えた。しかし、日本政府による降伏意思の最初の表明の直後から、米国政府は降伏受理に向けて急速に動き始めていた。事実、ワシントンでは陸軍省作戦部戦略・政策グループの責任者であるリンカーン准将が、すでに八月一〇日夜に、ペンタゴンの執務室でマッカーサーから発せられるべき一般命令第一号の起草に着手していた。リンカーンの主要な任務は軍事政策と対外政策を調整することであり、前年一一月末に発足した「スーパー・コミティ」、すなわち国務・陸軍・海軍三省調整委員会と緊密な関係を維持していた。そのために、リンカーンは三省調整委員会の陸軍省委員や統合計画参謀を兼務していたのである。また、その右腕として政策班を率いていたのが、当時まだ三六歳のボンスティール（Bonesteel, Charles H.）大佐であった。リンカーンは三省調整委員会議長であり、国務省代表であるダン（Dunn, James C.）国務次官補から、その日の午後に連絡を受けて、一般命令第一号の起草作業に着手したのである。したがって、リンカーンが作成する文書は、陸軍省草案として、統合戦争計画委員会の検討を経て三省調整委員会に提出される性質のものであった。マックロイ陸軍次官（三省調整委員会陸軍省代表）の執務室では、そのほかにもマッカーサーへの指令や降伏受理に関連する文書が起草されていた[62]。

リンカーンに連絡したとき、ダンは朝鮮に派遣される米軍のために一定の占領地域を確保しなければならないと考えた。ソ連が対日参戦したのだから、いまや、できるだけ迅速に米ソの陸上作戦の境界線を設定しなければならなかった。それどころか、それは日本軍の降服を受理するための境界線に変化していたのである。したがって、サンダスキー（Sandusky, Michael C.）が指摘するように、それを依頼されたリンカーンこそ、この問題を担当する実務上の責任者であった。また、李完範が発掘した記録が示すように、このときリンカーンの脳裏に浮かんだのは、一般命令第一号の草案が統合計画参謀、三省調整委員会、統合参謀本部、三省長官そして大統領の承認を得て、さらにアトリー（Attlee, Clement Richard）英首相、蔣介石総統そしてスターリンによって承認ないし修正されるということであった。リンカーンは、もしそれが受け入れられなければ、「我々は極東で完全な混沌（カオス）に向かうかもしれない」と考えたのである。ボンスティールを補佐して、三八度線の設定に参与したラスク（Rusk, Dean）大佐の証言によれば、国務省は「米軍が実行可能な限り北方で降伏を受理すべきである」と主張していた。しかし、もし降伏受諾のための提案が「一般的に想定される米軍の能力を大幅に超えれば、ソ連はそれを受諾しそうにない」と考えられた。そこで、リンカーンはボンスティール、ラスクそしてマコーマック（McCormack, James）大佐に「米軍にできるだけ北方で降伏を受理させるという政治的欲求と、米軍がその地域に到達できる能力の明白な限界を調和させる提案」を検討するように命じたのである。後の事態からみれば明らかに過大評価であったが、ボンスティールは、ソ連軍は米軍が朝鮮に到着する前に半島の南端まで到達できるし、朝鮮にまさに侵入しようとしているか、すでに侵入していると判断した。それに対して、もっとも近い米軍部隊は沖縄にあり、朝鮮半島まで約六〇〇マイル離れていたのである。(63)

統合戦争計画委員会の作戦参謀が待機するなかで、ボンスティールは一般命令第一号の第一節を約三〇分間の口述筆記によって起草したとされる。朝鮮半島については、三八度線を境界線として、その北側にある日本軍部隊はソ連極東軍総司令官に、南側にある部隊は米太平洋陸軍総司令官に降伏するように命じたのである。当初、ボンスティールは地方の行政区画を反映する境界線を考えたが、そのとき手元にあったのは、ナショナル・ジオグラフィック社製の壁にかけられた小型の極東地図だけであった。しかし、三八度線は朝鮮半島のほぼ中央を横切っていたし、京城を米国の占領区域内に含んでいた。また、その近郊には捕虜収容所が存在した。後日、ラスクは「もしソ連が受諾しない場合、それは米軍が到達できるよりもずっと北方にあったが、米軍の担当地域内に朝鮮の首都を含めることが重要である」と考えたと語り、「ソ連が三八度線を受け入れたとき、幾分驚いた」と証言した。ボンスティールの草案はただちにリンカーンから統合戦争計画委員会の作戦参謀に手交された。リンカーンも個人的には三八度線を選択していた。ただし、それに十分な確信をもてなかったために、ボンスティール、ラスクらの検討を待ったのである。それはハル中将がポツダムで到達した結論とほとんど同じであった。しかし、ポツダム会談当時とは異なって、バーンズ国務長官の発議は、ダン国務次官補を通じて、正式に国務・陸軍・海軍三省調整委員会のもっとも重要な議題の一部を構成していたのである(64)。

ボンスティールの起草した一般命令第一号草案は、八月一一日の明け方近くまで統合戦争計画委員会で検討された。このときに、エンタープライズ艦長としてギルバート諸島やマーシャル諸島の攻略を指揮し、米太平洋艦隊の高速展開能力を熟知するガードナー（Gardner, Matthias B.）提督が、境界線をさらに北方の三九度線まで押し上げて、米軍の占領地域に旅順と大連を含むようにすべきだと提案した。ポツダムでの米ソ参謀長会議に参加して、マーシャルとアントノフの議論を傍聴していたので、ガードナーはソ連の作戦意図を擦知できたのである。また、この意見はフォレスタル海軍長官やニミッツ司令官を含む海軍首脳の意思、さらにポーレーとハリマンの進言を反映するものであった。しかし、リンカーンは米軍部隊がソ連軍の目前で満洲の港湾に到達することに大きな困難を感じていた。さらに、すでに指摘したように、三九度線を提案すれば、スターリンによる一般命令第一号の受け入れが困難になるかもしれないと考えた。そのために、その場からダン国務次官補に電話して、国務省が自分と同じ意見であることを確認したのである。ダンは大連よりも朝鮮が政治的に重要であり、それはバーンズ長官の意見でもあるだろうと示唆した。その結果、統合戦争計画委員会から三省調整委員会に手交される草案に三八度線がそのまま残されたのである。しかし、八月一一日午後に国務省で、続いて一二日午前にペンタゴンで開催された三省調整委員会の討議でも、三八度線設定は合意されなかった。一二日の会合でガードナーが再び三九度線を提起すると、ダンは統合参謀本部によって「再検討され、必要と思われる修正がなされるまで」一般命令第一号の検討を延期するように提案したのである(65)。

最終的な判断を求められた統合参謀本部は、八月一三日に一般命令第一号草案の検討を終えた。三省調整委員会に宛てた同日付の覚書は、いくつかの技術的な修正のほかに、大連と朝鮮の一港の占領のために命じられた事前準備、および中国北部沿岸の拠点を奪取する問題が、日本軍の降伏受理に関連する作戦上の問題を提起することに注意を喚起し、さらに黄海周辺地域と千島列島に関してソ連の誤解を避けなければならないと指摘していた。さらに、これらの問題のうち、千島列島に関しては、ポツダムでの米ソ参謀長会議で宗谷海峡を通る海空作戦地域の境界線に合意したことを想起して、この境界線の南側で降伏を受理することをニミッツ提督に命令するように提案していた。その北側に位置するマツワ島およびパラムシル島・シュムシュ（占守）島の占領はソ連軍の手に委ねたのである。しかし、朝鮮半島の三八度線が変更されることはなかった。なぜならば、その南側には京城地域の港湾と交通網が含まれたし、何らかの形で朝鮮の四ヵ国管理が実現する場合に、中国と英国に割り当てるのに十分な地域が確保されると考えられたからである。陸軍省が作成した一般命令第一号草案は、海軍側からの強い修正要求に直面したにもかかわらず、統合参謀本部による再検討という異例の過程を経て、八月一四日に三省調整委員会の合意を獲得し、翌日、ついに大統領に承認されたのである(66)。

3　緊急占領の挫折

三八度線の設定に関する決定にもかかわらず、大連と朝鮮の一港、さらに中国沿岸のいくつかの港を緊急に占領する問題が残されていた。それと関連して、八月一三日、ニミッツは大連か京城のいずれかに第五揚陸軍団（第二、第三、第五海兵師団）を使用し、第三揚陸軍団の一個連隊戦闘団を上海に派遣する計画を提案した。また、八月一四日、ホワイトハウスの意向として、統合参謀本部はマッカーサーに「いまや、日本降伏後できる限り早期に……中国大陸のいくつかの港を占領することが政治的な観点から賢明であると考えられる。統合参謀本部は、日本本土の確保という第一義的な使命を執行し、ＷＡＲＸ　４８００４で示されたように大連と朝鮮の一港を奪取し、さらに明確にソ連の作戦地域の外側で中国の一ないしそれ以上の港を奪取することができるかどうか、貴官の能力について評価することができない。この問題に関する貴官の分析が要請される」（傍点引用者）と打電した。統合参謀本部はこれらの地域の緊急占領を遠慮がちに打診したのである[67]。

しかし、マッカーサーは日本本土占領に関する既存の計画を優先することに固執し、ニミッツや統合参謀本部の要求に積極的に反応しなかった。八月一四日、第五揚陸軍団の朝鮮での使用は日本本土占領の遅延と混乱をもたらすと主張し、第一〇軍から第二四軍団を切り離し、それに朝鮮占領の任務を委ねる方針を確認した。また、翌日、「Ｂデー」（B-day）を八月一五日とする「ブラックリスト」の執行準備命令を発し、さらに朝鮮占領を京城に限定して、初期の占領部隊を一個師団に縮小することによって、大連への一個師団の輸送が可能になると主張し、上海占領は二個師団の輸送が可能になったときに実行すると報告した。マッカーサーはついに関東平野進駐以前に、あるいはそれと同時に京城や大連を占領する計画をワシントンに提示しなかったのである。これに対して、八月一五日、統合参謀本部は「ＷＡＲＸ　４７９４５と４８００４で示された地域的優先順位は現時点では変更されない」と穏やかに抗議するだけであった。第二四軍団のホッジ中将が在朝鮮米陸軍司令官に任命されたのは八月一九日のことである[68]。

他方、このような錯綜や混乱のなかで、統合戦争計画委員会は、八月一四日に「ブラックリスト」と最高レベルでの緊急命令を調和させる占領計画を提出した。それによれば、以下のように、東京占領は八月二一日から二九日に設定され、それに続く大連と京城地域の初期占領を八月三〇日と三一日に実施して、その後に追加兵力を派遣することが計画されたのである。しかし、ここでも、大連や京城の占領が東京占領に先行することはなかった(69)。

東京——初期占領	八月二一日	海兵隊一個連隊戦闘団
	八月二四—二九日	陸軍二個師団（空挺）
後続	九月二三日	陸軍二個師団
大連——初期占領	八月三〇日	海兵隊二個師団
後続	九月五日	海兵隊一個師団
京城——初期占領	八月三一日	陸軍一個師団
後続ないしその他の朝鮮	九月二八日	陸軍一個師団
天津・北京——初期占領	九月八日	海兵隊二個師団
青島——初期占領	九月一二日	海兵隊一個師団（一個連隊戦闘団）
後続	九月二六日	海兵隊一個連隊戦闘団

これらの問題が最終的に決着をみたのは、八月一五日に、トルーマン大統領が一般命令第一号の最終的な草案を英ソ中に提示し、スターリン首相の了解を獲得したときのことである。ソ連軍による降伏受理に関しては、「満洲、北緯三八度線以北の朝鮮およびサハリンにある日本軍の先任指揮官ならびにいっさいの陸上、海上、航空および補助部隊はソ連極東軍総司令官に降伏すべし」と規定されていた。これに対して、翌日、スターリンは遼東半島が「満洲の

一部」であることを確認したうえで、ソ連軍への降伏地域に「千島列島の全体」および「北海道の北半分」（釧路、留萌両市およびそれを結ぶ境界線の北側）を含めることを要求した。しかし、朝鮮半島の三八度線には異議を唱えなかった。このとき、ソ連軍は依然としてハルビンや瀋陽に到達していなかったのである。また、ソ連太平洋艦隊は陸上部隊と協力して、八月一三日から清津の上陸作戦を開始し、そこを一六日までに占領したが、その主たる目的は日本海とタタール（間宮）海峡の海上交通を確保して、日本軍によるソ連沿岸への揚陸を阻止することにあった。咸興と平壌の占領は、日本軍との戦闘終結後、八月二四日に空挺部隊によって実現したのである。他方、もしスターリンが三八度線の設定に応じなければ、マッカーサーは京城や平壌を緊急に占領するだけの展開能力を有していた。事実、陸軍航空参謀たちが八月一日にリンカーンやガードナーに提出した詳細な作戦計画によれば、太平洋の前進基地と輸送機を使用して、八月一五日までに約三万名の兵力を朝鮮に輸送することが可能であった。スターリンの要求に対して、八月一八日、トルーマンはソ連軍による降伏受理地域に千島列島全体を含めることに同意したが、北海道北半分については断固として拒絶した。しかし、それにもかかわらず、このような議論のなかで、遼東半島と千島列島の占領に関するソ連の強い意思が確認されたことは否定できない。バーンズ国務長官は、同日午前中にスターリンへの返信について大統領と協議したが、千島列島全体の降伏受理をソ連軍に委ねるだけでなく、遼東半島の大連占領も断念せざるをえなかったのである(70)。

ところで、ガードナーが強く主張した三九度線が提案されていれば、ソ連はどのように反応しただろうか。その境界線は平壌・元山連結線とほぼ同義であり、スターリンが強く要求していた咸鏡道の清津、咸興、元山などの日本海側諸港だけでなく、北部朝鮮の中心都市である平安南道の平壌を含んでいた。さらに、後述するように、戦争末期の日本軍は平壌・元山線の北側に対ソ戦争に備えて第三四軍を編成し、その南側にある第一七方面軍と区別した。また、スターリンが宗谷海峡の航行を確保するために北海道の北半分の占領を要求したことからわかるように、この時期のソ連の対日要求は不凍港の確保やソ連船舶の海峡通過などの要求と密接に関係していた。したがって、満洲での権益に加えて、平壌・元山線以北の地域を占領でき、平壌に隣接する南浦港へのアクセスが保障されれば、ソ連はあえて三九度線の設定に反対しなかったかもしれない。事実、日露戦争前史が示すように、それはかつて帝政ロシアが日本に提案した境界線であったし、実際に平壌を占領するまで、ソ連軍司令部は咸興を北部朝鮮の中心都市であると理解していたのである。いずれにせよ、北部朝鮮での国家建設という観点からみれば、そのような仮説は重大な意味をもっている。なぜならば平壌・元山線以北に建設される北朝鮮国家は黄海道の穀倉地帯を欠き、平安南北道と咸鏡南北道によってのみ構成されるからである。それは古い朝鮮を構成する八道のうちの二道にすぎない。その場合、西と東の二つのドイツの場合と同じく、南と北の二つの朝鮮の人口比はおよそ三対一に拡大するのである。したがって、もし米国が三九度線設定という「賭け」に成功すれば、金日成がその北側に「民主基地」を建設することは不可能であり、スターリンが「祖国解放戦争」を許容することもなかっただろう[71]。

　他方、統合戦争計画委員会が八月一六日に完成した文書「日本および日本領土の最終占領」(J.W.P.C. 385/1)では、米ソ英中の軍隊による三段階からなる朝鮮占領とその地域的な分担が計画されていた。すでに三八度線の設定がソ連側に提案されていたので、朝鮮占領の第一段階(最初の三ヵ月間)では、米軍が南部朝鮮に、すなわち最初に京城、続いて釜山および群山に進駐し、ソ連軍が北部朝鮮を占領することが想定されていた。しかし、第二段階(次の九ヵ月間)では、四ヵ国軍隊が再配置され、英軍三分の二個師団と航空隊二グループが群山と済州に、中国軍三分の二個師団が平壌に進駐することが計画されていた。他方、ソ連軍三分の二個師団と航空隊二グループの配置は羅津、清津および元山港を含む日本海側の東北部地域、すなわち咸鏡道一帯に制限されるが、首都である京城はそれぞれ三分の一個師団の兵力で米ソが共同占領する計画であった。さらに、米軍は京城・仁川地区に合わせて三分の二個師団と航空隊二グループ、釜山に三分の一個師団、航空隊一グループおよび二個海軍飛行中隊を配置する計画であった。また、占領の第三段階（期間未定）では、連合四ヵ国による共同管理機構の設置が想定されていた。四ヵ国による朝鮮信託統治を念頭に置いて、軍事と政治の強引な調和が計画されたのである。(72)

占領第二段階の配置と兵力は以下のとおりであった。(73)

	配置	地上軍	航空隊
ソ連	清津・羅津	1／3個師団	1　飛行大隊
	元山	1／3個師団	1　飛行大隊
	*京城	1／3個師団	
米国	*京城・仁川	2／3個師団	2　飛行大隊
	釜山	1／3個師団	1　飛行大隊
			2　海軍飛行中隊
英国	群山	1／3個師団	1　飛行大隊
	済州	1／3個師団	1　飛行大隊
中国	平壌	2／3個師団	

*京城は共同で占領される。

しかし、この文書の起草者たちはこれを朝鮮の分割占領計画とは考えていなかった。なぜならば、ドイツの場合、各国軍隊の司令官がそれぞれの管理区域で占領政策の最終的な責任を負ったのに対して、朝鮮半島の場合、第二段階の各国軍隊の再配置は連合国軍最高司令官の指揮下で実施されるし、第三段階でも、連合四ヵ国の管理機構を通じて、米国が主導する統一管理が確保されると考えたからである。事実、マッカーサーは、他国の軍隊が占領に参加するこ

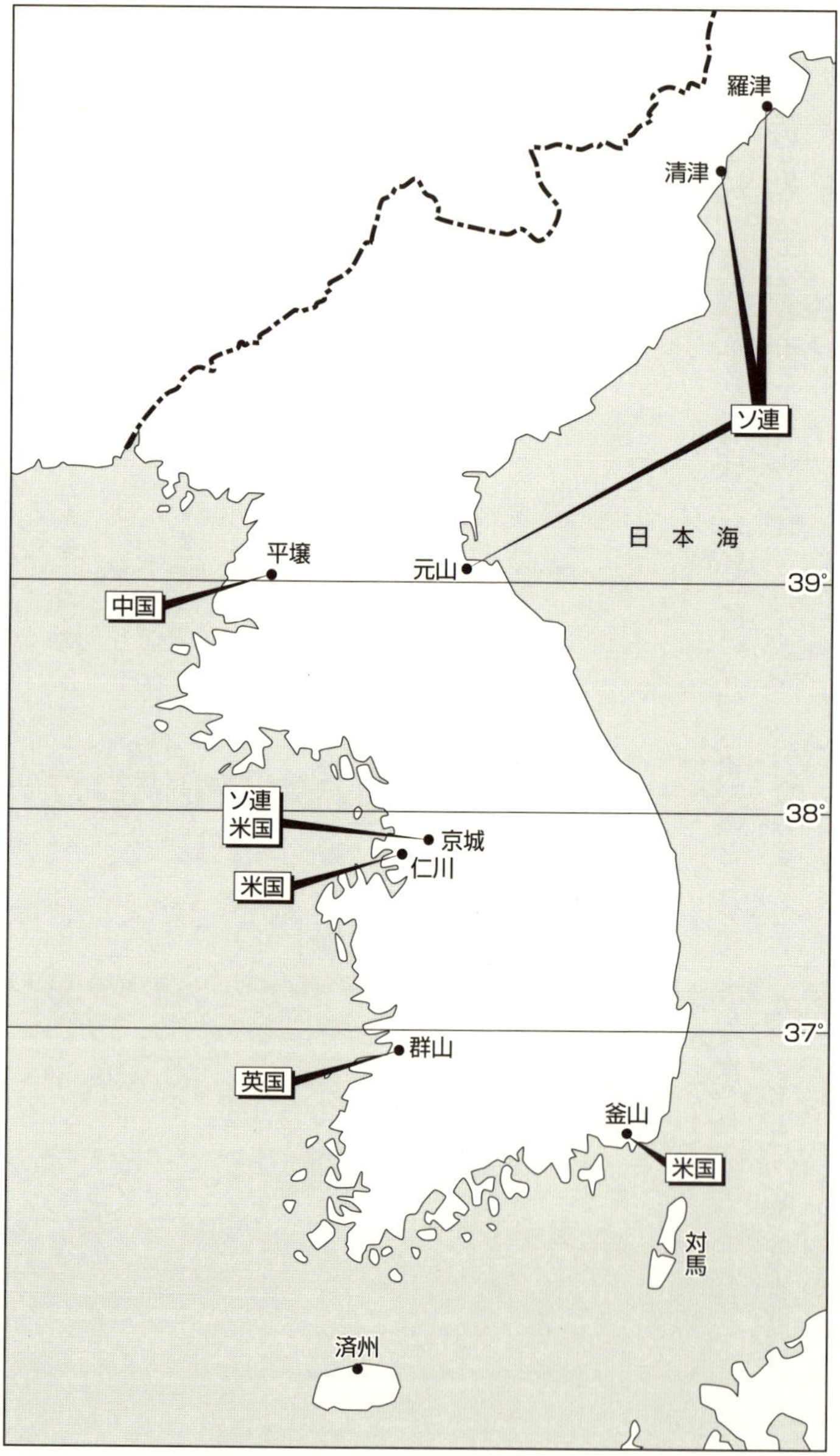

地図６　米ソ中英軍の配置
出典：J. W. P. C. 385/1 に収録の地図から作成。

とを容認しながらも、自分自身がそれらの軍隊に対して単一の指揮権を行使して、全占領地域を一元的に統治することを要求したのである。さらに、占領任務を容易にするために、マッカーサーは日本政府の行政機構を最大限に利用しようとした。それにもかかわらず、同じ頃、ドイツでは統一管理の破綻が進行中であった。ソ連がポーランドの西部国境を西ナイセ川に移動させたために、賠償問題全体が複雑化したのである。米英は自国の管理区域からソ連管理区域への産業施設（とりわけルール地方の重工業施設）の移転に消極的であったし、ソ連は自国の管理区域から米英管理区域へのエネルギー供給を抑制した。したがって、対日戦争終結後の極東地域でも、日本占領へのソ連の参加など、何らかの大きな代償なしに、ソ連が朝鮮の統一管理に積極的に応じることは難しかった。しかも、ポーランドとドイツでの経験から、米国は日本をソ連と共同で占領する意欲を失っていたのである(74)。

おわりに

第二次世界大戦の米軍事戦略において、結果的に、アジア大陸部が地政学的に重要な役割を演じることはなかった。一九四三年から一九四四年にかけて進展した二つの軍事技術革命、すなわちエセックス級高速航空母艦とB-29長距離爆撃機の出現によって、マリアナ諸島を中心にする中部太平洋諸島からの日本本土爆撃が戦争全体の帰趨を決することになったからである。日本軍は陸上兵力の大部分を中国大陸に維持していたが、そのことがもつ意味が日中戦争の範囲を超えることはなかった。しかし、ポツダム会談の前夜に、いま一つの巨大な軍事技術革命、すなわち原子爆弾の実験が成功するまで、封鎖と爆撃に加えて、日本本土への侵攻、すなわち本土上陸作戦が対日戦争勝利のために不可欠であると信じられていた。したがって、もしマッカーサーがフィリピンの奪回に固執せずに、一九四四年末までに、統合参謀本部や海軍が主張した台湾・厦門作戦が実施されていれば、最終段階の対日軍事作戦は山東半島や朝鮮西海岸ないし済州島を巻き込む形で展開したかもしれない。それは戦後の朝鮮半島に米国の軍隊が単独で進駐することを意味したことだろう。しかし、ルソン島や沖縄占領に続いて、日本本土侵攻という空前の大作戦が想定されたために、ローズヴェルトはソ連軍の満洲侵攻を期待し、ヤルタ会談では、モンゴルの現状維持だけでなく、かつて帝政ロシアが所有した満洲の諸権益や千島列島のソ連への委譲に同意せざるをえなかった。したがって、対日戦争の最終段階において、もし米ソの作戦範囲が単純に軍事的な便宜によって決定されるのであれば、あるいはヨーロッパ大戦の終結が実際よりも数ヵ月早いか、原子爆弾の完成が数ヵ月遅れていれば、そもそも朝鮮半島で米ソの軍隊が遭遇することはなかっただろう。東欧諸国と同じように、朝鮮半島全体がソ連軍によって占領され、そこに、ソ連式の政治経済体制が移植されたに違いない。それは朝鮮がソ連の衛星国になることを意味したが、米ソの分割占領という、いま一つの朝鮮の悲劇は回避されたのである。

三八度線の設定は、政治と軍事の複雑な混合物であり、多くの必然とそれと同じくらいの偶然から構成されていた。ドイツ降伏後、第二次世界大戦の大義に反して、スターリンが東ヨーロッパで民族自決主義を蹂躙したとき、米国の指導者たちはそれが極東で再現されることを警戒せざるをえなかった。そのために、国務・陸軍・海軍三省間の協議が緊密化し、軍事作戦や占領計画の立案に政治的な視点が導入されたのである。事実、ポツダム会談のために準備されたブリーフィング・ペーパーは、政治的な観点から、対日戦争の作戦区域を三分割して、朝鮮半島を日本列島や満洲、モンゴルそして中国北部から切り離し、そこで米ソが陸海共同作戦を実施する可能性を示唆していた。朝鮮信託統治を構想する米国政府にとっては、英国や中国を含む利害関係国の軍隊が共同で参加する朝鮮作戦が、連合国軍による単一の指揮の下で実施されることが望ましかったのである。さらに、ポツダムで原爆実験成功の知らせに接したトルーマンとバーンズは、原爆投下によって日本がソ連の参戦以前に降伏することを期待した。先の想定とは逆に、もしヨーロッパ大戦の終結が数ヵ月遅れるか、原子爆弾の完成が数ヵ月早ければ、米国首脳が期待したように、ソ連の対日参戦以前に戦争が確実に終結し、朝鮮半島の分割占領は回避されたことだろう。米国の指導者にとって、原子爆弾の完成は政治的な目的を達成するための軍事的な手段の獲得を意味したのである。それなしに、トルーマンが三八度線の設定を決断したり、スターリンがそれを受諾したりすることはなかっただろう。朝鮮半島の民衆にとって、戦争は最悪のタイミングで終結したのである。

三八度線設定の具体的な政策決定過程については、本文中で詳述した。米ソ両軍の作戦行動を分離するために境界線を設定するという着想は、すでにポツダムでの米ソ参謀長会議で議論され、そのときに米ソの海空作戦のための境界線が合意された。陸上境界線についても、米軍内部では、陸軍省作戦部長であるハル中将の下で「三八度線上ではなかったが、全般的にそれに沿った線」が選択されたが、最高指導者レベルでの政治判断によって、それがソ連側と議論されることはなかったのである。したがって、八月一〇日以後、陸軍省作戦部内で改めて日本軍の降服を受理するための米ソ両軍の境界線が検討されたとき、リンカーン准将には「ポツダムの記憶」が蘇ったことだろう。しかし、ボンスティールら三人の大佐が到達した結論も三八度線であった。他方、それとは別に、米国の軍事指導者や統合参謀たちが朝鮮占領を初期占領と最終占領に区別し、北部朝鮮の初期占領をソ連軍に委ねようとしたことも興味深い。事実、マッカーサーの「ブラックリスト」作戦は当初から米軍が北部朝鮮に進駐する可能性を排除していた。さらに、ワシントンの統合参謀たちは、三八度線の設定が確実になった後でも、英国と中国の軍隊を朝鮮占領に参加させるために、三ヵ月間の初期占領後に米ソの軍隊を再配置して、朝鮮全体の中心地である京城を米ソの共同占領下に置くことを計画していた。これはベルリン占領の朝鮮版であった。対ソ不信の増大にもかかわらず、大同盟への信頼はまだ失われていなかったのである。三八度線の設定をめぐっても、米海軍のガードナー提督はそれを三九度線まで押し上げようとしたが、リンカーン准将をはじめとする陸軍省作戦部や国務省高官は、スターリンの同意を取りつけることの重要性と困難性を明確に認識して、それに強く抵抗した。その意味で、三八度線の設定は米国による「戦後最初の封じ込め行為」であるというよりも、第二次世界大戦最後の「米ソの共同作戦」であった。しかし、それが朝鮮民族に「独立と統一の相克」という新しい難問を課したのである[75]。

(1) 三八度線設定に関する既存の研究については、金学俊「三八線画定に関する論争の分析」(『韓国政治学会報』第一〇集、ソウル、一九七六年)および李完範「米国の三八線画定過程とその政治的意図——一九四五年八月一〇日～一五日」(『韓国政治学会報』第二九集一号、ソウル、一九九五年)の解説を参照されたい。また、筆者は次に挙げる優れた論考を参照した。李用熙「三八線画定新攷——ソ連対日参戦史に沿って」(『亜細亜学報』第一集、ソウル、一九六五年); Soon Sung Cho, *Korea in World Politics, 1940–1950* (Berkeley: University of California Press, 1967); Michael C. Sandusky, *America's Parallel* (Virginia: Old Dominion Press, 1983); Erik van Ree, *Socialism in One Zone: Stalin's Policy in Korea, 1945–1947* (New York: Berg, 1989); 金基兆『三八線分割の歴史——米・ソ・日間の戦略対決と戦時外交秘史』(東山出版社、ソウル、一九九四年)、李完範『三八線画定の真実——一九四四～一九四五』(ソウル、知識産業社、二〇〇一年)、Seung-young Kim, *American Diplomacy and Strategy toward Korea and Northeast Asia, 1882–1950 and After: Perception of Polarity and US Commitment to a Periphery* (New York: Palgrave MacMillan, 2009).

(2) ABC-4/CS-1, 31 December 1941, *Foreign Relations of the United States* (Hereafter cited as *FRUS*), *Washington, 1941–1942, and Casablanca, 1943* (Washington, D.C.: Department of State), p. 664; Winston S. Churchill, *The Grand Alliance, The Second World War*, Vol. III (London: Penguin, 1985, First Published by Cassell 1950), pp. 622–623; Herbert Feis, *Churchill-Roosevelt-Stalin: The War They Waged and the Peace They Sought* (Princeton, New Jersey: Princeton University Press, 1957), pp. 39–40; John Lewis Gaddis, *The United States and the Origins of the Cold War, 1941–1947* (New York: Columbia University Press, 1972), pp. 66–67; Grace Person Hayes, *The History of the Joint Chiefs of Staff in World War II: The War Against Japan* (Annapolis: Naval Institute Press, 1982), p. 41; Ian W. Toll, *Pacific Crucible: War at Sea in the Pacific, 1941–1942* (New York: Norton, 2012), pp. 59–62. 赤木完爾『第二次世界大戦

の政治と戦略』（慶應義塾大学出版会、一九九七年）、一九、七一―七四頁。
（3） *FRUS, Washington and Casablanca*, p. 2173; Hayes, *History of the JCS*, p. 42.
（4） Ray S. Cline, *Washington Command Post: The Operations Division* (Washington, D.C.: Office of the Chief of Military History, Department of the Army, 1951), p. 334. 福田茂夫『第二次大戦の米軍事戦略』（中央公論社、一九七九年）、七七―七九、九〇―九一、一〇七―一一〇頁。トシ・ヨシハラ「比較の視点からみた接近阻止――大日本帝国、ソ連、二一世紀の中国」、『統合及び連合作戦の歴史的考察』（戦史研究国際フォーラム報告書、防衛省防衛研究所、二〇一五年三月）、一三五―一三七頁。赤木『第二次世界大戦の政治と戦略』、七六、八〇―八二、九四―九五頁。一九四三年までに、「ドイツ打倒最優先は最高戦争指導方針としては依然有効であったけれども、アメリカ側の戦争計画立案の実態面においては、マーシャルのドイツ打倒に集中する原則は揺らぎはじめ、事実上、多正面戦争のための計画が生み出されることになった」（赤木『第二次世界大戦』、八二頁）。
（5） Hayes, *History of the JCS*, pp. 290, 299; Paul Kennedy, *Engineers of Victory: The Problem Solvers Who Turned the Tide in the Second World War* (New York: Allen Lane, 2013), pp. 283-284.
（6） ビルマ作戦の着想はキング提督によるものであった。Hayes, *History of the JCS*, pp. 299, 402-403; Cline, *Washington Command Post*, pp. 334-335.
（7） Cline, *Washington Command Post*, p. 335; Hayes, *History of the JCS*, pp. 402-403, 492-493; 福田『第二次大戦の米軍事戦略』、一八四―一八八頁。
（8） Cline, *Washington Command Post*, p. 335; Kennedy, *Engineers of Victory*, pp. 316-319.
（9） Hayes, *History of the JCS*, p. 496; Kennedy, *Engineers of Victory*, pp. 306-307, 326-328. 福田『第二次大戦の米軍事戦略』、二三三―二三五、二三四―二三六頁。
（10） Kennedy, *Engineers of Victory*, p. 302-303; Louis. Allen, "The Campaign in Asia and the Pacific," *Journal of Strategic Studies*, Vol. 13, no.1, March 1990, pp. 162-192.
（11） Hayes, *History of the JCS*, pp. 603-604.

(12) "Operations against Japan Subsequent to Formosa," J.C.S. 924, 30 June 1944, ABC 381 Japan (8-27-48), Section 7, Records of the War Department, RG 165, National Archives; Cline, *Washington Command Post*, pp. 337-339; Hayes, *History of the JCS*, pp. 625-630.

(13) Hayes, *History of the JCS*, pp. 610-614; B. H. Liddell Hart, *History of the Second World War* (London: Cassell, 1970), p. 620.

(14) Hayes, *History of the JCS*, pp. 623-624; Cline, *Washington Command Post*, pp. 339-340. ヨシハラ「比較の視点からみた接近阻止」、『統合及び連合作戦の歴史的考察』、一四三―一四四頁。

(15) Hayes, *History of the JCS*, pp. 658-659; *Reports of General MacArthur: The Campaigns of MacArthur in the Pacific*, I, prepared by his General Staff (Washington, D. C.: Government Printing Office), 1966, p. 387; William F. Halsey and J. Bryan III, *Admiral Halsey's Story* (New York: Whittlesey House, McGraw-Hill, 1947), pp. 195, 250; Toll, *Pacific Crucible*, pp. 393-396, 458-459.

(16) *The Entry of the Soviet Union into the War against Japan: Military Plans, 1941-1945*, Unpublished Manuscript, Office of Military History, United States Army, pp. 50-51; Cline, *Washington Command Post*, pp. 307-308; Sandusky, *America's Parallel*, pp. 151-152.

(17) *Entry of the Soviet Union*, pp. 54-60; *Reports of General MacArthur*, I, pp. 397-399.

(18) "Pacific Strategy," J.C.S. 924/15, 25 April 1945, and Directive for Operation "OLYMPIC," 25 May 1945, *Records of the Joint Chiefs of Staff*, Part 1, microform (University Publications of America, 1981); *Entry of the Soviet Union*, pp. 61-68; Hayes, *History of the JCS*, pp. 702-704.

(19) Directive for Operation "OLYMPIC," 25 May 1945, *Records of the Joint Chiefs of Staff*, Part 1; Hayes, *History of the JCS*, pp. 704-706; *Entry of the Soviet Union*, p. 68; Richard B. Frank, *Downfall: The End of the Imperial Japanese Empire* (New York: Random House, 1999), pp. 115-122.

(20) *Entry of the Soviet Union*, pp. 1-2, 19-20; John R. Deane, *The Strange Alliance: The Story of Our Efforts at*

Wartime Co-operation with Russia (New York: The Viking Press, 1947), p. 226. ただし、九月末に統合戦略調査委員会（JSSC）が作成した文書は、ソ連の全面的な対日参戦の意義を高く評価しつつ、米軍による日本本土への単独侵攻に伴う過大な犠牲と、その後にソ連軍が参戦して獲得する「漁夫の利」を警戒していた（Hayes, *History of the JCS*, pp. 668-669）。

(21) *Entry of the Soviet Union*, pp. 22-24; *FRUS, Cairo and Teheran, 1943*, pp. 489-500.

(22) "Operations against Japan Subsequent to Formosa," J.C.S. 924, 30 June 1944, *Records of the Joint Chiefs of Staff*, Part 1; *Entry of the Soviet Union*, pp. 28-30.

(23) "Russian Participation in the War against Japan," J.C.S. 1176, 23 November 1944, *Records of the Joint Chiefs of Staff*, Part 1; *Entry of the Soviet Union*, pp. 38-41.

(24) Records of Meetings at the Kremlin, Moscow: October 9-October 17, 1944, *Cabinet Papers*, Public Record Office, microfilm (London: Adam Matthew Publications), 1999; Winston S. Churchill, *Triumph and Tragedy, The Second World War*, VI (London: Penguin, 1985, First Published by Cassell, 1954), pp. 205-207; Deane, *The Strange Alliance*, pp. 240-248; W. Averrell Harriman and Elie Abel, *Special Envoy to Churchill and Stalin, 1941-1946* (New York: Random House, 1975), pp. 363-364; Herbert Feis, *Churchill Roosevelt Stalin*, pp. 460-464. ディーンが伝えた統合参謀本部の見解を要約すれば、（1）ウラジオストク半島とシベリア横断鉄道の安全を確保すること、（2）沿海州とカムチャツカから、米空軍とともに日本に対して共同攻撃を遂行すること、（3）日本とアジア大陸の間の運動を海と陸で切断すること、（4）米海軍と連携して、太平洋を横断して沿海州にいたる補給ルートを確保すること――南サハリンに対するソ連の軍事占領を伴う、そして（5）主要かつ究極的な目的として、満洲で日本の地上軍および航空部隊を撃滅すること、であった。

(25) Dean, *The Strange Alliance*, pp. 248-250; Feis, *Churchill-Roosevelt-Stalin*, pp. 464-466 ; Harriman and Abel, *Special Envoy to Churchill and Stalin*, pp. 364-365.

(26) *FRUS, Cairo and Teheran, 1943*, p. 567; *FRUS, Malta and Yalta, 1945*, pp. 378-379 and 768-770; Harriman and

Abel, *Special Envoy to Churchill and Stalin*, pp. 397-399; Herbert Feis, *The China Tangle: The American Effort in China from Pearl Harbor to the Marshall Mission* (Princeton, New Jersey: Princeton University Press, 1972), pp. 240-250.

(27) Henry L. Stimson and McGeorge Bundy, *On Active Service in Peace and War* (New York: Harper), 1947, pp. 635-636; Harry S. Truman, *Year of Decisions* (New York: Doubleday, 1955), p. 87; Martin J. Sherwin, *A World Destroyed: The Atomic Bomb and the Grand Alliance* (New York: Vintage Books, 1977), pp. 186-187; J. Samuel Walker, *Prompt & Utter Destruction: Truman and the Use of Atomic Bombs against Japan* (Chapel Hill: The University of North Carolina Press, 2004), pp. 13-14. 中沢志保『ヘンリー・スティムソンと「アメリカの世紀」』(国書刊行会、二〇一四年)、一四八—一五一頁。

(28) Minutes of Meeting Held at the White House, 18 June 1945, *FRUS, Berlin, 1945*, I, 1960, pp. 903-910; Frank, *Downfall*, pp. 139-148.

(29) *Ibid*, pp. 146-147; *FRUS, Berlin, 1945*, I, pp. 904-905, 910. リーヒ提督(統合参謀本部議長)はキングが六月一八日のホワイトハウス会議で従来の立場を修正したと指摘し、「かれは決して自分ほど積極的に(九州)侵攻に反対しなかった」と記した。William D. Leahy, *I Was There* (New York: Whittlesey House, McGraw-Hill, 1950), p. 384.

(30) van Ree, *Socialism in One Zone*, pp. 42-44. マリノフスキー著(石黒寛訳)『関東軍壊滅す——ソ連極東軍の戦略秘録』(徳間書店、一九六八年)、八六—九〇頁。

(31) *Reports of General MacArthur*, I, p. 388; Edwin P. Hoyt, *How They Won the War in the Pacific: Nimitz and His Admirals* (New York: Weybright and Talley, 1970), pp. 353-354; Halsey and Bryan, *Admiral Halsey's Story*, p. 250. もっとも、ハルゼーはニミッツが自分と同じ意見だと確信していた。そのうえ、「進んで二番目の座席に着かない限り、マッカーサーと協力することは容易ではなかった」のだから、ニミッツの立場はきわめて微妙であった。また、キング提督の作戦構想には、その後に深刻化する冷戦的な対立にも対応できる地政学的な洞察が含まれていた。テヘラン会談でなされたチャーチルの提案は、ローマ占領後、フランス上陸までの間に東部地中海作戦を実施して、バルカン半島でユーゴスラビアのパルチザンと連結し、トルコを参戦させて、エーゲ海・黒海ルートを開拓するというものであった（*See*, *FRUS, Cairo and Tehran, 1943*, pp. 491-493)。

(32) Joseph G. Grew, *Turbulent Era: A Diplomatic Record of Forty Years*, II (Boston: Houghton Mifflin, 1952), pp. 1445-1446, 1455-1458 and 1462-1464; Stimson to Marshall, 21 May 1945, *FRUS, 1945*, VII, pp. 876-878. グルーはいま一つの重大な秘密、すなわち原子爆弾の開発についての情報にも接したが、それについては口を閉ざしたままであった（五百旗頭真『米国の日本占領政策』下巻、中央公論社、一九八五年、一五八頁）。また、五月一二日の会合の模様およびその後のハリマンの行動については、第一章第三節を参照されたい。

(33) 国務・陸軍・海軍三省調整委員会の発足については、五百旗頭『米国の日本占領政策』下巻、一〇八―一一七頁を参照されたい。三省調整委員会は極東小委員会に対日政策を立案する「回転軸」の役割を期待し、二月二三日、太平洋極東問題に関する全般的リストの提出を要求した（SWNCC-16/2）。しかし、国務省内の組織的な研究蓄積のために、多くの場合、その原案は国務省から提供された。Grew to Forrestal, 21 May 1945, *FRUS, 1945*, VII, pp. 882-883; "Korea (Implications of Quadripartite Trusteeship)," OPD Executive File 5, RG 165, Records of the War Department, NARA.

(34) "Form of Soviet Military Participation," Undated, *FRUS, Berlin, 1945*, I, pp. 924-926.

(35) *Ibid.*

(36) グッドパスターの進言については、五百旗頭『米国の日本占領政策』下巻（二二四頁）を参照されたい。J.W.P.C. 375/2, "Occupation of Japan and Japanese-Held Territories After Collapse or Defeat of Japan," 28 June 1945, ABC 014 Japan (13 April 1944), Section 16-A, RG 165, Records of the War Department, NARA.

(37) *Ibid.*

(38) *Ibid.*

(39) *Ibid.*

(40) Stimson to Truman, 16 July 1945, *FRUS, Berlin, 1945*, II, p. 631. ここで指摘された「一ないし二個師団の朝鮮人師団」とは、ハバロフスク郊外で訓練されていた国際混成の第八八特別旅団のことと推定される。その規模は相当に誇張されていたが、指導者の一人であった金日成が戦後の北朝鮮で政権を掌握したことは周知のとおりである。それについては、第五章および第六章で検討した。

(41) *FRUS, Berlin, 1945,* II, pp. 1361-1370; Truman, *Year of Decisions*, p. 416; Barton J. Bernstein, "Roosevelt, Truman, and Atomic Bomb, 1941-1945: A Reinterpretation," *Political Science Quarterly*, Spring 1975, pp.23-62; Walker, *Prompt & Utter Destruction*, pp. 15-18, 62-67; John Lewis Gaddis, *The Cold War: A New History* (New York: The Penguin Press, 2005), pp. 25-27. 長谷川毅『暗闘――スターリン、トルーマンと日本の降伏』(中央公論新社、二〇〇六年)、二二六―二二八頁。中沢志保『ヘンリー・スティムソンと「アメリカの世紀」』(国書刊行会、二〇一四年)、一七六―一八一頁。

(42) Truman, *Year of Decisions*, p. 416; Churchill, *Triumph and Tragedy,* pp. 551-554, 579-580; Ernest J. King, *Fleet Admiral King: A Naval Record* (New York: Norton, 1952), p. 611; Walter Millis, ed., *The Forrestal Diaries* (New York: Viking, 1951), p. 78; James F. Byrnes, *Speaking Frankly* (New York: Harper & Brothers, 1947), p. 208; Walker, *Prompt & Utter Destruction*, pp. 67-68; Michael Dobbs, *Six Months in 1945: FDR, Stalin, Churchill, and Truman-From World War to Cold War* (London: Arrow Books, 2013), pp. 329-333. それと同時に、「広島が全世界を揺るがし、均衡が破壊された」と考えたスターリンは、原子爆弾の投下を米国による「核恫喝戦術」の始まりとみなして、ソ連の原爆開発計画を飛躍的に加速する決定を下した。David Holloway, *Stalin and the Bomb: The Soviet Union and Atomic Energy 1939-1956* (New Haven: Yale University Press, 1994), pp. 131-133; Geoffrey Roberts, *Stalin's Wars: From World War to Cold War, 1939-1953* (New Haven: Yale University Press, 2006), pp. 291-293. そのようなバーンズの言動は、補佐官であったブラウンによっても記録されている。*See*, Robert L. Messer, *The End of an Alliance: James F. Byrnes, Roosevelt, Truman, and the Origins of the Cold War* (Chapel Hill: The University of North Carolina Press, 1982), p.105.

(43) *FRUS, Berlin, 1945*, II, pp. 344-350.

(44) *Ibid.*, pp. 351-352.

(45) van Ree, *Socialism in One Zone*, pp. 55-57.

(46) Sandusky, *America's Parallel*, pp. 186-189; Dobbs, *Six Months in 1945*, pp. 525-526.

(47) *FRUS, Berlin, 1945*, II, pp. 408–441, 1326–1332.

(48) *Ibid.*, II, pp. 411, 1327; Hayes, *History of the JCS*, pp. 720–721; Sandusky, *America's Parallel*, pp. 191–194.

(49) Roy E. Appleman, *South to the Naktong, North to the Yalu* (Washington, D. C.: Office of the Chief of Military History, Department of the Army, 1961), pp. 2–3; Orlando Ward, "Establishment of the 38th Parallel in Korea," Memorandum for General Maxwell D. Taylor, 019 Korea (10 October 1952), Case 43, Army Chief of Staff, RG 319, NARA; James F. Schnabel, *Policy and Direction: The First Year* (Washington, D. C.: Office of the chief of Military History, Department of the Army, U.S. Government Printing Office, 1972), pp. 7–8.

(50) Harris' Telephone conversation with Hull, 17 Jun 1949（李完範『三八線画定の真実』、三三九頁).

(51) ソ連共産党中央委員会付属マルクス・レーニン主義研究所編・川内唯彦訳『第二次世界大戦史』第一〇巻（弘文堂、一九六六年）、二七二—二七三頁。長谷川『暗闘』、二六五—二七一頁。Seung-Young Kim, "The Rise and Fall of the United States Trusteeship Plan for Korea as a Peace-maintenance Scheme," *Diplomacy & Statecraft*, No. 24, 2013, pp. 227–252.「大きな原爆外交」説の典型はアルペロヴィッツの主張である。それによれば、原子爆弾の投下は第一義的には全世界、とりわけソ連にその威力を印象づけ、「東および中央ヨーロッパのための米国の提案」を受け入れさせるという政治的考慮と関係していた。しかし、バーンスタインやシャーウィンは対ソ牽制を第二義的ないし「ボーナス」的なものとみなした。Gar Alperovitz, *Atomic Diplomacy: Hiroshima and Potsdam* (London: Pluto Press, 1994, First Published in the USA by Simon and Schuster, 1965), pp. 287–290; Barton J. Bernstein, "Roosevelt, Truman, and the Atomic Bomb, 1941–1945: A Reinterpretation," *Political Science Quarterly*, Spring 1975, pp. 23–69; Berton J. Bernstein, "The Atomic Bombing Reconsidered," *Foreign Affairs*, January/February 1995, pp. 135–152; Sherwin, *A World Destroyed*, pp. 223–224; 菅英輝「原爆投下決定をめぐる論争」、『海外事情』（拓殖大学海外事情研究所）第四四巻四号、一九九六年四月、四八—五九頁。中沢『スティムソン』、二〇〇—二〇六頁。

(52) J.W.P.C. 390/1, "Planning for Initial Japanese Occupation Period," 30 July 1945, ABC 014 Japan (13 April 1944), Section 16-A, RG 165, Records of the War Department, NARA.

(53) 長谷川『暗闘』、一四九—一五四、二〇二—二〇七、二二二頁。Leahy, *I Was There*, p. 420; Cline, *Washington Command Post*, p. 348; "MacArthur's Plan for Occupation of Japan," OPD 014.1, 25 July 1945, Section 3, RG 165, Records of the War Department, NARA.

(54) "MacArthur's Plans for Occupation of Japan," 25 July 1945, "Plan Blacklist," 29 July 1945 and "Amendment of Blacklist Plan, Ed. No. 3," 14 August 1945, OPD 014.1 TS, Section 3 (Cases 38 through 50), Box 108, RG 165, Records of the War Department, National Archives; "Basic Outline Plan for "Blacklist" Operations to Occupy Japan and Korea After Surrender or Collapse," Edition 3, 8 August 1945, General Headquarters, United States Army Forces, Pacific, Box 38, RG-4, MacArthur Memorial Archives（MMA）in Norfolk, Virginia. 五百旗頭『米国の日本占領政策』下巻、二二二—二二三頁。Sandusky, *America's Parallel*, pp. 189–190.

(55) "Occupation of Japan and Korea," OPD 014.1 TS（1 August 1945）, Section 3, RG 165, Records of the War Department, NARA; VICTORY 357, 26 July 1945, JCS to MacArthur and Nimitz, ABC 014 Japan（13 April 1944）, Section 16-A, RG 165, Records of the War Department, NARA.

(56) C-28810 and C-28793, MacArthur to War Department, 27 July 1945, *ibid.*「単一調整当局者」に関するマッカーサーの主張は、七月二六日に統合参謀本部から送信された別の電報に反応するものであった。ハル陸軍作戦部長は初期の占領任務を執行するために現存する日本政府機構がどの程度まで使用されるべきか、また連合国による占領の規模と機構について、マッカーサーに意見を求めたのである（Sandusky, *America's Parallel*, pp. 188–189）。

(57) "Basic Outline Plan for "Blacklist" Operations to Occupy Japan and Korea After Surrender or Collapse," Edition 3, 8 August 1945, MMA; *Reports of General MacArthur*, I, pp. 436–440.

(58) J.W.P.C. 264/8, "Examination of Plans for the Immediate Occupation of Japan," 10 August 1945, ABC 014 Japan（13 April 1944）, Section 16-A, RG 165, Records of the War Department, NARA.

(59) van Ree, *Socialism in One Zone*, pp. 49–51. マリノフスキー『関東軍壊滅す』、七四、一六八頁。マルクス・レーニン主義研究所編『第二次世界大戦史』第一〇巻、二五九頁。ヴァン・リーは、ソ連側が「ブラックリスト」に関する米軍関係者の議論を知って、その作戦区域を三八度線以北に限定した可能性があると指摘した。同じような指摘は古くから存在した。*See*, Shannon McCune, "The Thirty-Eight Parallel in Korea," *World Politics*, Vol. 1, No. 2, January 1949.

(60) ジョン・フェリス「太平洋戦争後期における連合国側の戦略」、『太平洋戦争とその戦略』（戦争史研究国際フォーラム報告書、防衛省防衛研究所、二〇一〇年三月）、一五六―一五七頁。Truman, *Year of Decisions*, pp. 427–432; WARX 47838 and WARX 47945, JCS to MacArthur, 11 August 1945, "Occupation," 19 August 1945, ABC 014 Japan (13 April 1944), Section 18-B, RG 165, Records of the War Department, NARA. リチャード・B・フランク「アジア・太平洋戦争の終結――新たな局面」、『歴史からみた戦争の終結』（戦争史研究国際フォーラム報告書、防衛省防衛研究所、二〇一六年三月）、五五―六二頁。また、赤木完爾翻訳のフランク論文「『決号』――一九四五年における日本の政治戦略・軍事戦略」（『法学研究』第八九巻八号、二〇一六年八月、四九―九八頁）を参照した。

(61) WARX 48004, JCS to MacArthur, 11 August 1945, Box 21, XXIV Corps History Section, USAFIK, RG 332, Washington National Records Center (WNRC) in Suitland, Maryland; Truman, *Year of Decisions*, pp. 433–434.

(62) Paul McGrath, *United States Army in the Korean Conflict*, Draft Manuscript, Office of the Chief of Military History, Department of the Army, pp. 40–41; Memorandum by Ward, 10 October 1952; Schnabel, *Policy and Direction*, pp. 8–9; Sandusky, *America's Parallel*, p. 226. 二度にわたる御前会議を含めて、日本の降伏の決定の過程については、左近允尚敏『敗戦――一九四五年春と夏』（光人社、二〇〇五年）を参照した。

(63) Schnabel, *Policy and Direction*, p. 9; Sandusky, *America's Parallel*, pp. 226–228; Rusk's Memorandum, 12 July 1950, *FRUS, 1945*, VI, p. 1039; Lincoln's Letter to Donnelly, 18 July 1949（李完範『三八線画定の真実』、三五六―三五八頁）. なお、ソ連軍の作戦計画の詳細については、第五章第一節を参照されたい。

(64) Schnabel, *Policy and Direction*, p. 9; Rusk's Memorandum, 12 July 1950, *FRUS*, 1945, VI, p. 1039; Sandusky, *America's Parallel*, pp. 226–228.

(65) A Statement on the 38th Parallel in Korea by Webb, 16 June 1949, *United States Policy in the Far East*, Part 2, U.S. House of Representatives（Washington, D. C.: Government Printing Office, 1976）, p. 30; McGrath, *United States Army in*

the Korean Conflict, pp. 46–47; Schnabel, *Policy and Direction*, p. 10; Sandusky, *America's Parallel*, pp. 228–230, 234–235; Lincoln's Letter to Donnelly, 18 July 1949.

(66) J.C.S. 1467/1, "Instruments for the Surrender of Japan", 13 August 1945, ABC 387 Japan (19 February 1945), Section1-B, RG 165, Records of the War Department, NARA.

(67) "Occupation," 19 August 1945, ABC, 014 Japan (13 April 1944), Section 18-B, RG 165, NARA; WARX 49334, JCS to MacArthur, 14 August 1945, Box 21, XXIV Corps History Section, USAFIK, RG 332, WNRC. この政治的要請はバーンズ国務長官から統合計画参謀に直接伝えられた。ここでも、リンカーンからの問い合わせに対して、翌日、ダンが国務長官の意思の詳細を説明している（"Occupation of Liaotung or Kwantung Peninsula," 15 August 1945, OPD 014.1 TS, Section IV, RG 165, Records of the War Department, NARA）。

(68) "Occupation," 19 August 1945, ABC, 014 Japan (13 April 1944) Section 18-B, RG 165, Records of the War Department, NARA.

(69) J.W.P.C. 264/10, "Examination of the Practicability of Concurrent Occupation of Tokyo, Dairen, and Keijo, and Early Occupation of a North China Port," 14 August 1945, ABC 014 Japan (13 April 1944) Section 16-A, RG 165, Records of the War Department, NARA.

(70) J.C.S. 1467/1, "Instruments for the Surrender of Japan," 13 August 1945, ABC 387 Japan (19 February 1945) Section 1-B, RG 165, Records of the War Department, NARA; Ministry of Foreign Affairs of the U.S.S.R., *Correspondence Between Chairman of the Council of Ministers of the U.S.S.R. and the Presidents of the U.S.A. and the Prime Ministers of Great Britain During the Great Patriotic War of 1941–1945*, Volume Two: Correspondence with Franklin D. Roosevelt and Harry S. Truman, August 1941–December 1945 (Moscow: Foreign Language Publishing House, 1957), pp. 261–269; Bryte to Lincoln, Gardner, and Campbell, "A Plan for the US Occupation of Strategic Positions in the Far East in the Event of Japanese Collapse or Surrender Prior to OLYMPIC or CORONET, " 1 August 1945, ABC 014 Japan (13 April 1945) Section 18-A, RG 165, Records of the War Department, NARA; Sandusky, *America's Parallel*, p.

252; van Ree, *Socialism in One Zone*, p. 64. マルクス・レーニン主義研究所編『第二次世界大戦史』第一〇巻、二三四―二三五、二五九―二六六頁。

(71) Kathryn Weathersby, "Soviet Aims in Korea and the Origins of the Korean War, 1945-1950: New Evidence from Russian Archives," Working Paper No. 8, Cold War International History Project *Bulletin*, Woodrow Wilson International Center for Scholars, November 1993, pp. 9-10. 横手慎二「第二次大戦期のソ連の対日政策――一九四一―一九四四」、『法学研究』第七一巻一号（慶應義塾大学法学研究会）、一九九八年一月、二一五―二二六頁。横手慎二『日露戦争史』（中公新書、中央公論新社、二〇〇五年）、九九―一〇一頁。大畑篤四郎「日露戦争」、外務省外交資料館日本外交史辞典編纂委員会『日本外交史辞典』（山川出版社、一九九二年）、七四一頁。ただし、三八度線の設計者たちは日露戦争前の外交交渉、すなわちロシアが三九度線以北の韓国中立地帯化を提案した歴史を知らなかった（Memorandum by Ward, 10 October 1952）。和田春樹「ソ連の朝鮮政策――一九四五年八月―一〇月」、『社会科学研究』第三三巻四号（東京大学社会科学研究所）、一九八一年一一月、一一八―一二〇頁。他方、日本軍も三九度線付近までを地政学的に満洲防衛と深く関係する大陸的な朝鮮として考えていた。興味深いことに、戦争末期の関東軍と朝鮮軍（第一七方面軍）の間の境界線は三九度線に沿った平壌・元山線であった。一九四五年二月、従来の朝鮮軍は解体され、済州島を含む南部・中部朝鮮の防衛作戦を主たる任務とする第一七方面軍（野戦部隊）と、部隊の補充、教育、経理などを担当する朝鮮軍管区に再編された。また、ソ連に対する北部朝鮮防衛の作戦準備は関東軍総司令部が担当し、その範囲は咸鏡南北道および平安南北道を含む平壌・元山防衛線以北とされた。さらに、七月には、中間司令部として、中国から移動した二個師団によって咸興に第三四軍司令部が設置され、ソ連軍の平壌および京城への進撃を阻止するための役割を負わされた。事実、対ソ戦開始後の八月一〇日、大本営の命令で第一七方面軍は関東軍の戦闘序列に入り、次いで関東軍の命令で第三四軍は第一七方面軍の指揮下に入ったのである。しかし、その境界線が三八度線であったかのように誤って伝えられ、そこから、それが米国による三八度線の設定の原因になったかのような議論が生じた。しかし、もし米軍が日本軍の指揮境界線を参考にしていれば、三八度線ではなく三九度線が採用されたことだろう。その間の経緯については、朝鮮軍残務整理部「朝鮮における戦争準備」および第一復員局「本土作戦記録」（第五巻・第一七方面軍）（宮田節子編・解説『朝鮮軍概要史』、

不二出版、一九八九年、一九一―一九四、二四二―二四七頁）および井原潤次郎第一七方面軍兼朝鮮軍管区参謀長の証言（『朝鮮軍・解放前後の朝鮮』、未公開資料・朝鮮総督府関係者・録音記録5、学習院大学東洋文化研究所、二〇〇四年三月、三二〇―三二一、三四一―三四二頁）を参照されたい。

(72) J.W.P.C. 385/1, "Ultimate Occupation of Japan and Japanese Territory," 16 August 1945, ABC 014 Japan (13 April 1944), Section 16-A, RG 165, Records of the War Department, NARA; MacArthur to JCS, 21 August 1945, Box 21, XXIV Corps History Section, USAFIK, RG 332, WNRC.

(73) *Ibid.* これに対応する軍事政府の構造と構成については、三省調整委員会の極東小委員会が検討していた。*See,* SWNCC Subcommittee for the Far East, "Politico-Military Problems in the Far East: Structure and Composition of Military Government in Korea," draft paper, 23 August 1945（国史編纂委員会編『駐韓美軍政治顧問文書1』、大韓民国史資料集18、果川、国史編纂委員会、一九九四年、一―七頁）. この文書によれば、朝鮮半島の行政区画に従って、ソ連軍が咸鏡南北道と江原道、米軍が京畿道、忠清北道と全羅南北道、英軍が忠清北道と慶尚南北道、その他を中国軍が担当し、各国軍が同等の権限をもつ共同の中央管理委員会を京城に設置することが検討されていた。

(74) Gaddis, *The Cold War*, pp. 22-25; Dennis J. Dunn, *Caught between Roosevelt and Stalin: America's Ambassadors to Moscow* (Lexington: University Press of Kentucky, 1998), pp. 256-257; Dobbs, *Six Months in 1945*, pp. 344-346. 五百旗頭『米国の日本占領政策』下巻、一五五―一五七、二一六―二二四頁。

(75) Bruce Cumings, *The Origins of the Korean War: Liberation and the Emergence of Separate Regimes 1945-1947* (Princeton, New Jersey: Princeton University Press, 1981), pp. 117-122. 三八度線の設定を「封じ込め」という米国の冷戦政策に特有の概念で表現することは多くの誤解を招来するだろう。それはある種の冷戦起源説である。本文中で指摘したように、三八度線の設定はギャディスが主張するほど「偶然の出来事」ではなく、ソ連による東ヨーロッパでの行動や米国による原子爆弾の開発が招来した「必然の出来事」であった（Gaddis, *The Cold War*, pp. 22-25）。しかし、冷戦のもつ特異な性質（「平和は不可能であるのに、戦争も起こりえない」）に注目するならば、そのような性質をもつ米ソの二極対立は、対独戦争や対日戦争の終結と同時に、突然に発生したわけではない（Dunn, *Caught between Roosevelt and*

Stalin, pp. 263-264)。しかも、「封じ込め」は「認識」ではなく、それを基礎にする「政策」や「戦略」である。冷戦「認識」の中心にある「交渉の不可能性」に関する限り、そのような認識の出発点になったのは、後述するように、一九四六年二月九日のスターリンの「新五ヵ年計画」演説であり、二月二二日のケナンの有名な長文電報や三月五日のチャーチルの「鉄のカーテン」演説である。また、それが「封じ込め」戦略として実行に移されたのは、欧州一六ヵ国がパリに集結し、マーシャル・プランの受け入れのために欧州経済協力委員会（ＣＥＥＣ）の設置を決議したとき、すなわち一九四七年七月のことである。同じ頃、ケナンのＸ論文が公表され、そのような西側諸国の行動がはじめて「封じ込め」（"containment"）という戦略概念によって正当化されたのである。第六章にみるように、朝鮮半島冷戦も、そのようなヨーロッパ冷戦とほぼ並行して進展した。

第三章　南朝鮮解放の政治力学

――米軍進駐と左右対立の構図

はじめに

一九四五年八月一〇日に、条件つきながら、日本政府が降伏意思を表明したとき、朝鮮半島には連合国のいかなる軍隊も存在しなかった。広島への原爆投下に促されて、八月九日に参戦したソ連軍は、一三日にはソ連に隣接する北東部の要港である清津への攻撃を開始したが、それも対岸にあるウラジオストクに対する日本からの反撃を予防し、日本本土と関東軍の連絡を遮断するための満洲侵攻作戦の一部にほかならなかった。また、戦争終結後も、日本軍の武装解除が遅れたためか、茫然自失する日本人に同情したためか、あるいは朝鮮人自身が突然の事態を理解するのに手間取ったためか、日本人を対象にする暴動や殺戮など、不穏な事態が朝鮮で発生することはなかった。ある著名な宗教人が指摘したように、大多数の朝鮮人にとって、解放は「天から降ってきた餅」であり、「盗賊のように思いがけずにやってきた」のである。しかし、その到来を予想していた少数の朝鮮人にとっても、それが意味するものは難解であった。北緯三八度線を境界線として朝鮮半島が分割され、米ソの軍隊がそれぞれ南部および北部朝鮮に進駐したからである。カイロ宣言や戦時首脳会談の軌跡を振り返るまでもなく、そこには、「解放＝独立」の等式が成立しなかった。李昊宰が指摘するように、「解放が朝鮮民族に何をもたらすかは、国際的には米ソが何に合意するか、国内的には朝鮮の諸勢力がそれにいかに対応するかに全面的に左右される」という未確定かつ流動的な政治状況が出現したのである。事実、米第二四軍団の最初の部隊が仁川に上陸したとき、ソウル（京城）では、すでに左派勢力が「朝鮮人民共和国」の樹立を宣言して、新政府の編成に着手していた。しかし、南朝鮮に進駐した米占領軍当局は、米ソ両軍による三ヵ月間の初期の分割占領が米ソ英中の四ヵ国軍による占領と統一管理に移行し、やがて朝鮮全土に信託統治が実施されることを期待していた。朝鮮の「自由・独立」はその後に想定されていたのである。しかし、それならば、対日占領方針を携えて進駐した米軍部隊は、南朝鮮の住民を「敵国民」とみなしたのだろうか、それとも

「解放された人民」とみなしたのだろうか。天皇の権威や日本政府の行政機構を最大限に利用するという間接統治の占領方式は、南朝鮮にも適用されたのだろうか(1)。

占領初期の権力関係については、さまざまな角度からの分析が可能になる。第一に、勝者と敗者の間の関係はいかなるものだったのだろうか。たとえば、長期にわたって朝鮮全土を統治した朝鮮総督府や戦争に備えて南朝鮮に配置された日本軍は、米軍進駐にいかに対応したのだろうか。当初は一個師団だけが、続いて二個師団が逐次的に投入されるという状況の下で、ホッジ米軍司令官は何を必要としたのだろうか。さらに、ともにソ連軍の南朝鮮への侵入を恐れて、勝者と敗者はいかに協力したのだろうか。第二に、植民地統治の終焉によって、支配者と被支配者の間の権力関係はどのように変化したのだろうか。敗戦直後の総督府が何よりも憂慮したのは、戦後の混乱によって日本人の安全や財産が脅かされることであった。米軍が到着するまでの約三週間、総督府はいかにして朝鮮人指導者の協力を獲得して、南朝鮮の治安を維持しようとしたのだろうか。三八度線の設定はいつ、どのように朝鮮人指導者に伝えられたのだろうか。第三に、解放と同時に南朝鮮で開始された政治活動は、被解放者、すなわち現地政治勢力間の権力関係をいかに形成したのだろうか。左派勢力が着手した建国準備運動はどのように開始され、どのように発展したのだろうか。そのなかで、呂運亨、安在鴻、朴憲永らの政治指導者は、どのような役割を演じたのだろうか。そもそも朝鮮建国準備委員会や朝鮮人民共和国とは何だったのだろうか。また、宋鎮禹、金性洙、金俊淵、趙炳玉など、韓国民主党に結集した右派勢力は、それにどのように対抗したのだろうか。さらに、左右対立が激化するなかで、大韓民国臨時政府(重慶政府)や海外の独立運動指導者たちの存在は、どのように理解され、それはどのように南朝鮮情勢に影響を及ぼしたのだろうか。そして最後に、米占領軍当局は南朝鮮の政治勢力にどのように対応し、どのような権力関係を形成したのだろうか。とりわけ、政府を自称する朝鮮人民共和国にどのように対応したのだろうか。また、米軍政府と韓国民主党との緊密な提携はいかにして形成されたのだろうか。

一　米軍の南朝鮮進駐と軍事政府樹立

1　ホッジ司令官の懸念

第二次世界大戦の最終段階において、米国の軍事指導者たちは「オリンピック」作戦（九州侵攻作戦）以前に実施される朝鮮侵攻を想定していなかった。しかし、そのような侵攻作戦とは別に、一九四五年七月中旬までに、当初は「理論的可能性」にすぎなかった「日本の突然の崩壊ないし降伏」が急速に現実的可能性として認識され、一九四五年四月にマニラに樹立された太平洋陸軍総司令部（C-in-C, USAF, Pac）も、「日本および日本領土」への進駐作戦、すなわち「ブラックリスト」の作成を急がざるをえなかった。さらに、日本政府が条件つきながら降服意思を表明した後、八月一一日、統合参謀本部は日本降伏を執行する連合国軍最高司令官（SCAP）が指名されること、朝鮮を太平洋戦域に編入して、そこでの作戦を太平洋陸軍総司令官に委ねることなどをマッカーサーに伝達した。そのため、朝鮮占領の任務は、当初、沖縄戦の最後の時期に第一〇軍司令官に就任したスティルウェル大将に託されるものとみられたのである。第一〇軍は第二四軍団、第七師団、第二七師団そして軍支援司令部（ASCOM）などから構成され、太平洋陸軍に所属していた。同じ日に、第一〇軍参謀長のメリル（Merrill, Frank D.）少将は参謀たちに朝鮮占領のための作戦が「B＋27」（日本降伏後二七日目）に開始されると告げていた。また、翌日午前中に開かれた第一〇軍参謀会議では、朝鮮に派遣される部隊として第七師団とフィリピンから到着する第四〇師団、そして第二七師団が指定された。ただし、第二七師団については当初から別の任務につく可能性が示唆されており、一四日に、それに代わって第九六師団が配属された。(2)

しかし、参謀会議の直後に、朝鮮占領作戦の執行に大きな変化が生じた。八月一二日午後、マッカーサー司令部は第一〇軍に付与された朝鮮占領の任務を修正し、その主要部隊である第二四軍団に託したのである。第二四軍団は総司令部直属の任務部隊として抽出され、地域司令部と軍事政府の機能を付与された。また、そのための要員、装備その他は第一〇軍司令部から補充された。八月一三日にマニラでマッカーサーと会談したスティルウェルは、一四日に、朝鮮進駐計画に内容的な修正がないこと、すなわち派遣部隊が三つの梯団で約二週間の間隔で移動すること、その使命は日本軍の武装を解除し、連合国捕虜を釈放し、降服条件を実行し、そして秩序を維持することであると伝え、さらにその翌日に、第一〇軍が朝鮮占領の任務を担当しないことを確認した。スティルウェルが朝鮮占領から排除されたのは、蔣介石総統がその「中国沿岸部」への復帰に強く反対したからであり、日本降伏という緊急かつ重大な局面で、トルーマンとマッカーサーが蔣との対立を回避しようとしたからであった。言い換えれば、第二四軍団長のホッジ中将は、そのような政治的理由、およびもっとも迅速に南朝鮮に展開できるという物理的理由のために、八月一九日、突然、在朝鮮米陸軍司令官（CGUSAFIK）に任命され、ただちにマニラでマッカーサーとの協議に入ったのである。ホッジは第一次世界大戦をフランス戦線で戦った叩き上げの軍人であり、ウェストポイント出身でないにもかかわらず、第二次世界大戦では師団長としてニューギニアとブーゲンビルで、軍団長としてレイテと沖縄で戦って、「兵士のなかの兵士」（“soldier's soldier”）と呼ばれた。イリノイ州の農場出身の頑強、勤勉かつ決然たる戦闘型の将軍であり、南朝鮮占領のような政治的に微妙な任務のために必要とされる条件を何一つ備えていなかった。そのことは多くの米国人研究者が指摘するところである(3)。

第一〇軍司令部から補充されて、ホッジとともにマニラの太平洋陸軍総司令部を訪問したプレスコット（Prescott, Brainard E.）大佐によれば、このとき、ホッジ司令官がもっとも懸念していたのは「ソ連との関係」であった。沖縄にある米軍部隊は戦いに疲れており、初期の朝鮮占領に使用できる兵力は一個師団に限定されていた。したがって、米軍が計画どおりに九月一一日（B＋27）にソウルに進駐するまでに、ソ連軍が朝鮮半島全域を占領してしまうかもしれないと恐れたのである。また、ワシントンの政治・軍事指導者たちもホッジの懸念を共有していた。たとえば統合参謀本部がマッカーサーに宛てた八月二四日の電報は、一般命令第一号に対するスターリンの同意にもかかわらず、「ソ連軍は米軍部隊と遭遇するまで南方を占領するための移動を継続するかもしれない。そうしないという確かな保証はない」と伝えていた。これに対して、八月二六日、マッカーサーは第七師団による京城占領を繰り上げ、九月四日に軽武装の部隊を沖縄から出港させて、七日にソウルに到着することが可能であると回答した。ただし、八月三〇日、「朝鮮への迅速な移動が大統領の支持と指令」によるものであり、「京城の優先的な占領」が必要とされることをホッジに強調しつつも、第二四軍団による移動が東京湾上での降伏受理以後に開始されるべきであると指示することを忘れなかった(4)。

最悪の事態に備えて、八月二九日、マッカーサーはさらに「第二四軍団の上陸以前に、ソ連軍が京城地区を占領している可能性が検討されなければならない」とホッジに伝えた。しかし、興味深いことに、この時点でも、かれは朝鮮半島が米英ソ中によって共同で初期占領されるものと理解していたようである。八月二一日に、マッカーサーは統合参謀本部に「朝鮮占領が四ヵ国でなされるのであれば、朝鮮に関係する適切な指示とともに、隣接し重複する地域の占領軍司令官たちの間の直接的な接触に関して、早期に連合国、とりわけソ連との間の合意が本司令部に提供されるべきである」と要請し、さらに八月二九日にホッジ司令官に「四ヵ国によって占領される地域についての明確な定義がいまだに太平洋陸軍総司令官に伝えられていない」と指摘したのである。そのうえで、マッカーサーは大統領が関係各国の同意を獲得し、統合参謀本部が米軍に三八度線以南の日本軍の降伏を受理するように命じたのだから、「たとえソ連軍がいても、(米軍の)上陸が進行することが望ましい」(括弧内引用者)と指摘し、「もしソ連軍がそこ(京城)を確保しているのであれば、用心深く行動することが必要とされる。上陸に先立ってソ連軍司令官と接触し、面倒な事件を避けるための必要な調整がなされるべきだろう。もし国際的紛糾を引き起こすようであれば、上陸を遅らせ、東京にある連合国軍最高司令官に直接連絡して、事実に関する十分な報告を提出することが望ましい」(括弧

内引用者）と指示した。(5)

さらに、そのような沖縄、ワシントン、そしてマニラの懸念を強めたのが、現地の日本軍司令部、すなわち第一七方面軍司令部（兼朝鮮軍管区司令部）からの報告であった。八月二五日の緊急発信で、菅井潤次郎参謀長は第三四軍管区内の元山・城津で、停戦交渉後もソ連軍部隊による「殺人、掠奪・凌辱等」が繰り返されていることを本国政府に報告し、「朝鮮ノ特殊事情ヲ十分ニ米陸軍最高指揮官ニ告知シ、朝鮮南半部ニ於テハ米軍ノ平和的進駐ト進駐部隊ノ精選ニ注意シ、且日本軍ノ好意アル受入準備ニ十分合致スルゴトク、事前ノ準備ヲ進メル」（傍点引用者）ことを要請したのである。これを受けて、八月二八日、日本政府は連合国軍最高司令部に北部朝鮮の治安状況が二三日以後急激に悪化しつつあることを知らせるとともに、さらに踏み込んで、「現状ノ儘放置セシカ、右事態ハ南鮮ニモ波及シ、現地日本当局ハ治安維持ニ関シ、極メテ困難ナル立場ニ置カルベシ」との情勢判断を伝えた。また、マッカーサーは日本政府からの情報をホッジに伝え、それに注意を喚起した。事実、ソ連軍は三八度線のすぐ南側に位置する開城、春川、海州などに出現し、警察官の武装を解除したり、食糧を要求したりしたのである。九月三日、これらについての情報が第二四軍団司令部に提供された。(6)

南部朝鮮への米軍の進駐は八月二九日に、本国政府内務次官が朝鮮総督府政務総監に明確な形で伝達し、翌日改めて、それが「九月七日京城・仁川地区」であることを確認した。しかし、京城と沖縄の間の無線通信の確立は容易でなかった。連合国軍最高司令官からの八月三〇日の命令を受けて、大本営が第一七方面軍司令部に昼間および夜間の周波数を通知し、沖縄にある米第二四軍団司令部との間の無線連絡を開設するように命令したのである。八月三一日午後七時三〇分以後、軍団司令部が第一号通信を試みて、相手方に氏名、階級、大本営命令の受信可否などを質問すると、翌日午前一時、上月良夫司令官がそれに応答して、「局地的な停戦交渉」に関する大本営からの命令を確認したことを報告した。太平洋で激戦を重ねた後、少数の兵力で南朝鮮に進駐する第二四軍団参謀にとって、それは

「もっとも劇的な体験」であった。また、それに続くホッジからの第二号通信に応えて、上月は「日本軍はいかなる流血も破壊もなしにすべてを貴軍に平和的に委譲することを心から願っている。しかし、朝鮮人のなかには、現在の状況を利用して、当地で平和と秩序を乱すことを企む共産主義者と独立扇動者が存在する。軍隊によって支援されたときにのみ、警察はその力を行使することができる状態にある。したがって、仁川地区において、平和が軍隊によって維持されているのは厳然たる事実である。このような状態のもとでは、平和と秩序を維持するために、警察のほかに最小限の日本軍が必要であることが認められ、貴軍が占領と移譲を完了するまで憲兵がそのまま維持されることが希望される」（傍点引用者）と現地情勢を報告したのである[7]。

上月の報告はホッジ司令官の認識や方針に大きな影響を及ぼしたようである。九月二日、京城上空に飛来した米軍機が「在朝鮮米国陸軍司令官、陸軍中将、ジョン・R・ホッジ」名義のビラを散布し、同日中に東京で日本軍が降伏文書に調印すること、それに基づいて米軍が近日中に朝鮮に上陸すること、米軍の諸命令が現存する諸官庁を通じて公布されることを知らせ、さらに日本人および米上陸軍に対する反乱行為、財産および既設機関の破壊などの軽挙妄動を避けるように南朝鮮民衆に要請したのである。また、そのことを知らせる上月司令官宛の通信において、ホッジ司令官は秩序維持と財産保全の必要のために、最小限の日本軍を京城・仁川地区に保持することを承認および命令した。上月はこれらの措置を歓迎し、翌日、米軍機が散布したビラが好ましい効果をもたらしたことを米第二四軍団司令部に報告するとともに、朝鮮軍管区司令部が米軍団司令部との交信内容の一部を公表することを許可するように要請した。ホッジ司令官の許可を得て、九月三日に発表された声明は、八月三一日以来、朝鮮軍管区司令部が在沖縄米第二四軍団司令部と通信を開始して、密接な連絡を保持して米軍の朝鮮進駐を準備していること、米軍に責任が引き継がれるまで、日本軍が北緯三八度線以南の朝鮮で治安を維持し、同時に行政機関を存置すること、そのために米軍機が布告文を散布したこと、京仁地区の治安維持と財産保障のために、最小限の武装した日本軍の存続が認められたことなどを、朝鮮民衆に知らせるものであった。約一七万人の無傷の日本軍が存在する南朝鮮に、三個師団の米軍部隊が逐次的に投入されるという状況の下で、勝者は敗者の十分な協力を必要としたのである。もちろん、敗者も勝者の迅速な進駐を熱望していた。(8)

2　敵国領土の間接統治――勝者と敗者の協力

日本占領に関する軍事作戦は、ほかの多くの軍事作戦と同じく、統合参謀本部の下部組織である統合戦争計画委員会(JWPC)によって検討されたが、日本本土への侵攻の帰結として、そこに直接統治、すなわち軍政を施行することを自明のこととしていた。その点では、マッカーサー総司令部で検討された「ブラックリスト」作戦計画も同じであった。また、それは大日本帝国の突然の崩壊や降伏に伴う戦闘終結後の進駐計画であり、日本本土と南朝鮮の間に境界を設けていなかった。そのために必要とされる陸軍部隊は約二〇個師団と予備の三個師団および空挺一個連隊戦闘団に達したが、それでも、海を隔てて広がる領土と八五〇〇万人を超える住民に軍政を施行するには十分とはいえなかった。そのために、マッカーサーは、全土に軍隊を展開したドイツ方式とは異なり、米軍が重要地域に段階的に進駐して、既存の日本の政府機構を利用するという間接統治方式を統合参謀本部に提起したが、その希望は七月末に却下されていた。その決定が変更され、間接統治の方針を盛り込む「降伏後初期の対日政策」(SWNCC-15/3)の要旨がマッカーサーに伝えられたのは八月二〇日であり、最終版ではなかったが、マッカーサーがその全文を入手したのは八月二九日のことであった。トルーマン大統領による正式の承認はそれよりも遅く、九月六日のことであった。(9)

その間に、「ブラックリスト」第三版を改訂する余裕がないまま、マッカーサーは八月一五日にその日を「Bデー」とする「作戦命令第四号」を発した。占領行政に関する「作戦命令第四号・付属八(軍事政府)」(以下、「付属八(軍事政府)」とする)が発令されたのは八月二八日であり、それによって日本占領は直接統治から間接統治に切り替えられたのである。マッカーサーが厚木飛行場に降り立ったのは、その二日後のことであった。しかし、後に指摘するように、このような直接統治（軍政）から間接統治への占領方式の変更は、米軍の南朝鮮初期占領に大きな影響を及ぼさざるをえなかった。事実、プレスコット大佐はマニラで「付属八（軍事政府）」の草案を入手し、それを土台にして南朝鮮占領を準備したのである。八月二八日に正式に発令された同文書は、軍政施行方針の形跡を残したまま、冒頭で「この付属文書で使用される日本とは、日本の主要四島、すなわち北海道、本州、九州、四国に、琉球諸島、対馬を含む約千の隣接島嶼、そして朝鮮（北緯三八度線以南）を含む」（傍点引用者）と定義し、さらに連合国軍最高司令官は「実行可能な限り最大限に天皇および大日本帝国の各種の統治手段を通じて日本および日本人に対する統制権を行使する」（傍点引用者）と規定していた。そこには、日本本土と朝鮮を区別するものは何も存在しなかったのである。しかも、それは占領のためのマニュアルやデータではなく、南部朝鮮を含む日本占領に関する米太平洋陸軍総司令官の作戦命令そのものであった[10]。

もちろん、プレスコットがマニラで獲得したのは「付属八（軍事政府）」の草案だけではなかった。陸軍省野戦マニュアル、カイロ宣言、『陸海軍共同朝鮮情報調査』（*JANIS of Korea*）、そして占領地域での軍政府組織のための基本原則を解説する野戦マニュアルFM27-5（「軍政府と民政」）、FM27-10（「地上戦の規則」）などが収集かつ研究された。しかし、権威ある政策指針としては、カイロ宣言に謳われた「朝鮮をやがて自由かつ独立のものとする」との文言が唯一のものであった。『情報調査』は朝鮮に関する多くの情報を紹介していたが、その大部分は戦術的攻撃作戦の立案に使用するためのものであり、かつての陸軍省軍事情報局や海軍情報局の調査ほどに、朝鮮の社会、政治、経済状態に関する必要なデータを含んでいなかった。したがって、ワシントンの政策決定者やマニラの太平洋陸軍総司令部から明確な指令や政策を得られないまま、また陸軍省と国務省から届けられる不十分かつ遅延気味のメッセージに困惑しながら、プレスコットらが「付属八（軍事政府）」を南朝鮮占領の指針としたのは当然のことであった[11]。

八月二五日に沖縄に戻ったプレスコットは、「付属八（軍事政府）」に依拠しつつ、少数のスタッフとともに、八月二九日までに沖縄で「軍団野戦命令第五五号付属七」（すぐに「付属八」に修正）を作成した。要するに、必要な修正を加えた後、日本占領の基本政策を朝鮮占領に適用したのである。日本占領に倣って、それは朝鮮の非軍事化と民主化を目指すものであり、占領の目的は軍国主義の撤廃、戦犯の即時逮捕、人種・国籍・信条あるいは政治的意見に基づく差別の撤廃、民主的傾向および過程の強化、自由な政治的、経済的および社会的制度の奨励、そして責任ある朝鮮政府の出現を容易にする諸条件の創造などであると定義された。また、宗教の自由は宣言されるが、神道と超国家主義の宣伝は禁止された。さらに、既存の政府機構は実行可能な限り最大限に利用されるべきであり、政治的な党派、組織および結社は米軍司令官の管理下に置かれ、その活動が軍政府の要求や目的と一致するものは奨励され、それに反するものは廃止された。かくして、八月二八日、作戦命令第四号に従って、ホッジ司令官は在朝鮮米国陸軍の不可欠な一部として米軍政府（USAMGIK）を設置し、翌日、ハリス（Harris, Charles S.）准将を軍政長官代理に任命したのである。また、プレスコットとホッジのマニラでの要請に応じて、八月二三日、マッカーサーはワシントンに国務省連絡代表兼政治顧問の派遣を要請し、八月末までにベニングホフ（Benninghoff, H. Merrell）およびその補佐役としてマニラ領事ジョンソン（Johnson, U. Alexis）を獲得した[12]。

第二四軍団の南朝鮮進駐を前に、九月四日午前七時、ハリス准将が率いる第二四軍団の先遣隊とGHQからの連絡将校が八機のB-25に分乗して沖縄の嘉手納空軍基地を離陸した。二九名の将校と八名の要員から構成されていた。しかし、すぐに悪天候に遭遇して、そのうちの二機と一七名だけが午前一一時五〇分に京城第一飛行場に到着し、残りの六機は沖縄に引き返した。ハリスが到着したのは、二日後の九月六日午後であった。飛行場には、第一七方面軍・朝鮮軍管区から井原潤次郎参謀長が出迎えた。深夜に及ぶ協議で、仁川の日本軍は八日一二時までに仁川郊外に、京城の日本軍は九日一二時までに漢江以南に撤退すること、漢江以南に撤退できない者も一ヵ所に集結し、翌日一二時までを撤退期限とすることが決められた。また、翌七日午前一〇時から約一時間、ハリス准将は朝鮮総督府の遠藤柳作政務総監と会談した。席上、ハリスは当面の重大問題は降伏条件の履行であると告げ、朝鮮内の治安を維持し、経済および産業の混乱を回避し、総督府の行政機構を利用する意向を示した。総督府側の記録によれば、ハリスは遠藤の質問に対して「軍政施行と明確には申せず」と答え、さらに「米軍司令官は行政の大綱を総督に指令し、具体的な案件に就いては、総督に決裁権を付与するものと思料す」（傍点引用者）と応じた。間接統治を命じる作戦命令第四号に従って、占領軍当局は日本の政府機構、すなわち朝鮮総督府の行政機構をそのまま利用しようとしたのである。また、それがいつまで継続するかとの質問に対して、ハリスは「右行政体制の継続時限は、最高司令官、これを決すべし」と言明するだけであった。(13)

アーノルド（Arnold, Archibald V.）師団長の率いる第七師団約一万五七〇〇名は、二隻の軍艦「チルトン」（CHILTON）と「ベッカム」（BECKHAM）に分乗して、九月五日正午に支援部隊とともに沖縄を出発し、九月八日午後一時二五分に仁川港への上陸を開始した。キンケイド（Kinkaid, Thomas C.）提督の率いる第七艦隊の艦船が黄海でこれに合流した。仁川には日本の特別警察隊（軍隊から転属された警察官）が配置され、歓迎行事を禁止したが、それはホッジ司令官の指示に合致していた。午後五時三〇分までに、第七師団の第一七および第三二歩兵連隊が上陸を完了して、仁川を占領した。翌朝、装甲車に分乗した米軍先遣隊がソウルに向けて出発し、次に第三二および第一八四歩兵連隊が列車でソウルに移動した。凱旋パレードや歓迎行事はなく、米軍部隊は日本警察隊が主要道路の両側を固めるなかを平穏に進駐して、司令部を設置したり、日本軍から重要施設の警備を引き継いだりした。降伏文書の調印式は午後四時から総督府第一会議室で開始された。米軍関係者が見守るなかで、マッカーサー太平洋陸軍総司令官の代理として、在朝鮮米陸軍司令官ホッジ中将と米海軍代表キンケイド海軍大将が署名した。続いて、「朝鮮三八度線以南の地域にある日本陸空軍高級指揮官」として上月良夫・朝鮮軍管区司令官、同「日本海軍高級指揮官」として山口儀三朗・鎭海警備府司令官が署名し、最後に阿部信行・朝鮮総督がそれを是認する署名をした。このとき、すなわち午後四時二〇分に、総督府正面の掲揚塔に掲げられていた日章旗が降ろされ、米国歌の吹奏に合わせて星条旗が掲げられた。ホッジ司令官が期待したとおりに、秩序維持と財産保全を優先する「敵国領土への進駐」が日本軍との「素晴らしい協力」(excellent cooperation)によって実現したのである。[14]

降伏受理が終了した後、マッカーサーによる布告第一号、第二号および第三号が一九四五年九月七日付で公布された。布告第一号は、その冒頭で南朝鮮占領が九月二日に「大命および日本政府ならびに大本営の命によって調印された」降伏文書に基づくものであると宣言し、「朝鮮をやがて自由かつ独立のものとする」とのカイロ宣言の誓約を引用し、さらに「北緯三八度線以南の朝鮮およびその住民に軍事統制権(military control)を確立する」(傍点引用者)と宣言した。また、その第一条で「北緯三八度線以南の朝鮮の領域およびその住民に対するすべての行政権は、当分の間、本官の権限の下で行使される」と規定し、第二条以下で、すべての政府・公共団体その他の職員、公益・公共事業その他の重要職務に従事する者に対して職務継続を要求し、占領軍に対する反抗行動、または秩序と安全を攪乱する行為をなす者を厳罰に処することを明らかにした。さらに、布告第二号では、太平洋陸軍総司令官の権限で発せられた布告・命令・指示を犯す者、米国および連合諸国民の人命ならびに所有物または保安を害する者が、軍法会議にかけられて有罪になれば、死刑その他の刑罰に処されることが公表された。布告第三号は通貨に関する規定であった。他方、第七師団の進駐はその後も継続し、九月一二日には第三二連隊の一個中隊がついに三八度線のすぐ南側に位置する開城に到達し、翌日、後続部隊がそこを占領した。仁川―京城―開城地区の占領が完了したのである。[15]

進駐した米軍が連合国軍捕虜の奪回を最優先したことはいうまでもない。七月末現在、シンガポール、フィリピンなどの戦場から朝鮮に送られた米英豪軍捕虜が京城(一五六名)、仁川(一六九名)、興南(三五四名)に収容されていた。そのうち、仁川の一六八名(米兵は一三八名)は米軍が上陸した九月八日に仁川港に停泊する米病院船に移送された。九日には、京城府龍山区に収容されていた一五八名も仁川に移送された。しかし、北朝鮮東海岸の咸興に隣接する興南に収容されていた英豪人捕虜は、GHQ戦時捕虜救出チームが九月二〇日にソ連軍から引き取ってソウルに移送した。他方、いま一つの最重要課題である日本軍の武装解除と本土送還は、京城・仁川地区の警備に当たった特別警察隊が漢江以南に撤収した後、九月一二日に着手された。ホッジ司令官は、同日、大田の朝鮮軍管区司令部から上京した上月良夫司令官に対して、日本軍が自主的に武装を解除して、その武器を管理すること、米軍が進駐するまで、日本軍がその地域の治安維持の責任を負うこと、公共施設、鉄道、貯蔵所、刑務所などを暫定的に管理すること、釜山および済州島地域への米軍進駐を警備することなどを要求し、日本軍人の本土送還も日本軍の手で具体案を作成するように指示したのである。ただし、陸海軍の航空部隊や特攻隊を優先的に送還することが要求された。現地で召集を解除された軍人たちは再召集されたが、寛大にも、将校たちの軍刀携帯は許可された。第二四軍団『G-3作戦報告』は、ここでも、日本軍との「素晴らしい協力」が継続したことを記録している。実際の送還業務は一日四〇〇〇名を目標に九月二七日から釜山、仁川、済州港を使用して実施された。一〇月後半から民間人の送還が本格化するなかで、一一月を頂点にして一二月末までの約三ヵ月間に、約一七万人の日本軍人の帰還が実現した。[16]

3　進駐軍が直面した難問

布告第一号でのカイロ宣言への言及にもかかわらず、すでに指摘したように、第二四軍団による朝鮮占領は大日本帝国の一部を構成する「敵国領土」への進駐として想定されていた。事実、一九一九年の三・一独立運動を背景に、同年九月には上海に統合された大韓民国臨時政府が樹立されたが、その後、日本統治に対する朝鮮内の組織的な抵抗運動（レジスタンス）は最小限に抑制され、朝鮮の若者たちは徴兵されて戦場に送られていた。したがって、朝鮮人を「敵国民」（enemy nationals）とすべきか、それとも「解放された人民」（liberated people）とすべきかは、そこに進駐する米軍にとっては相当に微妙な問題であり、それは一九四五年三月以来、国務・陸軍・海軍三省調整委員会（SWNCC）で検討されていた。そこで明確な結論に到達する前に日本が降伏してしまったのである。朝鮮進駐を前に、プレスコット大佐がマニラの太平洋陸軍総司令部で獲得できたのは、「朝鮮人は解放された人民として取り扱われるべきだが、解放は漸進的に達成されるべきである」との感触であった。ヨーロッパでの経験から類推すれば、占領地域内での民政活動は戦闘段階と戦闘終結後の段階に二分され、前者はさらに攻撃と進駐、後者は進駐と正式の占領の時期に区別された。いうまでもなく、米軍の南朝鮮進駐は「戦闘終結後の進駐」であった。しかし、それにしても、とりわけ日本軍の武装および動員の解除、そして占領地域の非軍事化が進行する前期（最初の三ヵ月）においては、当然のことながら、占領軍はサボタージュや反乱を想定し、それに対応するための準備をしなければならなかった。したがって、朝鮮人は「解放された人民」として取り扱われるべきであるが、それは後期（次の九ヵ月）以後に連合国による兵力再配置が進展し、正式な占領政策が採択されてからのことであると解釈されたのだろう(17)。

また、米軍の南朝鮮占領が当初から二つの大きな難問を抱えていたことにも着目すべきである。第一に、朝鮮半島が三八度線を境界線にして米ソ両軍によって分割して占領されたために、米軍司令官は早期にソ連軍側と交渉して、二つの地域を統一的に管理するために努力しなければならなかった。これは米国が単独で担当した日本本土の占領とはまったく異なる事態であり、むしろドイツ占領と類似していた。しかも、米英ソ中四ヵ国の間には、朝鮮信託統治に関する戦時首脳会談の合意やポツダム宣言を通じて確認されたカイロ宣言履行の誓約が存在したのである。事実、ワシントンの三省調整委員会極東小委員会（SFE）で作成され、このとき統合参謀本部で検討中であった南朝鮮占領に関する「基本指令」要旨は、九月初めの段階で、マッカーサーに「朝鮮の詳細事項に関しては、国務省がいまだにソ連（あるいはその他の国）との調整に着手していないので、朝鮮全体での正常な経済的および政治的関係の再確立のために、貴官は軍事レベルで達成できるソ連との連絡に依存せざるをえない。現在の国務省の考えでは、二つの地帯の問題を伴う初期の段階は、できるだけ早期に米ソ中英の四ヵ国統制下の中央管理に引き継がれるべきである。これが次に同じ四ヵ国による国際的信託統治に引き継がれることになるだろう」（傍点引用者）と指示していた。(18)

第二に、戦争終結当時、朝鮮は確かに大日本帝国の不可分の一部であったが、それは植民地主義によって「併合」された存在であり、その住民は日本からの即時独立と自らのアイデンティティの回復を熱望していた。したがって、占領行政の効率的な運用に資するとしても、「天皇および大日本帝国政府の各種の統治手段」を利用する日本本土占領方式（間接統治）がそのまま南朝鮮に適用されてよいはずはなかった。とりわけ、布告第一号第二条が要求するような形で、朝鮮総督府の官僚に職務継続を命じることは適切でなかったのである。事実、八月二五日にホッジおよびハリスと会談したマニラ領事ジョンソンは、「まったく個人的な見解」として、軍政長官の監督下で朝鮮総督およびその他の要人を使用することには「望ましからざる側面」があることを的確に指摘していた。上記の「基本指令」要旨は、この点について、一方で「占領目的に反するものを除去しつつ、既存の政府の地方、地域そして全国的機関を最大限に利用されたい」と指摘しつつ、他方で「日本の民族主義や侵略を唱道したり、占領目的に公然と敵対したりする」日本人と朝鮮人は「できるだけ迅速に責任ある地位、公然たる影響力、あるいは重要な私企業から排除すべし」と指示していた。しかし、この暫定指令がマッカーサーに伝えられたのは九月九日、すなわちホッジ司令官が日本軍の降伏を受理し、マッカーサーの布告第一、第二、第三号を発表した後のことである。(19)

他方、北朝鮮に進駐したソ連軍もやがて「民政部」と呼ばれる事実上の軍事政府を設置するが、それまでの間にも、各地の衛戍司令部（軍務司令部と呼んだ）の監督の下に、共産党組織と建国準備委員会によって構成される人民委員会を組織して、それに行政権の相当な部分を委譲した。そのような「人民委員会」方式によって、自らの占領地域内に親ソ的で容共的な「民主勢力」を育成したのである。しかも、第五章でみるように、ソ連軍は中央アジア出身の数百人の朝鮮系ロシア人やハバロフスク郊外で訓練した朝鮮人工作員（いわゆる金日成部隊）を伴って進駐した。それと同じように、もし米軍が重慶に存在する大韓民国臨時政府や米国内で活動する李承晩らの独立運動家グループを伴ってソウルに進駐すれば、かれらの権威が初期の準備不足を補って余りあったことだろう。しかし、そのような行為は民族自決主義の原則はもちろん、ソ連との「共同行動」や朝鮮の「中央管理」という米国の占領政策の基本原則に背馳したのである。[20]

第三に、準備の不足がホッジ司令官を大きく拘束した。最初に仁川に上陸した第七師団は京城およびその北方の開城、春川、さらに南方の水原に展開したが、それに続く二個師団の進駐が遅れた。そのために、当初、ホッジには南朝鮮占領のための一般的な条件さえ整っていなかったのである。たとえばフィリピンから釜山への進駐を予定していた第四〇師団の最初の部隊は、九月二二日に釜山ではなく仁川に到着し、深夜に鉄道で移動して、翌日午後二時過ぎに釜山に到着した。いま一つの重要都市である大邱への進駐は一〇月一日に実現したが、その他の都市への進駐が完了したのは一〇月九日のことであった。しかし、そのときには、戦争終結からすでに七週間が経過していた。また、それ以上に遅延したのが、第九六師団の全羅南北道への進駐であった。九月末になっても占領部隊が姿を現さなかったので、一時的措置として、第七師団が全羅北道、第四〇師団が全羅南道の一部を担当した。しかし、第九六師団はついに朝鮮に到着しなかった。一〇月一六日、予定を変更して、第六師団の最初の部隊が仁川に上陸し、翌日、列車で光州と木浦に向けて南下したのである。連隊司令部は光州と群山に設置された。第六師団の最後の部隊が仁川に上陸したのは一一月二日のことであった。[21]

占領任務を担当する軍政要員の到着も遅れた。一〇月下旬以後に軍政団（Group）や軍政中隊（Company）が到着するまでの間、第七師団や第四〇師団は戦術部隊から軍政要員を抽出せざるをえなかった。たとえば、第七師団の出発に先立って、第二四軍団の戦術部隊から三六名の将校と九二名の下士官から構成される三個の臨時軍政班（Team）が結成され、上陸後、それぞれソウル、仁川、京畿道に派遣されたのである。第四〇師団の場合には、進駐前に連隊単位で軍政班が組織された。進駐後に、連隊長が担当地域の軍事政府代表となり、それぞれの軍政班から道知事や郡守を選んだのである。一〇月中旬までに、その数は約三〇に達した。地方軍事政府の任務は「法と秩序」を維持することであり、日本の統治機構を利用しつつ、日本人官僚を米国人に、そしてさらに韓国人に置き換えることであった。やがてフィリピンから正規の軍政三個中隊が到着したが、それは一〇月二〇日のことであった。その翌日、日本占領のために訓練された五個軍政団と二八個軍政中隊が目的地を変更して仁川に到着し、南朝鮮軍政の主力部隊となった。さらに、一一月一日に、フィリピンから二個軍政中隊が追加された。最後に、一一月二日、カリフォルニア州モントレーの軍政部隊集結地（CASA）で訓練された二個軍政団と八個軍政中隊が到着した。これが南朝鮮での任務のために九月初めから訓練された軍政要員であった。皮肉なことに、日本本土での間接統治の円滑な実施が南朝鮮での直接軍政を可能にしたのである(22)。

4　直接統治——日本統治からの分離

一九四五年一二月末現在、南朝鮮に配置された米軍政要員は将校五四一名、下士官一九一八名であり、標準的な必要数に比べて九七名の将校と約一〇〇〇名の下士官が不足していた。しかし、それ以上に不足していたのは、朝鮮占領に関する知識や関心であった。初期の軍政に参加したミード（Meade, E. Grant）は二つの軍政学校で九ヵ月の教育を受け、CASAに三ヵ月滞在したが、その間に聴講した朝鮮に関する授業はわずか一時間にすぎなかったと述懐した。日本占領方式の適用という作戦命令に加えて、このような準備不足がホッジ司令官の判断に影響を及ぼし、総督府の統治機構や植民地官僚への依存を促したことは否定できない。事実、朝鮮総督府以外にはいかなる行政組織も存在せず、ホッジ司令官は不十分な戦術部隊と軍政部隊で約一六〇〇万名の朝鮮人と日本人が居住する南朝鮮を統治しなければならなかったのである。また、長期にわたって植民地統治下にあった朝鮮人は、ただちに行政を引き継ぐだけの経験をもたず、政治的にも分裂していると考えられていた。九月九日に降伏を受理した直後の記者会見で、ホッジ司令官は「阿部総督その他の日本人官僚は、行政を容易にし、秩序をもって政府を引き継ぐために、一時的にその職務にとどまるだろう」、「かれらはできるだけ早期に最初は米国人と、次に朝鮮人と交代するだろう」と言明したのである。(23)

しかし、そのような初期の政策は朝鮮人に大きな不満をもたらした。かれらは何よりも日本統治の即時かつ完全な撤廃を望んでいたからである。事実、九月一一日にキローフ（Killough, James S.）少佐の率いる第三軍政班がソウル市庁舎に入ったとき、大部分の朝鮮人職員は「日本人が市庁の責任ある地位にとどまる限り、我々は決して職務に就かない」と主張して職場を放棄していた。また、ホッジ司令官は、同日の二時間四〇分に及ぶ記者会見で、カイロ宣言に言及しつつ、「朝鮮の自主独立はすぐに成るのではなく、ある程度の時間をかけて、適当な時期が到来した後で達成される」「それはマッカーサー元帥の意思によるものでもなく、連合軍の意思によって認定されることである」と説明せざるをえなかった。さらに、既存の行政機関と日本人官僚を使用するのは「暫定的な方便」にすぎず、「機械的な役割を命じている」だけであると弁解した。しかし、記者団の質問は後者、とくに日本の警察組織の強圧的な態度に及んだ。総督府の行政機構を維持すること以上に、日本人官僚や警察官を使用し続けることの不適切さが明らかになったのである。その結果、翌一二日、軍政当局は占領政策の最初の重要な変更を決断せざるをえなかった。午後一時三〇分、ホッジ司令官は阿部信行と会談し、朝鮮総督の辞任を要求したのである。阿部総督に代わって、アーノルドが軍政長官に就任した。また、警察組織の責任者である西広忠雄も警務局長を解任され、代わりにシック（Schick, Lawrence）憲兵隊長がそれに任命された。(24)

遠藤柳作政務総監に対しても、ホッジ司令官はそれを辞職して、しばらく行政顧問としてとどまるように要請した。しかし、九月一四日に残りの局長すべてを解任し、翌日、遠藤政務総監以下の総督府日本人幹部すべてを解任したことを自ら発表した。このときに、阿部総督の辞任とアーノルド少将の軍政長官就任も確認されたのである。しかし、これらのやや唐突な措置の背後には、ソウルの反発だけでなく、ワシントンで「基本指令」を作成中の国務・陸軍・海軍三省調整委員会が発した暫定指令（九月一四日）が存在した。朝鮮総督その他の日本人幹部がそれぞれの職務にとどめられたとの報道に接して、それが「基本指令」の内容に反することを懸念して、さらにマニラからのジョンソン領事の警告に反応して、すでに数日前から、三省調整委員会は「ただちに阿部朝鮮総督、総督府の全局長、各道知事そして各道警察署長を解任する」ことを検討していたのである。警察機構に関しても、一四日、アーノルド軍政長官はそれが米軍政府の下で憲兵隊長に直属すること、日本人警察官が罷免され、有能な朝鮮人が採用、訓練され、最終的には警察機構がすべて朝鮮人によって運営されることなどを明確にした。そのような異例の形で、米軍の進駐後に南朝鮮に対する間接統治の方針が撤回され、直接統治、すなわち軍政が開始されたのである。さらに、軍政法令第三号（九月二二日）および第五号（九月二九日）によって、銃剣および火器、弾薬または爆発物の警察署への引渡し、すなわち一般人の武装解除が命令され、第一一号（一〇月九日）によって、「朝鮮人民に差別と圧迫を加える」特別法、すなわち政治犯処罰法、予備検束法、治安維持法、出版法、政治犯保護観察令、神社法および警察の司法権が廃止された(25)。

進駐初期の混乱を経て、九月一八日、アーノルド軍政長官はゴードン（Gordon, Charles J.）財務局長、アンダーウッド（Underwood, John C.）鉱工局長、マーティン（Martin, James）農務局長など、シック警務局長に加えて七局長の任命を発表した。また、九月二〇日付で米軍政府の機構が公表され、プレスコット大佐がそれら各局の活動を調整し、軍政長官名による諸命令を発布し、さらに官房各課を監督する役職である民政長官に就任した。この発表に際して、米軍政府は「連合国軍最高司令官の下に、米軍により設立せられた臨時の政府」であり、「南部朝鮮における唯一の政府であり、米軍政府本部の道・府・郡（支部）を通じて、既設の各機関を運営する」（括弧内引用者）ものとして定義された。しかし、その機構は朝鮮総督府の機構をほぼそのまま踏襲するものであり、旧総督府の山名酒喜男官房総務課長は「本府機構と大なる相異なし」と記録した。要するに、米軍による占領行政は、総督府の機構をほぼそのまま維持し、米軍将校が軍政長官、民政長官、軍政府各局長、各道知事、警察署長などの職務を遂行するという方式によって開始されたのである。また、九月二五日には、財産保全の観点から、軍政法令第二号によって、日本政府やその代理機関に属する財産の移転が禁止され、私有財産の取引に関しても複雑な制限が課された[26]。

しかし、進駐直後にホッジ司令官が犯した失敗は小さくなかった。日本人官僚の一時的な留任に起因する誤解や不信を払拭するためには、米国政府の意図を明確に表明する権威ある声明が必要になったのである。アチソン（Acheson, Dean）国務長官代理からの助言に基づいて、九月一八日、トルーマン大統領は「日本の軍閥は解任されつつある。一時的に留任する者も、その技術的な資格のために不可欠と思われるという理由で、朝鮮人民と占領軍の下僕として使用されているにすぎない……偉大な国家の建設はいまや朝鮮が自由かつ独立のものとなることに同意した米国、英国、中国そしてソ連の援助とともに始まった」とする声明を発表した[27]。

他方、それにもかかわらず、占領初期の民事行政に関する基本指令の完成は遅れていた。国務・陸軍・海軍三省調整委員会の作業が完了したのは一〇月一三日であり、大統領の裁可を経て、一七日に、ハル陸軍作戦部長から「米軍占領下の朝鮮地域の民事行政のための米太平洋陸軍総司令官に対する初期の基本指令」（SWNCC 176/8）としてマッカーサーに伝達された。その指令によれば、米国の朝鮮政策は「米ソによる初期の暫定的な民事行政の時期から、米英中ソによる信託統治の時期を経て、最後に国際連合機構の加盟資格を備える最終的な朝鮮独立にいたるまで漸進的に発展する」ものとされた。マッカーサー総司令官には「敵国領土」の占領に伴う権限が付与されたが、カイロ宣言の条項に従って、朝鮮は最大限に「解放された国」（a liberated country）として取り扱われるし、朝鮮人ができる限り「政府の役職」に起用されるべきであるとされた。それと同時に、「朝鮮を政治的、行政的に日本から完全に分離し、朝鮮を日本の社会的、経済的および財政的な統制から自由にする」ことが重視された。さらに、北部朝鮮に進駐したソ連軍との関係については、「連絡を確立し、それを通じて、本指令の目的と一致する朝鮮統制の手続きおよび政策の同一性を維持するためにできる限り努力する」ことが要求された。他方、総司令官は「あらゆる既存の政党、政治組織および団体をただちに統制下に」置き、軍事占領の必要や目的に合致するものを奨励し、合致しないものを廃止するべきであるとされた。また、いかなる「自称朝鮮臨時政府やそれに類する政治組織も、正式に承認したり、政治的な目的のために利用したりしてはならない」とされた。こうして、米国の占領政策がようやく基本的な輪郭を整えたのである。(28)

この基本指令が伝達されたことによって、「付属八（軍事政府）」はその役割を終えた。しかし、形式的には、直接統治される朝鮮を日本本土の間接統治から切り離すための「事後の修正」が必要とされた。米太平洋陸軍総司令部は一一月二九日に「付属八（軍事政府）」を無効にし、その修正版を配付したのである。興味深いことに、新版の「付属八（軍事政府）」は「第一部・日本」と「第二部・朝鮮」を明確に区別していた。日本の間接統治が「軍事統制権の確立」（Establishment of Military Control）であったのに対して、朝鮮の直接統治は「朝鮮における軍事政府の樹立」（Establishment of Military Government in Korea）と表現されたのである。こうして、両者はついに疑問の余地のない形で分離された。(29)

二　左派勢力の建国準備運動と右派勢力の反発

1　遠藤柳作と呂運亨の会談――誤った情勢判断

第二次世界大戦の最終段階で、大本営は対米および対ソ、すなわち二正面の防衛作戦を準備していた。対米作戦については、一九四五年六月二五日までに沖縄本島での日本軍の組織的な抵抗が終了したので、次に本土決戦、すなわち米軍の九州上陸を想定せざるをえなかった。さらに、もし米軍が上陸目標として北九州を選定すれば、それ以前に済州島攻略作戦が実施される可能性が大きいと判断して、済州島防衛のために第五八軍（三個師団と一個混成独立旅団）を編成し、縦深性のある陣地構築を急いだのである。また、米軍が朝鮮本土を目標にする場合には、群山方面に上陸するものと予想して、二月に従来の朝鮮軍を解体して、済州島を含む南部・中部朝鮮の防衛を任務にする第一七方面軍（野戦部隊）を編成した。ただし、米軍の作戦準備の間隔から判断して、それらの攻撃は一〇月以降になるものと予想していた。他方、対ソ作戦に関しては、五月二八日の大本営の命令によって、関東軍総司令官が北部朝鮮の防衛を担当することになり、七月に中国の漢口にあった第三四軍司令部を咸興に移設した。それによって、ソ連軍による咸興および元山侵攻を撃退し、そこからの平壌および京城への侵出を阻止しようとしたのである。そのような状況を背景に、八月六日に広島に原子爆弾が投下され、それに促されて、ソ連は九日午前零時（ザバイカル時間）に対日戦争に突入した。八月一二日に国境に近い雄基と羅津を占領したソ連軍は、一三日には戦略的に重要な清津への陸海共同作戦を開始したのである。沖縄にある米軍よりも、ソ連軍の京城への進撃が懸念される展開になった。[30]

しかし、日本政府からの連絡は必ずしも十分でなかった。朝鮮総督府警務局は、八月一〇日に短波放送を通じて、日本政府が「天皇の国家統治の大権」が侵されないことを条件にポツダム宣言受諾の意思を表明したことを知ったのである。いうまでもなく、ポツダム宣言は「朝鮮人民の奴隷状態に留意し、朝鮮をやがて自由かつ独立のものとする」との条項を含むカイロ宣言の履行を約束し、日本の主権を本州、北海道、九州、四国ならびに諸小島に局限していた。言い換えれば、総督府はそのような事態に独自に対応せざるをえなかったのである。治安維持の責任者であった西広忠雄警務局長にとって、最大の懸念材料はソ連軍の京城進駐に伴って発生する略奪、暴行、付和雷同などであった。三八度線による分割占領を予想できないまま、西広は「清津に上陸しているソ連軍が汽車で南下すれば、京城までは二〇時間で達し得る」「ソ連軍がただちに刑務所の朝鮮人政治犯を釈放し、赤色政権を樹立するであろう」と考え、「第一に政治犯を釈放すること、第二は朝鮮人の手によって、治安維持をなさしめる」こと、「それとともに経済犯も釈放する」ことが重要であるとの結論に到達したのである。協力を得るべき朝鮮人指導者として、西広は呂運亨、安在鴻、宋鎮禹の三人を思い浮かべた。これらの三人はそれぞれ有力新聞社代表を経験した朝鮮言論界の重鎮であり、最後まで日本の戦争努力に協力しない者たちであった。「大物でありながら協力しない人物、そして有終の美を飾ろうとする総督府の善意を理解して、励ましてくれるだけの識見と度量をもつ人物」こそ、この時点で総督府が前面に押し立てたい朝鮮人指導者だったのである。そのなかで、解放直後の南朝鮮政治でもっとも重要な役割を演じることになったのは、中央日報社長を務め、入出獄を繰り返した呂運亨であった。呂は青年や学生に人気のある左派民族主義者であり、社会主義者であった。また、安在鴻は学識豊かで、朝鮮日報社長として健筆を振るった中道右派民族主義者であった。宋鎮禹は湖南財閥と密接な関係にあり、東亜日報社長として保守的な知識人を代表する右派民族主義者であった(31)。

西広警務局長は、八月一四日午後一一時頃、同盟通信京城支局を通じて日本政府がポツダム宣言を無条件で受諾したことを知り、深夜に遠藤柳作政務総監を訪問した。西広と協議した後、遠藤はただちに高等法院検事長、憲兵隊司令官などの治安関係責任者を呼び出して、政治犯と経済犯の即時釈放についての了解を取りつけた。それは八月一五日午前三時のことであった。韓国併合から三・一独立運動までの時期に朝鮮総督府に秘書官、参事官などとして勤務した経験から、遠藤は西広と情勢認識を共有していたのである。また、西広と協議した後、遠藤は長崎祐三・京城保護観察所長に電話で連絡して、翌日午前六時に呂運亨を政務総監官邸に連れてくるように命じた。そのときの模様について、一二年後に、遠藤は「大正八年三月一日の独立万才運動の情況と、朝鮮民衆の心の底にひそんでいる独立の熱望を知っておるから……解放される喜びに伴う激情にとりつかれて、無秩序的な暴動でも起こり得る憂いが多分にある」と考えて、「警務局長を中心に……治安関係者の会議を招集した」と回想した。呂運亨を選んだ理由として、朝鮮民衆の間に高い名望を得ていたこと、過去に独立運動の経歴があったことに加えて、遠藤は平素から呂の民族運動に対して「理解と尊敬の念」を抱いており、自分と「深い友情のつながり」があったことを挙げた。遠藤はまた、自分自身がこの時期に宋鎭禹、安在鴻そして張徳秀と会談したとの説について、それを明確に否定し、「終戦前に総力聯盟への協力を要請したことがあるが、氏等はあっさりと拒否して来たので、私も氏等の信念を理解して二度と勧めなかった」と証言した[32]。

　八月一五日早朝、思想犯前歴者として長崎所長に付き添われて、さらに白允和・京城地方法院検事を通訳として、呂運亨は遠藤政務総監官邸を訪れた。支配者と被支配者がはじめて対等に向かい合う歴史的な会談で、遠藤総監は率直に「今日一二時、ポツダム宣言受諾の詔勅が下る。すくなくとも一七日の午後二時ごろまでにソ連軍が京城に入るであろう。ソ連軍はまず日本軍の武装解除をする。そして刑務所にいる政治犯を釈放するであろう。そのときに、朝鮮民衆は付和雷同して暴動を起こし、両民族が衝突するおそれがある。このような不祥事を防止するために、あらかじめ刑務所の思想犯や政治犯を釈放したい。連合国軍が入るまで、治安の維持は総督府があたるが、側面から協力をお願いしたい」（傍点引用者）と述べた。それに対して、呂は「御期待にそうように努力する」と応じたとされる。また、遠藤は呂運亨に依頼して、安在鴻に「ともに治安維持に協力するよう」に伝言した。途中から会談に加わった西広は、呂に釈放前の思想犯・政治犯に軽挙妄動しないように訴え、青年と学生にも冷静に行動するように説得するように要請した。さらに、「治安維持協力に必要なら、朝鮮人警察官をあなたの下に移してもよい」と述べた。また、呂運亨からの要求に応じて、警察署や憲兵隊に留置されている未決政治犯を釈放し、集会の禁止を解除することを約束した。食糧問題については、「一〇月までは大丈夫である」と答えた。西広の回想によれば、二人の会話は「和気に満ちた」ものであり、呂運亨は別れに際して西広に「健康を祈る」と述べて、手を差し伸べたとされる[33]。

このような日本側の記録は、呂運亨の弟である呂運弘の証言とほぼ一致する。一五日午前零時を回った頃、呂運弘は雲泥洞の宋圭桓宅で兄からの電話を受け、宋とともに張権宅に立ち寄ってから、三人で桂洞の呂運亨宅を訪れた。自宅で洪瓚植と話していた呂運亨は、三人を迎えて、夕刻に朝鮮軍参謀部にいる某氏が「明日正午を期して日本天皇の特別放送があるが、それはまさに日本の無条件降伏を伝えるものである」と知らせてくれたし、「少し前に」遠藤政務総監から「明日八時に自分の官邸に来てくれ」との伝言があったと語ったのである。さらに、呂は「我々が一生かけて願い、かつ闘争してきた祖国の解放がきた。明日すべきことを議論しよう」と続けて、新聞業務の経験のある洪瓚植に毎日新報社を接収して号外を印刷し、ソウルだけでなく地方にも配布するように指示した。呂運弘には、放送局を接収して、朝鮮語だけでなく英語で海外にも放送するように命じた。柔道師範であった張権には、治安維持隊を組織するように指示した。また、長崎所長から日本降伏を知らされて、あわてて桂洞を訪れた李欄に対して、呂運亨は「決死隊を組織しろ」と指示したとされる。さらに、一五日朝に桂洞を訪ねた李萬珪は息子の李貞求が食糧対策委員を招集する姿を目撃した(34)。

呂運弘によれば、実業家の鄭亨黙が用意した自動車に乗って、呂運亨が大和町の政務総監官邸に向かったのは午前七時のことであった。約一時間後に帰宅したが、そのときには、組織関連の任務を担当する鄭栢を伴っていた。二人はそのまましばらく密談を続けた。遠藤から得た情報が二人の間で共有されたのだろう。後述するように、鄭栢はその日遅くにソウルで結成される朝鮮共産党(長安派)の幹部であり、二人の行動は呂運亨が共産主義者との連携をもっとも重視していたことを示している。その後、呂運亨は「遠藤の話では、朝鮮は分断されて、米ソ両軍が別々に占領するだろうし、漢江が境界となって、京城はソ連軍の占領地域に入るだろう。だから、我々のすべての計画はそれに従って変更されなければならない。放送も英語でする必要がないから、あわてずに事態を観察しながら、慎重にことを推進しなければならない」と述べたとされる。それを聞いた呂運弘はひどく失望し、後日、その遠藤の言葉が

「解放されたその日からのさまざまな混乱の原因になり、とくに兄の心境に多くの変動を引き起こした」「問題の焦点は我々の国土が分断されるという点にあったというよりも、それが漢江を境界にして両断され、我々の首都ソウルがソ連軍の占領地域に含まれるだろうという点にあった」（傍点引用者）と回想した。ただし、日本側には、遠藤が分割占領や漢江境界線について語ったとの記録は存在しないし、この時点では、まだワシントンでの三八度線設定そのものが完了していなかった。呂運弘の記憶には混乱があったようだが、その指摘は的を射ていた(35)。

2 建国準備委員会の結成——建国運動の出発点

八月一五日正午の玉音放送を聴いた後、遠藤柳作と呂運亨の会談を知った朝鮮人が、呂運亨宅の近くにある徽文中学校の校庭に集まって、万歳を叫んだり、歌を歌ったりした。呂運亨は自宅で李如星、金世鎔、李康国、朴文圭、梁在厦、李相佰、李萬珪らに囲まれていた。呂運弘、鄭栢、崔容達もいた。かれらを前に、呂は「日帝が敗亡し、いまだに政府が樹立されない空白期に、人民を正しい道に引導するためには、解放政局を正面から捉える政治組織をつくることが望ましい」「そのような政治組織には共産主義者も独立運動者も網羅されなければならないが、この席には民族主義者の代表がいない」と指摘して、安在鴻と提携する必要性を説いた。安在鴻はその日の午後に呂運亨宅を訪れ、午後四時頃には約四〇人の学生たちに「ようやく我々が国のために仕事をするときが来た」と熱弁をふるって、最後に「大韓独立万歳！」と叫んだ。これが解放後初めての「独立万歳！」であった。その後、呂運亨と安在鴻は同じ桂洞の林龍相所有の洋館に移って、そこで朝鮮建国準備委員会を結成した。安在鴻の命名であった。呂運亨が委員長に、安在鴻が副委員長に就任したのである。八月一六日未明に開かれた数人だけの会合で、安在鴻が「新幹会当時の民・共（民族主義者と共産主義者の）分裂を継承することなく、左派がうまく協同できるか」（括弧内引用者）と質問すると、呂運亨と鄭栢は「絶対に心配ない」と応じたとされる。呂運亨は左右両派を網羅する統一戦線的な組織として建国準備委員会を結成して、その中心で自分が左右の均衡を取る役割を演じようとしたのだろう。一六日朝には、朝鮮民衆に「重大な現段階において、絶対の自重と安静」を要請し、「指導層の布告に従う」ことを訴えるビラが、朝鮮建国準備委員会の名義でソウル市内の要所に張り出された[36]。

八月一五日正午に玉音放送を聴いても、大多数の朝鮮人はその意味を正確に理解できなかったようである。あるいは、すぐには反応しなかった。大きな変化が現れたのは一六日になってからのことである。前日とは一変して、多くの人々が朝から広場や大通りに集まり始めたのである。午前九時には、京城放送局を接収するために、建国準備委員会から派遣された学生たちが朝鮮人職員の業務を警護する態勢に入った。同じ頃、呂運亨は青年や学生に人気のある二人の共産主義者、すなわち李康国と崔容達を伴って西大門刑務所を訪問し、政治犯と経済犯の釈放に立ち会った。長崎祐三と白允和も、それに同行した。刑務所の講堂に集められた受刑者に対して、呂運亨は解放の日がきたことを告げ、遠藤と約束したように、朝鮮と日本の両民族の将来のために軽挙妄動しないように説得した。刑務所の外側では、「革命同志歓迎」の大旗を掲げて、数千人の人々が独立門から刑務所前までを埋め尽くした。すでに全国の刑務所と警察署に対して、思想犯、経済犯、労務関係違反者の全員釈放が指示されていたのである。受刑者の家族たちは、日中にもかかわらず、ろうそくに灯をともして待機した。ろうそくには「朴憲永同志よ、早く現れよ」など、共産主義指導者の名前を書いたものも散見された。呂運亨らは、その後、京城刑務所に向かった。一五日、一六日に全国で一万六〇〇名の既決および未決政治犯・経済犯が釈放されたのである[37]。

さらに、一六日正午、徽文中学校庭に集まった青年や学生に対して、呂運亨は朝鮮建国準備委員会委員長として遠藤政務総監との会談について報告した。それによれば、遠藤の要請は「過去に朝鮮と日本の二民族が合邦したことが朝鮮民衆にとって適当であったか否かについては触れることなく、ただ互いに別れる今日に当たって気持ちよく別れよう。誤解から血を流したり不祥事が起きたりしないように、民衆をよく指導してほしい」というものであった。それに対して、呂運亨は（1）朝鮮各地で拘束されている政治犯と経済犯の即時釈放、（2）三ヵ月間の食糧の確保と引渡し、（3）治安維持と建設事業への不干渉、（4）学生の訓練と青年の組織に対する不干渉、（5）労働者の建設事業への協力と苦痛からの解放、の五つを要求したと主張した。続いて、呂運亨は群衆に対して「我々が過去に被った痛みはこの場ですべて忘れ去ろう」「白旗を掲げた日本の心中を見極めよう。もちろん我々の痛快さは禁じえない。しかし、かれらに対して我々の雅量をみせよう」と訴えた。その頃、どこからともなく、「午後一時ソ連軍入城」の声が伝えられた。「解放のソ連軍きたる!!」の旗や幟をもって、「解放軍万歳」「ソ連軍万歳」を叫ぶ群集が京城駅に向かったのである。南大門から京城駅にかけての一帯はすでに人波で埋め尽くされ、ソ連領事館には問い合わせの電話が殺到した。呂運亨は京城駅には向かわなかったが、ソ連軍を歓迎する演説文を作成したり、贈り物を準備したりすることに余念がなかった。だれもソ連軍の入城を疑わなかったのである。(38)

他方、同日午後三時から約二〇分間にわたって、呂運亨に代わって安在鴻副委員長が京城放送局を通じて演説した。それは同日午後七時と九時にも繰り返し放送され、その全文が翌日の『毎日新報』に掲載された。しかし、その内容は明らかに治安維持への協力の枠を超えていた。冷静であるべき総督府がその内容を検閲しなかったのである。あるいは、できなかったのかもしれない。事実、その演説冒頭において、安在鴻は各界を代表する同志が「朝鮮建国準備委員会を結成し、新生朝鮮の再建設問題に関して、もっとも具体的で実際的な準備工作を進行させることになりました」と宣言していた。また、「古びた政治と新しい政治がまさに交代する過程において、ともすれば大衆は去就に迷い、進退を誤ることがあるでしょう」と指摘し、「誠実果敢かつ聡明周密な指導によって人民を把握統制する」必要性を強調して、「朝日両民族が自主互譲の態度を堅持して少しでも摩擦がないようにすること、すなわち日本人住民の生命財産の保障を実現する」との方針を明示した。さらに、そのために建国準備委員会所属の学生青年警衛隊を置いて、一般秩序を維持すること、警武隊、すなわち正規兵の軍隊を編成すること、食糧を絶対に確保する計画を立て、運搬および配給体制の現状を維持すること、八月一五日、一六日に一万六〇〇名の未決・既決政治犯を釈放したこと、行政一般の接収も遠くないことなどを明らかにしたのである[39]。

この放送を聴いた朝鮮人の一部は、総督府が解散して新政府が樹立されるものと解釈し、警察署や派出所を占拠して「警衛隊」の看板を掲げたり、京城日報、同盟通信京城支局などの新聞社・通信社、会社、工場、大商店、大学、専門学校などを接収したりした。警察官の七割以上が朝鮮人であったために、すでに警察機能が無力化していたのである。ただし、呂運亨や安在鴻の説得が功を奏したためか、警察署その他の行政官庁の占拠や銃火器の略奪にもかかわらず、それに伴う大きな流血や惨事は発生しなかった。警察官に対する殺害・殺傷事件は最初の一週間に集中したが、日本人警察官に対するものは八件（殺害二件と傷害六件。その他に自殺六件）に止まった。他方、朝鮮人警察官に対する殺害・殺傷事件は四五件に達した。暴行事件の多くは警察官および郡・面の官公吏を対象とするものであり、その多くは労務や食糧供出などと関連する「個人的な怨恨関係」によるものとみられた。事実、その後の治安隊や保安隊の活動には、日本人から感謝されるものも少なくなかったのである。九月初旬の『京城内地人世話會々報』には、岡久雄・京畿道警察部長が「治安隊がこの難局に挺身し、我々と同じ抱負を持ってよく協力してくれているのは感謝にたえぬ。これらの内の一部に不良分子あるやの風評もあるが……治安隊の名を借りて横暴を働いたものと思う」と語る記事が掲載された[40]。

しかし、事態を憂慮した遠藤政務総監は、一七日夜、長崎祐三に連絡して呂運亨に対して「接収は連合三国によってなされるべきものであるから、建国準備委員会の活動は治安維持協力の限界に止めるよう」に伝えることを指示した。また、翌日午後、西広警務局長も安在鴻と面会して、放送内容が治安維持への協力という範囲を逸脱していることを指摘して、建国準備委員会を解消するように説得したが、安はそれに応じなかった。さらに、一九日になって、総督府当局者は安在鴻の演説内容を修正する談話を発表し、朝鮮建国準備委員会の使命は「総督府行政の治安維持に協力する」ことであると指摘し、「正規軍の編成」「行政機関の接収」などは連合国代表との折衝によって決定されるものであると主張した。遠藤政務総監もまた、ポツダム宣言に基づいて「統治権の授受」が連合国との間でなされることを強調し、それまでの間、統治の責任とそのための施設は総督府の手中にあると主張し、一般民衆に「絶対に冷静たれ」とする談話を発表した。しかし、朝鮮軍管区司令部の対応は厳しかった。遠藤・呂運亨会談について事前に通知されなかったことに抗議し、一六日、「人心を攪乱し、治安を害する」ことがあれば、「軍は断乎たる措置をとるの已むなきに至るべし」とする布告を発表したのである。事実、一七日早朝から、京城放送局は軍隊によって警備された。さらに、一八日夜、朝鮮軍管区報道部長も「朝鮮軍は厳として健在である」と放送し、「食糧を壟断し、交通通信機関の破壊または掠奪横領を企て、治安を害せんとする匪賊的行為」に警告を発した。それに加えて、終戦時に約一万三千名の定員を約六千名にまで減少させていた日本人警察官を補充するために、総督府は約四千名の日本人警察官の軍隊への召集を解除し、さらに九千名の軍人を警察官に転属させて「特別警察隊」を編成した。こうして、一七日以後、警察署、官庁、新聞社などの接収が解除されたのである(41)。

3　呂運亨と宋鎭禹――左右対立の原型

朝鮮総督府といま一人の朝鮮人指導者である宋鎭禹との接触は、遠藤政務総監と呂運亨の会談に先立って、八月一一日から数回に及んだ。すでにみたような観点から朝鮮人指導者の協力を必要として、西広忠雄警務局長は岡久雄・京畿道警察部長に右派民族主義者であり、日本への長期留学の経験をもつ宋鎭禹の説得を命じたのである。それについての記録は必ずしも細部が一致しないが、宋鎭禹自身の説明によれば、八月一〇日（おそらく八月一一日の誤り）に総督府警務局の原田事務官（原田一郎警務課長か）の来訪があり、国際情勢の急変について説明を受けて、治安維持のための協力を要請された。続いて、一二日に朴錫胤から連絡があり、指定された日本料理店を訪れると、軍参謀の神崎長《ひさし》・大佐や愼鏞鎬が待機していた。そこでも、ソ連軍が豆満江を越え、羅津、雄基、清津が爆撃されたことを告げられ、総督府への協力を要請された。そして、最後の会談が一三日に京畿道知事室で開催された。旧知の生田清三郎知事が宋鎭禹を直接説得したのである。会談に同席した岡警察部長は、そのとき、宋鎭禹に「承諾してくれれば、治安維持に必要な権限を委ねる」と約束したとされる。生田は宋の三〇年来の友人であり、この年の三月頃に会ったときにも、「戦争が（日本の）敗北で幕を閉じることを覚悟しており、朝鮮が独立するかもしれない」（括弧内引用者）と語っていた。しかし、宋が生田の説得にも応じなかったために、岡警察部長は学生や青年に人気のある金俊淵との面談を斡旋してくれるように依頼した。漣川から上京していた金俊淵は、翌日午前九時頃に京畿道庁に生田知事を訪ねた。しかし、金の回答も同じであった(42)。

宋鎭禹が戦争末期にもっとも恐れていたのは、前途に希望を失った日本人が自暴自棄になり、朝鮮人指導者の身辺が危険にさらされることであった。ここにも、三・一独立運動の記憶が生きていたのである。生田知事と会談した宋はその足で湖南財閥（普成グループ）の総帥であり、最大の盟友である金性洙を訪れて、生田知事との会談内容を説明するとともに、「今日明日が峠になるから、貴兄は漣川に下っている方がよい」として、別邸に身を隠すように勧めた。また、宋鎭禹は総督府から与えられる「自治」や「独立」を警戒し、「大策は無策である」として、金俊淵らの側近にも軽挙妄動を戒めていた。前年秋、安在鴻が宋鎭禹を訪れて、「朝鮮人が軍人として出かけ、血を流しているのだから、その血の代価を得なければならないのではないか」「何らかの運動を起こして、多少の権利でも得なければならないのではないか」と問いかけたときにも、宋鎭禹は「我々が動けば、動くだけ日本の掌中に引き込まれるだけだ」「他の者が血を流し、その代価は自分で受け取るというのか」と反論し、自らは苑洞の自宅に引き籠ったのである。八月一三日の生田知事との会談でも、宋鎭禹は「もし私が汪兆銘やペタンになってしまったら、あなた方が日本に発った後で、私は朝鮮民族に発言権を失ってしまうではないか……正しい知日人士を一人ぐらい残しておかなくてはいけないのではないか」と反論したとされる(43)。

しかし、呂運亨は宋鎮禹の消極的な態度に不満であった。また、総督府への対応だけでなく、二人の間には上海から重慶に移転した大韓民国臨時政府についての評価に大きな落差が存在した。宋鎮禹が臨時政府要人の帰国を待たずに建国に向かう呂運亨の態度を国論の分裂をもたらすものと考えたのに対して、呂運亨は臨時政府を絶対的な存在とみなしていなかったのである。そもそも、呂運亨は一九一九年の三・一独立運動の導火線となった金奎植のパリ講和会議への派遣について、張徳秀とともに大きな役割を果たしていた。その後の上海で、呂運亨は臨時政府よりも独立運動団体を組織することを主張したが、臨時議政院の設立に参加して、初代の外務部委員長に就任した。しかし、臨時議政院の「皇室優待」やその後に樹立された臨時政府の官制に反対し、やがて李承晩や安昌浩を批判して、いま一人の中心的指導者であった李東輝の組織する高麗共産党に身を投じた。一九二二年一月には、モスクワで開催された極東勤労者大会に朝鮮代表として出席し、レーニン（Lenin, Vladimir I.）やトロツキー（Trotsky, Leon）にも会った。また、コミンテルンから派遣されたヴォイチンスキー（Voitinskii, Grigorii N.）やボロディン（Borodin, Mikhail M.）とたびたび接触し、中国の革命運動家との交流は孫文、汪精衛、汪兆銘、毛沢東、周恩来などに及んだとされる。しかし、一九二七年七月に上海で逮捕され、一九三二年七月まで朝鮮で投獄された。このような輝かしい革命運動の経歴のために、呂運亨は新政府の樹立をあえて臨時政府に委ねようとしなかったのだろう(44)。

もちろん、すでに指摘したように、呂運亨は建国運動を排他的に推進しようとしたわけではない。それどころか、国内の幅広い支持を獲得するために、呂は宋鎮禹や安在鴻などの民族主義者との提携が必要であると考えていた。その側近である李萬珪によれば、釈放後の中央日報社長時代に、呂運亨は「今日、朝鮮内で表面に現れた勢力としては、キリスト教、天道教などの宗教団体を挙げることができるが、そのほかに金性洙のグループがある。東亜日報、普成専門、中央学校、紡織会社、織紐会社がすべて金の系統である。その事業はすべて立派である。今後、いかなることがあっても、このグループが相当の勢力をもつことを侮ることができないだろう」と主張していた。呂運亨が指摘するように、金性洙は日本統治下の朝鮮に誕生した新しいタイプの企業家であり、全羅北道古阜郡の小地主が始めた事業を京城紡織、東亜日報、普成専門学校（後の高麗大学）などを傘下に置く産業資本にまで発展させた。その金性洙にとって、宋鎮禹は一緒に日本に留学した親友であり、中央学校校長や東亜日報社長を務めた代弁者であり、また政治的な立場を同じくする同志でもあった。しかも、かれらは義兵運動や革命運動に身を投じるよりも、むしろ殖産興業や教育振興によって「自強」（実力培養）を達成するという慎重な民族運動を選び、階級的利益と愛国心の均衡に腐心してきたのである。したがって、二度にわたる投獄や『東亜日報』の廃刊にもかかわらず、宋鎮禹は日本の植民地産業政策の恩恵を受けた自分たちの立場が政治的に微妙であると感じていたかもしれない。しかし、その金性洙と宋鎮禹の周囲には、日本や米国に留学したり、高等教育を受けたりした多くの有能な人材、中央と地方の実業家や資産家などが集まっていたのである(45)。

いずれにせよ、建国準備委員会の発足に際して、呂運亨は宋鎮禹との提携を熱心に試みた。事実、八月一四日の生田知事との会談後、金俊淵は呂運亨と行動をともにする鄭栢の訪問を受け、呂運亨と宋鎮禹の提携を打診されたと証言している。それによれば、鄭は「宋鎮禹氏側と呂運亨氏側が提携すれば、国内において対抗できるだけの勢力がないから、そのことを宋鎮禹氏と金性洙氏に話してくれ」と要請した。金俊淵はその日のうちにそれを伝えたが、宋鎮禹の回答は否定的であった。朝鮮総督府の提案を拒絶した理由が、そのまま呂運亨側の提案を拒絶する理由になったのである。左翼系の『朝鮮解放年報』は、金俊淵と鄭栢が八月一二日と一三日に会談し、呂運亨側が「国内で敵と抗争した人民大衆の革命力量を中心として、内外地革命団体を総網羅して独立政府を樹立する」と主張したのに対して、宋鎮禹側は「在重慶金九政府を正統として歓迎、推戴する」と反論したと記録している。また、八月一五日に上京して宋鎮禹宅を訪れた李仁は、宋から生田知事との会談および呂運亨側との協議の経緯を知らされて不安を覚え、その場で「民族的大事を同志たちと一言の相談もなく、独断で拒絶したのは誤った取扱い」であり、呂運亨に自分を唯一の指導者として宣伝する機会を与えてしまったと指摘した。翌日、李は桂洞を訪れ、呂運亨と安在鴻に宋鎭禹との再交渉を促した(46)。

事実、金俊淵からの回答が否定的であったにもかかわらず、呂運亨は宋鎭禹に対する説得作業を継続した。八月一五日に別の側近である李如星を宋のもとに派遣し、一七日午後には自ら宋鎭禹を訪問した。双方の記録から二人の会談を再構成すれば、このとき、呂運亨は「あなたの目からみて、私の出発に誤った点があったとしても、国家の大事であるから、虚心坦懐になり、大衆の信望を大切にして、大事の前の蹉跌がないようにせよ」と要求し、強く共同行動を迫った。他方、宋鎭禹は「政権は国内にいる我々が受けるものではなく、連合軍が入り、日本軍が退き、海外にあった先輩たちと手を握った後に、手続きを踏んで受けるのが正しい」と強く反論した。また、宋鎭禹は「そのときになって、夢陽（呂運亨の号）に考えがあれば、私が極力夢陽を推戴するので、現在は政権の樹立を保留していただきたい」（括弧内引用者）と要請した。これに対して、呂運亨は「なぜ必ず海外にいる人々とともに政権を受け取らなければならないのか。古下（宋鎭禹の号）と私が手を結びさえすれば……海外から帰ってくる勢力も我々のなかに吸収されるだろう」（括弧内引用者）と反論したとされる。呂運亨と宋鎭禹の情勢認識には、解放直後から埋めがたい溝が存在したのである(47)。

4　建国準備委員会の左傾化――左派政権樹立への道

宋鎭禹の同意は得られなかったが、その後も建国準備委員会の活動は継続した。そもそも、建国のための呂運亨の準備は一年前、一九四四年八月一〇日に趙東祐、金振宇、李錫玖などの左派老壮層とともに「不文、不言、不名」を三原則とする秘密結社として朝鮮建国同盟を結成したときから始まったとされる。その後、一〇月までに建国同盟には李如星、許珪、金世鎔などが加入し、内務部、外務部、財務部の役割分担と綱領が決定され、各道を担当する責任委員も任命された。さらに、呂運亨は延安の朝鮮独立同盟との連携に努力し、一二月に李永善と李相白が北京で武丁からの連絡員と接触した。また、すでに一九四五年五月に、呂運亨は安在鴻と許憲に建国同盟への加入と副委員長への就任を要請したとされる。したがって、八月一五日に呂運亨宅に集合した者たちは建国同盟の会員であり、李萬珪はそれを「招集令が下り、急いで飛んでいった」と表現した。しかし、安在鴻は建国同盟の存在を知らなかった。呂運亨から「しっかりと秘密を守る二百余名の同志がいるので、地下で組織しよう」と提案されたことがあったが、それに関与しなかったと回想して、「一九四四年中に組織されたのだろう」と推測したのである。ただし、建国同盟についての証言が李萬珪一人のものであることから、それが実際に存在したことを疑問視する見解も少なくない(48)。

いずれにしろ、八月一七日、呂運亨委員長、安在鴻副委員長の下に、総務部、組織部、宣伝部、武警部、財政部の五つの臨時部署が組織され、それぞれの責任者に崔謹愚、鄭栢、趙東祐・崔容達、権泰錫、李奎甲が就任した。建国準備委員会の組織的な活動が開始されたのである。このうち、鄭栢、趙東祐、崔容達、権泰錫は有力な共産主義者であった。また、建国準備委員会の機関紙的な役割を演じた『毎日新報』は、八月一七日、建国準備委員会が「呂運亨委員長と安在鴻副委員長を中心に各界各層を網羅し、円満かつ健全な組織となるために努力中である」と報じ、その使命を「これから新政権樹立のためにあらゆる準備をすることにあり、当面の課題としては治安確保に全力を尽くしている」と紹介し、さらに「これに対して十二分の協力がなければならない」と主張した。翌日、建国準備委員会は三千万の同胞に「建国工作」への積極的な協力を要請する声明を発表し、各地に「自治機関」として建国治安隊を組織する方針を示した。青年層や学徒を動員したり、警防団を改編したりするなど、それぞれの地方の有志を中心に、自発的、迅速、効果的かつ平和的に、それぞれの職場を守り、その協力を得ながら建国治安隊を組織し、それが完了したときに建国準備委員会本部に報告するように指示したのである。右派民族主義者たちが大衆的かつ組織的な基盤をもたず、政治活動の展開に慎重であったので、ほかに対抗組織が存在しないまま、建国準備委員会は解放直後の時期にほとんど唯一の権威ある政治団体として出現し、その利点を最大限に発揮することになった。建国準備委員会本部は、地方から参集する「革命的人士」で溢れ、八月末までのわずか二週間に一四五ヵ所に地方支部をもつ全国的な組織に成長したのである(49)。

しかし、ちょうど建国準備委員会の活動が本格化した八月一八日、呂運亨委員長が暴漢の襲撃を受けて、負傷するという事件が発生した。解放直後の重要な時期に、約一週間にわたって、呂運亨は楊州郡八堂で静養することを余儀なくされたのである。しかし、八月二五日に帰京した呂は、委員会幹部たちに「ときには多くの諸葛亮よりも一人の充実した兵卒が必要である」と指摘し、「我々がしようとしているのは、政府を組織することでも、何らかの既成勢力を形成することでも、もちろん何らかの政権の争奪でもない。ただ新政権が樹立されるまでの準備をし、治安を確保するだけである」と演説して、従来の政治方針を再確認した。これが建国準備委員会の当初の理念だったのである。それにもかかわらず、奇妙なことに、九月二日にその書記局が発表した建国準備委員会の宣言と綱領（八月二八日付）の内容は、それとは大きく異なっていた。呂運亨自身が大幅に加筆したとされるが、それらは建国準備委員会の当面の任務を「完全な独立と真正な民主主義の確立のために努力する」ことであるとし、建国準備委員会を「国内の民主主義的な諸勢力」が渇望する「統一戦線」ないし「統一機関」と規定したのである。また、日本帝国主義と結託する「反民主主義的反動勢力」を排除して樹立される「強力な民主主義政権」は、「全国的な人民代表会議から選出された人民委員によって戦取される」（傍点引用者）と主張した。要するに、民族主義者を包含して発足した穏健な建国準備委員会が、突然、左翼的なイデオロギー、すなわち「民主主義民族統一戦線」論によって武装され、革命的な政権樹立について語り始めたのである。この頃から、共産主義者たちが委員会の主導権を掌握し、人民政権の樹立に向かって動き出したのだろう(50)。

さらに、この宣言には二つの注目すべき文言が含まれていた。その第一は「一時的に国際勢力が我々を支配するだろうが、それが我々の民主主義的要求を助けることはあっても、妨害することはないだろう」（傍点引用者）との指摘である。南朝鮮の政治勢力がいつ三八度線による分割占領や米軍の南朝鮮進駐を知ったのかは必ずしも明確ではないが、この頃までには、呂運亨もソウルを含む三八度線以南の朝鮮に米軍が進駐するとの結論に到達したものと思われる。『毎日新報』は八月二四日に「朝鮮に関しては、自由独立の政府が樹立されるまで、米国とソ連の分割占領下に置き、各々が軍政を施行するものとみられる」（東京発・同盟通信）と伝えたし、その記事を立証するかのように、八月二三日に三八度線のやや南側に位置する開城に侵入したソ連軍は、そこで停止してソウルへの進撃を中止してしまったのである。なお、朝鮮総督府は八月二二日に本国政府内務次官から「（日本）軍の武装解除担当地域は北緯三八度以北がソ連軍、以南は米軍に為る見込み」（括弧内引用者）との予告電報を受領し、翌日の局長会議で、阿部総督がそれへの対処方針を指示した。また、宣言文中で第二に注目されたのは、「これまで海外で朝鮮解放運動に献身してきた革命戦士たちとその集結体に対しては、適当な方法によって心から迎えなければならない」（傍点引用者）との指摘である。しかし、それにもかかわらず、そこには重慶に存在する大韓民国臨時政府の名称も、李承晩や金九の名前も存在しなかった。言い換えれば、この宣言は臨時政府を自分たちの「政府」とはみなしていなかったし、著名な独立運動指導者たちを国内で組織される人民政権に推戴される存在にすぎないと考えていたのだろう。(51)

ところで、このような建国準備委員会の左傾化は、その間に進展した朝鮮共産党の再建と密接に関係していた。すでに指摘したように、当初、呂運亨は解放直後に結成された長安派朝鮮共産党の鄭栢、権泰錫、尹亨植などと提携して、建国準備委員会の組織化を進めた。しかし、後述するように、朝鮮共産主義運動の中心的な指導者である朴憲永が、八月一八日に地方の潜伏先からソウルに到着し、二〇日に朝鮮共産党再建準備委員会を開催して一般政治路線に関する暫定テーゼを採択した。それを指針にして、再建派共産主義者たちによる建国準備委員会への浸透が開始されたのである。ただし、八月二二日、建国準備委員会は一局（書記局）一二部（食糧部、文化部、交通部、建設部、企画部、厚生部、調査部を追加、武警部を治安部に改称）に拡大改編されたが、その構成をみる限り、「中道左派と中道右派が中心になり、左右が同じように配置」されていたし、何人かの長安派共産党幹部がそのまま含まれていた。また、民族主義右派の咸尚勲や金俊淵の名前もみられた。したがって、建国準備委員会の「左傾化」が組織面で確認されるのは、後述する九月四日および六日の拡大改編以後のことである。他方、安在鴻副委員長は早い段階から呂運亨が共産主義者との提携を重視することに不満を抱いていた。建国準備委員会発足から三日目の八月一八日に、安在鴻は呂運亨と二人だけの長時間の会談をもって、呂の意図するものと安の抱負である民族主義陣営主導の建国方針との間に相当に距離があることを確認したのである。後日、安在鴻は二人の提携は「この日にほとんど決裂した」と語った。その後、安在鴻は八月末に八堂を訪れたが、二人だけの会談を警戒する崔容達と鄭栢が同席したために、何の成果も得られなかった[52]。

事実、呂運亨が休養している間に建国準備委員会内の左右対立が激化していた。委員長の職務を代行する間に、安在鴻副委員長は金炳魯などとともに全国的に一三五名の「詮選委員」（選考委員）を選定して、建国準備委員会を民族主義陣営が主導する形に再編することを企図したのである。しかし、再建派共産主義者の側は安在鴻と鄭栢、権泰錫、尹亨植らの長安派共産主義者との関係を問題視した。また、この頃までに米軍の南朝鮮進駐が確実になったことが、建国準備委員会に対する右派民族主義者や安在鴻の態度に少なからず影響を及ぼしたとの指摘もある。いずれにせよ、建国準備委員会書記局は一三五名の詮選委員に九月二日午後五時に委員会を開催する旨の通知を発送したのである。しかし、混乱はさらに拡大した。呂運亨が八月三一日に緊急執行委員会を招集して辞表を提出したために、安在鴻副委員長と各部の責任者がそれに続いたのである。九月二日に書記局が発表した前述の建国準備委員会の宣言と綱領は、おそらく安在鴻のクーデター的な工作に対する左派陣営の巻き返しだったのだろう。結局、この問題は九月四日に開催された建国準備委員会第一回委員会で処理された。ソウル在住の五七名の委員によって呂運亨と安在鴻の留任が決議され、さらに副委員長に社会主義者である許憲が追加されたのである。また、新しい中央執行委員の選出は三名の正副委員長に一任された[53]。

しかし、その過程で生じた亀裂は修復不可能であった。副委員長への留任が決議された安在鴻は、すでに九月一日に「重慶政府の絶対支持」「建国準備と治安維持」を掲げて発足した朝鮮国民党の委員長に就任していたのである。また、九月一〇日、安在鴻は「朝鮮建国準備委員会と余の処地」と題する声明を発表して、「建準は政綱をもつ政党でもなく、その運営者自身のための組閣本部でもなく、さらに多年の間海外で解放運動に尽瘁してきた革命戦士たちの指導的結集体である海外政権と対立する存在でもない」と主張し、副委員長を辞任する意思を再確認した。建国準備委員会の各部責任者についての新しい人事は九月六日に決定されたが、すでに新しい国家と政府を樹立するための計画が進行していたので、それはその中央人事が決定されるまでの間の暫定的な人事としての性質が濃厚であった。副委員長の安在鴻が許憲と交代し、長安派共産党の鄭栢と尹亨植が組織部の責任者を退き、代わって再建派共産党の李康国が登用された。財政部の責任者に朴憲永の側近の金世鎔が指名されたが、長安派共産党幹部の崔益翰も治安部の責任者に就任した。安在鴻が離脱したために、呂運亨と朴憲永の提携が強化されたが、長安派共産主義者の影響力が部分的に残存し、右派民族主義者たちが完全に離脱したのである。しかし、有力な民族主義者であり、総督府への非協力を貫いた安在鴻が離脱したために、建国準備委員会が実質的に「左翼片肺の統一戦線」になったことは否定できなかった[54]。

5　右派勢力の結集──韓国民主党の行動方針

建国準備委員会の左傾化や安在鴻の建国準備委員会からの離脱は、米軍の進駐が確実になるなかで、九月初めまでに南朝鮮内の左右対立を決定的にした。これ以後、呂運亨は右派民族主義勢力と決別し、朴憲永を中心にする再建派共産主義者との提携を強化して、米軍の進駐予定日の前日、すなわち九月六日に「朝鮮人民共和国」を樹立したのである。他方、右派民族主義勢力の中心的な指導者である宋鎭禹は、民族主義勢力を網羅する国民大会を開催するための行動を開始した。九月四日には、金性洙、徐相日、金俊淵、薛義植、張澤相などが鍾路の中央基督教青年会館で会合して、「大韓民国臨時政府および連合軍歓迎準備会」を組織したのである。また、朝鮮人民共和国が樹立された九月六日、大韓民主党と韓国国民党を中心に、金炳魯、白南薫、元世勲、金度演、趙炳玉など、約七〇〇名の右派民族主義者が集合して、韓国民主党発起人会を開催した。さらに、宋鎭禹、徐相日、元世勲、金性洙、金炳魯、金俊淵、李仁、白寛洙、尹致暎、張徳秀、張澤相などは、九月七日に東亜日報本社講堂で国民大会準備会を開催して、「国民の総意によって、わが在重慶大韓民国臨時政府の支持を誓約する」ことを決議した。また、米軍がソウルに進駐した八日には、約六〇〇名の韓国民主党発起人が名前を連ねて、「（呂運亨は）総督府政務総監から治安維持に対する協力の依頼を受け……あたかも独立政権を樹立する特権を託されたかのように、四、五人でいわゆる建国準備委員会を組織して、新聞社を接収したり、放送局を占拠したりし、国家建設に着手したことを天下に公布した」（括弧内引用者）と非難し、「ついに反逆的ないわゆる人民大会なるものを開催して、『朝鮮人民共和国政府』を組織した」と糾弾する声明書を発表した(55)。

しかし、その声明書のなかでもっとも興味深いのは、「大韓民国臨時政府を迎えて、この政府をして一日も早く四国共同管理の軍政から完全な自由独立政府になるように支持し、育成しなければならない」と主張した部分だろう。なぜならば、そこに、韓国民主党に結集する右派勢力の重要な情勢評価と行動方針が具体的に示されていたからである。要するに、米軍のソウル進駐が明確になった後、左派勢力に対抗するために、この政治勢力は第一に重慶にある大韓民国臨時政府を将来の自由独立政府の主体として想定し、第二に当面は米ソ英中による「四国管理の軍政」が実施されるものと考え、そして第三に重慶臨時政府を支持し、育成することを自分たちの政治的な役割として認識したのである。言い換えれば、そのような情勢認識と行動方針を確認しつつ、すでに発足していた韓国国民党（張徳秀、白南薫、尹潽善、許政、尹致映、金度演ら）や朝鮮民族党（金炳魯、白寛洙、元世勳、趙炳玉、宋南憲ら）の指導者とともに、宋鎭禹は保守的な民族主義勢力を総結集して韓国民主党を結成しようとしたのである。韓国国民党から参加した金度演は、それを「左翼系がいわゆる人民共和国というものを宣布したので、我々民族陣営では早く大同団結しなければならないとの精神で、国民党、民族党、国民大会準委など、三者が連合して韓国民主党を組織するにいたった」と表現した(56)。

しかし、それにしても、重慶政府の絶対支持と米軍政当局への協力は矛盾しなかったのだろうか。その点について、それから約一ヵ月後に開催された各政党首脳の懇談会において、宋鎭禹は「現下の朝鮮の実情は政治的訓練の時期だと考える。軍政下にある朝鮮の政党とは、民衆に対する政治的訓練機関である」「重慶にある臨時政府を国内にお迎えしても、かれらは帰ってきて一人で何かできるものではない」（傍点引用者）と明確に語ったし、張徳秀はもっと率直に「軍隊と警察力がない政府は役に立たない。私は現在の朝鮮国内には政府は必要ないと考える」（傍点引用者）と断言した。韓国民主党の幹部たちは「韓国は軍政段階の訓政期をもたなければ治安を維持することができず、また朝鮮半島全体の赤化を免れない」との結論に到達して、米占領軍当局に協力することを決意したのである。左派勢力の大衆的な基盤を突き崩すために臨時政府の絶対支持を掲げたが、韓国民主党の行動方針の力点はむしろ米軍政府に積極的に協力し、南北朝鮮の統一管理を円滑に実現することにあった。そして、それこそ自らの保守的な政治基盤を固めるための方法であると考えたのだろう。しかし、「軍政段階」をある種の「訓政期」とする情勢認識は、左派勢力の建国運動と正面から衝突するだけでなく、大韓民国臨時政府との関係にも「不信の種」をまくことになった(57)。

韓国民主党の結党式は、九月一六日午後、慶雲洞天道教大講堂に約一六〇〇名の党員を集めて挙行された。白南薫による開会の辞、金炳魯議長の選出の後、元世勲が提議した臨時政府要人とマッカーサー元帥に対する感謝決議が満場一致で採択された。また、李仁が米軍政当局に南北行政の統一と公正・有為の朝鮮人の官吏採用を要請することを建議して、採択された。それらはいずれも米国および米軍政府の基本政策と合致するものであった。その後、金度演による保守政党の合同についての経過報告と趙炳玉による国際および国内情勢報告を聴取し、宣言、綱領ならびに政策が決定された。綱領には「朝鮮民族の自主独立国家の完成を期する」ことが謳われ、政策としては「重工業主義の経済政策」、「主要産業の国営または統制管理」、「土地制度の合理的再編成」、「国防軍の創設」などが掲げられた。最後に、金炳魯議長から党機構について説明があった。やがて海外から帰国する七名の独立運動指導者、すなわち李承晩、徐載弼、金九、李始栄、文昌範、権東鎮、呉世昌を「領袖」に推戴し、その下に全国各道から地域的に選抜した「総務」を置く一道一総務の集団指導体制がとられたのである。そのような方針の下で、八名の総務、すなわち宋鎮禹（全羅南道）、白寛洙（全羅北道）、元世勲（咸鏡道）、白南薫（黄海道）、徐相日（慶尚北道）、金度演（京畿道）、張炳玉（忠清道）、許政（慶尚南道）と三〇〇名の代議員が選出された。また、宋鎮禹が首席総務に推戴され、まもなく金東元（平安道）が総務に追加された。さらに、事務局長（羅容均）と中央監査委員会委員長（金炳魯）のほかに、外務部長（張徳秀）、宣伝部長（咸尚勲）、組織部長（金若水）、文教部長（李寛求）など、一三名の部長が決定された。(58)

三　朝鮮人民共和国の樹立と米軍政府の対応

1　朴憲永と朝鮮共産党の再建

呂運亨、安在鴻そして宋鎮禹を中心にする左右の民族主義勢力のほかにも、解放後の南朝鮮政治に大きな影響力を及ぼす国内政治勢力が存在した。それは日本官憲による長期にわたる抑圧と懐柔を耐え抜いた共産主義者たちである。

朝鮮共産主義運動はさまざまな原因からきわめて複雑に展開したが、ここでいう共産主義者とは一九二〇年代に朝鮮内で四次にわたって朝鮮共産党を組織し、その後も党再建のための活動を継続した革命勢力のことである。その中心的な指導者である朴憲永は、一九二一年五月に上海で金万謙、安秉讃らが主導する高麗共産党（イルクーツク派）に入党し、翌年四月に国内浸透を試みて逮捕され、一年六ヵ月の懲役刑に服した。一九二五年四月に火曜会系の金在鳳、金若水らとともに第一次朝鮮共産党の創立に参加し、党の青年組織である高麗共産青年会の責任秘書に就任した。同年一一月に再び逮捕されたが、二年後に「心神喪失」と診断されて出獄し、療養中にウラジオストクに逃亡した。一九二九年一月から一九三一年末までモスクワの国際レーニン学校で学び、卒業後、一九三三年七月に党再建準備のために上海で活動中に再び逮捕され、六年間の懲役に服した。一九三九年一二月から李観述と金三龍とともに、ソウルで「コム・グループ」と呼ばれる地下組織を指導した。一九四三年六月以後は、全羅南道光州市月山洞の煉瓦工場に労働者として潜伏し、第三者を通じてソ連領事館と秘密の接触を続けていた。解放当時四六歳で、一瞬たりとも休まない職業革命家であった(59)。

しかし、八月一五日夜、まだ朴憲永がソウルに出現する前に、ソウル鐘路区の長安ビルで共産主義者たちの集会が開催された。また、それに続いて、李英、趙東祐、鄭栢、鄭在達、崔元澤などの九名の幹部たちによる会合で朝鮮共産党が結成され、それに二名を追加した一一名が党幹部（中央執行委員）に選出された。さらに、秘書部に趙東祐、組織部に鄭在達、宣伝部に鄭栢、政治部に幹部全員など、主要部署の責任者も決定された。要するに、「革命が高潮する非常事態である」との理由で、その日のうちに朝鮮共産党が組織されたのである。これがいわゆる「長安派」朝鮮共産党ないし「一五日党」と呼ばれたものである。朝鮮共産党の急造は、呂運亨が建国準備委員会を結成したのと同じ動機に基づくものだろう。すでに指摘したように、八月一五日早朝の遠藤政務総監との会談後、呂運亨が最初に接触して二人だけの密談を交わしたのが、長安派共産党の結成を主導した鄭栢であった。このとき、二人の間で「ソ連軍のソウル入城」の情報が共有されたに違いない。言い換えれば、二人は機先を制して解放後の政局を主導することを決意し、そのためにそれぞれ早急に建国準備委員会と朝鮮共産党を組織したのである。そのように樹立された共産党は八月一七日には在京革命家大会を開催し、一八日には鄭栢が共産党の政策を発表した。さらに、京城地区委員会と共産主義青年同盟を組織し、平安南道の玄俊赫、黄海道の金徳泳を責任者に任命するなど、全国的な共産党の組織化にも着手した(60)。

他方、朴憲永は八月一七日に建国準備委員会全羅南道代表を乗せて光州から上京する木炭トラックに便乗し、途中で、全州で釈放されたばかりの金三龍と合流して、一八日にソウルに到着した。ただちに「コム・グループ」の同志や釈放された共産主義者たちを招集して、その日の夕刻に最初の会合を開いた。革命活動から離れていた共産主義者たちが機会主義的に朝鮮共産党を樹立したことを知り、それに対抗する朝鮮共産党再建準備委員会の結成を決意したのだろう。「コム・グループ」系の李観述、金三龍、李胄相、金炯善、李鉉相など、一七、八名が集合したとされる。ソ連領事館にいたシャブシーナ（Shabshina, Fania I.）の証言によれば、「解放から二、三日後のある日の午後」に、朴憲永が貞洞の領事館を訪れて、夫であるシャブシン（Shabshin, Anatolii I.）副領事と会談し、解放後のソウル情勢や朝鮮共産党再建問題について夜更けまで議論した。そのときに、朴は党再建問題を自分に任せるように要請したとされる。シャブシンは朴憲永の革命家としての経歴を知っており、その理論的水準を高く評価して、積極的な支援を約束した。それ以後、二人は毎日のように「領事館近くの公園」で意見を交換するようになった(61)。

朴憲永らの共産主義者グループは、最初の会合の翌々日、八月二〇日に朝鮮共産党再建準備委員会を開催して、「現情勢と我々の任務」（いわゆる「八月テーゼ」）を採択した。これを執筆するために、朴憲永はソ連領事館の図書館で過去のコミンテルン文書、とりわけ第七回大会文書（一九三五年）を閲覧したとされる。しかし、採択された「八月テーゼ」をみる限り、朴憲永はむしろ第六回大会（一九二八年）後にコミンテルン執行委員会が決定した朝鮮問題決議（いわゆる「一二月テーゼ」）の影響を強く受けていた。たとえば、「一二月テーゼ」がもっとも重視したのは「農業問題の革命的な解決」であり、圧倒的多数を占める農民に階級意識を植えつけて、「労農民主独裁」によって「ブルジョア民主主義革命」を達成することであった。事実、「八月テーゼ」において、朴憲永は「今日、朝鮮はブルジョア民主主義革命の段階にある。この革命のもっとも重要な課業は完全なる民族的独立の達成と農業革命の完遂、すなわち日本帝国主義の完全なる追放と土地問題を解決する新しい政権の樹立である。封建と資本主義の残滓を清算するためには、まず革命的に土地問題を解決しなければならない。大地主の土地を没収し、土地のない農民に分配しなければならない」と主張したのである(62)。

しかし、興味深いことに、「八月テーゼ」の最後の部分は、単なる理論的な議論の領域を超えて、きわめて実践的な内容を含んでいた。解放直後の八月二〇日に、朴憲永はすでに「労働者と農民の民主主義独裁」と「プロレタリアートのヘゲモニーの確立」を論じて、「政権のための闘争を全国的な範囲で全面的に展開しなければならない」と強調し、さらに「基本的な民主主義的要求を掲げ、これを徹底的に実践できる人民政府を樹立しなければならない」と主張していたのである。そのために、「『政権を人民代表会議に』」との標語を掲げて、進歩的民主主義のために闘争する」ことを要求した。しかも、このテーゼのどの部分にも、ソ連以外の連合国に対する言及は存在しなかった。呂運亨と同じく、この時点では、朴憲永もまたソ連軍がソウルに進駐するものと予想していたのだろう。「八月テーゼ」には、「朝鮮にある日本軍隊は自分たちの天皇の（降伏）命令に服従することなく……赤い軍隊がソウルに侵入することに備えて、戦闘を展開するために策動している」（括弧内引用者）との非難が含まれている。したがって、このときに朴憲永が抱いていた朝鮮革命のイメージは、ソ連軍が進駐した東欧諸国で実現したように、共産主義勢力が左派民族主義勢力と提携して人民政府を早期に樹立し、土地改革をはじめとするブルジョア民主主義革命に着手することであったに違いない。呂運亨と建国準備委員会こそ、共産党による政治的な連合の対象であった。事実、すでに指摘したように、八月二八日付の建国準備委員会の宣言と綱領には、「強力な民主主義政権」や「全国的な人民代表会議」などの表現を含めて、「八月テーゼ」の影響が濃厚に存在した。建国準備委員会の「左傾化」は、再建派共産主義者たちによる建国準備委員会への積極的な浸透の結果にほかならなかったのである。(63)

朴憲永にとって、当面する最大の課題の一つは、長安派共産主義者との派閥闘争に打ち勝って、統一的な朝鮮共産党を樹立することであった。したがって、「八月テーゼ」が長安派共産党を激しく批判したのは当然のことであった。朴憲永は、戦争中にも「国際共産党（コミンテルン）の路線を執行する共産主義運動が非合法的に大衆のなかで進行した」（括弧内引用者）ことを強調して、日本官憲による大量検挙の圧力に屈して民族と労働階級を裏切り、「暗黒の時期に運動を放棄して平安な生活を送った」者たちを批判した。さらに、「揺るぎなく長期にわたって地下運動を実行している忠実な共産主義者たちの信頼できるグループがあることを知りながら」、かれらが「一九四五年八月一五日に下部組織の創設や何らの準備もなしに『朝鮮共産党』を組織し、党中央委員の選出までして、有害な伝統的派閥活動を反復して、人民運動の最高指導者になろうと希望した」ことを痛烈に非難し、「この結果として、朝鮮共産主義運動が分裂した」と断罪したのである。したがって、「革命的な共産主義者たちはあらゆる力を合わせて、再び統一した朝鮮共産党を創設しなければならない」とし、それこそ「現在、第一となるもっとも重要な課業」であると主張した。朴憲永を中心とする「コム・グループ」の地下活動は朝鮮共産主義運動の「一筋の清らかな流れ」であり、それこそ「国際路線」を反映していたとの主張が、朴憲永と再建派共産主義者の立場を著しく強化したのである。(64)

朴憲永が「八月テーゼ」を発表したために、八月二〇日以後、多数の共産主義者たちが長安派共産党を離脱し、再建派に合流した。また、そのような混乱した事態を収拾するために、八月二四日、長安派共産党は中央執行委員会を開催して共産党の解体を決定した。しかし、李英、崔益翰、鄭栢らの指導者が無条件の解体に反対したために、さらに九月一日と六日に再び会合をもち、李承燁、安基成、李廷允の三人を折衝委員として朝鮮共産党再建準備委員会に派遣した。二つの共産党組織を統合して、長安派共産党幹部たちを再建される共産党の中央委員人事に含めようとしたのだろう。しかし、三人は朴憲永に候補者名簿を提出するとともに、最終的な人事権を委任してしまった。そのような過程を経て、九月八日に、長安派共産党の有力者約六〇名が集合する重要な会議が桂洞の洪璔植宅で開催されたのである。これがいわゆる「桂洞熱誠者大会」である。この長安派共産主義者の会議には、再建準備委員会を代表して朴憲永が招請された[65]。

しかし、集会は朴憲永の独壇場であった。第一に、朴憲永は「当面のもっとも緊急に必要な問題は朝鮮左翼の統一問題である」と指摘し、そのための「特別協議会」が成立し、それが最大限の包容力を発揮して、各団体、各派閥、各階級に接近し、信条、性別を超越して「もっとも広い範囲の統一民族戦線を結成するために努力し、その結果として『朝鮮人民共和国』を建設して、人民中央委員会を選挙し、発表した」と報告した。さらに、「これは確実にわが左翼陣営の大きな成功である」と強調した。後述するような経緯で、九月六日に「朝鮮人民共和国」が樹立されたことを、再建派共産主義者たちによる左翼陣営統一のための努力の成果であると強調したのである。第二に、朴憲永は新しい共産党中央の組織原則に言及し、地下運動を継続した革命的共産主義グループと出監した戦闘的同志たちを中心に共産党が再建されること、さらに、党中央にはマルクス・レーニン・スターリン主義の理論で武装され、かつ戦闘的な経歴をもつ労働者および貧農出身者をできるだけ多く参加させることの二点を強調した。また、朴憲永は「過去の派閥領袖や運動を休息した分子は、いかに名声が高くても、今回の中央には入る資格がない」と付け加えた。これは明らかに長安派共産党幹部たちを指すものであった[66]。

その後の討論の過程で、長安派共産党の幹部たちが朴憲永の報告を批判し、二つの組織の対等な統合を主張したことはいうまでもない。李英は長安派共産党の最高指導部が（1）全国統一、（2）各サークルの統合のための具体的方法、そして（3）原則的な統合を誓約したと主張した。しかし、李廷允は長安派共産党について「大衆的土台が皆無で、方針と規律がなく、小ブル的で派閥闘争的なので、解体を決議する」と主張した。もっとも強く抵抗したのは崔益翰であった。崔は再建準備委員会のテーゼ（八月テーゼ）を「改良的であり、経済主義的であり、アナーキスト的である」と批判し、「どうしてこんなグループと統一することができるだろうか」と断定したのである。しかし、崔の批判も集会の大勢を変えることはできなかった。その後、朴憲永は「一五日党に対する評価は、将来、革命理論家たちが党史を書く際に十分に討論されるだろう」と宣告した。それを聴取した後、趙斗元から（1）朴報告とその結論に原則的に賛成する、（2）党中央組織は労働者・農民の基礎組織をもつ共産主義グループと連絡し、協議して決定するが、その連絡は朴憲永に一任する、そして（3）党の建設が発表された後、党の基本的綱領と戦略および戦術を規定するために、早期に党大会を招集するように努力すると同時に、まず当面の課業を遂行するための行動綱領を早期に作成し、発表するとの三項目が提案された。いずれの項目に対しても、李英、崔益翰、鄭栢などの五名が賛成しなかった(67)。

再建派朝鮮共産党中央組織の決定が朴憲永に委任されたために、それがいつ正式に発足したかは必ずしも明確でない。ただし、翌一九四六年三月に朴憲永代表（朝鮮共産党中央委員会総秘書）自身が執筆したとみられる報告書「朝鮮共産党の再建とその現状況」には、「あらゆる共産党組織の熱誠者たちの委任によって朴憲永は党中央委員会を結成した（九月一一日）」（傍点引用者）と明記されている。また、朝鮮共産党中央委員会機関紙と銘打って九月一五日に創刊された『解放日報』は、その冒頭に「朝鮮共産党はついに統一再建された」とする記事を掲げ、その最後の部分で、「統一された党の結成を発表すると同時に、朝鮮党機関紙『解放日報』は今日から創刊号を出すようになったことを宣言する」（傍点引用者）と記している。さらに、同じ紙面で、九月一一日正午にソウル運動場を出発した化学、金属、機械、鉄道、逓信、土木、出版、繊維などの産業別労働組合、青年、学徒など、一万数千人のデモ隊が、「日本帝国主義打倒」「朝鮮共産党再建万歳！」「連合軍歓迎」（傍点引用者）などと叫びながら行進したことが報じられている。

したがって、朝鮮共産党は九月一五日以前、おそらく九月一一日に再建されたとみるべきだろう。他方、九月一九日の『解放日報』は、「朝鮮共産党の主張」と題して、「勤労人民の利益を尊重する革命的、民主主義的人民政府を確立するために闘う」など、四項目の行動綱領を掲げた。しかし、趙斗元の提案にもかかわらず、ついに共産党大会が開催されることはなかった。朴憲永代表はむしろ「朝鮮人民共和国」を積極的に支持しつつ、民主主義民族統一戦線結成のための運動を強化し、さらに「労働組合全国評議会」、「全国農民組合総連盟」、「全国青年団体総同盟」などを結成して、労働者や農民の大衆運動を組織化するために努力したのである。他方、崔益翰、李英などの長安派共産党幹部は、一〇月二四日、韓国民主党および朝鮮国民党と三党共同声明を発表して「朝鮮人民共和国」を厳しく批判して、重慶にある大韓民国臨時政府を積極的に支持することを決議したが、一一月二三日になって、その態度を再び転換して、長安派共産党の解消と再建派共産党への合流を宣言した(68)。

2　朝鮮人民共和国の樹立――機会主義

九月初めまでに安在鴻らの右派民族主義者が完全に脱落していたので、左派民族主義者と共産主義者による新しい国家の樹立はあっけなかった。九月六日午後七時、翌日に上陸が予定されていた米軍部隊の先遣隊長のハリス准将らがソウルに到着し、総督府および日本軍幹部と徹夜の予備交渉に入る頃、ソウルの京畿高等女学校講堂において、「全国人民代表大会」(全国人民代表会議)の開会が宣言されたのである。建国準備委員会の内部対立の経過から考えて、全国人民代表大会の招集は、九月二日以後、呂運亨と朴憲永の二人を中心とした数人の会合によって決定されたものと思われる。すでにみた九月八日の桂洞熱誠者大会で、朴憲永はそれを左翼陣営統一のための「特別協議会」と表現した。また、「全国人民代表大会」と称したにもかかわらず、そのために正式に全国的な代議員選定やその招集手続きがなされた形跡は存在しない。大会開催の通知についても、呂運亨自身が「あらかじめ知らせることができなかった」ことを陳謝し、それを「非常措置」と表現した。おそらく、ソウル在住の建国準備委員会の関係者、再建派共産主義者、そして連絡可能な一部の地方代表によって、突然、人民代表大会の開催が強行されたのだろう。京畿高女講堂の収容能力から考えて、そこに集合した代議員が五、六百人を超えることはなかった(69)。

六日の人民代表大会では、李如星が開会を宣言した後、呂運亨が議長に選出されて開会の辞を述べた。李萬珪によれば、その要旨は「非常のときには、非常の人物だけが、非常の方法で、非常の仕事をすることができる。戦後問題の国際的解決に伴い、わが朝鮮にも解放の日がきた。我々の新国家は労働者、農民、一切の人民大衆のためのものでなければならない。我々の新政権は全人民の政治的、経済的、社会的な基本要求を完全に実現することのできる真正な民主主義政権でなければならない。それゆえに、我々はただ日本帝国主義の残滓勢力を一掃するだけでなく、あらゆる封建的残滓勢力と反動的、反民主主義的勢力とも、果敢な闘争を展開しなければならない。今日、ここに集まった皆さんは、過去、日本帝国主義の野獣的暴圧の下で、百折不屈に闘ってきた闘士たちである。我々がお互いに手を取り合って立ち向かうとき、我々の前途に立ち塞がるいかなる困難も、よく克服することができるだろう」というものであった。このとき以来、呂運亨は「革命家がまず政府を組織し、人民の承認を受ける。急激な変化があるときに、非常措置として生まれたのが、すなわち人民共和国だ」との主張を繰り返した(70)。

呂運亨の開会の辞の後、黙禱と国歌斉唱に続いて許憲による経過報告があり、さらに朝鮮人民共和国組織法案の審議に入った。法案の各条項が逐次朗読され、多少の修正の後に可決されると、ただちに正副委員長を含む五名の選考委員による中央人民委員の選定作業が開始された。発表された中央人民委員は五五名であり、これに候補委員二〇名と顧問一二名が加えられた。人民委員のなかには、李承晩、金奎植、金九、金元鳳、申翼熙、金日成、武亭などの海外独立運動指導者や金性洙、金炳魯、安在鴻、曺晩植（北朝鮮在住）などの著名な右派民族主義指導者が含まれていたが、北朝鮮在住の李舟河を含めて、残りの大部分は共産主義者と左派民族主義者であった。金南植によれば、中央人民委員と同候補委員に占める共産主義者の割合は七〇%以上に達した。したがって、ここで構成された全国人民委員会の性格は、著名な海外指導者と少数の右派民族主義者を形式的に推戴し、共産主義者たちを主力にして構成された「国内左派連合」と表現されるべきだろう。しかし、それに対する批判を意識してか、呂運亨は「選出された国民委員（人民委員）は各層各界を網羅した。これは本当に完全だとはいえず、これから人民の総意による代表委員が現れるときまでの暫定的委員だということができる。選出した委員の大多数は承諾するものと考える」（括弧内引用者）と付言した。[71]

ところで、なぜ国内左派は国内右派の反対を押し切って、十分な手続きを経ないまま、急遽、新しい国家の樹立を宣言したのだろうか。タイミング的にみて、それは何よりも米軍部隊が南朝鮮に進駐する以前に、また海外の独立運動団体や指導者が帰国する以前に、新しい国家の樹立を宣言し、それを既成事実化するための努力にほかならなかった。言い換えれば、国内に基盤をもつ左翼的な民族統一戦線のうえに、著名な海外指導者たちを推戴する新政府を樹立し、それをまもなく進駐する米軍当局とやがて帰国する海外指導者たちに承認させようとしたのである。したがって、それはある種の機会主義であった。呂運亨も「連合軍の進駐が今日明日にもあるので、連合軍と折衝する人民総意の集結体がなければならないだろう。その集結体の準備工作として急いで全国代表会議を開催しなければならなくなったのだ」（傍点引用者）と率直に語った。しかし、左右両派に対して宥和的であった呂運亨らしく、朝鮮人民共和国は依然として「人民総意の結集体」そのものではなく、それを完成するための「準備工作」にすぎなかった。さらに、戦術的には、徐仲錫が指摘するように、右派勢力が結束して重慶政府を擁立する姿勢を鮮明にしたために、左派勢力としても、それに対抗できる「代案」を必要としたのだろう。言い換えれば、中央と地方で人民委員会を組織し、その周囲にそれを支える大衆運動を組織し、展開すればよいと考えたのである。最悪の場合、それは重慶臨時政府と人民共和国政府の「対等合作」あるいは「両非」、すなわち「相互解消」を主張する根拠になりうるものであった。[72]

微妙であったのは、呂運亨と朴憲永の政治的な関係である。宋鎭禹の説得に失敗し、さらに安在鴻に離脱された呂運亨は、九月初旬以後、左右両派の調整者としての役割を喪失して、朴憲永と共産党の組織力に依存せざるをえなくなっていた。したがって、全国人民委員や閣僚名簿にその名前が存在しなかったにもかかわらず、朝鮮人民共和国の樹立は朴憲永の主導によって進行したと解釈されるべきだろう。李萬珪によれば、建国同盟は新しい国家の国号として「朝鮮共和国」を提案したが、議場で多数を得ることができずに、「朝鮮人民共和国」が採択された。共産主義者が多数を占める議場では、ソ連軍占領地域で進行していた「人民委員会」方式が支持されたのである。自らが主導した建国準備委員会が人民委員会に改編されることに、呂運亨は複雑な感慨を抱いたに違いない。事実、弟の呂運弘は「人民共和国樹立において、兄は能動的ではなく受動的であった」「このような過激で急進的な政治行態は兄の生理に合わなかった」と指摘し、朝鮮人民共和国の樹立が「新しい民族国家の建設のための一つの方途になりうる」ことを期待しつつ、ソ連軍が三八度線以北で実施していることから判断して、「三八度線以南においても、必ず同一の処置がある」と想定するのが、その当時の呂運亨の政治的な立場であったと証言した。しかし、朝鮮共産党の主導にもかかわらず、朝鮮人民共和国の樹立は、各地方人民委員会の結成を先行させ、それを土台にして全国的な人民政権を組織するという北朝鮮方式とは明らかに異なっていた(73)。

全国人民代表大会の二日後の九月八日、中央人民委員会第一回会議が三七名の人民委員を集めて開催された。そこでの議論によって、新政府の部署、すなわち各部長（閣僚）の人選が呂運亨と許憲の二人に委嘱され、さらに日本の各機関を接収する臨時委員の選出も、それを九月九日までに発表するとの条件の下で、呂運亨、許憲そして崔容達の三人に一任された。また、朝鮮人民共和国の宣言および政綱の起草は李康国、朴文圭、そして鄭泰植の三人に委任された。ただし、呂運亨自身はその前日に再び五人の暴漢に襲われて負傷し、その後約三週間にわたって地方での療養を余儀なくされた。そのために、中央人民委員会が連日開催され、そこで新政府の構成が決定されたのである。九月一四日に発表された政府部署では、主席に在米の李承晩が推戴され、副主席に呂運亨、国務総理に許憲が就任した。また、主要閣僚である内務部長、外交部長、軍事部長、そして逓信部長に、それぞれ重慶臨時政府の要人である金九、金奎植、金元鳳、そして申翼熙が指名された。ただし、重慶政府が帰国してその職責が埋められるまで、それぞれ許憲、呂運亨、金世鎔、李康国が臨時代理とされた。さらに、右翼陣営からも、司法部長に金炳魯、そして文教部長に金性洙が指名された。ただし、それが受諾されないことを見越して、ここでもそれぞれ許憲と李萬珪が臨時代理とされた。そのほかに、北朝鮮在住の曺晩植が財政部長に指名されたことも注目される。それ以外の保安部長、宣伝部長、経済部長、農林部長、保健部長、交通部長、労働部長には、朝鮮人民共和国の樹立を推進した建国準備委員会系ないし共産党系の人物が就任し、書記長に申康玉、法制局長に崔益翰、そして企画局長に鄭栢が就任した。(74)

しかし、呂運亨の側近で全国人民委員に選出され、一四日の人民委員会議で議長を務めた李萬珪は、自らの努力にもかかわらず、この政府部署が呂運亨の承諾なしに発表されたと主張し、そのことに不満を表明した。言い換えれば、(1)政府を組織するのに軍政当局の了解が得られていないこと、(2)政府庁舎を準備できないこと、そして(3)政府主席(大統領)の体面を維持できるだけの準備がないことを考慮して、呂運亨はその発表を留保しようとしたというのである。ソ連軍のソウル進駐を前提にした建国準備委員会の結成と比べても、朝鮮人民共和国の樹立がさらに独善的であったことは否定できないだろう。長安派共産党の手法に対する厳しい批判にもかかわらず、朴憲永もまた情勢の急激な変化に翻弄されて、多分に機会主義的な方法で新国家の樹立を宣言し、人民政権を組織したのだろう。しかし、政治統合という観点からみれば、解放初期の政局を最初から極端な方向に誘導したという意味で、それは最悪の決定であった。北朝鮮占領に関するスターリンとアントノフの基本指令が発せられたのが九月二〇日であったことを考えれば、南朝鮮での人民共和国の樹立がモスクワからの指示によって促されたり、平壌に進駐したソ連軍司令部との十分な協議に基づいて決定されたりしたとは考え難い。しかも、二日後に、占領を目的として南朝鮮に進駐し

た米軍当局にとって、それは自らの権威に対する「正面からの挑戦」以外の何ものでもなかった。(75)

3　米軍当局の初期情勢評価――誤解と独断、協力と非協力

ホッジ司令官と南朝鮮の政治指導者との最初の会見は、前日の記者会見で予告されたとおり、進駐四日後の九月一二日午後二時三〇分に京城府民館で実現した。三三あるいはそれ以上の党派から、それぞれ二名の代表を招致したはずの会合は、一二〇〇名が出席する大集会に膨張していた。ホッジは午後二時四〇分に姿を現し、自分を農場で生まれて育った「普通の人」であると紹介した。太平洋戦域での戦闘について語ると、会場は大きな拍手喝采に包まれた。続いて、ホッジは日本支配を終わらせ、朝鮮を解放するためにきたと告げ、自分は朝鮮人民とできるだけ友好的な関係を保って、その活動に対する規制を少なくしたいと望んでいると強調した。また、できるだけ早期に政治指導者たちと個別に会見すると約束した。しかし、自分は兵士であって外交官ではない、連合国の計画についても十分な知識をもっていない、自分の任務は日本軍の降伏を受理し、再調整（readjustment）が成就されるまで法と秩序を維持することであるとも語った。さらに、朝鮮を「やがて」（in due course）独立させるとしたカイロ宣言に言及し、安定した政府が形成されれば朝鮮はすぐに独立できるが、「それは一朝一夕に達成されるものではない」「性急な行動は混沌、すなわち完全な破綻をもたらすだけだ」と告げると、拍手が鳴り止んだ。ホッジはさらに続けて、阿部信行・朝鮮総督を解任したばかりであり、朝鮮の指導者と民衆の助力が必要であると訴え、朝鮮人自身が街頭行進と示威行動を最小限に減らし、職場に復帰しなければならないと訴えた。その日、ソウル市内では朝鮮人民共和国を支持する複数の街頭行進が組織され、ホッジ司令官が演説中の午後三時頃に、そのうちの一つが府民館前を通過したのである。(76)

街頭行進は若い労働者と学生から構成され、男女の比率はほぼ半々であった。星条旗、太極旗、ソ連国旗、そして無数の旗幟が掲げられ、左派勢力の宣伝チラシが散布された。多くの赤旗が掲げられたために、米軍当局はそれが共

産主義への共感を示すのではないかとの疑念をもったが、行進は整然としており、憲兵と警察によって完全に監督されていた。『解放日報』(九月二五日)は、一方で「朝鮮共産党が統一結成され、労働者の総指導部が成立」し、他方で「右傾反動勢力が朝鮮人民共和国の建設を妨害」しようとするときに街頭行進が組織され、「反動勢力を一撃の下に戦慄させた」ことを高く評価した。また、一一月に開催された全国人民委員会代表者大会では、その街頭行進について、「有史以来はじめてみる壮観」であり、「とくに労働者がその政治的スローガンを高く掲げて威風堂々とその要求を大衆の前に示したことは、わが国において実に画期的な意義をもつものであった」と報告された。しかし、その日の米軍スタッフの会合で、ホッジ司令官はその街頭行進が「ソ連軍の到来を予期して、日本人によって設立された団体」(建国準備委員会のこと)によるものであるかどうかについて質問した。警務局長に就任したばかりのシック憲兵隊長も大衆集会や街頭行進に懸念を表明して、現状では、基本的な秩序を維持するだけの警察力が不足していると指摘した。しかし、ホッジは必要以上の規制を望まず、街頭行進を許可制にして、憲兵を随行させればよいと指摘した。そうすれば、行進や集会はやがて自然に消滅すると考えたのである。しかし、シックは仁川で発生した発砲事件と犠牲者の葬儀(後述)の模様に関して説明し、日本人を政府から追放しろと要求する旗幟に注意を喚起した。(77)

ホッジ司令官にとって不幸なことに、米軍が戦争終結の約三週間後にソウルに進駐したときには、南朝鮮内の政治勢力はすでに左右にはっきりと分裂し、もはや相互に妥協できない対立状態に陥っていた。事実、ホッジと各政党代表との会見に、左派勢力から有力な指導者が出席した形跡はない。しかも、左派勢力の活動、すなわち建国準備委員会の活動と朝鮮人民共和国の樹立は朝鮮民衆の即時独立の願望を反映していたし、そこに結集した勢力は明らかに組織された多数派であった。後にみるように、米軍部隊の地方進駐が進展し、李承晩、金九、金奎植などの著名な独立運動指導者と重慶臨時政府が帰還するまで、右派勢力は左派勢力に対抗するだけの大衆的基盤を獲得することができなかったのである。ただし、進駐直後の時期に、ホッジ司令官とその政治顧問であるベニングホフがそのような情勢を正確に理解していたかどうかは疑わしい。九月一二日の『G-2定期報告』(*G-2 Periodic Report*)は、南朝鮮情勢、とりわけ左派勢力についての正確な情報を入手できないまま、米占領軍当局が政治の第一線で権力行使の役割を負わされたことを示している。事実、朝鮮人民共和国について、同報告書は「親日家として知られる呂運亨の指導の下で」、朝鮮総督府からの財政的な支援を得て、さらにソ連軍がソウルを占領するとの情報に基づいて、「八月初旬に対日協力者のグループによって組織された」と記述していた。それについての情報はきわめて不正確であった。朝鮮共産党については、その存在に疑問の余地はないが、その指導者たちは未詳であるとして、その組織力に懸念を表明していた。ベニングホフに強い印象を与えたのは、むしろ無数の政治的党派が「雨後の筍」のように出現し、その大多数が即時独立、日本人の一掃、日本資産の接収など、同じ目標を掲げていたことである。進駐一週間後、すなわち九月一五日の国務省への第一号報告において、ベニングホフは朝鮮人がカイロ宣言にある「やがて」という語句を「数日内に」とか「ただちに」と理解していると紹介し、即時独立が実現しないことが朝鮮民衆に大きな失望を与えていると指摘し、南朝鮮情勢を「火花を散らせばすぐに爆発する火薬庫」にたとえたのである[78]。

南朝鮮情勢についての全般的な評価は、ようやく進駐三週間後、九月二九日の長文の第六号報告にみられる。ベニングホフは、そこで、まず南朝鮮の政治勢力が保守派と過激派の二つのグループに明確に分かれ、それぞれがさらに固有の政治哲学を有するより小さな党派に分裂しているという全般的な認識を示し、続いて個別的な分析を展開した。過激派に関しては、その主力が朝鮮人民共和国の樹立を主張する建国準備委員会であること、かれらは韓国民主党よりもよく組織されているように思われること、過激派は米軍到着直後の一連の街頭行進と示威行為に責任があり、その刊行物は明確な計画性とおそらく訓練された方向性をもっていること、その中心的な指導者は呂運亨であるが、かれは重慶臨時政府とは無縁であること、その信念が共産主義に変化したので、民衆はかれをどのように判断すべきかわからないでいることなどの諸点を指摘している。しかし、不思議なことに、そこには依然として朝鮮共産党と朴憲永が演じた役割に対する明確な情報や評価が存在しない[79]。

また、この報告にみられる現状認識と将来展望は、朝鮮内の左右対立と占領当局の対ソ不信がどのように結合したかを示すよい例である。まず前者について、ベニングホフの理解の大枠は以下のようなものであった。（1）日本人はソ連軍の進駐を前提に呂運亨に暫定政府の樹立を依頼した。しかし、日本との結びつきに疑惑を抱いた宋鎮禹がそれへの協力を拒絶したために、代わりに共産主義者たちがそれに加わった。（2）その結果、南朝鮮内の政治勢力は、よりよく組織され、かつ声高な過激派と、反共的で新民主主義的な信念のために組織され、重慶臨時政府を支持する保守派に明確に二分された。（3）過激派は重慶政府に言及しないが、李承晩、金九、金奎植らの要人を人民共和国の閣僚に含め、その看板の下で活動している、（4）過激派へのソ連の浸透の性質と程度は確かではないが、相当のものだろう。呂運亨は共産主義的な傾向をもつ機会主義者だろう。さらに、それらのことがもつ政治的な意味について、ベニングホフは次のように展望した。（1）ある特定の党派を支持しない限り、米軍政府はこのような情勢から距離を置く以外の政策をもたないが、李承晩と重慶臨時政府要人が帰国すれば、過激派に反対して保守派に味方するいい口実になるだろう。（2）ソ連は厳格な一党制の基礎の上に地方政府を樹立しており、おそらく東欧諸国と同じように北朝鮮をソビエト化するだろう、（3）米国はまもなくルーマニア、ハンガリー、ブルガリアで直面しているのと同じような問題に直面するだろうが、そのときには、米軍占領下の南朝鮮はすでに相当数の共産主義者を抱えているだろう[80]。

このようなベニングホフの情勢評価には、左派勢力に対する多くの誤解、誇張そして独断が混在している。また、右派勢力や重慶臨時政府に対する共感のほかに、政治介入に慎重な国務省の政策に対する不満も感じられる。さらに、東欧諸国をめぐる米ソ対立が南朝鮮情勢の分析に影響を及ぼしたことも重要である。ただし、それだけではない。南朝鮮の左右両勢力の米軍当局に対する態度が極端に相違し、一方が相当に独善的であり、他方がきわめて協力的であったことが、米軍当局の評価に大きな影響を及ぼしたことも指摘されなければならないだろう。たとえば、九月一二日のホッジ司令官と各党派代表との会見で、趙炳玉と任信永は韓国民主党のイメージを巧みに演出することに成功した。ホッジの演説が終わると、朝鮮服を身につけた一人の端正な老人が前に進み出て朝鮮語で短い挨拶をした後、司令官に太極旗を手交した。万雷の拍手が鳴り止むと、今度は趙炳玉が許可を得て登壇し、流暢な英語で、共通の敵を打倒して、朝鮮人の三六年間の夢を実現してくれた連合国、とくに米国に心からの感謝の意を表明し、自分は朝鮮の混乱した状況を恥じていること、米国の助けを借りてきっと強力な政府を樹立することができること、重慶にある臨時政府は必ずホッジ将軍に協力すると思われることなどを強調したのである。趙の短い演説が終わると、韓国の女性を代表して、任信永が再び巧みな英語で感謝の意を表明した。これらのことがホッジ司令官と米軍首脳に街頭を行進するデモ隊の青年たちとは異なる強い印象を与えたことは間違いない。一二日の『G-2定期報告』は韓国民主党の指導者たち、とくに米国に留学した経験をもつ趙炳玉、尹潽善、尹宅栄に注目した。ベニングホフも、前述の第一号報告のなかで、「このような政治状況のなかでもっとも鼓舞的な一つの要素は、年配のよりよい教育を受けたソウルの朝鮮人のなかに数百人の保守派が存在することである……これらの人々は〝臨時政府〟の帰還を願っており、多数派を構成しているわけではないが、おそらく最大の単一グループだろう」と指摘した。(81)

4　米軍政府対朝鮮人民共和国――主権論争

他方、左派勢力の態度は当初から相当に硬直していた。たとえば、米軍が上陸した九月八日、シックが説明したように、仁川市内で朝鮮人保安隊（建国準備委員会系）と労働組合員が日本の特別警察隊と衝突する事件が発生した。仁川には米軍の指示によって歓迎禁止と外出禁止が公示されていたが、当日午後二時、朝鮮共産党仁川支部の指導の下で示威行動を開始し、警察隊の警備区域を突破しようとしたのである。デモ隊は「三重、四重の警戒網」を突破したが、警察隊の発砲によって保安隊員二人（延禧専門学校生の権生槿と李植雨）が即死し、九人が重傷を負った。二階から見物していた日本人一人も威嚇射撃の犠牲になった。青年たちの行動は連合軍を歓迎し、解放後も京城・仁川地区を警備する特別警察隊に抗議するためのものであったが、少数の兵力で進駐する第七師団は秩序維持とソウルでの降伏受理を優先し、仁川での歓迎行事を禁じていた。米軍の仁川上陸は敵軍を武力で掃蕩した後の凱旋入城とは異なっていたのである。それが事件の真の原因であった。その後、保安隊と労働組合は、日本憲兵と警察隊の武装解除を要求しつつ、九月一〇日に朝鮮人犠牲者二人のために盛大な市民葬を執行した。二人の棺を中央にした数千人の大行列が米国旗、ソ連旗、太極旗、赤旗、プラカードなどを掲げて市内を行進し、天主教会堂（カトリック教会）に向かったのである。また、前出の九月一一日と一二日のソウル市内での示威行進にも、二人の犠牲者に弔意を表するための行進が含まれていた。しかし、それにもかかわらず、九月一三日、米軍裁判官は保安隊側の布告違反を認定して、警察隊の責任を問わなかった。保安隊側の再審請求に対しても、むしろ警察官以外の者が警察官に類似する行動をとったことを問題視したのである。仁川保安隊は九月二六日に解散させられた(82)。

また、同じ九月八日の早朝、呂運亨の指示によって、建国準備委員会代表たちが仁川に上陸する米軍司令官に歓迎メッセージを伝達した。呂運弘の詳細な証言によれば、そのために、白象圭、趙漢用、そして呂運弘の三名が数日前から小船に乗って海上で待機した。ほかのだれよりも先に米軍司令官と接触し、歓迎の意思を表明して、朝鮮建国準備委員会（Provisional Korean Commission）の存在を知らせ、必要な情報を交換しようとしたのである。代表格の白象圭は一九〇五年にブラウン大学を卒業した裕福な地主であった。三人は八日早朝に米上陸船団のなかからホッジ司令官の乗船する「カトクチン」（CATOCTIN）を探し当て、降された鎖梯子で乗船することに成功した。かれらは建国準備委員会について説明し、朝鮮人民のために民主的な形態の政府を組織することを目的とし、全国に一三五の支部をもっていると主張した。三人の代表は重慶臨時政府に対して好意的であるようにみえなかったが、米軍参謀たちから「明らかに好人物」であるとの評価を得ることができた。事実、三人は朝食を振る舞われ、正午過ぎまで滞在したのである。しかし、特定の党派に好意を示したと受け止められることを懸念して、ホッジ司令官に代わって軍団参謀たちが応接した。歓迎メッセージを手交した後、三人は参謀たちから進駐後のソ連軍の行動、発電所の分布状況と現状、そして建国準備委員会の性格、権限、組織形態、構成人物、思想傾向などに関して細かく質問された。とりわけ建国準備委員会について丁寧に回答したが、参謀たちは必ずしも納得する表情ではなかったとされる。その理由について、呂運弘は後に自分たちが朝鮮人民共和国の成立を知らず、米軍側はすでに知っていたからであると推測した。また、三人は信頼できる朝鮮人と対日協力者についての二種類の名簿を手交した。他方、三人も米軍側にもっとも重要な情報、すなわち「いくつかの亡命政府」に対する米国の見解について質問し、さらに米軍政府を全面的に承認すると保証し、「米軍政府と朝鮮民衆の間の連絡役」として働くことを申し出た(83)。

呂運弘が懸念したように、確かに両者の間の意思疎通は十分ではなかった。前出の九月一二日の『G-2定期報告』は、仁川港での出来事について記述しながら、白象圭を建国準備委員会の委員長とみなしていた。建国準備委員会と朝鮮人民共和国の関係について理解できずに、両者をまったく別の組織として認識したのである。仁川の海上で進駐する米軍部隊と接触した三人の代表が、新しい国家の樹立を通告したにせよ、それを知らずに建国準備委員会について説明したにせよ、呂運亨の奇襲的な試みは明らかに失敗に終わったのである。しかし、すでにみたように、左派勢力はその後も人民共和国の存在を既成事実とする態度を変えずに、九月一四日に新政府を組織して、その閣僚名簿を発表した。さらに、一〇月三日、朝鮮人民共和国中央人民委員会は翌年三月一日の独立宣言記念日を期して、第一回全国人民代表大会を招集する方針を決定して、その代表者の選考を呂運亨、許憲、崔容達など、一二名に委託することを発表した(84)。

ところで、このような左派勢力の硬直した態度はどのように論理的に正当化されたのだろうか。その意味で興味深いのが、一〇月一日にソウル市内の各新聞社の記者を集めた呂運亨の会見である。呂運亨は、そこで、朝鮮の独立は連合国が我々にくれる単純な贈り物ではなく、三六年間、流血の闘争を継続してきた結果、革命によって獲得されたものであり、それゆえにすること、まず革命家が政府を組織し、人民の承認を受けることができるとの認識を示し、さらに「人民が承認しさえすれば、朝鮮人民共和国はそのままでありうる」と強弁した。しかし、ここでいう「人民の承認」とは、朝鮮人民が自由な選挙によって自らの政府の形態を選択することではなく、特定党派から構成される「人民代表大会」によってそれを「承認」することにほかならなかったのである。呂はまた、重慶政府のほかにも米国に二つの党派が存在し、延安と西シベリアにも政党があるので、五つの政府が存在することになると指摘し、重慶政府だけを支持するわけにはいかないとも主張した。さらに、自分自身が三年間にわたって延安の華北朝鮮独立同盟と連絡し、地下運動をしてきた事実を明らかにし、独立同盟は五万人ないし六万人の会員を有するとも主張した。このような呂運亨の主張が著しく誇張されたものであったことはいうまでもない。しかし、朝鮮人民共和国中央人民委員会の主張はそれ以上に独善的であった。たとえば、一〇月五日に発行された「米国市民へのメッセージ」と題する英文パンフレットのなかで、米軍政府があらゆる行政機関と経済施設を朝鮮人民共和国に引き渡すべきであるとの主張を展開し、もし米軍政府が朝鮮人の意思と要求に反対するならば、「米国の世論は決してそれを許さないだろう」と宣言した。朝鮮人民共和国は米軍政府に「主権論争」を挑んだのである。(85)

これに対する反撃として、一〇月九日、アーノルド軍政長官は朝鮮人民共和国の国家としての権威や権力を公式かつ徹底的に否定し、マッカーサー将軍の布告、ホッジ中将の一般命令そして軍政長官の軍政法令に従って創設された米軍政府こそ、三八度線以南の朝鮮における唯一の政府であると主張する激烈な対新聞声明(一〇月一〇日付)を公表した。また、すべての新聞にそれを翌日の一面の注意を引く位置に掲載するように要求した。アーノルドは「これは命令の効力をもつ要請である」と通告したのである。朝鮮人民共和国について、アーノルドは「自薦の〝官吏〟、

〝警察隊〟、〝全人民を代表する〟大小の会議、〝自称の朝鮮人民共和国〟は、いかなる権威も、権力も、実体もない」と主張し、さらに「もしそのような高位高官を偽称する者たちが娯楽的な価値さえ疑わしい人形劇を演じているだけならば、ただちにその劇に幕を下ろさなければならない」と警告した。また、翌年三月一日を期して実施するとされた「虚偽選挙」（第二次全国人民代表大会のこと）についての新聞報道を問題視して、それを「軍事政府に対するもっとも重大な妨害」「軍事政府に対する公然たる反対行為」として非難したのである。朝鮮人民共和国に対する敵意をむき出しにしたアーノルドの声明が、その率直で攻撃的な表現のために、大きな社会的反響を引き起こしたことはいうまでもない。朝鮮人民共和国中央人民委員会は、翌日、「朝鮮人民共和国の誕生は米軍上陸以前の既定事実であり、第二次全国人民代表大会が一九四六年三月一日を期して招集されるのは、第一次全国人民代表大会の決議によるものである」とする談話を発表して、それに反論したのである。また、『毎日新報』は、一〇月一一日になって、アーノルド声明と人民委員会の談話を同じ紙面に掲載して、米軍政府の怒りを買った。中央人民委員会は、さらに一四日にも、「朝鮮人民共和国に対するアーノルド長官の愚弄的かつ侮辱的な声明は反人民政策の集中的な表現である」と非難する声明を発表した(86)。

中央人民委員会での議論の詳細は明らかではない。しかし、一一月四日に発表された李康国の有名な論文「軍政と人民共和国」にみられるように、その論理の要点は、米軍政府側の対応次第では、その権威の下でも朝鮮人民共和国が主権を維持することは可能であると主張することにあった。朝鮮共産党の理論家として知られた李康国は、「人民共和国は人民の総意によって誕生しており、それが民衆の絶大な支持を受け、民衆のなかで成長し、強化されていく限り、客観的に厳然たる存在であり、国家としての資格を有しているとみなさなければならない。したがって、それは軍政の下においても十分に自己の存在を主張する権利を有するので、朝鮮の自主独立と国家建設を援助する軍政の下で、その存在を否認されるいかなる国家法上の理由もない」との主張を展開したのである。また、その翌月の「米国への覚書」と題する別の論文でも、李は両者が矛盾対立することを否定して、朝鮮人民共和国は「軍政の意思を尊重し、軍政が存在する間、政府としての機能と行動を保留し、朝鮮人民のために軍政の政策に協力して、軍政をしてその本然の使命完遂において有終の美を得させようとする」とも説明した。米軍政府との衝突を回避しつつ、朝鮮人民共和国の正統性を維持しようとしたのだろう。しかし、李康国がポーランド亡命政府を例に挙げて、「強大国であるイギリスが育成し、承認までしたにもかかわらず、国内に戻って勢力を行使できず、ついには国内民衆に支持される解放委員会を母体にした政府（ルブリン政府）が列国の承認を得た」（括弧内引用者）と指摘し、それを「国際的承認に関する良き範例である」と主張したのは明らかに行き過ぎであった。そのような主張は朝鮮人民共和国政府をルブリン政府、重慶臨時政府をポーランド亡命政府と同一視するに等しく、それこそワシントンや米軍司令部がもっとも警戒する事態にほかならなかったからである[87]。

四　米軍政府と韓国民主党の急接近

1　軍政長官顧問会議——保守派人材の登用

南朝鮮内で激しい抗議に直面して、また間接統治を直接統治に転換する方針の下で、米軍当局は九月一四日までに朝鮮総督府の日本人幹部および警察官をすべて解任し、その後任幹部に米軍将校を任命した。また、すでに指摘したように、同月二〇日には、アーノルド軍政長官の下で発足した米軍政府の機構を公表した。さらに、その間に、新たに任命された米国人の局長および道知事の下に補佐官として朝鮮人代理を任命し、やがてその職務を引き継がせるという重要な方針（両局長制）を決定した。しかし、現地事情に精通しないまま、はじめて行政を担当する米軍将校の補佐役として、いかなる朝鮮人を任命するかは、軍政の内容に直接的に影響を及ぼす重要な問題であった。事実、朝鮮総督府の人材登用が日本人に偏重していたために、中央や地方で行政任務を担当するだけの能力や経験を有する朝鮮人の官僚候補者は限られていたし、その多くは日本の植民地統治機構に関係したことのある者たちであった。さらに、朝鮮人民共和国を樹立した左派勢力は、当然のように、その対象から排除された。したがって、情報当局や政治顧問が注目したように、英語を駆使できる米国留学の経験者や日本留学を含めて、より高い教育を受けた「数百人の保守派」が、その有力な候補者にならざるをえなかったのである。いうまでもなく、そのような条件を満たす人材の多くは、中央や地方で韓国民主党の下に結集したり、それを支持したりする人々であった。(88)

しかし、当初、ホッジ司令官は各党派の代表たちと個別に面談し、その過程で、かれらに適切な人材を推薦させる方式を考えたようである。米軍政府情報局長は、九月一七日、ホッジ司令官に面談を要請する各党派代表に、政党名、組織、政見ないし政綱を書面で提出するだけでなく、学務局長代理、法務局長代理、財務局長代理、交通局長代理、鉱工局長代理、京畿道知事代理、京城府尹代理そして高陽郡守代理として適当な人材を推薦するように要請したのである。しかし、そのような試みは成功せず、一〇月初めまでに、米軍政府は各界の指導的人物を軍政長官顧問に任命して、これらの人事を含む全般的な問題を諮問するという方式を採用した。沈之淵によれば、これは九月二二日に韓国民主党中央執行委員会が採択した「行政と人事の公正を期すために、軍政当局は朝鮮人のなかで名望と識見を具備した人物によって中央委員会を組織し、行政と人事に諮問できるようにすることを希望する」との決議を受容するものであった。すでにみたように、九月一六日の結党大会でも、韓国民主党は米軍政当局に「公正・有為の朝鮮人の官吏採用」を要請することを決議していたのである。アーノルド軍政長官は一〇月五日付で金性洙、金用淳、金東元、李容卨、呉泳秀、宋鎭禹、金用茂、姜炳順、尹基益、呂運亨、曺晩植の一一名を軍政長官顧問に任命した。これらの顧問のうち、呂運亨と曺晩植を除く九人は韓国民主党の党員ないしその支持者であった。そのうちの李容卨は医者、呉泳秀は銀行家、金用茂と姜炳順は弁護士、尹基益は鉱業家として知られていた。曺晩植は平壌在住の著名な右派民族主義者であり、長老派教会の牧師であり、当時、ソ連軍政下で平安南道人民政治委員会委員長に就任していた[89]。

それでは、朝鮮人民共和国副主席であった呂運亨は、なぜ軍政長官顧問に任命されたのだろうか。興味深いことに、呂運亨は米軍到着時に三人の使節を仁川港海上に派遣して、ホッジ司令官に歓迎メッセージ（「親書」）を託したと主張し、それに回答がないのに自分から面会を求めるのは「事大的な態度」であると主張していた。また、ホッジが呂運亨は日本人と結託したとの「悪質な中傷」を流布させたので、ホッジに面会を要請しないとも主張していた。しかし、正式任命の前日である一〇月四日、米軍政府からの招請に応じて、呂運亨は午前九時からアーノルド軍政長官、午後二時からホッジ司令官と会談した。その日、呂運亨は建国準備委員会委員長として会談したとされる。ホッジは呂に経済問題、とりわけ食糧・燃料問題と工場の操業再開についての協力を要請し、さらに、軍政長官顧問に就任するように説得した。しかし、それを受諾した呂運亨が別室に案内されると、そこには曺晩植を除く九人の顧問予定者がすでに集合していた。呂運亨が突然登場したので、かれらもまた驚いたとされる。その会合では、工場の操業再開、道知事任命などが審議された。また、互選によって、顧問会議の委員長には金性洙が就任した。当惑した呂運亨は議題と顧問の構成が適当でないと主張し、「いつでも私の主張とは九対一で対立するだろう」と述べて、その場を離れた[90]。

翌日、すなわち一〇月五日午前に、呂運亨はさらに宋鎮禹、安在鴻、白寛洙、許憲、趙東祐、金炳魯、張徳秀、崔容達、李鉉相、崔謹愚、金炯善、梁槿煥など、左右両派の多くの指導的人物が集まる懇談会に出席した。朴憲永と李英が欠席するなかで、これらの参加者たちは二つの議題、すなわち（1）各政治団体の大同団結、（2）超党派的な自主独立促進機関（統一戦線）の設立をめぐって、約六時間にわたって熱心に討議したのである。（2）の議題をめぐって議論が紛糾したが、左右の指導者が一堂に会したことが大きな社会的反響を呼んだ。しかし、軍政長官顧問会議の設置や呂運亨の宥和的な行動が、朝鮮共産党を含む左派陣営に複雑な波紋を投げかけたようである。一〇月七日には、朝鮮人民共和国を代表して、李康国、李承燁そして朴文圭が緊急記者会見を開催し、行政顧問を含む米軍政府の人事や統一戦線の結成について、朝鮮人民共和国の立場を表明したのである。かれらは「いわゆる親日分子が大勢登場したが、これは必然的に臨時的な措置であるだろう」(傍点引用者)と指摘し、「人民共和国は……民族反逆者である親日分子だけを除いてだれでも歓迎する」と強調した。李康国らは、米軍政府による保守派人材の登用や各党派の無原則な統一を批判し、民族反逆者や親日派を排除した民族統一戦線の結成を要求したのである(91)。

他方、一〇月七日午後、建国準備委員会中央執行委員会が開催され、「朝鮮人民共和国がすでに誕生し、人民の支持を受けたので、建国準備委員会はすでに創生期の神聖な使命を果たした」との理由で、建国準備委員会そのものの解散を決議したことも注目される。翌日正午には、淑明高等女学校で委員長以下全員が出席して、荘厳な解散式まで挙行されたのである。呂運亨が建国準備委員会委員長として軍政長官顧問会議に出席したことが、共産党主導の多数派を刺激したのだろう。中央執行委員会で、呂運亨は「建国準備委員会を存続させ、それを中心に外交をする方が有利である」と主張したが、そのような主張は受け入れられず、建国準備委員会の解散が多数決(一四対七)によって強行されたのである。呂運亨の独自の行動を封じるかのようであった。これに反発して、一〇月一〇日、呂運亨は建国準備委員会の母体とされる建国同盟を復活させた。事実、建国同盟はその日に開催された三二の政党・団体による緊急問題討論会に参加したのである。また、一二日に政党主導で開催された第二回各党代表協議会(一〇月五日の懇談会の継続)にも、建国同盟を代表して崔謹愚と咸鳳石が出席し、「政党を超越した建国準備委員会のような」統一戦線組織が必要であると力説した。米軍政府に対する態度や超党派的な左右合作をめぐって、呂運亨と共産党の間に微妙な意見の対立が生まれていたのである。しかし、呂運亨は一〇月一四日に正式に軍政長官顧問を辞任した(92)。

他方、保守派人材の登用や民族統一戦線に関する朴憲永の見解はきわめて明確かつ辛辣であり、自信に満ちていた。一〇月一〇日の記者会見で、朴は「我々はまず何よりも強力な民族的統一政権を組織しなければならない」と語ったが、それに続けて「しかし、親日派、民族反逆者は政権の樹立に参加する資格がない。この点において、共産党の見解は民族的反逆者を手足のように使用する米軍政の態度とはまったく違う」（傍点引用者）と主張したのである。要するに、米軍政府が軍政長官顧問に任命した韓国民主党系の人材は「親日派」「民族反逆者」であり、そのような指導者たちが排除されるまで、韓国民主党は民族統一戦線の対象になりえないと主張したのである。また、軍政当局に対しても、「朝鮮駐屯連合軍は、南北を問わず早い時期にその任務を遂行して、朝鮮人に政権を譲渡して立ち去ることを願う」と主張した。さらに、もっとも重要な朝鮮共産党の土地政策について、朴憲永は率直に「日本人と民族反逆者の土地はもちろん、地主の土地も自己耕作地以外の土地を没収、国有化し、農民に分配するのが我々の原則だ。しかし、土地分配問題の根本的解決は今後の我々の闘争如何によるので、現段階においては、一般地主の土地小作料は三・七制（収穫物の三割を地主に納める）を主張する」（傍点、括弧内引用者）と強調した。朝鮮解放から二ヵ月も経過しないうちに、韓国民主党と朝鮮共産党は妥協不可能なだけでなく、「敵対的」ともいえる関係に陥っていたのである[93]。

2　米軍部隊による秩序回復——戦略的な提携

軍政長官顧問会議の発足後、米軍政府と韓国民主党の間の緊密な提携が進展して、韓国民主党系人材が軍事政府内で多くの重要な役職を担うことになった。その間に介在したのは、ホッジ司令官の通訳を務めた李卯默（シラキュース大学博士）などの韓国人通訳官であり、さらに宣教師の息子として戦前の朝鮮で育ったウィリアムズ（Williams, George Z.）海軍少佐などの朝鮮語に堪能な米国人であった。李卯默は韓国民主党の熱烈な支持者であり、「呂運亨と安在鴻は親日派であり、人民共和国は徹底した赤色集団である」と公言するほどの反共主義者であった。また、ウィリアムズはホッジ司令官の顧問を務め、米軍司令部と韓民党幹部を仲介する役割を演じた。趙炳玉の回顧によれば、ウィリアムズは一〇月一七日に韓民党首席総務である宋鎭禹を訪問し、さらにその日の夜に元世勲と趙炳玉を加えた三人の幹部と会談して、ホッジ司令官からの要請を伝えた。警察行政の要である警務部長として「共産主義理論に透徹し、反共思想に徹底した有能で実践力のある韓国人のなかの愛国人士」を必要としていたのである。翌日、宋鎭禹は趙炳玉を推薦し、趙炳玉はウィリアムズとともに、ホッジ、アーノルド、そしてシックと会談した。ホッジは趙に韓国民主党からの離党を要求したが、趙は総務職を辞任するだけであった。正式発令は一〇月二〇日付であった。さらに、この重要な措置と前後して、大法院裁判長・金用茂、検事総長・李仁、司法部長・金炳魯、京畿道警察部長（その後、首都警察庁長）・張澤相、文教部長・兪億兼、労働部長・李勲求、農務部長・尹潽善、保健厚生部長・李容卨など、米軍政府の多くの要職が韓国民主党の有力者によって占められることになった[94]。

ところで、米軍政府による韓国民主党系人材の登用は、とりわけ警察、検察、裁判所など、公安・司法分野で顕著であった。言い換えれば、米軍当局と韓国民主党の提携は軍政機構を形成するだけでなく、朝鮮人民共和国への「共同の反撃」を意味したのである。事実、警務部長に就任した趙炳玉は、ホッジ司令官やアーノルド軍政長官に朝鮮人民共和国や人民委員会の非合法化を進言しただけでなく、全国の警察署を熱心に巡回し、さらに反共的な右翼青年団を育成した。また、そのような相互補完的な協力関係は米軍部隊の地方進駐と並行して、地方行政機構にまで拡大していった。事実、一〇月から一一月初めにかけて米軍部隊が進駐するまで、南朝鮮の多くの地域では、解放直後に建国準備委員会支部が結成され、その下で左派系の青年たちが治安隊（保安隊）を組織していた。たとえば忠清南道の中心地である大田では、治安隊員が朝鮮人警察官と一緒に駐在所に配置されたが、青陽、天安、温陽、洪城、保寧などでは、治安隊が郡庁を接収したり、警察官に銃器の引渡しを要求したりした。大田のいくつかの日本企業では、朝鮮人労働委員会が組織されて、日本人から経営権を剝奪したり、一時金を要求したりした。一〇月九日にカープ（Karp, William A.）中佐が赴任して忠清南道知事に就任し、一〇月中旬までに米軍部隊が道内各地への進駐を完了することによって、ようやく「法と秩序」が回復されたのである。人民委員会も保安隊も、進駐軍部隊と直接的に対決しなかったし、できなかったからである。朝鮮共産党の朴憲永は、一〇月三〇日の記者会見で、地方で発生している軍政当局と人民委員会との間の対立について、「米軍政当局とは協力しなければならない。協力することが原則である。あるいは、民衆の利害が米軍政当局の意見と対立する場合があるかもしれないが、抗議や説明はできても、力で対抗したり衝突したりしてはならない……米国は日本帝国主義を追い払って、朝鮮を解放するためにきたことを忘れてはならない」との見解を示していた(95)。

米軍部隊の進駐がもっとも遅れた全羅南道では、八月一七日午前の光州劇場での集会で建国準備委員会全羅南道委員会が結成された。三・一独立運動の地方指導者であった崔興琮牧師が委員長に就任し、左右両派から一名ずつの副委員長、さらに各部長と委員が選出された。「穏健進歩的な性向」をもつ人材を集めて、その下で左翼的な青年たちが勢力を拡大したようである。その中心人物が光州青年団長と建国準備委員会治安隊長を兼ねる金晢であった。警察隊に代わって、三〇〇人以上の白シャツを着た治安隊(「白シャツ隊」)が、その指揮の下で、光州の街頭をパトロールしたのである。警察官を含む大多数の道庁職員は表面的に職場を守るだけだったので、治安隊が光州府の「唯一の組織的な統治機関」になった。朝鮮人警部が殺害されたり、日本人巡査が暴行・脅迫されて自殺したり、朝鮮人の強盗を殺害した日本人が自殺したりするなどの流血事件も発生した。もっとも治安が悪化した木浦府では、府尹(市長)が帰国した徴用労働者から慰謝料の支払いを強要されたり、精米工場や製油工場が拳銃をもった強盗団に襲われたりした。順天では、警察署が人民委員会に接収された。しかし、一〇月七日以後、米軍戦術部隊の進駐が開始された。二三日には第六師団から派遣されたリントナー(Lintner, Julius H.)中佐が光州に到着して道知事として事態を沈静化し、二五日に主要な日本人官僚をすべて解任した。リントナーは人民委員会と何度も会合して、政府ではなく政党として活動させようとした。治安隊の指揮者であり、政治犯として長期にわたって服役した経歴をもつ金晢を警察部長に任命する可能性まで検討したとされる。しかし、一〇月二八日に事態は急転した。道知事、副知事、道警察部長らの軍事政府要人たちを殺害しようとする陰謀が摘発され、金晳が首謀者として逮捕されたのである。その当時、軍政要員として光州で情勢を観察していたミードは、それが全羅南道における米軍政府と朝鮮人民共和国の関係の転換点であったと述懐した。(96)

間違いなく、朝鮮人民共和国は米軍が進駐した南部朝鮮地域、とりわけ地方ではもっとも有力な政治勢力であった。宣教師の息子として生まれ育って、朝鮮をよく知るアンダーウッド（Underwood, Horace H.）は、農村地域を精力的に旅行した後、「人民共和国こそ米国占領地域でもっとも強力で、もっとも活発な組織である。それと比べれば、民主党は『ほとんどの地域でやっと組織されたか、まだ組織されていない』し、農民への土地の無償配分や労働者への工場の無償提供のような魅力的なものをもっていないように思われる」と指摘した。また、一二月に南朝鮮の各地方を調査した軍事政府世論室（Office of Public Opinion）のラレット（La Lette）少佐は、アンダーウッドの指摘を裏づけて、「人民共和国の勢力は成長しているし、あらゆるレベルで政府に組織されており、その他の党派は共存する機会さえ与えられていない。軍事政府の介入なしに、その他の党派が勢いを得ることはないだろう」と報告した。全羅南道の例でみたように、南朝鮮各地への米軍進駐がもたらしたものは、「占領」と呼ばれる地方政治への介入だったのである。それはソウルで成立した米軍政府と韓国民主党の緊密な提携の地方への拡大であった。日本人の元全羅南道知事である八木信雄は、米軍政府から依頼を受けて朝鮮人道知事代理の候補者を五人推薦したが、そのなかから選ばれたのは、米国に留学した経験をもつ医学博士で病院長の崔泳旭であった。米軍部隊が地方に進駐するにつれて、現地の行政機構が保守派や親米派を中心に、とりわけ韓国民主党に有利な形で形成されていったのだろう。一一月には、ソウルに倣って光州にも、そのほとんどが保守派の有力者から構成される軍政知事顧問会議が設置された。韓国民主党が米軍政府の必要とする人材を中央のみならず地方でも供給したのだから、両者の間に形成された緊密な提携は、一時的ないし戦術的な枠組みを超える戦略的な提携であったといっても過言ではない(97)。

おわりに

八月一五日に「作戦命令第四号」が発令され、「ブラックリスト」作戦計画がついに実行に移された。しかし、占領行政に関する「付属八（軍事政府）」が発令されたのは八月二八日のことであり、当初の予定に反して、その方針は直接統治から間接統治に変更されていた。ホッジ司令官とアーノルド師団長は、そのような命令を携帯してソウルに進駐したのである。朝鮮は大日本帝国の不可分の一部であり、そこへの進駐は「敵国領土」への進駐と認識されていた。事実、一九一九年の三・一独立運動以後、日本の統治に対する朝鮮内の組織的な抵抗運動は最小限に抑制されていたし、朝鮮人の若者たちは徴兵されて戦場に送られていたのである。したがって、カイロ宣言に謳われたように、朝鮮を「やがて自由かつ独立のものにする」にしても、それは米軍の進駐が完了し、連合国によって正式の占領政策が採択された後のことであると理解されていた。しかし、ホッジ司令官が九月九日の記者会見で阿部信行朝鮮総督を含む日本人官僚の一時的な職務継続の方針を表明したことは、進駐初期に犯した重大な失敗であった。その発言が自らのアイデンティティの回復を熱望する朝鮮人の民族感情を逆なでしたからである。そのような事態を憂慮する国務・陸軍・海軍三省調整委員会からの指令によって、南朝鮮占領は日本占領から明確に分離されたのである。他方、日本の第一七軍司令部は、ソ連軍が進駐した北朝鮮の惨状が南朝鮮に波及することを恐れて、現地情勢の報告を含めて、米軍の早期進駐を熱望し、それに終始協力的であった。その点において、勝者と敗者の間には共通の利益が存在したのである。しかし、カイロ宣言の誓約や戦時首脳会談での合意に基づいて、米国政府が朝鮮の占領から独立にいたる過程、すなわち米ソの占領行政、米英中ソによる信託統治、そして完全な独立を段階的に想定していたことも、米国の初期の占領政策を大きく拘束した。なぜならば、ソ連との共同行動や朝鮮の中央管理が実現しない限り、信託統治はもちろんのこと、朝鮮の将来の独立も統一も容易ではないと考えられたからである。

しかし、大日本帝国が降伏した日に、その降伏を受理する者がその場にいないことほど、解放後の朝鮮政治を混乱させるものはなかった。勝者と敗者の関係だけでなく、植民地統治の終焉をいかに迎えるかという敗者の問題も、新しい独立国家をいかに樹立するかという被解放者の問題も、それぞれ適切な段階を経ることなく、ほとんど同時に緊急の課題になったからである。その結果、解放直後の南朝鮮には、さまざまな形態の機会主義が蔓延した。たとえば、八月一五日早朝に、朝鮮総督府が呂運亨に治安維持のための協力を要請したのは、ソ連軍のソウル入城を確信し、事前に政治犯を釈放することによって、それに伴う混乱を最小限に抑制しようとしたからにほかならない。遠藤柳作政務総監の決定を促したのは、三・一独立運動のトラウマであった。しかし、呂運亨はその機会を利用して、左右の政治勢力を統合する建国準備委員会を結成し、自らその求心点になろうとした。進駐するソ連軍からの円滑な政権委譲を期待したのだろう。また、総督府と呂運亨の誤った情勢判断は長安派共産主義者や朴憲永と再建派共産主義者にも共有された。しかし、八月二四日頃までに米軍のソウル進駐が確実になった後、左派勢力、とりわけ朴憲永を中心とする共産主義者たちは、それまでの慎重な建国準備運動を転換して、一挙に人民政権の樹立に向かって前進した。米軍進駐予定日の前日に、数百名の中核的な左派勢力によって朝鮮人民共和国の樹立を宣言し、その約一週間後に人民共和国政府の閣僚名簿を発表したのである。朝鮮人民共和国の樹立は、米軍部隊が南朝鮮に進駐する以前に、さらには海外の独立運動団体や指導者が帰国する以前に、左派勢力が主導する新しい国家と政府を樹立し、それを既成事実化するための試みであった。また、それは右派勢力が結束して支持を表明した大韓民国臨時政府（重慶政府）に対抗するための予防的な措置でもあったことだろう。しかし、それは明らかに米軍の進駐と占領に対する拒絶反応であり、抵抗運動でもあった。いずれにせよ、小さな機会主義がより大きな機会主義を招来し、ついには冒険主義が発生したのである。

他方、朝鮮総督府からの要請にもかかわらず、宋鎮禹、金性洙、金俊淵、趙炳玉などの右派民族主義勢力は、戦争末期の対日協力を拒絶して情勢の推移を静観した。その中心にいた金性洙らの企業家や地主たちは、戦前や戦争中に多かれ少なかれ日本の産業政策に協力せざるをえなかったので、自分たちの政治的立場が微妙であると考えたのだろう。かれらは共産主義者を含む建国準備委員会に参加せず、重慶にある大韓民国臨時政府を支持する姿勢を明確にした。しかし、その瞬間に、南朝鮮内の政治勢力が左と右に明確に分裂したのである。左派勢力が朝鮮人民共和国の樹立を宣言すると、右派勢力は韓国民主党を結成して、重慶政府絶対支持と米占領軍当局への協力を表明した。米国や日本に留学したり、高等教育を受けたりした知識人、企業家、地主、資産家などが、そこに結集したのである。ただし、左派勢力とは違って、韓国民主党はとりわけ農村地域で大衆的な基盤を欠いていた。その後の事態の展開は比較的単純である。米軍が占領を目的にして南朝鮮に進駐したとき、南朝鮮内の左右両派はすでに修復不可能なほどに激しく対立していたし、革命的な信念に基づく左派勢力の主張や行動が米軍当局の共産主義に対する警戒心をさらに増大させたからである。とりわけ、左派勢力が新しい国家や政府の樹立を既成事実として、それに固執したことが両者の関係を決定的に悪化させた。米国政府や占領軍当局にとっては、米軍進駐以前の朝鮮人民共和国の樹立こそ、対日戦争勝利の成果を横取りし、朝鮮人民から民族自決の権利を奪う行為にほかならなかったのである。左派勢力との関係が険悪化するのと反比例するかのように、日本人でも左派勢力でもないという理由で、また保守的で高等教育を受けた親米派であるという理由で、米軍政府は韓国民主党への依存を深め、米軍政府機構にその人材を登用するようになった。また、そのような米軍政府と韓国民主党の関係は、一〇月以後、米軍部隊の地方進駐が進展するにつれて、南朝鮮各地に拡大していった。解放後の南朝鮮に、米軍政府と右派勢力の緊密な提携、そしてその両者と左派勢力との激しい対立という「歪んだ三者関係」の権力構図が誕生したのである。

(1) 咸錫憲『人間革命』(ソウル、一字社、一九六一年)、二三五頁。咸錫憲『意味でみた韓国歴史』(ソウル、第一出版社、一九七七年)、三三〇―三三一頁。咸錫憲「私が迎えた八・一五」、『一粒の声』(ソウル、「一粒の声」社、一九七三年八月号)。ムンジェアン「これから韓国語で放送する」、ムンジェアン他著『8・15の記憶』(ソウル、ハンキルサ、二〇〇五年)、一九―二一頁。全相仁「解放空間と普通の人の日常生活」、金英浩編『建国60年の再認識』(ソウル、キパラン、二〇〇八年)、一九七―二〇三頁。李昊宰『韓国外交政策の理想と現実』(長澤裕子訳、法政大学出版局、二〇〇八年)、九一頁。

(2) WARX 47945, 11 August 1945 and CM-IN 14176, 14 August 1945, "Occupation," 19 August 1945, ABC 014 Japan (13 April 1944), RG 165, Records of the War Department, NARA; *History of the United States Army Forces in Korea* [Hereafter cited as *History of USAFIK*], Part I, Historical Manuscript File, Office of the Chief of Military History, Department of Army, Chapter I, pp. 2-7.

(3) "Designation of XXIV Corps as Occupation Force, Korea," 12 August 1945, OPD 014.1 TS, Section III, Cases 56 through 58, RG 165, Records of War Department, NARA; "Amendment of BLAKLIST Plan, Edition No. 3, 14 August 1945," *ibid.*; *United States Army in the Korean Conflict*, Vol. I, Historical Manuscript File, Office of the Chief of Military History, Department of the Army, p. 22; *History of USAFIK*, Vol. I, Chapter I, pp. 9-11. スティルウェルは極東事情にもっとも通じる米軍司令官として知られていたが、蔣介石総統と感情的に対立して、一九四四年一〇月に米国に召還されていた (Grace Person Hayes, *The History of the Joint Chiefs of Staff in World War II: the War against Japan*, Annapolis: Naval Institute Press, 1982, pp. 645-652; Joseph W. Stillwell, *The Stillwell Papers*, New York: William Sloane Associates, 1948, pp. 323-349)。スティルウェルが南朝鮮占領の任務から排除された経緯については、その当時から何人かの記者が指摘していた。*See*, Edgar Snow, "We Meet Russia in Korea," *The Saturday Evening Post*, Vol. 218, No. 39, March 30, 1946; Richard E. Lauterbach, "Hodge's Korea," *The Virginia Quarterly Review*, Vol. 23, No. 3, 1947. また、タックマンとサンダスキーの著作を参照されたい。Barbara W. Tuchman, *Stillwell and the American Experience in*

China, 1911–45 (New York: Macmillan, 1970), pp. 518–521; Michael C. Sandusky, *America's Parallel* (Virginia: Old Dominion Press, 1983), pp. 259–265, 289–290; Gregory Henderson, *Korea: The Politics of the Vortex* (Cambridge, Massachusetts: Harvard University Press, 1968), p. 123; Charles M. Dobbs, *The Unwanted Symbol: American Foreign Policy, the Cold War and Korea, 1945–1950* (Kent, Ohio: Kent State University Press, 1981), pp. 31–33; Robert Smith, *MacArthur in Korea: The Naked Emperor* (New York: Simon and Schuster, 1982), pp. 14–16; James Irving Matray, *The Reluctant Crusade: American Foreign Policy in Korea, 1945–1950* (Honolulu: University of Hawaii Press, 1985), p. 53.

（4） Brainard Prescott, "How We Built The South Korean Republic," *The Reporter*, September 26, 1950; WARX 54514, JCS to MacArthur, 24 August 1945, Box 24, XXIV Corps History Section, USAFIK, RG 332, WNRC; MacArthur to Hodge, 30 August 1945, Historical Record Index Card, GHQ SWPA, *ibid.*; *History of USAFIK*, Part I, Chapter I, pp. 34–38.

（5） MacArthur to JCS, 21 August 1945, Historical Record Index Card, GHQ SWPA, Box 24, XXIV Corps History Section, USAFIK, RG 332, WNRC; Letter, MacArthur to Hodge, 29 August 1945, *History of USAFIK*, Part I, Chapter I, pp. 60–61.

（6） 筑参電（第一七方面軍参謀長電報）第九六号（内務次官宛）、森田芳夫・長田かな子編『朝鮮終戦の記録』資料篇第一巻（巌南堂、一九七九年）、五一六頁。帝国政府発連合国軍最高司令部宛電報、同上、二九六頁。*History of USAFK*, Part I, Chapter I, pp. 51–52; Kozuki to Hodge, 3 September, 1945, Box 25, XXIV Corps History Section, USAFK, RG 332, WNRC.

（7） 内務次官発朝鮮総督府政務総監宛電報（八月二九日）および連合国軍最高司令部発大本営宛電報（八月三〇日）、森田・長田編『朝鮮終戦の記録』資料篇第一巻、二四〇—二四二頁。Hodge to Kozuki, 31 August 1945, and Kozuki to Hodge, 1 September 1945, Box 25, XXIV Corps History Section, USAFK, RG 332, WNRC.

（8） Hodge to Kozuki, 2 September 1945 and Kozuki to Hodge, 3 September 1945, *ibid.* 森田芳夫『朝鮮終戦の記録——

米ソ両軍の進駐と日本人の引揚』（巌南堂書店、一九六四年）、二二一―二二三、二六九―二七〇頁。井原潤次郎・参謀長の証言、宮田節子監修・宮本正明解説『朝鮮軍・解放前後の朝鮮』、未公開資料・朝鮮総督府関係者・録音記録（5）、（東洋文化研究所、二〇〇四年三月）、三四四―三四五頁。

（9） *Reports of General MacArthur: The Campaigns of MacArthur in the Pacific*, Vol. I, Prepared by his General Staff (Washington, D.C.: Government Printing Office, 1966), pp. 437-440; D. Clayton James, *The Years of MacArthur: Triumph and Desarster 1945-1964* (Boston: Houghton Mifflin, 1985), pp. 35-38; "United States Initial Post-Surrender Policy for Japan," September 6, 1945, *A Decade of American Foreign Policy: Basic Documents, 1945-1949*, Revised Edition, (Department of State, Washington, D.C.: Government Printing Office, 1985), pp. 415-419. 五百旗頭真『占領期』（講談社、二〇〇七年）、六五―七〇頁。五百旗頭真『米国の日本占領政策』（下）（中央公論社、一九八五年）、二二一―二二七、二五四―二五五頁。なお、そのような混乱は九月二日に戦艦ミズーリ号上で降伏文書が正式に署名された後にも継続した。たとえば、九月三日に公布される予定であったマッカーサーの布告第一号、第二号および第三号は、「直接軍政を施行するのは本旨ではない」との理由で、日本側の要請に応じて中止された（大蔵省財政室編『昭和財政史3――アメリカの対日占領政策』東洋経済新報社、一九七六年、二二九―二三二頁）。

（10） *History of United States Military Government in Korea* [Hereafter cited as *History of USMGIK*], *Part I: Period of September 1945-30 June 1946*, Vol. I, Historical Manuscript File, the Office of the Historical Research Division, United States Army Military Government in Korea, pp. 76-77; Philip H. Taylor, "Military Government Experience in Korea," Carl J. Friedrich and Associates, *American Experiences in Military Government in World War II* (New York: Rinehart and Company, 1948), pp. 358-359; Annex 8 (Military Government) to Operations Instructions No. 4, 28 August 1945, General Headquarters, United States Army Forces, Pacific, Box 42, RG 4, MMA.

（11） Taylor, "Military Government Experience in Korea," pp. 357-359; *History of USMGIK*, Part I, Vol. I, pp. 75-76; *JANIS of Korea*, April, 1945, #616, Box 54-55, RG 4, MMA.

（12） *History of USMGIK*, Part I, Vol. I, pp. 77-79; "Assignment of Liaison Personnel of State Department to Occupation

Forces in Korea," 30 August 1945, OPD to AFPAC, OPD 014.1 TS, Section IV, Cases 51-77, RG 165, Records of the War Department, NARA.

（13） *G-3 Operation Report*, No. 1-4, 4-7 September 1945, Headquarters XXIV Corps, APO 235, Box 37, XXIV Corps History Section, USAFIK, RG 332, WNRC; *History of USAFIK*, Part I, Chapter IV, pp. 1-3; 旧朝鮮総督府官房総務課長・山名酒喜男『朝鮮総督府終政の記録（一）』（友邦協会、一九五六年）、二一―二四頁。森田『朝鮮終戦の記録』、二七一―二七二頁。九月四日に金浦飛行場に降り立ったストロウザー（Strother, Kenneth C.）大佐らは、第一七方面軍参謀副長・菅井斌麿《としまろ》に迎えられてソウルに向かった。ストロウザーは菅井少将から各種の情報を取得し、米軍の仁川上陸や降伏式のために準備した。菅井は「きわめて聡明で、素晴らしい人物」であり、二人の交際は終生続いた。Kenneth C. Strother, "Experiences of a Staff Officer, Headquarters XXIV Corps in the Occupation of Korea, September-November, 1945"（ケネス・C・ストロウザー「朝鮮占領における第二四軍団の一参謀の体験――一九四五年九月～一一月」、高橋久志訳、防衛研修所戦史部参考資料 85ZT-1H）を参照。

（14） *G-3 Operation Report*, No. 5-7, 8-10 September 1945; *History of USAFIK*, Part I, Chapter IV, pp. 5-12. 森田・長田編『朝鮮終戦の記録』資料篇第一巻、二四五―二四七頁。

（15） *G-3 Operation Report*, No. 9-11, 12-14 September 1945; Committee on Foreign Relations, Senate, *The United States and Korean Problem: Documents 1943-1953*（Washington, D.C.: Government Printing Office, 1953), p. 3. 森田・長田編『朝鮮終戦の記録』資料篇第一巻、二四七―二五〇頁。山名『朝鮮総督府終政の記録（一）』、二六―二九頁。日本占領では、この布告第一号、第二号および第三号の公布が中止された。また、韓国で出版された『美軍政法令集』（ソウル、内務部治安局、一九五六年）は「軍事統制権」（military control）を「軍政」（military government）と翻訳した（同書一頁）。しかし、そのような翻訳では、ここで論じた前後の脈絡が合わなくなる。「軍事統制権」は「軍政」を包含するより広汎な意味で使用された。発布が中止された日本占領の布告第一号の第六条には、そのことが明記されている。もっとも、南朝鮮占領の布告第一号には、この条項が存在しない。前掲注(9)の『昭和財政史3』(一三〇―一三二頁)を参照されたい。

（16）「連合軍俘虜引渡報告書」、森田・長田編『朝鮮終戦の記録』資料篇第一巻、五四四―五四八頁。森田『朝鮮終戦の記録』、二七六―二七八、三四〇―三四九頁。*G-3 Operation Report*, No. 9–16, 12–20 September 1945. 上記の『G－3作戦報告』は興南ではなく咸興と記している。

（17）*History of USMGIK*, Vol. I, pp. 73–74; SWNCC 77, "Political-Military Problems in the Far East: Treatment of the Korean Population by the Military Government of Korea," 19 March 1945, CCS 383.21 Korea, 3–19–45, Section 1, RG 218, Records of the United States Joint Chiefs of Staff, NARA; J.W.P.C. 385/5, "Occupation Forces for Japan and Korea," 22 September 1945, A.B.C. 014 Japan（13 April 1944）（Sec. 16-B）, RG 165, Records of the War Department, General and Special Staffs, NARA; R. Grant Meade, *American Military Government in Korea*（New York: King's Crown Press, Columbia University, 1951）, p. 46.

（18）Carl J. Friedrich, "Military Government and Democratization: A Central Issue of American Foreign Policy," *American Experiences in Military Government in World War II*, pp. 48–51; Bonesteel to MacArthur, 9 September 1945, CCS 383.21 Korea, 3–19–45, Section 1, RG 218, Records of the United States Joint Chiefs of Staff, NARA.

（19）*Ibid.*; Steintorf to Byrnes, August 26, 1945, *FRUS, 1945*, VI, p. 1041.

（20）森田・長田編『朝鮮終戦の記録』資料篇第一巻、二九九―三一三頁。和田春樹「ソ連の朝鮮政策――一九四五年八月―十月」、『社会科学研究』（東京大学社会科学研究所）、第三三巻四号、一九八一年一一月、一一八―一二四頁。

（21）*G-3 Operation Report*, No. 19–20, 22–23 September 1945; *History of USAFIK*, Vol. I, Chapter VI, pp. 1–14, 19–26, 35–42.

（22）*History of USMGIK*, Part I, Vol. I, pp. 32–33; *History of USAFIK*, Vol. I, Chapter VI, pp. 42–47; Meade, *American Military Government in Korea*, pp. 50–51.

（23）*History of USMGIK*, Part I, Vol. I, pp. 28–30, 37; Meade, *American Military Government in Korea*, p. 51; *History of USAFIK*, Vol. I, Chapter VI, pp. 16–17.

（24）The 40th Military Government Company, *The History of Military Government, City of Seoul, Korea, from 11*

September to 30 November, 1945（国史編纂委員会編『米軍政期軍政団・軍政中隊文書1』（果川、国史編纂委員会、二〇〇〇年）、二四七—二四九頁）; Notes on MG Staff Meeting and Corps Staff Conference, 12 Sept.1945, Box 27, XXIV Corps Historical Section, USAFIK, RG 332, WNRC.『毎日新報』一九四五年九月一二日、一三日、国史編纂委員会編『資料大韓民国史』第一巻（ソウル、探求堂、一九七三年）、八三—八九、九三頁。以下、とくに断りのない限り、『毎日新報』『自由新聞』『東亜日報』などの南朝鮮の一般新聞は『資料大韓民国史』に収録のものを使用した。山名『朝鮮総督府終政の記録（一）』、三〇—三三頁。

（25） 山名『朝鮮総督府終政の記録（一）』、三一—三三、三四—三五頁。SWNCC 174/4, September 10, 1945, *FRUS, 1945*, VI, pp. 1044-1045. 森田・長田編『朝鮮終戦の記録』資料篇第一巻、二八三—二八四頁。『米軍政法令集』（ソウル、内務部治安局、一九五六年）、七—一四頁。

（26） Hodge to MacArthur, 13 September 1945, Box 24, XXIV Corps History Section, USAFIK, RG 332, WNRC.『毎日新報』一九四五年九月一八日、一九日。「軍政庁ノ機構」、森田・長田編『朝鮮終戦の記録』資料篇第一巻、二七三—二七六頁。山名『朝鮮総督府終政の記録（一）』、三三—三四頁。『米軍政法令集』、五—七頁。

（27） Acheson to Truman, September 14, 1945, *FRUS, 1945*, VI, pp. 1047-1048.

（28） SWNCC 176/8, October 13, 1945, *FRUS, 1945*, VI, pp. 1073-1091. ここで、在韓米軍司令官に対する命令系統について付言しておく必要があるだろう。ホッジ司令官への命令は、統合参謀本部、陸軍省を経て、太平洋陸軍総司令官（マッカーサー）を通じてソウルに伝えられた。しかし、政策指令は国務・陸軍・海軍三省調整委員会（ＳＷＮＣＣ）で作成され、上記の命令系統で伝えられた。また、政策命令の草案は同委員会の極東小委員会で準備され、統合参謀本部にはその段階で関与する機会が与えられた。

（29） Operational Instructions Number 4/48, 29 November 1945, Box 42, RG 4, MMA.

（30） 朝鮮軍残務整理部「朝鮮における戦争準備」、『朝鮮軍概要史』（宮田節子編・解説、不二出版、一九八九年）、一三七—二〇二頁。森田『朝鮮終戦の記録』、一五—一九頁。

（31） 森田『朝鮮終戦の記録』、六六—六七頁。森田芳夫「朝鮮における終戦——十年前の八・一五」（二）、『親和』第二二号（日韓親和會、一九五五年七月）、一一頁。キムギヒョブ『解放日記』第一巻（ソウル、ノモブックス、二〇〇一年）、八三頁。
(32) 森田『朝鮮終戦の記録』、六九頁。遠藤柳作「政権授受の真相を語る」、『國際タイムス』一九五七年八月一六日。森田「朝鮮における終戦」(二)、一二一―一二一頁。森田の記述は西広および長崎とのインタビューによる。
(33) 森田『朝鮮終戦の記録』、六七―七〇頁および森田「朝鮮における終戦（二）」。遠藤柳作・呂運亨会談が開催された時刻について、森田は「午前六時半」と記している。呂運亨は翌日の演説で午前八時とした。また、一九四六年九月、ソ連軍のロマネンコ（Romanenko, Andrei A.）少将との会談で、呂は「一九四五年八月一五日午前七時に」「前政務総監である遠藤が朝鮮人民の代表たちを呼んで、『四―五日後には、ソウルに赤軍先発隊が到着するだろうし、日本が降伏したので、我々が武装解除されるだろう』と述べた」と回想した。さらに、呂は「八月一五日午後、ソウルでは赤軍が来るとのうわさが広まり、市民たちは赤軍を静かに迎えるために出かけました。しかし、かれらはこの出会いが実現しなかったのでたいへんに失望したし、三八度線が画定されたという事実を知ってさらに不満に思いました」と続けた。これらがかれの記憶の要点であり、その直後の行動の出発点だったのだろう（「ロマネンコ・呂運亨会談録」、『シュティコフ日記、一九四六―四八』田鉉秀訳・解題、ソウル、国史編纂委員会、二〇〇四年、一八〇頁）。
(34) 呂運弘『夢陽呂運亨』（ソウル、青廈閣、一九六七年）、一三四―一三五頁。呂鷰九『わが父・呂運亨』（ソウル、キムヨンサ、二〇〇一年）、一三四―一三六頁。李欄「解放前後の呂運亨」、李庭植『呂運亨――時代と思想を超越した融和主義者』（ソウル、ソウル大学校出版部、二〇〇八年）、七三七頁。
(35) 南時旭『韓国保守勢力研究』（韓国京畿道、ナナム出版、二〇〇五年）、一九九―二〇〇頁。李起夏『韓国政党発達史』（ソウル、議会政治社、一九六一年）、四三頁。呂運弘『夢陽呂運亨』、一三六―一三七頁。呂運弘はその後に得た情報と混同しているのだろう。たとえば『毎日新報』は、八月二四日になって、「朝鮮に関しては、自由独立の政府が樹立されるまでは、米国とソ連の占領下で、それぞれに軍政が施行されるものとみられる」（東京発同盟通信）と報じた。
(36) 呂運弘『夢陽呂運亨』、一三六―一三八、一四二―一四三頁。李萬珪『呂運亨闘争史』（ソウル、民主文化社、一九四七年）、一八九―一九〇頁。呂鷰九『わが父・呂運亨』、一四一―一四三頁。『資料大韓民国史』第一巻、一二―一三頁。

安在鴻「八・一五前後のわが政界」、『セハン民報』一九四九年九月、安在鴻選集刊行委員会編『民世安在鴻選集』第二巻（ソウル、知識産業社、一九八三年）、四七二―四七三頁。『8・15の記憶』、二〇―二一頁。八月一五日前後の行動については、異なる記憶が錯綜している。雪泥洞の宋圭桓宅に集まったとする説もある。この点については、李庭植「呂運亨と建国準備委員会」（『歴史学報』第一三四・一三五合併号、ソウル、一九九二年九月、三七―三八頁）を参照されたい。

（37）『毎日新報』一九四五年八月一六日。森田『朝鮮終戦の記録』、七六―七七頁。『8・15の記憶』、二一一―二三頁。

（38）『毎日新報』一九四五年八月一七日。森田『朝鮮終戦の記録』、七七―七八頁。李庭植『呂運亨』、四九六頁。シャブシーナ『一九四五年・南韓にて』（キムミョングホ訳、ソウル、ハヌル、一九九六年）、七〇―七八頁。同じような光景は、翌日昼間にも繰り返された。孝洞の徳成女子商業高校で呂運亨が熱弁をふるう間に、突然、「ソ連軍が間もなくソウル駅に到着する」との声が上がり、校庭の群集たちは駅に向かった。呂運亨も安在鴻も、それに合流したというのである（呂鷰九『わが父・呂運亨』、一四八―一四九頁）。

（39）『毎日新報』一九四五年八月一七日。安在鴻「海内・海外の三千万同胞に告げる」、『安在鴻選集』第二巻、一〇―一二頁。森田『朝鮮終戦の記録』、七八―八一頁。

（40）森田『朝鮮終戦の記録』、八一頁。山名『朝鮮総督府終政の記録（一）』、五―九頁。「京城日本人世話會々報」第六号（一九四五年九月八日）、『京城日本人世話會各連資料』（九州大学韓国研究センター、二〇〇九年）。同會報には、「親切な保安隊」（九月三日）や「朝鮮人の友情に感激」（九月七日）などの記事も掲載された。

（41）森田『朝鮮終戦の記録』、八一―八二、一〇三―一〇四頁。森田、長田編『朝鮮終戦の記録』資料篇第一巻、一一三―一一八頁。『8・15の記憶』、二二三―二二四頁。終戦時の警察官総数は約二万一〇〇〇名であったが、その多くが軍隊に召集されたために、日本人警察官は約六〇〇〇名にまで減少していた（山名『朝鮮総督府終政の記録（一）』、一三頁）。

（42）「新朝鮮建設の大道――民族統一戦線を念願する各政党首脳の懇談会」、『朝鮮週報』（一九四五年一〇月一五日号）、夢陽呂運亨先生全集発刊委員会編『夢陽呂運亨全集1』（ソウル、ハヌル、一九九一年、二一九―二三一頁）収録。森田『朝鮮終戦の記録』、七一頁。森田「朝鮮における終戦（二）」、一四頁。森田によれば、西広局長が岡部長に宋鎭禹との交渉を命じ、宋と旧知の関係にある生田知事が説得に当たった。しかし、「宋は、呂運亨とともに動くのを好まなかったからか、或いは時期尚早とみたからか、快諾しなかった」。金俊淵『独立路線』第六版（ソウル、時事時報社出版局、一九五九年）、二一—三、二六一—二六三頁。金俊淵によれば、日本の降伏について言及しないまま、生田知事は朝鮮内で暴動が起きることを懸念して、学生たちの動向に大きな関心を示した。会談は五、六時間に及び、二人は簡単な昼食をともにした。また、そこには岡警察部長が出入りした。古下先生傳記編纂委員会編『古下宋鎮禹先生傳』（ソウル、東亜日報社出版局、一九六五年）、二九三—二九九頁。『仁村金性洙傳』（ソウル、仁村紀念會、一九七六年）、四六一—四六三頁。二つの伝記の記述は概要で一致するものの、日時、場所、人物などが微妙に異なる。なお、神崎参謀とは、第一七方面軍参謀（後方主任）の神崎長《ひさし》大佐のことと思われる（外山操編『陸海軍将官人事総覧〈陸軍篇〉』芙蓉書房、一九八一年、四七九頁）。神崎は井原参謀長の下で朝鮮人側との接触を担当したようである。建国準備委員会の崔謹愚総務部長は、八月二一日に井原参謀長を訪ねて神崎大佐と会談した（森田『朝鮮終戦の記録』、一〇四—一〇五頁）。軍司令部の大田移動後、神崎は司令部業務大綱の統制という重要な職責に就いた（『朝軍特命綴』、日本軍連絡部、一九四五年九月、防衛研究所戦史研究センター）。

(43)『仁村金性洙傳』、四六三—四六四頁。『古下宋鎮禹先生傳』、二八七—二八九、二九八頁。金俊淵『独立路線』、二五九—二六〇頁。

(44) 呂運亨の上海での活動、極東勤労者大会への参加、中国革命運動との交流などについては、李庭植『呂運亨』を参照した。そのほかに、三・一独立運動後の宥和的な情勢を背景に、原敬内閣の拓殖局長官・古賀廉造の招待によって、呂運亨は陸軍大臣、内務大臣、朝鮮総督府などの同意を得て、一九一九年一一月に東京を訪問した。朝鮮人独立運動家として、多くの日本政府要人や日本人有力者と面談し、朝鮮独立論や東洋平和論を訴えて名声を博した。

(45) 李萬珪『呂運亨闘争史』、二六頁。二人の経歴については、『仁村金性洙傳』と『古下宋鎮禹先生傳』を参照した。また、植民地時代の産業資本の形成と金一族の台頭については、See, Carter J. Eckert, *Offspring of Empire: The Koch'ang Kims and the Colonial Origins of Korean Capitalism 1876-1945* (Seattle: University of Washington Press, 1991), pp. 29-59.

(46) 金俊淵『独立路線』、二一—六、二六二—二六三頁。民主主義民族戦線編『朝鮮解放年報』、七九—八〇頁。鄭栢「八月十五日朝鮮共産党組織経過報告書」(一九四五年一一月七日)、翰林大学校アジア文化研究所編『朝鮮共産党文件資料集(1945~1946)』(江原道春川、翰林大学校出版部、一九九三年)、七頁。李仁「解放前後片片録」、『新東亜』(一九六七年二月)。宋南憲『韓国現代政治史』第一巻(ソウル、成文閣、一九八〇年)、三二一―三九頁。

(47) 李萬珪『呂運亨闘争史』、二〇六頁。『古下宋鎭禹先生傳』、三〇八―三〇九頁。なお、八月一五日に阿部信行総督から電話を受けて、翌日、朝鮮人として最高位にあった金大羽慶尚北道知事が大邱から特別機で上京した。遠藤および西広と協議した後、金大羽は一七日から呂運亨と宋鎭禹の合作を斡旋した。呂は応諾したが、宋は「個人としては、呂運亨氏と一緒になることはお許し願いたい」と拒否したとされる。呂運亨に治安維持のための協力を要請した後も、総督府の要人たちはさらに広範な協力を得るために努力したようである(森田『朝鮮終戦の記録』、七二頁)。

(48) 李萬珪『呂運亨闘争史』、一六九―一七一、一八九―一九〇頁。呂運弘『夢陽呂運亨』、一二三―一二五頁。安在鴻「夢陽呂運亨氏の追憶」および「八・一五前後のわが政界」、『安在鴻選集』第二巻、二〇四―二〇五頁、四七二頁。たとえば兪鎭午は、「建国準備委員会の権威を高めるために大いに利用された」と指摘しつつも、建国同盟が植民地支配末期に実際に組織されていたことに疑問を提示した(兪鎭午『未來に向かう窓――歴史の分水嶺に立って』一潮閣、ソウル、一九七八年、二七四―二七五頁)。呂運亨研究の権威である李庭植も、呂についての伝記的な大作のなかで、建国同盟が「不文、不言、不名」を原則とするのであれば、「その団体に名前があるわけがない」と指摘して、それについて記述することを自制した(李庭植『呂運亨』、四八七―四八八頁)。キムギヒョプも、それを「過大包装」と推定した(『解放日記』第二巻、七七―七八頁)。

(49) 民主主義民族戦線編『朝鮮解放年報』、八〇頁。『毎日新報』一九四五年八月一八日。李萬珪『呂運亨闘争史』、二一〇頁。南時旭『韓国保守勢力研究』、一九九―二〇〇頁。金南植『南労働党研究』(ソウル、トルペゲ、一九八四年)、一七―一八頁。

(50) 李萬珪『呂運亨闘争史』、二一〇―二一六頁。李萬珪は宣言と綱領を八月二五日に発表したと記述しているが、『毎日新報』が掲載した宣言と綱領の日付は八月二八日になっている。柳文華『解放後四年間の国内外重要日誌』(ソウル、民主朝鮮社、一九四九年、八頁)も八月二八日と記録している。ただし、奇妙なことに、最終的に建国準備委員会書記局はこれを九月二日午後三時に発表した（『毎日新報』一九四五年九月三日）。この間の事情については、徐仲錫の分析を参照されたい（徐仲錫『韓国現代民族運動研究――解放後民族国家建設運動と統一戦線』ソウル、歴史批評社、一九九六年、二一三頁）。

（51）『毎日新報』一九四五年九月三日。李萬珪『呂運亨闘争史』、一八五頁。山名『朝鮮総督府終政の記録（一）』、二一一―二一三頁。ソウル市内では、『毎日新報』（八月二四日）の報道以後、「朝鮮を南北に分割して、米ソ両軍が軍政を敷く」との噂が広まり、八月二八日になって、朝鮮軍管区司令部が九月二日以後に「三十八度線以南における米軍と朝鮮軍との間の局地協定を開始する」こと、「その相手は米第二四軍団である。その進駐時期及び上陸地点は未だ何ら通告に接し非ず」と発表した（森田・長田編『朝鮮終戦の記録』資料篇第二巻、一五二、一八六頁）。ただし、八月二三日に朝鮮軍参謀長が関東軍参謀長に宛てた電報には、「八月二十六日以後、南部朝鮮ニ連合国側進駐スルモノノ如シ。朝鮮軍ハ京城以南ノ朝鮮ニ関シ……停戦及武装解除等ヲ処理致スニ付キ、承知相成度」（『終戦時朝鮮築電報綴』、一九四五年八月、防衛研究所戦史研究センター）とある。なお、開城に侵入したソ連軍は、それが三八度線以北に位置するものと誤解したようである。日本軍はソ連製の百万分の一の地図を開城に持参して、ソ連軍部隊長に撤退を要請した。しかし、その後も駐留を継続したために、八月三〇日に井原参謀長が平壌師管区参謀長に撤退交渉を依頼し、九月三日に上月司令官が沖縄の米軍司令部に電報で報告した。ソ連軍は九月一一日までに完全に撤収した（森田『朝鮮終戦の記録』、一七五―一七六頁）。

（52）八月二二日の組織改編は民主主義民族戦線編『朝鮮解放年報』（八二頁）に記録されているだけである。呂運亨や李萬珪は何も語っていない。徐仲錫『韓国現代民族運動研究』、二〇七―二〇八頁。ただし、この評価は金南植の分析と対立している（金南植『南労働党研究』、四五―四六頁）。共産主義者による建国準備委員会への浸透工作は呂運亨宅に近い洪瑨植宅を拠点とした。洪は朴憲永の側近であり、その工作を「換骨奪胎」と表現していた（朴甲東『朴憲永』、ソウル、人間社、一九八三年、九六頁）。『仁村金性洙傳』、四七〇―四七二頁。安在鴻「夢陽呂運亨氏の追憶」、『安在鴻選集』第二巻、二〇四―二〇五頁。

（53）『毎日新報』一九四五年九月三日、四日。李萬珪『呂運亨闘争史』、二一六―二二二頁。李庭植『呂運亨』、五一一―五一五頁、李起夏『韓国政党発達史』、四二一―四三頁。徐仲錫『韓国現代民族運動研究』、二〇八―二〇九頁。委員長、副

委員長以外の新しい人事は、朝鮮人民共和国の樹立が宣言された九月六日に、人民代表委員（閣僚）が任命されるまでの暫定人事として決定された（「毎日新報」一九四五年九月七日）。沈之淵『許憲研究』（ソウル、歴史と批評社、一九九四年）、九二―九五頁。

(54)『毎日新報』一九四五年九月二日、七日。安在鴻「朝鮮建国準備委員会と余の処地」、『安在鴻選集』第二巻、一三―一四頁。徐仲錫『韓国現代民族運動研究』、二一〇―二一一頁。李庭植『呂運亨』、五二七頁。李萬珪『呂運亨闘争史』、一六九―一七一、一八九―一九〇頁。

(55)『資料大韓民国史』第一巻、四九―五一、五七―五九、六〇―六三頁。『仁村金性洙傳』、四七四―四七五頁。

(56)『資料大韓民国史』第一巻、六〇―六三頁。『仁村金性洙傳』、四七四―四七五頁。金度演『私の人生白書・常山回想録』（ソウル、常山金度演博士回顧録出版同志会、一九六七年）、一五五―一五七頁。白南薫『私の一生』（ソウル、解慍白南薫先生紀念事業會、一九六八年）、一四七―一五〇頁。宋南憲『韓国現代政治史』第一巻、一二三―一三一頁。沈之淵『韓国民主党研究Ⅰ』（ソウル、プルビッ、一九八二年）、四八―四九頁。

(57)「新朝鮮建設の大道」、『夢陽呂運亨全集1』、二一九―二三一頁。趙炳玉『私の回想録』（ソウル、民教社、一九五九年）、一四六―一四七頁。

(58)『毎日新報』一九四五年九月一七日。『古下宋鎭禹先生傳』、三一九―三二〇頁。金度演『私の人生白書』、一五七頁。『仁村金性洙傳』、四七五―四七八頁。趙炳玉『私の回想録』、一四四―一四六頁。沈之淵『韓国民主党研究Ⅰ』、五五―五六頁。南時旭『韓国保守勢力研究』、二二一―二二二頁。

(59) Dae-Sook Suh, *The Korean Communist Movement 1918-1948* (Princeton: Princeton University Press, 1967), pp. 68-73, 191-193. 中央日報特別取材班『朝鮮民主主義人民共和国（上）』（ソウル、中央日報社、一九九二年）、二七八―二八〇頁。「自筆履歴書」、而丁朴憲永全集編集委員会編『而丁朴憲永全集』第二巻（ソウル、歴史批評社、二〇〇四年）、五六―五九頁。イムギョンソク『而丁朴憲永一代記』（ソウル、歴史批評社、二〇〇四年）、一八八―二〇四頁。

(60) 鄭栢「八月十五日朝鮮共産党組織経過報告書」、『朝鮮共産党文件資料集』、七―八頁。金南植『南労党研究』、一六―一九頁。高峻石『南朝鮮労働党史』（勁草書房、一九七八年）、三〇―三二頁。金俊淵の証言は劇的である。八月一五日午

前一〇時頃、宋鎮禹の回答をもって鄭栢の宿所を訪問する途中、昌徳宮警察署前で偶然に呂運亨と遭遇したというのである。金が宋の回答を伝えて、「私も出ない」と説明すると、呂は決然とした態度で「それならばよい。私一人で行く。共産革命に一路邁進する」と語ったとされる。また、その日の午後、鄭栢から電話があり、「ソ連軍がすぐ京城に入り、我々がすぐに内閣を組織するが、あなたは後悔しないか」と詰問されたという（金俊淵『独立路線』、二六三―二六五頁）。

（61）朴甲東『朴憲永』、八四―八九頁。イムギョンソク『而丁朴憲永一代記』、二〇七―二一三頁。中央日報特別取材班『朝鮮民主主義人民共和国（上）』、二八〇―二八四頁。

（62）"Resolution of the E.C.C.I. on Korean Question," Dae-Sook Suh ed., *Documents of Korean Communism 1918-1948* (Princeton: Princeton University Press, 1970), pp. 243-282; Dae-Sook Suh, *The Korean Communist Movement*, pp. 108-114, 178-182, 199-203.「現情勢と我々の任務」（八月テーゼ）、一九四五年八月二〇日、『朴憲永全集』第二巻、四七―五六頁。「現情勢と我々の任務」、金南植編『「南労党」研究資料集』第一集、（ソウル、高麗大学校亜細亜問題研究所、一九七四年）、八―一二頁。

（63）「現情勢と我々の任務」（八月テーゼ）、『朴憲永全集』第二巻、四七―五六頁。

（64）同上、四九―五二頁。徐仲錫『韓国現代民族運動研究』、二三一―二三五頁。

（65）金南植『南労党研究』、二六―二七頁。高峻石『南朝鮮労働党史』、三八頁。大検察庁捜査局『左翼事件実録』第一巻（ソウル、大検察庁捜査局、一九六五年）、二三―二五頁。「熱誠者大会の経過」（上、中、下）、朝鮮共産党中央委員会機関紙『解放日報』（一九四五年九月二五日、一〇月一二日、一八日）。金南植・李庭植・韓洪九編『現代韓国史資料叢書(1945~1948)』第五巻（ソウル、トルペゲ、一九八六年）に収録のものを使用した（以下同じ）。鄭栢「八月十五日朝鮮共産党組織経過報告書」、『朝鮮共産党文件資料集』、九―一〇頁。

（66）「熱誠者大会の経過」（上）、『解放日報』一九四五年九月二五日。

（67）「熱誠者大会の経過」（中）（下）、『解放日報』一九四五年一〇月一二日、一八日。

（68）「朝鮮共産党の再建とその現状況」、『朴憲永全集』第二巻、二〇九頁。なお、その他の説については、徐仲錫『韓国現代民族運動研究』、二三二頁を参照されたい。『解放日報』一九四五年九月一五日、一九日、二五日。『毎日新報』一九四五年一〇月二四日。『自由新聞』一九四五年一一月二四日。それに対して、再建派共産党は朝鮮共産党中央委員会代表・朴憲永の名義で歓迎声明を発表した（『解放日報』一九四五年一二月四日）。

（69）『毎日新報』一九四五年九月七日。李萬珪『呂運亨闘争史』、二六一―二六二頁。もっとも生々しい証言によれば、九月四日に呂運亨、朴憲永、鄭栢が医専病院内科に入院中の許憲の病室を訪れ、四人で朝鮮人民共和国の創立について協議した（朴馹遠『南労働党総批判』上巻、ソウル、極東情報社、一九四八年、三二一―三三三頁）。なお、大会の開始時刻について、李萬珪『呂運亨闘争史』は午後七時、『毎日新報』は午後九時としている。徐仲錫『韓国現代民族運動研究』、二一七―二一八頁。金南植『南労党研究』、四六頁。

（70）李萬珪『呂運亨闘争史』、二五九―二六〇頁。一〇月一日の呂運亨の記者会見、『毎日新報』一九四五年一〇月二日。

（71）全国人民委員の名簿は『毎日新報』（一九四五年九月七日）と『朝鮮解放年報』（八六―八七頁）による。いずれも一名不足しているが相互に補正することが可能である。李萬珪『呂運亨闘争史』、二六〇―二六一頁。金南植『南労党研究』、四七―四八頁。

（72）李萬珪『呂運亨闘争史』、二六一―二六二頁。徐仲錫『韓国現代民族運動研究』、二一九―二二〇頁。

（73）李萬珪『呂運亨闘争史』、二六〇―二六二頁。金南植『南労党研究』、四九―五〇頁。呂運弘『夢陽呂運亨』、一五六―一五七頁。

（74）『毎日新報』一九四五年九月一五日。李萬珪『呂運亨闘争史』、二三六頁。金南植『南労党研究』、四八―五〇頁。『毎日新報』が報じた政府部署名簿は以下のとおりである。括弧内は「臨時代理」である。主席・李承晩、副主席・呂運亨、国務総理・許憲、内務部長・金九（許憲）、外交部長・金奎植（呂運亨）、軍事部長・金元鳳（金世鎔）、財政部長・曺晩植、保安部長・崔容達、司法部長・金炳魯（許憲）、文教部長・金性洙（李萬珪）、宣伝部長・李観述、経済部長・河弼源、農林部長・康基徳、保健部長・李萬珪、逓信部長・申翼熙（李康国）、交通部長・洪南杓、労働部長・李冑相、書記長・申康玉、法制局長・崔益翰、企画局長・鄭栢。なお、『朝鮮解放年報』は書記長を李康国と記録している（九一頁）。

（75）李萬珪『呂運亨闘争史』、二六三―二六五頁。金南植『南労党研究』、四九―五〇頁。徐仲錫『韓国現代民族運動研究』、二二三―二二四頁。李昊宰『韓国外交政策の理想と現実』、一一七―一一九頁。スターリンとアントノフの基本指令については、第五章を参照されたい。なお、朝鮮共産党平安南道委員会が第四次拡大委員会を開催して、「正しい路線」を確立したのは九月二五日のことである。

(76) General Todd's Notebook: General Hodge's First Speech in the Civic Auditorium, 12 September 1945, Box 27, XXIV Corps Historical Section, USAFIK, RG 332, WNRC; *G-2 Periodic Report*, No. 3, 13 September 1945, Headquarters USAFIK: *History of USAFIK*, Vol. II, Chapter I, pp. 2-5; *History of USMIGK*, Part I, Vol. I, pp. 203-204.『毎日新報』一九四五年九月一三日。『解放日報』一九四五年九月二五日。『全国人民委員会代表者大会議事録』、同大会書記部編、五二頁。

(77) General Hodge's First Speech; Corps Staff Conference, Chosun Hotel, 12 September 1945, Box 27, RG 332, XXIV Corps Historical Section, USAFIK, WNRC.

(78) *G-2 Periodic Report*, No. 2, 12 September 1945; Benninghoff to Byrnes, 15 September 1945, *FRUS, 1945*, VI, pp. 1049-1053.

(79) Benninghoff to Byrnes, 29 September 1945, *ibid.*, pp. 1061-1065.

(80) *Ibid.*

(81) *G-2 Periodic Report*, No. 3, 13 September 1945; *History of USAFIK*, Vol. II, Chapter I, pp. 2-5; *History of USMGIK*, Part I, Vol. I, p. 205.『毎日新報』一九四五年九月一三日。Benninghoff to Byrnes, 15 September 1945, *FRUS, 1945*, VI, p. 1050. なお、老人がホッジに手交したのが何であったのかについては、異なる説明がなされている。『毎日新報』は太極旗、『在韓米軍史』(*History of USAFIK*)は文書(a document)、そして『G-3作戦報告』は古い朝鮮を代表する国璽(national seal)と筆記文字(script)と記録している。

(82) 森田『朝鮮終戦の記録』、二七四―二七五頁。森田・長田編『朝鮮終戦の記録』資料篇第二巻、二一八―二一九、二六三頁。『解放日報』一九四五年九月一九日。*G-2 Periodic Report*, No. 2, 12 September 1945; *History of USAFIK*, Vol. II, Chapter I, p. 5.

(83) 呂運弘『夢陽呂運亨』、一六二―一六六頁。*G-2 Periodic Report*, No. 1, 11 September 1945; *History of USAFIK*, Vol.

II, Chapter I, pp. 1-2; Henderson, *Korea*, p. 126. なお、二種類の名簿は『G-2定期報告』（第二号）に収録されている。信頼できる人物として、呂運亨、白象圭、趙漢用、安在鴻、曺晩植など、一七名の名前が挙げられている。そのなかには、韓国民主党の金性洙の名前はあるが、その盟友である宋鎮禹の名前はない。その他の多くは知識人や実業家である。また、対日協力者とされた一四名のうちの大部分は日本の統治機構と直接に関係をもった人々である。

（84） *G-2 Periodic Report*, No. 2, 12 September 1945.『毎日新報』一九四五年一〇月三日。

（85）『毎日新報』一九四五年一〇月二日。The Central People's Committee of the People's Republic of Corea, "A Message to U.S.A. Citizens," 5 October 1945, Box 24, XXIV Corps History Section, USAFIK, RG 332, WNRC.

（86） Major General A. V. Arnold, Military Governor of Korea, "To the Press of Korea," Box 1, Papers of Peter Grant, RG 60, MMA; Benninghoff to Atcheson, 9 October 1945, *FRUS, 1945*, VI, p. 1069.『毎日新報』一九四五年一〇月一一日、一四日。

（87） 李康国『民主主義朝鮮の建設』（ソウル、朝鮮人民報社、一九四六年）、六—七、二三—二四頁。

（88） *History of USMGIK*, Part I, Vol. I, pp. 31-32. 金雲泰『米軍政の韓国統治』（ソウル、博英社、一九九二年）、一八六—一八九頁。安鎮『米軍政と韓国の民主主義』（ソウル、ハヌル・アカデミー、二〇〇五年）、一六四—一六六頁。

（89）『毎日新報』一九四五年九月一七日。沈之淵『韓国現代政党論』（ソウル、創作と批評社、一九八四年）、五五—五六頁。沈之淵『韓国民主党研究Ⅰ』、一三八頁。宋南憲『解放三年史Ⅰ』（ソウル、カチ、一九八五年）、一〇二頁。『自由新聞』一九四五年一〇月七日。北朝鮮に在住の曺晩植が顧問に任命された経過は明確ではないが、一〇月一日にマーシャル陸軍参謀総長がマッカーサーに宛てた電報が、準備中の南朝鮮地域の民政のための基本指令の内容に触れて、「南朝鮮の行政機構は、ソ連と合意して容易に全朝鮮に拡大して適用できるように調整されるべきである」と指摘していた（Marshall to MacArthur, 1 October 1945, *FRUS, 1945*, Vol. VI, pp. 1067-1068）。また、一〇月九日の記者会見で、アーノルドは「将来は顧問の人数を増加して、全朝鮮を網羅する予定である」と言明した（『毎日新報』一九四五年一〇月九日）。

（90）『自由新聞』一九四五年一〇月六日、九日。李萬珪『呂運亨闘争史』、二三七—二四二頁。崔永禧『激動の解放3年』

（ソウル、翰林大学アジア文化研究所、一九九六年）、五一頁。

(91)『自由新聞』一九四五年一〇月八日、九日。

(92)『毎日新報』一九四五年一〇月六日、一二日。『自由新聞』一九四五年一〇月九日、一五日。沈之淵『人民党研究』（ソウル、慶南大学極東問題研究所、一九九一年）、七―八頁。崔永禧『激動の解放3年』、五一―五二、六二―六三頁。

(93)「民族統一政権を支持、朝鮮共産党朴憲永氏政見を吐露」、『朝鮮人民報』一九四五年一〇月一一日（林京錫『朴憲永一代記』、二二一―二二四頁）。

(94) 第二次世界大戦中にOSS（戦略諜報局）に勤務し、戦後は国務省朝鮮デスクを務めたマッキューンは、米軍政府が初期段階で選抜した朝鮮人は「より富裕で英語を話せる朝鮮人に極端に偏っていた」と指摘した。前者は通常、保守的な「親日派」と結びついていたし、後者はしばしば適任ではなく、米軍政府に「通訳官政治」の悪評をもたらしたのである。George M. McCune, "The Occupation of Korea," *Foreign Policy Reports*, October 15, 1947. *See also*, Lauterbach, "Hodge's Korea"; Henderson, *Korea*, p. 126; 趙炳玉『私の回顧録』、一四九―一五二頁。安鎭『米軍政と韓国の民主主義』、一六四―一六八頁。李昊宰『韓国外交政策の理想と現実』、一三二―一三三頁。沈之淵『韓国現代政党論』、五六頁。金雲泰『米軍政の韓国統治』、一八八―一八九頁。宋南憲『解放三年史Ⅰ』、九七頁。『自由新聞』一九四五年一〇月二七日。

(95) 張炳玉『私の回顧録』、一五四―一五六頁。石井治助（忠清南道高等警察課長）の証言（『同和』第一五八号、一五九号）、坪井幸生（忠清北道警察部長）の証言（『同和』第一五四―一五六号）、森田・長田編『朝鮮終戦の記録』資料篇第一巻、三八〇―三八八、三八八―三九七頁。C. Leonard Hoag, *American Military Government in Korea: War Policy and the First Year of Occupation 1945–1946*, Draft Manuscript, History Division, Office of the Chief of Military History, Department of the Army, 1970, pp. 144-146, 157-158.『自由新聞』一九四五年一〇月三一日。

(96) 金昌珍「八・一五直後光州地方における政治闘争――一九四五～四六年人民委員会運動と米軍政の性格」、歴史問題研究所編『歴史批評』第一集（ソウル、歴史批評社、一九八七年）、九九―一二二頁。この論文は全羅南道建国準備委員会をめぐる当時の状況を克明に描写している。地主代表で財務部長に就任した高光表を含む五名がソウルに派遣されることになり、その日のうちに木炭トラックで出発した。それに同乗したのが朴憲永であった。注(59)に挙げた中央日報特別取材班に対する高の証言と一致する。光州劇場での集会については、その事実のみが『解放前後回顧』（光州府総務課公報係編、光州府、一九四六年、五頁）に記録されている。八木信雄（全羅南道知事）の証言（『同和』第一六一号、一六二号）、斎藤実（全羅南道地方課長）の証言（『同和』第一六三号）、市原感一（慶尚北道高騰警察課長）その他の証言（『同和』第一六四号）、森田・長田編『朝鮮終戦の記録』資料篇第一巻、三九七—四〇五、四〇五—四〇七、四二四—四三〇頁を参照。八木は全羅南道建国準備委員会が八月二〇日頃に玄俊鎬湖南銀行頭取などを中心に発足したと指摘したが、八月一七日の光州劇場の集会について伝えていない。八木信雄『日本と韓国』（増補再版、日韓文化出版社、一九八三年）、二六〇—二七〇頁。*History of USAFIK*, Part III, Chapter III, pp.44-48; Hoag, *American Military Government in Korea*, pp. 161-162; Meade, *American Military Government in Korea*, pp. 54-58, 69-73. ただし、ミードはこの陰謀が実際に存在したかどうかの最終的な判断を留保した。

（97） 八木の証言、森田・長田編『朝鮮終戦の記録』資料篇第一巻、四〇三頁。八木『日本と韓国』、二六七頁。*History of USMGIK*, Vol. I, pp. 210-211. 世論室は「諜報・情報部門」（Intelligence and Information Section）に属して、各地方を調査旅行する五つのチームをもっていた（Hoag, *American Military Government in Korea*, pp. 246-247）。

第四章　李承晩・金九の帰国と域内政治の再編成

――三つの統一戦線運動の展開

はじめに

朝鮮独立運動を全体として論じることはきわめて困難である。一九一〇年八月の日本による韓国併合以後、朝鮮内での独立意思の表明が厳しく抑圧され、独立運動は主として海外で、しかも地理的に分散して展開されたからである。また、韓末の衛正斥邪、開化、そして東学運動の例を挙げるまでもなく、そのイデオロギーや形態も多様であった。しかし、一九一九年に発生した三・一独立運動は、朝鮮内の民衆蜂起を伴ったために、一時的にしろ、これらの多様な運動を統合する役割を演じた。事実、上海に集結した独立運動指導者たちは、その年の九月に大韓民国臨時政府を樹立し、独立運動の制度化を試みたのである。そこには、初代臨時大統領に就任した李承晩や最後まで臨時政府を守護した金九だけでなく、解放後の朝鮮で活躍した金奎植、呂運亨、金科奉、金元鳳などが集結した。そのほかにも、朝鮮解放を見ることはなかったが、安昌浩が政府樹立の立役者となり、李東輝が国務総理に就任した。しかし、李承晩が外交活動を重視して、ワシントンでの活動に復帰したのに対して、李東輝は朝鮮人最初のボリシェヴィキとして独立戦争を主張し、一九三五年一月にシベリアで客死した。金九は統一戦線組織としての臨時政府の維持を重視し、そのために義烈闘争（テロリズム）まで敢行した。一九四五年八月の朝鮮解放当時、その大韓民国臨時政府は重慶に存在し、金九主席と金奎植副主席によって指導されて、再び海外独立運動の統一戦線組織としての面貌を整えつつあった。ワシントンに在住する李承晩も、一九四一年六月に臨時政府の駐米外交委員長に任命されていた。したがって、もしそれらの海外独立運動指導者が臨時政府とともに一挙に帰国して、即時独立と主権行使を要求すれば、どうなっただろうか。それは左派勢力主導の政局を一変させるだけの衝撃力をもつだけでなく、軍政当局への直接的な挑戦になり、左派勢力による朝鮮人民共和国の樹立以上に深刻な事態を招来したことだろう。本章では、李承晩や金九らの海外指導者の帰国に焦点を当て、それが解放直後の南朝鮮政治にどのような影響を与えたのか、あるいはその衝撃が南朝鮮政治をいかに再編成したのかを分析したい。

南朝鮮で直接軍政を施行した米占領軍当局にとって、海外指導者の帰国がもつ意味は両義的であり、指導者たちが個人の資格で帰国して米軍政府に協力する場合にのみ有益であった。ワシントン、とりわけ主導権をもつ国務省、東京の太平洋陸軍総司令部、そしてソウルの在韓米軍司令部は、この微妙な問題に一致して対応することができたのだろうか。そもそも、ソ連との共同行動を優先し、南北朝鮮に信託統治を実施しようとしていた国務省にとって、海外指導者たちはどのような存在だったのだろうか。李承晩はなぜもっとも有力な指導者として最初に帰国できたのだろうか。マッカーサー元帥やホッジ司令官は、混乱する現地情勢を収拾するために、李承晩の帰国をどのように利用しようとしたのだろうか。民族的な英雄として帰国した李承晩は、何を目的にして、どのように行動したのだろうか。李承晩を朝鮮人民共和国主席に推戴していた左派勢力は、それにどのように対応したのだろうか。他方、いま一人の有力な指導者であり、重慶で大韓民国臨時政府を指導していた金九主席は、日本降伏の知らせに接したとき、米国の戦略諜報局（the Office of Strategic Services）の朝鮮浸透作戦に参加する韓国人隊員たちを激励するために西安に滞在していた。臨時政府と金九は中国政府や米国政府とどのような関係にあったのだろうか。そもそも、大韓民国臨時政府とはどのような存在だったのだろうか。蔣介石と緊密な関係を維持していた金九の帰国は、なぜ李承晩の帰国より一ヵ月以上も遅れたのだろうか。金九は、臨時政府を維持したまま、それを率いて帰国しようとしたのだろうか。それとも、何か別の役割を演じようとしていたのだろうか。ホッジ司令官と米軍政府、臨時政府よりも先に帰国した李承晩、さらに李承晩と緊密な関係を形成した韓国民主党、そして朝鮮人民共和国を守護する朝鮮共産党と左派勢力は、金九と臨時政府の帰国にどのように対応したのだろうか。帰国後の李承晩と金九は、同じ政治路線の下で協力することができたのだろうか。

一　李承晩の帰国と独立促成中央協議会

1　戦争末期の李承晩外交

戦争の終結は海外にいた独立運動の指導者たちにも同時に訪れた。もっとも早くから戦争終結を想定する外交を展開していたのは、ワシントンに在住して、大韓民国臨時政府の駐米外交委員長に任じられていた李承晩であっただろう。ドイツの降伏後まもない一九四五年五月一五日にサンフランシスコで記した書簡において、李承晩はトルーマン大統領に二つのことを要請していたのである。その第一は、韓国が「国際機構に関する連合国会議」に会員資格を申請したので、それへの正式参加を認めることであり、第二は、「とくに太平洋の戦線が日本列島に近づきつつあり、連合国軍が朝鮮の地下勢力の協力を必要とする」ときに、朝鮮の人的資源を軍隊や破壊工作に使用することであった。しかし、カイロ宣言によって朝鮮の「自由・独立」を誓約したにもかかわらず、米国政府の臨時政府に対する態度は冷淡であった。国務省極東部長代理のロックハート（Lockhart, Frank P.）による六月五日の返書は、第二の問題について注意深く検討することを約束したが、第一の問題について、大韓民国臨時政府は「朝鮮のいかなる部分にも行政的権限を行使したことはないし、今日の朝鮮人民の代表と考えることはできない」と率直に指摘し、「朝鮮人民が究極的に自らの政府の形態とその構成員を選択する権利」を妨げないことが米国政府の一貫した態度である、と主張したのである。しかも、グルー国務長官代理の声明によって、そのことは数日後に公式に再確認された。皮肉なことに、朝鮮の「自由・独立」を約束した民族自決の原則が米国政府に臨時政府の承認を抑制させていたのである(1)。

もちろん、米国政府の消極的な態度はそのような理念的な原則にのみ由来するものではなかった。米国の朝鮮政策には、朝鮮人民によって表明される自由意思を尊重するという第一原則のほかに、ソ連との共同行動を確保し、それによって朝鮮の統一管理を実現するという第二、第三の政策的な原則が存在したのである。言い換えれば、米国政府が在重慶臨時政府のような特定の独立運動団体を支持すれば、ソ連政府もまた別の共産主義団体を支持することになり、そのことが米ソの共同行動や朝鮮の統一管理を不可能にし、さらには戦時首脳会談で合意された信託統治構想の土台を崩すことになると考えられていたのである。三八度線を境界線として、朝鮮半島を分割占領したことによって、これらの原則はさらに重要になっていた。事実、そのような観点から、バランタイン（Ballantine, Joseph W.）極東部長は、戦争終結後間もない八月二八日に、「米国政府がいわゆる『大韓民国臨時政府』を朝鮮の将来の政府として擁立しようとしているとの印象を国際的に与える」ことを警戒して、李承晩の帰国に米国人官吏が同行することに反対する内容の覚書をバーンズ国務長官とダン次官補に提出し、その同意を得たのである。(2)

しかし、その頃、李承晩は誰よりも早くマニラ経由で朝鮮に帰国しようと決意し、統合参謀本部事務局から「朝鮮に帰る駐米外交委員長」（High Commissioner to the United States returning to Korea）と記載する入域許可証を獲得して、国務省に出国許可証を申請していた。李承晩の理解者であり、伝記作家であったオリヴァー（Oliver, Robert T.）によれば、九月五日にロンドン外相理事会に出発する直前の国務長官が、それを裁可した。しかし、渡航準備に入ってから、突然、「駐米外交委員長」の資格が問題視されて、国務省が出国許可を取り消したのである。その後、九月二一日になって、李承晩は個人の資格で再び手続きをするように助言され、ついに九月二七日に出国許可証が発給された。国務省日本課長ディックオーヴァー（Dickover, Erle Roy）は、九月二四日の極東部長への報告で、李承晩に対する陸軍の入域許可が「朝鮮に帰る朝鮮人」（Korean national returning to Korea）、ないしそれに準ずる表現に改められることを示唆した。また、ソウルのホッジ司令官は、九月二九日、李承晩その他の著名な朝鮮人を個人の資格で帰国させるとの国務省の決定を歓迎しつつ、（1）その資格について、ソウル到着時にかれらに何と告げるべきなのか、（2）かれらはかつて米国政府の資金や政治的支持を要請したり、受け取ったり、あるいは拒否されたりしたことがあるのか、（3）かれらおよびその政治団体が代表しようとする地位について、もしあるとすれば、米国とその他の政府、とくにソ連政府との間でいかなる性質の会話がなされたのかなどについて、ワシントンに情報の提供を要請した。ホッジがとりわけ懸念したのは、ソウル到着後に、李承晩がワシントンの政策に反する声明を発表することであった。(3)

他方、李承晩の書簡にあった第二の問題、すなわち朝鮮人の対日戦争への参加問題は、臨時政府の承認や帰国者の資格認定よりも具体的かつ真剣に検討された。事実、すでに二月一三日にスティムソン陸軍長官に宛てた書簡において、李承晩は朝鮮人がもつ特別の資格と疑問の余地のない忠誠心を強調し、かれらを対日占領のための軍事政府の樹立や維持のために使用することによって、米軍司令官の任務遂行が大幅に促進されると主張していた。李承晩は朝鮮人スタッフを諮問的ないし補助的に使用したり、日本の都市や農村での警察行動に朝鮮人を同行させたりする可能性を示唆したのである。それを注意深く検討した陸軍省作戦部戦略・政策グループのボンスティール大佐は、政治的に利用されることを警戒しつつも、それを太平洋戦域における民事行政問題を研究中の部署に回付し、李承晩には「十分な共感をもって検討される」ことを約束した。また、それに呼応するかのように、二月二三日には、臨時政府の趙素昂外務部長が米国大使館を訪問し、武器貸与法による財政援助や軍事物資の提供だけでなく、朝鮮人捕虜を太平洋諸島や北部中国沿岸の基地で訓練したり、臨時政府が編集したビラを航空機によって朝鮮に散布したり、朝鮮人工作員を偵察活動に従事させたりするように要請した。その要請を直接的な契機として、さらに、極東ロシアに約二〇万人の朝鮮人が居住し、そのうちの一部がソ連軍の訓練を受けているとみられ、その数が二ないし三個師団に達し、かれらが朝鮮解放に参加するとの噂があることを懸念して、「戦争努力での朝鮮人の使用」問題が国務・陸軍・海軍三省調整委員会（SWNCC）で検討されることになったのである。(4)

五月一八日に開かれた三省調整委員会の会合では、対日戦争で朝鮮人を使用する問題が政治的な観点から議論された。ディックオーヴァーによれば、国務省の第一義的な関心はプロパガンダ的な観点からの利用であり、もし朝鮮人が日本人と戦っていることが公開されれば、朝鮮内、日本そして日本占領地域内の朝鮮人が大規模なサボタージュに従事し、東アジアの被征服人民に相当な影響を及ぼすかもしれないと指摘した。しかし、その政治的な利点を評価しつつも、利用可能な朝鮮人の人数が限られているとの観点から、マックロイ陸軍次官補は軍事的に実行可能であるかどうかに相当の疑問があると指摘せざるをえなかった。その結果、議論を中断して、ウェデマイヤー中国戦域司令官の意見を聴取することが必要であるとされたのである。しかし、五月二五日にウェデマイヤー中将から寄せられた軍事的な観点からの見解は、現在、解放された中国地域内にいる朝鮮人を使用するにしても、(1)そのような部隊を訓練できる米中側の人員が不足する、(2)中国戦線全域に拡散している朝鮮人を集結させ、組織し、効果的な部隊に訓練しようとすれば、望ましからざる管理、補給、交通問題が発生する、(3)大勢の朝鮮人を統制することは困難であり、現在のように、小さな秘密グループで使用する方が有益である、そして(4)そのために必要な補給と装備を利用することができない、すなわち中国も自らの部隊のための十分な補給が得られていない、というものであった。その結果、陸軍省としては、軍事的な観点からは、米軍あるいは中国軍の援助の下で効果的な朝鮮人戦闘部隊(a Korean combat unit)を組織し、維持することは不可能であり、軍事部隊よりは個人的に選抜された朝鮮人を使用するように勧告したのである。それが三省調整委員会の結論にもなった(5)。

しかし、興味深いことに、対日戦争への朝鮮人の参加問題は、ポツダム会談後、すなわち戦争終結を目前にして陸軍省内で再浮上した。陸軍作戦部長であるハル中将は、李承晩がマーシャル陸軍参謀総長に宛てた八月三日の書簡を検討して、その動機と有用性についての疑問や「政治的危険性」のために、陸軍省と統合参謀本部が破壊工作以外に朝鮮人の協力をほとんど受け付けてこなかったことを確認したうえで、「ソ連が相当数の朝鮮人をシベリアで訓練しているとみられるにもかかわらず、米陸軍がいまや十分に準備された朝鮮人の援助なしに朝鮮に侵入して、軍事政府を樹立するという可能性に直面している」ことに注意を喚起したのである。ハルにとって、それは相当に悩ましい問題だったのだろう。なぜならば、ポツダム会談以後、ハルは原子爆弾の投下と三八度線の設定について明確に知りうる立場にあったからである。そのために、ハルは八月五日に戦略・政策グループの責任者であるリンカーン准将と、さらに六日に政策グループのラスクおよびマコーマック両大佐と議論して、「軍事政府の樹立に朝鮮人を使用する」ために、陸軍省が主導して数日内に覚書を起草し、統合参謀本部を経て、三省調整委員会に承認を求めるという方針を決定したのである。また、その後の詳細な経過は不明であるが、李承晩は八月一〇日にマーシャル陸軍参謀総長に打電し、朝鮮に樹立される米軍当局のために自分自身が協力することを申し出た。しかし、李承晩の提案は婉曲に拒絶され、八月二三日、朝鮮に派遣される軍隊は米国市民のみによって構成されるとの陸軍省の方針が伝えられた。陸軍作戦部内の結論は国務省の反対によって実現しなかったのだろう。こうして、李承晩は米軍部隊とともにソウルに凱旋し、米軍当局のために協力するという絶好の機会を逸したのである。(6)

李承晩が戦争末期に企図したいま一つの外交活動は、米軍の朝鮮上陸に呼応する適切なタイミングで、短波放送を通じて朝鮮内の同胞に日本支配に抵抗して決起するように呼びかけることであった。李承晩はそれを戦争情報局（Office of War Information）に間接的に打診したが失敗し、七月二七日、マッカーサーとニミッツに打電して直接的に協力を要請したのである。事実、李承晩には一九四二年六月にVOA（Voice of America）で朝鮮同胞に向けて放送した経験があった。そのとき、李は「内外の準備がすべて整う日には、我々がここで公布するので、そのときには一度に立ち上がって我々の錦繡江山（朝鮮国土の美称）を占拠している倭敵（日本の蔑称）を一斉に滅亡させずにはおかないだろう」（括弧内引用者）と主張していた。李はそのときがついに到来したことを同胞に伝えたいと訴えたのである。李はさらに、マッカーサーの顧問であり、後にフィリピン外相としてサンフランシスコ講和会議に参加したロムロ（Romulo, Carlos P.）将軍が自分のマニラ行きを全面的に援助すると約束してくれたので、マニラから短波放送で呼びかけることができると主張した。マッカーサーとニミッツに対して、「ともに戦う機会」を与えてくれるように、李承晩は「大韓民国臨時政府の初代大統領」として懇願したのである。これに対して、二人はワシントンの適切な機関と協議するように助言したが、七月三〇日のマッカーサーからの返電には、「貴下のラジオ・メッセージの精神に深く感謝する」との一言が添えられていた。マッカーサーは南部朝鮮を含む日本本土進駐作戦（「ブラックリスト」）を立案中だったのである。その後、前出の八月三日の書簡で、李承晩はマーシャル陸軍参謀総長にも短波放送について要請した。これに対しては、すでにみた朝鮮人使用問題と関連して、八月八日、マーシャルから「きわめて注意深く検討されている」との中間的な覚書が送られた。しかし、周知のように、八月一〇日に日本の降伏意思が連合国に伝えられ、李承晩の試みはここでも挫折したのである。(7)

2　マッカーサー、ホッジと李承晩——東京会談

米軍の南朝鮮進駐が開始されるとともに、朝鮮人指導者の帰国問題は重慶でも現実の問題として提起された。帰国を急ぐ臨時政府指導者たちは、とりわけ朝鮮人民共和国の樹立を報じる九月一一日付の『中央日報』（中国国民党機関紙）の記事に刺激されたのである。同日中に米国大使館を訪ねた大韓民国臨時政府の代表は、できれば一〇人の臨時政府の指導者たちを米軍機で重慶から朝鮮に運ぶように要請した。臨時政府にも新しい政府の形成に参加する機会が与えられなければ「公正ではない」し、航空機の運航は米軍によって統制されていると主張したのである。ハーレー(Hurley, Patrick J.)大使からの報告に対して、九月二一日、アチソン国務長官代理は「戦域司令官によって承認されれば、国務省は帰国に反対しない」との方針を確認したが、それと同時に、そのような便宜が供与されるための条件として、（1）臨時政府の要員としてではなく、私的な個人として帰国すること、（2）それと同等の特権や便宜がすべての朝鮮人グループに供与されること、（3）軍の重要な作戦の妨げにならないことが必要であるとした。しかし、このような厳格な資格審査に対して、中国戦域陸軍司令部としては、「この種の政治的決定は国務省によってなされ

るべきである」との不満を表明せざるをえなかった。さらに、九月二五日に米国大使館を訪問した中国の呉国楨宣伝部長が伝える蔣介石総統の意向は、米国務省の政策とは大きく異なって、「重慶にある大韓民国臨時政府の要員たちが（米軍）政府の可能な行政的役職に任命されて、朝鮮に帰国することが望ましい」（括弧内引用者）とするものであった(8)。

その後、九月二七日、アチソンは李承晩その他の朝鮮人に個人の資格で出国許可が与えられることを在重慶米国大使館に通知した。さらに、三八度線以南の朝鮮に軍政が敷かれている事実を認定し、そこでの活動が軍政当局の「法と規則」によって統制されることに同意する文書を添付することが、南朝鮮入域のための条件にされたのである。アチソンはまた、「朝鮮外にある特定の政治団体に対する公然たる支持は企図されていないが、朝鮮内の混乱した状況のために、建設的な能力を有し、軍事政府の枠内で働くことを希望する者は入域が奨励され、余裕があれば陸軍統制下の航空機によって輸送されうる」（傍点引用者）ことを付け加えた。また、南朝鮮への入域許可については、マッカーサー総司令部を経由する陸軍のチャンネルを使用して、朝鮮戦域司令官によって与えられることが示唆された。しかし、それとは別に、南朝鮮進駐から約一ヵ月が経過して、ソウルで、一〇月五日に軍政長官顧問会議が発足し、米軍政府局長代理に朝鮮人が登用され始めるなど、占領行政体制の整備がある程度まで進展したことも、海外指導者たちが「個人の資格」で帰国することを容易にしたようである。事実、一〇月一〇日にマッカーサー総司令官の政治顧問代理であったジョージ・アッチソン（Atcheson, George）に宛てた報告で、ベニングホフは李承晩、金九、金奎植の三人の指導者の帰国を許可し、軍政長官顧問と同じ条件で米軍政府に協力させるように進言した(9)。

李承晩の帰国が公式に発表されたのは、帰国当日の一〇月一六日のことであった。ベニングホフの助言に従って、国務省は三八度線以南の朝鮮にある米軍政府が「代表的な朝鮮人から個人の資格において現地の問題に関する助言を求める政策」を採用したと指摘したうえで、この政策に沿って、同胞に奉仕することに関心をもつ朝鮮人に海外から帰国するための道が開かれたこと、出国許可の申請が国務省査証課で受け付けられ、最初の申請者（李承晩）がすでに許可を得て、現在、南朝鮮への帰国途上にあること、中国在住者の帰国も望ましく、そのような個人の輸送は在中国米陸軍の監督下で運営される運輸設備の準備状況に依存すること、太平洋米陸軍総司令官は金九および金奎植の帰国が許可されるように勧告したこと、かれらは現行の軍政長官顧問と同じ条件で軍事政府に協力することが期待されることなどを公表した。ここに、海外指導者の帰国に関する国務省の政策が確定したのである(10)。

しかし、ベニングホフの進言は帰国する海外独立運動指導者たちの役割を明らかに過小評価していた。なぜならば、一世代以上にわたって海外で独立運動を継続してきた指導者たちと、朝鮮内にとどまって解放後に政治舞台に登場した指導者たちを同列に置いていたからである。日本の植民地統治が長期化するにつれて、確かに海外の独立運動指導者に対する朝鮮人の記憶は薄れていったが、それは少なくとも知識人や政治指導者たちの間に引き継がれ、解放後、二六年前の三・一独立運動についての集合的記憶とともに、瞬時に復活可能な状態にあったのである。とりわけ李承晩は一九一九年四月にソウルで宣布された漢城臨時政府の「執政官総裁」であり、九月に上海で統合された大韓民国臨時政府の初代「臨時大統領」であった。アッチソンは、おそらく東京でマッカーサーと李承晩の会談に同席し、その強い印象の下で、帰国する独立運動指導者たちにより大きな役割を与えることを計画したのだろう。一〇月一五日、「大韓民国臨時政府」である必要はないが、米軍政府に協力し、その指示の下で行動して、やがて執行および行政のための政府機関に発展するような中核的組織を、李承晩、金九そして金奎植の周囲に設置するように国務長官に進言したのである。それは「全国朝鮮人民執行委員会」（National Korean Peoples Executive Committee）のような名称をもって、ホッジ司令官が設置した顧問会議を助言者として利用したり、状況が許せばやがて統合したりする組織であった。アッチソンは、さらに、もしそのような措置がとられなければ、北朝鮮で組織されてソ連の激励を受ける共産主義グループが、その影響力を南朝鮮で拡大することになるだろうと警告した。また、東京でホッジと協議したことを明らかにして、ホッジ司令官が自分の提案に反対するとは思わないと付言した(11)。

もちろん、アッチソンの提案がただちに国務省の承認を得ることはなかった。「個人の資格」で帰国する李承晩は、数十人の親しい友人に送られて、一〇月四日午後九時にワシントンを出発し、サンフランシスコ、ホノルル、グアムなどを経由して、一〇月一〇日に米軍の厚木飛行場に到着した。李承晩が東京に入ったのは一二日午前であり、同じ日に、ホッジ司令官もソウルから東京に駆けつけた。李承晩が翌一三日午後にマッカーサー総司令部を表敬訪問し、それに先立ってホッジとアッチソンが会談したのだから、鄭秉峻が指摘するように、一四日のマッカーサー・李承晩会談にはホッジとアッチソンが同席したとみるべきだろう。しかし、ホッジは李承晩をエスコートすることなく、一日早く一五日にソウルに戻った。言い換えれば、マッカーサーは国務省の方針から逸脱して、あえてホッジを東京に呼んで、李承晩を「帰国する民族の英雄」として歓迎する知恵を授け、さらにアッチソンに李承晩の積極的な利用を提言させたのだろう。周知のように、太平洋戦争中だけでなく戦後も、マッカーサーは朝鮮半島にほとんど関心を払うことなく、ただホッジの報告を論評抜きでワシントンに中継するだけであった。朝鮮戦争が勃発するまでに、自らの占領地域である南朝鮮を訪問したのは、三年後に大韓民国政府が樹立されたときだけである。そのマッカーサーが帰国する老政治家に示した異例の厚遇は、かれが蒋介石に示した好意によく似ていた。しかし、その説明し難い行為のなかに、マッカーサー独特の政治的な直感や演出が込められていたのだろう(12)。

他方、その点では李承晩も同じであった。東京でのマッカーサーとの会談は、李承晩がマッカーサーのカリスマのうえに自分のイメージを重ねて、新しい神話を創造するために必要とされたのだろう。それに加えて、李承晩はホッジを満足させることにも成功した。事実、海外指導者の帰国問題が表面化して以来、ホッジは李承晩の帰国に細心の注意を払っていた。混乱する南朝鮮情勢と李承晩がそこで果たすべき役割について、ホッジは東京で李承晩と十分に協議したに違いない。一〇月一〇日の対新聞声明以後、ホッジとアーノルドは朝鮮人民共和国の政党への改編を強力に要求したが、それも李承晩の帰国にタイミングを合わせるものだったのかもしれない。帰国する李承晩の権威と米軍政府の圧力の下で、ホッジは左派勢力を含む広汎な政治統合を成立させようとしたのである。一一月五日の報告で、ホッジは、李承晩の帰国が政治統合と思想連合に向けて好ましい影響を及ぼしていると指摘し、金九が帰国すれば、さらに政治統合が進展するだろうと予想した。また、李承晩と金九の協力を得て、ホッジは朝鮮に帰国すべき指導者を選定し、軍事政府が推進する経済復興計画の背後に大衆的な支持を集め、さらに政府機関を刷新して、適切かつ代表的な朝鮮人を政府の責任ある役職につけることを支援する拡大連合顧問会議を樹立するつもりであると示唆した。ホッジはそれがやがて北朝鮮を包含するものに成長することを期待したのである[13]。

しかし、アッチソンやホッジが構想する政策は明らかに国務省の従来の方針に抵触していた。新任の国務省極東部長ヴィンセント（Vincent, John Carter）は、一〇月二〇日、ニューヨークの対外政策協会フォーラム（Foreign Policy Association Forum）で「極東における戦後期」について論じて、朝鮮における政策問題は「明白かつ困難である」と率直に語ったが、その明白な政策問題とは第二次世界大戦中に構想された政策の基本的な枠組み、すなわち米ソ中英による信託統治を堅持することであった。米国の政策は「できるだけ迅速に独立、民主、繁栄の国家」を生み出すことであるが、朝鮮は「長期にわたる日本への従属の後、ただちに自治権を行使するだけの準備ができていない」ので、「一定期間の信託統治」が必要であると説明したのである。しかし、信託統治構想が追求されれば、その期間中はもちろん、それ以前にも、北部朝鮮を占領するソ連との協力が不可欠であった。国務省にとっては、それを優先しなければならないことが困難な政策問題だったのである。しかし、その困難は南朝鮮内にも存在した。ヴィンセントの演説内容が外電によって伝えられると、一〇月二五日に、韓国民主党および朝鮮人民共和国中央人民委員会がそれぞれ「信託管理制」は朝鮮人を侮辱するものであり、それを絶対に排撃するとの決議や談話を発表した。さらに、二六日には、中間政党を集める各政党行動統一委員会も、信託統治が朝鮮民族を欺瞞し、侮辱するものであるとの声明書を発表した[14]。

もちろん、ヴィンセントはホッジ司令官が直面する複雑かつ困難な政治状況を知らなかったわけではない。しかし、それに理解を示し、資格を有する朝鮮人を最大限に使用することに賛成し、米国占領地区内での共産主義者の活動と均衡をとるために、何らかの責任ある朝鮮人指導部が必要であることを認めつつも、一一月七日、改めて米国政府の朝鮮政策の基本的な枠組みを再確認せざるをえなかった。それらは（1）三八度線の設定によって生じた特殊な問題について、できるだけ早くソ連と合意すべきである、（2）軍事政府はできるだけ早期に終了する、（3）それはソ連、英国、中国そして米国を管理国にする国際的信託統治に引き継がれる、そして（4）国際連合機構が機能し始めるときに、そのような信託統治はその下に置かれる、の四点に要約されたのである。いうまでもなく、それらの目標を達成するために、米国政府や米軍司令官は従来の政策を維持して、重慶から帰国する金九グループや李承晩のような特定の団体や個人を支持しているとの印象を与えてはならないと主張した。言い換えれば、もしホッジが李承晩と金九の協力を得て、南朝鮮に帰国すべき指導者を選定するようなことをすれば、ソ連軍司令官もソ連軍占領地区内で同じようなグループを養成し、統一朝鮮の樹立を延期するだろうと指摘したのである。さらに、ヴィンセントは一一月二日のホッジの覚書が「必要であれば朝鮮内の共産主義者に対して徹底的な行動をとる」と示唆したことに注目し、そのような行動をできる限り延期するように要請した[15]。

以上のようなソウル・東京とワシントンの間の政策的な葛藤は、二つの視点、すなわち複雑な南朝鮮情勢に対応するために、帰国する独立運動指導者たちを積極的に利用することを要求するマッカーサーやホッジの視点と、特定の独立運動団体や個人を支持して、ソ連との共同行動を不可能にし、南北朝鮮の統一管理や信託統治の可能性を閉ざすべきではないと考える国務省のアチソン長官代理やヴィンセント極東部長の視点の間の対立であった。しかし、ホッジの視点は、ソウルと東京に駐在する国務省の二人の政治顧問だけでなく、ワシントンの陸軍省内にも支持者をもっていた。事実、すでに指摘したように、朝鮮人指導者の積極的な使用は、戦争終結直前に陸軍省作戦部によって主張された計画でもあったのである。したがって、ソウルでホッジ司令官と長時間にわたって議論し、ワシントンに戻ったマックロイ陸軍次官補が、一一月一三日にアチソンに覚書を送って、「ホッジ将軍はほとんど不可能な任務を携えている」と強調しても、それは少しも不思議ではなかった。マックロイは「もしソ連が協力を拒否し続けるのであれば」、また「もしその代理人（共産主義者）が米国の占領地域内で自由に行動し続けるのであれば」（括弧内引用者）、さらに「もし我々が自らの管轄下で現地に受容可能な亡命朝鮮人たちを擁立できないのであれば」、残念ながら、スターリンが「もし必要であれば」という微妙な条件をつけて、朝鮮の信託統治に同意した理由を発見することになるだろうと結論づけたのである。要するに、マックロイは信託統治をめぐるソ連との交渉可能性そのものに深刻な疑問を提起したのである。しかし、国務省はそれに正面から反論した。アチソンとヴィンセントは信託統治が米国政府の公式の政策であり、もし臨時政府の要員たちを明確に個人の資格で使用するのでなければ、信託統治の成功が危険にさらされることを公式にホッジ司令官に対して通知することを確認した(16)。

３　対ソ共同行動か、単独行動か――ラングドン構想

興味深いことに、国務省の政策が南朝鮮情勢に適合しないという意見は、新しくソウルに着任した国務省のラングドンにも共有された。信託統治の初期の発案者の一人であり、戦前および戦中の朝鮮政策の立案にかかわり、ベニングホフに代わる政治顧問代理としてソウルに派遣されたラングドンは、ソウル赴任後一ヵ月の間、南朝鮮の政治情勢を注意深く観察した。その結果として、一一月二〇日、「信託統治を当地の実情に適合させることは不可能である」「朝鮮人に受け入れられず、武力によって維持されざるをえないので、それ（信託統治）は実際的でない」（括弧内引用者）との結論に到達して、それに代わる計画を提案したのである。ラングドンがまもなく重慶から帰国する金九と

大韓民国臨時政府に着目したことはいうまでもない。解放された朝鮮の最初の政府として、かれらは「ほとんどライバルのいない擬似的正統性」をもっているし、金九が享受する「高い敬意」が米国に建設的な朝鮮政策を試行する機会を与えると考えたのである。しかし、信託統治の実現を断念しつつも、ソ連との協調を維持するために、ラングドンはアッチソンの計画をいくつもの段階に分けて、複雑に組み立てた。その第一段階は、ホッジ司令官が金九に命じて、米軍政府内に、いくつかの政治団体を代表する協議会、すなわち「統治委員会」(the Governing Commission)を組織することから始めて、その後、統治委員会を軍事政府に統合し、ホッジ司令官の拒否権を残したまま、それに暫定政府として軍事政府の機能を引き継がせようとしたのである。ただし、それに続く第二段階で、ソ連、英国および中国が米国人の代わりに監督官と顧問を提供し、統治委員会が国家首班を選出して、最後に国家首班によって組織される政府が国際的に承認され、国際連合への加入を認められることを想定していた。また、ラングドンはその間にソ連との間に占領軍の相互撤収と統治委員会の権限の北朝鮮への拡大に関する協定が締結されることを期待した。そのために、これらの計画を事前にソ連に通知し、ソ連占領地域内に在住する人物が統治委員会に参加することを許容しようとしたのである。しかし、たとえソ連の参加が得られなくても、この計画は南朝鮮内で単独で実施するべきであるとされた(17)。

ラングドンの提案は、信託統治の放棄を主張しただけでなく、米国による単独行動の可能性を許容した点で画期的であった。しかし、国務省は自らの政治顧問代理によるソウルからの提案を再び拒絶した。バーンズ国務長官は、一一月二九日のラングドンに宛てた覚書で、信託統治は朝鮮占領以前に到達した結論であり、ソ連政府が二度にわたって口頭で同意したという事実を指摘して、三八度線を撤廃し、朝鮮統一と早期独立を達成するために不可欠であると強調したのである。さらに、「もしソ連から朝鮮の統一と独立のための十分かつ特別な保証が得られるのであればともかく」、そうでないのならば、「ソ連が関与していない統治委員会のような新しいアイディアを導入しようとする前に、ソ連と交渉してみる方がより安全だろう」と反論した。バーンズはまた、ソ連はそのような機関の創設に反対する行動をとり、「たとえ事前に協議されても、それに同意しないだろう」と主張し、ラングドンの提案を非現実的であるとした。むしろ、それがソ連との交渉を妨害する結果になると判断したのである。したがって、結論的に、バーンズは「金九とその団体に与えられる支持はSWNCC 176/8の9cと9gの範囲を逸脱しないことが望まれる」と主張した。そして、その9cは「何らかの自称朝鮮臨時政府もしくはそれに類似する政治団体を公式に承認もしくは政治目的のために使用してはならない……その団体に関与することなしに、必要に応じてその団体の会員を個人として使役することができる」と命じていたのである。(18)

こうして、李承晩や金九などの帰国を最大限に利用し、その周辺に何らかの中核的な政治機関を設置すべきであるとするホッジ司令官、陸軍次官、そして国務省顧問代理の主張は退けられ、ワシントンからは米国の単独行動を否定し、対ソ共同行動を優先する従来の政策の継続が指示された。しかし、そのための対ソ交渉の見通しはけっして明るくなかった。ソウルの米軍司令部は進駐直後からソ連軍司令部との接触を試み、早くも九月一一日に連絡将校を平壌に派遣したが、北朝鮮に収容された連合国捕虜が送還され、一時的に連絡班の交換が実現した以外に、満足すべき成果は得られなかったのである。しかも、一〇月中旬に、ソ連軍側は一度設置された米軍の連絡班を平壌から退去させ、自らの連絡班をソウルから撤収して、現地司令部レベルでの接触をすべて切断してしまった。また、たとえワシントン・モスクワ間の政府間交渉が実現し、信託統治の実施が発表されても、米軍当局の負担が軽減されるとは思えなかった。それどころか、ラングドンが指摘したように、それによって、ホッジ司令官はほとんど単独で南朝鮮内の即時独立の願望と対峙し、李承晩を含む臨時政府要人たちの強い反発に直面することになると思われたのである。(19)

4　李承晩の帰国――神話の創造

李承晩は一〇月一六日午後五時に金浦飛行場に到着し、ホッジが予約した朝鮮ホテルのスウィートに宿泊した。青年時代の改革運動と獄中生活の後、李承晩は米国に留学してプリンストン大学で博士号を取得し、一九一〇年一二月、日本に併合された祖国に帰ったことがある。一九一二年三月に再び渡米してから三三年の歳月が流れ、すでに七〇歳の老人になっていた。翌朝、李承晩はホッジに案内されて米軍政庁第一会議室に向かった。午前一〇時に定例記者会見が予定されていたのである。突然、会場中央にホッジ専用の安楽椅子と同じ革張りの高級椅子が用意されたので、不審に思った韓国人記者が質問すると、「李承晩博士がハワイから到着した」との返事があった。やがて洋服とネクタイ姿の白髪の老紳士が、米軍憲兵たちが敬礼するなかを入場して着席し、起立したままのホッジ司令官に着席を促した。予期せぬ展開に驚愕し、興奮する記者団を前にして、ホッジの丁重な紹介を受けた李承晩が静かに立ち上がって、「三三年ぶりにはじめて恋しい故郷に帰ってきて感慨無量である」と語り始めたのである。はじめに英語で、次にやや不慣れな韓国語で話したが、李承晩はただ感慨にふけるだけではなかった。明確かつ率直に「四〇年間ふさがっていた我々の前途がついに開かれたのだ。我々がなすべきことは大きい。これをうまくやり遂げることができるか、できないか、すべて我々の手に掛かっている」「外の人々が知りたがっているのは……朝鮮民族がはたして自分たちだけでうまく自主独立の国家を打ち立てていけるかどうか、そのことだ」「ホッジ中将、アーノルド少将と話してみて、意見が一致し、協調していけると信じる。我々の『合同』というものを大きくみなければならない」「ここではっきりと申し上げておきたいのは、私は平民の資格で故国に帰ってきたということだ。臨時政府の代表でもなく、外交部の責任者としてきたのでも決してない」と語ったのである。(20)

それに続く一問一答では、「一九一九年の独立運動があったとき、臨時政府が組織され、そのときに国号もまた大韓民国、すなわち“Republic of Korea”とし、外国でもそのように認定されてきた」「重慶とはいつも連絡があり、とくに金九氏とは格別の連絡があり、私はかれを信頼し、また信奉している。一ヵ月前にも重慶にくるようにとの連絡があったが、ついに行く機会を得られなかった。今般帰国したこともすぐに知らせる。かれは絶対の愛国者なので、かれを絶対に支持しなければいけない」「一日も早く統合しようということだけであり、我々がうまく力を合わせれば、我々に自主独立の機会をすぐにくれるだけのあらゆる準備ができていることを確言しておく。海外で聞いたところによれば、三〇ないし六〇余りの政治団体があるそうだが、これほど政党が多くできてよいものか。自ら反省しなければならないことだ」「（民族犯罪者と親日派については、）それも国内が統一された後に議論されることだと思う。外国でも、戦争犯罪者を処罰した実例があるので、それは差し迫った問題ではない」（括弧内引用者）などと応答した。李承晩は明らかに三・一独立運動以来の歴史を想起させ、重慶にある臨時政府に親近感を示したのである。中国政府から多大な援助があっただけでなく、「その他数ヵ国がこれを認定したこともある」との誇張された表現も含まれていた。さらに、多すぎる政党の統合を促したが、朝鮮人民共和国の存在や朝鮮共産党が主張する親日派の排除に関心を示すことはなかった。記者会見が一時間の予定を大幅に超過したため、ソウル中央放送は午前一一時三〇分のニュースを遅らせて、李承晩帰国の第一報を伝えた(21)。

また、李承晩はその日の午後七時三〇分にラジオのマイクの前に立って演説した。最初に「予定どおりに中国に行って、臨時政府当局と協議して金九氏と一緒に帰ろうとしたが、中国方面に障害があまりにも多くて、うまくいかなかった」と一人で帰還したことをやや弁解的に説明し、臨時政府や外交委員部の代表としてではなく、「平民の資格で私用のように」帰国したと強調した。また、一〇月四日にワシントンを発って、六日間の行程で東京に到着したこと、東京でホッジ司令官と歓談し、ホッジが翌日帰国した後も東京に滞在して、前日朝に東京を出発して午後にソウルに到着したことなどを紹介した。それに続く演説の内容は記者会見で語ったこととほぼ同じであった。李承晩は「あらゆる政党と党派が協同し、ひとかたまりになって、わが朝鮮の完全無欠な自主独立を探し当てることが私の希望するところである。いまこの機会は前にも後にもないものである。連合国の人たちが韓国人に一度機会を与えてみようというのだ。我々がこのときにあらゆる葛藤と私事関係をすべて捨てて、強力な政府の樹立に向かって合力すればうまくいくと確信する」と強調したのである。李は、さらに、「米国は全民衆と大統領トルーマン氏以下が我々の独立を絶対に支持している。また、日本と朝鮮にきてみると、マッカーサー将軍とホッジ中将、アーノルド少将も、すべて我々の同情者である」[22]と語った。東京でマッカーサーと会談したことを示唆し、トルーマンやホッジの支持があることを暗示したのだろう。

確かに、マッカーサーは金九や金奎植よりも李承晩を選好したようである。九月二九日頃に李承晩の入域だけを許可した。前二者が大韓民国臨時政府の要人であり、それと切り離せない存在であったのに対して、臨時政府の初代臨時大統領としての名声にもかかわらず、解放当時、李承晩は臨時政府の主席でも外交部長でもなく、単なる駐米代表にすぎなかった。言い換えれば、米軍政府が個人として利用できる存在であり、李承晩もまたそれを受け入れたのである。そのような観点から、マッカーサーとホッジは李承晩の帰国を金九や臨時政府の帰国よりも優先したのだろう。一〇月一五日に陸軍省からマッカーサーとウェデマイヤーに宛てられた電報は、九月二九日のホッジからの背景説明の要請に回答しつつ、米国から東京に向かった李承晩がマッカーサーによって帰国を承認された「いまだに唯一の」(傍点原文)朝鮮人であることをあえて確認していた。そのうえで、国務省による金九と金奎植の出国承認が通知されることを予告し、マッカーサーが入域を許可すれば、輸送手段の準備状況に応じて帰国を許されることを誤解の余地のないように確認したのである。国務省は両者の帰国を李承晩の帰国と差別化したくなかったのだろう。しかし、それにもかかわらず、マッカーサーが金九や金奎植の帰国を急いだ形跡は存在しない。他方、マニラ行きに失敗した李承晩は、当初は重慶経由で臨時政府とともに帰国しようとした。しかし、その他の海外指導者の帰国に先駆けて東京経由で帰国する道が開かれたのだから、重慶経由に固執する理由はなかった。むしろ、李承晩は金九や臨時政府に先駆けて帰国し、「個人の資格」という政治的立場を最大限に利用して、マッカーサーやホッジとともに神話を創造しようとしたのである。そのために、李承晩は繰り返し「個人の資格」や「平民の立場」を強調したのだろう。朝鮮人民共和国が李承晩を主席に推戴した理由の一部も、そこにあったのだろう。(23)

いずれにせよ、李承晩の帰国は各党派間の膠着した関係に大きな衝撃を与え、政党活動の統一に向けての新しい動きを開始させた。各党派の指導者たちは、「独立運動の英雄」としての李承晩の登場によって、政党乱立の国内政治が自己に有利な形で再編成されることを期待したのである。臨時政府の絶対支持を掲げる右派勢力はもちろん、左派勢力もまた、李承晩の擁立に大きな熱意を示した。とりわけ朝鮮人民共和国中央人民委員会が一〇月一八日に発表した談話は、「朝鮮人民共和国主席李承晩博士はついに帰国した。三千万民衆の敬愛の的であっただけに、全国は歓呼に溢れている。わが解放運動における博士の偉功は再び述べる必要さえないであろう。朝鮮人民共和国主席への推戴は朝鮮人民の総意であり、このような意味において、解放朝鮮は独立朝鮮としての偉大な指導者に衷心からの感謝と満腔の歓迎を捧げるものである」という熱烈なものであった。皮肉なことに、左派勢力、すなわち朝鮮人民共和国が李承晩を自らの主席に推戴したことも、李承晩神話の創造に大きく貢献したのである。また、李承晩が記者会見を終えた日の午後、すなわち一〇月一七日午後二時、朝鮮人民共和国政府の副主席である呂運亨と国務総理である許憲が、鄭容達と李康国を同伴して、朝鮮ホテルに李承晩を訪ねた。歓迎の挨拶の後、呂運亨は八月一五日以来の経過を説明し、それについての文書と参考資料を手交したのである。また、中央人民委員会は李承晩歓迎会のために七人の準備委員を選出した。(24)

中間的党派による政治統合の動きは、李承晩の帰国前から活発化していた。すでに指摘したように、一〇月五日には各政党の有力指導者の懇談会が開催され、それは一二日に各政党代表協議会に発展していた。また、九月二四日には、共和党、槿友同盟、同士会、社会民主党、自由党、朝鮮国民党の六政党が合同し、民族統一運動による完全自主独立を掲げて、安在鴻を中心に新たに国民党を結成していた。一〇月一〇日、安在鴻は国民党を中心に三二の中小中間政党・団体を集めて、緊急問題共同討論会を開催し、常設的な超党派的組織である「各政党行動統一委員会」を発足させたのである。さらに、李承晩帰還の報に接して、同委員会は一七日と一八日に緊急に会合を開いて、主要四政党の党首会談を企画し、朝鮮共産党の朴憲永、建国同盟の呂運亨、国民党の安在鴻から参加の約束をとりつけた。しかし、重慶政府絶対支持を主張する韓国民主党の宋鎭禹は、その要請に応じなかった。宋鎭禹は、一九日午後、そのことを詰問する毎日新報記者に対して「問題は簡単だ。以前にもかれらと会談したことがあるが、根本的に人民共和国と在中国臨時政府の二つの政府が対立している限り、何回会っても無駄だろう。要するに、呂氏が人民共和国を成立させたのは間違いであったと書面にして、捺印して持参しない限り、公式会談には絶対に参加しない」と応じたのである。李承晩の帰国は韓国民主党に左派勢力に対する本格的な反撃の手掛かりを与えたのである。それは李承晩の主張を代弁するものでもあった(25)。

事実、帰国翌日（一七日）の早朝、すでに記者会見の前に、李承晩はプリンストン大学の後輩である尹致暎を電話で呼び出していた。突然の連絡を受けて、夫人とともに朝鮮ホテルに駆けつけた尹致暎は、帰国後の李承晩と会った最初の朝鮮人であった。それ以来、尹は李承晩の身近で秘書的な役割を演じ続けたのである。記者会見が終わり、まだそれについての号外が出る前に、尹致暎の連絡を受けた宋鎭禹、張徳秀、趙炳玉、許政、金炳魯、金度演、徐相日、白寛洙など、韓国民主党幹部が朝鮮ホテルで李承晩を待ち受けた。短時間の会合であったが、かれらは李承晩に国内情勢を説明し、今後の行動方針について意見を調整したことだろう。それは一種の「戦術会議」になったに違いない。事実、このときから、その後の李承晩と韓国民主党の緊密な関係が始まったのである。臨時政府内や国内に政治基盤をもたない李承晩「個人」にとっても、さらに左派勢力の政治攻勢に対抗するだけの名声や正統性を欠いた韓国民主党にとっても、これほど頼もしい盟友は存在しなかっただろう(26)。

李承晩が朝鮮民衆の前に姿を現したのは、一〇月二〇日午前一一時に米軍政庁前で開催された連合軍歓迎会式典でのことである。高麗交響管弦楽団、そして第二四師団と第七師団軍楽隊が演奏するなか、大型の太極旗を先頭に連合各国の国旗が入場し、その後にホッジ司令官、アーノルド軍政長官、そして李承晩を乗せた自動車が続いた。壇上には、三人のほかに、権東鎮、呉世昌、そして米軍将校たちが並んだ。李仁の開会辞によって式典が始まり、全員が起立して愛国歌を合唱した。花束が贈呈された後、主催者を代表して趙炳玉が歓迎の辞を述べ、それに感謝するホッジ司令官の答辞が続いた。しかし、その途中で、ホッジは「私は朝鮮が永久に自由な国になることを希望する」と述べ、さらに「この自由と希望のために一生を捧げ、海外で闘った方がいま我々の前にいる」と続けたのである。ホッジに促されて民衆の前に立った李承晩は、満場の歓呼を浴びて、「争うことがあれば、わが国を探し当てた後で争おう」「あらゆる政党は主義、主張をすべて捨てて一つになり、生きるときも死ぬときも一緒に生き、一緒に死ぬとの心をもって、私を受け入れて前に押し立てれば、さまざまな難しい問題もすべて円満に解決する」と叫んだのである。ソウル市民主催の連合軍歓迎会が、韓民党主催・ホッジ後援の李承晩歓迎会になっていた(27)。

5　独立促成中央協議会――李承晩の統一戦線運動

帰国後一週間が経過し、その衝撃が頂点に達した頃、すなわち一〇月二三日に、李承晩は各政党・団体の代表二人ずつ、約二〇〇人を朝鮮ホテルに招集して、自主独立のための戦線統一についての意見を聴取した。李承晩がそれを「歴史を創る集まり」であると説明した後、朝鮮共産党、韓国民主党、建国同盟、国民党などの代表がそれぞれ忌憚のない意見を披瀝したのである。朝鮮共産党の李鉉相は「『統一』には共産党も諸手をあげて賛成である。しかし、無条件に統一することはできない……問題は二つのうちの一つである。大韓民国臨時政府を推戴して、改造したり、そのままにしたりするか、あるいは朝鮮人民共和国をさらに強化し、国内・海外を網羅して再組織するかである」と主張した。共産党、学兵同盟、青年団体代表者などは、朝鮮人民共和国が大多数の国民の意思を代表していることを強調して、李承晩にその指導を託そうとしたのである。他方、韓国民主党の元世勲は「『統一』には基本条件がある。我々は大韓民国臨時政府を国家の最高機関にしなければならない。その機関の下で民族反逆者も売国奴も処断しなければならず、三八度線問題も解決しなければならない」と応じた。さらに、呂運亨を党首とする建国同盟の立場は明らかに中間的なものに変化していた。李傑笑は「大韓民国臨時政府と人民共和国は対立するものではないので……海外と海内の革命家が結合し、（独立を）促進しよう」（括弧内引用者）と呼びかけたのである。最後に、国民党の安在鴻が会合を取りまとめた。安は「各政党が統一運動を起こして、独立運動を促進しようということで意見が一致した……各党代表一人ずつで構成される会を独立促成中央協議会とし、会長に李博士を推戴すると同時に、招集については会長に一任しよう」と提案して、それが満場一致で可決されたのである。李承晩を朝鮮人民共和国主席に推戴していたので、朝鮮共産党としても、その人物を中心にする政治統合運動に反対できなかったのだろう(28)。

独立促成中央協議会の結成後、最初に表面化したのは、韓国民主党、国民党および長安派朝鮮共産党による戦線統一の動きであった。これらの三党は国民大会準備会の金俊淵、徐相日、張澤相らの斡旋によって会合を重ねて、一〇月二四日、宋鎭禹、安在鴻、崔益翰らの三党幹部と金俊淵らの名義で、在重慶大韓民国臨時政府を全面的かつ積極的に支持すること、同政府の帰還を促進して正式政府を早期に樹立すること、正式政府樹立のために三党が国民大会準備会に参加することなどを決議したのである。また、一〇月二五日、李承晩は各政党との個別協議をこれらの三党および国民大会準備会から開始した。宋鎭禹や張徳秀の努力によって、李承晩は一〇月二四日に敦岩荘に住居を定めたが、そのことは独立促成中央協議会による戦線統一運動の中心的な支持基盤がどこにあるかを示していた。他方、一〇月二六日、国民党、建国同盟、共産党の代表が参加するなかで、各政党行動統一委員会は独立促成中央協議会が「人民共和国政府と海外臨時政府の両陣営がともに納得しうる組織体になるように李承晩に進言する」ことを決議した。また、同日、呂運亨と安在鴻は李承晩に対する国民的信望が最高潮に達した機会を逃すことなく、国内戦線の統一を図ることに合意した。さらに、一一月二日、呂運亨は建国同盟の臨時総会を招集して、それを朝鮮人民党と改称した。その朝鮮人民党は李承晩の主導する独立促成中央協議会への参加申請を決定し、一二日の結成大会では「完全なる統一戦線の展開」を当面の課題として掲げた。李承晩の帰国後、呂運亨は共産党と距離を置いて、自らの新しい役割を模索し始めたのである。[29]

したがって、最大の難関は朝鮮共産党の説得であった。一〇月三一日に敦岩荘に朴憲永を招いた二人だけの会談で、李承晩は「統一のためにつくられた独立促成中央協議会はすでに各党派を網羅するようになっており、まだ残されているのは共産党だけである。貴党においては、この協議会の存在を三千万人の総意を集める統一された機関として是認してくれると同時に、これにともに力を合わせてくれることはできないか」と説得したとされる。しかし、朴憲永はまず親日派を排除し、次に民族的な愛国者が進歩的民主主義の下に集結し、さらに統一のための「民主主義的綱領」を掲げることが必要であると主張して譲らなかった。事実、ロシア語で記録された朴憲永による報告書は、その主張を理論的により整理した形で展開している。李承晩が「総和団結と各党各派の統一」を主張したのに対して、朴憲永は「無原則な団結」を否定し、「日本帝国主義の残滓要素と親日派・民族反逆者の処断」を要求しただけでなく、「進歩的民主主義勢力を結集して、民主主義綱領の下で民族統一戦線を樹立する」ことを主張し、それを基礎にして「統一民族政府を樹立しなければならない」と力説したというのである。また、李承晩が「非合法的に組織され、軍政府に対立する朝鮮人民共和国を強制的に解散させる」とするホッジの言明を伝えて、朝鮮人民共和国の自主的な解散を勧めたのに対して、朴憲永は「米軍政下では朝鮮人が自分たちの政府を樹立できないという国際的協約がどうして存在できるのかが理解できない」「どのような理由で、人民共和国の存在があなたとあなたの政治活動を妨害すると考えるのか理解できない」と反論したとされる。[30]

このような事前の個別協議の後、一一月二日午後二時、独立促成中央協議会第一回会議が各政党・団体代表数百人を集めて、天道教大講堂で開催された。集会は李承晩の司会によって進行し、国旗敬礼と国歌斉唱の後に四連合国と米国民衆に送付する決議案が朗読され、それについての討議が続いた。李承晩が起草した決議文は、朝鮮民族全体を代表して、ソウルに存在する各政党が独立促成中央協議会に完全に結集したことを宣言して、朝鮮の主権回復を要求し、さらに三八度線による分断の不当性を訴え、信託統治案の誤りを指摘するものであった。そこでは、とくに（1）自主的にでも一年以内に国内を安定させることができるだけでなく、外国からの物質的、技術的後援を受けて、比較的短期間に平和で正常な生活を回復することができること、（2）連合国と友好的に協力し、極東の平和維持に応分の努力を傾注すること、（3）重慶臨時政府が連合国の承認の下に還都すれば、一年以内に国民選挙を断行し、一九一九年に宣布された独立宣言書とソウルに樹立された臨時政府（漢城政府）によって表明された民主主義の政治原則を尊重すること、が強調された。また、三八度線による朝鮮分断について、李承晩は「朝鮮をあたかも両断された身体と同じようにしたのは、我々自らではなく、貴列国が強行したことである」と強く批判し、「我々はこの事態に関する責任者がだれかを知らなければならないし、朝鮮の将来の運命を決定することについて、貴列国の明白な声明を要求するものである」と主張した。さらに、一〇月二〇日にヴィンセント極東部長によって表明された「一定期間の信託統治」についても、李承晩は「米国の朝鮮政策におけるいま一つの重大な過誤になる」と指摘した(31)。

その後、安在鴻の賛成によって決議文の発送が可決され、その内容についての討議が開始された。朴憲永は朝鮮を解放した連合国に対して不穏当な文言があるとし、とくに三八度線問題について、米ソ両国に領土的な野心があるかのような印象を与える句節があるので、それを削除しようとの動議を提出した。また、それをめぐって紛糾した議論は呂運亨によって収拾された。呂は決議案中の不適当な文言と不十分な点を修正する動議を提出したのである。修正委員には李承晩、安在鴻、呂運亨、朴憲永、李甲成の五名が選出された。それに続いて、独立促成中央協議会から民族反逆者を除去することが決議され、さらに中央執行委員会の人選が議論されたが、それは李承晩に一任された。こうして、独立促成中央協議会の第一回会議は終了し、残された決議文の修正作業は、翌日、敦岩荘で進められた。李承晩が起草した四連合国と米国民衆に送られる決議書は「四大連合国、とくに米国民衆とソ連民衆に送る決議書」に修正された。また、信託統治問題の部分はそのまま維持されたが、三八度線問題に関する部分が一部削除され、「重慶臨時政府が連合国の承認のもとに還都すれば」の部分も「臨時政府が連合国の承認を受けた後」に修正され、漢城政府に対する言及が削除された。修正された決議文は一一月四日に公表された[32]。

しかし、朝鮮共産党はこのような議事の運営に不満であった。朴憲永は翌日の修正委員の会合に出席することなく、その代わりに前日の会議についての共産党の声明が発表された。それは親日派を粛清する問題の取り扱い、政党代表審査そして議事進行の恣意性と非民主性を批判し、決議文の全面的な修正を要求するものであった。また、共産党は新しい決議文のなかに、南朝鮮でも北朝鮮と同じように日本帝国主義勢力を完全に追放し、その土地と一切の企業を没収し、将来樹立される朝鮮人民政府に引き渡すこと、親日派と民族反逆者を粛清する運動を展開している進歩的民主主義団体を支持すること、朝鮮人の民主主義的な政治活動に干渉しないこと、朝鮮人の統一運動を支持することなどを盛り込むように要求した。これに対して、翌日の記者会見で、李承晩は「全体が賛同して、可決されたものに後になって反対するのは、多くの人のために正しくないことだ。反対があるのなら、朴憲永も修正委員なのだから、正々堂々と修正委員会に来て、いい意見を述べればいいと思う。共産党の提議は慎重に聴いている」と反論した。また、一一月七日のソウル中央放送局を通じたラジオ演説では、「私が故国に帰ってみると人民共和国が組織されていて、私を主席に選定したというので、私をそのように考えてくれることには感謝したが、私はそれを正式にも非公式にも受諾しなかった。私は重慶政府の一人である。臨時政府が帰ってきて正式の妥協がある以前にはどのようなものにも関係できない」と言明し、共産党が主導する朝鮮人民共和国主席への就任を明確に拒否した[33]。

興味深いことに、さらに続けて、李承晩は「軍政庁は（朝鮮）人民共和政党を許容しても、共和国政府は許容しない。（独立促成）中央協議会は政府でも政府の代表でもなく、臨時政府が承認を受け、国権を回復するときまで、国権回復のために各政党が大同団結して一つになった団体である」（傍点・括弧内引用者）と主張した。また、一一月五日に金九主席の特使を迎えて、臨時政府要人たちが重慶を出発したことを知らされた李承晩は、大韓民国臨時政府と独立促成中央協議会の関係を〝承認されるべき政府〟と〝その土台になる統一戦線組織〟の関係として定義したのである。しかし、人民共和国政府と同じように、李承晩は米軍政府が重慶臨時政府は許容しないことを十分に理解していたはずである。いずれにせよ、独立促成中央協議会を結成した李承晩は、朝鮮共産党との関係を明確にすべきときが到来したと考えたのだろう(34)。

ところで、李承晩が徹底的な反ソ反共主義者であったことはよく知られているが、それは解放後に始まったものでも、ロシア革命後に始まったものでもない。窮乏する王族の末裔であった李承晩は、米国人宣教師アペンゼラー（Appenzeller, Henry G.）が設立し、運営する培材学堂で英語を学び、一八九〇年代に改革政治家である徐載弼が創設した独立協会の運動に参加した。青年期の李承晩は自由民権を唱導する親米改革路線の実践者だったのである。しかし、その当時の独立協会はロシアによる韓国内政への干渉や利権獲得の動きに抗議して皇帝に上奏したり、ソウルの中心街である鍾路で「万民共同会」を開催して大衆に訴えたりした。李承晩もロシアによる釜山・絶影島租借要求に抗議する署名記事を『協成会会報』に掲載したり、熱烈な弁士として登壇したりしたのである。そこから推測できるように、李承晩の反ソ反共主義の中核には、帝政ロシアやソ連の領土的な膨張や不凍港を求める南下政策に対する警戒心があった。また、その反ソ反共主義は、それに対抗する手段としての親米主義と一対のものだったのだろう。改革運動のために投獄されて、日露戦争の前夜に京城監獄で執筆した『独立精神』は、日本について、それが「興盛した」理由を好意的に紹介したが、ロシアの「陰凶な魔手」について記述し、「ロシアとトルコ間のクリミア戦争中に、多くの国が集団的に戦争に参加し、ロシアが黒海を通じて勢力を拡大できないように圧力を加えて、条約を締結した」と指摘した。また、獄中でキリスト教に帰依し、その後渡米した李承晩は、一九二〇年代にも一貫して反露反ソ的であったが、一九三三年夏にモスクワを訪問して、財政的支援を得ることに失敗したことが、それをさらに確固たるものにした。三八度線の設定についても、李承晩はそれがソ連の対日参戦の代償であったとの疑いを生涯捨てなかった。その意味では、米国の朝鮮信託統治構想も、国務省に代表される「対ソ宥和」にほかならなかったのだろう。南朝鮮に帰還した李承晩はソ連や朝鮮共産党に対する批判を慎重に抑制していたが、いまや、そのような時期が過ぎ去ろうとしていたのである。[35]

李承晩のラジオ演説に対して、一一月一〇日、朝鮮人民共和国中央人民委員会は「我々は……もはや李博士を超党派的人物として取り扱うことはできない」とする談話を発表した。帰国後の李承晩が、朝鮮人民共和国側からの主席就任の要請に対して態度を保留したまま、それとは別個に統一運動を展開してきたと批判し、それにもかかわらず、朝鮮の完全独立のために李承晩が超党派的な役割を果たすものと確信していたし、一一月六日にも、朝鮮学兵同盟、朝鮮勤労青年同盟、解放青年同盟など、二〇の左翼系青年団体が李承晩に面会を要請したが、そのような期待が李承晩自身によって完全に裏切られたと非難したのである。中央人民委員会の談話はさらに続けて、「全国いたるところ、各里・洞にいたるまで、もれなく地方人民委員会が組織され、中央人民委員会は……より一層強化されており、我々を支持する社会団体および文化団体は日に日に増加している」とその組織力を誇示した。また、臨時政府帰国の予告に接して、朝鮮共産党の李観述は「海外にすでに存在する政権を無条件に受け入れるというものではない。革命家として、その者たちを個人の資格で受け入れようとするものである」「その者たちが朝鮮の現実を把握して、進歩的民主主義政権の樹立のために協調することを願う」と主張した。李承晩の統一運動の失敗によって、朝鮮共産党の重慶臨時政府への対応が大きく影響されたのだろう。左右両勢力の対立は李承晩や金九の名声、そして臨時政府の歴史的

な正統性と朝鮮共産党の組織力の衝突という形態をとり始めたのである。(36)

二　朝鮮共産党の反撃――理論化と組織化

1　新しい民族統一戦線論の登場

解放直後に朴憲永によって執筆され、一九四五年八月二〇日に朝鮮共産党再建準備委員会によって採択された「現情勢と我々の任務」（「八月テーゼ」）は、その後一ヵ月間の政治情勢の変化に応じて修正ないし補充され、九月二〇日に朝鮮共産党中央委員会によって暫定的テーゼとして採択された。両者の間に大きな対立点は存在しない。しかし、いずれのテーゼも「民族的な完全独立と土地問題の革命的解決」を中心的な課題として掲げたが、「九月テーゼ」は「八月テーゼ」よりも先鋭かつ緻密であった。「八月テーゼ」が「日本帝国主義の完全な追放と土地問題を解決する新政権の樹立」を掲げ、「大地主の土地を没収し、土地のない農民に分配しなければならない」としたのに対して、「九月テーゼ」はさらに「外来資本による勢力圏の決定と植民地化政策に絶対反対し、勤労人民の利益を擁護する革命的民主主義政権を打ち立てる」と主張した。また、「日本帝国主義者と民族反逆者と大地主の土地を報償なしに没収し、土地のない、あるいは少ない農民に分配し、土地革命の進行過程において朝鮮人の中小地主の土地については自己耕作の土地以外のものは没収し、これを農作者の労力と家族の人口数比例によって分配し、朝鮮の全土地は国有化するものであり、国有化が実現する前には公民委員会と人民委員会がこれ（没収した土地）を管理する」（括弧内原文）とより細かく規定した。(37)

他方、そのような「正しい路線」と対立したのが、「日本帝国主義の崩壊と退却と同時に、新しく現れた外国勢力を迎え入れ、その代弁者になってでも、かれら自身の階級的利益を擁護しようとする」（傍点引用者）地主、高利貸業者、反動的民族ブルジョアジーたちの路線で、九月テーゼはかれらが海外にある亡命政府と結託して「米国式のデモクラシー的な社会制度の建設」を最高の理想とし、「地主と大資本家の独裁の下で、かれらの利益を擁護し、尊重する政権」を樹立しようとしていると非難したのである。したがって、「反動的民族ブルジョアジー宋鎮禹と金性洙を中心とする韓国民主党」は、かれらの利益を代表する「反動的政党」にほかならなかった。また、「八月テーゼ」が「人民政権のための闘争を全国的に展開すること」を要求したのに対して、「九月テーゼ」はその表現を修正し、「我々の当面の任務」の一つとして「民族統一戦線の結成によって樹立された『人民政権』のための闘争を全国的に展開すること」（傍点引用者）を要求した。興味深いことに、ここではじめて「民族統一戦線」という概念を使用し、それを「人民政権」樹立との関係で論じたのである。「八月テーゼ」と比較して、「九月テーゼ」は朝鮮革命が依然として「ブルジョア民主主義革命」の段階にあることを強調し、労働者と農民が中心になり、都市小市民とインテリゲンチアの代表とその他のあらゆる進歩的要素が参加する「民族統一戦線」の結成を要求するところに大きな特徴があった。それを強調するために、中国革命における国共合作の歴史までが例示されたのである(38)。

しかし、それにもかかわらず、「九月テーゼ」が展開する「民族統一戦線」論には不自然に挿入されたような印象がある。すでに存在する朝鮮人民共和国を守護するために民族統一戦線の重要性が強調されるのか、新たに人民政権を樹立するために民族統一戦線の結成が要求されるのか、その点が曖昧であり、二面的であった。おそらく、解放後に朝鮮人民共和国を機会主義的に樹立し、その主席や閣僚に海外指導者を推戴したために、かれらが本当にその地位や役割を受け入れるかどうかを確認する必要があったのだろう。しかし、すでにみたように、帰国した李承晩が朝鮮人民共和国主席への就任を拒絶し、自らを中心にする統一戦線組織ともいえる独立促成中央協議会の運動を展開したのだから、朝鮮共産党もそれに対抗して、新しい民族統一戦線論を展開せざるをえなかった。その出発点になったのが、李承晩との個別協議の前日である一〇月三〇日に執筆され、一一月五日の『解放日報』一面に掲載された朴憲永の署名論説、「朝鮮共産党の主張――朝鮮民族統一戦線結成について」である。また、それとは別に、朴憲永は三〇日午前中に約百名の言論機関代表を集めて記者会見を開催し、民族統一戦線についての朝鮮共産党の立場を説明した(39)。

それでは新たに展開された民族統一戦線論はどのようなものだったのだろうか。朴憲永の論説と記者会見の内容はほとんど同じであり、その中核にあったのは、李承晩による統一工作の完成を阻止した共産党の主張、すなわち「親日派の排除」である。しかし、興味深いことに、朴憲永はそれを世界史的な観点から俯瞰して論じていた。すなわち、ドイツ・ファシズムの敗北にもかかわらず、今日、ヨーロッパでは、依然としてその残存勢力を一掃するための闘争が継続している。それと同じく、東アジアでも日本帝国主義の残存勢力と親日派を根絶するための闘争を展開し、再び戦争が起きないように徹底しなければならない。それこそ「朝鮮の完全独立」を確保し、「民主主義国家の建設」を保障するもっとも重要な手段であると主張したのである。それとは逆に、いかに民主主義を標榜しても、親日派の利益を擁護する者は「真正な民主主義者」ではありえなかった。なぜならば、朴憲永が認める「真正な民主主義者」とは、(1)朝鮮の完全独立を達成するために日本帝国主義残存勢力と親日派を粛清しようとし、(2)朝鮮人民の利益のために口先だけでなく実際に闘争し、(3)世界平和と戦争防止のために、民主主義諸国、とくに世界平和と進歩のための力強い防壁であるソ連との友好関係を主張し、さらに(4)進歩的民主主義をもっともよく実践する朝鮮共産党との協力を拒否しない者たちだったからである。真正な民主主義とは、日本残存勢力や親日派の排除だけでなく、ソ連や朝鮮共産党に対して友好的であり、協力を拒否しないこと、すなわち「連ソ容共」を意味したのである(40)。

しかし、これはまったく新しい論理の導入であった。「八月テーゼ」や「九月テーゼ」が発展したものであるというよりも、第二次世界大戦後にソ連の東欧政策のなかで形成された民族統一戦線論が朝鮮革命に適用されたのである。ブレジンスキー(Brzezinski, Zbigniew K.)が指摘するように、第二次世界大戦中とその直後の時期に、ソ連の東欧政策でもっとも重要だったのは、第一にソ連の西部国境に隣接する地域を二度とドイツに渡さないように影響力を行使することであり、第二に東欧諸国をソ連に敵対的な国内勢力に支配されないようにすることであった。事実、一九四三年一一月のテヘラン会談で、スターリン首相はローズヴェルト大統領に「ドイツは一五―二〇年以内に完全に復活するだろう」「ドイツによる最初の侵略は一八七〇年に起き、それから四二〔四四〕年後に第一次世界大戦が起きたが、その戦争の終焉から現在の戦争の開始まで、わずか二一年しか経過していない」と語り、ドイツの復活に対する恐怖心を露わにしたのである。スターリンはまた、「ドイツが再び一連の侵略を開始しないようにする」ために、ドイツ国内かドイツとの国境沿いに、何らかの強力な物理的拠点を確保する必要があると主張した。さらに、「日本の場合にも同じ方式が適用されるべきである」と指摘し、日本による侵略の再開を防止するために「日本付近の島嶼が強力な管理下に置かれるべきである」と主張した。スターリンがドイツと日本を同一視したのだから、ソ連の東アジア政策の目的が、第一にソ連の東部国境に隣接する地域を二度と日本に渡さないようにすることであり、第二に満洲と朝鮮をソ連に敵対的な国内勢力に支配されないようにすることであったとしても、少しも不思議ではない。朝鮮の海外指導者たちが帰国し始めた一〇月後半以後、そのような観点から、新しい民族統一戦線論が朝鮮革命に導入されたのだろう。(41)

2 「全評」と「全農」の結成

新しい統一戦線論の提示と並行して、朝鮮共産党は労働組合と農民組合の全国的な組織化、そして全国人民委員会代表者大会の開催のために注力した。労働組合については、第二次世界大戦中に地下で命脈を保っていたソウルの繊維工組合、出版労組、龍山地区金属労組、仁川の金属労組、港湾労組、咸興の化学工組合、釜山の埠頭労働組合などが、解放とともにその活動を公然化した。しかし、全国各地で、工場、鉱山、会社などの施設を接収・管理したり、解散手当・退職金などの一時金を要求したりしたのは、そこで雇用されていた労働者であり、その意味で、解放直後の労働運動は自発的であり、組織化されていなかった。労働者階級の前衛を自認する朝鮮共産党としては、「人民大衆の自然発生的な闘争が正しい政治路線をもつことができず、全国的で革命的な指導なしに進行している」という状況を克服するために、勤労大衆の日常的な経済的要求と共産党の政治的要求を結合して、大衆的集会や示威運動を展開する必要があったのである。たとえば前者は「コメの配給量をもっと引き上げよう」「最低限度の労働賃金制を決定し、労働時間を短縮しよう」などという要求であり、後者は「朝鮮民族統一を妨害する民族反逆者を処断しよう」「朝鮮人民共和国を絶対支持しよう」「政権を人民代表会議に」などという要求であった。また、共産党の組織事業は、「何よりもまず党の基礎組織である工場ヤチェイク（細胞）を確立することが最優先」であり、それと同時に「大衆的補助団体を前面に押し立てて、大衆を闘争的に動員する」ことが要求された。工場ヤチェイクが三つ、四つ組織された都市では、「それらの代表とその他の街頭『ヤチェイク』の代表を招集し、『党都市委員会』を組織」すべきであり、そのような都市と地方党組織の代表が集まって全国代表者会議を開催し、そこで中央執行委員を選挙して、中央委員会を組織することが期待されたのである。補助的な大衆団体としては、労働組合、農民組合、共産青年同盟、消費組合、婦人代表会、少年隊（ピオニール）、作家連盟、文化連盟などが想定された(42)。

産業別労働組合の全国組織である「全国労働組合評議会」（全評）の結成は、全国各地の組合活動、すなわち労働者自主管理運動、解雇反対闘争、退職金要求闘争などを統一的に指導する中央機関を創設する必要に応じるためのものであった。九月二六日に金属、化学、出版、繊維、土建、交通運輸、食料品、鉄道、燃料、被服などの産業別労働組合の代表五一名が京城土建組合事務室に集合し、そのための議論を開始したのである。また、この会合で選定された金三龍、許成澤、朴世栄らの詮衡（選考）委員七名が二八日までに準備委員を選出し、九月三〇日には第一回準備委員会が開催された。そこで、常任委員選出、部署決定その他の重要事項が協議されたのである。その後、常任委員会が開催され、一一月一〇日までに労働組合全国評議会を結成することが決定された。しかし、組織の実態からみれば、産業別労働組合の発生が全国労働組合評議会を生み出したというよりも、朝鮮共産党が指導する「全評」結成が産業別組合を生み出したようである。一一月一日から四日にかけて、結成準備が最終段階に入ったとき、全国的な規模でつぎつぎに産業別単一組合が組織されたからである。たとえば朝鮮鉱山労働組合は、全国八八ヵ所の鉱山からの加入を得て、一一月一日に結成された。また、朝鮮繊維労働組合は全国一一の支部を得て、一一月三日に結成された。(43)

「全評」結成大会は一一月五日午前九時からソウルの中央劇場で開催された。北朝鮮地域を含む全国各地から、金属、鉄道、交通、土建、漁業、電気、通信、繊維、食料、出版、木材、化学、鉱業、造船、合板などの産業別労働組合員五〇万人の代表五〇五名が集結し、許成澤準備委員長による開会宣言の後、愛国歌、赤旗の歌の合唱、全評旗の掲揚があり、民族解放運動の犠牲者に黙禱した。その後、大会の臨時執行部が選出され、朴憲永、金日成、レオン・ジュオー（Jouhaux, Léon 世界労連書記長）らが名誉議長に推戴された。また、朝鮮共産党、朝鮮人民共和国、ソウル市人民委員会、朝鮮文化建設中央協議会、建国婦女同盟、朝鮮産業労働調査所、共産青年同盟、プロレタリア芸術同盟、朝鮮人民党などの祝辞が続いた。代読された朴憲永のメッセージは、「あらゆる複雑な問題は一つの中心的な問題に帰着する」として、日本帝国主義残存勢力と親日派民族反逆者を一掃するための闘争を強化することを訴えるものであり、「この課業を実行せずには朝鮮の完全独立は不可能である。さらに進歩的民主主義国家の建設も水泡に帰すだろう」という激烈なものであった。それに続く緊急動議によって、（1）朝鮮無産階級の領導者であり、愛国者である朴憲永に感謝のメッセージを送付すること、（2）ソ連、米国、中国、英国の連合国労働大衆に感謝のメッセージを送付すること、（3）朝鮮無産階級運動の攪乱者である李英一派（長安派共産党）を断固として排撃すること、（4）民族統一戦線に関する朴憲永の路線を絶対に支持すること、が決議された。さらに、最低賃金制の確立、八時間労働制の実施などの基本的労働条件の要求から始まり、民族反逆者および親日派が所有する一切の企業の工場委員会による管理などを含む一般行動綱領が採択された。最後に、規約検討、地方代表一九名の詮衡委員による執行委員

と検査委員の選任、さらに選任された執行委員の互選による常任執行委員の選出があって、その日の日程を終えた。(44)

翌日午前九時に再開された結成大会では、冒頭で許成澤委員長、朴世栄・池漢鍾副委員長を含む八一名の執行委員、二三名の常任委員が発表された後、産業別労働組合の報告が続いた。また、京城紡績の労働争議に関する報告があり、「全評」大会として女子工員の勇敢な闘争を支援することを決定した。その後、常任委員の一人に選ばれた韓哲が一般情勢について報告し、(1)自発的な組織拡大、強化のために注力する、(2)民族統一と産業復興に力を集中する、(3)あらゆる極左的傾向を排撃し、運動を正しい路線に誘導する、(4)農民階級と提携する、との運動方針が決定された。さらに、玄勲、文殷鍾などからの提案によって、労働者工場管理、失業反対闘争、機関紙および教養(教育)問題、国際労働組合加入、「全評」の組織方針などが討議された。数日前の独立促成中央協議会とは異なって、大会の運営はきわめて組織的であり、議場には「進歩的民主主義政府の樹立のための民族統一戦線の結成を一日も早く促成する」との一貫した政治的雰囲気が溢れていた。結成大会は午後五時に幕を下ろした。その後、一一月八日に、全国労働組合評議会の中央執行委員会常任委員会が開催され、常任執行委員の部署を決定し、発表した。(45)「全評」機関紙『全国労働者新聞』には、そのほかに「朴憲永同務のメッセージ」「全評一般行動綱領」「全評の規約」などが掲載された。

労働組合に続いて、朝鮮共産党は農民組合の全国的な組織化に着手した。「全評」結成大会のために上京した地方活動家のうちの農民運動の関係者約四〇人が、一一月八日に失業者同盟の事務室で会合し、「全国農民組合総連盟」(「全農」)の結成準備会を発足させたのである。その意義と方向性について、準備会は農家戸数の一二三[一二・三]%にすぎない地主層が農家戸数の五三・八%に達する小作農民と二三・九%を占める自作兼小作農民から五割、六割に達する高額小作料を搾取しているとして、そのような農業生産関係の根本的解決なしに朝鮮の完全解放はありえないと主張した。また、民族統一戦線の結成と真正な民主主義的人民政権の樹立過程に農民の政治的要求を反映させるために、各道に道内農民組合を構成要素とする農民組合道連盟を組織し、全国的に各道連盟と全国各郡・島組合を構成要素とする全国農民組合総連盟を結成しなければならないと主張した。「全農」の結成は「全評」以上に〝上からの組織化〟によって進行したようである。(46)

「全農」結成大会は一二月八日午前一一時半にソウル市内慶雲洞の天道教大講堂で開幕した。朴景洙の資格審査報告によれば、一一月末現在、北朝鮮地域を含む全国二一府と二一八郡に二三九の農業組合が組織され、七六二名の代議員に招待状が発送され、五七六名の出席が得られた。北朝鮮地域二八郡の不参加は主として三八度線による交通遮断が原因であると報告された。初日の会議場には、朝鮮人民共和国中央人民委員会、朝鮮共産党、人民党、「全評」など、左派勢力の来賓だけでなく、重慶から帰国した臨時政府要人の趙素昂、金元鳳、張建相が参列して注目を浴びた。数多くの祝賀メッセージが朗読された後、準備委員から四名、各道代表から一三名の詮衡委員が選出され、中央執行委員と検査委員の選任が委嘱された。さらに、大会第二日はソウル小劇場で開催され、各道から地方情勢が報告された。北朝鮮の咸興や新義州で発生した学生による抗議行動、帰国した金日成将軍の近況など、北朝鮮情勢についても質疑があった。さらに、第三日には呂運亨が登場して祝辞を述べた。議事進行は「全評」結成大会を模して進行し、行動綱領、組織方針、運動方針などが採択された。(47)

全国農民組合総連盟の結成に続いて、さらに一二月一一日から一三日には学兵同盟、学徒隊、朝鮮勤労青年同盟など、朝鮮共産青年同盟を除く左派系の青年団体を組織した全国青年団体総同盟の結成大会が、また一二月二二日から二四日には建国婦女同盟を前身とする朝鮮婦女総同盟の結成大会が挙行された。さらに、翌一九四六年二月二四日には、朝鮮文化建設中央協議会とプロレタリア芸術連盟が合同し、朝鮮文化団体総連盟が結成された。(48)

3　全国人民委員会代表者大会の開催

全国人民委員会代表者大会の招集は朝鮮共産党の外郭団体の組織化とは異なっていた。朝鮮人民共和国に対する米軍政府の圧力、李承晩を推戴する独立促成中央協議会の結成、そして切迫する重慶臨時政府および金九・金奎植などの要人の帰還などに直面して、朝鮮共産党を中心とする左派勢力が構築した政権組織、すなわち全国的に組織された人民委員会を総点検することによって、改めて朝鮮人民共和国の正統性を主張し、左派陣営の再結集を図ろうとしたのである。しかし、すでにみたように、朝鮮人民共和国中央人民委員会は一〇月三日に翌年三月一日の独立宣言記念日を期して、全国人民代表大会を招集することを決定し、その代表の選考を呂運亨、許憲、崔容達など、一二名に委託していた。したがって、一一月四日になって、それとは別に、一一月二〇日から全国人民委員会代表者大会を招集するのは、一ヵ月前に決定した方針を修正する緊急措置であったといわざるをえない。一一月一〇日に京畿道人民委員会が結成されることによって、人民委員会組織が全国的に完備されたことなどを理由に掲げたが、それはいかにも不自然である。いずれにせよ、急遽、各郡人民委員会から二名ずつ、各市人民委員会から四名以上、各道人民委員会から五名ずつの代表が選出されることになったのである。しかし、それだけではなかった。中央人民委員会は、第二回全国人民代表大会を「来年三月一日に施行される予定の一般投票による総選挙を基礎に」開催すると発表した。言い換えれば、自らの手で総選挙を実施し、正式政府を樹立する決意を表明したのである。これは米軍政府に対する正面からの挑戦というほかなかった(49)。

突然招集された全国人民委員会代表者大会は、一一月二〇日から二二日まで、すなわち「全評」結成大会と「全農」結成大会に挟まれた時期に天道教大講堂で開催された。二〇日午後二時に司会の李康国が登壇し、体調不良の呂運亨に代わって許憲が開会の辞を担当した。そのなかで、許憲は米軍政府との協力を呼びかけて、「軍政は朝鮮の民族統一が完成して、政府が樹立されるまでの無政府状態の混乱を防止し、日本の残存勢力を一掃し、朝鮮独立を促進するために、言い換えれば朝鮮のために朝鮮にきているのである。諸君は皆、誤解を解いて、朝鮮独立のために軍政に協力することを願う」と訴えて注目された。しかし、それに続いて来賓として登壇したアーノルド軍政長官は「軍政庁は朝鮮の唯一の政府である。日本の降伏から朝鮮の独立までの架け橋の役割をする政府である。将来の数ヵ月間、朝鮮人がこの政府をどの程度支持するか、連合国はたいへんに注目している」「それに対して反乱があれば、国家建設に障害が生まれる。もしそのような場合には、連合国は朝鮮には準備がないとみなして、同情しないだろう」と警告した。開会直後の祝辞で、この大会の最大の争点が何であるかが明示されたのである。(50)

アーノルドの祝辞に続いて、代議員の資格審査の結果が報告され、北朝鮮地域を含む二五市、一七五郡の人民委員会から六一〇名、道人民委員会から四〇名の代表者が参加したことが明らかにされた。また、大会執行部が選出された後、呂運亨の手になる朝鮮人民共和国誕生経過報告が趙斗元によって代読された。それは三・一独立運動以後の抗日独立闘争が国内と海外に分かれて進展し、国内では民族資本の大部分が革命の隊列から脱落して日本帝国主義者と妥協したために、勤労大衆が革命の主体になって、共産主義者と進歩的民主主義者の指導の下で数々の労働争議やゼネストを敢行したという歴史を強調するものであった。さらに、解放後、建国同盟と共産主義者が連合する民族戦線が建国準備委員会を組織し、勤労大衆の要求を尊重して、米ソ両国に実質的な提案をするために、「歴史的な大結晶体である人民共和国」を樹立したと主張した。呂運亨の報告に続いて、連合国四首脳と連合国軍司令官に対する感謝決議が採択され、アーノルド軍政長官が退場した。その後、朝鮮共産党、人民党、ソウル市人民委員会、建国婦女同盟、朝鮮全国労働組合評議会、朝鮮文化建設中央協議会の祝辞が続いた。また、大会第一日の最後に、全羅北道代表の崔鴻烈が南原で発生した事件について説明した。人民委員会幹部が正当な理由なく拘束されたので、約六千人の農民が集まって釈放を要求したところ、反逆者たちの通報で出動した米軍が発砲し、三名が即死、五〇名が負傷したと報告された。(51)

大会第二日は金桂林の経過報告によって開始された。人民委員会組織の整備について、江原道の二郡と忠清北道の一郡、江原道南部の道人民委員会が未組織である以外には、南朝鮮一四八郡のうち一四五郡で人民委員会が組織され、全国的組織がほぼ完成したと宣言した。政治報告の国際情勢の部分は共産党幹部である姜進が担当した。姜はフランス軍が宗主国としての非民主主義的な政策を継続して、ベトナムで民族解放を目指す革命軍と衝突しており、英国がギリシャで亡命政府を支持して、ファッショ勢力と勇敢に戦った人民革命軍を武力で鎮圧していると指摘し、さらに米国が中国で蔣介石による八路軍に対する攻撃を援助していることに疑問を表明し、「米国は中国の内部干渉に参加してはならない」と主張した。また、現下の国際情勢の一つの重要な要素は各国の勤労大衆と植民地・半植民地弱小国民の団結であるとの認識を示し、ソ連のほかに完全な民主主義国家は存在せず、そのほかの民主主義は大財閥が支配する民主主義であると主張した。さらに、中央人民委員会に対する信任投票を提案し、「中央人民委員会を無視するいかなる政権も朝鮮には樹立できない」と結論づけた[52]。

また、国内情勢に関する報告は共産党の幹部である李康国が担当した。李は解放直後のさまざまな困難にもかかわらず、建国準備委員会の支部を全国に拡大し、朝鮮人民共和国支持を訴える街頭行進を実行したが、米軍政府の方針が急激な改編と修正を避け、現状を維持しようとするものであるために、行政事務が人民委員会に引き継がれていない地方が多いと報告した。また、李承晩による統一工作を「一党派的立場の統一論」として厳しく批判し、人民委員会の運動は自然発生的で、下からの大衆的気運に基づくものであったし、現在もまた人民委員会を中心に統一戦線結成の気運が再び成熟していると強調した。さらに、現在までの米軍政府の政策について、「そのなかには反人民的な政策も少なくない」とし、その例として一〇月一八日の連合軍歓迎市民大会の不許可、『毎日新報』の発行停止、水原、慶南、全北などでの人民委員会に対する弾圧を挙げた。しかし、それにもかかわらず、李康国は米軍政府に対してできる限り協力するように説得した。一一月一一日に発表した「米軍政に対する態度方針」に示されるように、人民委員会は（1）米軍政府に対抗的な態度をとらず、人民委員会の正当性を認識させ、人民委員会を通して地方行政を執行するように、行政機関の全面的な接収に努力する、（2）米軍政府に対して朝鮮事情を認識させ、米軍政機関に積極的に参加し、反逆者たちの実態と陰謀を物的証拠で暴露する、（3）米軍政府と人民の摩擦をできる限りなくし、不幸な事件が起きた場合には極力調停に努力するべきである、と主張したのである。その後、大会に反対する右派勢力の場外活動が激しさを増したために、警備の米軍憲兵の要請に応じて、地方情勢報告を短縮して議事を終了した[53]。

大会第三日の討議は二二日午前一〇時に再開された。徐重錫が米軍政府との関係について報告したが、議長の要請に応じて、直接交渉を担当した許憲がその経過を詳細に説明した。それによれば、米軍政府と朝鮮人民共和国との「協議」は、当初、アーノルド軍政長官と呂運亨副主席の間で進行した。一〇月二八日に米軍政庁に出頭した呂運亨に対して、アーノルドから「人民共和国の名称を取り消す」ことを要求する公式文書を手交されたのである。中央人民委員会での討議を経て、翌日、呂運亨はアーノルドと再び会談した。すでにみたような論理で、朝鮮人民共和国の正統性を主張したものとみられる。しかし、アーノルドの強硬な態度は変わらなかった。それどころか、呂運亨の当事者能力を疑って、一一月九日、アーノルドは許憲・国務総理の出頭を要求した。いつ朝鮮人民共和国を解体するのかというアーノルドの詰問に対して、許憲は「一一月二〇日の人民委員会代表者大会まで待ってくれ」と懇請せざるをえなかった。アーノルドの同意なしには、代表者大会の開催が許可されなかったからである。しかし、約束の期限を過ぎた大会第二日（一〇月二一日）の午後三時にホッジ司令官から許憲に出頭の要求があった。ホッジは「二日間の会議の様子を聞いたが、とても我慢できずにあなたを呼んだ」と語り、「人民共和国を宣伝し、軍政に協力するというのは言葉だけであった」と非難したのである[54]。

許憲の報告を聴取した代議員たちは興奮して、口々に「人民共和国の死守」を叫んだ。事実、「国号を一字でも変えれば、この場で割腹する」との声が上がるほどであった。さらに、代表者大会に続いて、翌日から開催された第一回拡大執行委員会では、翌年三月一日に招集する第二回全国人民代表大会の代議員選出方法、すなわち総選挙の実施要綱まで議論された。地方人民委員会が責任をもって、人口三万人に一人の定員をもつ選挙区を設定して、無記名、単記、公開、自筆の原則で実施することなどが決定されたのである。他方、一二月一二日、ホッジ司令官も朝鮮人民共和国に対する不信感を露わにする声明を発表した。それによれば、朝鮮人民共和国の指導者たちは「一一月二〇日の大会招集を許可しさえすれば」、「全朝鮮人民にかれらが政党として再組織されることを明確にする」し、「経済的安定の達成と朝鮮独立の準備のために軍事政府を支援する」と約束した。その約束を信じて代表者大会の開催を許可し、警察の保護を与え、アーノルド軍政長官を開会式に参列させたにもかかわらず、「かれらは大会を利用して、自らの政府機能をさらに強化し、軍事政府がかれらの組織の政府活動を援助し、扇動しているかのごとく暗示した」というのである。いまや、朝鮮人民共和国の指導者たちに妥協の意思がないことが明確になったのだから、ホッジの対応も妥協の余地のないものにならざるをえなかった。この日、ホッジは「いかなる政党の活動であれ、政府として行動しようとするものは、非合法活動として取り扱われる」と宣言し、「連合国の特別の権限なしに、米軍占領地域のどこにおいても政府として機能する政治組織がないようにするために、ただちに必要な措置をとる」ように占領米軍と軍事政府に命令したことを明らかにしたのである。(55)

三　大韓民国臨時政府と金九の帰国

1　「トクスリ」浸透計画の挫折

スティルウェルに代わって、ウェデマイヤー中将が一九四四年一〇月に蔣介石総統の参謀総長兼中国戦域米軍司令官（Commander, US Forces, China Theater）に就任し、一二月に旧知のヘップナー（Heppner, Richard P.）大佐を支部長に指名してから、戦略諜報局中国支部（O.S.S./China Theater）の組織的な再編と拡充が始まった。一九四四年一〇月まで一〇六名にすぎなかった隊員数が、一九四五年七月までに一八九一名に達したのである。ヨーロッパ大戦の帰趨がほぼ決したので、戦略諜報局としては、残された対日戦争の勝利に目立った勲功をあげることに組織の将来を賭けたのだろう。ドノヴァン局長の承認を得て、ヘップナーが野戦部隊の設置を命令したのは四月九日のことであり、翌日、クラウゼ（Krause, Gustav）が率いる四六名のOSS隊員が昆明から西安に到着した。これ以後、西安がOSS中国支部の重要拠点になったのである。朝鮮への浸透工作を主要任務にするトクスリ計画（Eagle Project）は、西安を拠点にする複数の日本圏内（Japan's Inner Zone）浸透計画の最初のものであった。林炳稷によれば、一九四三年秋以後、李承晩はワシントンでOSSのグッドフェロー大佐と接触して、米国内に在住する韓国系青年たちを訓練して、朝鮮に浸透させる計画に協力したが、かれらの不十分な日本語能力などのために、それが大きな成果をあげることはなかった。ヘップナーは中国在住の韓国系青年、とりわけ日本軍から脱走した学徒兵たちに着目して、これを成功させようとしたのだろう。すでに指摘したように、それはウェデマイヤーが示唆し、国務・陸軍・海軍三省調整委員会で承認された方針にも合致していた(56)。

事実、日本軍から脱走した学徒兵は、日本語に精通していただけでなく、日本で高等教育を受け、出身地である朝鮮の事情も熟知していた。そのうえ、工作員に不可欠なもの、すなわち日本軍に対する敵愾心と任務に対する忠誠心を備えていたのである。その指導的な人物の一人であった張俊河は、一九四四年七月に徐州郊外に駐屯する日本軍部隊から三名の同志とともに脱走し、途中、安徽省阜陽県臨泉で金俊燁ほかの脱走兵などと合流し、後述する韓国人武官のための三ヵ月間の特別訓練を受けた後、一九四五年一月末に最終目的地である重慶の大韓民国臨時政府庁舎に到着した。総勢四七名であった。四月末、そのうちの三〇名余りが、李範奭将軍の指揮する韓国光復軍第二支隊に合流して、ＯＳＳ隊員としてトクスリ計画のための訓練を受けるために西安に向かったのである。それは米軍の朝鮮西海岸への上陸を想定して、事前に朝鮮内に浸透して諜報活動、情報送信、後方攪乱などを実行するための特殊訓練であった。五月一日からの一週間の予備訓練の後、五月一一日にトクスリ計画の指揮官であるサージェント（Sargent, Clyde B.）大尉が西安郊外の杜曲にある訓練基地に到着し、一二五名の第二支隊員から五〇名を選抜した。かれらが第一期生として無線、遊撃、爆破、パラシュート降下など三ヵ月間の訓練に入ったのである。また、そのうちの三六名が八月四日に訓練を完了し、京城、釜山、平壌、新義州、そして清津への浸透作戦の発令を待機する態勢に入った。張俊河はほかの三名の隊員とともに京城に浸透する予定であった(57)。

トクスリ計画は戦闘作戦ではなかったが、臨時政府や光復軍が米諜報機関に全面的に協力するはじめての重要な作戦であった。それに参加する韓国人隊員を激励するために、八月五日に金九主席、李青天・光復軍総司令、厳恒燮・宣伝部長らが米軍機で重慶を出発し、八月七日に西安郊外の杜曲にあるトクスリ基地を訪問したのである。また、その機会を利用して、金九は八月第一週に中国を訪問するドノヴァン局長と会談しようとした。ドノヴァンは五日に昆明のＯＳＳ本部を視察した後、重慶でウェデマイヤー司令官と会談し、さらに六日に蔣介石総統と非公式に会談し、七日に西安を視察したのである。サージェントは八月五日に二通の電報を送り、大韓民国臨時政府の金九主席がドノヴァンとの会談を強く要請していることを伝え、浸透計画に韓国人青年が参加しているので、金九主席に敬意を表して、トクスリ基地で昼食か夕食をともにするように要望した。それが功を奏して、八月八日早朝、ドノヴァン局長は杜曲を訪問し、滞在中の金九、李青天そして李範奭と会談したのである。ドノヴァンには何の躊躇もなかったようである。サージェントへの返信で、ヘリウェル（Helliwell, Paul L. E.）大佐は「ドノヴァン将軍はトクスリに強い関心をもち、できるだけ早期に浸透が達成されることを熱望している」と伝えた。金九の回想によれば、その日の会談は光復軍第二支隊本部の事務室で開かれ、正面右側に太極旗、左側に星条旗が置かれた。立ち上がったドノヴァンは「本日から、アメリカ合衆国と大韓民国臨時政府との敵国日本に抵抗する秘密工作が開始される」と宣言したとされる(58)。

その翌々日、すなわち八月一〇日、サージェントに代わって、浸透チームを指揮するバード(Bird, Willis)中佐がトクスリ基地に招集され、張俊河らの隊員に特別待機命令が下された。バードと李範奭は四人ずつで構成される三チームを朝鮮に浸透させることを決定したのである。その最初のチームが一週間以内、すなわち八月二〇日までに出発する予定であった。しかし、そのときには、すでに八月六日に広島に原子爆弾が投下され、八月九日にソ連が参戦し、第二次世界大戦は最終局面に入っていた。一〇日には、条件つきながら、日本政府からポツダム宣言受諾の意思が伝えられたのである。ヘップナーがその知らせを受け取る直前に、ドノヴァンは昆明からワシントンに向かう特別便に搭乗していた。また、西安市内に滞在していた金九は、その情報を旧友である祝紹周・陝西省主席の私邸で聞かされた。そのときに、「ああ! 倭敵(日本の蔑称)の降服! それは私には朗報というよりは、天が崩れ落ちるような事件であった」(括弧内引用者)と慨嘆したのである。金九の慨嘆はトクスリ計画に賭けた期待の大きさを物語っていたが、浸透作戦としてのトクスリ計画の実施は留保されざるをえなかった。しかし、ドノヴァンもヘップナーも、そしてウェデマイヤーも、すでに準備が完了しているトクスリ計画を完全に捨て去ることはなかった。韓国人要員を含むOSSチームがほかのだれよりも早く京城に到達することを期待したのである。何よりも、ソ連が対日参戦し、北朝鮮への作戦を開始したことが意識されていた。ワシントンに向かう前に、ドノヴァンはウェデマイヤーに「もしロシア人が朝鮮と満洲に到着したときに我々がそこにいなければ、我々は二度と(そこに)入り込めないだろう」(括弧内引用者)と記していた(59)。

結局、トクスリ計画は形を変えて実行に移された。後に南朝鮮に進駐する第二四軍団の先遣隊の一部は九月四日に京城第一飛行場(金浦飛行場)に到着したが、それよりも二週間も前、すなわち八月一八日早朝に、C-47輸送機一機が西安飛行場を離陸し、永登浦上空でビラを散布した後、正午少し前にソウルの龍山飛行場(汝矣島飛行場)に着陸したのである。バード中佐に率いられた二二名のＯＳＳ隊員と乗務員が搭乗していたが、そのなかには李範奭、張俊河、金俊燁、魯能瑞の四名の韓国人隊員が含まれていた。浸透計画は戦争捕虜救出計画に変更され、ウェデマイヤーの承認とドノヴァンの特別命令の下で実行に移されたのである。その目的はソウル、仁川、釜山の捕虜収容所で戦争捕虜と接触して、撤収方針を支援して、撤収計画案を策定することであった。突然の米軍機の飛来に驚いて、龍山飛行場には上月良夫司令官、菅井潤次郎参謀長らと警備兵が集まったが、その目的が降伏手続きに関するものでないことを確認すると、東京の大本営からの指示がないことを理由に、ただちに退去することを要求した。ＯＳＳチームは燃料補給のために飛行場内で一泊し、翌日、給油を受けて離陸せざるをえなかったのである。同じ八月一九日には、第二四軍団司令官のホッジ中将が在朝鮮米軍司令官に任命された。こうして、日本降伏すぐに朝鮮半島は中国戦域から切り離されたのである。トクスリ計画の中止が正式に伝えられたのは、八月二九日のことであった。[60]

トクスリ計画に賭けたドノヴァンの期待はついに達成されなかった。それどころか、ドノヴァンの賭けは完全に裏目に出た。八月一七日に、金九はトルーマン大統領に日本の降伏を祝賀する電報を送ることをヘップナーに依頼し、その祝賀電報のなかで「我々の希望は対日戦争の最後の数ヵ月間に中国で始まった米韓の積極的な協力が継続し、成長することである」と訴えた。また、八月一八日、それを大統領に伝えたドノヴァンの覚書には、「我々は朝鮮に情報工作員を送り込むためにかれと協力している」とする説明が添えられていた。しかし、それに対するトルーマンの不興は異例なほどに激しかった。八月二五日、トルーマンは「米国政府によって承認されていない自称政府の代表たちからのメッセージを私に伝えるためのチャンネルとして、貴官の要員が行動することの不適切性」について、ドノヴァンに皮肉たっぷりに忠告したのである。ドノヴァンに対するローズヴェルトの信頼がトルーマンに引き継がれることはなかったのである。大戦末期の任務を終えた戦略諜報局は、一〇月一日にその機能を停止した。[61]

2　統一戦線組織としての臨時政府

朝鮮独立運動のもっとも不幸な特徴は、その運動全体を統合する単一のイデオロギーとリーダーシップを欠いたことだろう。その結果として、独立運動は地理的に分散したまま、さまざまな形態で個別的に展開されたのである。しかし、一九一九年に朝鮮内で発生した三・一独立運動は、第一次世界大戦後に昂揚した民族自決主義という国際潮流を背景にして、全国的な民衆蜂起を伴って展開された。また、そのことが国外の独立運動に大きな衝撃を与え、一時的にしろ、それらの運動を統合する契機になった。国内で宣言された漢城政府、ウラジオストクの大韓国民議会、そして上海に設置された大韓民国臨時議政院が、九月に組織的に統一され、上海に大韓民国臨時政府が樹立されたのである。しかし、三政府の統合にもっとも功績のあった安昌浩は、独立戦争が可能になるまでの間、実力培養のために努力するという民族自強論者であったが、ウラジオストクから到着し、国務総理に就任した李東輝は積極的な独立戦争論者であり、コミンテルンの援助に頼るボリシェヴィキであった。他方、大幅に遅れて一九二〇年一二月に上海に到着し、臨時大統領に就任した李承晩は、すでにみたように、外交活動を重視する親米・反共主義者であった。李承晩の上海到着が三者、とりわけ「二人の李」の間にイデオロギーとリーダーシップの激しい衝突を招来したのである。一九二一年一月、李東輝は国務総理を辞任して臨時政府を去り、高麗共産党を創立する運動に邁進した。しかし、一九二一年四月から五月にかけて金奎植、安昌浩などの指導者が相次いで臨時政府を去ると、李承晩も五月末に上海を離れ、ハワイを経由して、八月にはワシントンに戻った。多くの有力指導者を失った臨時政府は統一戦線組織としての機能を喪失し、ほとんど名目だけの存在になってしまったのである(62)。

一九二五年三月に李承晩大統領が臨時議政院で弾劾された後、分裂し、低迷する臨時政府を救ったのは、当初、その警務局長にすぎなかった金九である。農村出身の素朴な人柄で知られる金九は、李承晩や安昌浩のように欧米文化を体験した開化派の知識人でも、李東輝のようにコミンテルンに依存する共産主義者でもなかった。かれは農民を基盤にする土着宗教である東学から出発し、義兵、啓蒙運動、農村復興運動を経験し、三・一独立運動の後、一九一九年四月に上海に到着して臨時議政院に参加したのである。上海に樹立された臨時政府が大統領制から国務領制（議院内閣制）、そして国務委員制（主席輪番制）に改編された後、一九二七年二月に国務委員に選出され、やがて内務長、そして上海僑民団長に就任した。さらに、一九三〇年一一月に財務長に就任した金九は、困窮する臨時政府を救うために、シカゴ、サンフランシスコ、ハワイなどの僑民からの資金調達に努力した。また、一九三一年九月に満洲事変が勃発し、万宝山事件などのために中国内の対韓感情が悪化するなかで、愛国団を結成して、義烈闘争（テロリズム）によって難局を打開しようとした。一九三二年一月に李奉昌が桜田門外で天皇に爆弾を投じたり、四月に尹奉吉が上海の虹口公園で挙行された大観兵式と天長節祝賀会を爆弾で襲ったり、五月に朝鮮総督や関東軍司令官の暗殺を試みて発覚したりした事件は、いずれも金九が指導するものであった。上海では、尹奉吉が投じた爆弾が式典の壇上で炸裂し、白川義則上海派遣軍司令官・大将を殺害し、植田謙吉第九師団長・中将、野村吉三郎第三艦隊司令長官・海軍中将、重光葵公使らに重傷を負わせた。しかし、日本官憲の厳しい追及によって、安昌浩が逮捕され、臨時政府も一九三二年五月に杭州に移転せざるをえなくなった[63]。

金九の独立路線の大きな特徴は、テロリズムを含む激烈な民族主義であり、臨時政府に対する一貫した忠誠心であった。それはイデオロギーを超越していた。共産主義運動に対しても、金九はその国際主義的な側面だけを批判したのである。その自叙伝『白凡逸志』によれば、金九が理想としたのは、己未の年、すなわち大韓民国元年（一九一九年）の頃に、「国内、国外を問わず、精神が一致し、民族独立運動にのみ邁進していた」ときのことであった。コミンテルンの指導を受ける李東輝からの勧誘に対して、金九は「我々の独立運動は大韓民族の独自の運動です。どこかの第三者の指導や命令に支配されることは、他人に依存することなので、わが臨時政府の憲章に違反することになります」と反論した。また、一九三五年七月、金元鳳（金若山）を中心に金科奉、金奎植、李青天、趙素昂、申翼熙などが、左右の政治勢力を網羅した民族革命党を結成し、対日戦線の統一を図ったときにも、金九はそれに参加しようとしなかった。金元鳳を含む一部勢力を共産主義者とみなしただけでなく、臨時政府が解体されることに強く反対したからであった。その金九にとって、義烈闘争の最大の成果の一つは蔣介石総統との会談が実現したことであった。陳果夫・国民党中央組織部長兼江蘇省政府主席の仲介によって、南京中央軍官学校の構内で実現した二人の会談で、蔣介石は「東方の各民族は孫中山先生の三民主義に合致する民主政治を行うのがよいだろう」と語った。また、金九が日本、満洲、朝鮮の三方面で暴動を起こすことを主張すると、蔣介石は将来の独立戦争のために韓国人武官を養成することを勧めて、一九三三年八月に中央陸軍軍官学校洛陽分校（安徽省阜陽県臨泉）にそのための訓練班（韓光班）を開設した。ただし、日中戦争が開始されるまで、蔣介石による韓国独立運動に対する支援は抑制されていたし、軍官学校での訓練は金九のライバルであった金元鳳や李青天にも提供されていた(64)。

一九三七年七月に日中戦争が開始されると、中国政府は南京陥落以前の一一月に重慶への首都移転を発表し、持久戦に入る方針を明確にした。臨時政府とその要人たちは武漢、長沙を経て、一九三八―三九年に柳州（広西省）および重慶（四川省）郊外の綦江に移動し、一九四〇年九月に重慶市内に入った。また、その間に、蔣介石は朝鮮独立運動への支援を公然化し、左右両勢力の統合を強く要求した。一九三八年一二月に金九を、さらに翌年一月に金元鳳を重慶に招いて、両者に大同団結を強く要請したとされる。事実、金九は重慶郊外にある民族革命党と朝鮮義勇隊の本部を訪れて、「すべての団体を統一して民族主義の単一党をつくる」（傍点引用者）ことを提案した。金元鳳は桂林に行って留守であったが、「その場にいた人は一致して賛成してくれた」とされる。その結果として、一九三九年五月、金九と金元鳳は共同名義で「同志同胞諸君に送る公開通信」を発表したのである。さらに、八月には、二人が合意した一〇項目を基礎に、単一政党を結成するための七党統一会議が綦江で開催された。朝鮮民族解放同盟と朝鮮前衛青年同盟の退場によって、また数日後の金元鳳の脱退によって、七党派の統一は実現しなかったが、民族主義三党派の結束が進展し、一九四〇年五月には臨時政府の与党になる韓国独立党の創立大会が開催された。また、中国政府の承認を得て、臨時政府は九月には李青天を総司令、李範奭を参謀長とする韓国光復軍を創設し、西安に司令部を置いた。臨時議政院も一〇月に臨時約憲を改正して、国務委員会の主席を臨時議政院で選出して、主席が内外に臨時政府を代表し、軍隊を総括する主席制を採用した。金九の指導力が制度的に強化されたのである。さらに、一九四一年六月には、ワシントンに臨時政府の駐米外交委員部を設置し、李承晩を委員長に任命した。最後に、一一月末、臨時政府は「革命的三均制度」（政治、経済、教育の均等）による復国そして建国を目指して、金九主席を含む七人の国務委員の名義で「大韓民国建国綱領」を制定し、公表した(65)。

一九四一年一二月に日米戦争が開始されると、中国政府による朝鮮独立運動に対する支援が本格化した。一〇月三〇日の蔣介石委員長の指示（「陷川侍六代電」）に基づいて、日米開戦後の一二月、中国政府軍事委員会は中国内のすべての革命党派を臨時政府と金九主席の下で指導し、育成すること、時機を逸することなく臨時政府を承認すること、独立運動の武装力を早期に韓国光復軍に結集すること、中国側の資金援助の窓口を一本化することなどの方針を作成したのである。他方、金九と韓国独立党だけでなく、金元鳳と民族革命党も、翌年春以後、新しい情勢の下で左右合作を推進するとの方針を固めた。ただし、金元鳳は「先軍事統一、後政治統一」を主張し、民族革命党の臨時政府への参加よりも武装組織の統合を先行させた。一九四二年七月、金元鳳の下に残った朝鮮義勇隊が韓国光復軍に合流し、その第一支隊に改編されたのである。李元鳳は副司令に任命された。また、民族革命党その他の臨時政府への参加は、国務会議が八月に臨時議政院議員の選挙規程を制定し、一〇月に各党派が臨時議政院の半数改選に参加する方式で実現した。その後、国務委員（閣僚）も増員され、金奎植と張健相が宣伝部長と学務部長に選出された。しかし、臨時政府が統一戦線組織としての相貌を取り戻したのは、一九四四年四月の臨時憲章の制定によってである。国務委員会主席・副主席制が採用され、国務委員も大幅に増員されたのである。金九主席、金奎植副主席に加えて、韓国独立党から李始栄、趙素昂など八名、民族革命党から金元鳳、張健相など四名、朝鮮革命者連盟から一名、朝鮮民族解放同盟から一名の国務委員に選出された。臨時政府は左右合作を可能な限り成就し、複数政党による連立政府になったのである。(66)

一九一九年に樹立された上海臨時政府と比べて、一九四四年の重慶臨時政府には日中戦争と日米戦争という独立運動に有利な国際情勢があり、日本がやがて敗北するとの予感もあった。さらに、カイロ宣言に示された朝鮮の将来の「自由・独立」についての国際的な誓約だけでなく、蔣介石政権からの物心両面からの支援が存在した。金九が金元鳳との競争で優位に立つことができたのは、金九が一貫して臨時政府を守護してきたからであり、蔣介石がその臨時政府を支持したからだろう。しかし、「民族主義の単一政党」が実現しなかっただけでなく、そもそも、重慶臨時政府という統一戦線に参加しなかったグループも存在した。中国国民党よりも中国共産党を選んだ朝鮮人共産主義者たちである。七党統一会議の決裂後、そこから脱退した民族解放同盟と前衛青年同盟の青年たちは、武漢陥落後に中国共産党支配地域に移動し、一九四一年一月に山西省の桐谷で華北朝鮮青年連合会を組織し、さらに翌年八月、金科奉、崔昌益、韓斌らの指導の下で華北朝鮮独立同盟を結成した。同じように、朴孝三らに率いられた朝鮮義勇隊は、中国共産軍に身を投じていた武亭に迎えられて、朝鮮革命青年幹部学校に収容され、やがて数百人規模の朝鮮義勇軍に改編された。ただし、中国国民党と共産党の関係と同じく、その後の臨時政府と独立同盟の関係は常に敵対的であったわけではない。統合を拒否しつつも、適度の連携が保たれていたのである。それ以上に重要な意味をもったのが、中国東北地域（満洲）で中国共産党系のゲリラ組織である東北抗日連軍に加わり、一九三〇年代後半に抗日遊撃闘争を展開した金日成、崔賢、金策らの共産主義者たちである。かれらは延安に集まった共産主義者とも、解放後に南朝鮮で朝鮮共産党を再建した共産主義者とも無縁であり、その大部分は一九四〇年から四一年にかけての冬に満洲からシベリアに逃亡し、極東ソ連軍に収容された。その後、中国人隊員とともに、ハバロフスク郊外で対日戦争に偵察要員

として参加するための訓練に励んだのである。(67)

3 「臨時政府当面の政策」一四ヵ条

西安で日本降伏の知らせに接した金九は急いで杜曲に戻ったが、ソウルに向けて出発するトクスリ隊員たちを見送ることはできなかった。隊員たちの出発と同じ八月一八日に、民間機で重慶に戻ることになったからである。しかし、金九不在の間に開かれた臨時議政院は混乱していた。党派対立が再燃し、臨時政府の解散論や国務委員の総辞職論が噴出して、三日間の休会に入っていたのである。八月二二日午後二時からの会議で、金九は「我々の臨時政府は、己未（一九一九）年三月一日に、本土である国内で我々の血を流した結果として一三道代表が集まって組織したが、あまりにも圧迫が激しいので上海で組織されたものである。その後二十余年の間努力してきた。我々の手で倭奴を追い詰めることができずに遺憾ではあるが、今日、重慶に来て、精神的にも、質量ともに、以前と比べてたいへん進歩したように思う」（括弧内引用者）と指摘して、二つの方針を提示した。第一は臨時政府の国務委員が団結して、速やかに「内地に帰る」ことであり、第二は中国軍が朝鮮に入るときに、それに光復軍を「配合する」（同行させる）ことであった。また、金九はトクスリ浸透計画の訓練や出撃の模様についても付言して、韓国人ＯＳＳ隊員が高い評価を得ていること、八月一四日に韓国人隊員を乗せて京城に向けて出発した飛行機が、中止命令で一度引き返して、一八日再出発したことを具体的に報告した。(68)

ところで、この日の午前中、臨時議政院を休会にして、金九は中国国民党中央党部で呉鉄城秘書長と会談した。日本降伏後はじめて開かれた中韓の高位級会談で、双方は率直に意見を交換し、その後の基本方針を決定したのである。中国側の記録によれば、呉鉄城の主張は（1）韓国人民および韓国臨時政府に対して、日本が降伏して、韓国独立の希望がまもなく達成されることに祝賀を表明する、（2）八年間の抗日戦争の間、中国は韓国独立のために物質的、精神的に膨大な援助を提供したし、カイロ宣言がまさに韓国の独立を保障している、(3) まず韓国の各党派が団結して、独立運動を完遂することを希望する、(4) 中国政府は臨時政府が祖国に戻り、韓国国民を領導して選挙を実施し、民選の正式政府を樹立するように支援する、(5) 前項を実践するために、連合国の協助の下で、韓国独立関係者たちが共同で臨時政府を組織した後に選挙を実施して、民選政府を樹立することを希望する、(6) 連合国が韓国に上陸した後に、一種の過渡政府として軍政を実施する場合、韓国の多くの革命同志たちがこれに参加することを希望する、(7) 韓国北部にはソ連軍隊が上陸し、南部には米国軍隊と中国軍隊が合同で上陸し、敵の武装を解除することになるだろう、(8) 個人的な推測として、韓国は信託統治ないし軍政の過渡期を経て、将来、ポーランド方式で統一された臨時政府を成立させることが可能になるだろう、というものであった。金九は、これに対して、(1) 中国国民党と韓国独立党との歴史的な関係がさらに深く発展すること、および国民党のさらなる積極的な支援によって共産主義勢力の伸張を防止することを希望し、(2) 中国政府が大韓民国臨時政府を即時かつ正式に承認すること、もしそれができない場合には、臨時政府が帰国して、各方面の指導者を糾合し、新しい臨時政府を樹立した後に、それを率先して承認することを要望した(69)。

前述したように、この日の午後に開かれた臨時議政院の会議で、金九は朝鮮に進駐する中国軍に韓国光復軍を同行させる方針を提示したが、それは朝鮮南部に米中両国の軍隊が上陸するとの呉鉄城からの情報に基づくものであった。興味深いことに、朝鮮の分割占領を示唆しつつも、呉鉄城は朝鮮半島が中国を含む連合国によって共同で占領されるものと理解していた。朝鮮半島の共同占領や信託統治に関する米国の方針が中国政府に伝えられていたのである。また、呉鉄城は臨時政府を過渡的な選挙管理政府を樹立するための母体以上のものとはみなしていなかった。言い換えれば、総選挙を実施するためにはさらに広汎に独立運動指導者たちを網羅する新しい臨時政府が必要になると考えたのである。ポーランド方式で統一された臨時政府が何を指すのかは不明であるが、連合諸国間の合意を意味するのだろう。他方、金九は呉鉄城に臨時政府の即時承認を要請し、臨時議政院でも「ソウルに帰って、国民全体の前に政府を奉還するまで現状のままで行くのが正しい」と主張した。その後、中国側から得た情報や助言を検討しながら、金九が自らの政策を具体化したのが、九月三日に金九主席名義で発表された「国内外同胞に告げる」であり、そこに表明された「臨時政府当面の政策」一四ヵ条であった[70]。

金九によれば、現段階は「建国の時期に入ろうとする過渡的段階」であった。建国綱領によれば、それは「復国の任務をまだ完全に終えることができず、建国の初期が開始されようとする段階」にほかならない。そのために、臨時政府の任務は複雑かつ多岐にわたり、その責任は重大であった。さらに、それは緻密な分析、明確な判断、そして勇気ある処理を必要とした。事実、金九が一四ヵ条に整理した「臨時政府の当面政策」は、呉鉄城の助言を反映するものであり、けっして硬直したものではなかった。確かにその第九条は「国内の過渡政権が成立される前には、国内の一切の秩序と対外の一切の関係を本政府が責任を負って維持する」（傍点引用者）と規定していた。それは臨時政府を率いてきた者の自負心だろう。しかし、その第六条は「国外任務の結束と国内任務の展開が互いに接続するので、必需的な過渡的措置を執行するが、全国的な普通選挙によって正式な政権が樹立されるまでの国内過渡政権を樹立するために、国内外各階層、各革命党派、各宗教団体、各地方代表と著名な各民主領袖の会議を招集するように積極的に努力する」（傍点引用者）と規定していた。呉鉄城が示唆したように、臨時政府は全国的な普通選挙を実施するための国内過渡政権、すなわち選挙管理政権を樹立するための会議の招集母体として位置づけられたのである。さらに、その第七条は「国内過渡政権が樹立され次第、本政府の任務は完了したものと認め、本政府の一切の職能および所有物件は過渡政権に交還する」と規定していた[71]。

4　金九と臨時政府の帰国

金九はできるだけ迅速に帰国しようとしたが、それは困難であった。なぜならば、第一に、臨時政府としての帰国が米軍による南朝鮮占領、とりわけ直接軍政の施行と正面から衝突したからである。米軍の進駐が大幅に遅延したうえに、一〇月中旬に統合参謀本部からマッカーサーに伝達された「初期の基本指令」(SWNCC 176/8) は、自称臨時政府やそれに類する政治団体の公認や利用を明確に禁止していたのである。金九が臨時政府を率いて帰国することを許可することは、米軍当局にとっては、ワシントンからの指令に違反し、軍事政府の基礎を危うくすることにほかならなかった。第二に、すでにみたように、南朝鮮内の左派勢力に対抗するために、マッカーサーもホッジも、李承晩「個人」の帰国を優先し、その名声を利用しようとした。言い換えれば、李承晩を中心にする政治統合の実験が終わるまで、それを不確実にする金九と臨時政府の帰国は歓迎されなかったのだろう。第三に、さまざまな客観的要素が金九と臨時政府要人の帰国にとって不利に作用した。たとえば、日本の降伏意思が明確になるやいなや、朝鮮は中国戦域から切り離され、太平洋戦域に編入された。航空兵力中心の中国戦域には、南朝鮮を占領するための米地上軍部隊が存在しなかったからである。言い換えれば、トクスリ浸透計画はウェデマイヤーと戦略課報局が管轄する最初で最後の朝鮮作戦だったのである。これ以後、南朝鮮への入域許可も、そのための航空機の手配も、マッカーサーとホッジに依存せざるをえなくなった。さらに、ソ連軍が北部朝鮮に進駐したために、陸路で南朝鮮に帰還することも不可能になった。(72)

しかも、終戦当初、それらのことは必ずしも自明ではなかった。金九は呉鉄城と接触したし、李範奭はウェデマイヤーと折衝を重ねたのである。困惑したウェデマイヤーが第七艦隊に便乗して帰国する方法を示唆したので、張俊河は九月三日に昆明を経由して上海に向かった。しかし、いうまでもなく、その希望が達せられることはなかった。他方、すでにみたように、九月二五日、中国政府の呉国楨・宣伝部長は米国大使に蔣介石の意向を伝え、臨時政府要人たちが帰国して何らかの行政的役職に就くことを希望した。また、九月二六日午後二時には、蔣介石と金九の会談が開催された。このとき、金九は北朝鮮ではソ連の支援の下で人民委員会が組織され、南朝鮮では各種の政党と社会団体が乱立しているが、多数の国民は臨時政府が一日も早く帰国し、統一事業を主導することを渇望している、と主張したとされる。中国側の記録によれば、金九は二つのことを具体的に要望し、蔣介石に米国政府と交渉してくれるように依頼した。その第一は、臨時政府の人員を飛行機で帰国させてくれることであり、第二は、もし臨時政府の名義で帰国することが不可能な場合、まず帰国してから、国内の各党派と協力したうえで臨時政府を設立し、その後、その臨時政府が全国的な選挙を通じて正式な政府を設立できるようにすることであった。それが金九と臨時政府の政策であり、統一戦線論だったのである。「当面の政策」に示された金九の政治的立場に変化はなかった。しかし、すでにみたように、そのような役割が注目されるのは、李承晩の政治統合運動が失敗に終わり、ソウルに赴任したラングドン政治顧問代理が「統治委員会」を構想した頃、すなわち一一月後半になってからのことであった。奇妙なことに、その頃になってはじめて、在中国米国大使館はマッカーサーが一〇月上旬に金九の帰国を承認していたことを中国政府に伝えたのである(73)。

金九一行、すなわち金九、臨時政府要人そして随員の合計二九名は、専用機二機に搭乗して、一一月五日午前七時に重慶を離れて上海に向かった。そこで米軍機に乗り換えて帰国しようとしたのである。その約一ヵ月前、すなわち一〇月七日、金九は蔣介石に、すでに要請していた五〇〇〇万元に加えて、帰国に必要な装備および諸費用として五〇〇〇万元、さらに帰国後の活動費用として米貨五〇万ドルの借款を要請した。これに対して、蔣介石は一〇月二三日に最初の五〇〇〇万元の発給を承認し、一〇月三〇日に追加の五〇〇〇万元と米貨二〇万ドルの発給を許可した。それに加えて、蔣介石は中国航空当局に指示して、金九一行のために専用機二機を用意したのである。出発の前夜、蔣介石総統は中国政府、国民党そして各界の要人が参加する盛大な送別の宴を開催した。しかし、それにもかかわらず、金九と臨時政府の帰国について、中国政府と米国政府ないし米占領軍当局との間に明確な合意が成立していたかどうかは疑わしい。当初から、米軍機がいつ上海に到着するかが不明だったからである。一〇月三一日、上海での宿所提供について、金九は銭大鈞市長に協力を要請するように呉鉄城に依頼したが、その間の事情を「私ども一行が上海に到着した後、再び米国の飛行機に乗り換えて帰国するまで、その期間はたとえ短くとも、宿所問題がとても不便であると思われる」と表現した。また、すでに上海に滞在していた張俊河は、金九らの上海到着の一週間前に米軍機派遣のニュースを聞いたと証言しているが、実際に米軍機が到着したのは一一月二三日のことである。その間に、約三週間の日時が経過していた。言い換えれば、ホッジが派遣したC-47一機が江湾飛行場に到着したのは、重慶を出発した金九と臨時政府要人たちが上海で待機したまま南朝鮮に入国できず、そのことがソウルで物議をかもしてからのことである(74)。

たとえば一一月一九日の『自由新聞』は、金九主席一行の上海到着が米国のUP通信などで報じられているのに、かれらがなぜ入国できないのかを論じ、軍政当局が「個人の資格」での入国を要求しているのに対して、臨時政府側は「何らかの種類の承認」を要求し、入国後、できるだけ早期に完全独立政権を樹立する計画をもっているからではないかと推測した。これに対して、金錫璜・臨時政府歓迎準備委員長は「臨時政府要人たちが帰還しない原因は、どこまでも政府の資格で帰還する方針だからであり……個人の資格で帰ってくるのであれば、我々の失望は大きいだろう」と指摘した。また、安在鴻・国民党委員長は、軍政首脳は民族反逆者や親日派を識別することに困難を感じていると指摘して、「臨時政府が承認を受けた政府の資格で帰ってきて、統一政府が樹立されれば、軍政府が現在、困難を感じているあらゆる難問を容易に解決できるだろう」と主張した。しかし、それにもかかわらず、ホッジ司令官の金九と臨時政府に対する態度は冷淡であった。ソウルから上海に派遣された軍用機は中型輸送機一機だけであり、臨時政府の要人たち全員を一度に運ぶには不十分であった。ホッジは臨時政府要人たちが一団になって帰国し、「政府」のイメージが形成されることを警戒したのだろう。一一月二三日に帰国できた要人は、金九主席、金奎植副主席、李始栄・国務委員、金尚徳・文化部長、厳恒燮・宣伝部長、柳東悦・参謀総長であり、鮮于鎭などの随員を加えて、全員で一五人にすぎなかった。一行は午後一時に上海を発ち、四時四〇分頃に金浦飛行場に到着した(75)。

張俊河によれば、金浦飛行場には六台の装甲車両が待機しており、それに数人ずつ分乗して、外部との接触を断たれたまま、午後五時過ぎに鉱山王・崔昌学の邸宅である西大門近くの竹添荘に到着した。また、その後まもない午後六時に、ホッジ司令官が「本日午後、金九先生ら一行一五名がソウルに到着した。久しく亡命中であった愛国者金九先生は個人の資格でソウルに帰郷したものである」（傍点引用者）と発表した。しかし、金九らの帰国は事前に李承晩に知らされていたようである。李承晩は午後六時過ぎに竹添荘を訪れた。二四年ぶりの再会であった。午後八時に、厳恒燮・宣伝部長が記者会見に臨み、用意されていた帰国声明と「臨時政府当面の政策」一四ヵ条を配布し、読み上げた。その声明において、金九はまず革命の先烈と同盟国の勇士に弔意を表明し、臨時政府を支援してくれた蔣介石、南朝鮮にある米軍、そして北朝鮮を解放したソ連に敬意を示し、さらに「この戦争の勝利の唯一の原因は同盟という約束を通して相互に団結し、協調したところにある」と強調した。また、「私と私の閣僚はそれぞれ一個の市民の資格で帰国した」と確認し、「私と私の閣僚はただ完全に統一された独立自主の民主国家を完成するために余生を捧げる決心をもって帰国した」（傍点引用者）と続けた。事実、上海を出発するときから、金九は「あらゆることに白紙で対する」「一党一派を支持するという態度ではなく、国内諸勢力を糾合し、統一政権の樹立のために力を尽くす」と語っていたのである(76)。

翌日の早朝、金九は宋鎭禹、鄭寅晋、安在鴻、金炳魯、権東鎭、金庄淑らの訪問を受けた後、敦岩荘に李承晩を答礼訪問し、続いて米軍政庁にホッジ司令官とアーノルド軍政長官を表敬訪問した。その後、午後一時半に帰国後最初の記者会見が開かれた。それは前日の記者団との約束に従って非公式に設定されたものであった。最初の質問はもっとも微妙な統一戦線の結成に関するものであったが、金九は「私に李博士以上の手腕があると信じないでください」と述べ、さらに「まず統一して不良分子を排除するのと、排除しておいて統一するのと、二通りがあるが、結果において前と後は同一になるでしょう」「これは重大な問題なので軽率に話すことはできない」と注意深く答えた。また、帰国第一夜の感想については、「正直いって、自分の魂が帰ってきたものやら、肉体が帰ってきたものやら、まださだめがつかない心境です」と素朴に表現した。しかし、入国の資格について質問されたときには、「わが韓国には、現在、軍政が実施されている関係から、対外的には個人の資格になるでしょう。けれども、我々韓国人の立場からすれば、臨時政府が帰国したことに変わりありません」と、その立場を明確に表明した。また、その点について、マッカーサー将軍には「現在、朝鮮に軍政がある以上、完全な我々の政府がありえないということは理解する」と伝えたと紹介した。しかし、金九はその後の応答を厳恒燮・宣伝部長に委ねた。また、その日の午後八時、金九はラジオのマイクに向かって帰国の挨拶をした。しかし、発言内容を警戒した米軍当局がわずか二分間しか許容しなかったので、金九は自分と閣僚が「平民の資格」で帰国したことを告げ、「これから全国の同胞が一つになって、我々の国家独立の時間を最小限度に短縮させせましょう」と呼びかけるだけであった(77)。

公式の記者会見は一一月二六日午前一〇時から米軍政庁第一会議室で開催された。しかし、ホッジ司令官の丁重な紹介があった後も、「朝鮮の将来の建国事業にいかなる政策があるのか」について、金九は重々しい口調で「遺憾ながら、本人は帰国して数日にしかならないので、国内の諸般の事情を確実に知ることができない。また、臨時政府の閣僚たちがみな帰国したわけではなく、具体的な計画を樹立できないので確言できない」と語るのみであった。事実、翌日一一時三〇分から、金九は各党派の領袖と連続して会談し、それぞれの意見を聴取したのである。最初に到着したのは国民党の安在鴻であった。安は、現在の混乱を収拾するために、新たに過渡政権を樹立することなく、臨時政府が直接執権するように進言した。次に、韓国民主党の宋鎮禹と会談した。宋は臨時政府の正統性を力説し、連合国への使節派遣、臨時政府の実務組織の早急な整備、光復軍を母体にする国軍の編成など、五項目を建議した。また、午後三時に、金九は人民党の呂運亨とも会談した。会談の内容は回顧談が中心であったが、呂は弁明的な口調であったとされる。午後四時に、朝鮮人民共和国の許憲が李康国を伴って現れた。許は、人民共和国を組織した経過を実務的な口調で説明し、親日派と民族反逆者を除いた全国的な代表として、人民委員五五名を選出したことを報告した。金九の指導を要請し、自分は白紙に戻ってそれを受け入れると強調した。これに対しても、金九は「いまだに国内の事情に暗く、臨時政府の閣僚も大部分がまだ帰国できていない」と答えるだけであった(78)。

5　左右両派の反応とホッジ・李承晩

帰国後の金九の行動は「総団結」の主張と各党派への慎重な対応を特徴としていた。許憲との会談後、その内容が朝鮮人民共和国側に都合よく歪められて報道されたために、厳恒燮がそれに強く抗議するという場面があったが、四人の指導者との会談で、金九は自分の意見をほとんど述べなかった。しかし、右派勢力の先頭に立つ宋鎮禹と韓国民主党は、そのような臨時政府の妥協的な態度を警戒し、臨時政府第二陣の帰国を待ちわびたようである。それにもかかわらず、洪震・議政院議長、趙琬九・財務部長、趙素昂・外務部長、金元鳳・軍務部長、崔東旿・法務部長、申翼熙・内務部長、張建相・国務委員、成周寔・国務委員などの到着は遅れた。一二月一日に米軍機で上海を出発したが、天候不順のために地方飛行場に着陸し、論山で一泊した後、ようやく一二月二日夕刻にソウルに到着したのである。宋鎮禹、金性洙、金俊淵、張澤相らの韓国民主党幹部は、一二月四日に申翼熙・内務部長を訪問して、臨時政府を前面に押し立て、列国の承認が得られるまで直進するべきであると主張した。さらに、一二月六日、韓国民主党は臨時政府を絶対に支持する国民運動を展開し、その国際的な承認を促進することを決議した。米軍政府に対しても、あらゆる内政機関を臨時政府に委譲するように要望し、臨時政府に対しては、政府の不改造、朝鮮人民共和国への解散命令、光復軍の整備、連合国への外交使節派遣、愛国公債の発行などを建議した。宋鎮禹はさらに、一二月九日の記者会見で、「二七年もの間、血を流して戦った我々の政府が現存するにもかかわらず、いま一つの政府をつくるのは間違いである」と断言し、「赤色政権をもってして、我々は独立できない」と主張した。しかし、これらの韓国民主党の主張は、臨時政府に過剰な忠誠を表明するものであり、金九らの「国内の各党派と協力したうえで臨時政府を設立し、その後、その臨時政府が全国的な選挙を通じて正式政府を設立できるようにする」との方針とは明らかに対立した(79)。

他方、左翼勢力の中心である朝鮮共産党は、金九と臨時政府に対して慎重ながら原則的に対応した。一一月三〇日、ソウル中央放送局は「進歩的民主主義の旗の下で」と題する朴憲永代表の政見（鄭泰植による代読）を放送したが、それは金九や臨時政府に直接的に言及することなしに、民主主義統一政権の樹立について、「海内、海外の数個の政党の結集によってなされるのではなく、そのほかに大衆的な組織である全国労働組合評議会、全国青年総同盟、全国婦女同盟、天道教など、各民主団体もこれに参加しなければならない」と主張したのである。それは必ずしも朝鮮人民共和国を絶対視したり、それを民族統一戦線の完成形と考えたりするものではなかった。事実、一二月一二日の記者会見において、朴憲永は民族統一戦線についてさらに率直に論じて、「民族統一戦線は大衆を基礎として下から結成される統一がもっとも重要であり、内容も充実したものである」と指摘したが、それと同時に、「下からの統一と上からの統一が同時に進行し、実現してこそ、完全な民主主義的統一が実現されるだろう」と主張した。また、「半数ずつの勢力均衡をもって左右翼が連合しようという我々の正当な提議に対して、右翼政党は難色をみせるだけでなく、過半数の絶対多数を主張する」と非難したのである。さらに、臨時政府に対しては、「亡命政府が一種の臨時政府であるかのように宣伝するのは、統一のための努力ではなく、かえって分裂を助長する行動であらざるをえない」「統一政府樹立を提案している国内の進歩勢力と接近する努力を惜しんではならず、いま少し王家的、君主的な雰囲気から解脱する……必要がある」と批判した[80]。

共産党と右派勢力あるいは臨時政府との間の交渉がどのように進展したのかは明らかではない。しかし、朴憲永の談話の内容からみて、共産党は大衆組織を基礎とした左右の対等合作を要求していたようである。また、民族革命党（金奎植、金元鳳）など、臨時政府内の左派勢力は当初から共産党の推進する民族統一戦線に傾斜していたようである。しかし、すでにみたように、韓国民主党などの右派勢力は臨時政府自体の正統性を力説していたし、臨時政府要人の多くは名分を重視していた。興味深いことに、同じ一二月一二日の記者会見で、臨時政府の趙素昂・外務部長は「国内統一が緊急かつ切実に要求されているこのときに、国家の統一もまた必要である……国旗もまた大極旗に統一されなければならないことはいうまでもなく、さらに年号も統一されなければならない……飯ができる前に釜をめぐって争うことが不当であるのと同様に、機械的な平等、すなわち五対五の勢力をもてというよりも……私は四をもち、相手方には六をもてといいたい」と語っていた。同じような趣旨は、一二月二〇日、臨時政府の国務委員である成周寔によっても表明された。成は「現在において、人民共和国も満足のいくものではなく、また臨時政府も完全ではありえないといえるだろう。ただ臨時政府は二七年間の歴史をもっている……我々は三・一運動当時に国内から送ってよこした政府を我々の手で海外に保存してきたが、この度それを持ち帰り、国内同胞に戻すことを願うだけである」と答えたのである。年老いた臨時政府指導者たちにとって耐え難かったのは、自らの半生を賭けて守護してきた臨時政府が、過渡的な選挙管理政府を組織するための暫定的な母体としてさえ認定されないことだったのだろう[81]。

ホッジ司令官やその顧問たちが李承晩、金九、金奎植らの周囲に準政府的な「拡大連合顧問会議」や「統治委員会」を設置する構想をもっていたことは、すでにみたとおりである。これらの構想は国務省の反対により実行に移されなかったが、ホッジは金九、金奎植らの帰国を利用して、南朝鮮内の政治統合を促進し、米軍政府の負担を軽減する類似の組織を設置する計画をもち続けた。それは臨時政府による主権行使を認めるものではなかったが、それだけに李承晩、呂運亨、安在鴻などの参加を可能にするものでもあった。その意味で注目されたのが、一一月三〇日のホッジと呂運亨の会談である。その会談後に、呂運亨はホッジが「臨時政府領袖が帰国したこのときに、貴国の民族統一問題は決定的な段階に入った」「絶対に公平な立場に立脚して、この機会に統一結成を完成させたい」と主張したとし、左右双方に満足のいく腹案が提示されたので、それに積極的に協力するつもりであると語ったのである。それを裏づけるかのように、一二月六日、ホッジ司令官は米軍政庁で金九、李承晩、そして呂運亨と個別に会談し、その翌日に安在鴻と、さらにその翌日に宋鎮禹と会談した。そのような状況の下で、一二月一二日、ホッジ司令官は朝鮮人民共和国の政府としての活動を非合法化したのである。(82)

ただし、アーノルド軍政長官はその前日の一一日午後に朴憲永と極秘に会談し、有力政党の代表者から構成される「国家評議会」を組織して、米軍政府の下にあるすべての行政機構を指導する構想を提示していた。アーノルドはまもなくロンドンで米英ソ外相会議（実際にはモスクワで開催された）が開催され、朝鮮問題が討議されることを示唆して、朴憲永の参加を強く要請したのである。アーノルドは「もしこの（外相）会議で南朝鮮の諸政党・社会団体の連合体が組織された事実が承認されなければ、国家評議会を他国の後見に委ねる以外の方法はない。だから、独立を獲得することを願うならば、連合体を構成しろ！」（括弧内引用者）と要求したとされる。これに対して、朴憲永は従来の主張を繰り返したが、国家評議会が米軍政府の下部機構としてそれに服従するのか、それともその外部に存在して、将来、民族政府を樹立するための基礎になるのかに関心を示した。アーノルドは米軍政府の内部に置かれるにしても、外部に置かれるにしても、その連合体は迅速に結成されなければならないし、もし連合体の努力が認定されれば、米軍政府の権限がそれに委任されるだろうと回答した。さらに、それが結成されなければ、海外から帰還する韓国人に援助を提供する問題、憲法制定問題、食糧問題、財政問題、インフレ問題、日本人が所有する土地の没収問題、農業政策問題その他に対応できなくなると説得した。最後に、アーノルドは「もし貴兄が祖国を愛するのであれば、このような提案を拒絶してはいけない」と忠告したとされる。また、一二月一九日には、ホッジ司令官も朴憲永と会談した。ホッジは朝鮮人民共和国政府を非合法化し、朴憲永の退路を断ったうえで、米軍政府への積極的な協力を迫ったのである。(83)

他方、ホッジとアーノルドの一連の行動は、李承晩による独立促成中央協議会の活動再開を促した。一一月二日の会合での結論に基づいて、李承晩が招集した第一回詮衡委員会は詮衡委員の選定が党派的に偏重していたために流会に終わっていたが、李承晩は新しく金志雄、金錫璜、安在鴻、金綴洙、孫在基、白南薫、鄭魯湜を詮衡委員に指名し、一二月五日に第二回詮衡委員会を招集して、協議会の中央執行委員の人選に入ったのである。このような動きを背景に、一二月一〇日、李承晩は独立促成中央協議会について「人民の世論を代表する機関として、わが政府が樹立されるまでの過渡機関であるので、臨時政府国務院（国務委員会か）とは直接関係がない」（括弧内引用者）と表現し、一七日には「独立促成協議会は政党人の代表を糾合しようとするものでも、かれらに政治論争をさせる機関でもない。そこに政党人が入ってくることがあっても、それは政党の代表としてではなく、個人として集まるものである。国を探し出そうとする愛国者たちの集まりになるだけだ」と語った。李承晩は政党よりも個人の活動として、独立促成中央協議会の運動を推進する決意を表明したのである。さらに、そのような李承晩の動きは呂運亨と人民党の動向に影響を与えた。人民党総務局長である李如星は、一二月一七日の記者会見で、独立促成中央協議会を媒介にして、朝鮮人民共和国と臨時政府が過渡的な連立政権を樹立する可能性を示唆し、「根本方針においてわが党の考えとまったく背馳するものでなければ、中央協議会自体を生かすために努力する用意もある」との注目すべき見解を表明した。ホッジが呂運亨に示した腹案とは、そのようなものだったのかもしれない。それを「国家評議会」と呼ぶことは不可能ではなかった。(84)

四　李承晩の反共演説——冷戦の「先取り」

新しい可能性が模索されるまでもなく、ホッジや呂運亨の努力はすぐに水泡に帰した。一二月一七日夕刻、ソウル中央放送局を通じた政見放送で、李承晩が「共産党に対する私の立場」と題する爆弾的な反ソ・反共演説をして、共産党や朝鮮人民共和国との協力を不可能にしてしまったからである。この演説は「現在の我々の状態からみて、韓国は共産党を願っていないことを世界各国に対して宣言する」という冒頭の一句に始まり、ポーランドにおいて、また中国において、共産主義過激分子が国の独立を破壊しており、かれらは朝鮮においても同じように行動していると非難するものであった。李承晩は、そのなかで、「この分子たちはソ連を自分たちの祖国と呼ぶというが、もしこれが事実ならば、我々の要求するところは、この者たちが韓国から離れて、自分たちの祖国に帰り、自分たちの国に忠誠を尽くすことである」と極論したのである。また、李承晩は独立促成中央協議会の組織に言及し、共産主義者を懐柔するために多くの日数を費やしたが、今後は協力できる者とだけ協力していくとの方針を明らかにした。これに対して、一二月二三日、朴憲永は朝鮮共産党中央委員会代表の名義で声明を発表して、李承晩を「民族反逆者および親日派の救世主」と糾弾し、翌日、独立促成中央協議会との一切の関係を破棄した。また、安在鴻や呂運亨も、李承晩の反共演説によって政治統合運動が挫折したことを認めざるをえなかった。人民党の李如星は、呂運亨の代理として、一二月二四日、李承晩の演説を「ファッショ的独断であり、反統一的行動である」と非難し、臨時政府の態度を注視するとの談話を発表した。安在鴻もまた、一二月二五日、臨時政府が企画する特別政治委員会が独立促成中央協議会の企図したものを発展させることに期待を表明した。[85]

李承晩の演説は計画的になされたものだろう。すでに一二月一三日までに、李承晩は『ニューヨーク・タイムズ』の特派員に「米ソ関係は真珠湾攻撃前の日米関係に酷似している」「この状況が収拾されなければ、それだけ破局を回避できる可能性が少なくなる」との厳しい冷戦認識を示し、ソ連に対する宥和政策のために臨時政府の承認を阻止しているとして、米国務省を非難していたのである。これは李承晩特有の冷戦の「先取り」の国際的な表明であった。依然として臨時政府を支持する姿勢に変化はなかったが、李承晩はソ連や共産党に対して宥和的な臨時政府の政策と決別し、政治統合よりも「個人の名声」に依存することを決意したのだろう。これ以後、両者の政策的な対立が明白になった。たとえば、一二月一九日、ソウル運動場で開催された「大韓民国臨時政府凱旋全国歓迎大会」で、金九は「臨時政府は決してある一階級、一党派の政府ではなく、全民族、各階級、各党派の共同の利害と立場に立脚した民主団結の政府である。したがって、わが政府の唯一の目的はただ全民族を総団結させ、日本帝国主義を打倒し、韓国に真正の民主共和国を建立することにあります」「我々はただ（米ソ中）三国の親密な合作を基礎にしてのみ自主独立を迅速に達成することができるのです」（括弧内引用者）と主張し、李承晩の反ソ・反共路線と明確に一線を画したのである。また、臨時政府の成周寔・国務委員は、一二月二〇日の記者会見で、「李承晩博士は臨時政府の外交使節である……李博士の発表はどこまでも博士個人が責任を負わなければならない問題である」と述べ、南北朝鮮、左右両派、各党各派の革命人士を網羅した統合会議を開催し、そこで統一問題を議論することを提案した。それは「臨時政府当面の政策」第六条にある「民主領袖会議」を指していたのだろう。さらに、その翌日、張建相・国務委員も、「左翼勢力とは極力協調し、握手しなければならないこのときに、あのような言葉は我々としては想像もできないことであり、私は絶対にあの放送に賛同しない」と明言した(86)。

李承晩演説に対する臨時政府の反応は、それによって臨時政府がむしろ行動の自由を獲得したことを示していた。金九自身も、一二月二七日の「三千万同胞に告げる」と題するソウル中央放送局の政見演説で、親日派と民族反逆者を強く批判するとともに、「もっとも進歩した民主主義を実現するために、政治、経済、教育の均等を主張する」（三均主義）と言明し、普通選挙の実施、土地および大型生産機関の国有化、義務教育の国費による実施などを主張した。

それらはいずれも、一九四一年一一月の大韓民国建国綱領に掲げられていたものである。言い換えれば、内部に左派勢力を抱える統一戦線政府として、臨時政府はすでに朝鮮共産党や左派勢力と多くの政策を共有していたのである。そのことを意識して、金九は「もっとも進歩した民主主義」を掲げ、あえて土地および大型生産機関の国有化を表明したのだろう。また、親日派と民族反逆者を粛清するとの主張は、李承晩を取り巻き、反共路線を鮮明にする韓国民主党の指導者たちに向けられていたのかもしれない(87)。

おわりに

戦争終結直後、米国政府、とりわけ国務省は朝鮮人指導者の南朝鮮への帰国に慎重に対応した。米軍の南朝鮮進駐が必ずしも迅速ではなかったので、政治的な影響力をもつ独立運動指導者の早期帰国が米軍政府の樹立や軍政施行の妨げになることを懸念したのだろう。しかし、それだけではなかった。民族自決原則に固執し、ソ連との共同行動を重視することが、米国の戦後朝鮮構想、すなわち米ソ中英による朝鮮信託統治の基本的な枠組みであったために、特定の独立運動指導者の帰国が優先され、それが政治的な意味をもつことを警戒したのである。とりわけ、重慶にある大韓民国臨時政府の政府としての帰還は衝撃的であり、ぜひとも避けなければならない事態であった。そのために、アチソン国務長官代理は、独立運動指導者たちが同じ条件の下で帰国し、軍政の枠内で「個人の資格」で協力することを要求したのである。しかし、マッカーサー総司令官は李承晩の帰国を優先し、ホッジ司令官とともに帰国途上の李承晩と東京で会見して、神話の創造に協力した。李承晩個人が政治的な混乱を収拾する求心点としての役割を期待され、一九四五年一〇月一六日に「民族の英雄」として帰国したのである。ワシントンと東京・ソウルの間には、帰国する独立運動指導者たちを積極的に利用すべきか否かをめぐって、明らかに政策的な葛藤が存在した。しかし、興味深いことに、当初は左派勢力も李承晩が朝鮮人民共和国主席に就任することを強く希望した。帰国した李承晩はそれへの回答を留保し、「まず一つに固まろう」と宣言して、独自の政治統合運動を開始したのである。李承晩は帰国当初から韓国民主党を中心とする右派勢力と緊密に連携しただけでなく、安在鴻らの中間的な諸党派の支持を獲得した。朝鮮共産党と行動をともにしていた呂運亨も、李承晩の名声と米軍政府の圧力の前に、それから一歩距離を置いて、新しい役割を模索し始めた。その後、独立促成中央協議会の結成を契機に、李承晩が朝鮮人民共和国主席への就任を拒否して、右派路線を明確にすると、朝鮮共産党はそれに激しく反発して、独自の民族統一戦線論を展開して対抗した。労働運動や農民運動を組織化し、地方人民委員会の組織を拡大するために全力を尽くしたのである。李承晩の帰国がもたらした事態は、結局、右派勢力の強化と左右対立の激化であり、米ソ冷戦の「先取り」にすぎなかった。

他方、三・一独立運動以来の歴史をもつ大韓民国臨時政府は、上海から重慶に移転し、金九主席、金奎植副主席の下で再び統一戦線組織としての形態を整えていた。延安にあった華北朝鮮独立同盟と一九三〇年代後半に満洲で抗日武装闘争に従事した金日成らの共産主義者を除いて、臨時政府は中国内のほとんどすべての独立運動グループを網羅したのである。しかし、臨時政府と金九、金奎植の帰国は遅れに遅れた。一一月五日に蔣介石が用意した二機の中国機に搭乗して上海に到着したが、そこで一八日間も待機させられた。しかも、一一月二三日にソウルに向かう米軍機に搭乗できたのは、金九、金奎植らの第一陣、一五人にすぎなかった。上海に派遣された米軍機が中型輸送機一機だけだったからである。米軍政府としては、重慶臨時政府の集団的な帰国を警戒し、それをできるだけ遅らせ、さらには分断しようとしたのだろう。しかし、それにもかかわらず、重慶での金九と蔣介石やその側近との協議、九月三日に発表された「臨時政府当面の政策」の内容、さらに帰国後の実際の行動にみられたように、終戦直後に臨時政府が試みたのは、政治的正統性を貫徹することでも、左右の政治勢力の一方に加担することでもなく、「総団結」の主張の下で統一戦線組織としての役割を維持することにほかならなかった。それが目標にしたのは、北朝鮮地域や朝鮮共産党を包含する政治統合を実現することによって、全国的な普通選挙を実施するための国内過渡政権を樹立することであり、そのために、各界代表と民主領袖が結集する会議を招集することだったのである。それは李承晩が到達した反ソ反共の立場とは異なり、大韓民国臨時政府としての歴史的正統性の主張を除けば、皮肉にも、むしろ国務省や米軍政府が期待すべき役割であった。しかし、さまざまな試行錯誤の結果として、解放後三ヵ月を経過した一九四五年一二月の南朝鮮に出現したのは、米軍政府の統治下で、朝鮮人民共和国、独立促成中央協議会、そして大韓民国臨時政府という三つの統一戦線組織が分立し、それぞれが「統一」を叫びつつ、「分裂」を深めるという政治状況であった。

(1) Rhee to Truman, 15 May 1945, *FRUS, 1945*, VI, pp. 1029–1031; Lockhart to Rhee, 5 June 1945, *ibid.*; Joseph G. Grew, "Review of Policy Regarding Korea," Statement released to press June 8, 1945, *Department of State Bulletin*, 10 June 1945, pp. 1058–1059.

(2) Ballantine to Dunn, 28 August 1945, Footnote 71, *FRUS, 1945*, VI, p. 1053.

(3) Dickover to Vincent, 24 September 1945, *ibid.*; MacArthur to War Department, 29 September 1945, "Request for Information Concerning the Return of Koreans," OPD 381 CTO (29 September 1945), RG 165, Records of War Department, NARA; Robert Oliver, *Syngman Rhee: The Man Behind the Myth* (Westport, Connecticut: reprinted by Greenwood Press, 1973), pp. 210–212; Michael C. Sandusky, *America's Parallel*, pp. 33–34.

(4) Letter, Rhee to Stimson, 13 February 1945, Memorandum by Bonesteel, 16 February 1945, and Stimson to Rhee, 21 February 1945, "Plan for Koreans to Assistance in Post-War Administration in Japan," OPD 381 CTO (13 February 1945), Section 4, RG 165, Records of War Department, General and Special Staffs, NARA; SWNCC 115, "Utilization of Koreans in the War Effort," 23 April 1945, CCS 370 Korea (4-23-45), RG 218, Records of the United States Joint Chiefs

of Staff, NARA.
(5) SWNCC 115/1, 31 May 1945, and SWNCC 115/2, 4 June 1945, *ibid*, NARA.; Hull to Wedemeyer, 19 May 1945, Wedemeyer to War Department, 25 May 1945, and Memorandum for McCloy, 27 May 1945, OPD 336.2 (19 May 1945), RG 165, Records of War Department, General and Special Staffs, NARA.
(6) Letter, Rhee to Marshall, 3 August 1945, Summary by Hull, 6 August 1945, Memo for Record, 6 August 1945, and Marshall to Rhee, 8 August 1945, "Korean Participation in War Against Japan," OPD 381 CTO (3 August 1945), RG165, Records of War Department General and Special Staffs, NARA; Memorandum by Chanler, Acting Director, Civil Affairs Division, 23 August 1945, "Services of Syngman Rhee" (Request of Syngman Rhee to Go into Korea), OPD 381 CTO (23 August 1945), *ibid*, NARA.
(7) Letter, Younghan Choo to Elmer Davis, OWI, 16 July 1945, Taylor, Deputy Director, Area III, OWI to Younghan Choo, 24 July 1945, Rhee to MacArthur and Nimitz, 27 July 1945, Jamerson to Rhee, 30 July 1945, and Marshall to Rhee, 8 August 1945, "Korean Participation in War Against Japan," OPD 381 CTO (29 July 1945), *ibid*. NARA. 林炳稷『林炳稷回想録――韓国外交の裏面史』(ソウル、女苑社、一九六四年)、二五一―二五三頁。
(8) Hurley to Byrnes, 12 September 1945, *FRUS, 1945*, VI, pp. 1045-1046; Acheson to Hurley, 21 September 1945, *ibid*., pp. 1053-1054; Robertson to Byrnes, 25 September 1945, *ibid*., p. 1057.
(9) 国務省が要求した個人的な声明の文言については、*See*, Acheson to Robertson, 27 September 1945, *ibid*., p. 1060; Benninghoff to Atcheson, 10 October 1945, *ibid*., pp. 1070-1071.
(10) 一〇月一六日の国務省プレス・リリースについては、*See*, Byrnes to Hurley, 16 October 1945, *ibid*., pp. 1092-1093.
(11) 鄭秉峻『雩南李承晩研究』(ソウル、歴史批評社、二〇〇五年)、三九九―四〇一頁。韓詩俊「李承晩と大韓民国臨時政府」、柳永益編『李承晩研究――独立運動と大韓民国建国』(ソウル、延世大学出版部、二〇〇四年)、一六三―一七四頁。Atcheson to Byrnes, 15 October 1945, *FRUS, 1945*, VI, pp. 1091-1092.
(12) 鄭秉峻『雩南李承晩研究』、四四〇―四四四頁。Oliver, *Syngman Rhee*, p. 213; Robert Smith, *MacArthur in Korea:*

The Naked Emperor (New York: Simon and Schuster, 1982), pp. 13–15.

（13） MacArthur to War Department, 29 September 1945, "Request for Information Concerning the Return of Koreans," OPD 381 CTO, Section IV, RG 165, Records of the War Department, NARA; War Department to MacArthur and Wedemeyer, 15 October 1945, *ibid.*; MacArthur to War Department, 19 October 1945, *ibid.*; MacArthur to Marshall, 5 November 1945, *FRUS, 1945*, VI, p. 1112.

（14） John Carter Vincent, "The Post-War Period in the Far East," Addressed at the Foreign Policy Forum, 20 October 1945, *Department of State Bulletin*, 21 October 1945, p. 646.『自由新聞』一九四五年一〇月二七日。『毎日新報』一九四五年一〇月二六日、二九日。

（15） Hodge to MacArthur, 2 November 1945, *FRUS, 1945*, VI, p. 1106; Vincent to Vittrup, War Department, 7 November 1945, *ibid.*, pp. 1113–1114.

（16） McCloy to Acheson, 13 November 1945, *ibid.*, pp. 1122–1124; Vincent to Acheson, 16 November 1945, *ibid.*, pp. 1127–1128.

（17） Langdon to Byrnes, 20 November 1945, *ibid.*, pp. 1130–1134.

（18） Byrnes to Langdon, 29 November 1945, *ibid.*, pp. 1137–1138; SWNCC 176/8, *ibid.*, p. 1081.

（19） MacArthur to JCS, 11 October 1945, *ibid.*, pp. 1071–1072. 平壌のソ連軍司令部に派遣されたストロウザー大佐の手記（Kenneth C. Strouther, "Experiences of a Staff Officer, Headquarters XXIV Corps in the Occupation of Korea, September–November, 1945"）を参照した。

（20） 柳永益『李承晩の生と夢――大統領になるまで』（ソウル、中央日報社、一九九六年）、四六―九二頁。李庭植『李承晩の旧韓末改革運動――急進主義からキリスト教立国論へ』（ソウル、培材大学出版部、二〇〇五年）、六三―九一、二六三―二七七頁。李昊宰『韓国外交政策の理想と現実』、一二五―一三〇頁。『毎日新報』一九四五年一〇月一七日。『自由新聞』一九四五年一〇月一七日、一〇月一八日。曺奎河・李庚文・姜聲才『南北の対話』（ソウル、ハノル文庫、一九七二年）、八七―八九頁。雩南実録編纂会『雩南実録一九四五―一九四八』（ソウル、雩南実録編纂会、一九七六年）、六一

—六三、三〇五—三〇八頁。
(21)『自由新聞』一九四五年一〇月一八日(『雩南実録』、三〇七—三〇八頁)。曺奎河ほか『南北の対話』、八九頁。
(22) 李承晩帰国第一声(ラジオ放送)の要旨、梁又正編著『李承晩大統領独立路線の勝利』下編(ソウル、独立精神普及会、一九四八年)、九一—九三頁。
(23) War Department to MacArthur and Wedemeyer, 15 October 1945, OPD 381 CTO, Section IV, RG 165, Records of War Department, NARA; Oliver, *Syngman Rhee*, p. 210. 重慶経由の帰国についての李承晩と金九の合意については、鄭秉峻の詳細な研究を参照されたい(鄭秉峻『雩南李承晩研究』、四三四—四三五頁)。なお、ホッジに対する国務省の回答は、(1)李承晩はその他の朝鮮人と同じく個人の資格で帰国し、米軍政府に従属する、(2)米国政府からの資金や政治的支持を要請したり、それを受領したりしていない、(3)李承晩その他の朝鮮人の帰国について、米国政府と他国政府との間に非公式接触が存在しない、ことを確認するものであった。
(24)『毎日新報』一九四五年一〇月一八日。もっとも、尹致映は許憲たちが朝鮮ホテルに来て、李承晩との面会を要請したが、「人民共和国は共産主義者たちに操縦された団体である」とみなして、自分がそれを拒絶したと証言した(曺奎河ほか『南北の対話』、八四頁)。
(25)『毎日新報』一九四五年九月二八日、一〇月一二日、一九日。李起夏『韓国政党発達史』(ソウル、議会政治社、一九六一年)、六八—七一頁。
(26)『雩南実録』、七〇頁。
(27)『毎日新報』一九四五年一〇月二〇日。『自由新聞』一九四五年一〇月二一日。『雩南実録』、七五—七六頁。
(28)『自由新聞』一九四五年一〇月二四日。『毎日新報』一九四五年一〇月二五日。
(29)『自由新聞』一九四五年一〇月二七日、一一月七日、一一日。『毎日新報』一九四五年一〇月二九日、三〇日。『中央新聞』一九四五年一一月一三日。ビラ、『資料大韓民国史』第一巻(ソウル、国史編纂委員会、一九七〇年)、三九六—三九七頁。『雩南実録』、八九頁。朝鮮人民党『人民党の路線』(ソウル、新文化研究所出版部、一九四六年)、三—一〇頁。沈之淵『人民党研究』(ソウル、慶南大学極東問題研究所、一九九一年)、七—九頁。

(30)『毎日新報』一九四五年一一月二日。朴憲永と李承晩の会談（一九四五年一〇月三一日）、而丁朴憲永全集編集委員会編『而丁朴憲永全集』第二巻、六七―六八頁。

(31)『自由新聞』一九四五年一一月三日。

(32)『自由新聞』一九四五年一一月三日、五日、七日。『毎日新報』一九四五年一一月七日。宋南憲『解放三年史Ⅰ（一九四五―一九四八）』（ソウル、カチ、一九七七年）、二三一―二三六頁。

(33)『毎日新報』一九四五年一一月四日、六日。『自由新聞』一九四五年一一月八日。

(34)『中央新聞』一九四五年一一月七日。『自由新聞』一九四五年一一月八日。

(35)李承晩『独立精神』（ソウル、東西文化社、二〇一〇年）、一二九―一三四頁。Syngman Rhee, *Japan Inside Out: The Challenge of Today* (New York: Revell, 1941), pp. 126-150. 徐載弼・金道泰『徐載弼博士自叙伝』（ソウル、首善社、一九四八年）、二一四―二一八頁。林炳稷『林炳稷回想録』、二五七、二六一―二六三頁。李元淳編著『人間 李承晩』（ソウル、新太陽社出版局、一九六五年）、二三四―二三五頁。柳永益『李承晩の生と夢』、二六―三二、二二一―二二二頁。李庭植『李承晩の青年時代』（ソウル、東亜日報社、二〇〇二年）、一五八―一六一頁。李庭植『李承晩の旧韓末改革運動』、三九―五五頁。鄭秉峻『雩南李承晩研究』、一〇六―一一七頁。

(36)『自由新聞』一九四五年一一月八日、一〇日。『中央新聞』一九四五年一一月六日。

(37)「現情勢と我々の任務」（一九四五年八月二〇日）、『朴憲永全集』第二巻、四七―五六頁。「現情勢と我々の任務」（一九四五年九月二〇日）、金南植編『「南労党」研究資料集』第一集（ソウル、高麗大学亜細亜問題研究所、一九七四年）、八―二二頁。「九月テーゼ」の末尾の注記によれば、「八月テーゼ」は「一般政治路線についての決定」（傍点引用者）であった。

(38)（37）に同じ。

(39)朴憲永「朝鮮共産党の主張――朝鮮民族統一戦線結成について」（一九四五年一〇月三〇日）、『解放日報』一九四五年一一月五日。朴憲永の記者会見（一九四五年一〇月三〇日）、『自由新聞』一九四五年一〇月三一日。

(40)朴憲永「朝鮮共産党の主張」、『解放日報』一九四五年一一月五日。

(41) ブレジンスキーは残る三つの目的について、(3) この地域をソ連の経済復興のために利用すること、(4) この地域を資本主義世界に渡さないこと、(5) 社会主義イデオロギーの攻勢的要素を強調することであると指摘した。Zbigniew K. Brzezinski, *The Soviet Bloc: Unity and Conflict* (Cambridge, Massachusetts: Harvard University Press, 1960), pp. 4-6; Roosevelt- Stalin Meeting, 29 November 1943, *FRUS, Cairo and Teheran, 1943*, p. 532.

(42) 民主主義民族戦線編『朝鮮解放年報』、一五八—一六〇頁。「現情勢と我々の任務」、『「南労党」研究資料集』第一集、一三—一七頁。『全国労働者新聞』(全評準備委員会発行) 一九四五年一一月一日創刊号。中尾美知子・中西洋「米軍政・全評・大韓労総——朝鮮〝解放〟から大韓民国への軌跡」、『経済学論集』(東京大学経済学会) 第四九巻四号、一九八四年一月、八二—八四頁。

(43) 同上、八四頁。『解放日報』一九四五年一〇月一八日。金南植『南労党研究』(ソウル、トルペゲ、一九八四年)、六三—七一頁。

(44) 『解放日報』一九四五年一一月七日、一五日。『自由新聞』一九四五年一一月六日。

(45) 『解放日報』一九四五年一一月一五日。『自由新聞』一九四五年一一月七日、一〇日。『全国労働者新聞』(「全評」機関紙) 一九四五年一一月一六日。

(46) 『自由新聞』一九四五年一一月二八日。全国農民組合総連盟書記部『全国農民組合総連盟結成大会会議録』(ソウル、朝鮮精版社、一九四六年)、一一三頁。

(47) 『ソウル新聞』一九四五年一二月九日。『中央新聞』一九四五年一二月一一日。『全国農民組合総連盟結成大会会議録』、一一—一七、三七—四八、五六—六四頁。『朝鮮解放年報』、一六五—一七二頁。

(48) 『朝鮮解放年報』、一七八—一八二、一八六—一八八頁。金南植『南労党研究』、八六—八八、九六—一〇〇頁。

(49) 『自由新聞』一九四五年一一月一六日。

(50) 全国人民委員会『全国人民委員会代表者大会議事録』(ソウル、朝鮮精版社、一九四六年) 一—五頁。『自由新聞』一九四五年一一月二一日。

(51) 『全国人民委員会代表者大会議事録』、五—三七頁。『自由新聞』一九四五年一一月二一日。

(52) 『全国人民委員会代表者大会議事録』、三七―四九頁。『自由新聞』一九四五年一一月二一日。

(53) 『全国人民委員会代表者大会議事録』、四九―六三頁。『自由新聞』一九四五年一一月二一日。

(54) 『全国人民委員会代表者大会議事録』、七八―八一頁。『自由新聞』一九四五年一一月二三日。

(55) 『全国人民委員会代表者大会議事録』、九一―一〇一、一二四―一二六頁。Statement from the Commanding General, USAFIK, 12 December 1945, *General Hodge's Official File*(『ホッジ文書集』第一巻、江原道春川市、翰林大学アジア文化研究所、一九九五年)、四〇―四一頁。

(56) Maochun Yu, *OSS in China: Prelude to Cold War* (New Heaven: Yale University Press, 1996), pp. 214-216, 225-226. 林炳稷『林炳稷回想録』、二四三―二四五頁。ドノヴァンは情報調整官(C.O.I.)の時期から米国内での李承晩の活動に注目していた(Bradley F. Smith, *The Shadow Warriors: O.S.S. and the Origins of C.I.A.*, New York: Basic Books, 1983, p. 130)。

(57) 張俊河『石枕』(全面改訂版、京畿道坡州市、トルベゲ、二〇一五年)、二八一―二九〇頁。金俊燁『長征2――私の光復軍時代(下)』(京畿道坡州市、ナナム、一九八九年)、一九五―二〇〇頁。ただし、金俊燁は西安に向かった青年たちを一九名と記録している。金九発信、呉鉄城受信「敵軍から脱出し帰順した韓国青年四七人のために借款を要請する公函」(一九四五年二月六日)、崔鍾健『大韓民国臨時政府文書輯覧』(ソウル、知人社、一九七六年)、一二一―一二二、三七〇―三七三頁。Monthly Reports for Eagle Project, Sargent to Helliwell and Kurause, 30 May, 29 June and 31 July 1945, *Records of the Office of Strategic Services, Washington Director's Office Administrative Files, 1941-1945*, Microfilm, RG 226, NARA. ただし、トクスリ計画に関する資料は『大韓民国臨時政府資料集13』に収録されたものを使用した。以下、日付のみ表記する。Weekly Report for Eagle Project, Koger to Handy, 5 August 1945. なお、韓国光復軍はそれほど大規模なものではなかった。第二支隊に所属した張俊河によれば、西安の第二支隊(李範奭隊長)こそ三〇〇余名の兵力を擁したが、重慶にある第一支隊(金元鳳隊長)はせいぜい十数名、臨泉(岐陽)にある第三支隊(金学奎隊長)は学徒脱走兵十数名を中心にする一五〇余名にすぎなかった(張俊河『石枕』、三三三―三三四頁)。

(58) Sargent to Helliwell, Roosevelt and Krause, 5 August 1945; Sargent to Helliwell, Roosevelt and Krause, 5 August 1945; Yu,

OSS in China, pp. 229-230. 金九『白凡逸志』（ソウル、国士院、一九四七年）、三四八—三五一頁。張俊河『石枕』、三〇〇—三〇四頁。金俊燁『長征2』、二二三—二二九頁。

(59) Heppner to Bird, 10 August 1945; Hector to Heppner, 13 August 1945; Davies to Heppner, 13 August 1945; Hector to Heppner, 13 August 1945; Bird to Heppner, 14 August 1945.; Heppner to Bird, 14 August 1945. 金九『白凡逸志』、三五〇—三五一頁。Yu, *OSS in China*, p. 230.

(60) Bird to Hector, 22 August 1945; Preliminary Report of Mission to Keijo, Korea, for the Relief of Prisoners of War Interned in that Country, Bird to Heppner, 23 August 1945; INDIV to Fletcher, Wampler and Krause, 29 August 1945. 張俊河『石枕』、三一一—三一七頁。金俊燁『長征2』、二三八—二五二頁。李範奭『民族と青年——李範奭論説集』（ソウル、白水社、一九四八年）、三一—三二頁。バード大佐の報告によれば、飛行場には日本軍の中将一名および少将一名、そして一個中隊の兵士が待ち構えており、かれらはOSSチームが占領軍と何らかの関係にあるのか、降伏条件を議論するために来たのかを知りたがった。それに対して、バードは「連合国軍捕虜にできるだけの援助と慰労を提供するという目的だけのために、ウェデマイヤー将軍によって派遣された」と回答して、そのための協力を要請した。また、できるだけ早期に戦争捕虜を撤収させることに関心をもっており、そのための調査も目的に含まれると告げた。姓名を明らかにしなかったが、「参謀長と思われる日本軍中将」（上月良夫司令官か）は「捕虜が安全で良好な状態にあり、適切に取り扱われているとウェデマイヤー将軍に伝えるように」主張し、それ以上の情報提供を拒絶した。他方、第一七軍の神崎参謀はその日記の八月一八日の条に「竜山飛行場に米軍機ダグラス一機着陸。西安から早朝出発し俘虜慰問に来たものである。気の立った日本人が居り、歓迎したがる半島人が居るので、飛行場から出ないで引返させることになったが、油補給の為一泊」と記した（神崎長『神崎大佐日記』、防衛省防衛研究所戦史研究センター所蔵、一一七頁）。これが筆者の発見した唯一の日本側史料である。

(61) Memorandum for the President by Donovan, 18 August 1945; Yu, *OSS in China*, pp. 229-230, 250-251: Smith, *The Shadow Warriors*, p. 314.

(62) 金九『白凡逸志』、二七九—二八三、二八八—二九三頁。Dae-Sook Suh, *The Korean Communist Movement, 1918-*

1948, pp. 11-17. 韓詩俊「李承晩と大韓民国臨時政府」および潘炳律「李承晩と李東輝」、柳永益編『李承晩研究』、一八八―一九五頁および二八一―二九三、三〇四―三一〇頁。金三雄『闘士と紳士 安昌浩評伝』(ソウル、ヒョンアムサ、二〇一三年)、一〇三―一一〇、一二〇―一二九頁。

(63) 孫世一『李承晩と金九』(ソウル、一潮閣、一九七〇年)、四―一四頁。金喜坤『大韓民国臨時政府研究』(ソウル、知識産業社、二〇〇四年)、三一五―三四八頁。金九『白凡逸志』、二八八―三一三頁。

(64) 金九『白凡逸志』、二七九―二八一、三二二―三二四頁。その付録「私の願い」も参照した。姜萬吉『朝鮮民族革命党と統一戦線』(ソウル、和平社、一九九一年)、五五―五六、一二〇―一二三、二七二―二七六頁。金喜坤『大韓民国臨時政府研究』、一五九―一六〇頁。「一九三六年の在支不逞朝鮮人の不穏策動状況」、金正明編『朝鮮独立運動Ⅱ――民族主義運動篇』(原書房、一九六七年)、五五八―五九三頁。金俊燁『長征1――私の光復軍時代(上)』(京畿道坡州市、ナナム、一九八七年)、三三九―三四四頁。

(65) 金九『白凡逸志』、三四二―三四七頁。李炫熙『大韓民国臨時政府史』(ソウル、集文堂、一九八二年)、三一九―三二二、三三三―三三四頁。姜萬吉『朝鮮民族革命党』、二四三―二五八頁。趙凡来『韓国独立党研究 一九三〇―一九四五』(ソウル、先人、二〇一一年)、一七五―一八〇、一八三―一九一頁。黄苗熺『重慶 大韓民国臨時政府史』(ソウル、景仁文化社、二〇〇二年)、一一一―一一四、五五―五六、六七―六八、四四三―四四八頁。

(66) 中国軍事委員会「対韓国在華革命力量扶助運用指導方案」(一九四一年一一月)、秋憲樹編『資料 韓国独立運動1』(ソウル、延世大学校出版部、一九七一年)、六七一―六七三頁。一九四一年一〇月三〇日の蔣介石の指示(「陥川侍六代電」)については、その内容の一部が国民政府軍事委員会快郵代電(蔣介石発信、呉鉄城受信、一九四二年一〇月九日)に引用されている(同上、六七三―六七四頁)。蔣介石の要請にもかかわらず、金九と金元鳳の合作は容易ではなかった。蔣介石の指示を発出した唐縦(軍事委員会侍従室第二処第六組長)も、その日記の一九四一年一〇月二八日の条に「自委座允准成立韓国光復軍後、朝鮮義勇隊金若山等反対極烈、対金九等不惜破壊、毓麟来言同情熙若山等」と記している(唐縦『在蔣介石身辺八年』、台北、群衆出版社、一九九一年、二三六頁)。なお、「対韓国在華革命力量扶助運用指導方案」は、翌年一二月一五日に「扶助朝鮮復国運動指導方案」として結実し、二五日に蔣介石の承認を獲得した(崔鍾健『大韓民国臨時政府文書輯覧』、六七頁)。姜萬吉『朝鮮民族革命党』、二五九―二六〇頁。趙凡来『韓国独立党研究』、二六一―二六四、二七八―二八一頁。黄苗熺『大韓民国臨時政府史』、一九―二二頁。「一九四〇年の在支不逞朝鮮人の不穏策動状況」、金正明編『朝鮮独立運動Ⅱ』、六五五―六八八頁。権寧俊は朝鮮義勇隊の光復軍への編入が中国軍事委員会の指示によるものであったと指摘した。また、左右合作後も、臨時政府内の党派紛争は深刻であり、金九主席らの国務委員が辞表を提出することもあった(権寧俊「抗日戦争期における韓国臨時政府の政治活動と中国国民政府」、『県立新潟女子短期大学研究紀要』第四四号、二〇〇七年、二五七―二五八頁)。

(67) Suh, *The Korean Communist Movement*, pp. 217-230, 281-293. 姜萬吉『朝鮮民族革命党』、二九五―三〇三頁。日中戦争終結直後に、李青天将軍は『中央日報』(重慶)に「韓国光復軍が成立して以来、本軍を訪ねて服務する熱血青年も少なくないとはいえ、わずかに五個支隊にすぎなかった……本部は教育と訓練に明け暮れ、武器も得られない困難な状況下で……前方でたとえ若干の戦闘成果があったとはいえ、同盟軍と肩を並べて大規模な作戦をすることができなかった。そのことが遺憾であり、慚愧に堪えない」(李青天「九一七感言」、『中央日報』一九四五年九月一七日、秋憲樹編『資料韓国独立運動3』、延世大学校出版部、一九七三年、一九五―一九六頁)と率直に語った。韓国光復軍は小規模の兵力で「参戦する準備」をしたにすぎなかったのである。秋憲樹「中日戦争と臨政の軍事活動」(亜細亜学術研究会『亜細亜学報』第一一集、一九七五年六月、九―三四頁)を参照されたい。

(68) 金九の臨時議政院での西安視察報告(第三九回臨時議政院会議、一九四五年八月二二日)、国史編纂委員会『大韓民国臨時政府資料集13』、二五七―二六〇頁。金九『白凡逸志』、三五一―三五三頁。議政院での報告で、金九はトクスリ作戦が実施されたのと同日(一八日)に重慶に戻ったと証言した。OSS資料は八月一七日に重慶に戻ったと推定した(Krause to Roosevelt, 18 August 1945)。なお、八月一四日にソウルに向かった輸送機が引き返したのは、同日朝に米空母が特攻機に襲撃されたためであった(張俊河『石枕』、三〇九―三一〇頁)。

(69) 「呉秘書長接見韓国臨時政府金九主席談話要点」(一九四五年八月二二日)、崔鍾健『大韓民国臨時政府文書輯覧』、四二九―四三一頁。

(70) 『大韓民国臨時政府資料集13』、二五七―二六〇頁。黄苗熺『大韓民国臨時政府史』、四九―五〇頁。金九『白凡逸志』、三五二―三五三頁。

(71) 金九「国内外同胞に告げる」(一九四五年九月三日)、『白凡金九全集』第五巻(大韓民国臨時政府Ⅱ)(ソウル、大韓毎日新報社、一九九九年)、六五六―六五七頁。

(72) 小此木政夫「米軍の南朝鮮進駐―間接統治から直接統治へ」、赤木完爾・今野茂充編著『戦略史としてのアジア冷戦』(慶應義塾大学出版会、二〇一三年)、八三―一〇五頁。

(73) 張俊河『石枕』、三二九―三三二頁。「総裁接見韓国臨時政府主席金九紀録」(一九四五年九月二六日)、『白凡金九全集』第五巻、六七二―六七四頁。鮮于鎭「転換期の内幕―臨時政府の帰国」、『朝鮮日報』一九八一年一月五日―一〇日。マッカーサーが金九の入国を承認したことに関する至急電(呉鉄城発信・金九受信、一九四五年一一月二一日)、崔鍾健『大韓民国臨時政府文書輯覧』、一七六、四六二頁。金九、金奎植らの入国許可については、注(10)を参照されたい。それが明確に伝えられていなかったということだろうか。

(74) 乗客名簿、『白凡金九全集』第五巻、六九八頁。もっとも、一一月二三日の記者会見で、厳恒燮は上海に向かった金九一行を三二名と説明している。三名の追加の搭乗者がいたのだろう(『中央新聞』一九四五年一一月二四日)。崔鍾健『大韓民国臨時政府文書輯覧』、一六六―一七四頁。張俊河『石枕』、三三六頁。

(75) 『自由新聞』一九四五年一一月一九日。『中央新聞』一九四五年一一月二四日。張俊河『石枕』、三四一頁。

(76) 張俊河『石枕』、三四七―三五三頁。『自由新聞』一九四五年一一月二四日。『ソウル新聞』一九四五年一一月二四日。上海・具益均発信、『中央新聞』一九四五年一一月二四日。

(77) 『自由新聞』一九四五年一一月二五日、二六日。『中央新聞』一九四五年一一月二六日。ソウル中央放送局を通じた帰国挨拶(一九四五年一一月二四日)、張時華編『建国訓話』(ソウル、敬天愛人社、一九四五年)、五頁。張俊河『石枕』、三五八、三六一―三七二頁。

(78) 『自由新聞』一九四五年一一月二七日。『中央新聞』一九四五年一一月二八日。張俊河『石枕』、三七二―三七三、三八七―三九三頁。

(79) 『中央新聞』一九四五年一一月二九日。『東亜日報』一九四五年一二月五日。『ソウル新聞』一九四五年一二月九日。

張俊河『石枕』、四〇八―四一二頁。

(80) 朴憲永「進歩的民主主義の旗の下で――共産党の政見放送」(一九四五年一一月三〇日)、『朴憲永全集』第二巻、九七―一〇〇頁。朴憲永「民族統一戦線と亡命政府について」(一九四五年一二月一二日)、『ソウル新聞』一九四五年一二月一三日。

(81)『ソウル新聞』一九四五年一二月一三日、二二日。李昊宰『韓国外交政策の理想と現実』、一六四頁。

(82)『ソウル新聞』一九四五年一二月八日。『東亜日報』一九四五年一二月一〇日。

(83) 朴憲永同志とアーノルドとの会談、一九四五年一二月一一日、『朴憲永全集』第二巻、一一〇―一一三頁。『ソウル新聞』一九四五年一二月二一日。

(84)『ソウル新聞』一九四五年一二月七日、一八日。『東亜日報』一九四五年一二月一一日。

(85) 李承晩「共産党に対する私の立場」(一九四五年一二月一七日)、『ソウル新聞』一九四五年一二月二一日。朴憲永「共産党の建設的役割を無視し、民族独立に破壊行為――ファシスト李博士に反省要求」(一九四五年一二月二三日)、『朴憲永全集』第二巻、一二六―一三一頁。而丁朴憲永記念事業会編『而丁朴憲永一代記』二五四―二五五頁。『ソウル新聞』一九四五年一二月二五日、二六日。『自由新聞』一九四五年一二月二六日。

(86) Richard J. H. Johnston, "Korea Accuses U. S. of Appeasing Soviet; Says Moscow Policies Hurt World Peace," *New York Times*, 18 December 1945. 李昊宰『韓国外交政策の理想と現実』、一六二―一六三頁。『ソウル新聞』一九四五年一二月二一日、二二日。

(87)『東亜日報』一九四五年一二月三〇日。「大韓民国建国綱領を制定し、ここに公布する」(一九四一年一一月二八日)、『白凡金九全集』第五巻、九五―一〇〇頁。

第五章　ソ連軍の北朝鮮占領と金日成の台頭

——民族統一戦線と独自共産党の形成

はじめに

第二次世界大戦の終末期に対日参戦し、満洲にある関東軍を撃滅した極東ソ連軍は、北朝鮮の日本海沿岸諸港、とくに清津と元山港占領を目標とする付随的な海陸作戦を実行し、それを一九四五年八月二二日までに達成した。また、八月二四日には日本軍の第三四軍司令部がある咸興と北朝鮮の中心都市である平壌に進駐した。しかし、それでは、七月二六日までに作成されていた各方面軍、とりわけ北部朝鮮を担当した第二五軍や太平洋艦隊の作戦計画はどのようなものであり、それに大きな変更はなかったのだろうか。咸興、平壌その他への進駐はどのように進行したのだろうか。ソ連軍は三八度線をどのように取り扱ったのだろうか。また、ソ連軍の北部朝鮮での占領行政は、いかなる機関を通じて、どのように実行されたのだろうか。米軍の南朝鮮占領と同じく、ソ連軍も当初は間接統治を意図したのだろうか。現地の共産主義勢力が民族主義勢力と連合して組織した人民委員会は、どのような役割を果たしたのだろうか。本国政府からの占領初期の基本指令は、いつ第二五軍司令部に伝えられたのだろうか。それは統一管理と分割管理のいずれを指向していたのだろうか。また、米ソの共同行動はどのように考えられていたのだろうか。北朝鮮の民族主義勢力はソ連軍当局に協力的だったのだろうか。キリスト教会の長老であり、民族的な指導者であった曺晩植はどのように行動したのだろうか。ポーランド、東ドイツその他、ソ連軍が占領した東欧諸国と比べて、北朝鮮に特有の事情はなかったのだろうか。北朝鮮でも、反ファッショ・民主主義民族統一戦線の形成が追求されたのだろうか。それとも、進駐とともに、ソ連軍が「朝鮮人民の真正な権力機関、人民委員会に一切の権力を委譲し、それにあらゆる活動の自由を保証した」とするイデオロギー的な主張は真実を伝えていたのだろうか(1)。

ソ連軍進駐後の数ヵ月間は、謎の多い朝鮮解放史のなかでももっとも情報が乏しく、それだけにさまざまな解釈が許容されてきた時期である。また、イデオロギー対立の狭間にあって、かなり強引な歴史解釈ないし修正がなされてきた時期でもある。しかし、もっとも重要な政治指導者として北朝鮮に登場する金日成は、この時期に着実に政治権力への接近を開始した。一九三〇年代に満洲で抗日武装闘争に従事した若き金日成は、一九四〇年にソ連領に逃れてから、そこで何をしていたのだろうか。極東ソ連軍第八八特別旅団で、偵察要員としての訓練に励んでいたとする理解が正しいのであれば、ソ連軍が対日参戦したとき、金日成部隊はいかなる役割を演じたのだろうか。長白山一帯の遊撃根拠地から出撃して、ソ連軍隊との緊密な連携の下で、日本侵略軍を撃滅しつつ、怒濤のように祖国に進撃した、とする北朝鮮の公式見解は正しいのだろうか。金日成はいつ、どのように帰国して、どこでソ連軍当局と接触したのだろうか。北朝鮮の占領行政を担当したソ連軍民政部との関係はどのように形成されたのだろうか。また、金日成は民族主義勢力、とりわけ曺晩植や朝鮮民主党をどのように取り扱ったのだろうか。さらに、金日成はソウルにある朝鮮共産党中央委員会や北朝鮮の地方共産主義者にどのように対応したのだろうか。ソ連軍当局と金日成はなぜ朝鮮共産党北部朝鮮分局の設置を必要としたのだろうか。それはソ連軍による北朝鮮統治や国家建設とどのように関係したのだろうか。朴憲永の失敗はどこにあったのだろうか。北部朝鮮分局の設置後、金日成はどのようにして人民政権樹立や党活動刷新の方針を提示して、分局責任秘書に就任したのだろうか。金日成は朝鮮の分断と統一をどのように理解していたのだろうか。解放直後の北朝鮮で発生したもっとも深刻な事態、すなわち新義州における学生蜂起はどのようなものであり、金日成はそれにどのように対処したのだろうか(2)。

筆者の問題意識は以上のようなものであるが、本章では、まずソ連軍の朝鮮作戦と咸興および平壌への進駐、スターリンの基本指令、ソ連軍民政部の設置と初期の占領政策などを検討し、続いて金日成の帰国後の政治活動、とりわけその民族統一戦線論、北朝鮮への独自の共産党設置、人民政権樹立と党活動刷新のための努力、そして党権力の掌握などに焦点を当てることにする。ソ連軍の占領政策と金日成の政治活動を重ね合わせて、それらを一つの文脈の下で解釈するためである。なぜならば、両者の間には切り離すことができないほど密接な関係が存在したし、その関係の分析こそもっとも重要であるように思われるからである。さらに、そのような分析は、いわゆる金日成の「民主基地」論の生成過程にも興味深い視座を提供するだろう。

一　ソ連軍の対日参戦と北朝鮮占領

1　満洲侵攻作戦と北朝鮮解放

一九四五年八月九日午前零時（ザバイカル時間）を期して、ザバイカル方面軍、第一極東方面軍、そして第二極東方面軍によるソ連軍の対日戦争が開始された。極東ソ連軍総司令官はワシレフスキー（Vasilevskii, A. M.）元帥であり、その戦略目標は満洲と朝鮮で日本の関東軍を撃滅し、さらに南樺太と千島諸島を占領することであった。マリノフスキー（Malinovskii, R. I.）元帥が指揮するザバイカル方面軍とメレツコフ元帥が指揮する第一極東方面軍は、西と東の両側面から関東軍を攻撃し、プルカエフ（Purkaev, M. A.）上級大将の率いる第二極東方面軍による北からの補助攻撃と合わせて、「満洲の中心で交差する三つの方面からの分断打撃」によって関東軍を撃滅しようとしたのである。さらに、「長春―吉林地区で握手した後、両方面軍は行動作戦方向を大きく変え、遼東半島と北朝鮮へ直進し……これらの地区を解放する」計画であった。ちょうど開かれた扇の両側から中央に位置する関東軍を挟撃し、合流した後、最終目標である遼東半島と北部朝鮮に向けて進撃するかのようであった。この作戦を実施するために、五月以後、ソ連軍最高総司令部はケーニヒスベルク地区、プラハ地区そして東プロイセンから、九千キロから一万一千キロに達する大規模な兵力移動を実施した。その結果、三個方面軍は一一個諸兵連合軍、一個戦車軍、三個飛行軍、一個作戦集団から構成され、これらの統合兵団は八〇個師団、四個機甲軍団、六個狙撃旅団、四〇個機甲旅団、総兵力一五七万人余りに達したのである。また、太平洋艦隊およびアムール河小艦隊がこれと行動をともにした(3)。

ソ連軍最高総司令部の六月二八日付の命令に基づいて、七月二六日までに準備された各方面軍の作戦構想によれば、左翼を担当する第一極東方面軍は、二個諸兵連合軍、一個機械化軍団、一個騎兵師団の兵力をもって、グロデコヴォ地区から牡丹江方面に主要打撃を加えて、満洲中心部の吉林、ハルビン、長春に向けて進撃する予定であった。朝鮮の解放と占領に大きな役割を演じるチスチャコフ（Chistiakov, I. M.）大将の第二五軍は、その最左翼を南方に深く踏み込み、図們江河口からソ連と朝鮮の短い国境に沿って、さらに二八五キロにわたって北方に展開していた。しかし、作戦開始後の最初の一週間、第二五軍は国境防衛の任務につくことを要求されていた。第一極東方面軍の主力が日本軍の防衛陣地を突破した後、その主要打撃の一部として八日目に東寧を奪取する計画だったのである。第二五軍の主力は、その後、同方面軍から一個軍団を増強されて、図們江を隔てて朝鮮半島北東部に隣接する汪清―図們―琿春の三角地域に向けて南下する予定であった。この重要な三角地域の奪取は開戦後二五日目に予定されていた。また、その補助打撃として、第二五軍の一部がバラバシュ地区から図們・延吉地域に進出し、満洲から朝鮮への日本軍の退路を遮断する計画であった。さらに、第二の補助打撃として、クラスキノ地区からソ連に隣接する朝鮮の日本海沿岸への進撃、すなわち北東部諸港の占領が予定されていた。シャーニン（Shanin, G. I.）少将（第二五軍参謀長代理）の指揮する南部分団（第三八六歩兵師団および機動支隊）と太平洋艦隊による北東部諸港の奪取は、第二章第二節でみたように、一九四四年一〇月の英ソ参謀長会議（トルストイ）と関連して、スターリンがハリマンとディーンに語った作戦である。しかし、それには早くても開戦後第二週に、おそらく東満洲の三角地域が奪取された後、すなわち第四週以後に着手するものとみられた(4)。

しかし、ソ連の対日参戦をめぐる情勢は急進展した。参戦の翌日、すなわち八月一〇日には、条件付きながら日本政府がポツダム宣言受諾の意思を表明したからである。言い換えれば、米軍による原爆投下に促されて、ソ連軍は予定を繰り上げて参戦しただけでなく、日本が正式に降伏する前に、満洲や南樺太・千島諸島だけでなく、朝鮮でも少

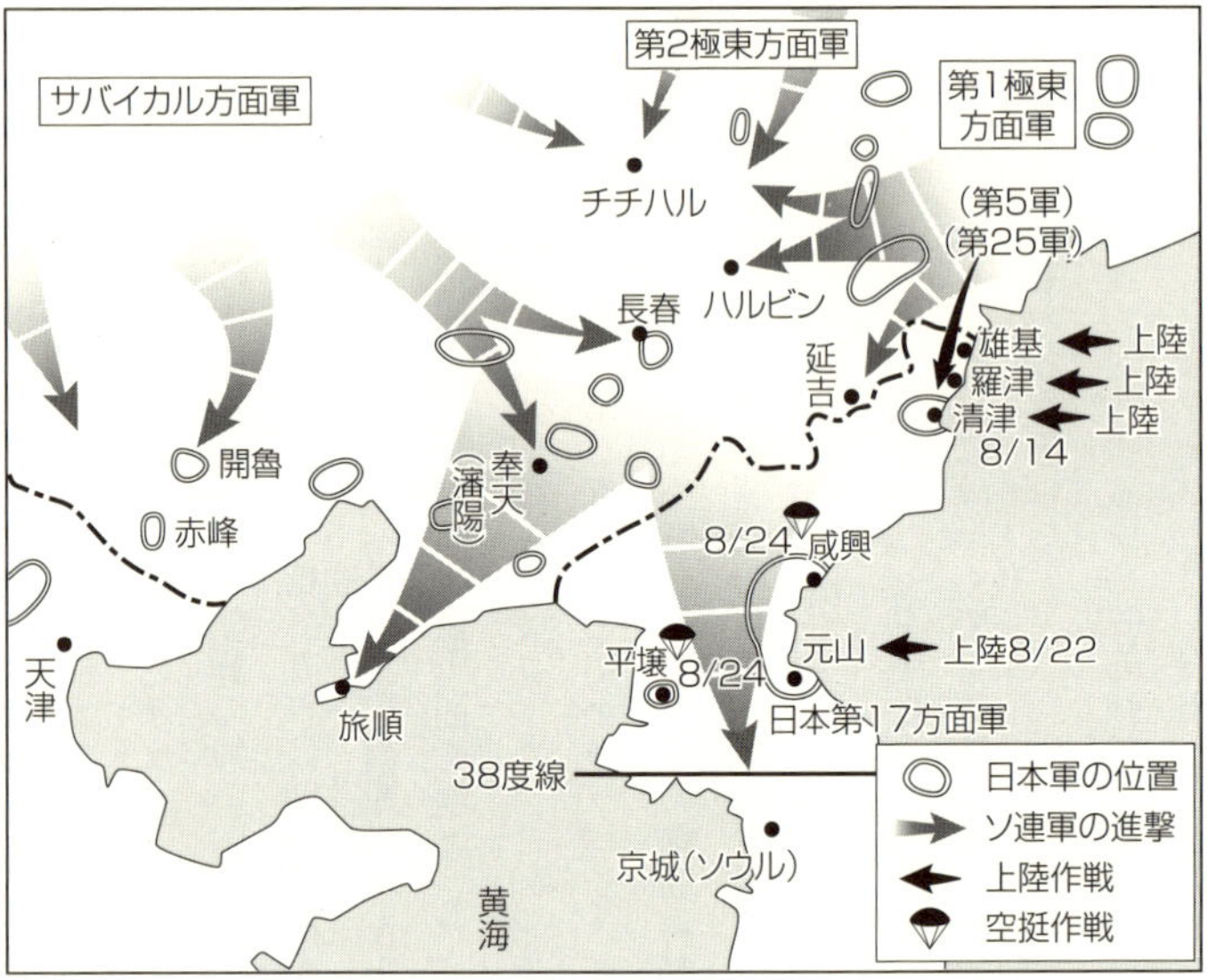

地図７　ソ連軍の北朝鮮侵攻作戦（1945年８月）
出典：マリノフスキー著『関東軍撃滅す』付録の地図を参照。

しでも多くの地域を占領しなければならなかったのである。もし日本がそのまま正式に降伏して、ソ連が朝鮮半島に一兵も保持していなければ、戦後の朝鮮半島に対するソ連の発言力は極端に制限されざるをえない。そのような事態を避けるために、スターリン自身が朝鮮半島への進撃と東北部諸港の奪取を督促したのだろう。八月一〇日、メレツコフはチスチャコフに対して、予定されていた一個軍団（第一七歩兵軍団）に加えて、予備の第八八歩兵軍団および第一〇機械化軍団を第二五軍に配属することを通知し、早急に汪清—延吉—図們地域を奪取するように命令した。また、第八八歩兵軍団は図們占領後も引き続き南下し、日本海沿岸を南下する南部分団に加わるものとみられた。さらに、南部分団には、太平洋艦隊と共同で早急に北朝鮮の主要な港湾である清津と元山を占領するという新しい任務が加えられた。清津は日本本土と北朝鮮、そして東満洲を結ぶ重要な港湾都市であり、そこには会寧や南陽で東満洲に接する鉄道連結駅が存在した。また、隣接する羅南には日本軍師管区司令部（第一九師団）が設置され、清津にも守備隊が置かれていた。他方、元山作戦には、それがポツダムで合意した海軍活動の米ソ境界線の外側に位置するという微妙な問題が付随していた(5)。

事実、開戦直前の八月八日、太平洋艦隊は最高総司令部から作戦準備命令第一号を受け取ったが、その内容は水雷網の敷設、潜水艦の各位置への展開、輸送船の護衛準備という防御的性質のものであった。総司令部は太平洋艦隊の主要任務を日本の海上交通の遮断と、日本艦隊によるソ連沿岸への揚陸の阻止であるとみなしていた。日露戦争の経験から、海上交通を封鎖することによって、一方で関東軍強化のための予備軍の輸送を不可能にし、他方で関東軍の日本本土への撤退を阻止しようとしたのである。しかし、八月一〇日には、太平洋艦隊のユマシェフ（Iumashev, I. S.）提督にも上陸作戦の繰り上げ実施という命令が伝えられたようである。新たにヴォルコフ（Volkov, A. A.）上佐の第三三五歩兵師団が太平洋艦隊に配属され、イサコフ（Isakov, F. A.）大佐の第三九三歩兵師団がバラバシュからクラスキノに移動し、そこから南部分団に加わって朝鮮作戦に参加した。これら二つの師団が朝鮮での実際の戦闘に参加する主力部隊になったのである。イサコフ師団は八月一一日から一二日にかけての夜間に国境を越え、ほとんど抵抗を受けないまま、太平洋艦隊の上陸部隊との共同作戦によって、一二日に雄基と羅津を占領した。しかし、清津では、太平洋艦隊がほとんど独力で戦闘任務を遂行した。八月一三日正午頃に偵察隊が、一四日には海兵大隊が上陸したのである。さらに一五日には、主力部隊である第一三独立海兵旅団が上陸し、遅れて陸路で到着した南部分団の部隊も清津攻撃に参加した。日本軍守備隊は八月一五日の終戦詔勅を知らずに抵抗を継続したが、激戦の末、清津は八月一六日に完全に占領された。さらに、一七日には羅南が、一八日には富寧も占領された。これらが北朝鮮での最後の戦闘となったのである。他方、東満洲でも、一六日までに第二五軍の主力部隊が汪清に到達した。翌日には補助打撃部隊が図們を占領し、一八日に北朝鮮への進撃を開始した。さらに、一七日から一九日にかけて、日本海沿岸への進撃を担当する予定であった第三八六師団と、後に追加された第八八歩兵軍団の一部が国境を越えて、南部分団の朝鮮作戦に参加した(6)。

しかし、八月一〇日の作戦変更にもかかわらず、ついに本格的な朝鮮進攻作戦（内陸部への進撃）が実施されることはなかった。また、日本軍が抵抗を止めるまで、第二五軍にはその余裕もなかった。他方、第二章でみたように、日本政府によるポツダム宣言の正式受諾に伴って、八月一五日には、トルーマンからスターリンに日本軍の降伏受理に関する一般命令第一号の草案が通知された。その文書には首都ソウルを含む三八度線以南の地域にある日本軍の降伏を米軍が受理することが明記されていたが、スターリンはそれに反対しなかった。その時点で、満洲進攻作戦は相当に進展していたが、ソ連軍は依然としてハルビンや瀋陽に到達していなかったし、朝鮮でも清津作戦が完了していなかったのである。そのような状況の下で、八月一八日、ワシレフスキー総司令官は機動部隊と空挺部隊による満洲および北朝鮮の主要都市の迅速な占領を命令した。しかし、同日早朝以後、日本軍が戦闘行動を停止したために、八月二二日の元山上陸が戦火を伴うことはなかった。八月二四日の咸興と平壌占領も少数の空挺部隊によって平穏に達成された。また、ザバイカル方面軍の部隊も、降下部隊に先導されて、八月二三日に旅順、二四日に大連に入城した。それらの作戦はいずれも戦闘終結後の進駐を目的とする「緊急発進」（スクランブル）にほかならなかったのである。当時の米海空軍の輸送能力からみて、もしスターリンが三八度線を境界線にする降伏受理の分担を拒絶すれば、またマッカーサーが九月二日の東京湾上での日本の降伏受理に固執しなければ、ソ連軍の進駐以前に、米軍空挺部隊が旅順、大連やソウル、平壌に到達することも不可能ではなかった(7)。

結果的にみて、本格的な朝鮮進攻作戦こそ実施されなかったものの、日本海沿岸の雄基、羅津、清津の武力解放に続いて、ソ連軍は戦闘終結後ただちに元山、咸興、平壌に進駐した。それによって、予定を繰り上げて実施した朝鮮作戦の基本的な目的は完全に達成されたのである。隣接する北朝鮮諸港を占領したことによって、ソ連はウラジオストクへの対岸からの揚陸の脅威から解放されただけでなく、日本海とタタール（間宮）海峡、そして朝鮮西海岸の南浦や遼東半島の旅順、大連などとの海上交通路を確保することができた。さらに、平壌を含む三八度線以北の朝鮮を占領することによって、スターリンは戦時会談で非公式に合意された四大国（米英ソ中）による朝鮮の国際管理（信託統治）に対しても有利な地歩を築くことができた。それによって、もはや、ソ連の朝鮮に対する発言力を四分の一の枠内に止めることは不可能になったからである。それどころか、南北朝鮮の暫定的な統一管理さえ、ソ連の同意なしには不可能になったのである。そのことがもつ重要性について、数ヵ月前に、スターリンはチトー（Tito, Josip Broz）が率いるユーゴスラビア共産党代表団に明確に指摘していた。ジラス（Djilas, Milovan）によれば、スターリンは「この戦争は過去の戦争とは違う。だれもが自らの社会制度を押し付けるのだ。その軍隊がそうする力をもつ限り、だれもが自らの社会制度を押し付ける。そのほかの方法はない」と率直に語っていたのである。北部朝鮮地域も例外ではなかっただろう。(8)

2　咸興と平壌への進駐

歴史的な対独戦勝パレードがモスクワで挙行された一九四五年六月二四日の二日後、極東勤務を経験した数人の同僚とともに、チスチャコフ大将はソ連軍参謀本部に出頭していた。マリノフスキーと短い会話を交わした後、スターリン最高司令官から第二五軍司令官に任命されたのである。独ソ戦争の最前線で戦って、師団長、軍団長を経験し、近衛第六軍司令官に就任していたチスチャコフは、「貴官がよく知っている戦線はどこか」というスターリンの質問に対して、「六年間沿海州に勤務して、グロデコヴォからハサンに達する国境についてよく知っている」と答えた。スターリンの命令によって、ラグティン（Lagtin, P. F.）中将（第二五軍副司令官）およびペンコフスキー（Penkovskii, V. A.）中将（第二五軍参謀長）とともに、チスチャコフは六月二九日に極東に向けて出発したのである。対日戦争では、東満洲で関東軍との戦闘を指揮し、日本軍の抵抗が終結した後、八月二四日に航空機で延吉から咸興に入った。

他方、日本軍の第三四軍は咸興付近の要地を確保して、咸鏡道方面に侵入するソ連軍の京城および平壌方面への侵出を阻止することを主要任務にしていた。戦闘終結後、チスチャコフが咸興に降りたのは、そこに第三四軍司令部が設置されていたからだろう。第二五軍の先遣隊はすでに八月二一日に陸路で咸興に入り、平壌と元山を結ぶ鉄道（平元線）を完全に遮断していた。他方、第一極東方面軍のメレツコフ司令官は、八月二五日、延吉にある第二五軍参謀部を九月一日頃までに咸興か平壌に移動させるようにチスチャコフに要求した。第二五軍が北朝鮮占領を担当することを告げ、チスチャコフに司令部を咸興に設置するか、平壌に設置するかを選択させたのである。咸興に滞在中であったチスチャコフは平壌を選んだ。米陸軍第二四軍団のホッジ中将が、八月一九日、第一〇軍のスティルウェル大将に代わって、突然、南部朝鮮占領を命じられたように、チスチャコフ大将の北部朝鮮占領の任務も突然与えられたものであった(9)。

解放直後の咸興でも、八月一六日に安在鴻のラジオ演説が聴取され、咸興刑務所から約二〇〇人の政治犯と経済犯が釈放された。そもそも咸鏡南道は一九三〇年代に左翼的な農民組合が活動した歴史をもっていたし、咸興・興南・元山地域は多くの港湾労働者と日本窒素肥料興南工場、小野田セメント川内里工場などの工場労働者を抱える労働運動や左翼運動の中心地の一つであった。したがって、釈放された宋成寛や金在圭らは当然のように過去の共産主義運動の同志たちを糾合し、その日の夜に咸鏡南道人民委員会左翼を結成したのである。また、それが発展的に解消して、数日後には咸鏡南道共産主義者協議会が組織された。それとは別に、都容浩や崔明鶴らを中心に建国準備委員会咸鏡南道支部も組織された。そのような昂揚した情勢のなかで、八月二四日午後四時にチスチャコフが咸興に飛来したのである。チスチャコフ大将とシャーニン少将（南部分団）は、櫛淵鍹一中将と軍司令部で会談して第三四軍の武装解除について協定し、さらに岸勇一咸鏡南道知事と行政権の接収について協議した。しかし、ソウルから総督府関係者が到着したにもかかわらず、チスチャコフは交渉を部下に任せて、三〇分で退席してしまった。興味深いことに、ソ連軍側は行政権を道ごとに接収し、朝鮮総督府を交渉対象にしない方針を明らかにしたのである。岸知事らは二五日午前中に改めてソ連軍側と交渉し、当分の間、日本の憲兵や警察が治安維持に当たり、知事と道庁職員が行政事務を執行することに合意した。そのことがラジオで放送され、岸知事とシャーニン少将の布告として準備されたのである。(10) それは間接統治の許容を示唆するかのようであった。

しかし、そのような事態はすぐに一変した。午後一時、共産主義者協議会から宋成寛、崔基模、林忠錫、金仁学、建国準備委員会から都容浩、崔明鶴の六名がチスチャコフを訪れ、咸鏡南道臨時人民委員会を設立して、それに行政権を委譲するように建議したのである。チスチャコフはそれを受け入れて、臨時人民委員会への行政権委譲を日本側に通告した。また、設立されたばかりの臨時人民委員会では、共産主義者協議会と建国準備委員会の幹部たちが両グループからそれぞれ一一名ずつの委員を決定して、政治、産業、金融、財政、交通機関などを接収する方法を徹夜で議論した。さらに、その日の午後九時頃に、咸興天主教会堂で、チスチャコフはソ連軍高級将校が参列する会議を開催し、そこに臨時人民委員会側から都容浩、宋成寛、崔明鶴の三名、日本側から岸知事と各部課長を招集した。チスチャコフが咸鏡南道の治安と行政の一切を臨時人民委員会に引き渡すように命令し、岸知事はその場で委譲書に署名して、それを臨時人民委員会側に手渡したのである。接収はすぐに実行に移された。たとえば興南肥料工場では、八月二六日に接収委員に業務が引き継がれ、日本人従業員の入場が禁止された。咸興地方交通局は二七日に都容浩委員長から接収を通告された。官公署、公共団体施設、学校、金融機関、新聞社、交通機関、重要生産機関も相次いで接収され、咸興警察署長以下の三〇余名がソ連軍に抑留され、岸知事以下の二一名も逮捕された。(11)

その後、八月二六日に、チスチャコフは空路で平壌に入った。北朝鮮全域に軍政を敷くのであれば、明らかに咸興よりも平壌が適していた。そこは東海岸の元山・咸興と連結する北朝鮮最大の都市であるだけでなく、ソウルと新義州、そして鴨緑江対岸の丹東を結ぶ幹線鉄道(京義線)の中間点であった。飛行場には、前日に到着していたラーニン（Lanin, V. M.）中佐（第二五軍作戦部長代理）が出迎えた。司令官の到着を知って集まった朝鮮民衆に、チスチャコフはソ連軍が「征服者としてではなく、解放者としてやってきた」「我々の秩序をあなた方に強要しない」などと短く演説した。その後、チスチャコフは平壌に第二五軍司令部を設置し、ソ連軍司令部の名義で北朝鮮の解放を宣言した。しかし、「朝鮮人民よ！　ソ連軍隊と同盟諸国軍隊は朝鮮から日本略奪者を駆逐した」という呼び掛けに始まり、「解放された朝鮮人民万歳！」に終わる美文調の布告から、政策的な内容を読み取ることはできない。朝鮮人自身の自主的な努力の必要性を繰り返し強調していることが注目されるだけだろう。もっとも具体的なのは、商店・工場・作業所の所有者、商人そして企業家に、その復旧と新しい企業の創業を呼びかけ、ソ連軍司令部がすべての朝鮮企業所の財産保護を保証し、それらの正常化のために援助することを約束した部分であるが、それも広汎な統一戦線を漠然と示唆する以上のものではない。しかも、厳密に読めば、ソ連軍司令部が保証したのは、「朝鮮企業所」の財産であって、「朝鮮企業家」の財産ではなかった。また、朝鮮人地主の財産には、大小を問わず、一切言及しなかった。(12)

ところで、チスチャコフが入城した平壌は咸興とは大きく異なっていた。都市の規模や重要性だけでなく、平壌は歴史的にキリスト教布教の中心地であった。朝鮮内のキリスト教徒は「七対三」の比率で北朝鮮に偏っており、とくに西北地方（平安南北道と黄海道）に集中していたのである。日本による韓国併合後も、キリスト教会はもっともよく組織された集団として残り、三・一独立運動の推進母体の一つになった。事実、一九一九年の独立宣言に署名した三三名の指導者のうち、半数の一六名がキリスト教徒であった。そのために、有名な水原の堤岩里教会だけでなく、平安南道江西の班石教会、孟山教会などでも多くの犠牲者を出したのである。また、平壌の長老派教会は、一九三五年一〇月以後、朝鮮総督府による神社参拝の要求に抵抗した。とくに崇実専門学校のマッキューン（McCune, George S.）校長と崇儀女学校のスヌーク（Snook, Velma L.）校長代理は、神社参拝を拒否して一九三六年一月にそれぞれの職位を剝奪された。また、これに抗議して、同年六月に、事業主である米国の北長老教会が崇実専門学校と崇儀女学校を含む八校の廃校を決議した。一九三七年二月には、南長老派教会も神社参拝を拒否する立場を明確にし、一九三八年以後、南長老派教会系一〇校が廃校を決議した。そのなかにはセブランス医学専門学校や朝鮮基督教専門学校が含まれていた。神社参拝にもっとも強く抵抗したのは、平壌の山亭峴教会の朱基徹牧師であった。一九三八年以後四回にわたって官憲に逮捕され、一九四五年に獄死した。言い換えれば、多くの牧師、信徒そして学生が総督府の圧政に抵抗したように、キリスト教会はソ連軍政に対する潜在的な抵抗勢力だったのである。事実、解放直後の新義州では、九月に第一教会の尹河英牧師と第二教会の韓景職牧師が「基督教民主党」を結成し、それに参加した青年たちは「基督教社会民主党」と称して、共産勢力と対抗しようとした。平壌でも、一一月には「以北五道連合老会」が組織された[13]。

さらに、咸興とは異なり、平壌には民族的な指導者である曺晩植の存在があった。曺晩植は一八八三年に平安南道江西郡班石面に生まれ、二二歳になってからキリスト教に帰依し、平壌崇実学校に入学した。さらに、日本の明治大学に留学して、金性洙、宋鎮禹などと交流し、ガンジー（Gandhi, Mahatma）の「非暴力・不服従」に傾倒した。帰国後、平安北道定州の五山学校に赴任し、やがて校長に就任した。朱基徹や韓景職はそのときの生徒であった。三・一独立運動に関連して投獄された後、平壌ＹＭＣＡ総務や山亭峴教会長老を歴任した。一九二七年には、民族主義者と社会主義者が協力した新幹会の創立に参加し、平壌支会会長を務めた。さらに、一九三二年に朝鮮日報社の第八代社長に就任した。平壌とキリスト教の結びつきを象徴するような人物であったといえるだろう。八月一五日には、平安南道の古川兼秀知事が協力を求めて班石に公用車を送ったが、曺がそれに応じることはなかった。同日午後七時に、曺晩植の片腕ともいえる呉胤善長老が平壌放送局を通じて住民に平静沈着を訴える演説をし、翌日午前一一時に同志たちと会合を開いて、曺に平壌来訪を促す自動車を送ったのである。曺晩植はその自動車で一七日午前二時に平壌に到着して、その日の正午に同志たちを招集した。そこで、平安南道建国準備委員会が結成され、その委員長に推挙された。六三歳であった。曺晩植が信頼する呉胤善、李周淵そして金炳淵が、それぞれ副委員長、総務部長そして無任所部長に就任した。著名な左派指導者は李周淵と韓載徳（宣伝部長）だけであった。一八日には、曺晩植委員長名義の平安南道建国準備委員会声明（「過去の小事は清算して、同胞よ、建国に突進しよう」）が『平壌毎日新聞』号外として配布された。朝鮮共産党平安南道委員会の中心的な指導者である玄俊赫も、曺晩植の高潔な人格や剛直な意志に敬意を払って協力的であった(14)。

いずれにせよ、チスチャコフは八月二六日に平壌の鉄道ホテルに入り、そこで竹下義晴中将と会見して、日本軍の武装解除その他を指示した。竹下は予備役から召集されて、四月に平壌師管区司令官（一三七師団）に就任し、七月に人員編成を終了したばかりであった。総員は一万人に足らず、火砲も満洲から輸送中という貧弱な状態にあった。ソ連側の記録によれば、その後、チスチャコフは「創設されたばかりの平安南道人民委員会と接触し」（傍点引用者）、「当面する共同事業、そして何よりも優先して都市と農村の自治任務を託する人民警察の組織問題」に関して協議した。しかし、「少し話した後、軍事会議の同志を抜きに、私とラーニン中佐だけでは解決できないほど、ここには問題が多く、複雑である」ことに気がついたとされる。会合が始まるとすぐに、曺晩植がチスチャコフに「ソ連軍は占領軍なのか、解放軍なのか」と詰問したのである。チスチャコフはレベジェフ（Lebedev, N. G.）らの軍事会議委員に二八日に平壌に到着するように命令し、「人民委員会」代表との協議を二九日に再開することにした。この「人民委員会」とは、明らかに平安南道建国準備委員会のことである。しかし、翌日から行政機関、ラジオ局、通信機関などの接収が始まったのだから、暫定的にしろ、曺晩植を委員長とする「人民委員会」が機能し始めたのだろう。また、八月二六日の夜、チスチャコフは日本側の古川知事、警察を含む各部長、民間人有力者などと会談した。曺晩植以下の建国準備委員会の幹部や朝鮮共産党の玄俊赫委員長が出席するなかで、チスチャコフは日本の統治権が同日午後八時限りで消滅、新政権（「人民委員会」）に引き継がれること、新政権が各道に成立した後に統一政権が誕生するが、その所在地がソウルであるとは限らないこと、官吏、警察官はすべて退官し、軍人は捕虜にすること、通信・鉄道・工場・銀行などを接収することなどを明らかにした。事実、平安南道庁も翌日接収され、午後五時に曺晩植が新旧の職員に訓示した[15]。

レベジェフ少将その他の軍事会議委員は八月二八日夕刻に平壌に到着した。チスチャコフは政治担当の副司令官ともいえるレベジェフに咸興での経験や曺晩植らとの協議内容について説明したし、レベジェフは玄俊赫、金鎔範、朴正愛らの共産党幹部と協議したことだろう。平壌では、すでに八月一六日に朝鮮共産党平安南道委員会が結成されていたのである。委員長に就任した玄俊赫は平安南道价川の出身で、延禧専門学校文科、京城帝国大学法文学部を卒業した秀才であり、大邱師範学校で教鞭をとる傍ら、「赤色読書会」を組織して一九三二年に逮捕された。帰郷後も、協同組合を中心に工作活動を続けて逮捕と出獄を繰り返し、一九四〇年一一月には、金鎔範、朱寧河、鄭達憲らとともに、平壌監獄内において治安維持法違反容疑で検挙された。八月一五日以後、「ただちに第一線に出て、朝鮮革命のために不眠不休で奮闘した」が、九月三日にテロに遭って落命した。四二歳の壮年であった。活動経歴や『解放日報』に掲載された弔辞からみて、ソウルに設立された朝鮮共産党（再建準備委員会）とも緊密な関係を維持していたのだろう。また、玄俊赫の死が民族陣営からも惜しまれたことは注目に値する。共産主義者ではあったが、玄は「人民政治委員会で次第に信望と基盤を獲得していった」し、「路線は異なるが、曺委員長を補佐することだけは紛れもない事実であった」と評価されていたのである。後にみるように、それはソ連軍政当局にとっても大きな資産になるはずであった。共産党平安南道委員会の設立には、そのほかにコミンテルンと関係して、東方勤労者共産大学に留学した経歴をもつ金鎔範と朴正愛、さらに張時雨、李周淵などが参加した。しかし、ソ連軍が北朝鮮に進駐し、直接、現地共産主義者と接触することによって、ソウルの共産党中央と北朝鮮の地方党組織の間の関係には微妙な変化が生まれようとしていた[16]。

八月二九日に再開されたソ連軍と平安南道建国準備委員会との会談は、レベジェフが主宰し、ソ連生まれの朴正愛（金鎔範の妻、後に朝鮮労働党副委員長）の通訳によって進行した。しかし、一五名の名簿を提出した建国準備委員会幹部たちには意外なことであったが、そこには同じ人数の共産党幹部たちが待ち受けていた。レベジェフは建国準備委員会と共産党の一対一の合作を実現し、新しい自治行政機関を設立しようとしたのである。和田春樹が指摘するように、それは「咸興方式」の再現であった。建国準備委員会側はそれを受け入れざるをえなかった。しかし、民族主義者たちが「人民委員会」という名称を嫌って「政治委員会」を主張したために、「平安南道人民政治委員会」（傍点引用者）という名称が採用されたのである。レベジェフの回想によれば、曺晩植は「目を閉じたまま、ひじ掛け椅子にじっと座り、眠っているかのよう」であり、「ときどき首を小さく縦に振って賛成したり、横に振って反対」したりした。しかし、レベジェフが質問すると、曺は「基本政治路線は民主主義でなければならず、資本主義に立脚した経済制度を採択しなければならない」「被圧迫民族の恨みを自主独立国家で晴らさなければならない」「宗教、言論、集会、結社の自由などが保障されなければならない」などと淀みなく答えた。翌日、平安南道人民政治委員会は山手小学校で発足し、委員長には曺晩植、副委員長には共産党の玄俊赫と建国準備委員会の呉胤善が就任した。委員会には八つの局が設置され、当初、そのうちの内務と教育の二局を共産党、財務、治安、農村などの六局を建国準備委員会が占めた。また、平壌市長には曺晩植の側近の一人である韓根祖が就任したが、平壌治安（警察）署長は共産党の宋昌嫌が占めた(17)。

咸興では左派勢力が強力であったために、共産主義者と民族主義者の合作が比較的容易に進展した。それがソ連軍当局にとって好都合であったことはいうまでもない。しかし、ソ連軍当局が東ドイツやポーランドで民族統一戦線を必要としたように、チスチャコフやレベジェフは北朝鮮でも同じ方式、すなわち占領軍当局が現地共産党の協力を得て指導権を確保しながら、民衆に支持される民族的指導者を前面に押し立てる方式を採用した。その意味では、ソ連占領当局にとって、曺晩植のような指導者は不可欠であり、歓迎されるべき存在であった。しかし、ちょうど南朝鮮で呂運亨や朴憲永がそうであったように、その曺晩植自身は占領軍の役割が「解放者」に止まり、占領が早期に終結することを望んでいた。また、朝鮮の早期独立を期待するだけでなく、朝鮮分断を拒絶することでも一貫していた。事実、解放直後に建国準備委員会平安南道支部を標榜したのだから、それはソウルの建国準備委員会本部との一体性を維持しようとしたのである。要するに、レベジェフと曺晩植は「同床異夢」であった。しかし、そうだからといって、曺晩植がはじめからソ連軍政当局を敵視したとか、それに協力しなかったと考える必要はない。両者はできる限り協力しようと努力し、最初の数ヵ月間、それは維持されたのである。しかし、ソ連の占領政策を受け入れられない場合、曺晩植はどうしようとしたのだろうか。日本の植民地支配に長期にわたって抵抗した宗教人らしく、ソ連の圧政に対しても「非暴力・不服従」で抵抗する決意を胸に秘めていたのではないだろうか。(18)

ところで、咸興と平壌、すなわち咸鏡南道と平安南道以外の地域へのソ連軍の進駐はどのように進展したのだろうか。激しい戦闘の後、ソ連軍が最初に解放した咸鏡北道の雄基、羅津、清津では、ソウルで建国準備委員会が発足する以前に、あるいはそれとほぼ同時に人民委員会が組織された。清津では、それに加えて、共産主義者の代表が衛戍司令部を訪れ、約三〇人からなる共産党を組織したとされる。衛戍司令部の指導の下に労働者の監視隊（ピケ）や人民警察をもつ自治行政機関（人民委員会）が組織されたというのだから、それはソ連軍による一般的な進駐方式であった。他方、ソ連軍の進駐が遅れた黄海道海州では、八月一七日に共産党黄海道委員会と建国準備委員会黄海道支部が相次いで結成され、左右両派の主導権争いが激化した。八月二五日にソ連軍先遣隊が海州に入り、九月二日に黄海道人民委員会を発足させて、それが日本側から行政権を引き継いだのである。委員長の金応珣はクリスチャンであり、建国準備委員会委員長であった。人民委員会幹部も民族主義系が大多数であった。しかし、それが左派勢力の反発を引き起こし、委員会幹部に対する傷害事件が発生した。そのために多くの幹部が辞職し、行政権が再び日本人知事に戻されたのである。チスチャコフ司令官が海州を訪問した後、九月一二日に、筒井竹雄知事が改めて人民委員会に行政権を引き渡した。しかし、そこには金応珣の姿はなく、委員長に就任したのは共産党黄海道委員長の金永徳であった。人民委員の大多数も共産党系に入れ替わっていた。最後に、平安北道新義州へのソ連軍の進駐は八月二九日になった。チスチャコフ司令官は三一日午後に飛行場に降りて、同日夜に山地靖之知事と会見した。翌日午前一〇時、関係者が同席するなかで、平安北道人民政治委員会に行政権を引き渡すように命令した。解放直後に山地知事の要請を受けて、韓景職と尹河英牧師が組織した民族主義系の自治委員会が、そのように改称されたのである。委員長に推戴されていた李裕弼は、上海で独立運動に参加して逮捕された経歴をもっていた。民族主義者が優勢であった地域の委員会が「人民政治委員会」を名乗ったのだろう。(19)

3　ソ連軍民政部の設置

北朝鮮に進駐したソ連軍は、八月二三日にソウルの北方にあり、三八度線のすぐ南側に位置する開城に入った。翌日、ソウルと元山を結ぶ鉄道（京元線）が東豆川の北側で遮断された。二六日には、平壌を中心にする列車運行も大幅に制限され、平壌以北は運行中止、平壌と元山間は新成川まで、平壌以南は沙里院までの運行とされた。南北および東西を結ぶ主要な鉄道路線が切断されたのである。また、八月二五日から二六日にかけて、シャーニン少将の命令によって、最初のソ連軍守備隊が北緯三八度線沿いに配置された。さらに、八月二九日には、メレツコフ元帥がチスチャコフ司令官に命令し、第一〇機械化軍団と第八八歩兵軍団の大部分を三八度線沿いに移動させ、境界線守備の任務につかせた。これらの部隊は九月三日から一二日にかけて到着した。九月九日には、メレツコフ自身が平壌に赴き、三八度線へのソ連軍の移動について討議し、すべての過程を九月二八日までに完了させたのである。ところで、開城に進駐したソ連軍部隊は、そこが三八度線以南に位置するとの指摘を受けても、九月一一日まで撤収しなかった。仁川に上陸した米第七師団第三二連隊の一個中隊が九月一二日に開城に到達し、翌日、後続部隊がそこを占領したのである。進駐直後の時期に日本軍の施設と武器を接収し、発足したばかりの人民委員会に可能なあらゆる援助を提供したのは、道、市、郡レベルに設置されたソ連軍衛戍司令部（Komendaturas）であった。衛戍司令部（北朝鮮では「警務司令部」と称した）は、当然のことながら、ソ連軍主導の社会改革を妨害する「敵対的な反民族勢力」を容赦しなかった。そこには、政治的に訓練された経験ある指揮官と活動家が集められ、衛戍司令官と政治担当の副司令官が連日のように人民委員会の活動家たちと会合したのである。第二五軍軍事会議は占領地域内の一一三ヵ所に衛戍司令部を設置するように要求したが、九月二八日現在で機能したのは五四ヵ所であった(20)。

その間、ソウルと平壌の米ソ両軍司令部の間に何の連絡もなかったわけではない。遅れて樹立された米軍司令部は、大戦中にもソウルに存在したソ連総領事館のポリャンスキー（Polianskii, A. S.）総領事と接触して、早くも九月一一日に、軍団参謀長代理であるストロウザー大佐を平壌に派遣することに成功した。いうまでもなく、その最大の目的は南北から接近する米ソ両軍の間に連絡を確立し、不測の事態の発生を回避することであった。ストロウザーは同日中にソ連軍司令部でペンコフスキー参謀長と会談し、先遣部隊間の無線周波数の交換、ソ連軍の下にある連合国捕虜その他の引き取り、ソ連側からの気象データの入手、そして連絡将校の交換を含む司令部間の連絡の確立を要請した。それに対して、翌日、ソ連側から捕虜の引渡しが進行中であり、帰路に現場で周波数が交換されること、さらに連絡将校の交換と通信分遣隊の平壌配置が実現することを告げられた。事実、ストロウザーが同伴した八〜九名の通信班が平壌に残留し、九月末には、ソ連側の連絡将校もソウルに到着したのである。しかし、ソ連側は気象データの提供には応じようとしなかった。他方、九月一五日のワシントンへの第一号報告で、ベニングホフ政治顧問は米ソ両軍司令部間の接触が樹立されたことに言及しながら、朝鮮が相反する政治原理をもつ二つの部分に分割して占領され、共通の司令部が存在しないことが「信じ難い状況」をもたらしていると主張した。南朝鮮が石炭と電力の大部分を北朝鮮に依存していること、前年の収穫が大量に日本に運ばれたために穀物が不足していることを指摘し、政治的、経済的な統合の原則に基づく南北調整のための交渉が不可欠であると主張したのである。[21]

しかし、ソ連軍当局が南北朝鮮の統一的管理や人的および物的交流について積極的な関心をもっていたかどうかは疑問である。確かにペンコフスキーはストロウザーの平壌訪問を受け入れたが、それも占領初期のソ連側の「政策不在」を反映するものだったのだろう。それよりも、（1）北朝鮮への進駐が戦闘終結後のスクランブルであったこと、（2）三八度線以北の地域の占領任務が、八月二五日になって、突然、第二五軍のチスチャコフ大将に託されたこと、（3）九月末にソウルに派遣されたソ連軍側連絡将校が一〇月中旬に撤収したこと、（4）ソ連軍が進駐地域、とくに平壌に多くの政治的反対派を抱え、その抵抗に直面したことなどは、（3）を除けば、進駐後の米軍当局が南朝鮮内で直面した事態を思わせるものである。チスチャコフやレベジェフは占領軍司令部を平壌に設置し、道ごとに人民委員会や人民政治委員会を設置したが、北朝鮮内に統一的な政権機関を樹立することに必ずしも積極的ではなかった。それについて、事前に準備された政策をもっていたかどうかは疑わしい。それどころか、ソ連軍当局が朝鮮共産主義運動やその指導者について十分な知識を有していたようにも思えない。その点では、ポーランド侵攻を前に、ソ連軍当局が親ソ的な共産主義者と反ソ的な民族主義者について十分に調査し、前者を養成し、後者を排除したのとは大いに異なっていた。ただし、そのような準備不足にもかかわらず、ソ連軍は進駐当初から境界線を確実に守備して、米ソの占領地域を明確に分離しようとした。また、北部朝鮮内の民族主義勢力の影響力を一定の限度内に抑制しようとした。曺晩植を北朝鮮の指導者として認定したのは、暫定的にしろ、東欧諸国で実施されていた民族統一戦線方式を北朝鮮に適用したためだろう。[22]

他方、第二五軍が進駐後に直面した民政任務は膨大であった。ソ連軍が北朝鮮に進駐したとき、北朝鮮にある一〇三四ヵ所の大・中工場、企業所のうち一〇一五ヵ所が操業不能の状態にあり、鉄道も多くの橋梁とトンネルが破壊されていると報告された。また、貧困、住宅の不足、低い識字率、疾病などが深刻であるとされた。直面する状態を検討しながら、チスチャコフは「戦闘における軍事任務よりも、この〝民政〟任務の解決の方がずっと困難である」ことを確認した。生粋の軍人であったチスチャコフは、進駐後に、「朝鮮住民に対する援助業務」を専門的に担当する機関、すなわち民政部が必要であるとの結論に到達して、そのことをメレツコフに進言したのである。メレツコフはソ連軍司令部内に民政部を設置して、第三五軍軍事会議委員であったロマネンコ（Romanenko, A. A.）少将を民政担当副司令官（民政司令官）に指名した。チスチャコフはロマネンコの選任を「巨物級の政治活動家の任命」として歓迎した。イグナチエフ（Ignatiev, A. M.）政治部長、シチェチニン（Shchetinin, B. V.）司法部長、ラザレフ（Lazarev, G. R.）通信部長、イラトフスク（Ilatovsk, A. T.）財政部長、カドゥイシェフ（Kadishev, I. I.）農林部長その他、保健衛生、軍民関係などを担当する多数の佐官級の専門家グループとともに、ロマネンコは九月後半に平壌に到着した。ソ連軍民政部は一〇月三日に旧平壌税務署に発足し、軍内では「政治司令部」、外部では「ロマネンコ司令部」と呼ばれた。また、それとは別に、九月二一日には、駐日ソ連大使館に勤務するバラサノフ（Balasanov, Gerasim M.）がチスチャコフ司令官の政治顧問に任命され、モロトフに率いられる外務人民委員会に直属した。さらに、翌年四月初めに小規模の政治顧問団が組織され、やがて京城総領事館に副総領事として勤務したシャブシンが副官として赴任した[23]。

ところで、ロマネンコを民政部の責任者として推挙したのは、沿海州軍管区（九月はじめに「第一極東方面軍」から改称）の軍事会議委員シトゥイコフ（Shtykov, T. F.）大将であった。そのシトゥイコフは、レニングラード攻防戦を指揮して、スターリンの後継候補の一人と目されたジュダーノフ（Zhdanov, A. A.）レニングラード共産党委員会第一書記と緊密な関係をもっていた。その下で第二書記を務めたのである。シトゥイコフは「基礎的な軍事訓練さえも受けたことがない」といわれるほどの生粋の政治工作者であり、メレツコフ軍官区司令官が「頭のてっぺんからつま

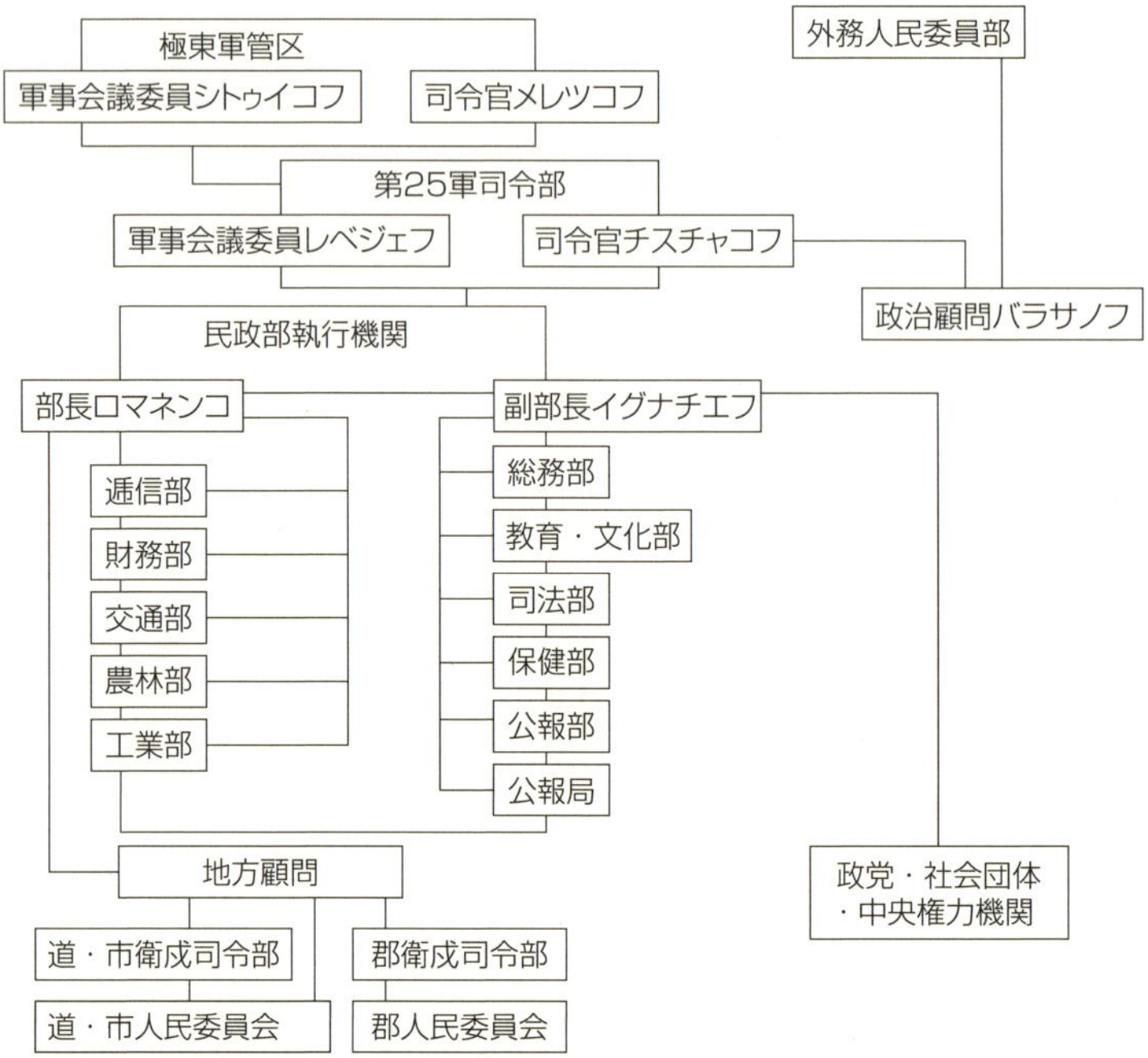

組織図・ソ連軍の民政機構（1945年10月）
出典：Erik van Ree, *Socialism in One Zone*（p. 103）から作成。

先まで軍人だった」のと対照的に、シトゥイコフは「将軍の軍服にもかかわらず民間人のようだった」のである。独ソ戦争の終結後間もなく、フィンランドに近いカレリア方面から、メレツコフとともに極東に赴任した。シトゥイコフこそ「ミスター朝鮮」であり、「そのときにかれが朝鮮にいるか、軍管区の参謀室にいるか、あるいはモスクワにいるかにかかわらず、かれの関与なしには、北朝鮮では何も起きなかった」のである。そのシトゥイコフが第二五軍と第三五軍の政治工作者たちを統合し、さらに他の軍からの専門家も加えて、北朝鮮占領のためのネットワークをつくり上げ、ロマネンコを民政司令官に指名したのだから、ロマネンコはシトゥイコフの民政代理人であったといっても過言ではない。二人の関係は第一極東方面軍が沿海州方面軍団と称していた時期にまで遡り、その頃に、ロマネンコはシトゥイコフの部下だったのである。要するに、そのような人的ネットワークによって、新たに設立されたソ連軍民政部は沿海州軍管区軍事会議に直結したのである。晩年の金日成は「対日作戦を前にしたある日に」モスクワでジュダーノフに会ったときのことを回顧して、そこにシトゥイコフが同席したと記した。ジュダーノフは「スターリンの委任によって」会見すると言明し、金日成に「朝鮮人は国が解放された後に何年間あれば独立国家建設を実現することができるだろうか」と質問したとされる。金日成は「長くても二、三年間あればできるだろう」と答えたという。もしその会話が事実であれば、シトゥイコフとロマネンコの北朝鮮ネットワークは、ジュダーノフを通じてソ連共産党中央委員会政治局やスターリン個人に到達していたことになる。(24)

もちろん、直接的に現地情勢を掌握し、占領業務を通じて北朝鮮政治に大きな影響を与えたのはロマネンコ少将だけではない。その片腕になったのが、当時四〇歳のイグナチエフ大佐であった。イグナチエフも軍隊の下層から一貫して政治畑を歩み、第三五軍政治部長にまで上り詰めた有能な政治将校であった。ロマネンコは民政担当副司令官として道、市、郡の行政組織を統括する立場にあり、第二五軍所属の師団政治部長や軍政治機関の要員などを衛戍司令部に民政顧問として派遣した。道レベルの場合、その数は将校と兵士で約五〇名、市、郡レベルでは約二〇名から三〇名であった。したがって、道、市、郡の衛戍司令部は道顧問の指揮下に入り、道顧問はロマネンコに直属したのである。北部朝鮮の六道、七市（平壌、鎮南浦、清津、興南、新義州、海州、元山）、八五郡に衛戍司令部が設置された。ロマネンコの下には、逓信、財務、交通、農林、工業の五つの部が設置され、専門性をもつ高級軍人がそれぞれの責任者に就任した。他方、イグナチエフは北朝鮮の政党、社会団体そして政治機関との関係を担当し、道顧問たちを束ねながら、自らも平壌市を監督した。忍耐強く、勤勉かつ沈着で、他人に好印象を与えたとされる。イグナチエフの下にも、総務、教育・文化、司法、保健、公報の五部が置かれた。これらのソ連軍民政部に直属した部局がやがて「行政一〇局」に成長したものとみられる。ヴァン・リーが指摘するように、その規模こそ比較的小さかったものの、また「民政部」という控えめな名称にもかかわらず、指揮系統と組織の両面からみて、ソ連軍民政部は明らかに北朝鮮に樹立されたソ連軍政府にほかならなかったのである。その最高権力機関としての権能は、一九四六年二月に金日成を首班とする北朝鮮臨時人民委員会が成立するまで継続した。(25)

しかし、ここで、ソ連軍の朝鮮占領に直接的に参加した朝鮮系ロシア人ないしソ連在住朝鮮人グループの存在に言及しないわけにはいかない。かれらの大部分は、一九三〇年代後半に、スターリンの命令によって沿海州から中央アジア（ウズベキスタン、カザフスタンなど）に強制的に移住させられた朝鮮人の第二世代であり、朝鮮国内での過去の共産主義運動とは無縁であった。ロシア語と朝鮮語に通じ、ソ連の占領政策を円滑に遂行するために利用されたのである。レベジェフによれば、かれらを平壌で活用するとの着想は、対日参戦を前に、極東ソ連軍総司令部からソ連共産党中央委員会に伝えられ、スターリンの裁可を経て実行に移された。その第一陣として二八名が、八月二九日、第二五軍民政要員に続いて、二台のトラックで沿海州から平壌に到着した。また、九月はじめに、ウズベキスタンから二六名が到着した。これらのグループの多くは詩人、作家、記者などの文筆家であり、平壌駅前に「ソ連軍新聞社」を設立し、朝鮮語の新聞を発行した。その中心的な人物であり、かれらを引率した姜ミハエル（Kang, Mikhail）少佐は、民政部の主席通訳官として、ソ連軍司令部と朝鮮人指導者を連結する「架け橋」になった。事実、姜は平安南道人民政治委員会や朝鮮共産党平安南道委員会の活動を助けたり、後述するように、遅れて帰国した金日成の擁立に協力したりした。姜ミハエルだけでなく、李奉吉その他の通訳官も、南朝鮮でウィリアムズ海軍少佐や李卯黙が演じた「通訳政治」以上の役割を演じたのである。さらに、第二および第三の朝鮮系ロシア人グループが一二月に平壌に到着した。(26)

二　ソ連軍政初期の基本政策——ブルジョア民主政権の確立

1　スターリンの基本指令

ソ連軍最高総司令部が、スターリンとアントノフの名義で、ワシレフスキー将軍、沿海州軍管区軍事会議そして第二五軍軍事会議に対して、北朝鮮占領に関する初期の基本指令を発したのは九月二〇日のことであった。言い換えれば、進駐後約一ヵ月にして、ようやくソ連軍の北朝鮮占領の基本方針が明示されたのである。文書の内容からみれば、それは内部的な性質をもつ秘密の政策指令であり、米国政府がマッカーサーに宛てた「米軍占領下の朝鮮地域の民政のための初期の基本指令」(SWNCC 176/8) と比較すべきものであった。事実、一九八一年に刊行された資料集で公表されたのは、そのうちの第三項目から第六項目までであった。ただし、内容の詳細さにおいて、それは米国政府の指令に遠く及ばず、単なる箇条書きにすぎなかった[27]。

冷戦終結後に公開されたもっとも重要な第一および第二項目は、「一、北朝鮮の領土内にソビエト(議会)およびその他のソビエト政権の機関を樹立せず、またソビエト秩序を導入しない」「二、北朝鮮に反日民主主義政党や組織の広汎なブロック(連合)を基礎としたブルジョア民主主義政権を確立する」(括弧内・傍点引用者)であった。また、第三項目は「赤軍が占拠した朝鮮各地域に反日的な民主主義組織・政党が形成されるのを妨害せず、その活動を援助する」ことであった。これらの指示が意味したのは、北朝鮮をソ連邦に編入するとの疑惑を招かないようにしながら、そこに広汎な反日民族統一戦線を形成し、それを基礎にした「ブルジョア民主主義政権」を確立することであった。そこには南朝鮮地域に対する政策指示は存在しなかった。和田春樹はこれらを「ソ連が占領した北朝鮮に政権をつくれ、それは共産党が参加する政権でなければならない」という指令であると要約し、「ソ連は朝鮮の統一ということは考えずに、自分が占領した地域に親ソ的政府をつくりあげることを進めてよいと考えた」と解釈した。第四項目は二つに分かれ、赤軍が「北朝鮮へのソビエト秩序の導入や朝鮮領土の獲得を目的としていない」こと、および「北朝鮮の私有財産および公的財産はソ連軍当局の保護下に置かれる」ことを北朝鮮住民に十分に説明するように指示するものであった。第五項目と第六項目は、「北朝鮮住民に工業・商業公営その他の企業の通常の活動を保証し、ソ連軍当局の命令や要求を遂行し、かつ社会秩序の維持に協力するように」呼びかけ、北朝鮮駐留部隊に対して、「規律を守り、住民の感情を害せず、礼儀正しく振る舞うように」指示することであった。また、第七項目は北朝鮮の民政業務が沿海州軍管区軍事評議会によって指揮されることを確認するものであった(28)。

ところで、これらのスターリンからの指令、とりわけ北朝鮮に共産党の参加する「ブルジョア民主主義政権を確立する」ことが、ソ連軍による北朝鮮占領のもっとも重要かつ基本的な政策になったとすれば、それを実行に移した第一の重要な例が、九月二五日の朝鮮共産党平安南道委員会による自己批判、すなわち「正しい路線」の採択であっただろう。いうまでもなく、平安南道党委員会はソ連軍司令部の所在地である平壌市を抱える重要な共産党組織である。しかも、すでにみたように、その党委員会は九月三日に委員長の玄俊赫をテロによって失うという不幸に見舞われていた。その政治路線に関する自己批判、すなわち自らの政治綱領の基本的な修正がソ連軍政当局の意思と無関係に進展したとは考え難い。言い換えれば、ソ連軍が進駐したもっとも重要な地域である平安南道の党組織が採択した新しい綱領は、北朝鮮のその他の地域だけでなく、南朝鮮でも尊重されるべき権威ある見解でなければならなかったはずである。しかし、従来、平安南道党委員会第四次拡大委員会は九月一五日に開催されたとの学説が広く受け入れられていたために、その自己批判が九月二〇日のスターリンの基本指令との関係から論じられることはなかった。事実としては、すでに九月一三日にはじめての政治綱領を採択していた平安南道党委員会が、九月二〇日のスターリン指令に直面して、九月二五日に国際政治、国内政治そして土地問題について、その左傾的な立場を大幅に修正する新しい行動綱領を採択したのである。九月一三日の綱領がソウルで採択された朝鮮共産党再建派の「八月テーゼ」を踏襲していたとすれば、新綱領は内容的に朝鮮共産党中央委員会への批判をも包含していたはずである。「北朝鮮にブルジョア民主主義政権を確立する」とのスターリンの占領指令は、朝鮮共産党の民族統一戦線論や「朝鮮人民共和国」との関係で、南北双方の共産主義者に新しい問題を提起せざるをえなかったのである。(29)

事実、第四次拡大委員会の決定書(「政治路線に関して」)は、三つの自己批判から構成されていた。そのうちの第一の誤謬は、旧綱領が「ソ連邦と平和的民主主義国家とは親善を図り、帝国主義の再侵略を防備する」とのみ規定し、米国、英国など連合諸国の「現在における歴史的進歩性」を曖昧に取り扱ったことであった。「米国、英国等の民主主義国家」と明確に指摘すべきであると批判したのである。また、第二の誤謬は、現在の朝鮮革命は「資本革命段階」にあるので、反日を目的とした民族統一戦線を結成し、国内外、各党、各派、各団体、各階層が大同団結して、日本帝国主義の残滓や親日的要素を徹底的に粛清し、一掃すべきであると主張しなければならないのに、そうしなかったことであった。おそらく、九月一三日に採択された旧綱領には、反日闘争よりも階級闘争を重視する偏った傾向が存在したのだろう。さらに、第三に、旧綱領が「大地主の土地の制限没収」(自己の耕作地のみ留保)を一般的に規定し、「非親日家」の財産と土地の私有を容認しなかったことも誤りとされた。これは後に進展した急進的な土地改革との関連で注目される部分である。要するに、共産党平安南道委員会の新綱領にみられる新しい政治路線の特徴は、国際的には反ファッショ共同戦線を維持する必要性を強調し、国内的には広汎な反日民族統一戦線の結成を重視するものであった。従来の「左傾的」誤謬を清算して、スターリンの基本指令に従って、「北朝鮮に反日民主主義政党や組織の広汎なブロック(連合)を基礎にしたブルジョア民主主義権力を確立する」ことを要求したのである。(30)

しかし、第一の国際情勢に関する認識はともかく、第二および第三の誤謬を清算する過程で、平安南道党委員会の指導者たちはソウルで採択された「八月テーゼ」との整合性を維持することに困難を覚えたことだろう。もちろんソウルの朝鮮共産党中央委員会も、八月テーゼに「若干の補充」を加えて、九月二〇日に「現情勢と我々の任務」と題する暫定綱領を採択していた。朝鮮革命が依然として「ブルジョア民主主義革命」の段階にあることを強調しつつ、労働者と農民を中心にして、あらゆる進歩的要素が参加する「民族統一戦線」を結成することを主張したのである。しかし、前章でみたように、朴憲永が民族統一戦線の主要な目的として「親日派の排除」を掲げ、韓国民主党と連携する李承晩の統一工作に明確に反対を表明したのは、独立促成中央協議会の結成をめぐる対立が深刻化した一〇月末以後のことであった。平安南道党委員会の自己批判によれば、それは民族主義左派と力強く結合することができずに、いわゆる「巨物中心主義」に陥ったことを意味していた。また、平安南道党委員会の指導者たちは、「私有財産と私有土地の承認」にも苦心したに違いない。八月テーゼも九月テーゼも、「大地主の土地を没収し、土地のない農民に分配しなければならない」として、その大地主が親日的であるか、反日的であるかを問わなかったからである。しかし、後に採択された「土地問題決定書」によれば、土地を没収されるのは親日的「反動地主」に限られ、その定義も相当に緩やかであった(31)。

さらに、反日民族統一戦線の結成の要求には、分割占領に起因する微妙な問題が付随していたことにも留意すべきだろう。なぜならば、ソ連の占領政策が明確化する以前に、朝鮮共産党（再建準備委員会）の主導の下で、ソウルでは、すでに九月六日に「朝鮮人民共和国」の樹立が宣言され、少なくとも形式的には、北朝鮮地域の共産党に対しても、その正統性を承認することを要求していたからである。平安南道党委員会の自己批判は、そのような朝鮮人民共和国の正統性や南北朝鮮の統一性に関する主張に対して、ソ連軍政当局が必ずしも肯定的でないことを示していた。たとえば、新綱領はその第一項目に「人民代表会議を招集し、人民共和国を樹立する」ことを掲げていた。しかし、人民代表会議の招集はともかく、新たに人民共和国を樹立するのであれば、それはすでにソウルに樹立された国家とは別のものでなければならなかった。平安南道党委員会の自己批判を通じて、ソ連軍政当局はソウルに樹立された「朝鮮人民共和国」の正統性に大きな疑問を投じたことになるのである。そもそも、ソ連軍政当局としては、ソウルの朝鮮共産党中央委員会が北朝鮮地域を含む「統一」朝鮮政府の樹立を主張することを適切とは考えなかったのだろう。朝鮮人民共和国についても、李承晩の主席への就任、金九、曺晩植の内務部長、財務部長への就任などについて、多くの批判が存在したことだろう。それに加えて、軍政当局には北朝鮮地域の地方共産党の組織的散漫性、左傾的な誤謬などについても不満があり、それをソウルの共産党中央委員会の責任と結びつける傾向があった。(32)

スターリンの基本指令に基づいて初期の占領政策が実施された第二の例として、ソ連軍政当局は北朝鮮の政党や社会団体、とりわけ共産主義者と緊密に提携して、人民政権機関（人民委員会）が経済復興や社会、経済、政治改革を具体的に立案することに協力しようとした。言い換えれば、そのための組織政策として、軍政当局は司令部内に一〇の行政局を設立しようとしたのである。それは〝単独政府の樹立〟のように拙速ではなく、より抑制された政策、すなわち「地方機構の整備と統一」として実行に移された。一〇月八日から一〇日にかけて開催された「北朝鮮五道人民委員会連合会議」が、そのための重要な契機になったのである。その会議には、北朝鮮五道（平安南北道、咸鏡南北道、黄海道）の人民委員会から七五名の代表が出席しただけでなく、チスチャコフ司令官のほかに、ロマネンコ、イグナチエフなど、民政部幹部も参加した。議題とされたのは、（1）農産物拡充と食糧供出、（2）軍需工場の民需工場への改編、（3）金融財政、そして（4）地方機構の整備と統一であり、それぞれの問題を取り扱う四つの分科会が設置されたのである。しかし、政治的な意味で注目されたのは第四議題であり、このときに、中央から地方にいたる人民委員会機構（道、市、郡、面）の整備が決定され、それぞれのレベルで正確な人民委員の数、選出方法、組織構成などが確定されたのである。チスチャコフは、開会の挨拶のなかで、「朝鮮に民主主義国家を樹立する」ことを約束したが、「まず五道の行政を統括的に遂行するために、本大会を招集する」と表明した。(33)

もちろん、北朝鮮行政諸局を通じて、朝鮮人官僚たちが「中央集権的な方法で北朝鮮の経済、行政、政治生活の基本分野を指導」できるように助力するという軍政当局の試みは、必ずしも順調に進展したわけではない。委員長に就任することを要請された曺晩植は、「平南人民政治委員会だけでも私には過分である」として、それを固辞した。したがって、「北朝鮮五道行政局」のような名称で、一〇局全体を統合する単一の行政機関が発足することではなかった。事実、一〇の行政局が組織され、それぞれの責任者（工業局長鄭仲澤、交通局長韓熙珍、農林局長李舜根、商業局長韓東燦、逓信局長趙永烈、財務局長李鳳洙、教育局長張鍾植、保健局長尹基寧、司法局長趙松波、保安局長崔庸健）が発表されるまでに、一ヵ月以上の日時が必要とされたのである。また、行政局の規模も控えめであり、それぞれの局には二〇名から五〇名の人員が配置されたにすぎない。しかし、一一月一九日に発足した北朝鮮行政諸局はそれぞれが「その関係する事業方面における指導機関」であり、「北朝鮮各道間の機関および個人間の経済連携を設定するのに必要な全方策は、行政局を経由して解決され、実践される」ものとされた。言い換えれば、それぞれの行政局には、各道人民委員会を統制する権限が与えられたのである。事実、「行政局の命令や指令を実行しないことは人民の前で罪を犯す」ことであるとされた。ただし、それぞれの局長の下には、ソ連軍司令部の代表が顧問として配属され、最終的な決定権を留保した。それは米軍政下の南朝鮮で実施された両局長制に似ていなくもない。ソ連軍司令部もその権限を漸進的に現地官僚に移譲し、「胚胎期の政権」を育成しようとしたのだろう。他方、保安局長に崔庸健が抜擢されたことは、抗日遊撃隊幹部がソ連軍政当局の信頼を獲得して、この頃から要職に進出した事実を示すものとして興味深い。後に指摘するように、このときすでに崔庸健は朝鮮民主党の副委員長に就任していた(34)。

2　党北部朝鮮分局の設置

スターリンの指令に基づく初期の基本政策の第三の例として、ソ連軍政当局は占領地域での独自の共産党建設、すなわちソウルの朝鮮共産党中央委員会から独立した朝鮮共産党北朝鮮組織委員会（組織ビューロー）の設立のために努力した。朝鮮共産党北部朝鮮分局として誕生したのがそれである。なぜならば、スターリンの指令が要求したのは

「北朝鮮でのブルジョア民主主義政権の確立」（傍点引用者）であったし、民族統一戦線方式による限り、その中核には共産党の指導が不可欠だったからである。しかし、米軍占領下のソウルにある朝鮮共産党中央委員会は、北朝鮮での政権樹立のために積極的かつ適切に行動できなかった。そのような観点から、一〇月一三日午前一一時、ロマネンコ、イグナチエフらのソ連軍民政部幹部の立ち会いの下で、地方共産党の有力者を集めた「西北五道党責任者および熱誠者大会」（西北五道党大会）が平安南道党委員会会議室で開催され、そこで朝鮮共産党北部朝鮮分局の設置が決定されたのである。議論を主導したのは、「金永煥」の仮名で登場し、この大会で組織問題報告を担当した金日成であった。そのほかに、金日成は党規約起草、党員証発行、そして全党大会招集をも提議し、いずれも全会一致で可決された。党北部朝鮮分局設置の必要性は米ソ両軍による進駐から生じた「地域的特殊性」や「五道の行政的統制の必要」から説明された。しかし、それと同時に、党北部朝鮮分局は「党中央に直属」し、それに「服従する義務」があることも確認された。激しい議論が存在したのだろう。金日成は「党中央機関は必ずソ連軍隊が進駐している北朝鮮に置かなければならない」「米帝統治下の南朝鮮よりもソ連軍隊が進駐している北朝鮮が、我々の革命の政治的中心地にならなければならない」と主張したに違いない。大会が終了したのは午後六時三〇分であった(35)。

西北五道党大会の決定を概観すれば、それは九月二五日に採択された平安南道党委員会の三つの自己批判と新しい綱領の内容をほぼ忠実に反映していた。それに加えて、（1）朝鮮共産党北部朝鮮分局設置の決定、（2）党組織原則の提示、（3）北部朝鮮共産党全体の左傾的誤謬と李英・崔益翰一派の左傾的分派行動に対する批判など、新しい要素が織り込まれたのである。五、六名の常任委員、決議案起草委員、そして中央に派遣する代表の選定は、大会執行部に一任された。興味深いことに、大会には北朝鮮五道および平壌からの代表だけでなくソウルからの代表も出席した。党平安南道委員会の金鎔範が司会を担当し、国際情勢報告は兄弟党員（ソ連軍代表）の講演によって代替し、共産党咸鏡南道委員会の呉淇燮が政治問題報告を担当した。しかし、大会招集の目的をより的確に説明したのは、一一月一日に創刊された共産党北部朝鮮分局機関紙『正路』の「発刊の辞」である。なぜならば、平安南道党委員会の新綱領をさらに進めて、それは「党はまだ幼く弱い。大衆的ボリシェヴィキ党なしには、労働階級の究極的解放を成功させることができないだけでなく、現段階において全朝鮮人民の利益を代表する統一された自主的な人民共和国を樹立することができず、土地問題を解決できない」（傍点引用者）と論じたからである。この巧みで目立たない重点の移動、すなわち北朝鮮に大衆的なボリシェヴィキ政党を組織し、それを基盤にして統一的かつ自主的な人民共和国を樹立するとの新しい主張の公開こそ、朝鮮共産党平安南道委員会の自己批判から始まり、朝鮮共産党北部朝鮮分局の設置、北朝鮮臨時人民委員会の発足、そして北朝鮮労働党の創立と朝鮮民主主義人民共和国の樹立に引き継がれる政治路線の出発点だったのである。(36)

ただし、そのような主張を展開した金日成はもちろん、ソ連軍政当局でさえも、一九四五年一〇月当時、ソウルにある朝鮮共産党中央委員会の朴憲永総秘書と事前協議することなしに、そのような重要な決定を下すことはできなかっただろう。朴憲永は南北朝鮮地域に強力な基盤をもつカリスマ的な革命家だったからである。しかも、南北に分割占領された朝鮮情勢はポーランド情勢よりもはるかに複雑であった。しかし、西北五道党大会が招集される過程で、北朝鮮内の地方共産主義者の宗派主義を鋭く批判するだけで、金日成はソウルからの抵抗について何も語らなかった。この不自然さを解消できるのは、一〇月五日の予備的会議が紛糾した後、朴憲永の意見を聴取するために、朱寧河と張順明が金日成の特使としてソウルに派遣され、一〇月八日に開城北方のソ連軍三八度線警備司令部で金日成と朴憲永が秘密裏に会談した、とする朴炳燁の説明だけだろう。解放後に北朝鮮労働党指導員、その後朝鮮労働党中央委員会候補委員・副部長を務めて、一九八〇年代はじめに韓国に亡命した朴炳燁によれば、金日成と朴憲永の会談は翌日早朝まで五、六時間継続した。また、それにはロマネンコ民政司令官が同席した。金日成のもっとも重要な主張は、革命の参謀部である朝鮮共産党中央をソ連軍解放地域である北朝鮮に置くべきであり、朝鮮共産党中央委員会が採択した八月テーゼに立脚しつつも、その地域的特性に合わせて、北朝鮮では独自に政治路線と組織路線を決定すべきであるとするものであった。議論の過程で、金日成とロマネンコは共産党中央を北朝鮮に置き、朴憲永がそれを指導するように提案したとされる。事実、ソ連軍政当局にとっては、朝鮮共産党中央委員会を平壌に移動させることができれば、それこそもっとも摩擦の少ない選択肢であった[37]。

激しい議論の後、朴憲永は朝鮮共産党中央委員会に直属する「朝鮮共産党北部朝鮮分局」を平壌に設置し、それが中間的指導機関として西北五道共産党を統一的に指導することを容認した。金日成の主張にはそれなりの合理性があったし、何よりも、それがソ連軍政当局の意思を反映していたからだろう。ロマネンコの見解を最終的に確認してから、朴憲永自身がそれを提案したとされる。その後の事態の展開からみれば、朴憲永が平壌に移動しなかったことは大きな失敗であった。ソウルこそ朝鮮政治の中心地であるという歴史的、地理的な固定観念に囚われて、あるいはソウルの緊迫する政治舞台から離れられずに、朴憲永は冷戦という米ソの二極的な対立の勃興や、日独の再興を確信するスターリンの地政学的な不安を過小評価ないし誤解したのだろう。さらに、当時三三歳にすぎなかった金日成が、帰国したばかりの北朝鮮で呉淇燮、鄭達憲、李舟河などの有力な地方共産主義者との権力闘争に勝利することも想像できなかったのだろう。しかし、金日成は「北朝鮮にブルジョア民主主義政権を確立する」（傍点引用者）とのスターリンの指令に守られていた。『解放日報』に掲載された各道党委員会への通知によれば、一〇月二三日、朴憲永は朝鮮共産党中央委員会総秘書の名義で「一〇月一三日に平壌で開かれた西北五道党責任者および熱誠者連合大会の朝鮮共産党北部朝鮮分局設立に関する決定を正しいと認めて、これを承認する」（傍点引用者）ことを、公式に確認したのである。他方、分局責任者に就任した金鎔範は、一〇月二四日に、「我々の党事業をさらに強固にし、『ボリシェヴィキ』化し、大衆化するために、中央指導部で開催された西北五道党責任者および熱誠者大会で決定された朝鮮共産党北部朝鮮分局の設置」（傍点引用者）が、共産党中央委員会で決裁、承認されたことを各道党部に通知した。北朝鮮にもすでに「中央指導部」が存在したのである。[38]

注目されるのは、一一月七日の『正路』に掲載された朴憲永党中央執行委員会総秘書名義による「朝鮮共産党中央委員会指示」、および「中央の指示のための闘争」を呼びかけた党北部朝鮮分局秘書「O・K・S・」（呉淇燮以外にそれに該当する人物はいない）の長文の論文である。いずれも、（1）党北部朝鮮分局がソウル中央の指導下にあることを確認し、それと同時に、（2）北部朝鮮の各道党委員会が分局の指導を受けることを明確にするものであった。しかし、興味深いことに、その党中央委員会の指示のなかで、朴憲永は「新国家建設のために闘う革命的政治路線が内外で難関に逢着していることを認めて、北部朝鮮が「半身不随状態にある南部朝鮮の輸血の源泉になるだろう」（傍点引用者）と指摘していた。そのうえで、党北部朝鮮分局の役割を「中央の指導と連絡の中継機関」として「政治行動をより効果的にする」ことに求めたのである。また、各道党委員会に対しても、「北部朝鮮分局の指導と指令を遵守し、緊急の連絡と強固な組織によってボリシェヴィキ党の大衆化に努力し、朝鮮の完全解放の歴史的使命を実現する」ことを要求した。また、党北部朝鮮分局秘書に就任した呉淇燮は、朴憲永の指示を引用しつつ、北朝鮮を「全朝鮮統一の『力』の貯水池と要塞」（傍点引用者）と表現した。そのうえで、「北部朝鮮分局は民族統一戦線結成のために闘争することを怠らない」とした。いわゆる「民主基地」論は、突然出現したものでも、金日成の占有物でもなかった。党北部朝鮮分局の設置を背景にして、朝鮮革命における北部朝鮮の役割をどのように定義するかという深刻な議論が始まったのである。ただし、この段階では「民主基地」という用語が使用されることはなかった。[39]

三　金日成の「祖国凱旋」――政治指導者の誕生

1　偵察隊員から政治工作者へ

一九一二年四月に平壌郊外で生まれた金日成、本名金成柱は、少年時代に満洲に渡り、一九二六年に共産主義青年同盟に加入し、一九三一年に中国共産党に入党した。一九三二年春に抗日遊撃隊に身を投じたが、そのときにはすでに金日成を名乗っていた。朝鮮人共産主義者による遊撃闘争の最大の目標は、東満洲に「ソビエト区」（根拠地）を建設することであり、一時的にではあったが、それは延吉、汪清、琿春など、朝鮮半島の後背地で実現した。その後、金日成は一九三五年には中国共産党の抗日武装組織である東北人民革命軍で頭角を現した。また、東北人民革命軍は一九三六年一月に楊靖宇の指揮の下で東北抗日連軍に再編成され、一九三七―三八年に最盛期を迎えた。朝鮮人隊員がもっとも多かったのは第一路軍第二軍であり、金日成はその第六師長として活躍した。一九三七年六月に、金日成部隊は国境を越えて咸鏡北道恵山鎮に近い普天堡の駐在所を襲撃し、そのことが『東亜日報』によって報道された。しかし、一九三九年一〇月以後、関東軍が野副昌徳少将の下で満洲国軍や警察隊と共同で大規模な掃討作戦を展開したために、楊靖宇総司令や金日成の直接の上司である王徳泰を含む多くの遊撃隊幹部が戦死、病死したり、投降したりした。窮地に陥った金日成部隊は、一九四〇年三月に、追跡する前田武市中隊を待ち伏せして、それをほぼ全滅させた。しかし、これは窮鼠が猫を嚙むような勝利であった。一九四〇年一〇月、金日成らは小部隊に分かれてソ連領に逃れたのである。続いて、第二路軍総司令周保中その他もソ連領に逃れ、遊撃隊員たちはハバロフスク近郊のヴャーツコエとヴォロシーロフ（現在のウスリースク）の二つのキャンプに収容された。日米開戦後、抗日連軍部隊は極東ソ連軍「第八八特別独立歩兵旅団」として再編成され、一九四二年八月にヴャーツコエで正式に発足した。抗日連軍の三八〇名を基幹とし、ソ連軍から五〇名、満洲国軍から七一名が加わった。旅団長は周保中であったが、副参謀長に崔庸健（崔石泉）が就任した。四つの大隊が組織され、金日成が第一大隊長、安吉、姜健（姜信泰）、金策が大隊政治委員に任命された[40]。

金日成による抗日武装闘争の記録は、解放当時三三歳にすぎなかった青年のものとしては、それだけで十分に誇れるものである。事実、金日成は第一路軍幹部のなかで唯一の非投降の生存者であった。一九四一年七月と九月に、周保中はソ連軍連絡将校に宛てた書簡で「金日成はもっとも優秀な軍幹部であり、中国共産党の高麗人同志のもっとも優れた一人」であり、「満洲南部と鴨緑江の東、朝鮮北部地域でかなり重要な活動能力をみせた」と評価し、楊靖宇と魏拯民の死後、南満洲で指導的な責任を果たせるのは「金日成だけ」であると主張した。しかし、すでに指摘したように、抗日連軍の遊撃闘争は一九四一年一二月に日米戦争が開始されるまでに完全に終息していたし、金日成部隊の活動が中国共産党の武装組織や極東ソ連軍のなかで展開されたことも間違いない。それどころか、そのことが解放後に大きな意味をもったのである。さらに、一九四五年八月に対日参戦したソ連軍が、金日成部隊と共同で何らかの作戦を実施したという事実は存在しない。そもそも、ＯＳＳの監督下に西安郊外で訓練を受けた韓国光復軍隊員と同じく、金日成部隊は日本軍と正面から対峙するような正規の戦闘部隊ではなかったのである。それにもかかわらず、一九四五年夏の情勢について、金日成回顧録『世紀とともに』は次のように記述した[41]。

極東ソ連軍総司令部の所在地はハバロフスクでした。私はハバロフスクに通いながらワシレフスキーと顔なじみになり、マリノフスキーとも親交を結びました。一九四五年夏になって、極東ソ連軍総司令部は連合作戦のための会議をしばしば招集しました。ワシレフスキーはソ連軍総司令部の作戦構想について我々に具体的に説明してくれました。それは関東軍主力を包囲して、それをいくつかに孤立分断し、一挙に壊滅しようとするものでした。

我々は祖国解放と関連して従来の作戦的方針を終始一貫して堅持しました。そのとき我々は、長白山一帯に集結した朝鮮人民革命軍部隊は予定された経路で進出して各道を解放し、極東の訓練基地に集結している朝鮮人民革命軍部隊は平壌地方をはじめとする多くの地域に航空機で迅速に進出し、あらかじめ整えておいた秘密根拠地を占拠して、電撃的な軍事作戦を展開するように計画しました。これとともに、国内で活動する朝鮮人民革命軍の小部隊と政治工作員は抗争組織を大々的に増やし、人民たちを全民抗争に呼び起こすことによって、全民族がいたるところで朝鮮人民革命軍の進撃に力を合わせるようにしました。

私はいまでもこの作戦計画がその当時にわが国が直面した軍事政治情勢の下で祖国の解放を短期間のうちに達成することができるもっとも正確な方途であったと考えています。国内の各道に落下傘に乗って降りるパルチザン部隊が勢いよく集まり出てきて、全民抗争部隊と一緒に四方から敵を殴りつけるというのに、何か難しいことがあったでしょうか（傍点引用者）。

金日成は自分が極東ソ連軍首脳と緊密な関係にあったことを示唆し、長白山根拠地と極東訓練基地にある「朝鮮人民革命軍」の二つの部隊を連携させて、朝鮮国内に進撃する計画を立案していたが、日本の突然の降伏のために、それが実現しなかったと主張したのである。これは金日成にのみ可能な「遠まわしの告白」を含むものであった。それにもかかわらず、二〇一二年に刊行された『偉大な首領金日成同志略伝』は、あいかわらず「（朝鮮人民革命軍部隊は）対日戦争に参加したソ連軍隊との緊密な連携の下で、日本侵略軍を撃滅掃討しつつ、怒濤のように祖国に進撃した」（括弧内引用者）と明記している。しかし、さらに興味深いのは、「祖国凱旋」に関する金日成自身の記述だろう。帰国当時の事情について、金日成回顧録は「ソ連軍隊との連合作戦計画に従って、部隊ごとに別々に指定された境界線を守って戦闘行動に入ったが、不意に日帝が無条件降伏した」ので、「朝鮮人民革命軍はいくつかに分かれて、祖国に帰ってきました」と説明したのである。「国内各地に落下傘で出撃するために訓練基地で待機していた部隊は、ハバロフスク、牡丹江、汪清、図們を経て、陸路で祖国に行く」ことになった。しかも、関東軍敗残兵によって牡丹江南側にあるトンネルが爆破され、迂回路につながる橋梁と飛行場の滑走路まで破壊されていたために、「途中でその計画を放棄し」、再び極東に戻って「ウラジオストクで軍艦に乗って帰国の途に」着いたというのである。金日成自身もそのなかにいた。その途中、船中で一泊して、かれらは九月一九日に元山港に上陸したとされる。要するに、極東の訓練基地にいた金日成はついに対日作戦に参加する機会を得られなかったのである。西海地方で活動することになった同志たちとともに、金日成は九月二〇日に列車で元山を出発し、九月二二日午前中に平壌に到着した。ソ連軍代表が途中の浮来山駅まで出迎えたとされる(42)。

しかし、このような具体的な説明にもかかわらず、金日成が参戦の機会を得られなかったのは、日本軍が突然に降服したからではなかった。金局厚や沈志華の指摘によれば、ソ連領内にあった第八八特別旅団は、ポーランドやチェコスロバキアなどのパルチザン部隊を模範として、軍事・政治専門家を養成するだけでなく、赤軍とともに日本帝国主義を打倒する闘争に積極的に参加するための軍部隊であり、一九四五年六月までに、その準備をすべて完了していた。しかし、八月九日に対日参戦したにもかかわらず、極東ソ連軍総司令部はその四日後に第八八特別旅団の作戦計画を全面的に取り消してしまった。待機状態が継続することに当惑した旅団長の周保中は、八月二四日、ワシレフスキー総司令官に旅団本部を長春に移動させるように建議したが、総司令部はすでに新しい任務を用意していたのである。総司令部参謀部偵察部隊長と第二極東方面軍参謀部偵察部隊副隊長が共同で立案し、七月六日にワシレフスキーに提出した「第八八偵察旅団の規模とパルチザン出身中国人と朝鮮人の利用計画」と題する報告書によれば、第八八特別旅団の朝鮮人とソ連国籍朝鮮人一〇三名のうち四七名を北朝鮮の各道・市衛戍司令部の副司令官として、一五名を軍政司令部と衛戍司令部の通訳官として、さらに三七名を地方の自衛隊その他の機関に配属することが計画されていたのである。しかし、とりわけ興味深いのは、その報告書が第一大隊長の金日成大尉を平壌市衛戍司令部副司令官に、第二大隊長の姜健大尉を清津市、そして同政治副隊長金策大尉を咸興市衛戍司令部の副司令官に指名していたことだろう。同じように、中国人旅団長の周保中大佐は長春市副司令官、第三大隊政治副隊長張壽銭少佐はハルビン市副司令官に指名されていた。対日作戦に伴う偵察任務からはずされた第八八特別旅団の朝鮮人隊員たちには、各地の衛戍司令部の副司令官として、ソ連軍による占領を補佐する政治工作者としての任務が付与されようとしていたのである。(43)

その後の事態の推移は迅速であった。第八八特別旅団隊員たちの満洲と北朝鮮への派遣計画が動き出し、八月二五日には、金日成部隊六〇名の名簿が「北朝鮮で活動する第二極東方面軍第八八特別偵察旅団第一大隊名簿」として提出された。それには金日成、金一などの平壌市、林春秋の砂里院、呉振宇の安州、崔賢の開城、安吉の清津、金策の咸興への派遣などが明記されていた。このグループが解放後の北朝鮮に派遣されたいわゆる「朝鮮工作団」である。また、八月二七日には、特別旅団の一八名に赤旗勲章が授与された。その名簿の第一順位にはチリンスキー(Chirinski, T. N.)旅団参謀長、第二順位には周保中旅団長の名前があり、金日成は第五順位であった。そして、米艦ミズーリ号上で降伏文書が署名された日、すなわち第二次世界大戦が正式に終了した九月二日に、第八八特別旅団の中国人と朝鮮人隊員についに出動命令が下されたのである。金日成部隊が出発したのは九月五日のことであった。それ以後、元山港に到着するまでの経過は金日成が回想したとおりだろう。八月九日の対日宣戦布告から九月二日の帰国命令までに三週間以上、それから元山に入港するまでにさらに二週間以上、合計約六週間が費やされたのである。漁船を改造したソ連鑑ブガチョフ号は、第八八特別旅団の朝鮮人隊員とソ連軍出身の朝鮮人、約七〇名を乗せて、秋夕(中秋節)の前日である九月一九日午前中にそっと元山に入港した。ソ連軍衛戍司令部、元山市人民委員会などから八名が港に出迎えた。そのなかの一人であり、ソ連軍人として清津上陸作戦に参加し、元山に進駐した鄭律(鄭尚進、元山市人民委員会教育部次長)によれば、金日成は胸に赤旗勲章を着けて下船し、握手するときに「金成柱です」

と名乗ったとされる(44)。

金日成とともに帰国した遊撃隊員たちの回想記によれば、「将軍を乗せた船は、東海の波をけって一路祖国に向けて快速で走った。金一、崔賢、朴成哲、呉振宇、徐哲、林春秋、全文燮、韓益洙、朴英淳がデッキに出て、はやる心を抑えながら、海のかなたに祖国の姿を求めた」のである。そのほかにも、船上には金策、安吉、崔春国、柳京守、趙正哲、李乙雪、金溢喆などがいた。元山港に上陸した後、一行は港近くの麵屋の二階に宿所を定めた。その翌日は秋夕だったので、相撲を見物したり、中秋料理を楽しんだりしたのである。しかし、咸鏡南道・北道と鉄原に向かう隊員、すなわち金策、安吉、崔春国、柳京守、趙正哲らは、秋夕を列車内で迎えなければならなかった。また、平安南北道に向かう金日成、金一なども夜行列車で平壌に向かった。遊撃隊員たちの回想記は、それが金日成による作戦計画であったかのごとく描写しているが、すでに指摘したように、ハバロフスクを出発する前に、各地の衛戍司令部に何人の偵察隊員を派遣するかまで細かく指示されていたのである。それによれば、平壌と新義州に四人、清津、恵山鎮、江界、咸興、海州などに三人など、合計で二二市に五五人の偵察隊員が展開する予定であった。しかし、当初から朝鮮工作団に属さず、金日成と別行動をとった隊員たちもいた。姜健（姜信泰）は「白頭山東北部予備隊部隊長」として「中国の解放作戦に積極的に参加して、プロレタリア国際主義の模範」を示したとされる。九月五日に延吉に向けて出発し、そこでソ連軍衛戍司令部の副司令として政治工作に従事したのである。また、崔庸健は九月八日に周保中とともに飛行機で長春に向かった。延安から派遣された中国共産党の彭真、陳雲、伍修権らを九月一八日に瀋陽で迎えた後、平壌に向けて帰国の途に着いたのである。金光侠はすでに八月末に牡丹江衛戍司令部に赴任していた。周保中はこれらの朝鮮人隊員を中国共産党に所属する抗日連軍の一員とみなしていたのだろう(45)。

2 政治工作者から「民族の英雄」へ

金日成部隊の元山到着は元山市衛戍司令官から平壌のソ連軍司令部に伝えられ、チスチャコフはすぐに金日成の平壌派遣を命令した。秘書を務めるソ連系朝鮮人の文日に案内されて、金日成が軍服姿でソ連軍司令部を訪れたのは、その数日後のことであった。また、シトゥイコフからも電話連絡があり、レベジェフは金日成を「平壌市衛戍司令部副司令官に任命した後、地方巡察など政治訓練をさせる」（傍点引用者）ように指示された。レベジェフは最初に金日成を迎えて、高級車を与えた日のことを回想して、そのときに二人が話したのは一つだけであり、それは金日成が北朝鮮でどんな仕事をするかであったと証言した。レベジェフの質問に対して、金日成は「北朝鮮に共産党を組織したい」と明言したとされる。金日成のために用意された宿所はレベジェフの宿所から五〇メートルしか離れていなかったので、その後、二人は毎日のように会って、家族ぐるみの交流を積み重ねた。レベジェフは金日成が気に入ったようであり、その人物評は「とても有能で、迫力のある指揮官のようにみえたが、たいへん快活な顔つきが印象的だった」「物事の飲み込みが非常に早く、状況にも迅速に慣れた。そのうえ、いんぎんで教養があった」「思慮深い人であり、自分のやるべきことをよく心得ていた」などというものであった[46]。

金日成が「北朝鮮に共産党を組織したい」と語ったことは、彼が野心的であっただけでなく、的確な情勢判断力をもっていたことを示すものだろう。このとき、レベジェフは「朝鮮にはすでに共産党がある。ソウルに党中央・朴憲永がおり、北朝鮮でも咸興の呉淇燮などが共産党活動をしている。しかし、南朝鮮のように活発ではない。モスクワのソ連共産党と協議してみる」と答えたとされる。金日成が平壌に到着したのが九月二二日だったのだから、この会話はけっして不自然ではない。それどころか、三日後の九月二五日に、朝鮮共産党平安南道委員会が自己批判して、新しい政治綱領を採択したことからわかるように、レベジェフにとっても、北朝鮮に独自の共産党を組織することが喫緊の課題だったのである。もちろん、平壌に到着したばかりの金日成が平安南道党委員会の自己批判に何らかの影響を及ぼしたとは考え難い。しかし、政治工作者として登場した金日成にとって、それは得がたい学習の機会であったに違いない。新しい『金日成主席革命活動史』（二〇一一年版）は、「主席は各地に分散して活動していた国内の共産主義者に会って、統一的党創立の方針を知らせ、彼らを党創立偉業の実現へと導いた」（傍点引用者）としたうえで、その当時の事情について、「（北朝鮮内の）統一的な党創立における平安南道党委員会の位置と役割を推し量り、一九四五年九月下旬、道党の責任幹部に会って、我々には党の創立以外に急を要する課題はないと指摘し、平安南道党委員会の活動方向を示した」（括弧内引用者）と巧みに表現している(47)。

他方、レベジェフの持論も「北朝鮮には共産党が必要だ」「ソウルの党と関係なく、北朝鮮に組織委員会をつくらなければならない。後で一つにすることがあっても、北朝鮮に組織委員会を置こう」（傍点引用者）というものであった。しかし、ロマネンコやイグナチエフが到着するまで、レベジェフよりも身近で金日成の政治工作に協力したのは、第二五軍政治将校メクレル（Mekler. I. G.）中佐であった。これ以後、金日成はメクレルや首席通訳官の姜ミハエルの直接的な助力を得て、さらに軍政当局に認められた政治工作者としての特権を十分に活用して、党北朝鮮組織委員会の結成に乗り出したのだろう。金日成は「平安南道をはじめ各地方の党組織を訪ねて党創立の準備」（傍点引用者）をし、各地に派遣された隊員を通じて「地方の党組織を整備し、工場、企業所や農村に党細胞を組織」したり、さらに党幹部の養成のために労農政治学校を含む各種の幹部養成機関を設立したりした。共産党平安南道委員会では、当然、コミンテルンの工作員であった金鎔範や朴正愛と緊密に協力したことだろう。また、金日成は共産主義運動がもっとも活発であった咸興、興南、元山地域を訪ねて、呉淇燮、朱寧河、鄭達憲、李舟河などを協議したことだろう。こうして、金日成の平壌到着の二週間後、すなわち一〇月五日に、各地方代表たちを集める統一的な党創建のための予備的会議が平壌で開催されたのである。『朝鮮労働党歴史教材』（一九六四年版）によれば、この予備会議では、「朝鮮共産党北朝鮮組織委員会」の創設問題が討議された。それに反対する宗派分子たちは「自らの醜悪な本性を露わにしながら、いわゆる『ソウル中央』を支持するとの口実の下で北朝鮮組織委員会の創設に反対してきたが、金日成同志の強力な原則的闘争によって、宗派分子たちの反抗は粉砕された」とされる(48)。

その結果、一〇月一三日に「西北五道党責任者および熱誠者大会」が開催され、党北朝鮮組織委員会は「朝鮮共産党北部朝鮮分局」として創設された。すでにみたように、『正路』や『解放日報』はそれが一〇月一三日に開催されたと報じたし、その当時に発行された日誌や年鑑も、大会がその日一日で終了したと記録している。何よりも、その大会の議事録が存在する。しかし、それから一三年後の一九五八年になって、突然、北朝鮮当局は朝鮮労働党創建記念日を一〇月一〇日に確定し、それ以後、この日に記念行事を挙行している。そのために、『朝鮮労働党歴史教材』は会議日程を四日間に拡大し、「一九四五年一〇月一〇日から一〇月一三日にかけて、朝鮮共産党北朝鮮組織委員会創設のための北朝鮮五道責任者および熱誠者大会が招集された」と記述したのだろう。また、白峯『金日成伝』第二巻によれば、その大会には七〇余名の代表が参加したが、その構成はきわめて複雑であり、「かつて日本帝国主義と最後まで屈せずにたたかってきた堅実な革命家や先進的な労働者出身の党熱誠者」だけでなく、「逆に朝鮮革命と労働運動に大きな害毒をおよぼした分派分子、地方割拠主義者」も少なからず参加していた。そのために、朝鮮共産党北朝鮮組織委員会の創設は「深刻な思想闘争」を経なければならなかったのである。しかし、金日成は「数回にわたる発言と個別的な説得」を通じて反対派を抑えて、大会を成功裏に終わらせた。さらに、同大会で、金日成は左傾および右傾的見解に徹底的に反対して、「あらゆる階級が領導する反帝反封建民主主義革命——人民民主主義革命のための政治路線」を提示した。それが具体化されたのが、民主主義人民共和国建立のための四大当面課業であり、それは「金日成同志の民主基地路線と不可分的に結合していた」というのである。ただし、すでに指摘したように、このとき、金日成は依然として「金永煥」を名乗っていたはずである(49)。

他方、その翌日午後一時から開催された「平壌市民衆大会」の主人公は、まさしく金日成であった。平壌市公設競技場に、七万人の群衆を集めて開催されたソ連軍を歓迎する平壌市民衆大会は、金日成将軍の登場が予告されたために、実質的に金日成将軍歓迎大会に変化していたのである。そのことは、一〇月二〇日にソウルの米軍政庁前で挙行された「連合軍歓迎会」が実質的に李承晩歓迎式典になったのと同じであった。ソウルの歓迎式典はソウル市民主催とされ、実際には韓国民主党を中心にする保守勢力によって運営されたが、平壌の式典は平安南道人民政治委員会が主催し、実際にはメクレルや姜ミハエルらのソ連軍民政部と共産党平安南道委員会によって準備された。ソ連軍司令部からチスチャコフ、レベジェフ、ロマネンコらの最高幹部が壇上に上り、金鎔範の司会の下で曺晩植も演説したのである。金日成はそれが金鎔範らによって大げさに準備された行事であったと謙虚に回顧した。しかし、レベジェフやロマネンコは、この頃までに、「北朝鮮にブルジョア民主政権を確立する」ためには、党北朝鮮組織委員会を設置するだけでは不十分であるとの結論に到達していたのだろう。朴憲永がソウルにとどまって、朝鮮人民共和国の樹立や米軍政府との主権論争に熱中するのであれば、北部朝鮮では金日成を「民族の英雄」として擁立しなければならなかったのである。それなしには、いま一人の民族的な指導者である曺晩植と協力して、北朝鮮に「反日民主主義政党や組織の広汎なブロック」を組織することもできなかったからである。いずれにせよ、レベジェフ、曺晩植に続いて、「十万群衆の熱気と歓呼を一身に浴びて」登壇したとき、金日成は「人生でもっとも幸福な瞬間」を体験したのである。それは一人の「民族の英雄」の誕生を促すためのイデオロギー装置が作動する瞬間であった(50)。

いずれにしろ、東満洲での抗日武装闘争からスタートし、極東ソ連軍の偵察要員として訓練を積んだ金日成にとって、また崔庸健、金策、安吉らにとっても、新しい国家の建設や運営はまったく未知の分野であった。たとえソ連軍民政部の支援があっても、豊かな経験をもつ朝鮮系ロシア人ないしソ連在住朝鮮人グループの到着なしに、それらが可能であったとは思えない。八月末から九月はじめに第二五軍民政要員とともに到着した第一グループに続いて、ソ連軍民政部や五道行政諸局の発足に合わせるかのように、ウズベキスタンを出発した第二グループ、五六名が一〇月初旬に平壌に到着した。さらに、一二月中旬にも、金日成の党権力掌握を支援するかのように、ウズベキスタンとカザフスタンから集められた第三グループ、約六〇名が平壌に到着した。これらのグループには、平壌到着後に、金日成を指導者として擁立するというソ連軍政当局の意思を告げられたのである。とりわけ第三陣には、許嘉誼（朝鮮労働党副委員長）、方学世（内務相）、朴義琓（副首相・国家建設委員長）、金承化（建設相）など、その後、朝鮮労働党、各種の行政機関、軍隊、司法、宣伝などの重要機関の責任者や副相（次官）になる多くの人材が含まれていた。また、金宰旭（平安南道党委員長）、許彬（平安北道党委員長）、金烈（咸鏡南道党委員長）、金永洙（咸鏡北道人民委員会委員長）など、地方道党委員長や人民委員会委員長を務めた者も少なくない。このグループの「総帥」であった許嘉誼は、ウズベク共和国タシケント州の地区党委員会書記から転出し、北朝鮮での党事業の体系化や行政機関の制度化を先頭に立って指導したのだから、金日成政権の「助産婦」の一人であったといっても過言ではない。翌年八月に到着した第四グループ、三六名のなかには、南日（外相）らが含まれていた。(51)

四　金日成のリーダーシップ

1　「反日・民主主義」民族統一戦線

金日成が平壌に到着するまでの経過から判断して、ソ連軍当局が最初から金日成を北朝鮮のもっとも有力な指導者として擁立しようとしていたとは考え難い。事実、金日成は李承晩のように米軍機で到着したわけでも、到着時に大々的に記者会見を催したわけでもなかった。さらに、遊撃隊員とともに凱旋行進をしたわけでもなかった。北朝鮮国内に確たる政治基盤をもたないまま、ソ連軍の占領行政を補佐するための政治工作者として帰国し、やがてソ連軍の権威を背景にして有力な政治指導者として登場したのである。金日成が幸運であったとすれば、それは九月二二日という平壌到着のタイミングであった。北朝鮮進駐から約一ヵ月が経過し、スターリンから初期の占領指令が到達したにもかかわらず、ソ連軍当局はいまだに信頼に値する有能な現地共産主義指導者を探し当てていなかった。もっとも有力な指導者であり、朝鮮共産党総書記である朴憲永はソウルで全国的な革命運動と建国運動に没頭していたし、平安南道党委員長であり、曺晩植らの民族主義勢力と連携する玄俊赫は九月初めに暗殺されてしまった。咸鏡南道の呉淇燮は金日成のライバルと目される有力な指導者だったが、地方共産主義者の代表にすぎなかった。言い換えれば、チスチャコフもレベジェフも、ロマネンコの到着を待って、スターリンの指令を遂行できるような指導体制を構築しようとしていたのである。そのタイミングで金日成は帰国した。また、結果的にみて、軍政当局は北朝鮮内に金日成以上に信頼できる、有能な朝鮮人指導者を発見できなかった。あるいは、若くて野心的であり、過去の朝鮮共産主義運動とは無縁であり、ソ連軍にのみ忠誠を誓う金日成のなかに「新しい血」を発見したのだろう。そのうえ、金日成には称賛すべき抗日武装闘争の経歴があった。仮名を使用して活動した金日成が、ソ連軍歓迎民衆大会で「民族の英雄」としてデビューしたのは、平壌到着後、わずかに二二日目のことであった[52]。

平壌の衛戍司令部に赴任した金日成大尉は、はじめは第二五軍軍事会議委員であるレベジェフに迎えられ、民政部設置後はロマネンコやイグナチエフと協議しながら、自らの政治的立場を固めていった。その当時の政治状況から判断して、ソ連軍政当局が金日成に要求したのは、ソ連軍占領地域にブルジョア民主主義政権を確立するために、(1) 北朝鮮内に反日・民主主義民族統一戦線を結成することであり、(2) 南朝鮮から独立した共産党を組織することであったに違いない。そのような目標に向けて前進することによって、金日成は軍政当局の信頼を獲得し、北朝鮮の政治指導者としての地位を固めていったのである。他方、北朝鮮の地方共産主義者たちは、反日・民主主義民族統一戦線の重要性を正しく理解しないまま、急進的な土地綱領を掲げて、ソウルにある朝鮮共産党中央委員会に忠誠を誓っていた。そのような混乱状態のなかで、一〇月一四日のソ連軍歓迎民衆大会以後、ソ連軍政当局と金日成の間には、ある種の相互依存関係が発生したのだろう。徐大粛は、イグナチエフこそ、北朝鮮のソビエト体制の実質的な構築者であり、金日成を権力の座につけて、それを保持させた中心人物であったと強調した(53)。

金日成が二つの政治路線のうちの前者、すなわち反日民族統一戦線を基礎にするブルジョア民主主義政権の樹立にきわめて忠実であったことは、数少ない当時の文献からも十分に確認できる。たとえば、西北五道党責任者および熱誠者大会が朝鮮共産党北部朝鮮分局の設置を決定した一〇月一三日の夜、金日成はソ連軍の将官とともに平壌市内の平和会館に現れ、平安南道人民政治委員会主催の「歓迎懇談会」に参加し、その席上、金鎔範、李周淵、金光鎮に促されて、「これからは何よりも日帝を完全に追い払って、親日派と民族反逆者を除く各派、各層の人民が統一団結し、民主主義国家、完全な国家を建設するために力を合わせよう」と挨拶した。また、平安南道人民政治委員会は一〇月一八日にも平壌市内の大同館に金日成の家族、親戚、親しい友人数十名を招待し、ソ連軍代表や平壌市内の各界代表百数十名とともに、「金日成将軍歓迎会を兼ねた家族慰安会」を開いたが、そこでも、金日成は「新しい民主主義国家の建設が我々の課題である」と指摘し、「我々は真に国を愛し、真の民主主義的立場に立つ、全民族を固く統一する民主主義民族統一戦線を樹立しなければならない。我々には統一された唯一戦線がない。我々の民主建国の意欲を一ヵ所に集めるために、我々は民主主義統一戦線をもたなければならない」と強調した(54)。

同じことは、一〇月一四日の「平壌市民衆大会」での金日成の演説からも確認できる。平壌市内の労働組合、農民団体、婦人団体、その他、各学校から参集した学生などの民衆は七万人とも一〇万人ともいわれ、太極旗とソ連国旗が交互に掲げられた特設演壇の中央には、チスチャコフ、レベジェフ、ロマネンコ、曺晩植、そして共産党を含む各団体代表が居並んだ。民衆大会の模様は平壌放送が解放後はじめて実況中継し、米国の「外国放送情報サービス」(FBIS)によって傍受された。ソ連国歌と愛国歌が演奏されて粛然としたところで、はじめにレベジェフが登壇し、ソ連軍進駐の意義や真意について説明し、朝鮮解放を祝賀して朝鮮人民を激励した。続いて主催者である曺晩植が演説した後、金日成がはじめて公開の場に登場したのである。金日成は抗日武装闘争の経歴について言及することなく、イデオロギー臭のない短い演説をして、ソ連軍隊に感謝して民族の大同団結を呼びかけた。その要旨は「我々の解放と自由のために戦った赤軍に心から感謝を捧げる。三六年間我々を圧迫した日本帝国主義はソ連をはじめとする連合国によって滅亡させられた……朝鮮民族はいまから新しい民主朝鮮の建設に力を合わせていかなければならない。いかなる党派や個人だけでも、この偉大な使命を完遂することはできないだろう。労力をもつ者は労力によって、知識のある者は知識によって、金（カネ）のある者は金によって、真に国を愛し、民主を愛する全民族が完全に大同団結し、民主主義自主独立国家を建設しよう！　朝鮮独立万歳！　ソ連軍隊とスターリン大元帥万歳！　朝鮮民族の固い団結万歳！」というものであった。それから約三年後に北朝鮮に樹立された国家が「朝鮮民主主義人民共和国」と命名されたのは、決して偶然ではなかった[55]。

　ところで、金日成の「反日・民主主義民族統一戦線」論は、ソ連軍政当局への忠誠を証明するためだけでなく、国内共産主義者との政治論争に勝利するためのイデオロギー的な武器でもあった。興味深いことに、金日成は元山に入港した日に元山市党委員会を訪ねたり、労働組合活動家と会って意見を交換したりしたと記している。元山市党委員会では、ソウルの朝鮮共産党中央とも緊密な関係にある李舟河にも会ったと記している。しかし、金日成が得た全体的な印象は「国内のどの党派やどの組織も、人民にしっかりした建国路線を提示することができないでいる」というものであった。ある党活動家はソビエトを夢みて、「ただちに社会主義革命に着手しなければならない」と主張したし、元山市党庁舎の壁には「共産主義の旗幟の下、プロレタリアートは団結せよ！」というスローガンが掛けられていた。それをみた金日成は「あなたたちは労働階級の力だけで新しい祖国を建設しようとするのか」（傍点引用者）と諭したが、その答えは「労働階級のほかに信じられるものがありますか」というものであったとされる。元山市党活動家との談話は夕食の前後にも続き、その日、金日成は「わが国に樹立される政権形態は民主主義人民共和国でなければならない」という主張を披瀝したと記している。金日成は李舟河らの党活動家に会ってみて、「八・一五解放後すぐに建党、建国、建軍の三大課業を内容とする新朝鮮建設の里程標を作成」（傍点引用者）して帰国したことが、きわめて正当であったと述懐したのである。もちろん、このような記述が史実であるかどうかは疑わしい。しかし、それにもかかわらず、それは金日成が地方共産主義者の主張を左傾的な急進主義と建国路線の不在という観点から理解したことを示している。金日成があえて李舟河の名前を挙げたのも、それに対する批判であった(56)。

振り返ってみれば、金日成が抗日武装闘争に従事した一九三〇年代にも、朝鮮内では全国的な共産党組織を再建しようとする努力が継続し、一九四〇年代初めに、それは朴憲永や権五稷などによるコム・グループ結成のための地下活動になった。しかし、それと並行して、それぞれ短命ではあったが、特定の目的をもつ地域的な運動も活発かつ広範に展開された。南朝鮮では、李承燁が釜山およびその周辺にボリシェヴィキ社を組織したり、玄俊赫が大邱師範学校で反戦工作を実行したりした。平壌では、朱寧河、金鎔範、朴正愛その他が軍需工場で働く労働者を組織して赤労会を組織したり、咸鏡南北道では呉淇燮が共産青年会を復活させたりした。北朝鮮への帰国後、金日成が直面したのは、李舟河をはじめとする、これらの地方共産主義者たちの抵抗だったのである。平壌に赴任した金日成は、ソ連軍政当局の支持を背景にして、平安南道党委員会に所属した金鎔範、朴正愛、張順明、朱寧河、張時雨、李周淵などの協力を獲得したのだろう。金日成の北朝鮮での最大のライバルになった呉淇燮は、一九二五年二月に高麗共産青年会、翌年三月に第二次朝鮮共産党に加入し、八月に検挙された。一九三〇—三二年にモスクワの東方勤労者共産大学に学び、帰国後、職業革命家として高麗共産青年会の再建に従事し、官憲に逮捕されて懲役六年を宣告された。新義州監獄で解放を迎えたが、釈放されると、ただちに咸興で共産党組織の建設に着手した。咸興・興南と咸鏡南北道地域を中心に鄭達憲、李鳳洙、金采龍などと連携して、共産主義活動を再開したのである。また、元山と江原道地域では李舟河、海州と黄海南北道地域では金徳永、宋鳳郁が活躍した。金日成とともに元山に入港し、咸鏡南道に派遣された金策は、北朝鮮に統一的な共産党を設置するために工作したが、呉淇燮の「一国に二つの共産党はありえない」との主張の前で何もできなかった(57)。

しかし、金日成は呉淇燮の主張に正面から反論したようである。それから二年後の一九四七年八月、北朝鮮労働党創立一周年記念日を迎えて、金日成自身がその当時のことを回想して、「一九四五年八・一五解放直後、わが党の前身党である共産党北朝鮮分局を創建するときに、わが党の基本的な政治主張は確立された。そのときすでに、わが党は朝鮮に民主主義的な人民共和国を建立するために闘争することを全朝鮮人民、そして党に基本的任務として提出した」(傍点引用者)と指摘して、当面する課業として以下の四項目を掲げたと主張したのである(58)。

一、広汎な民主主義民族統一戦線を展開して、愛国的で民主的な各党各派との統一戦線を展開し、広汎な民主主義的力量を結集して、わが民族の完全な自主独立を保障する民主主義人民共和国を建立するために努力する(傍点引用者)。

二、民主主義的な建国事業の第一の障害物である日本帝国主義の残滓勢力と国際ファッシスト走狗たちを清算し、わが民族の民主主義的な発展を勝ち取る。

三、全朝鮮の統一的な民主主義臨時政府を樹立するために、我々はまず各地方人民の真正な政権である人民委員会を組織し、民主主義的なあらゆる改革を実施して、人民の生活を向上させ日帝が破壊していったあらゆる工場、企業所を復旧し、鉄道運輸を回復して、民主主義独立国家建設の基本土台を整える(傍点引用者)。

四、このような任務と課業を達成するために、我々は自らの党をさらに拡大強化し、党の周囲に広汎な民衆を団結させるために、各層各界の民衆を組織する社会団体を強力に結集することを主張する。

そこで紹介された四つの「当面の課業」は、それから約三十数年後に『金日成著作集』第一巻に、大幅に肉づけされた形で収録され、一〇月一〇日の金日成報告「わが国におけるマルクス・レーニン主義党の建設と党の当面の課業について」の一部分を構成した。しかし、第一、第二項目はともかく、その第三項目の「全朝鮮の統一的な民主主義臨時政府の樹立」は、一九四五年一二月の米英ソ外相会議で合意されたモスクワ協定の朝鮮関係部分の内容を先取りするものであり、それが「西北五道党責任者および熱誠者大会」でなされた報告の一部であったとされても、容易に信じられない。「四大当面課業」の内容は、おそらく一〇月の西北五道党大会からこの演説がなされた一九四七年八月までの間に段階的に形成されたのだろう。(59)

ただし、四つの「当面の課業」のすべてを事後の正当化の産物であるとか、ソ連軍政当局の政策を代弁するものであるとすることは、いささか公平さに欠けるだろう。西北五道党大会が開催された一〇月中旬までに、金日成が「民族大同団結」そして「民主主義的な自主独立国家」を繰り返すようになっていたのは事実であり、その頃には、金日成はすでに「反日民族統一戦線」論を自分なりに消化し、それを朝鮮の現実に適用するだけの理論的水準に到達していたと考えられるからである。それだけでなく、金日成の「反日民族統一戦線」論には、中国の「抗日民族統一戦線」論の影響が濃厚に存在した。たとえば、この時期に発表されたとみられる『民族大同団結について』と題する談話のなかで、ヨーロッパにおける反ファッショ「人民唯一戦線」と、植民地化の危険から帝国主義に反対する東方の「民族統一戦線」の形態上の相違を指摘しつつ、金日成は中国の抗日民族統一戦線（国共合作）の経験を朝鮮の現状に適用すべきモデルとみなしていた。(60)

その談話のなかで、金日成は第二次国共合作のために、中国共産党が自らの土地綱領を放棄して、紅軍を国民革命軍と改称しただけでなく、日本帝国主義を中国から駆逐した後にも民族統一戦線を維持して、「三民主義的な共和国」を建設しようと主張していることに注意を喚起した。事実、一〇月一四日の平壌市民衆大会での演説にも、中国共産党が抗日民族統一戦線の結成を呼びかけた「八・一宣言」（一九三五年）からの引用とみられる一節（「金（カネ）

のある者は金（カネ）を……」）が存在した。また、金日成が第一次国共合作失敗後の陳独秀の右傾的な誤謬を指摘し、毛沢東の「新民主主義論」に言及しつつ、「無産階級の独自性と共産党の独立性」を忘れてはならないと警告したことも注目される。さらに、金日成は朝鮮に樹立されるべき政府の形態を「朝鮮的で進歩的な新民主主義的政府」（傍点引用者）という中国の革命理論に特有の言葉で表現して、「中国共産党はもっとも民主的だったからこそ、民衆がついてきた」と結論した。他方、国内共産主義者との論争という観点から興味深いのは、金日成が第二次世界大戦を「階級解放戦争」と規定する李英・崔益翰らの見解を批判しただけでなく、「（地主の）土地を没収して農民に与える」とのスローガンを否定して、「日本人の走狗の土地を没収して農民に与える」（傍点引用者）とのスローガンを肯定したことだろう。すでにみたように、これは朴憲永の「八月テーゼ」や「九月テーゼ」に対する批判でもあった。また、後に批判されたように、朴憲永は「米帝の従僕・李承晩を大統領にする『人民共和国』、すなわち親米的ブルジョア共和国を樹立する」という「右傾投降主義」的な誤りを犯していた。そのような観点からみれば、一〇月末以後に展開される朴憲永の民族統一戦線論には、金日成との間で展開されるイデオロギー論争の側面があったのかもしれない(61)。

2　曺晩植と朝鮮民主党への対応

九月初めに曺晩植に協力的であった玄俊赫・朝鮮共産党平安南道委員長が暗殺されたこともあり、平安南道人民政治委員会内では、次第に共産主義者と民族主義者の対立が激化していった。また、当初は一五対一五であった両者の間の勢力比も、民族側と数えられていた者が共産側であったり、民族側の欠席が増えたりして、次第に共産側に有利になっていった。最大の争点は小作料と土地問題であり、両者の対立は早くも九月一二日に頂点に達した。共産側はテーブルのうえに拳銃を置いて議論するという威圧的な態度をとったとされる。その年の秋の収穫について、民族側は地主と小作人の配分を「三対七」（三・七制）にするように主張したが、共産側は小作人が全部受け取ること（全収）を要求したのである。また、民族側の反対にもかかわらず、共産側は土地没収を議論し始めた。民族側の韓根祖が中国の例やソ連軍司令部の方針を示して、財産権の尊重を要求すると、共産側の金鎔範は「韓委員の話を聞いてみると、まだ親日の残滓があるようだ」と非難した。これに激怒した曺晩植が「銃ではなく大砲をもってきても怖くない」といい捨て、委員会の席を蹴ってしまった。当惑した共産側は鳩首会議を重ねて、ソ連軍司令部に報告したが、司令部の政治将校は民族側の主張を認めて、「これからは曺晩植の意見に服従しろ」と叱責したとされる。その年の秋の収穫は三・七制で分配されることになったのである。(62)

ここで興味深いのは、おそらくソウルにある朝鮮共産党中央委員会の見解を反映して、平安南道の地方共産主義者がソ連軍司令部よりも左傾的な主張を展開していたことである。そのような傾向が、すでにみたように、九月二五日に開催された平安南道党委員会第四次拡大執行委員会で批判されたのだろう。事実、共産党北部朝鮮分局の成立後、一〇月一六日の党分局中央第一回拡大執行委員会で採択された「土地問題決定書」は、「日本帝国主義者の土地および親日的で反動的な朝鮮人地主の土地をすべて没収して農民に分与し、その労力によって耕作させる」と規定したが、その「親日的で反動的な地主」の定義は相当に緩やかであった。それは「韓日合併に貢献した売国奴およびその後継者」や「日本帝国主義の強盗的な施設（総督府の行政機構のことか）で悪質に協力した者および日本の侵略主義戦争に直接間接に協力した者」（括弧内引用者）に限定され、「公式に官公吏に任命されたといえども、その近隣の住民および小作人によって、その者の本意ではなかったことが証明される場合には」、「非親日家」に分類され、その土地所有権が認定されたのである。さらに、小作料についても、非親日朝鮮人地主の土地の小作料は、「三割を基準に地主に与え、租税は地主が地方政権に納付する」（三・七制）ことが明記された。スターリンの基本指令が要求したように、ここでも、「反日民主主義政党や組織の広汎なブロック」の形成が優先されたのだろう。また、興味深いことに、この「土地問題決定書」は「北朝鮮共産党中央組織委員会」第一次拡大執行委員会（一〇月一六日）で採択されたものとして、『金日成著作集』に収録されている。この決定書の作成には金日成が直接的に関与したというのである。そうだとすれば、これらの問題をめぐって、金日成は金鎔範ら地方共産主義者の主張を抑えて、曺晩植の信頼を獲得しようとしたのかもしれない(63)。

もっとも重要な民族的指導者として台頭した曺晩植と金日成は、メクレル中佐の仲介によって、九月三〇日に日本料亭ではじめて会談した。金日成が平壌に到着してから八日目のことである。宴会の模様を伝える数枚の写真から窺えるのは、朝鮮式にトゥルマギ（コートのような民族衣装）を着て、白い鉢巻を締めた曺晩植と、三つ揃えの背広にネクタイを締めた金日成青年が、メクレルを間に挟んで並んで着座し、テーブルいっぱいの豪華な料理を囲む姿である。姜ミハエル少佐が通訳したり、曺晩植が笑ったり、金日成がタバコをくわえたりする姿もある。年長者の前でタバコをくわえるのは不敬であるが、それは重要な問題を討議するときの金日成の「くせ」であった。曺晩植は「キリスト教の長老なので」といって酒に口をつけなかったが、金日成は酒も料理も満喫したようだ。メクレルの証言によれば、二人を会わせたのは二週間後に「平壌市民衆大会」を開催するためであった。金日成をデビューさせるためには、二人を引き合わせて、曺晩植の協力を得ておくことが必要だったのである。メクレルは曺晩植にソ連軍政への協力を依頼したが、曺晩植はメクレルに「民族統一国家の建設」（傍点引用者）に協力するように繰り返し要請した。曺晩植と金日成の間にはあまり会話がなかった。曺晩植は金日成があまりに若かったので、かれが本当に金日成であるのかどうか、その真偽を確信できなかったようである。しかし、建国問題が話題になって、金日成が「完全自主独立と各界各層の団結」の必要性を強調すると、曺晩植も共感を示した(64)。その後、金日成が何回か曺晩植を訪ねて、曺晩植は平安南道人民政治委員会が平壌市民衆大会を主催することに同意した。

この頃、曺晩植はソ連軍や金日成に協力的であった。前述したように、平安南道人民政治委員会は一〇月一八日に金日成将軍歓迎会を兼ねた家族慰安会を平壌市内の大同館で開催し、老身のために身体が不自由な祖父を除いて、金日成の祖母、叔父夫婦、その他の親戚、小学校時代の友人まで招待したのである。ただし、そのことはけっして両者が政治路線や建国路線を共有していたことを意味するものではない。たとえば曺晩植が「民族統一国家の建設」を語るとき、それは三八度線による祖国分断の拒絶や米ソ分割占領の早期解消を意味していた。それは北朝鮮にブルジョア民主主義政権を樹立しようとするソ連軍政当局や金日成の建国路線と正面から衝突したのである。また、一〇月一四日の平壌市民衆大会で、金日成と同じように、「みなさん、白衣民族（朝鮮民族の美称）の精神を生かすために、我々は心と志を集めて、力を合わせなければなりません」（括弧内引用者）と呼びかけながらも、曺晩植は「わが国は解放された国家であり、我々は自由を得た国民です……解放と自由は神が与えてくれた大きな贈り物です。皆さん、神が与えてくれた贈り物はだれも奪うことができません」と叫んだ。この一節は、進駐直後のチスチャコフに対して「ソ連軍は占領軍なのか、解放軍なのか」と詰問したのと同じく、曺晩植のキリスト者としての矜持を示すものであった。しかし、日本軍と戦って朝鮮解放を勝ち取ったソ連軍当局と金日成にとって、これは侮辱にも等しい言葉であった。金日成は曺晩植演説のこの一説を長らく記憶していたようであり、それを回顧録で皮肉っている(65)。

ところで、党北部朝鮮分局の設置に先立って、その前日である一〇月一二日に、チスチャコフ司令官とペンコフスキー参謀長の名義で、ソ連軍政当局は「北朝鮮駐屯ソ連第二五軍司令官の声明書」を発表した。それは九月二〇日のスターリンとアントノフの指令を忠実に反映し、その第三項目から第六項目を北朝鮮の住民に布告するものだったといってよいだろう。とりわけ重要だったのは、第一に、自己の綱領と規約を地方自治機関とソ連軍衛戍司令官に登録し、指導部の名簿を提出するという条件の下で、反日的な民主主義政党と社会団体の結成とその活動が許可されたことである。いうまでもなく、スターリン指令の第三項目、すなわち「赤軍が占拠した朝鮮各地域に反日的な民主主義組織・政党が形成されるのを妨害せず、その活動を援助する」との指令が公式に実行に移されたのである。そのような政策に応じて、最初に朝鮮共産党北部朝鮮分局が発足したと主張したかったのだろう。いずれにせよ、そのことが曺晩植を党首とする朝鮮民主党の結成を促すことになった。また、第二に、北朝鮮内のあらゆる武装組織を解散し、武器・弾薬・軍用物資をソ連軍衛戍司令官に納めることが要求された。それに代わって、ソ連軍衛戍司令部との協議の下に、各道人民委員会が一定の人員から構成される「保安隊」を組織することを許可したのである[66]。

しかし、曺晩植にとって、民族主義政党、すなわち「朝鮮民主党」の結成を決断するのはそれほど容易でなかった。曺晩植が躊躇したのは、それが「民族統一国家の建設」に資するようには思えなかったからである。曺は北朝鮮地域だけで行政制度や政党を組織することにも、土地改革のような重大な政策を実施することにも反対であった。他方、レベジェフは、自分だけでなくロマネンコ、バラサノフ、イグナチエフなども朝鮮民主党を創設するように説得したが、曺晩植の「ソ連軍嫌い」のために成功しなかったと証言した。メクレルが金日成や崔庸健に曺晩植を説得させることを思いついたというのである。事実、メクレル自身も「率直にいってしまえば、初期の私の主な任務は金日成と曺晩植の調停でした。二人は何度も密室で会談しました。そのたびごとに、建国問題などをめぐって互いに共感する点もありました」と回想したのである。金日成は「私は共産主義者でも何でもない」「私もその民主主義政党をつくるのに協力します。ソ連軍司令部でも、大きな役割を果たしてくれると信じます」と熱心に曺晩植を説得したとされる。民族統一戦線を結成するためには、曺晩植の協力が不可欠だったのである。また、曺晩植の側にも現実的な計算がなかったはずはない。なぜならば、ソ連軍政当局に支持される金日成の協力がなければ、曺晩植が新党を設立しても、それを維持することが困難だったからである。ただし、その後、曺晩植が金日成の新党加入を勧誘してみると、金日成は「自分の部下には民族主義者も社会主義者も共産主義者もいるので、一党一派に所属できない」「自分はすでに結成された北朝鮮共産党と新たに誕生する朝鮮民主党の中間で両党の親善と友誼を図る役割を演じる」と返答したとされる[67]。

しかし、実際の朝鮮民主党結成はソ連軍政当局を背景にする金日成との交渉ごとであった。曺晩植側の韓根祖と金日成側の金策が実務的な交渉を担当して、新党の政綱について議論したが、まったく議論が噛み合わなかったとされる。韓根祖によれば、最後に金日成が高麗ホテルに曺晩植を訪ねて二人だけで会談した。一〇月下旬のことである。会談はわずか五分間で終了し、曺は韓に「何でもない。うまくいった」と語った。金日成が曺晩植の掲げる三原則、すなわち（1）民族独立、（2）南北統一、（3）民主主義の確立を全面的に受け入れたというのである。交渉が長期化することを恐れて、金日成がそれらの原則を一時的に承認することにしたのだろう。その代わりでもあるかのように、金日成は自分が信頼する崔庸健と金策を民主党指導部に送り込むことに成功した。崔庸健は金日成よりもひと回り先輩であり、一九〇〇年に平安北道龍川郡で生まれた。曺晩植が校長を務めた五山学校在学中に三・一独立運動に参加した。その後、中国に渡って雲南陸軍講武学校を卒業し、一九二六年に中国共産党に入党した。広州コミューンを生き残り、一九二八年に満洲に派遣され、やがて東北抗日連軍の抗日武装闘争に参加した。そこでは、講武学校の同期生である周保中の下で第二路軍参謀長として活躍した。他方、金策は一九〇三年に咸鏡北道に生まれ、家族とともに間島に移住した。一九二七年に朝鮮共産党、一九三〇年に中国共産党に入党し、抗日武装闘争に身を投じた。北満洲を活動の舞台とし、一九三九年に抗日連軍第三路軍第三軍政治委員を務めた。二人とも、一九四〇年末までにシベリアに逃れ、やがて第八八特別旅団に編入されたのである。すでに指摘したように、それぞれ、旅団副参謀長と第三大隊政治委員を務めた。金日成とは別に長春経由で帰国した崔庸健は、かつて五山学校で教えを受けた曺晩植を訪ねたとされる。その因縁が崔庸健の朝鮮民主党への参加を容易にしたようである。金策は当初は咸興で活動し、まもなく平壌に移動した。[68]

しかし、曺晩植に朝鮮民主党の創設を決断させたのは、北朝鮮内の民族主義勢力であった。三・一独立宣言書に名前を連ねた金秉淵をはじめとして、韓根祖、禹済順、趙明植、李宗鉉などの著名なキリスト者や民族主義者たちが、共産党の積極的な活動に刺激されて、民主主義勢力を結集できるような大衆的な民族主義政党の創立を主張したのである。また、それはソ連軍の蛮行や共産党の横暴に怯える北朝鮮住民の声を反映する「自衛手段」とも考えられた。朝鮮民主党は一〇月中に「ソ、米、中、英等連合諸国に対して絶大な敬意と感謝」を表明し、「大衆本位の民主主義政体としての自主独立国家」を樹立して、勤労大衆の福利を増進して民族文化を復興することを誓う「宣言」を発表した。また、六項目の政綱を発表し、その第一項目に「国民の総意によって民主主義共和国の樹立を期する」ことを掲げ、第五項目で「反日的民主主義各党派と友好協力して、全民族の統一を図る」ことを誓った。さらに、民主党が掲げた一二項目の「政策」のうち、第一項目は言論、出版、集会、結社、信仰の自由および選挙権と被選挙権の保障であり、第二項目は議会制度と普通選挙の実施であった。それらの民主的な権利が保障され、民主政治が実現するかどうかに不安を抱いていたのだろう。ただし、親日行為を犯した「民族反逆者」は、これらの五大自由と公民権を剥奪されるべきであるとされた。また、農業政策としては、「小作制度の改善、自作農創設の強化、農業技術の向上」が掲げられた。日本人や民族反逆者の土地や資産の剝奪はともかく、朝鮮人地主の土地を剝奪するような急進的な土地改革には反対したようである。さらに、「労働運動の正常な発展を援助する」ことを約束して、「労使問題の一致点を得て、生産に支障がないようにする」とともに、失業者対策を樹立し、工場法、労災保険、健康保険、最低賃金制などを制定することを約束した[69]。

そのほかに、一八条からなる「朝鮮民主党規約」を発表し、総務部、政治部、組織部、財政部、文教部、そして青少年部からなる事務局を設置すること、党首一名、副党首二名、委員若干名、書記長一名、事務局長・次長各一名、部長各一名を置くことなどを明記した。創党大会は一一月三日に平壌第一中学校庭で開催され、党首には曺晩植、副党首には崔庸健と李允栄牧師が就任した。一〇五名の発起人の下で三三名の中央執行委員が選出されたとされる。また、民主党は「もっとも大衆的な政党」になることを目標にして、各道に地方党を組織した。党規約によって、党員二名の推薦を受けた者が党首の決裁によって入党したが、党員数は結党後わずか一ヵ月間で約六千名に達した。これとは別に、九月に新義州で結成されていた基督教社会民主党は、金九の指導する大韓民国臨時政府への支持を表明して、約千名の党員を集めた。他方、朝鮮共産党への入党はそれほど活発ではなく、一二月一七日の演説で、金日成は過去三ヵ月間に、共産党が四五三〇名の党員を獲得したと報告した。一二月九日現在で、そのうちの一一五一名が平壌市党委員会に所属した(70)。

ところで、一二月中旬までに作成され、シーキン（Shikin, I. V.）ソ連軍総政治部長からスターリンの右腕であるモロトフ外務人民委員に宛てられた長文かつ重要な北朝鮮情勢報告書は、注目すべきことに、沿海州軍管区と第二五軍軍事会議が「北朝鮮で秩序を確立し、地方自治機関を組織し、民主政党・社会団体を結成する」ことに成功していないと指摘し、それを「深刻な欠陥」と表現した。スターリンの基本指令に言及しつつ、「北朝鮮に反日民主主義政党や組織の広汎なブロック（連合）を基礎にしたブルジョア民主主義政権を確立する」路線が大胆に貫徹されなかったことを批判したのである。さらに具体的に、「第二五軍民政担当副司令官の機構はあまりに小さいだけでなく、北朝鮮六道の政治・経済活動を組織するだけの有能で熟練した幹部で構成されなかった。この機構は新しいブルジョア民主政権機関と民主主義団体を指導する能力がある地方民族幹部の抜擢・推挙事業を正しく遂行できなかった」と指摘し、北朝鮮の状況を厳しく批判した。また、朝鮮共産党について、この報告書は「共産党中央委員会秘書は老練な党活動家・朴憲永であり、北朝鮮担当中央委員会組織局秘書は金鎔範である。人民に人気のある著名な党活動家がいるが、それは過去に朝鮮と満洲のパルチザン運動を指揮した金日成である」と、三人の指導者を並列的に紹介した。さらに、共産党は「草創期に深刻な左傾的誤謬」を犯し、その後に正しい路線を取り戻したが、「今日に至るまで……ブルジョア民主陣営出身の社会活動家を広範囲に迎え入れていない。地方自治機関と北朝鮮の経済・政治生活の一切を指導する能力のある単一政党が存在しないことが朝鮮政治情勢に深刻な影響を及ぼしている」（傍点引用者）と主張した。曺晩植の擁立や朝鮮民主党の創立だけでなく、反日民主主義政党との広汎な連合や共産党北部朝鮮分局の組織強化、そして「ブルジョア民主主義政権の確立」を達成することが、現地軍政当局にとって至上命題になっていたのである。金日成もそれらを成功させることに自らの政治生命を賭けようとしていた(71)。

3　人民政権樹立の決定と党活動刷新

一九四五年一〇月一三日の朝鮮共産党北部朝鮮分局設置の決定は、必ずしも金日成による党権力の掌握を意味するものではなかった。だれが分局責任秘書に就任するかをめぐっては、西北五道党大会開催以前から権力闘争的な内部対立があり、一〇月五日以後の予備的な討論で、暫定的にしろ、金鎔範が分局責任秘書に、呉淇燮が第二秘書に、そして金日成が組織部長に就任することが決定されたようである。そのために、一〇月一三日の西北五道党大会は金鎔範の司会の下で進行し、呉淇燮が政治問題報告、そして金日成（金永煥）が組織問題報告を担当したのだろう。一九四八年三月、北朝鮮労働党委員長に就任していた金日成は、その当時のことを回顧して、「呉淇燮同務ははじめに分局が生まれようとしたときには、自分が責任者になると思って反対しなかったが、金鎔範同務が責任者になると反対し始めました。鄭達憲同務は海外からきた人々に反対して、ソウルにある中央を支持するといったが、事実は自分が咸南中央をつくれなかったので、分局に反対したのです。そのとき、私はだれがその地位についてもいいから、仕事だけはちゃんとやれといって、かれらにそのまま地位を任せたのです」（傍点引用者）と主張した。そのような事情を反映して、『朝鮮労働党歴史教材』を含めて、労働党史に関する公式文献は党北部朝鮮分局の指導部人事について何も語っていない。事実上の設立者である金日成が責任秘書に就任しなかったからだろう。一九五四年に編纂された『金日成選集』第一巻も、その最初の文献として、金日成が責任秘書に就任した朝鮮共産党北部朝鮮分局中央第三次拡大執行委員会の組織問題報告（一二月一七日）を収録した。ただし、すでに指摘したように、一〇月一三日に朴憲永が分局設置を承認し、翌日、金鎔範が分局責任者として、それを北部朝鮮の各道党部に通知したことは確実である(72)。

したがって、党北部朝鮮分局中央第一次および第二次拡大執行委員会についても、それがいつ開催され、何を討議したのかは必ずしも明確ではない。党北部朝鮮分局の中間的かつ曖昧な性質を考えれば、金日成が指摘するとおり、地方共産主義者たちがそれに積極的に協力したとも思えない。そのような事態が変化したのは、党北部朝鮮分局中央第三次拡大執行委員会が開催され、金日成が一二月一八日に責任秘書に就任してからのことだろう。それは明白な党権力の掌握であった。しかし、目標の設定という観点からみれば、一一月一五日に開催されたとされる第二次拡大執行委員会が大きな転機であった。なぜならば、後に『金日成著作集』に収録された「人民の政府を樹立するために」と題する金日成の演説を含めて、この会議についての数少ない説明が一致して、そこで金日成が「人民政権の樹立」問題を提起し、すでに存在する朝鮮人民共和国との関連で激しい議論が戦わされたと記しているからである。たとえば『朝鮮労働党歴史教材』は、金日成が「北朝鮮の中央政権機関を至急樹立する」ことを提起し、さらに「政権とは、何人かが集まって宣布して樹立されるものではない」「(南朝鮮の)『人民共和国』は何の大衆的基盤ももっていない」(括弧内引用者)と朴憲永やソウルの共産党中央を率直に批判したと記述した。金日成はさらに「『人民共和国』を支持することは政権に対する党の領導を放棄し、反動勢力に領導権を譲り渡そうとする反党的、投降主義的な立場であり、広汎な統一戦線を基礎にする真正な人民政権を樹立しようとする党の闘争を妨害する反革命的策動である」と激しく糾弾したというのである。その結果、「この会議以後、宗派分子たちは党の政治路線にあえて公然と反対することができなくなった」とした。ソ連軍政当局の強い要求を背景に、金日成は北朝鮮地域に「人民政権」を樹立することを決意し、それを分局中央第二次拡大執行委員会で決定したのだろう。それは新しい目標の設定であった。事実、一一月一九日、すでに指摘した行政一〇局が正式に発足し、北部朝鮮は「人民政権発展の第二段階」に入ったのである(73)。

しかし、第二次拡大執行委員会で議論されたのは「人民政権」樹立だけではなかった。朝鮮労働党中央党学校で教材として使用された『朝鮮労働党闘争史講義速記（一）』（一九五八年）によれば、金日成は「主権樹立」（人民政権樹立）の必要性だけでなく、それを推進するための対策として、大衆の支持を勝ち取る問題、朝鮮民主党に対する共産党の態度、そして共産主義青年同盟を民主主義青年同盟に改編する問題などを議論した。これらのうちで、とりわけ注目されるのは、誕生してまもない朝鮮民主党に対する共産党の態度である。同書によれば、その会議で、金日成は「民主党がソ連を支持し、共産党と協力して、民主主義的な課業の解決のために努力するならば、現段階における我々の革命の性格から出発して、わが党は民主党の活動を認定して、かれらを民主主義民族統一戦線に引き入れなければならない」（傍点引用者）「こうすることによってのみ、民主党の階級的な土台になっている民族ブルジョアジーおよび富農、一部小資産階級を民主主義的に教育して、わが党の周囲に集結させることができる」「もし民主党の活動を抑制すれば、かえって革命に損害を与えることになる」と教示したとされる。要するに、「連ソ容共」、すなわち（1）ソ連を支持すること、ならびに（2）共産党と協力することの二つが、「民主主義」民族統一戦線に参加するための必須条件だったのである。また、大衆を結集する問題について、金日成は「広汎な大衆的基礎のうえに民族統一戦線を形成することがもっとも緊急の課題である」との観点から、労働者、農民、女性などを統一、団結させるための社会団体を組織する事業を積極的に展開する必要性を強調した。さらに、金日成はすでに存在する共産主義青年同盟を改編して、より広汎な基礎のうえに青年を組織できる「民主主義青年同盟」を結成する問題を提議した。(74)

他方、前述のシーキン報告の直後、一二月一七日および一八日に開催された第三次拡大執行委員会は、解放後数ヵ月間の共産党組織、とりわけ党北部朝鮮分局の活動を点検し、その隊列を整える事業総括のための会議であった。しかも、「自己批判と相互批判」によって、「党の領導と党内部の一切の錯誤を無慈悲に解剖し」「北部朝鮮党の路線を正確で厳正な規律の路線に、大衆の利益のための大衆的路線に転換」することによって、それは「歴史的に重要な意義深い」会議になったと報道されたのである。事実、一七日の会議で、金日成は「北部朝鮮党工作の錯誤と欠点について」と題する大胆かつ率直な報告を担当した。北部朝鮮の共産党が四五三〇名（一一月末）の党員を有するまでに成長したこと、各道、各郡、各市に党委員会を組織し、多くの地方で党細胞が組織されたこと、五つの機関紙をもつようになったこと、そして党員自身が北部朝鮮の現在の政治情勢を正しく理解し、多くの党委員会も初期に犯した左傾的傾向の誤解を正したことを評価しつつ、それにもかかわらず、依然として重大な錯誤や欠点を犯していることを厳しく批判した。金日成は、たとえば党組織と党員についての正確な統計が整理されず、党員に唯一党員証を発行できないこと、党委員会がまだ相当数の活動家たちを補充できず、いまだに多くの工場、製造所、面で党細胞が組織されていないこと、さらに地方では入党手続きが整備されていないために、共産党隊列に親日分子が潜入して、民衆のなかで共産党の威信を失墜させ、その統一を破壊していることを指摘し、実例を挙げて批判したのである。また、金日成は共産党員の社会的成分として、労働者三〇％、農民三四％、知識分子・産業家その他三六％という数字を示して、党の発展が農民と知識分子に偏って進行し、そのために共産党が労働者階級の党になれずにいると主張した。入党を志願する労働者に対して、一年以上の党歴をもつ保証人を要求するなど、労働者の入党に「人為的制限」が設けられていると批判したのである[75]。

金日成による批判や追及はさらに細部に及んだ。たとえば党の統一と規律について、黄海道、平安北道、咸鏡南道の党組織の内部に各種の小組織が生まれ、党の役割と威信を傷つける危険な現象がみられること、一部の地方委員会が中央委員会組織ビューローの指示を無視して、民主集中制に違反したこと、一部の道党委員会は自己の事業と党団体の事業について組織ビューローに定期的に報告する必要を認めていないこと、分局組織ビューローがある同務（同志）を咸鏡南道〇〇市に派遣したところ、道党委員会がこの同務を受け入れなかったこと、組織ビューローの指示が何度もあったにもかかわらず、咸鏡南道では共産主義青年同盟が民主青年同盟に合流しようとしないことなどが批判された。また、党と大衆との連絡や指導については、党が多くの労働者党員をもたないために大衆との連携が弱く、党機関も大衆に対する教育事業を十分に組織できないこと、党幹部が工場、企業所、炭鉱、農村などに入っていかないために、地方の実情を知らないこと、その結果、「新義州では社会民主党が組織した中学生たちが武装して道党委員会を襲撃する事態をみることになった」(傍点引用者)ことなどを指摘し、「もし我々が事務室に座ってばかりいれば、我々の側に大衆を引き入れることができず、人民は我々についてこないでしょう」と厳しく批判した。興味深いのは、党の統一と規律の問題が党北部朝鮮分局組織ビューローと地方道党委員会の対立として描かれていることである。文脈から判断してわかるように、ここでいう「中央委員会組織ビューロー」や「分局組織ビューロー」は必ずしも党北部朝鮮分局そのものではなく、金日成が責任者であった組織部(局)のことである。初期の段階で、両者はそのように未分化の状態にあったのだろう。金日成の批判はさらに、党の指導機関が職業同盟の指導にあまり関心を払っていないこと、幹部の養成と配置が正しくなされていないこと、民主的諸政党と統一戦線を結成する活動が満足に行われておらず、地方では共産党員が民主党員に反対したり、民主党員が共産党員に反対したりしていることにまでに及んだ(76)。

翌日、会議を再開した第三次拡大執行委員会は、金鎔範の組織問題に関する報告とそれについての討論の後、前日の報告と討論に基づいて「新路線に転換する唯一党の重大な課業を実践、完成するために、執行委員の補選と部署改造」(傍点引用者)を断行して、金日成、金鎔範、武亭、呉淇燮など一九名を執行委員に選出した。また、「海外で多年にわたって日本帝国主義と血戦奮闘した民族的英雄金日成同志」を朝鮮共産党北部朝鮮分局の責任者に決定した。それは「当面の国内外情勢と北部朝鮮の具体的情勢が強力、有力で、威望ある領導者を要求した」からであった。これに対して、金日成は「党内の思想的統一によってのみ、党内の親日分子と異色分子の粛清が可能になり、鉄の規律によって鞏固な唯一党を形成できる。この目的のために、党内では断固たる思想闘争、すなわちボリシェヴィキ組織原則を勝ち取るための闘争が激烈に展開されなければならない」と応じたのである。要するに、金日成は激烈な思想闘争を通じて、日本の植民地支配に形だけ抵抗した知識人と革命家たちの共産党を、労働者階級を基盤にして組織され、規律によって統制される共産党に改造したかったのだろう。また、それなしには、民主主義民族統一戦線を主導し、ブルジョア民主主義政権を樹立することはできないと確信したのだろう。金日成の責任秘書就任によって、朝鮮共産党「北部朝鮮分局」はソウルの朝鮮共産党から独立し、事実上の「北朝鮮共産党」に変身したのである。戦後問題を討議するモスクワ三国外相会議を目前に控えて、それはソ連軍政当局の切迫した要求でもあっただろう(77)。

ただし、第三次拡大執行委員会の報告の結論部分で、金日成が「民主基地」について語ったとする北朝鮮の主張は受け入れ難い。それによれば、「我々の課業」の第一として、金日成は「現段階において、北朝鮮でのわが党の政治的総路線と実際活動は、あらゆる民主主義諸政党、社会団体との広汎な連合の基礎のうえに、わが国に統一的民主主義政権を樹立し、北朝鮮を統一的な民主独立国家建設のための強力な政治、経済、文化的民主基地につくり上げる」(傍点引用者)ように主張したとされる。これは『金日成選集』初版以来の一貫した主張である。しかし、その当時に発行された労働党文献集に収録された金日成報告には、その重要な文言が存在しない。金日成は「あらゆる反日民主主義政党と政治団体との幅広い連合の基礎のうえに、ブルジョア民主主義政権を樹立することを幇助しなければならない」と主張しただけである。すでに指摘したように、朝鮮革命における北部朝鮮の役割について、朴憲永は「半身不随状態にある南部朝鮮の輸血の源泉」と表現したし、呉淇燮は「全朝鮮統一の『力』の貯水池と要塞」と表現した。いずれも、南部朝鮮を支える兵站基地のイメージである。しかし、その当時の金日成は、ソ連軍政当局と同じく、北部朝鮮に人民政権を樹立しようとするだけで、南北朝鮮の関係については何も語ろうとしなかった。金日成が北部朝鮮を「朝鮮における民主改革の源泉地」「全アジアの民主主義の発源地」「民主主義の根拠地」などと表現したのは、その年の一二月末に米英ソ三国外相がモスクワで「朝鮮臨時民主主義政府」の樹立に合意し、一九四六年二月に発足した北朝鮮臨時人民委員会が北朝鮮で土地改革、産業国有化などの「民主諸改革」を実施して、八月の北朝鮮労働党創立大会に向けて準備する過程でのことであった(78)。

「民主主義の根拠地」という言葉からわかるように、金日成の「民主基地」論には、一九三〇年代に東満洲にソビエト区（「根拠地」「解放区」）を築こうとした抗日遊撃闘争の経験が投影されていたのだろう。おそらく、その記憶を引き継いで、この頃の金日成はまず北朝鮮に民主主義人民共和国を樹立し、その後に北朝鮮に建設される「根拠地」から南朝鮮を解放し、祖国を統一することを夢想していたのだろう。その意味で、「民主基地」論は金日成の「単独政府」論（先単独政府、後統一政府）であり、「武力統一」論だったのである。先に引用した朝鮮労働党創立大会会議録には、「朝鮮人民の半数、言い換えれば南朝鮮人民たちは、日本帝国主義の下にあったときと同じく、反動派たちの謀略と弾圧に抑えつけられています。我々が南朝鮮まで完全に解放してこそ、全朝鮮の完全独立があるのです」（傍点引用者）との金日成の答弁・結論が収録されている。それにもかかわらず、金日成が「民主基地」という具体的な言葉をはじめて使用したのは、おそらく一九四八年三月の北朝鮮労働党第二次全党大会の活動報告においてのことだろう。朝鮮民主主義人民共和国の樹立を展望できる段階になって、金日成ははじめて北朝鮮を「アメリカ帝国主義者たちの植民地隷属化の政策からわが祖国を救援する強力な民主勢力の基地」（傍点引用者）と表現したのである。ただし、その報告にも「民主勢力の基地」と「民主主義的な根拠地」が混在している。これ以後も、朝鮮戦争の開始にいたるまで、金日成の「民主基地」論は段階的に形成ないし形容されていったのである(79)。

4　新義州反共学生事件

一一月一五日の第二次拡大執行委員会の後、平安北道の中心都市であり、鴨緑江を挟んで中国領安東（丹東）と向かい合う新義州で、中学生たちが蜂起する事件が起きた。平安北道共産党委員会と人民委員会の横暴、そしてその背後にあるソ連軍当局に対する激しい抗議行動であった。学生蜂起は一一月二三日に発生し、二三名の非武装の中学生が殺害され、約七百名が負傷したとされる。社会正義に鋭敏な中学生が主役になったという意味では、日本統治時代の一九二九年に発生した光州学生事件や一九六〇年の韓国学生革命（四・一九義挙）の導火線になった馬山事件を連想させる。すでに指摘したように、第三次拡大執行委員会の報告で、金日成はそれについて「新義州で社会民主党が組織した中学生たちが武装して、道党委員会を襲撃した」（傍点引用者）と表現した。しかし、金日成はそれが共産党と大衆の連携、党機関の教養事業、地方の実情に対する党幹部の無知など、「党工作の錯誤と欠点」に起因することも隠さず、「共産党は今日少数の労働者の党員をもっているにすぎないが、これは大衆との結びつきが偏った結果である。党機関は大衆のなかで教養事業をうまく組織できず、指導者たちは工場、製造所、炭鉱、農村などに入っていません。そのために、彼らは地方の実情をよく知りません」と指摘した。「その結果」として新義州事件が発生し、「そのほかにも、これに似た事件がありました」と認めたのである。(80)

事件の発端は、新義州から黄海に向けて少し下った龍川郡の河口の村、龍岩浦邑での一一月一八日の集会にあった。一説に、それは人民委員会を支持し、歓迎するための官製集会であった。しかし、各界代表に続いて現れた学生自治隊の代表が、解放以来の共産党の所業を非難し、李龍洽・龍岩浦人民委員会委員長（共産党員）を批判したり、ソ連軍に接収された龍岩浦水産学校の返還を要求したりした。人民委員会支持集会が共産党糾弾集会に変貌したのだろう。劣勢に陥って一時退場した共産党員たちは、やがて武装したソ連兵や保安隊員とともに戻って、その集会を暴力的に解散させたとされる。それだけでなく、棍棒や金槌をもった暴漢が帰路の学生たちを襲撃して重軽傷を負わせ、止めに入った龍岩第一教会の洪錫璜牧師を撲殺してしまった。ただし、その日の集会については、民族主義系の青年組織（高麗青年同盟）の主催であったとか、キリスト教団体の関与を強調する見解もある。すでにみたとおり、金日成も、キリスト教「社会民主党」の直接的な関与を指摘した。龍岩浦を含む龍川郡は平安道の穀倉地帯の一つであり、キリスト教やそれを基盤にする社会民主党の影響力が強い地域であった。また、反共演説を始めた者についても、学生自治隊代表であったとか、新義州東中学から参加した学生であったとか、民主党宣伝部長の金斗三であったとか、いくつかの説に分かれる。いずれにせよ、龍岩浦の悲報が新義州の学生自治隊本部に届けられ、二一日夜から市内六つの男子中学校代表が東中学校その他に集まったのである。龍岩浦事件はもちろんのこと、新義州でのソ連軍の略奪行為、共産党、とりわけ平安北道党委員会の韓雄・保安部長の横暴や学園干渉などについて非難し、抗議の意思を固めていった。(81)

事態が急展開したのは二二日夜であった。現地情勢を確認するために派遣した学生よりも一足先に、故郷の龍岩浦から戻った義州農業学校の張元三が事件について報告したのである。徹夜の議論が始まり、二三日正午（後に午後二時に変更）に総決起する方針が決定された。総勢約三五〇〇人の市内各中学生を三つのグループに分け、東中学校と第一工業学校学生が平安北道人民委員会と保安部、第二工業学校と師範学校学生が共産党平安北道委員会、そして平安中学校と商業学校生が新義州市保安署（警察署）を目標にして、抗議行動を決行することにしたのである。「まさか武器をもたない中学生に発砲はしないだろう」という前提があった。決行を前に採択された決議文は「現在、平北（平安北道）共産党は平北道民の世論に背反するだけでなく、ソ連軍の軍事力を悪用し、略奪や官権濫用、不法欺瞞など、さまざまな虐政を自ら行っている。そして、平北道人民委員会保安部はこのような暴政の本拠地である平北共産党の指令を受けて、道民の生命と財産を奪っている。それだけでなく、無制限な学園内干渉と赤色帝国主義の思想の浸透を敢行しており、民族文化の抹殺を画策している。したがって、我々青年学徒たちはこのような事実を座視することができないので、総決起して共産党の統治に決死反対する闘争を全面的に展するものである」（括弧内引用者）と訴え、最後に「ソ連軍出て行け！」と結んでいた。共産党平安北道委員会と人民委員会保安部が中学生たちの憎悪の対象になっていたのである。(82)

学生たちが決起して、咸鏡北道人民委員会に突入したときの模様は、その日、人民委員会文教部長として庁舎で勤務していた咸錫憲によって伝えられている。正午過ぎに学生たちが「韓雄、出てこい！」と叫び、石を投げながら正門に向けて突撃すると、態勢を整えて待ち構えていた保安隊が発砲した。保安部長・韓雄と次長・車正三の命令によるものであった。銃声を聞いた咸錫憲が数人の職員とともに駆け寄ると、三人の学生が倒れていた。二人はすでに息が絶え、残りの一人も望みがなかったが、病院に抱えていったという。その後、関与を疑われた咸錫憲は共産党本部に連行された。中庭に入ると、一〇人から二〇人ぐらいの制服姿の学生たちの遺体が横たわっていた。約八〇〇名の学生が共産党本部に突撃して、その一部が一気に三階まで駆け上がり、ソ連軍兵士や保安隊員によって銃撃されたのである。犠牲者数について、金仁徳（新義州反共学生義挙記念会前会長）は死者一五名、負傷者一六八名と推計した。デモが鎮圧されると、千名以上の学生が逮捕されたが、翌朝まで残されたのは、金仁徳を含めて七名にすぎなかった。金は保安隊の留置所で咸錫憲と同室になり、一週間後にソ連の軍人から「金日成将軍が善処して出してくれる」と告げられて、釈放された。ソ連軍政の対応は意外に柔軟であると感じたという。ただし、咸錫憲は翌年、すなわち一九四六年一月まで拘留され、一九四七年二月に北朝鮮を脱出した。[83]

興味深いのは金日成の行動である。事件翌日の一一月二四日、金日成は午前一〇時に平壌を出発する一日に一本だけの新義州行きの列車に乗り、定刻どおりに午後一〇時に到着して、そのまま駅舎に付設された鉄道ホテルに入った。当時の列車運行事情では、それは例外的なことであった。そのことが正確に記憶されているのは、平壌で発行されていた『平北日報』が金日成の新義州派遣を事前に伝え、翌日の紙面にインタビュー記事を掲載するために、記者たちが金日成の到着を待ち構えていたからである。しかし、出迎えた共産党幹部を含めて、金日成はだれとも会うことがなかった。おそらく、そのままソ連軍衛戍司令部幹部と秘密に会談したのだろう。二五日、多くの学生と市民たちが平壌駅近くの東中学校庭に集まって、金日成の演説を聞いた。ソ連軍兵士が遠巻きに監視し、群衆のなかには私服警察官が配置されていた。金日成は二時間ほどマイクの前で熱弁をふるった。はじめに事件について遺憾の意を表明し、次にそれが「偉大なソ連軍の解放者、援助者としての役割についての誤解」と「共産党の使命と政策についての認識の錯誤」から生まれたと指摘し、さらに「学生たちは大体において利用されたにすぎない」「事実は親日派、民族反逆者、反動分子たちの目にみえない策動の結果である」「このような者たちは徹底的に調査して処断しなければならない」と主張したのである。そのうえで、「平北新義州にこのような不祥事が起きたことは、結局、この地の共産党と各機関長、とくに人民委員会『保安部』の責任幹部たちが誤りを犯したためである」として、金輝、朴均、李晃などの平安北道党幹部たち、とくに道民の「怨嗟の的」になっていた道保安部長の韓雄とその一派の罪過を列挙し、「ソ連軍側は我々をとても大切に考えてくれている」と主張した。金日成は学生を懐柔して、親日派や民族反逆者に責任を負わせただけでなく、平安北道の地方共産主義者たちを厳しく断罪し、さらに何よりもソ連軍を擁護したのである[84]。

しかし、白峯の『金日成伝』や『金日成著作集』の記述は、これとは相当に異なる。そもそも白峯は新義州事件の発生を「一二月」とするのみで、日時を特定しなかった。党北部朝鮮分局第三次拡大執行委員会の開催と結びつけて、「ちょうどこうした一九四五年一二月、曺晩植を頭目とする極悪な反動分子どもは、ピョンヤンから遠く離れた辺境の都市新義州で、一部の不順な学生たちをそそのかして騒乱をひきおこした」（傍点引用者）と記述したのである。「新義州からの急報をうけとった」とき、金日成は「ピョンヤンのある劇場で市民を集めて演説」していたが、それが終わるとただちに新義州に向けて出発し、現地に到着すると、「危険を冒して、学生と群衆でごったがえしている公設運動場にはいっていった」（傍点引用者）としている。事件当日の金日成の対応についての記述が正しければ、それは一二月ではなく、一一月二四日か、二五日のことでなければならない。演壇に上った将軍が顔に笑みを浮かべて場内をゆっくりと見回したとき、「将軍も共産党員ですか?」と聞く者がいた。金日成は「そうです。わたしは共産党員です」と答えて、満洲での日本軍との一五年間の武装闘争について語り始めた。やがて、金日成の演説に感動した聴衆から、「金日成将軍万歳！」の歓呼の声が上がったというのである。(85)

他方、『金日成著作集』第一巻によれば、金日成は一一月二六日に平安南道民主青年団体結成大会で「愛国的青年は民主主義の旗のもとに団結せよ」と題する演説をした。当然、平壌でのことである。しかし、翌日、すなわち二七日に、新義州市民大会で「解放された朝鮮はどの道に進むべきか」と題して演説した。金日成の平壌から新義州への移動については不明だが、市民大会で演説がなされるまでに、事件発生から四日間が経過していた。市民大会が開催された場所は特定されていないが、その内容には東中学校庭でなされた演説と重複する部分が少なくない。演説の力点も、親日派や民族反逆者を糾弾し、強固な民主主義民族統一戦線の結成を訴えるところにあった。白峯の説明と同じく、演説の途中で、金日成は「ただいま、将軍も共産主義者かとの質問がありましたが、私も共産主義者でありまず」と語り、「我々は、真の共産主義者とえせ共産主義者をしっかりと識別できなければなりません。共産党内に潜入した幾人かの不純分子の正しくない行動をみて、共産党員はよくないといったり、共産党を悪く考えてはいけません」と語り続けた。ただし、学生幹部であった金仁徳や任昌寿を含めて、集会に参加した者のなかに、そのような印象的な「やり取り」を記憶する者はいない。(86)

以上みたように、新義州事件に関しては、今日もなお不明なことが少なくない。蜂起した学生たちの証言、一九六〇年代末に刊行され、広汎に宣伝された白峯『金日成伝』第二巻の記述、そして一九七〇年代末に刊行された『金日成著作集』第一巻の記述は、大きく、あるいは微妙に異なっている。しかし、それは新義州事件が共産党に抵抗する蜂起だったからだけではないだろう。そもそも、帰国後の金日成の行動が作為的であった。北朝鮮に帰国してから一〇月一四日に「民族の英雄」としてデビューするまでの数週間、政治工作上の便宜によるものか、自らのデビューを劇的に演出するためかは不明だが、金日成は自分の帰国を秘匿して、「金永煥」の仮名を名乗って活動した。また、共産党北部朝鮮分局の実質的な組織者であったにもかかわらず、第三次拡大執行委員会で共産党権力を完全に掌握するまで、金日成は自分が共産党員であることを公言しなかった。だからこそ、一一月下旬になっても、「将軍も共産党主義者ですか？」という質問が出る余地があったのだろう。すでに指摘したように、それは曺晩植を擁立する朝鮮民主党の設立工作と関連していたのである。しかし、前後関係は曖昧にされているが、白峯が党北部朝鮮分局第三次拡大執行委員会と新義州事件を結びつけて論じたことは十分に理解できる。なぜならば、新義州事件を収拾し、総括する過程で、すでにみたように、金日成は多くの「党工作の錯誤と欠点」を暴露し、地方共産主義者たちの左傾的錯誤、規律違反、派閥主義、無能力、現場無視などを厳しく批判し、ソ連軍司令部に自らの指導力を実証することができたからである。そのような観点からみれば、新義州事件で確実なことの一つは、金日成が平壌を出発する前にソ連軍政当局と十分に協議し、事態を収拾することによって大きな信頼を獲得したことだろう。それに反比例して、地方共産主義者たちは軍政当局の信頼を失ったのである。(87)

おわりに

広島への原爆投下に促されて、一九四五年八月九日午前零時（ザバイカル時間）に、ソ連軍の満洲侵攻作戦が予定を繰り上げて開始された。開戦後もしばらく国境守備の任務に当たる予定だった第二五軍は、翌日、北部朝鮮に隣接する汪清—図們—琿春の三角地域に向けて進撃を開始したし、その作戦が完了してから始まる予定だった南部分団と太平洋艦隊による日本海沿岸の羅津、清津、および元山占領作戦もただちに実行に移された。とくに後者が予定を繰り上げて実施されなければ、戦争終結時に、ソ連は朝鮮半島に一兵も保持していなかったことになる。それにもかかわらず、八月一四日に日本がポツダム宣言を正式に受諾し、その翌日、トルーマンがスターリンに三八度線の設定を含む一般命令第一号の草案を提示するまでに、太平洋艦隊の海兵隊は羅津を占領して、清津に上陸していた。八月二二日の元山上陸は戦闘終結後の進駐になり、咸興と平壌占領は八月二四日に少数の空挺部隊によって達成された。こうして、ソ連軍は朝鮮半島の三八度線以北の地域に確実な足場を築くことができたのである。ソ連軍が進駐した地域には、道・市・郡レベルに衛戍司令部が設置され、現地共産主義者と民族主義者によって人民委員会が結成された。もっとも重要だったのは、スターリンとアントノフが九月二〇日に発した指令であった。それはソ連軍部隊の北朝鮮占領に関する基本指令であり、チスチャコフ司令官に「北朝鮮に反日民主主義政党や組織の広汎なブロックを基礎にしたブルジョア民主主義政権を確立する」ことを要求していた。朝鮮半島のソ連軍占領地域を米軍占領地域から切り離して、そこにできるだけ早期に単独政権を樹立することこそ、ソ連の占領政策の核心的な部分だったのである。一〇月初めに、ロマネンコ少将の下でソ連軍民政部が発足し、東欧諸国の場合と同じく、北朝鮮でも反ファシズムと民主主義を基礎にする民族統一戦線とそれを指導する「北朝鮮」共産党の結成が急がれた。

しかし、ソ連軍政当局は朝鮮の分割占領に伴う大きな困難に直面した。民族統一戦線を結成する以前に、それを指導する「北朝鮮」共産党の創立が難航したのである。ソ連軍が北朝鮮に進駐したにもかかわらず、朝鮮共産主義者と左派勢力の中心的な部分はソウルを舞台に政治活動を展開し、北朝鮮情勢とは無関係に新しい国家の樹立を宣言した。事実、朴憲永らの再建派共産主義者たちは、米軍占領地域に朝鮮共産党中央委員会を設置しただけでなく、民族統一戦線の基礎なしに朝鮮人民共和国の樹立を宣言して、その政府の組閣名簿（李承晩大統領）を発表したのである。それ以後も、かれらは南朝鮮での革命運動、すなわち右派勢力との闘争や米軍政府への抵抗に精力を使い果たし、北朝鮮での党活動や国家建設に大きな関心を払うことはなかった。ソ連軍政当局をさらに困惑させたのは、平壌を含む北朝鮮地域では伝統的にキリスト教勢力が強力であり、咸鏡南道などの一部地域を除いて、共産主義運動がそれほど活発でなく、地方共産主義者たちが習慣的にソウル中央の指示を仰いでいたことである。しかも、かれらは左傾的な誤謬を犯して、民族主義者との協調に消極的であった。事実、レベジェフが最初に着手したのは、北朝鮮地域の共産党組織の中心である平安南道党委員会の政治路線の修正、すなわち自己批判だったのである。したがって、満洲での抗日武装闘争の経歴をもち、極東ソ連軍で偵察要員として訓練を受けた金日成らの平壌到着は、ロマネンコやイグナチエフにとっては天佑であった。その協力なしに、朝鮮共産党北朝鮮組織委員会、すなわち党北部朝鮮分局を設置することはできなかっただろう。九月二二日に平壌に到着した金日成は、一〇月一三日に開催された「西北五道共産党責任者および熱誠者大会」で、北朝鮮に独自の共産党組織を発足させることに成功したのである。ロマネンコやイグナチエフが会議に立ち会ったことからわかるように、それはソ連軍政当局と金日成の共同作品であった。こうして、翌日のソ連軍を歓迎する平壌市民衆大会で、金日成は「民族の英雄」として登壇することができたのである。

ただし、このときの金日成は、依然として朝鮮共産党北部朝鮮分局の責任者でも、やがて樹立される北朝鮮臨時人民委員会の首班になるべき存在でもなかった。金日成は北朝鮮の民族的な指導者であった曺晩植を説得して朝鮮民主党を創立させ、「反日・民主主義」民族統一戦線の形成を急ぐとともに、一一月中旬の共産党北部朝鮮分局中央第二次拡大執行委員会で北朝鮮に人民政権を樹立することを決定しなければならなかった。その後、新義州で共産党の横暴に反対する学生蜂起が発生したが、金日成は率先してそれを収拾し、一二月中旬の第三次拡大執行委員会でついに党北部朝鮮分局責任秘書に就任した。その過程で、金日成は多くの「党工作の錯誤と欠点」を暴露し、地方共産主義者たちの左傾主義、規律違反、派閥主義、無能力、現場無視などを厳しく批判し、ソ連軍司令部に対して自らの組織的な指導力を実証することに成功したのである。それは朴憲永と金日成の立場が逆転したことを意味した。しかし、民族主義者との連合という観点から、一二月末にモスクワで開催された米英ソ外相会議での合意が公表されて、信託統治問題をめぐる左右対立が深刻化するまでは、曺晩植こそ、やがて樹立される北朝鮮の暫定的な政権機関の首班として想定されていた。金日成もまた、曺晩植を含む民族ブルジョアジーを共産党の周囲に集結させようとしていた。

南北朝鮮の古参の共産主義者と民族主義者の原則的かつ非妥協的な態度こそ、金日成らのパルチザン・グループによる政治権力への接近を可能にし、かつ加速したのである。また、一九四六年二月に臨時人民委員会が発足し、翌日、急進的な土地改革に着手するまで、金日成のいわゆる「民主基地」論も水面下で蓄積されていたにすぎない。金日成が追求したのは、依然として北朝鮮での単独政府、すなわち朝鮮民主主義人民共和国の樹立にほかならなかった。一時的な分断の容認こそ、朝鮮の統一独立への近道だと考えたのだろう。

〈付録〉『金日成著作集』の追加文献をめぐって——歴史の復元と修正

ソ連軍による北朝鮮解放当時、そしてその後しばらくの間の金日成の活動については、冷戦終結後に公開された旧ソ連史料や北朝鮮占領関係者からの聴取などによって、不十分ながらも多くの疑問が解消された。とりわけ韓国人研究者の努力や中央日報特別取材班の精力的な取材は高く評価されてよい。また、その後に刊行された金日成回顧録『世紀とともに』第八巻（一九九八年）の記述も、従来の公式見解に対する微妙な修正や重要な補足を含んでいる。しかし、当然のことながら、新しい事実の発掘は新しい歴史解釈を必要とする。その間になされた北朝鮮当局による歴史の隠蔽、復元そして修正も注意深く検証されなければならない。そこに、北朝鮮当局にとって望ましい歴史とそうでない現実が存在したのだから、その差異の検討は興味深い歴史研究の対象になりうるだろう。

金日成の権力への接近という観点からみれば、とりわけ一九四五年八月九日にソ連が対日参戦してから、西北五道党責任者および熱誠者大会の翌日、すなわち一〇月一四日に金日成が平壌市民の前に姿を現すまでの約二ヵ月間が重要である。もちろん、北朝鮮の歴史家たちは、金日成の活動を称賛するためだけでなく、それを詳細に記述するためにも大きな努力を払ってきた。白峯の『金日成伝』（一九六八年）三巻はその最初の大きな成果であった。さらに、還暦を記念して刊行された『金日成同志略伝』（一九七二年）は、「略伝」の名に反して、八六〇頁に達する膨大なものである。金日成の四〇歳の誕生日に刊行された『金日成将軍の略伝』（一九五二年）がわずかに六八頁にすぎなかったことを思えば、その間に払われた努力の大きさがわかる。しかし、それにもかかわらず、これらの伝記が記述する「空白の二ヵ月間」は読者を十分に満足させるものではなかった。なぜならば、金日成の古希を祝って出版された『金日成主席革命活動史』（一九八二年）を含めて、これらの文献には、金日成の「祖国凱旋」の模様はおろか、それが何日のことであったかさえ明確に記されていないからである。それらの歴史的な事実は、金日成回顧録『世紀とともに』第八巻（一九九八年）によってようやく公式に確認されたのである。(88)

それに加えて、一九七九年四月に刊行された『金日成著作集』第一巻が研究者たちを大いに悩ませた。なぜならば、金日成の古希を記念するために刊行された著作集に、突然、この「空白の二ヵ月」になされた金日成の演説や「労作」がいくつも収録されたからである。それによれば、金日成は一九四五年八月二〇日に（1）「解放された祖国での党、国家および武力建設について」と題する歴史的な演説をし、そこで、「建党・建国・建軍」の三大課業を提示した。また、九月二〇日には、地方に派遣される政治工作員に対して、（2）「新しい朝鮮の建設と共産主義者の当面の課業」について教示し、一〇月三日に、平壌労農政治学校で（3）「進歩的民主主義について」講義した。さらに、一〇月一〇日には、「北朝鮮共産党中央組織委員会創立大会」で（4）「わが国におけるマルクス・レーニン主義党の建設と党の当面の課業について」報告し、一〇月一三日には、各道の党責任幹部の会合で（5）「新しい朝鮮の建設と民族統一戦線について」演説し、さらに、平壌市各界代表の歓迎宴でも（6）「すべての力を新しい民主朝鮮建設のために」と題して語ったことになる。(89)

これらの六つの文献のうち、『金日成著作選集』第一巻（一九六七年版）および『金日成選集』第一巻（一九六三年版）に収録されているのは、一〇月一三日の各道の党責任幹部の会合での演説だけである。この文献の重要性を示唆するものであるが、『金日成選集』第一巻（一九五四年初版）には、それさえも含まれていない。もしそれが「西北五道党責任者および熱誠者大会」でなされた金永煥の組織問題報告でなければ、金日成は解放後のもっとも重要な共産主義者の会合に出席せずに、別の場所で開催された各道党責任者の会合で演説したことになるのである。しかし、すでにみたように、金日成自身がその回顧録で「金日成＝金永煥」を公表することによって、この疑問を解消した。また、八月二〇日の「解放された祖国での党、国家、および武力建設について」と題するいわゆる「三大課業」演説の存在は比較的早い時期に公表されたが、それも一九七〇年代に入ってからのこととみられる。白峯『金日成伝』（一九六八年）には、それについての記述が存在しないからである。しかも、興味深いことに、これらの文書はいずれも、朝鮮戦争当時、北朝鮮で押収された膨大な量の米軍鹵獲文書のなかから発見されていない。それどころか、鹵獲文書の一部は『金日成選集』初版でさえ、収録文献の内容に若干の修正が施された可能性があることを示唆している。したがって、これらの疑問が解消されない限り、一九七九年版の『金日成著作集』に新たに収録された文献は、いずれも、大幅に修正ないし復元されたものであると考えざるをえないのである。それ以外には、解放後二〇年から三〇年もの間、それらを公表しなかった理由を想像することができない(90)。

ただし、これらの事実は一連の金日成伝の記述がすべて虚偽であるとか、『金日成著作集』に収録された文献には真実の一片も含まれないということを意味するものではない。なぜならば、歴史記述の修正や文献の復元に際しては、一定の原則に基づいて、その核心として利用できる事実を最大限に利用したと考えられるからである。たとえば、和田春樹は復元された金日成の文献が（1）本人および人々の記憶に残っている言葉と文章、（2）現在からみて、当時そのように語ったと推定される内容、（3）不都合な事実の修正、そして（4）現在の思想による内容の修正から構成されているとし、そのうちの（1）については、歴史的な史料としての価値を認めている。また、それ以外の復元や修正についても、なぜそれが必要とされたのかという観点から、著者の意図を推測し、歴史的な事実を確認することが重要になるだろう。そこから新しい解釈が生まれるかもしれない[91]。

そのような観点からみるならば、一連の金日成伝のなかで、解放直後の金日成の活動について、いくつかの興味深い事実が共通に指摘され、しかも、時の経過とともに、それにさまざまな肉づけが施されていることが注目される。たとえばその第一として、金日成自身による「工場・企業所・農村工作」を挙げることができる。白峯の『金日成伝』は、祖国凱旋直後に、金日成が「数多くの同志たちと討議をかさね、工場、企業所、農村にでかけて、労働者、農民とひざをまじえて話し、かれらを新しい生活の創造へと組織動員していった」と記述し、「ピョンヤンに凱旋してから一か月近くになろうという」ある日、金日成が平壌郊外の降仙製鋼所を訪問したときの模様を紹介している。『金日成主席革命活動史』は、さらに金日成が九月に東平壌にある電気部門の企業所を訪ねて全国の電気工業の復興発展対策を立てたり、平壌穀物加工工場に出向いて自力で工場を復旧するように措置を講じたりしたことを付け加え、「党の創立を翌日に控えた一〇月九日」に降仙製鋼所を訪問したことを明らかにした。さらに、このとき、金日成は「自力で大鉄鋼工場を再建する雄大な展望を示し、労働者の生活に配慮をめぐらした」と指摘し、「現地指導の新しい歴史は実にこのときからはじまった」と強調したのである。一九五〇年代後半に始まる金日成の「現地指導」の出発点を解放直後にまで遡ったことになる[92]。

第二は「政治工作員の地方派遣」である。『金日成同志略伝』は、建党、建国、建軍の「三大課業」の方針に基づいて、金日成が「抗日武装闘争の時期に直接育てた多数の革命闘士を全国各地に派遣して、党創立を妨害する宗派分子や地方割拠主義者の策動を暴露、粉砕しつつ、共産主義者をしっかりと結束させ、地方の党組織を固め、群衆のなかで政治活動を積極的に進行させるように綿密に指導した」と記述している。また、『金日成伝』は「祖国凱旋のその日から、金策、安吉同志をはじめ、数多くの抗日闘士たちを元山、咸興、吉州、恵山、茂山、清津、鉄原、海州、南浦、江界、新義州などの各地に派遣した」と具体的に紹介している。しかし、この点では、なによりも新しい『金日成著作集』が注目されざるをえない。なぜならば、そこには、九月二〇日の金日成の談話「新しい朝鮮の建設と共産主義者の当面の任務」が「地方に派遣される政治工作員」に対してなされた教示として収録されているからである。すでにみたように、それは元山に入港した翌日のことであり、金日成はその日に咸鏡南道・北道や鉄原に向かう一部の隊員を見送り、自分自身もその日のうちに平壌に向かったのである。将来の計画や連絡について、そのときに可能な限りの事前の指示を与えたと考えるべきだろう。その記憶が「談話」の形で復元されたのである。もちろん、事後の正当化もなされたことだろう(93)。

第三は「祖国凱旋」の模様と「万景台の別れ道」のエピソードである。すでにみたように、一連の金日成伝はいずれも金日成の帰国を「祖国凱旋」として記述しているが、それがいつのことであり、どのようなものであったかについて具体的に言及しなかった。その代わりに、「あくまで謙虚な金日成将軍は、すべての栄光を歓迎する同胞にかえし、休むまもなく新しい祖国建設のためのたたかいを指導した」と記述することで一致していた。『金日成主席革命活動史』によれば、「平壌とソウルをはじめ全国各地の人民は金日成将軍歓迎準備委員会を組織して連日多彩な集会を開き、主席との対面を一日千秋の思いで待っていた」が、金日成はついに歓迎集会に現れなかったのである。『金日成伝』は「ピョンヤンにおちついたのちも、祖国凱旋を公表しなかった」と記している。また、いずれの金日成伝も、金日成が祖父母や親戚の待つ故郷万景台への訪問を後に延ばし、「万景台の別れ道」を降仙製鋼所に向かった日のことを気高い美談として描写している。その別れ道には、金日成の志を学び、それを後世に末長く伝えるための碑が建立されたほどである。金日成自身は、元山に上陸したときには、「ソ連軍側が我々の動きを秘密にしたために埠頭には歓迎の群衆が現れなかった」と説明し、「平壌に入城した翌日から、戦友たちと一緒に建党、建国、建軍の三大課業を遂行するための事業に着手した。私が八・一五解放後もっとも忙しく過ごした時期がまさしくこの時期だった」と述懐した(94)。

最後に、これらの復元された事実と『金日成著作集』収録文献の構成にみられる著しい編集上の偏りが、解放後の金日成の活動の原点ともいえる「三大課業」演説について、いくつかの重要な示唆を与えてくれる。興味深いことに、「空白の二ヵ月間」の前半の約六週間、すなわち八月九日のソ連の対日参戦から九月二〇日に金日成が「地方に派遣される政治工作員」に教示を与えるまでの間、『金日成著作集』にはただ一つの演説が例外的に収録されている。それが八月二〇日の「三大課業」演説である。日本がすでにポツダム宣言を正式に受諾し、朝鮮でも八月一六日に清津が解放され、ソ連軍が北朝鮮各地に進駐しようとしていたときのことである。金日成部隊を含む第八八特別旅団は、対日参戦の機会を失って待機中であった。金日成回顧録『世紀とともに』によれば、そのときに、金日成は「朝鮮人民革命軍軍事政治幹部の会議を招集して、わが革命の主体的力量を強化するための新しい戦略的課業として、建党、建国、建軍の三大課題（課業）を提示した」（括弧内引用者）のである。したがって、「三大課業」演説こそ、金日成が帰国を前にして発表した「朝鮮革命のテーゼ」であったといってよい。それがこのタイミングで提示された理由は容易に想像できる。同じ八月二〇日に、ソウルで朝鮮共産党再建準備委員会が開催されて、朴憲永が起草した「現情勢と我々の任務」（八月テーゼ）が採択されたからだろう。金日成による建党、建国、建軍の「三大課業」の提示が、それに遅れてよいはずはなかった。これは創作に近いものだろう。しかし、これが公表されてから、北朝鮮の歴史家たちは北朝鮮に共産党を組織してから平壌市歓迎民衆大会に臨むのが、金日成の当初からの方針であったと主張できるようになったのである。事実、金日成回顧録は自らの祖国凱旋について、「党を創建した後、一〇月一四日になって、平壌市歓迎群衆大会で祖国の人民にはじめて挨拶しました」（傍点引用者）と記している。(95)

（1）　金鐘鳴『朝鮮新民主主義革命史』（五月書房、一九五三年）、一六三―一六四頁。

（2）『偉大なる首領金日成同志略伝』（平壌、朝鮮労働党出版社、二〇一二年）、二四〇―二四一頁。

（3）八月二日、ソ連軍最高司令部大本営は沿海集団を第一極東方面軍、極東方面軍を第二極東方面軍に改称した。ソ連共産党中央委員会付属マルクス・レーニン主義研究所編『第二次世界大戦史』第一〇巻（川内唯彦訳、弘文堂、一九六六年）、二三三―二三四頁。マリノフスキー監修『関東軍撃滅す――ソ連極東軍の戦略秘録』（石黒寛訳、徳間書店、一九六八年）、八六―八八、一一四―一一五頁。

（4）マルクス・レーニン主義研究所編『第二次世界大戦史』第一〇巻、二三四頁。マリノフスキー監修『関東軍撃滅す』、八九頁、一〇一―一〇二頁。Erik van Ree, *Socialism in One Zone: Stalin's Policy in Korea, 1945-1947*, pp. 55-57.

（5）マルクス・レーニン主義研究所編『第二次世界大戦史』第一〇巻、二五九頁。van Ree, *Socialism in One Zone*, pp. 60-61. ソ連軍側は米海軍の積極的な海上行動によってソ連軍の対日作戦が容易になると理解したようである。米海軍が日本占領のために早期にこの海域を離れたこと、および米空軍がソ連軍作戦地域、とりわけ清津・羅津両港の入り口に機雷を敷設したことを批判した（マリノフスキー監修『関東軍撃滅す』、九〇―九一頁）。なお、日本軍が戦闘行動を停止したために、八月二二日の元山上陸は平穏のうちに進行した。

（6）マリノフスキー監修『関東軍撃滅す』、八九―九〇、一七〇、二一七―二一八頁。マルクス・レーニン主義研究所編『第二次世界大戦史』第一〇巻、二五九―二六〇頁。ワシレフスキー『ワシレフスキー回想録』下巻（加登川幸太郎訳、防衛研修所参考資料 78ZT-5H）、二六七―二七一頁。van Ree, *Socialism in One Zone*, pp. 60-62. 厚生省復員局「対蘇作戦記録」（森田芳夫・長田かな子編『朝鮮終戦の記録』資料篇第一巻に収録）、五〇四―五〇八頁。

（7）マルクス・レーニン主義研究所編『第二次世界大戦史』第一〇巻、二六六頁。マリノフスキー監修『関東軍撃滅す』、二八六―二八七頁。ワシレフスキー『ワシレフスキー回想録』下巻、二七三―二七四頁。van Ree, *Socialism in One Zone*, pp. 64-65; Michael C. Sandusky, *America's Parallel*, pp. 245-248, 252. 当時の軍事情勢やソ連の作戦からみて、スターリンが三八度線の設定に異議を唱えなかったのは当然であった（河原地英武「ソ連の朝鮮政策――一九四五～四八」、桜井浩編『解放と革命――朝鮮民主主義人民共和国の成立過程』、アジア経済研究所、一九九〇年、六―七頁）。なお、第一七軍方面軍から羅南師管司令部に対する戦闘停止命令は八月一七日一七時過ぎに航空機からの通信筒で伝えられ、翌日早朝には実行された（森田・長田編『朝鮮終戦の記録』資料篇第一巻、五一二―五一五頁）。

（8）マルクス・レーニン主義研究所編『第二次世界大戦史』第一〇巻、二三五頁。Milovan Djilas, *Conversation with Stalin* (London: Rupert Hart-Davis, 1962), pp. 30-31.

（9）チスチャコフ「第二五軍の戦闘行路」、ソ連邦科学アカデミー編『レニングラードから平壌まで――ソ連将軍一一人の朝鮮解放回顧録』（ソウル、ハムソン、一九八九年）、二〇、五一頁。厚生省復員局「対蘇作戦記録」（森田・長田編『朝鮮終戦の記録』資料篇第一巻）、四九八頁。van Ree, *Socialism in One Zone*, p.91.

（10）森田芳夫『朝鮮終戦の記録――米ソ両軍の進駐と日本人の引揚』（巌南堂書店、一九六四年）、一六三―一六六頁。岸勇一（咸鏡南道知事）「ソ連軍による北朝鮮五道行政権の接収――（四）咸鏡南道」、森田・長田編『朝鮮終戦の記録』資料篇第一巻、三一三頁。磯谷季次『朝鮮終戦記』（未來社、一九八〇年）、一二一―一二二頁。厚生省復員局「対蘇戦記録」（森田・長田編『朝鮮終戦の記録』資料篇第一巻）、四九七―五〇四頁。なお、森田は「咸鏡南道臨時人民委員会」を「朝鮮民族咸鏡南道執行委員会」と記述している。柳文華『解放後四年間の国内外重要日誌』（ソウル、民主朝鮮社、一九四九年、七頁）は「咸鏡南道人民委員会組織準備委員会」とした。当初の名称が一定しない。Charles K. Armstrong, *The North Korean Revolution 1945–1950* (New York: Cornell University Press, 2003), pp. 15, 21-22, 51-52.

（11）森田『朝鮮終戦の記録』、一六九―一七三頁。磯谷『朝鮮終戦記』、一二二―一二三頁。轟謙次郎（咸興地方交通局長）「終戦時の咸興地方交通局」、森田・長田編『朝鮮終戦の記録』資料篇第三巻（巌南堂書店、一九八〇年）、四四四―四四七頁。鎌田正二「終戦後の興南日窒工場と日本人組織」、同上、五二八頁。

（12）チスチャコフ「第二五軍の戦闘行路」、五一―五二頁。van Ree, *Socialism in One Zone*, p. 66. 八月二六日の声明は『解放日報』（一九四五年一〇月三一日）に掲載され、森田『朝鮮終戦の記録』（一九二―一九三頁）に収録されている。van Ree, *Socialism in One Zone* も、抄訳を紹介している（p. 87）。ただし、ヴァン・リーは、それが八月一五日に満洲の司令部で発表されたと主張している。同じものが八月二六日に平壌で発表されたのだろう。

（13）閔庚培『韓国キリスト教史』（澤正彦訳、日本キリスト教団出版局、一九七四年）、一一八―一二四、一四一―一四四、一四七―一四九頁。澤正彦『南北キリスト教史論』（復刻版、日本キリスト教団出版局、二〇〇六年、初版一九八二年）、一二〇—一二五頁。柳東植『韓国のキリスト教』（東京大学出版会、一九八七年）、一〇六—一一二頁。徐正敏『日韓キリスト教関係史研究』（日本キリスト教団出版局、二〇〇九年）、九一—九五頁。韓崇弘『韓景職』（ソウル、ブックコリア、二〇〇九年）、一一五—一一六頁。長田彰文「日本の朝鮮統治における『皇民化政策』と在朝米国人宣教師への圧力・追放——神社参拝問題を中心に」、『上智史学』第五四号（二〇〇九年一一月）、一—三〇頁。キムクォンジョン『近代転換期韓国社会とキリスト教受容』（ソウル、ブックコリア、二〇一六年）、三三一—三四二頁。

(14) 呉泳鎭『一つの証言——作家の手記』（釜山、中央文化社、一九五二年）、三〇—三六、一一二頁。趙霊岩『古堂曺晩植』（釜山、政治新聞社、一九五三年）、四二—四三頁。韓根祖『古堂曺晩植』（ソウル、太極出版社、一九七〇年）、三六九—三七四頁。古堂曺晩植先生記念事業会編『古堂曺晩植伝記』（ソウル、キッパラン、二〇一〇年）、二三九—二四六頁。曺晩植の声明は同書の二四四—二四六頁に収録されている。古川兼秀（平安南道知事）「ソ連軍による北朝鮮五道行政権の接収——（二）平安南道」、森田・長田編『朝鮮終戦の記録』資料篇第一巻、三〇一—三〇五頁。森田『朝鮮終戦の記録』、一八二—一八三頁。和田春樹「ソ連の朝鮮政策——一九四五年八月—十月」、『社会科学研究』第三三巻四号（東京大学社会科学研究所、一九八一年一一月）、一〇八—一一〇頁。『古下宋鎭禹先生伝』（古下先生伝記編纂委員会編、東亜日報出版局、一九六五年、三〇三頁）は、八月一六日午後、平壌の曺晩植から宋鎭禹に長距離電話があり、「道知事が行政権を受け取れというが、受け取ってもよいか」との問い合わせがあったと指摘している。そのとき、曺は金東元、安東源、呉胤善などと協議中だと述べたとされる。宋鎭禹の回答は「個人の資格で受け取らずに、民衆大会を開いて民衆の手から受け取らなければならない」というものであった。二人の関係を推測させる会話である。ただし、八月一六日は一七日の誤りだろう。

(15) チスチャコフ「第二五軍の戦闘行路」、五四頁。金局厚『平壌のソ連軍政』（ソウル、ハヌル、二〇〇八年）、四一頁。秦郁彦編『日本陸海軍総合事典』（東京大学出版会、一九九一年）、八九頁。森田『朝鮮終戦の記録』、一八四—一八五頁。厚生省復員局「対蘇作戦記録」（森田・長田編『朝鮮終戦の記録』資料篇第一巻）、五〇一頁。荒木道俊「終戦後の平壌地方運輸局」、森田・長田編『朝鮮終戦の記録』資料篇第三巻、九二—九三頁。和田春樹「ソ連の朝鮮政策」、『社会科学研究』、一一〇頁。ただし、荒木は「その所在地が平壌であるとは限らない」と引用している。van Ree, *Socialism in One*

Zone, pp. 91-92.

(16)『解放日報』一九四五年一〇月三日。方仁厚『北韓「朝鮮労働党」の形成と発展』（ソウル、高麗大学校亜細亜問題研究所、一九六七年）、八五―八六頁。徐仲錫『韓国現代民族主義運動研究』（ソウル、歴史批評社、一九九六年）、一五七頁、註(178)。趙霊岩『古堂曺晩植』、五三頁。韓根祖は「ソウルに身を潜めていた玄俊赫が朴憲永と手を握って平壌に下り、朝鮮共産党平南地区党の組織を急いだが、建国準備委員会に対してはむしろより協調する態度をとった」と証言した。玄俊赫の朴憲永および曺晩植に対する態度を的確に表現している。しかし、すでにみたように、朴憲永がソウルに上京したのは八月一七日であり、ソウルでの活動には玄俊赫の名前は発見できない。『解放日報』の弔辞が示唆するように、玄は「八・一五以後、ただちに第一線に出て」、平壌で活動し、ソウルと緊密に連絡したのだろう（韓根祖『古堂曺晩植』、三七四頁）。

(17) チスチャコフ「第二五軍の戦闘行路」、五六頁。金局厚『平壌のソ連軍政』、四二―四三、四七―四八頁。呉泳鎮『一つの証言』、一一一―一一七頁。趙霊岩『古堂曺晩植』、四九―五二頁。韓根祖『古堂曺晩植』、三七八―三八二頁。和田「ソ連の朝鮮政策」、一二〇―一二二頁。Dae-Sook Suh, *The Korean Communist Movement 1918-1948* (Princeton: Princeton University Press), pp. 315-316; Van Ree, *Socialism in One Zone*, pp. 92.-93.

(18) 呉泳鎮『一つの証言』、一一四―一一七頁。Dae-Sook Suh, "A Preconceived Formula for Sovietization: The Communist Takeover of North Korea," Thomas T. Hammond, ed., *The Anatomy of Communist Takeover* (New Haven: Yale University Press, 1975), pp. 475-489.

(19) van Ree, *Socialism in One Zone*, pp. 86-89. 筒井竹雄（黄海道知事）「ソ連軍による北朝鮮五道行政権の接収――（一）黄海道」および山地靖之「（三）平安北道」、森田・長田編『朝鮮終戦の記録』資料篇第一巻、二九九―三〇一、三一〇―三一二頁。海州日本人会「終戦後の黄海道」および新義州日本人世話人会「新義州日本人世話会記録」、森田・長田編『朝鮮終戦の記録』資料篇第三巻、一一―一八、一五三―一五四頁。森田『朝鮮終戦の記録』、一八八―一九一頁。和田「ソ連の朝鮮政策」、一二二―一二三頁。韓崇弘『韓景職』、一一四―一一五頁。

(20) 森田『朝鮮終戦の記録』、一七四―一七六頁。森田・長田編『朝鮮終戦の記録』資料篇第三巻、九一頁。Van Ree,

Socialism in One Zone, pp. 66, 96; *History of the United States Army Forces in Korea*, Part I, Historical Manuscript File, Office of the Chief of Military History, Department of Army, Chapter IV, p. 13. レベジェフ「履行しなければならない義務を自覚して」、『レニングラードから平壌まで』、九四頁。

（21） Benninghoff to Byrnes, 15 and 26 September 1945, *The Foreign Relations of the United States, 1945*, Vol.VI, pp. 1049-1053, 1059-1060; Kenneth C. Strother, "Experiences of a Staff Officer, Headquarters XXIV Corps in the Occupation of Korea, September-November, 1945"（ケネス・C・ストロウザー「朝鮮占領における第二四軍団の一参謀の体験――一九四五年九月～一一月」、高橋久志訳、防衛研修所戦史部参考資料 85ZT-1H）を参照。

（22） van Ree, *Socialism in One Zone*, p. 97; Dae-Sook Suh, "A Preconceived Formula for Sovietization," pp. 479-480.

（23） チスチャコフ「第二五軍の戦闘行路」、五七―五八頁。金昌順『北韓十五年史』（ソウル、知文閣、一九六一年）、五二頁。Dae-Sook Suh, *Kim Il Sung: The North Korean Leader* (New York: Columbia University, 1988), pp. 60-66; van Ree, *Socialism in One Zone*, pp. 97, 102-105. ロマネンコはすでに一〇月初めには積極的に活動していた。後述するように、一〇月一三日に西北五道共産党大会に出席し、翌日のソ連軍歓迎平壌市民衆大会にも参列した。しかし、第二五軍に民政担当副司令官の職制が正式に導入されたのは一一月末のことである。また、南朝鮮のように「ソ連軍政府」が発足し、「軍政長官」が任命されることはなかった。田鉉秀「ソ連軍北韓進駐と対北韓政策」（『韓国独立運動史研究』第九号、独立記念館韓国独立運動史研究所、三五八―三六〇頁）を参照されたい。

（24） van Ree, *Socialism in One Zone*, pp. 101-103; Andrei Lankov, *From Stalin to Kim Il Sung: The Formation of North Korea 1945-1960* (Hurst: London, 2002), pp. 2-3. シチェチニン「解放後の朝鮮にて」、『レニングラードから平壌まで』、二二三―二二五頁。和田「ソ連の朝鮮政策」、一一五―一一七頁。このほかに、民政部は外務人民委員部（外務省）の人員によって構成される「小規模の政治顧問機関」を有した。東京のソ連大使館に勤務したバラサノフ（Balasanov, G. M.）がチスチャコフ司令官の政治顧問としての役割を果たした。また、一九四六年秋には、ソウルのソ連総領事館に副総領事として勤務したシャブシン（Shabshin, A. I.）と交代した。金日成『世紀とともに』第八巻（平壌、朝鮮労働党出版社、一九九八年）、四五一―四五二頁。ただし、これによって、一部に存在する解放前のスターリン・金日成会談説は否定されたことになる。

(25) レベジェフ「履行しなければならない義務を自覚して」、およびシチェチニン「解放後の朝鮮にて」、『レニングラードから平壌まで』、九四―九六、一三一頁。van Ree, *Socialism in One Zone*, pp. 102-105. 金局厚『平壌のカレイスキー・エリートたち』(ソウル、ハヌル、二〇一三年)、一三―一四頁。田鉉秀「ソ連軍北韓進駐と対北韓政策」、三五七頁。

(26) 林隠『北朝鮮王朝成立秘史――金日成伝』(自由社、一九八二年)、一三七頁。林隠は許鎭・在ソ高麗人協会副会長のペンネームとされる。金局厚『平壌のカレイスキー』、一四―一五、二六―三〇頁。Dae-Sook Suh, "Soviet Koreans and North Korea," Dae-Sook Suh, ed., *Koreans in the Soviet Union* (Honolulu: Center for Korean Studies, University of Hawaii, 1987), pp. 103-109.

(27) van Ree, *Socialism in One Zone*, p. 55. 和田「ソ連の朝鮮政策」、一二八―一二九頁。

(28) スターリンとアントノフ名義の「電報(暗号伝達)最高機密」(No. 11130)、一九四五年九月二〇日。「ブルジョワ民主政権を確立せよ」、『毎日新聞』一九九三年二月二六日。和田春樹『北朝鮮現代史』(岩波書店、二〇一二年)、二四―二五頁。

(29) 『解放日報』(一九四五年一〇月三一日)に掲載された決定書と新綱領に日付が記載されていないことが誤解を生んだ。さらに、スカラピーノと李庭植が九月一五日説を採用したために、それが広汎に流布した(Robert A. Scalapino and Chong-Sik Lee, *Communism in Korea, Part 1: The Movement*, Berkeley: University of California Press, 1972, p. 322)。一二月二〇日に開催された共産党平安南道委員会第一次代表大会の文献は、それまでの委員会の活動を二段階に分けて、九月二五日の第四次拡大委員会が左傾的な誤謬を清算し、正確な路線を樹立したことを高く評価して、「わが党発展の歴史に一つの画期をなすもの」とした(「朝鮮共産党平南道第一次代表大会報告演説」、『朝鮮共産党文件資料集(一九四五~四六)』ソウル、翰林大学校アジア文化研究所、一九九三年、六四―六六頁)。また、玄俊赫暗殺事件についても、当初、金昌順の九月二八日説が広く受け入れられ、そのことが議論を混乱させた(金昌順『北韓十五年史』ソウル、知文閣、一九六一年、六八頁)。九月二八日説が正しければ、平安南道委員会の自己批判は玄俊赫委員長の下で進行したことになるからである。しかし、後に徐大肅がそれを九月三日に修正し、今日ではそれが定着している(たとえば徐大肅『金日成と金正日』岩波書店、一九九六年、五一頁および和田『北朝鮮現代史』、二四頁)。結果的に、この件に関しては、呉泳鎮の「九月初め」説(呉泳鎮『一つの証言』、一二一頁)や韓根祖の「九月二日」説(韓根祖『曺晩植』、三八二頁)がほぼ正確であったことになる。後任はほとんど無名の金裕昌であった。なお、筆者が参観した平壌の朝鮮労働党史蹟館の展示(二〇一四年一〇月一二日)も、盛大な葬儀の模様を伝える『人民新聞』(一九四五年九月五日)の記事を引用して、九月三日説を採用していた。それによれば、曺晩植とともに鉄道ホテルにチスチャコフ司令官を訪問した後、午後一時四〇分に、二人が同乗する貨物自動車に飛び乗った青年が玄だけを銃撃したとされる。

(30) 朝鮮共産党平南地区拡大委員会「政治路線に関して」、『解放日報』一九四五年一〇月三一日。

(31) 『解放日報』一九四五年一〇月三一日。「土地問題決定書」(日付なし、一〇月一六日)、朝鮮共産党北部朝鮮分局機関紙『正路』一九四五年一一月一日。

(32) 『解放日報』一九四五年一〇月三一日。田鉉秀「ソ連軍北韓進駐と対北韓政策」、三六五—三六六頁。

(33) シチェチニン「解放後の朝鮮にて」、『レニングラードから平壌まで』、二三二頁。柳文華『解放後四年間の国内外重要日誌』(平壌、民主朝鮮社、一九四九年)、一〇頁。Van Ree, *Socialism in One Zone*, pp. 108-109.

(34) 『正路』一九四五年一一月二五日、一二月五日。シチェチニン「解放後の朝鮮にて」、『レニングラードから平壌まで』、二三二頁。呉泳鎮『一つの証言』、一三三—一三九頁。van Ree, *Socialism in One Zone*, pp. 110-111. キム・ヨンボク「解放直後北韓人民委員会の組織と活動」、『解放前後史の認識5』(ソウル、ハンキルサ、一九八九年)、二一四—二一七頁。藤井新著、平岩俊司・鐸木昌之・坂井隆・礒﨑敦仁編『北朝鮮の法秩序——その成立と変容』(世織書房、二〇一四年)、一〇二—一〇三頁。

(35) 「五道党員および熱誠者連合大会会議録」、朝鮮産業労働調査所編『正しい路線のために』(ソウル、ウリ文化社、一九四五年、四六—五七頁)、萩原遼編『米国国立公文書館所蔵・北朝鮮の極秘文書』上巻、(夏の書房、一九九六年)に収録。『正路』一九四五年一一月一日。ソヌ・モンリョン『人民政権樹立と党の鞏固化のための朝鮮労働党の闘争』(平壌、朝鮮労働党出版社、一九五八年)、一八—二〇頁。組織問題報告の担当者は「会議録」では「金〇〇」、『正路』では「金永煥」とされた。しかし、「金永煥」が「金日成」の仮名であることは、後に金日成自身の回顧によって確認された(金日成『世紀とともに』第八巻、平壌、朝鮮労働党出版社、一九九八年、四八三頁)。

(36)「五道党員および熱誠者連合大会会議録」、五八—六八頁。『正路』一九四五年一一月一日。なお、兄弟党同志による国際情勢についての講演は、萩原編『北朝鮮の極秘文書』上巻(九五頁)に収録されている。

(37) 朴炳燁『金日成と朴憲永、そして呂運亨』(ソウル、先人出版社、二〇一〇年)、一五—二四頁。そのほかの文献でも、金日成による「党中央機関は必ずソ連軍隊が進駐している北朝鮮になければならない」との指摘は解放直後からのものであったとされている。たとえば、ソヌ・モンリョン『人民政権樹立と党の鞏固化のための朝鮮労働党の闘争』(一九—二一頁)を参照されたい。

(38) 朴炳燁『金日成と朴憲永、そして呂運亨』、二三—二四頁。『解放日報』一九四五年一一月一五日。

(39)『正路』一九四五年一一月七日。党中央委員会指示の日付は「一一月」とされるだけであった。

(40) Suh, *The Korean Communist Movement*, pp. 275-288: Suh, *Kim Il Sung*, pp. 17-29, 34-39. 和田春樹『金日成と満洲抗日戦争』(平凡社、一九九二年)、一八三—一八八、二七〇—二七四頁。和田『北朝鮮現代史』五一—一七頁。周保中のワシレフスキー宛て緊急報告、一九四五年八月二四日、金局厚『平壌のソ連軍政』、五五—五八、六六頁。沈志華『最後の「天朝」』上巻(朱建栄訳、岩波書店、二〇一六年)、五八—六四頁。抗日武装闘争に身を投じるまでの金日成については、徐大粛(Dae-Sook Suh)の上記著作の第一章を参照されたい。金日成は一九二五年初めに鴨緑江を渡ったが、翌年、一四歳で父を失った。一九二六年に満洲にある朝鮮人学校に、続いて中国人学校の毓文中学に入学したが、一九二九年に非合法活動で日本官憲に逮捕された。一九三〇年に釈放されたが、家族のもとには戻らなかった。一九三二年には母も死去した。両親とも篤実なキリスト教徒であった。その後の革命活動との関連で、徐大粛は金日成が中国人中学校に通ったことの意義を強調した。

(41) Suh, *Kim Il Sung*, pp. 52-54. 沈志華『最後の「天朝」』上巻、六四—六八頁。金日成『世紀とともに』第八巻、四四八—四四九頁。

(42)『偉大なる首領金日成同志略伝』、二四〇—二四一頁。『金日成同志略伝』には、ソ連軍隊に対する言及さえ存在しなかった(金日成同志略伝編纂委員会『金日成同志略伝』平壌、朝鮮労働党出版社、九月書房・復刻発行、一九七二年、二八九—二九九頁）。金日成『世紀とともに』第八巻、四七三—四七四、四七九頁。二〇日に元山駅を出発して、ようやく二二日に平壌駅に到着したという説明にも、ソ連軍代表が浮来山駅まで出迎えたという説明にも、それだけでは違和感がある。前者については時間がかかりすぎるし、後者の浮来山駅は咸鏡南道高山郡にある山間の小駅である。元山駅までそれほど遠くないし、隣の高山駅の方が出迎えに便利である。金日成に同行したソ連国籍の朝鮮人隊員である兪成哲（後に北朝鮮軍作戦局長）によれば、金日成が実際に元山駅を出発したのは、二一日午後一時であった。チスチャコフが元山駅まで出迎えるというので、出発を遅らせたが到着しなかったというのである。その後、金日成を乗せた平壌行き列車とチスチャコフを乗せた元山行き列車が、山間部で正面衝突しそうになったと説明する。それが浮来山駅付近であったとすれば、理解できなくはない。しかし、大将が大尉を出迎えるというのは常識に反する。より低い階級のソ連軍将校が元山駅に向かったが、途中で事故にあって、結果的に「途中の浮来山駅まで出迎える」ことになったのかもしれない。それならば、金日成が二二日に平壌に到着した理由も説明可能になる（兪成哲の証言、韓国日報編『証言・金日成を語る』、ソウル、韓国日報社、一九九一年、五三—五六頁）。

（43）金局厚『平壌のソ連軍政』、五三—五五、六〇頁。沈志華『最後の「天朝」』上巻、六五—七一頁。

（44）金局厚『平壌のソ連軍政』、六〇—七〇頁。沈志華『最後の「天朝」』上巻、七一頁。鄭律は乗船者数を七二名と特定した（金局厚『平壌のカレイスキー・エリートたち』、二三—二五、三六—三七頁）。

（45）金一・崔賢・朴成哲・呉振宇ほか『チュチェの光のもと抗日革命二〇年』日本語版、第五巻（平壌、外国文出版社、一九八六年）、一二一—一二三、一二三—一二四頁。沈志華『最後の「天朝」』上巻、七〇頁。金局厚『平壌のソ連軍政』、六八—六九頁。兪成哲の証言、韓国日報編『証言・金日成を語る』（ソウル、韓国日報社、一九九一年）、五五—五六頁。和田『金日成と満洲抗日戦争』三三七—三四四頁。これによれば、林春秋は姜健に同行した。

（46）レベジェフの証言、饗庭孝典・NHK取材班『朝鮮戦争——分断三八度線の真実を追う』（日本放送協会、一九九〇年）、一一六—一一七頁。レベジェフ元ソ連軍少将会見記、『産経新聞』一九九二年四月一四日。金局厚『平壌のソ連軍政』、七四—七六頁。

（47）金局厚『平壌のソ連軍政』、七七—七八頁。朝鮮労働党中央委員会党歴史研究所『金日成主席革命活動史』二〇一一年版（日本語版、平壌、二〇一二年）、一五八頁。

(48) レベジェフは「組織委員会」という言葉を使用して、それが「党」であると語った。中央日報特別取材班『秘録・朝鮮民主主義人民共和国』上巻（ソウル、中央日報社、一九九二年）、一一三頁。朝鮮労働党中央委員会党歴史研究所『金日成主席革命活動史』一九八二年版（日本語版、平壌、外国文出版社、一九八三年）、一六〇—一六一頁。朝鮮労働党中央委員会直属党歴史研究所『朝鮮労働党歴史教材』（平壌、朝鮮労働党出版社、一九六四年）、一三〇—一三一頁。『朝鮮労働党歴史教材』では「朝鮮共産党北朝鮮組織委員会」と表現されていたが、『金日成主席革命活動史』では「北朝鮮共産党中央組織委員会」とされた。金日成『世紀とともに』第八巻、四八三頁。

(49) 『正路』一九四五年一一月一日。『解放日報』一九四五年一一月五日。『解放後四年間の国内外重要日誌』、一一頁および『朝鮮中央年鑑　国内篇　一九四九』、二三三頁。『朝鮮労働党歴史教材』、一三一—一三二頁。白峯『金日成伝』第二巻（日本語版、雄山閣、一九六九年）、二五—三〇頁。姜聲允「朝鮮労働党創建史についての歴史的再考察」（『統一問題研究』、ソウル、平和問題研究所、二〇〇三年上半期号、通巻三九号）、五一—七五頁。『人民政権樹立と党の鞏固化のための朝鮮労働党の闘争』（二一頁）は、会議名や日時を特定せずに、「一九四五年一〇月、革命的党創建のための会議が平壌で招集された。会議では、金日成同志から組織問題に関する報告を聴取、討議し、すでに金日成同志が提示した党の政治路線と組織路線の正当性を一致して確証して、朝鮮共産党北朝鮮組織委員会を創設することを決定した。続いて、会議では党中央機関を選出した」と記述していた。ここで示唆された「すでに金日成同志が提示した党の政治路線と組織路線」が、約二〇年後に、党創立大会での金日成報告「わが国におけるマルクス・レーニン主義党の建設と党の当面の課業について」（一〇月一〇日）として、朝鮮労働党中央委員会『金日成著作集』第一巻（平壌、朝鮮労働党出版社、一九七九年、三〇四—三二八頁）に収録されたのである。「四大当面課業」も、それに含まれた。それらの議事のすべてを一日（一〇月一三日）で終了することは不可能である。党中央機関の選出に言及しながら、その内容を紹介しなかったことも興味深い。

(50) 『解放後四年間の国内外重要日誌』、一一頁。「朝鮮人民の民族的英雄　金日成将軍入城」、『朝鮮中央年鑑　国内篇　一九四九』、六二—六三頁。「錦繡江山を震動させる十万の歓呼、偉大な愛国者金日成将軍も参加、平壌市民衆大会盛況」、

『平壌民報』創刊号、一九四五年一〇月一五日（韓載徳『金日成将軍凱旋記』、平壌、民主朝鮮社、一九四七年、九九―一〇二頁）。中央日報特別取材班『朝鮮民主主義人民共和国』上巻、八四―九〇頁。金日成『世紀とともに』第八巻、四八三―四八四頁。もちろん、そのイデオロギー装置は簡単に作動したわけではない。レベジェフによれば、若すぎる金日成将軍を見た群衆の一部が「偽者だ」と騒ぎ出したからである。その疑いを解消するために、メクレルと姜ミハエルが金日成の「故郷訪問」を演出した（金局厚『平壌のソ連軍政』、八二頁）。

（51）金局厚『平壌のカレイスキー・エリートたち』、三八―四六、五四―五八頁。林隠『北朝鮮王朝成立秘史』、一三八―一四〇頁。Dae-Sook Suh, *Korean Communism, 1945-1980: A Reference Guide to the Political System* (Honolulu: University Press of Hawaii, 1981), pp. 282-291, 448-449. その後もいくつかのグループが到着し、一九四九年一月までに、その総数は四二七名に達したとされる。ただし、ソ連軍の撤退後も北朝鮮に残留し、北朝鮮の政治に参加した者は五〇名に満たなかった（林隠『北朝鮮王朝成立秘史』、一三八―一三九頁）。

（52）Suh, *The Korean Communist Movement*, p. 313.

（53）Suh, *Kim Il Sung*, p. 63.

（54）「朝鮮解放のための血闘二十年、民主建国を語る金日成将軍」、『平壌民報』一九四五年一〇月一五日、一六日（韓載徳『金日成将軍凱旋記』、九三―九八頁）。「産業を急速に回復、統一的戦線を樹立」、『平壌民報』一九四五年一〇月二〇日（韓載徳『金日成将軍凱旋記』、一〇四―一一〇頁）。『朝鮮中央年鑑　国内篇　一九四九』、六三―六四頁。

（55）『平壌民報』一九四五年一〇月一五日。呉泳鎮『一つの証言』、一四〇―一四四頁。『曺晩植伝記』、二八八―二九一頁。『朝鮮中央年鑑』に収録された演説要旨は『平壌民報』の記事を転載したものだが、微妙に修正されている（『朝鮮中央年鑑　国内篇　一九四九』、六三頁）。

（56）金日成『世紀とともに』第八巻、四七五―四七七頁。金日成が解放後すぐに示した「新朝鮮建設の里程標」とは、『金日成著作集』第一巻に収録された「解放された祖国での党、国家および武力建設について」（一九四五年八月二〇日）を指すものとみられる。これも歴史の復元である。

（57）Suh, *Korean Communist Movement*, pp. 189-199. 金昌順『北韓十五年史』、九〇―九四頁。アン・ムンソク『呉淇燮

評伝』（全羅北道全州、全北大学出版文化院、二〇一三年）、一三―一八頁。
(58) 金日成「創立一周年を迎える北朝鮮労働党」、『労働新聞』一九四七年八月二八日。これが「四大当面課業」の初出とみられる。
(59) 『金日成著作集』第一巻、三一八―三一八頁。
(60) 金日成将軍・述『民族大同団結について』（朝鮮共産党清津市委員会、一九四六年）、一―一九頁。
(61) 同右、六―一九頁。『朝鮮労働党歴史教材』、一三一頁。一〇月三〇日に執筆された朴憲永の署名入り論文「民族統一戦線結成について」は、一一月五日の『解放日報』に掲載されただけでなく、一一月一四日の『正路』に転載された（『正路』一九四五年一一月一四日）。
(62) 呉泳鎮『一つの証言』、一二二―一二三頁。韓根祖『曺晩植』、三八六―三八九頁。
(63) 『正路』一九四五年一一月一日。『金日成著作集』第一巻、三五四―三五六頁。
(64) 中央日報特別取材班『朝鮮民主主義人民共和国』上巻、四八―五六頁。金局厚『平壌のソ連軍政』、七九頁。料亭名は「花房」とされたが、呉泳鎮は「花扇」（『一つの証言』、一五〇頁）、趙霊岩は「歌扇」（『曺晩植』、六三頁）とした。自分の事務所で金日成と会った後、曺晩植は息子の曺然明に「私が聞いた満洲北支の愛国闘士である金日成は、私よりも年上のはずなのに、どういうわけか、いま会った金日成を称する者は年齢がお前のように若い」と語った（韓根祖『曺晩植』、三八五頁）。
(65) 『平壌民報』一九四五年一〇月二〇日（韓載徳『金日成将軍凱旋記』、一〇四―一〇五頁）。古堂記念事業会『曺晩植伝記』、二九〇頁。金日成『世紀とともに』第八巻、四八四頁。
(66) 『朝鮮中央年鑑　国内編　一九四九』、五八頁。金昌順『北韓十五年史』、四九―五一頁。
(67) 古堂記念事業会『曺晩植伝記』、二八四―二八五頁。金局厚『平壌のソ連軍政』、一二六頁。中央日報特別取材班『朝鮮民主主義人民共和国』上巻、九八頁。韓根祖『曺晩植』、三九〇頁。呉泳鎮『一つの証言』、一六一頁。趙霊岩『曺晩植』、六四―六五頁。
(68) 韓根祖『曺晩植』、三九〇―三九二頁。和田『金日成と満洲抗日戦争』、二一九―二二二、二三四―二三六、二四三―

二五四、三四四頁。和田『北朝鮮現代史』、一五—二〇頁。古堂記念事業会『曺晩植伝記』、三〇八—三〇九頁。中央日報特別取材班『朝鮮民主主義人民共和国』上巻、一〇一—一〇四頁。

(69) 古堂記念事業会『曺晩植伝記』、三〇八—三〇九頁。「朝鮮民主党綱領、政策、宣言」、萩原編『北朝鮮の極秘文書』上巻、一八、二〇頁。朴明洙『曺晩植と解放後韓国政治』(ソウル、ブックコリア、二〇一五年)、一一八—一二一頁。

(70) 「朝鮮民主党規約」、萩原編『北朝鮮の極秘文書』上巻、一九頁。韓根祖『曺晩植』、三九二頁。金局厚『平壌のソ連軍政』、一二七—一三四頁。金日成「北部朝鮮党工作の錯誤と欠点について——朝共北朝鮮分局中央第三次拡大執行委員会での報告」、一九四五年一二月一七日、『党の政治路線および党事業総結と決定・党文献集(一)』、一頁。「平壌市党第一次代表大会順序(工作総決報告草案)」、一九四五年一二月二〇日、翰林大学アジア文化研究所編『朝鮮共産党文件資料集(一九四五~四六)』(江原道春川市、翰林大学アジア文化研究所出版部)、四一頁。

(71) シーキンがモロトフに宛てた報告書、一九四五年一二月二五日、金局厚『平壌のソ連軍政』、一二七—一三四頁。ただし、党北部朝鮮分局第三次拡大執行委員会(一九四五年一二月一七日—一八日)の結果が反映されていないので、この報告書は一二月前半に作成されたものとみられる。シーキンの役割については、ヴァン・リーの研究を参照されたい。*See*, van Ree, *Socialism in One zone*, p.272.

(72) ソ連軍総政治部のサポズニコフ(Sapojunikov, B.)がデミトロフ(Demitrov, G. M.)に宛てた報告書(一九四五年一一月五日)は、一〇月六日に、三人がそのような地位に選出されたと記している(金局厚『平壌のソ連軍政』、一〇七頁)。北朝鮮労働党中央委員会『北朝鮮労働党第二次全党大会会議録』(平壌、一九四八年)、一七八頁。

(73) 『朝鮮労働党歴史教材』、一四二—一四四頁。ソヌモンリョン『人民政権の樹立とその鞏固化のための朝鮮労働党の闘争』、二四頁。朴炳燁は第二次拡大執行委員会の一一月一五日開催説を強く否定し、それが一一月二三—二四日に平壌で開催されたと主張している。しかし、それは新義州事件(一一月二三日)の発生と完全に重なり、一一月二四日に金日成が新義州に到着したとする説と正面から衝突する。それらについては、朴炳燁『朝鮮民主主義人民共和国の誕生』(ソウル、ソニン出版社、二〇一〇年、二四頁)および後出の新義州反共学生事件の項を参照されたい。

(74) 朝鮮労働党中央党学校教材『朝鮮労働党闘争史——講義速記(一)』(平壌、朝鮮労働党出版社、一九五八年)、一九七頁。『金日成同志略伝』、三二三―三二四頁。

(75)『正路』一九四五年一二月二一日。金日成「北部朝鮮党工作の錯誤と欠点について」『党の政治路線および党事業総結と決定・党文献集(一)』、一―三頁。

(76)『党の政治路線および党事業総結と決定・党文献集(一)』、三―一〇頁。ソ連の文献では、「朝鮮共産党北部朝鮮分局」という用語は使用されない。たとえば、シャブシーナが一九四〇年代末に執筆した「第二次世界大戦後の朝鮮」は、「一九四五年一〇月には、北朝鮮共産党中央委員会の組織局がつくられ、国民の英雄として、また大政治家として有名な金日成がその指導者となった」(傍点引用者)と記した。E・M・ジューコフ編『植民地体制の危機――極東アジア諸国民の民族解放闘争』下巻(ソ同盟科学アカデミー太平洋問題研究所、民族問題研究会訳、刊行年不明、一五六頁)を参照されたい。

(77)『正路』一九四五年一二月二一日。武亭は一二月初旬に平壌に到着し、朝鮮共産党に入党した。同行した朝鮮独立同盟主席金斗奉、副主席崔昌益、韓斌らは一九四六年一月に新民党を結成した。

(78)金日成『金日成選集』第一巻(平壌、朝鮮労働党出版社、一九五四年)、一六頁。『党の政治路線および党事業総結と決定・党文献集(一)』、九、二六―二七頁。北朝鮮労働党中央委員会『北朝鮮労働党創立大会会議録』(平壌、一九四六年)、一八、六三頁。

(79)北朝鮮労働党中央委員会『北朝鮮労働党創立大会会議録』、六三頁。金日成「北朝鮮労働党中央委員会事業決算報告」、北朝鮮労働党中央委員会機関紙『労働新聞』一九四八年三月二九日。鐸木昌之「北朝鮮における党建設」(桜井浩編『解放と革命――朝鮮民主主義人民共和国の成立過程』アジア経済研究所、一九九〇年)、五三―五八頁。一九四五年一一月中旬、呉泳鎮が友人二人とともに金日成宅を訪問して、その闘争経歴について聴取した後、「これから先、南北の交通はどうなりますか」と質問すると、金日成は断固たる態度で「南朝鮮だって。同務たち、南朝鮮のことは考えなくてもいい! 北風が吹いて南朝鮮を席巻しなければならない」(傍点原文)と答え、さらに「我々は血を流さなければならない」と付け加えたとされる(呉泳鎮『一つの証言』、一七七―一七八頁)。金日成は一九五〇年の新年の辞では、「わが祖国の北半部を強力な軍事、政治、経済、文化的基地に構築することによって、祖国統一のための闘争に決起した愛国的人民に民主力量の勝利を保障する、新しい力の源泉地につくり上げる」（傍点引用者、『労働新聞』一九五〇年一月一日）と表現した。これについては、拙稿「民族解放戦争としての朝鮮戦争——革命と戦争の交錯」（シンポジウム「アジアの冷戦構造」での発表、『国際問題』一九七五年五月号、日本国際問題研究所、三八—四八頁）を参照されたい。思えば、筆者が最初に「民主基地」を論じてから四〇年以上が過ぎ去った。

(80) 金日成「北部朝鮮党工作の錯誤と欠点について」、『党の政治路線および党事業総結と決定・党文献集（一）』、四頁。

(81) 新義州反共学生義挙記念会『鴨緑江辺のたいまつ——新義州反共学生義挙の真相記』（ソウル、青丘出版社、一九六四年）、一九—二五頁。古堂記念事業会『曺晩植伝記』、三二〇—三二一頁。中央日報特別取材班『朝鮮民主主義人民共和国』上巻、一六三—一六四頁。

(82) 新義州反共学生義挙記念会『鴨緑江辺のたいまつ』、二九—三二頁。

(83) 新義州反共学生義挙記念会『鴨緑江辺のたいまつ』、三六—四一頁。咸錫憲「私が経験した新義州学生事件」、『一粒の声』（ソウル、「一粒の声」社、一九七一年一一月号）、四一—四八頁。中央日報特別取材班『朝鮮民主主義人民共和国』上巻、一六三—一六八頁。和田春樹「ソ連の朝鮮政策——一九四五年十一月—一九四六年三月」、『社会科学研究』第三三巻六号（一九八二年三月）、五六—六六頁。

(84) 新義州反共学生義挙記念会『鴨緑江辺のたいまつ』、四四—五〇頁。中央日報特別取材班『朝鮮民主主義人民共和国』上巻、一六七—一六九頁。和田「ソ連の朝鮮政策——一九四五年十一月—一九四六年三月」、『社会科学研究』六三—六四頁。

(85) 白峯『金日成伝』第二巻（日本語版、雄山閣、一九六九年）、五二—五五頁。

(86) 朝鮮労働党中央委員会『金日成著作集』第一巻、四三八—四四八、四五四頁。中央日報特別取材班『朝鮮民主主義人民共和国』上巻、一六八—一六九頁。任昌寿によれば、金日成は市民大会の翌日にも東中学を訪問して、学生代表と歓談会をもった。自分自身が鴨緑江を越えて日本軍と戦った話などをした後、道党幹部たちを人民裁判にかけて処罰すると約束したという。いずれの集会でも、「将軍も共産党員ですか」との印象的な質疑はなかったと断言した。

(87) 金日成と一緒にブガチョフ号を降りた兪成哲（後に北朝鮮軍作戦局長）の証言によれば、翌日、元山の街に出る隊員たちに対して、金日成は自分たちが金日成部隊の先遣隊であり、本隊は後から到着するとだけ述べて、金日成に関する個人情報を秘匿するように指示した（韓国日報編『証言・金日成を語る』、五三―五四頁）。なお、下船する金日成が「金成柱」を名乗ったことについては、第三節で紹介した（金局厚『平壌のカレイスキー・エリートたち』、二五頁）。

(88) 朝鮮労働党中央委員会宣伝扇動部『金日成将軍の略伝』（復刻発行、東京、学友書房、一九五二年）、白峯『金日成伝』全三巻（日本語版、東京、雄山閣、一九六九―一九七〇年）、金日成同志略伝編纂委員会『金日成同志略伝』（復刻発行、九月書房、一九七二年）、朝鮮労働党中央委員会党歴史研究所『金日成主席革命活動史』（日本語版、平壌、外国文出版社、一九八三年）、金日成『世紀とともに』全八巻（平壌、朝鮮労働党出版社、一九九二―一九九八年）。

(89) 『金日成著作集』第一巻、二五〇―三四五頁。

(90) 『正路』一九四五年一一月一日。『金日成選集』第一巻（平壌、朝鮮労働党出版社、一九五四年版、一九六三版年）。『金日成著作選集』第一巻（平壌、朝鮮労働党出版社、一九六七年）。白峯『金日成伝』第二巻、九頁。鐸木昌之「朝鮮解放直後における金日成路線――史料批判をとおしてみた『朝鮮共産党北朝鮮分局』創設と金日成演説」（『アジア経済』第三〇巻二号、一九八九年二月）、四九―五〇頁。『金日成同志略伝』（一九七二年）に、「三大課業」演説の内容が丁寧に紹介されている（三〇一―三〇六頁）。

(91) 和田「ソ連の朝鮮政策――一九四五年十一月―一九四六年三月」、六五頁。

(92) 白峯『金日成伝』第一巻、四二一―四二三頁。『金日成主席革命活動史』、一五八頁。

(93) 『金日成同志略伝』、三一一―三一二頁。『金日成伝』第二巻、八―九頁。『金日成著作集』第一巻、二六九―二七九頁。

(94) 白峯『金日成伝』第一巻、四二二頁。『金日成主席革命活動史』、一五三頁。『金日成伝』第二巻、七頁。『金日成同志略伝』、三二九―三三二頁。金日成『世紀とともに』、四七四、四八〇頁。

(95) 金日成『世紀とともに』、四七二―四七三、四七七、四八三頁。

第六章　冷戦の開始と分断への道

――単独行動と新しい政治統合

はじめに

北緯三八度線を境界線として、朝鮮半島は米ソ両軍によって分割占領された。しかし、それをもって、朝鮮半島で米ソがただちに剝き出しの対立状態に陥り、境界線の両側で非妥協的に独自の政治経済体制づくりを開始したと考えるのは早計である。ポーランド問題をめぐる相互不信の拡大にもかかわらず、東アジアでも、戦後しばらくの間、米ソは依然として戦時同盟が戦後に引き継がれるものと認識していたのである。そうだとすれば、米ソは何をめぐって対立し、いかにして目標の非両立性を確認し、それぞれ排他的な単独行動に移ったのだろうか。その意味で注目されるのが、戦争終結後まもなく開催された二つの連合国会議、すなわち九月のロンドン外相理事会と一二月の米英ソ・モスクワ外相会議である。しかも、二つの会議はいずれも米国のバーンズ国務長官とソ連のモロトフ外相の指揮の下で進行し、それぞれの会議の議題も密接に関連した。言い換えれば、そこでの議論や決定が相当程度まで朝鮮半島での米ソ対立の形態を決めることになったのである。第二次世界大戦中にローズヴェルトが主導し、スターリンの同意を獲得した戦後朝鮮構想、すなわち米ソ中英による朝鮮信託統治は、そこで、どのように議論されたのだろうか。ウィルソン的な民族自決主義を背景にする米国の朝鮮政策の基本原則、すなわち朝鮮人民の自由意思の尊重、米ソ共同行動、そして朝鮮の統一管理は、そのまま維持されたのだろうか。他方、自らの地政学的な不安を解消するために、自国の周辺に防御的空間を確保しようとするスターリンの安全保障政策は、戦後の朝鮮にどのように適用されたのだろうか。「北朝鮮にブルジョア民主主義政権を確立する」とのスターリンの基本指令は、モスクワ会議を経て、どのように実行に移されたのだろうか。一九四六年二月から三月に進行した金日成政権の樹立、北朝鮮土地改革、そして第一次米ソ共同委員会の流産は、全世界的な冷戦の開始とどのように関係したのだろうか。また、ソ連軍と金日成政権の単独行動は、南北朝鮮での政治統合にどのような影響を及ぼしたのだろうか。

米ソ代表の複雑な駆け引きの結果、モスクワ協定の朝鮮関係部分は、国際的信託統治の実施以前に、米ソ両軍司令部の代表から構成される共同委員会を設立し、南北朝鮮の民主主義的な政党や社会団体と協議して、朝鮮臨時民主政府を樹立することを要求するものになった。しかし、それにもかかわらず、南朝鮮では即時独立を要求する信託統治反対運動が激烈に展開された。その中心的な推進勢力になった金九と大韓民国臨時政府は、何を主張し、どのように行動したのだろうか。それによって、米軍政府との関係はどのように変化したのだろうか。李承晩と韓国民主党も同じように行動したのだろうか。また、朴憲永が指導し、朝鮮人民共和国を擁立する朝鮮共産党は、それまでの政治的主張を維持できたのだろうか。モスクワ協定を支持し、朝鮮臨時民主政府を樹立する運動は、朝鮮人民共和国を否定せざるをえなかったはずである。北朝鮮で朝鮮民主党を結成した曺晩植らの右派民族主義勢力は、モスクワ協定にどのように反応したのだろうか。ソ連軍進駐以来の共産主義者と民族主義者の連携は維持されたのだろうか。金科奉や武亭を中心にする延安派共産主義者は、北朝鮮に帰った後、複雑な政治情勢に直面して、どのように行動したのだろうか。さらに、北朝鮮における金日成政権（北朝鮮臨時人民委員会）の樹立は、どのような認識と政策に基づいて実現したのだろうか。わずか一ヵ月の間に強引に実行された北朝鮮土地改革は、どのように理解されるべきだろうか。全世界的に冷戦が勃興するなかで、ソウルで開催された米ソ共同委員会は朝鮮臨時民主政府を樹立することに成功したのだろうか。それとも、三八度線を「鉄のカーテン」の一部に変えるだけだったのだろうか。

一　モスクワ外相会議――分水嶺

1　ロンドン外相理事会――バーンズ外交の失敗

米戦艦ミズーリ号上で降伏文書に署名した後、米英ソ仏中は一九四五年九月一一日にロンドンで外相理事会を開催し、それは一〇月二日まで継続した。後に国際連合常任理事国になる五大国にとって、対日戦争終結後に開催する最初の主要連合国会議であり、イタリア、ルーマニア、ブルガリア、ハンガリーそしてフィンランドとの平和条約を起草して、連合諸国に提案するための重要な機会であった。しかし、米英はブルガリアとルーマニアの暫定政府を承認することに反対した。西側の記者が自由に入国し、検閲なしに記事を送ることが許されない限り、ヤルタ会談で採択された「解放ヨーロッパ宣言」が要求する条件、すなわちすべての重要な民主的党派を幅広く代表する暫定的な政府機関を形成して、それができるだけ早期に自由選挙を実施するとの条件が満たされることはないと主張したのである。バーンズ国務長官は九月一九日に二つの覚書を提出して、臨時政府の改組と自由選挙による政府樹立の確約がない限り、ブルガリアおよびルーマニアとの平和条約交渉に応じない態度を明確にした。また、イタリアとの平和条約をめぐる協議では、北アフリカにある旧植民地（トリポリタニア、キレナイカ、イタリア領ソマリランドなど）の処分に関して意見が交換され、それらの地域に対して国連憲章の信託統治条項が適用されることについて一般的な合意が得られた。ただし、だれが、どのように信託統治を担当するかに関しては、第一章でみたように、ポツダム会談で米英とソ連の意見が大きく対立していた。米国は植民地人民の自治を促進することが信託統治の目的であり、信託統治国を富ませたり、その経済力や軍事力を拡大したりすることではないと主張したのである(1)。

二つの問題は、後述するように、それぞれ別の形で朝鮮独立問題の討議に大きな影響を及ぼしたが、最初に浮上したのは、旧イタリア植民地、とりわけソ連が要求するトリポリタニア（旧イタリア領リビアの中心部分）の信託統治をめぐる論争であった。スターリンは北アフリカの信託統治を地政学的な観点から理解し、そこに信託統治領を獲得してダーダネル海峡をトルコと共同管理するための論拠にしようとしたのだろう。したがって、米ソの信託統治案は大きく対立せざるをえなかった。九月一四日午後の本会議で、モロトフ外相は（1）イタリアが一〇個師団と三個黒シャツ旅団をもってスターリングラード、北コーカサスそしてクリミアにまで侵攻したこと、および（2）多民族国家であるソ連が異なる民族との間に友好的な関係を樹立するうえで豊かな経験をもっていることを指摘して、国際連合の権威を高めるためにソ連の権威を利用できると主張し、トリポリタニアの信託統治に対して自ら責任を負うことを提案したのである。モロトフはまた、一〇年の期間内に国際連合に委任された任務を十分に達成し、その地域を独立させることができると保証した。これに対して、バーンズ国務長官は、明確な結論を出さないまま、リビアとエリトリアの信託統治期限を一〇年間にするかどうか、植民地が国連信託統治理事会によって選定される特定の国家ないし個人によって管理されるべきかどうか、もし特定の国家によって管理される場合、どの国がどの植民地の責任を負うべきかなどの問題を提起し、集団的信託統治の下で一人の執政官が責任を負う方式が合意されやすいだろうと指摘した。数ヵ月後にモスクワで展開される朝鮮信託統治に関する米ソ論争は、すでにロンドンで開始されていたのである。(2)

他方、これらの問題とは別に、ソ連はロンドン外相理事会で対日管理問題が議論されることを強く期待していた。ポツダム宣言への署名を拒まれたことに憤慨したスターリンは、日本が最初に降伏意思を表明したとき、天皇と日本政府が従属すべき連合国軍最高司令官に一人ではなく二人の将軍、すなわちマッカーサーとワシレフスキーを任命するように要求して、ハリマン大使を驚かせたほどである。スターリンが描いていた対日戦争のイメージは米ソによる連合戦争であり、ヨーロッパでの対独戦争と同じく、米ソが共同して、それぞれ太平洋とアジア大陸で日本軍を打倒したとするものであった。したがって、スターリンはローズヴェルトの要請の下で準備された対日戦争の成果が、最後の段階で、トルーマンと原子爆弾によって剝奪されようとしていると考えたのだろう。しかし、原子爆弾を手にしたバーンズ国務長官は、ロンドン外相理事会を自分の交渉流儀を貫徹する機会だと考えたようである。ハリマン大使は、ポツダム会談以後にスターリンやモロトフと交わした会話について事前に伝える必要を感じて、八月二三日、外相理事会が開幕する以前にロンドンで個人的に面談できるようにバーンズに要請した。対日理事会をめぐって予想される問題について警告し、さらに「我々は朝鮮でも困難を抱えている」と指摘したのである。しかし、そのようなハリマンの提案に対して、バーンズは無愛想にも「会議のはじめの何日間かはとても多忙で、あなたと満足な会談をもつ時間がないだろう。九月二〇日頃に来てはいかがか」と回答した。バーンズは自分の交渉流儀を壊されることを懸念したのだろう。ハリマンによるバーンズ外交評は「上院のようにうまく扱えると考えてポツダムに行ったようだ」というものであった。事実、上院議員時代のバーンズは、政治家仲間と交渉して、食い違いを糊塗することに豊富な経験をもっていたし、巧妙な手口で相手をねじ伏せておいて、面子の立つ出口を提案するという裏口交渉の技術に秀でていたのである。(3)

そのような手法はロンドンでも発揮された。外相理事会の議題については、アトリー（Attlee, Clement）労働党内閣で外相に就任したベヴィン（Bevin, Ernest）が、すでに八月一五日に、バーンズ国務長官とモロトフ外相に宛てた書簡で、まずイタリアとの平和条約について、つづいてハンガリー、ルーマニア、ブルガリアそしてフィンランドとの平和条約、ペルシャからの撤兵、イタリア植民地の処分、そして国際水路について議論することを各国に提案していた。それと同時に、ハリマンと同じく、ベヴィンも「極東情勢の観点から、日本に関連する問題を議論することが間違いなく緊要だろう」と主張していた。それどころか、ベヴィンは九月四日にもバーンズに「我々は何らかの極東問題が九月の会合での議論のために熟する可能性を排除すべきではないと考える」と指摘したのである。したがって、それが議題とされなかったのは、もっぱらバーンズの同意が得られなかったからである。ロンドンでは、九月一一日の最初の全体会議で、各国から表明されていた要請を受け入れる形で、ベヴィンがいくつかの議題案を提示した。しかし、それには日本に関連する問題は含まれていなかった。モロトフ外相が「ベヴィンの議題案には日本問題が含まれていた」と指摘し、それを議題に加えることを要求したことはいうまでもない。しかし、ベヴィンはソ連以外の政府から特別の提案がなされなかったと弁明し、それを議題に加えようとしなかった。他方、バーンズは「米国代表団は極東問題が検討されるとは理解していなかった」と主張して、ベヴィンを援護した。米英の連携プレーに直面したモロトフは不満と不信を高めるしかなかったのである。(4)

ソ連側にとって、ロンドン外相理事会の重要な目的の一つは、対日管理機関を設立して、それへのソ連の積極的な参加を確保することであった。それが議論されずに、ブルガリアとルーマニアについて非難され続けるのであれば、理事会そのものの存在意義を疑わざるをえなかった。そのような局面を打開するために、モロトフ外相は九月二二日の会合で、突然、外相理事会の改組を主張して、それまで参加していたフランスと中国をフィンランド、ルーマニア、ブルガリアそしてハンガリーとの平和条約に関する議論から排除することを要求した。それがポツダム会談での合意内容であったと主張し始めたのである。また、それが認められなければ理事会への参加を打ち切らざるをえないと強硬に主張し、スターリンの意向として、ポツダム合意文書に違反する理事会の初期の決定が是正されなければならないと強調した。他方、そのような態度を明確に示したうえで、その二日後の九月二四日、モロトフは「日本における連合国管理機関（Allied Control Machinery in Japan）」と題する覚書を読み上げ、ただちに東京に対日理事会（Allied Control Council）を設立するように提案した。モロトフは、そのとき、かつて英国政府が外交チャンネルを通じて対日理事会と極東諮問委員会を設立するように提案したと指摘して、それを緊急の議題とするべきであると要求したのである。しかし、ベヴィンは、それらの提案を喜んで議論するとしながらも、それ以前に、すでに合意された議題を議論すべきであると改めて反論した。(5)

ところで、モロトフが配布した覚書は、冒頭で、これまでのように対日占領が純粋に軍事的段階にあれば、あらゆる権限を連合国軍最高司令官に集中することも理解できるが、いまや連合国が日本で直面する任務は主として政治、経済、財政的性質のものになったと指摘した。さらに、その究極的な目的は日本軍国主義を破壊し、新しい侵略の可能性を除去するための条件を創造することであるとした。この目的を達成するための戦後責任は米国にだけでなく、連合四ヵ国にあると主張して、五つのソ連提案について審議するように促したのである。それらは、(1)東京に設立される対日理事会は、米国代表を議長として、米国、英国、ソ連そして中国の代表から構成される、(2)対日理事会の任務は、政治、軍事、経済、財政その他について、連合国の対日政策を定義、形成し、その場で決定できないと判明した問題はすべて、四ヵ国政府が選ぶ適切な経路を通して解決される、(3)対日理事会によって形成された政策を実施するための手段は、理事会執行機関を通じて、議長によって実行される、(4)東京の守備任務は四ヵ国軍隊によって共同で遂行される、(5)対日理事会の組織と関連する他の問題、ならびにその他の国々の諮問理事会への参加については、今後に議論されうるし、外相理事会で現在の会期に議論されてもよい、であった。これらのうちで米国が同意し難かったのは、第2項目と第4項目だろう。前者はソ連政府に事実上の拒否権を付与することを意味したし、兵力は示されていないものの、後者はソ連軍の東京進駐を可能にしたからである。(6)

バーンズが対日理事会についての議論を回避したのは、一部は米国単独による日本占領を既成事実化するためであったが、一部はソ連がバルカンで行動したように、米国も日本で単独で行動できることを示したかったからであった。しかし、九月二五日の会議で、モロトフはトルーマン大統領が承認した対日政策声明(「降伏後初期の米国の対日政策」)が九月二三日に米国務省によって公表されたことに言及し、その他の三ヵ国首脳がそれにまったく関与しなかったことに驚きを表明した。そのような既成事実の先行を目にしたスターリンは、後に指摘するように、対日理事会の設立が議論されずに、ソ連が日本占領政策の策定から排除されるのであれば、ロンドン外相理事会を失敗に終わらせてもよいと考え始めたのである。それにもかかわらず、バーンズはソ連側の強硬な対応をスターリンの意思を反映するものではなく、モロトフの個人的な非妥協的態度および原子爆弾の世界的な意義についての理解不足に起因するものであると解釈していた。それについての鬱憤を吐露するかのように、九月二一日夜、バーンズは「もしモロトフが追放されないのであれば、かれはヒトラーがドイツを、ムッソリーニがイタリアを導いたのと同じ運命にソ連を導くだろう。モロトフは大きな絵が見えない中途半端な人物である」と語ったほどである。そのために、バーンズはモロトフを経由せずにスターリンに直接的に訴えようとして、トルーマン大統領にスターリン首相を説得する書簡を発出するように要請した。しかし、モロトフはスターリンの指示に忠実だったのだから、バーンズの賭けは裏目に出ざるをえなかった。バーンズ外交に対する「最初の大きなテスト」は、いまや、「二〇世紀最悪の外交的失敗」と評されたのである。ロンドンからワシントンへ帰国する途中で、バーンズは外相理事会の決裂に対する米国世論の反応を懸念せざるをえなかった。(7)

2　単独行動主義の萌芽

それにしても、米国の指導者たちは戦時同盟が戦後にも継続されると単純に信じていたのだろうか。あるいは、それが戦後に簡単に崩壊すると考えたくなかったのだろうか。そうでなければ、日本との戦争終結後に開催される外相理事会で、対日管理に関する討議を回避して、ソ連の指導者たちを怒らせたり、それによって会議が決裂することに狼狽したりしなかっただろう。他方、スターリンの理解では、ヨーロッパの大国は戦争が終わるたびに国境線を調整して、その後の平和を創造してきた。世界各地の戦後処理をめぐって戦勝国間で厳しい外交交渉が続いても、それが抜き差しならない米ソ対決に拡大するとは考えなかったのだろう。しかし、この時期のスターリンがもっとも危惧したのは、ドイツや日本の再興であり、復讐戦であった。その意味で、スターリンにとっては、ロンドン外相理事会で対日管理機関の設立が議論されなかったことは衝撃的だったに違いない。いずれにしろ、ロンドン外相理事会の決裂は、スターリンに単独行動の必要性を認識させるという意味で、後に「冷戦」と呼ばれた米ソ対決の最初の兆候になったのである。事実、会議決裂から約三週間後に開かれたハリマン大使との二人だけの会談で、スターリンははじめて戦後のソ連が「一人で行く」政策（a go-it-along policy）を遂行するかもしれないと示唆した。「長い間、米国では孤立主義者が権力を握ってきた」と指摘し、自分は「そのような政策を好まない」と前置きしたうえで、スターリンは「おそらく、いまやソ連がそのような政策を採用するべきだろう」と語ったのである。ハリマンはスターリンが「古典的な米国流の孤立を採用しようとしたのではなく、単独行動の政策に比重を置きつつある」と理解した。「孤立の政策」とは、「ソ連の東欧支配を維持しながら、西欧やその他の地域で、ソ連の影響力を拡大する手段として共産党を使用する政策」を意味すると考えたのである。(8)

ロンドン外相理事会では、朝鮮独立問題が議論されることはなかった。しかし、そこで交わされた議論が、その問題をめぐるその後の議論、とりわけ一二月末にモスクワで開催された米英ソ外相会議での議論に大きな影響を及ぼしたことは明らかである。旧イタリア植民地をめぐる米ソの信託統治論争は、モスクワでの朝鮮信託統治論争の前哨戦であった。それについての何らかの合意が成立しなければ、あるいはそれが成立しても、スターリンは朝鮮の統一管理や信託統治をなし崩し的に否定し、ソ連軍が進駐した北朝鮮地域をルーマニアやブルガリアのように取り扱うかもしれなかった。また、ソ連が対日管理から排除されて、「一人で行く」政策や「孤立」の政策、すなわち単独行動主義に傾斜すれば、それはヨーロッパや日本列島だけでなく、朝鮮半島にも適用されざるをえなかった。米軍が日本列島を単独で占領し、マッカーサーが対日占領政策を独占すれば、それだけ、スターリンはソ連軍が単独で占領する地域、すなわち東欧諸国や北朝鮮で自由に行動するという逆説が存在したのである。その意味で、朝鮮独立問題を議論するための枠組みはロンドン外相理事会で形成されたといっても過言ではない。さらに、ロンドン外相理事会の決裂がモスクワ外相会議に及ぼした心理的影響も少なくなかった。「妥協の名手」とされるバーンズ国務長官としては、ロンドンで失敗したからこそ、モスクワでは必ず米ソ合意を達成し、成功しなければならなかったのである。[9]

ところで、ロンドン外相理事会の決裂後、スターリンはソ連が「一人で行く」政策を実際に実行に移し始めた。あるいは、そのような態度を示した。たとえば、第二次世界大戦のソ連軍の英雄であるジューコフ元帥（Zhukov, Grigori K.）の米国訪問が、一〇月三日、予定の二日前に病気を理由に突然延期された。これは八月に実現したアイゼンハワー元帥のソ連訪問に対する答礼として計画されていたものである。また、米戦艦ミズーリ号上でソ連を代表して降伏文書に署名し、その後、東京の連合国軍最高司令官総司令部（GHQ）に派遣されていたデレヴャンコ（Derevyanko, Kuzma N.）中将が同じ頃に本国に召還され、一〇月五日にモスクワに到着した。朝鮮半島でも、その後まもなく、ソウル駐在のポリャンスキー（Polianski, Aleksandr S.）総領事が平壌のソ連軍司令部を訪問して、新しい政策方針とチスチャコフ司令官からの二通の書簡を携えて、一〇月一〇日にソウルに戻った。チスチャコフは、ホッジに宛てた書簡のなかで、米ソの政府レベルでの決定がなされるまで、軍事レベルでの交渉がありえないことを示唆したのである。書簡を受け取ったホッジは、九月末からソウルに駐在するソ連軍連絡班が撤収中であること、それに応じて、平壌にある米軍連絡班の受け入れが拒否される見通しであることなどをマッカーサーに報告した。また、ポリャンスキーとソ連軍司令部の間の会談にはモスクワから派遣された政治顧問が参加したとみられることも報告された。相互の関心事について議論するために、ホッジはすでにソ連軍司令官をソウルに招待する書簡を送っていたが、チスチャコフがそれに対する回答を留保していたのである。ロンドン外相理事会が決裂したことによって、占領後に漠然と存在した現地レベルでの緩やかな連携が撤回されたのである。[10]

他方、三八度線の設定にもかかわらず、南北朝鮮の占領行政を統合し、できるだけ早期に軍政を終了して、国際的な信託統治を通じて統一独立国家を樹立しようとする米国政府の政策に変化はなかった。すでに論じたように、それが第二次世界大戦中に形成された米国の朝鮮政策の基本原則であり、南朝鮮占領後も国務省によって再三にわたって確認された政策だったからである。しかし、占領当局にとっては、ワシントンが交渉すべき信託統治よりも、米ソの占領行政の調整や統合の方が現実的に切迫した問題であった。なぜならば、工業的な北朝鮮と農業的な南朝鮮は多くの点で相互補完的な関係にあり、とくに南朝鮮は石炭と電力の大きな部分を北朝鮮に依存していたからである。現地レベルでの交渉が困難であることが判明した後、一一月初め、国務省は（1）北朝鮮からの石炭および電力の定期的供給の保障、（2）鉄道その他の連絡手段の再開、（3）通貨、為替レートなど、共通の財政政策の確立、（4）沿海海運の再開、（5）難民、引揚げ問題の秩序ある解決、（6）最小限の日用品交易の正常化などについて、政府レベルの交渉を進める方針を固めて、それをモスクワ駐在のハリマン大使に訓令した。興味深いことに、米軍が京畿道全体を占領して、黄海道全体をソ連軍占領地域に編入したり、江原道の境界線を調整したりするなど、三八度線の修正に関するホッジ司令官の要望もワシントンに伝えられていた。バーンズ国務長官の指示を受けたハリマン大使は、一一月八日、モロトフ外相への書簡の形で、これらの問題について米ソが暫定的な合意に到達する可能性を打診し、ソ連政府が北朝鮮にあるソ連軍司令官に交渉権限を与えるか、あるいはそれを政府レベルで協議するための措置をとるように要請したのである。しかし、ヴィシンスキー（Vyshinski, Andrei Y.）外務次官からの一一月二一日付の回答は、米国政府の提案が所管当局によって検討されていることを伝えるだけであった。(11)

しかし、その頃までに、ハリマン駐ソ大使はソ連の朝鮮に対する態度を地政学的な観点から明確に理解し始めていた。ロンドン外相理事会以前の八月二三日に、ハリマンは「四大国による信託統治を通じて独立させるというスターリンの合意にもかかわらず、ソ連はこの国（朝鮮）を支配したがっているというのが私の印象である。ソ連は極東で一方的な目的をもったまま、我々とどこまで一緒に行くことができるかを確かめている」（括弧内引用者）と指摘していた。しかし、一一月一二日に発したハリマンの警告は、それよりもはるかに具体的であった。ソ連の刊行物や朝鮮の政党の声明を分析して、ハリマンはそれらが朝鮮独立を唱導するだけで、信託統治に言及しないことに注目した。ソ連が前者に賛成し、後者に反対していると理解したのである。ハリマンはさらに、フィンランド、ポーランド、ルーマニアと同じように、ソ連は歴史的に朝鮮を「対ソ攻撃の跳躍台」としてみなしていると指摘し、三分の一ないし四分の一の投票権を意味するにすぎない国際的な後見制度よりも、「独立友好」朝鮮の樹立を通じたソ連の「卓越」(paramountcy)を確保しようとしていると理解したのである。また、ソ連は議論よりは行動を重視して、「北朝鮮の政治統合と南朝鮮への浸透に努力を集中し、文民支配の問題が提起されるまでに政治的土台を敷いているだろう」と予測した。さらに、その報告の末尾を「もしソ連政府が従順で相対的に強力な朝鮮軍をもち、その背後に民兵を置くことができれば、ソ連政府は赤軍の朝鮮からの撤退を望み、我々にわが部隊を同時に撤退させるように圧力を加える恐れが十分にある」と結んだ。その後の事態の展開からみて、外交の第一線にあったハリマンが驚くべき洞察力を示したといわざるをえない。事実、朝鮮独立問題は一二月末にハリマンが予測したような政治状況の下で米英ソ外相のモスクワ会議の議題にされたのである。ソ連が米ソ両軍の朝鮮からの早期同時撤退を正式に提案したのは、一九四七年九月のことであった。(12)

3　スターリン・ハリマン会談

ロンドン外相理事会の決裂後、モロトフ外相は一〇月四日午後にモスクワに向かった。翌日のソ連政府機関紙『イズヴェスチヤ』は、第一面でロンドン外相理事会の決裂という事態を深刻に報じた。もし米英代表がそれ以前の三者合意に違反する態度を維持すれば、「三大国協調の土台が危うくなるだろう」と指摘したのである。しかし、一〇月六日のソ連共産党機関紙『プラウダ』は、そのような厳しい反応を抑制し、外相理事会がいくつもの合意をもたらしたことを伝えた。そのために、数日後には、当初のソ連の態度を戦術的なものとして理解し、クレムリンはむしろ会議の再開、とりわけそのために米国がイニシアティブをとることを期待しているのではないかとの観測が生まれたのである。他方、ロンドン外相理事会の決裂が米ソ協調を崩壊させることへの不安は米国側にも存在した。会議の終盤になって、バーンズ国務長官はようやくソ連と対立し続けることを躊躇して、ハリマン、ダン、ボーレン、コーエン(Cohen, Benjamin V.)、そしてダレス(Dulles, John Foster)に助言を求めたのである。また、英国代表は米国が注意深い事前協議なしに一方的な行動を繰り返すことに不満を覚えていた。しかし、それにもかかわらず、モロトフが何らかの妥協的な提案を示さない限り、会議を打ち切る以外に方法がなかったのである。ローズヴェルト死後に退任の機会を探し、この会議を最後の任務と考えていたハリマン駐ソ大使は、会議の終了前に、バーンズ国務長官に自らの辞職を申し出た。しかし、バーンズの回答は「このような手詰まりにあるのだから、列車を軌道に戻すまで待たなければならない」というものであった。ハリマンはしばらく待つことに同意し、自分が個人的にトルーマン大統領の書簡をスターリンに届けることを提案した。モロトフ外相を通さずに、直接スターリンに訴える方法を選んだのである(13)。

ハリマンも一〇月四日にロンドンを発って、ベルリン、ウィーンそしてブダペストを経由してモスクワに向かった。ジューコフ元帥の突然の訪米延期に混乱するベルリンでは、クレイ(Clay, Lucius D.)軍政長官代理やマーフィー(Murphy, Robert D.)大使と意見を交換した。一〇月七日に議会選挙が実施されたブダペストでは、反共的な小自作農党(the Smallholders' Party)が投票の過半数(五〇・五%)を獲得して、共産党と社民党の連合(四二・八%)に勝利し、街中が歓喜に沸いていた。ソ連にとっては衝撃的であったが、一部の群集は星条旗を掲げて勝利を祝った。占領地域のどこでも、赤軍兵士の乱暴な行為が人々の間に強い敵意を生んでいたのである。しかし、ハリマンが到着したとき、モスクワでは、スターリンが重病に伏しているとか、死亡したとの噂が飛び交っていた。一〇月一〇日に、スターリンが休息のためにモスクワを離れることが発表されたからである。この前例のないタス通信の報道がさまざまな憶測を生んだのである。ハリマンは一五日にモロトフに会って、スターリンに個人的に手交すべきトルーマン大統領のメッセージがあることを告げた。モロトフはスターリンが休暇を取っていることを明らかにし、そのメッセージをスターリンに届けると応じたが、ハリマンは「かれが戻るまで待つことができる」と述べた。また、モロトフがスターリンは一一月第三週までの六週間ほど不在であると告げると、ハリマンは「どこにいるのか」「喜んで会いに行く」と応じた。そのために、モロトフはやや躊躇しながら、それが可能かどうかを問い合わせると答えたのである。三日後にハリマンに伝えられた回答は、スターリンが一〇月二四日か二五日、あるいは二六日にクリミアのガグラで会うというものであった。ハリマンはもっとも早い二四日を選んだ(14)。

その日、ハリマンはほとんど視界が開けない曇り空を南に向かった。しかし、飛行機がコーカサス山脈を左手にしてロストフに近づくと、黒海一帯は眩しいほど晴れ渡っていた。そこは平坦で単調なモスクワ郊外の風景とは別世界であった。ソチ空港に降りて、強風が吹く黒海北東の海岸道路を一時間ほどドライブして、ハリマンは瀟洒な漆喰壁の別荘に到着した。それはベリア(Beria, Lavrenti)内務人民委員部(NKVD)議長がグルジア共産党総書記であったときに愛用した休暇用の隠れ家であった。スターリンがそこに出迎えてくれたのである。挨拶を交わした後、スターリンはハリマンが持参したトルーマン大統領の書簡を注意深く読んだ。そして顔を上げると、「ここには日本問題が触れられていない」と反応した。事実、トルーマンの書簡は、ルーマニアとブルガリア政府の承認に関する米国政府の政策について、それがソ連に対する非友好的態度に起因するとのモロトフの主張を否定して、バーンズがヤルタ会談で受け入れられたローズヴェルト大統領の政策を実行しようとしたにすぎないと説明していた。また、ロンドン外相理事会決裂の直接的な原因になった会議の手続き問題については、フランスや中国政府を気づかう立場を丁寧に説明して、それを受け入れるようにスターリンを促していた。しかし、確かに、そこには日本管理問題に対する言及はなく、いかなる問題についてもハリマンと討議できるとあるのみであった。トルーマンの書簡は、ロンドンでの討議過程、すなわち日本問題を軽視するバーンズの態度を反映していたのだろう。しかし、この問題について、ハリマンはロンドンでソ連側に「不必要な疑念」を抱かせるべきでないと再三、バーンズに指摘していた。そのためにバーンズに三通の覚書を手交したほどである。[15]

そのことを詰問するスターリンに対して、ハリマンは日本問題が現在、国務省と陸軍省、そしてマッカーサーと大統領の間で議論されており、一〇月三〇日に極東諮問委員会が開かれるまでに提案が作成される見通しであると指摘したうえで、非公式的な立場から、ワシントンの全般的な考え方を包括的に説明した。降伏受理の最初の段階で、日本は米軍単独で武装解除されたが、それに続く段階では、米国が一定数の英ソ中の軍隊に参加を要請することが予想できると説明し、さらに、ワシントンでは連合国軍司令官たちが会合し、あらゆる政策問題をマッカーサーと討議する軍事理事会（military council）の設立が検討されていると付言したのである。しかし、もしかれらが合意できなければ、そのときには最終的な決定権はマッカーサーにあると付言した。スターリンは「それを聞いてたいへんうれしい」と述べた。スターリンは、ドイツと違って日本には政府があるのだから、連合国の対日管理機関を「管理理事会」（control council）ではなく「管理委員会」（control commission）と呼ぶべきだとしたうえで、管理委員会はけっしてマッカーサーの権威を損なわないと保証し、さらにソ連の軍隊だけが存在するハンガリーとルーマニアでも、最終的な決定権はそれぞれの管理委員会のソ連の議長が確保していると語ったのである。要するに、東京におけるマッカーサーの卓越した立場に反対するどころか、スターリンはそこにブダペストとブカレストの前例を発見したのである。それはジラスによって記録された同年四月の自らの発言、すなわち「この戦争は過去の戦争とは違う。だれもが自らの社会制度を押しつけるのだ。その軍隊がそうする力をもつ限り、だれもが自らの社会制度を押しつける。そのほかの方法はない」を再確認するものであった。しかし、いうまでもなく、北部朝鮮にはソ連軍、南部朝鮮には米軍が進駐していた。[16]

ただし、この議論は翌日にも継続した。翌日午後七時に二人が会談を再開したとき、スターリンはそれほど愉快そうではなかった。ソ連政府は「日本に関する政策決定について一度も相談されたことがなく、知らされてもいない」と不満を述べたのである。スターリンはソ連が「太平洋における米国の衛星国」として取り扱われていると主張し、モロトフがロンドンで対日管理委員会の問題を提起したのは、そのためであると指摘した。ハリマンはそれに抗議して、「もし誤解があるならば、いまこそそれを是正するときである」と述べた。また、スターリンがマッカーサーのやり方を含めて、苦情の種を列挙すると、ハリマンは米国が過去数ヵ月にわたってワシントンに諮問委員会を設置し、占領政策について太平洋の同盟国と協議しようとしたが、ソ連は代表を送らなかったと反論した。しかし、スターリンは諮問委員会を「誤った解決法」であるとし、東京に連合国管理委員会を設置することだけが正しいと主張した。それに続いて、すでに紹介したソ連が「一人で行く」「孤立の」政策に関するスターリンの発言があったのである。そこから、ハリマンはソ連指導部か新しい戦後政策、すなわち「戦闘性と自立性を増大させる政策」を討議し、決定した兆候を読み取った。スターリンはブルガリア、フィンランド、ハンガリー、イタリアそしてルーマニアとの平和条約を起草するために外相理事会を再開し、その後に一つの平和会議を開催する提案に同意した。しかし、平和会議に中国、ノルウェー、オランダ、ベルギー、ルクセンブルグ、ポーランドそしてインドが参加することに強く反対した。そのために、ハリマンはそれ以上の討議を続けることを断念したのである(17)。

二回の会談を通じてもっとも重要だったのは、スターリン自身がソ連外交の判断基準を示したことである。スターリンにとっては、ロンドン外相理事会を決裂させ、バルカン問題の解決を挫折させたのは、モロトフの頑迷な態度ではなく、ソ連を日本占領から排除しようとする米国の東アジア政策にほかならなかった。対日管理委員会が組織されず、ソ連がそれに参加できないのであれば、米英ソの三国協調は不可能であり、スターリンは外交的な「孤立」、すなわち単独行動の道を歩むほかなかったのである。ハリマンが受けた印象によれば、スターリンは単に事実を述べているだけであり、何か恐喝しようとしているのではなかった。テヘラン会談以来、スターリンが東アジアで恐れていたのは日本軍国主義の復活であった。スターリンは「日本が二世代にわたって極東の安全にとって脅威であり続けたので、いまやソ連はこの脅威から安全でなければならない」と感じていたのである。外相理事会を再び軌道に乗せようとするハリマンに対して、モロトフは再び連合国の対日管理委員会に拒否権を付与しようとしたが、ハリマンは米国政府がマッカーサーに政策指令を発するという従来の方式を変えようとしなかった。スターリンとの会話に基づいて、ハリマンは米国政府内で早急に対応方針を固めたかったが、バーンズ国務長官はさらに慎重にソ連の態度を見極めようとした。しかし、その間にも、すでにみたように、ソ連の態度は急速に変化した。ハリマンには、それが不満であった。ハンガリーでは一一月七日に全国的な選挙が実施された。それに惨敗してから、スターリンは二度と自由選挙を許容しようとしなかった。小自作農党の得票率が五七％に達したのに対して、共産党はわずかに一六・九％しか獲得できなかったのである(18)。

4　モスクワ協定の締結──「聡明な妥協」の陥穽

手続き問題を理由にして決裂した外相理事会を再開させるには、それを手続き的に乗り越えるための知恵が必要であった。一一月二三日に、バーンズは一人で静かに机を整理しながら、それを思いついた。ヤルタ会談で、米英ソ外相が少なくとも三ヵ月か四ヵ月に一度会談することに合意したことを思い出したのである。米英ソ外相会議の方式ならば、ソ連の要求どおりに、フランスと中国を除外できると考えたのだろう。しかも、すでにサンフランシスコ、ポツダム、ロンドンで三国外相が会談したのだから、残されているのはモスクワだけであった。トルーマン大統領の同意を得た後、その日のうちに、バーンズはそのアイディアをモロトフに伝えた。一九四六年一月上旬にロンドンで最初の国際連合総会が開催される予定だったので、一二月後半が最適のタイミングであった。モロトフはそのアイディアを受け入れ、会談開始日として一二月一五日が設定された。バーンズが議題としてモロトフに提示したのは、原子力エネルギー、外相理事会の再開、対日理事会と極東委員会の設立、朝鮮独立政府の樹立、中国問題、イラン問題、ブルガリアおよびルーマニア政府の承認問題などであった。ここではじめて、朝鮮独立問題が外相会議の正式議題として姿を現したのである。「朝鮮独立政府の樹立」については、議題調整の過程で、バーンズが自らの考えを英国側に説明し、「我々は朝鮮独立政府の樹立を迫るつもりである。もしそれが受け入れられなければ、イタリア植民地のために示唆したのと同じように、国際連合の下での限定的な期間の信託統治に賛成する」（傍点引用者）と主張した。ただし、「朝鮮独立政府の樹立」が何を具体的に意味するのかは、それをいかに樹立するのかを含めて、必ずしも明確ではなく、そのことが後に議題の混乱を招来した(19)。

米英ソ外相のモスクワ会議は、予定より一日遅れて一二月一六日に開幕した。八人の米国代表団のうちで朝鮮独立問題に関する議論と関係したのは、バーンズ国務長官、ハリマン大使、ヴィンセント極東局長、そして通訳を兼ねるボーレン国務長官補佐の四人であった。他方、ソ連側関係者はモロトフ外相、ヴィシンスキー外務次官、そして東京駐在のマリク（Malik, Yakov A.）大使であった。最初の議題設定で、モロトフはバーンズから提出されていた八つの議題を確認して、その討議順序を変更したり、内容に若干の修正を加えたりした。そのとき、バーンズは第三議題になった「朝鮮独立政府の樹立」を「朝鮮独立政府の樹立を目指す朝鮮統一管理の実現」に修正するように要請して、モロトフの了解を得た。しかし、それに続く予備討論の段階で重要な論争が発生した。バーンズはこの問題をハリマンが一一月八日にモロトフに宛てた書簡――すでにみたように、石炭や電力を含む南北間の日用品交換、鉄道・海運などの連絡手段の再開、共通の財政政策の確立などのために、現地レベルあるいは政府レベルでの米ソ交渉を要請した――を基礎にして議論するように主張し、そのコピーを配布してロシア語で読み上げさせたのである。おそらくハリマンらと協議した後、バーンズは現実の分断状況を解消するための具体的な措置、すなわち統一管理の実現から議論を始めようとしたのだろう。また、モロトフがハリマンの書簡はこの議題の全般的な側面をまったく反映していないと指摘すると、バーンズはこの書簡に示唆されていることこそ、この議題で設定された目的を達成するための第一歩であると反論した。しかし、そのような具体的問題を議論することの不利を察知したのか、モロトフはハリマン書簡には朝鮮政府に対する言及が含まれていないと指摘し、そのような観点から全般的な問題を議論しようとした[20]。

信託統治問題の討議についても、バーンズの態度は同じだった。それについて米英ソの間に合意があることを確認したうえで、それがただちに達成されないのだから、ハリマンの書簡でなされた提案を実現することがもっとも望ましいし、朝鮮の深刻な状況を救済するための措置が実施されてから、それに続いて信託統治方式を議論することができると強調したのである。しかし、モロトフは再びハリマンの書簡は朝鮮政府の問題にも信託統治の樹立にも触れていなかったと指摘し、バーンズが交易・鉄道や難民の問題と政府形態の問題を結びつけるとは思わなかったと反論した。そこで、バーンズも改めて米国が全朝鮮の統一管理を目指しており、それはハリマンの書簡に示された方法によって達成されると主張した。それればかりでなく、バーンズはより率直に南北朝鮮の米ソ両軍司令官が上記の問題その他について討議し、現在別個に存在する二つの行政府に代わって一つの統一行政府を創設することを助けるように促した。ひとたび二つの行政府が統合されれば、「次に合意された四大国信託統治の段階」に移行するのがより容易になるのだから、現在、二人の司令官が協力しなかったり、朝鮮の二つの行政府をただちに統一しなかったりする理由は存在しないと熱弁を振るったのである。要するに、それは第一段階で米ソの占領当局が共同で朝鮮の統一管理（統一行政府）を実現し、第二段階でそれを四ヵ国信託統治に移行させ、最後に朝鮮独立政府を樹立するという三段階方式であった。これに対して、モロトフはハリマンの書簡が統一管理、信託統治そして独立政府に言及していないのだから、これらの問題に対する米国政府の見解を会議に提出するように促した。バーンズは米国代表団が全般的な問題に関する文書を準備し、次の会合に提出することを約束した。こうして、朝鮮独立問題についての米ソの最初の論戦は終了したのである。その間、バーンズは終始一貫して南北朝鮮の統一管理の実現を優先し、モロトフはそれを警戒した[21]。

一二月一七日の第二回会議に提出された米国覚書は、「朝鮮の統一管理」（Unified Administration for Korea）と題されていた。カイロ宣言とポツダム議定書に言及して、米英ソが朝鮮の早期独立に明確に関与したことを想起させ、中国を加えた四ヵ国による信託統治に関する了解についても、その期間が「独立かつ代議的で、効率的な政府」を構成するのに必要とされる期間を超えないことを確認した。しかし、その最大の特徴は、前日の予備討論に続いて、米国側が南北朝鮮の統一管理の実現に早急かつ具体的に取り組むように要求したことだろう。事実、この覚書は「朝鮮の民族的利益に関するすべての問題に共同で対処する二人の軍事司令官の下に統一管理を創設する」（傍点引用者）ことが緊急の目的であると主張し、「統一された行政府の下で、できるだけ多くの朝鮮人が行政官や司令官の顧問・助言者として使用される」（傍点引用者）ことを推奨した。それが統一独立政府の樹立と、そのための広汎な基礎をもつ非軍事行政府に向けた「過渡的だが、不可欠の措置」であると指摘したのである。信託統治協定の内容に関して、暫定的ながら、米国代表は（1）国際連合と朝鮮人民のために行動する管理機関である、（2）自由・独立朝鮮政府が樹立されるまで、朝鮮の効果的な管理のために必要とされる行政、立法、司法権限を行使する、（3）管理機関は国連憲章七六条（「信託統治制度」）に規定される基本目的に従って行動すべきである、（4）管理機関はその権限と機能を一人の高等弁務官（a High Commissioner）と一国一人の代表から構成される執行理事会（an Executive Council）を通して行使する、（5）高等弁務官と執行理事会はできるだけ迅速に朝鮮人民の進歩的な政治的、経済的、社会的前進を促し、一般的に選出された朝鮮立法機関と十分な朝鮮司法制度を樹立すべきである、そして（6）独立朝鮮政府を樹立するためのすべての措置は五年の期間内に終了するが、管理機関を代表する四ヵ国の合意によってさらに五年を超えない期間内で延長することができる、と提案した。それを読んだベヴィン外相は、原則について大きく対立しないのであれば、専門家の研究と助言を得ればよいと述べたが、モロトフはまず文書を検討しなければならないと主張した。[22]

しかし、その翌日（一二月一八日）に開催された第三回会議でも、モロトフは米国案の検討が終了していないことを理由にして、朝鮮問題の討議を回避した。ソ連側の回答が得られたのは、対日理事会と極東委員会についての討論が実質的に終了した後、一二月二〇日の第五回会議でのことであった。討議の冒頭で、モロトフは議題の提示をめぐる米国の混乱を皮肉って、ソ連案を正式に提示する前に、「今度はどんな方法で問題が提起されるのか」と質問した。それに対して、バーンズが最初に示唆した「朝鮮独立政府」やハリマン書簡ではなく、第二回会議に提出した米国案（「朝鮮の統一管理」）について議論すると答えると、モロトフはようやく米国代表が緊急問題と長期問題を区別したのは「容易に理解できる」し、「正しい」と指摘し、「北朝鮮にソ連軍、そして南朝鮮に米軍がいるのだから、緊急問題の解決はかれらに委ねられるべきである」（傍点引用者）と主張した。また、長期的な問題についても、ソ連政府は朝鮮に米英ソ中の信託統治が樹立されることに同意すると言明した。米国案の基本的な枠組みを承認するかにみえたのである。しかし、ベヴィンの質問に答えて、モロトフは米ソ両案がともに検討されることを希望し、まもなくソ連案を提出すると約束した。実際に、ソ連案はその日の会議が終了するまでに提示された。他方、バーンズは米軍占領地域に流入した一〇六万人の難民がもっとも緊急の問題であり、そのうちの約半数は満洲と朝鮮のソ連軍占領地域からのものであると強調した。[23]

提出されたソ連案の内容は四項目から構成されていた。その第一項目として掲げられたのは、朝鮮を独立国家として復活させ、民主的な基盤のうえで発展させる条件を整え、長期にわたる日本の朝鮮支配の結果を早急に清算するために、朝鮮臨時民主政府を樹立することであった。その臨時民主政府が工業、運輸、農業そして朝鮮の民族文化を発展させるために必要なあらゆる措置をとるとされたのである。第二項目としては、朝鮮臨時民主政府の形成を支援し、適切な施策を予備的に作成するために、南朝鮮の米軍司令部と北朝鮮のソ連軍司令部の代表から構成される共同委員会を設置することが要求された。また、その提案の作成に際して、共同委員会は朝鮮の民主主義的な政党および社会団体と協議し、共同委員会によって作成された勧告は、それぞれの政府による検討に付されるものとされた。第三項目はやや複雑かつ重複的であるが、朝鮮臨時民主政府と朝鮮の民主的団体の参加を得て、共同委員会に朝鮮人民の政治的、経済的そして社会的進歩、民主的な自治の発展、そして朝鮮独立国家の樹立を促進し、援助する（信託統治）ための施策を作成する権限が付与されることを規定するものであった。また、五年を期限とする朝鮮の四ヵ国信託統治に関する協定を作成するために、朝鮮臨時民主政府との協議に続いて、共同委員会の提案は四ヵ国政府（米英ソ中）の共同の検討に付されるものとされた。さらに、第四項目は南北朝鮮に関係する緊急の問題を検討し、行政と経済の分野において、両軍司令部間の恒久的な調整を確立する施策を作成するために、二週間を期限とする米ソ両軍司令部代表の共同会議を開催するというものであった(24)。

要するに、米国案が第一段階で米ソ両軍司令官の下で南北朝鮮の統一管理（統一行政府）を実現し、第二段階で、それを米英ソ中による信託統治に移行させようとしたのに対して、ソ連案は米ソ両軍司令部の代表から構成される米ソ共同委員会の設置を要求し、それが朝鮮の民主主義的な政党や社会団体と協議して、朝鮮臨時民主政府を樹立し、その初期の政策の形成を支援することをその骨格にしたのである。しかし、それと関連して、ソ連案はことさらに朝鮮臨時民主政府の樹立や民主主義的な政党および社会団体との協議の必要性を強調していた。すでに東ヨーロッパ諸国や南朝鮮に適用されていたように、その場合の「民主主義」概念は、ソ連流の民主主義民族統一戦線論と密接に関係して、「連ソ容共」、すなわちソ連や共産党に対して友好的であること、少なくとも反ソ反共でないことを意味したのである。東ヨーロッパ諸国、とりわけポーランドで追求された臨時民主政府樹立の方式を分割占領された朝鮮半島に適用するために、米ソ共同委員会方式が考案されたのだろう。しかし、米ソ共同委員会と朝鮮臨時民主政府を組み合わせれば、その過程から自由選挙は姿を消さざるをえなかった。米国案にもソ連案にも、全国的な自由選挙が明記されることはなかった。シャブシーナによれば、モスクワ協定を実現するためのもっとも重要な要件は、米ソが引き受けた義務、すなわち「朝鮮の民主的な諸党と諸団体と協議するという義務」（傍点引用者）を履行することであった。要するに、それが自由選挙を代替したのである。また、ソ連案は信託統治に形式的な関心を払うだけで、それを国際連合憲章の信託統治と結びつけようとしなかった。それどころか、モスクワ会議以前の内部的な草案の段階では、注意深くそれを回避していた。旧イタリア植民地をめぐるバーンズとの論争を経験したモロトフにとって、四ヵ国代表からなる執行理事会の設置は、ソ連の発言権を四分の一に制限し、「『高等弁務官』の権力の下に朝鮮を（米国の）委任統治地域にする」（括弧内引用者）姦計でしかなかったのである。[25]

　ただし、ソ連が当初から「米ソ両軍司令部の代表から構成される共同委員会」を構想していたと考えるのは早計だろう。田鉉秀の綿密な研究によれば、モスクワ会議前に「朝鮮独立政府の樹立」について検討した外務人民委員部の草案は、朝鮮臨時政府に関する問題を討議するために、米・ソ・英・中の代表からなる委員会を組織し、その委員会が朝鮮の民主主義的かつ反ファシズムの政党・社会団体と協議することを想定していた。言い換えれば、その後、一六日の予備討論で米国側に全体案の提示を促し、翌日に提出された覚書を綿密に検討した後、ソ連代表団は米ソ両軍司令部の代表から構成される共同委員会と朝鮮臨時民主政府を組み合わせる新方式に到達したのである。共同委員会を組織するというアイディアは、おそらく「二人の軍事司令官の下で統一管理を創設する」という米国案から得られたのだろう。ハリマンとボーレンを伴う二一日の非公式会合において、バーンズ国務長官は小さな修正を要求するだけで、ソ連案をそのまま受け入れた。バーンズが要求したのは、第二項目を修正して、共同委員会によって作成される勧告を、米ソ両政府だけでなく、米ソ英中・四ヵ国政府の検討に付すことなどであった。モロトフが二二日にそれを受け入れたので、修正されたソ連案はただちに起草委員会に送られた。[26]

　しかし、なぜバーンズ国務長官はソ連案をそのまま受け入れたのだろうか。それがモスクワ外相会議をめぐる最大の疑問である。米国案とソ連案の共通性やソ連案の積極性に安心したのだろうか。それとも、ソ連案を拒絶してもそのほかに適当な代案を得られないと判断したのだろうか。あるいは、はじめに朝鮮の統一管理を強く要求したことによって、バーンズはモロトフ外相から望ましい対案を獲得することができたと考えたのだろうか。バーンズだけでなく、ハリマンもボーレンも、それについてほとんど何も語っていない。しかし、翌年一月一九日に公表された国務・陸軍省の関係者による座談会で、ヴィンセント極東局長は「我々を勇気づけたのは、かれら（ソ連側）の草案が我々の見解とたいへんよく合致していたことだ」（括弧内引用者）と率直に語った。バーンズを含む米国代表は、米ソ共同委員会と朝鮮臨時民主政府を組み合わせる方式が、朝鮮半島での米ソの共同行動を意味し、南北朝鮮の統一管理を促進すると好意的に解釈したのである。しかも、共同委員会は朝鮮の民主主義的な政党および社会団体の意思を反映することになっていた。朝鮮人民の自由意思の尊重は、再三指摘したとおり、カイロ宣言以来の米国の朝鮮政策の基本原則の一つであった。モスクワから帰国した直後、一二月三〇日にラジオ放送された演説において、バーンズは「朝鮮臨時民主政府と協力して、米ソ共同委員会は信託統治を不要にする方法を発見するかもしれない。我々の目標は朝鮮が国際社会の独立した一員になる日を一日も早く迎えることである」（傍点引用者）と楽観的に語った。(27)

興味深いことに、その数ヵ月前、ロンドン外相理事会の決裂について報告するなかで、バーンズは「これまで、私は妥協的であると批判されたり、推奨されたりしてきた。しかし、実をいうと、国際問題での平和と政治的な前進は、国内政治におけるように『聡明な妥協』にかかっていると本当に信じている」と語っていた。そうだとすれば、バーンズにとって、一二月に到達したモスクワ協定の朝鮮関係部分は、米ソの「聡明な妥協」（intelligent compromise）の具体例だったのかもしれない。他方、米英との意見の対立にもかかわらず、朝鮮信託統治を受け入れたのだから、それはソ連にとっても妥協の産物であった。しかし、米ソ共同委員会と朝鮮臨時民主政府を組み合わせる方式に到達したことによって、その損失は十分に補われたに違いない。なぜならば、数ヵ月後に判明するように、その方式はソ連

側に将来の単独行動のための土台を提供したからである。(28)

二　モスクワ協定への対応

1　反託運動の展開——金九と重慶臨時政府

モスクワにおける米英ソ合意は朝鮮臨時民主政府の樹立を重視して、四ヵ国信託統治の役割を大幅に後退させるものであった。しかし、そのような理解は朝鮮内に浸透しそうになかった。ソウルのラングドン政治顧問は、モスクワ外相会議が開催される前の一九四五年一二月一一日に、「朝鮮人は（子供のように）さじで食べさせられることに耐えられず、独立を意識して、それを行使することを熱望している」（傍点引用者）と指摘し、その事実が国務・陸軍・海軍三省調整委員会（SWNCC）文書の分析から欠落していると主張して、「この雰囲気に重要な譲歩をすることによってのみ、我々の占領地域で状況を掌握し、紛争を避け、協力が得られると信じる」と強調していた。さらに続けて、ラングドンは「我々自身の明確な行動だけが、朝鮮の指導者たちに、かれらの独立に対する我々の意図が純粋であることを確信させることができる。この方法によって、共産主義との戦い、混乱、そして大衆の敵意に打ち勝つことができる」と主張した。信託統治の初期の唱道者であり、ホッジ司令官の政治顧問として国務省から派遣されたラングドンが、一一月二〇日の覚書に続いて、再度、国務長官に信託統治の撤回を進言したのである。第二次世界大戦中に、ローズヴェルト大統領やウェルズ国務次官の下で構想された朝鮮信託統治構想が、戦後の朝鮮情勢に適合しなくなっていたのである。(29)

また、ラングドンの意見表明の数日後に、ホッジ米軍司令官も重要な朝鮮情勢報告をマッカーサーに提出し、それが統合参謀本部を通じて陸軍省と国務省に回付された。そのなかで、ホッジは米ソによる南北朝鮮の二元的な占領が

「健全な経済を樹立し、将来の朝鮮独立を準備するという占領任務に不可能な条件を課している」「朝鮮人はほかの何よりも独立、それも即時独立を望んでいる」「南朝鮮情勢は共産主義の樹立のためのたいへん肥沃な土壌をつくっている」「長期的な賠償政策と旧日本財産の最終的な処分が絶対的に必要である」などの意見とともに、「すべての朝鮮人の心のなかで〝信託統治〟がダモクレスの剣としてかれらに迫っている。いますぐ、あるいは将来のいつであれ、もしそれが課されれば、実際にまた物理的に反乱することがありうる」と報告し、「信託統治」を放棄する明確な声明が「特別かつ緊急に必要とされる」と主張した。数日前のラングドンの主張が米軍司令官によって補強されたのである。さらに、ホッジはその報告の末尾で、「現在のままの条件で、今後とも何らかの行動調整がなされないのであれば、米ソ双方が同時に軍隊を撤退させて、朝鮮をその成り行きにまかせ、不可避的な内部的大変動による浄化を待つことについて、米ソが真剣な考慮を払う」ように訴えた。それはワシントンに対する最後通牒に近いものであった。ダモクレスの剣は米占領当局の頭上にも迫っていたのである(30)。

そのような情勢の下で、モスクワ協定はワシントン時間の二七日午後一〇時、ロンドン時間の二八日午前三時、そしてモスクワ時間の同日午前六時に、それぞれの首都で同時に発表された。その朝鮮関係部分が東京経由でソウルに到達したのは、UP通信やAP通信の報道に遅れて、二九日正午近くのことであった。しかし、モスクワ協定の発表よりも先に、南朝鮮内では信託統治に対する関心が急激に高まっていた。一二月二七日の米軍向け『星条旗』(*Stars and Stripes*)が、バーンズ国務長官は朝鮮の即時独立を促す訓令を携えてモスクワ会議に参加して、ソ連による信託統治の主張に反対していると報じたからである。そのニュースが通信社によって伝えられ、二八日の『東亜日報』は信託統治に対する臨時政府や韓国民主党などの右派勢力の反発、さらに共産党などの左派勢力の当惑を大々的に報じた。言い換えれば、モスクワ協定の内容が伝えられる以前に、すでに反ソ反託(信託統治反対)の雰囲気が南朝鮮内に醸成されつつあったのである。また、それに加えて、伝えられたモスクワ協定文の翻訳に少なからず問題があった。

合同通信がワシントン発で伝え、二九日の『東亜日報』に掲載された協定要旨は、信託統治に比重をかけて、その内容を「米英ソ中四ヵ国による信託統治制を実施すると同時に、朝鮮臨時政府を樹立して朝鮮の将来の独立に備えるが、信託統治期間は最高五年とする」と紹介したのである。二九日正午、ホッジ司令官は共産党を含む各党領袖を米軍政庁に招請し、到着したばかりの公電を披瀝して、モスクワ協定への理解を促した。米ソ両軍代表が共同委員会を組織すること、その委員会が朝鮮の各政党・社会団体を集めて臨時政府を組織すること、朝鮮独立を援助する四ヵ国信託管理が必要になるか否かは四ヵ国管理委員会が決定することなどを指摘し、信託統治が主権の侵害ではないことを強調した。しかし、その会場には重慶臨時政府代表の姿はなかった。さらに、午後四時三〇分からの記者会見でも、ホッジは協定文を配布して正しい理解を要請したが、すでに進展した事態を元に戻すことは容易ではなかった。『東亜日報』に正確な協定文が掲載されたのは三〇日であった[31]。

ところで、一二月末に、南朝鮮内に信託統治の実施が伝えられたとき、それにもっとも強く反発したのは、一一月と一二月に二次に分かれて帰国し、民主領袖会議を招集するために党派的な活動を最小限に抑制してきた金九と重慶臨時政府指導者たちであった。ホッジの記者会見よりも一日早い二八日午後四時に、金九主席は臨時政府の緊急国務会議を招集して、金奎植副主席以下の国務委員全員が参加するなかで、信託統治に反対する四項目決議を採択したのである。その内容は(1)各層、各派および教会と全国民をもって、信託統治に徹底的に反対し、不合作(非協力)運動を断行する、(2)即時に在京の各政治集団を招集し、本政府の態度を表明し、今後の政策に対して切実に同意と合作を要請し、各新聞記者もそれに列席させる、(3)中米ソ英四国に対して、信託統治に反対する電文を緊急に発送する、(4)即時に米ソ軍政当局に向けて質問して、我々の態度を表明する、という強い調子のものであった。また、会議の席上で採択された「四国元首に送る決議文」は、臨時政府国務委員会金九主席と趙素昂外務部長の名義で、信託統治の朝鮮への適用が民族自決の原則と朝鮮民族の総意に背反し、第二次世界大戦中の連合国の誓約に違反し、国連憲章の信託統治条項と一致せず、さらにそれが極東の平和と安全を破壊するものであることを強く主張するものであった(32)。

緊急国務会議の後も、臨時政府の行動は迅速であった。そこでの決議に基づいて、各政党代表二人、各宗教団体代表一人、新聞記者約七〇名を京橋洞に集めて、同日午後八時から翌朝まで非常対策会議を開催し、信託統治反対（反託）国民総動員委員会を設置して、臨時政府国務委員会の指示の下で「一大民族的不合作運動」を展開することを決定したのである。また、国民総動員委員会の組織条例を起草する金九、趙素昂、金若山、金奎植、申翼熙など、九人の章程（細則）委員が選定された。会議冒頭の「ただいまから、新しく出発して、独立運動を展開せざるをえなくなった」（傍点引用者）とする金九の挨拶、そして「我々には血によって建立した独立国と政府がすでに存在することを再び宣言する。五千年の主権と三千万人の自由を戦い取るために自己の政治活動を擁護し、外来の託治勢力を排撃する。我々の赫々たる革命を完成しようとするならば、民族が一致して最後まで奮闘するだけだ。起て、同胞よ！」とする声明が、この会議の興奮した雰囲気をまざまざと伝えた。翌日に制定された組織条例によれば、国民総動員委員会は全国の各政党、宗教、社会団体、およびその他の有志を組織するものであり、その中央会をソウルに置き、地方会を各道、郡、面に置いた。二六年ぶりに祖国に帰還した臨時政府指導者たちは、それまでの慎重な態度を一変させ、臨時政府の運動を全開する覚悟を固めたのだろう。金九がそれを「新しい独立運動」と定義したことが、この運動の性質を端的に示していた(33)。

一二月二九日に開かれた各政党・社会団体代表者会議は、安在鴻を臨時議長とする長時間の討議の後、「臨時政府に即時の主権行使を懇望する」（傍点引用者）ことを決議し、一般国民に対しても「国民的責任を完全に果たす」ことを要請した。さらに、「左右翼が協力して各政党、各団体、市民、各界、各層を網羅する信託管理反対の一大市民示威大会」を一二月三一日に断行することを決議した。その後、三〇日に開かれた九人の章程委員の会合で反託国民総動員委員会の七六名の中央委員が選定され、さらに翌日の中央委員による会合で、左派勢力を含む二一人の常任委員が選定された。国民総動員委員会委員長には三・一独立宣言の署名者の一人である権東鎭が指名され、副委員長に安在鴻、秘書長に徐忠世が就任した。さらに、同じ頃に発表された「九大行動綱領」は、「三千万人が一死をもって自由を戦取しよう」「反独立的言動を一切排撃しよう」「託治順応者は反逆者として処断しよう」「大韓民国臨時政府を絶対に守護しよう」「臨時政府の命令に服従し、規律ある行動をしよう」「外国軍政の撤廃を主張しよう」「託治政権を不合作によって撃退しよう」などの激しいものであった。事実、三一日、臨時政府はついに内務部布告第一号を発表し、「全国の行政庁に所属する警察機構および韓人職員はすべて本臨時政府の指揮下に隷属する」ことを命令したのである。米軍政当局はこれを「警察力の統制権を奪取してクーデタを試みた」と解釈した。臨時政府はラジオ放送を通じて布告を発表しようとしたが、米軍係官によって拒絶された。しかし、ソウル市内一〇の警察署のうち、昌徳宮と永登浦警察署を除く八つの警察署長が申翼熙内務部長を訪問して臨時政府の指示を仰いだために、趙炳玉警務部長はそれらの警察署長を罷免せざるをえなかった[34]。

一二月三一日午後二時、反託国民総動員委員会の指揮の下で、ソウル市民による示威行進が開始された。鍾路十字路付近に集まった老若男女が安国洞から米軍政庁前に向かって、光化門―西大門―ソウル駅前―鍾路―ソウル運動場へと続いたが、それは「行進ではなく人波の奔流」となって街を埋めて、「己未万歳(三・一独立運動)時を連想させる、わが民族の抗争表示」(括弧内引用者)と形容された。参加者は「信託統治絶対反対」などと書かれた横断幕や旗を掲げて行進し、街角ではメガホンをもった係員が「万歳」を叫び続けた。それはかつてないほど熱狂的な示威行進であった。また、午後四時からソウル運動場で開催された示威大会では、(1)大韓民国臨時政府の承認要求、(2)四国元首への信託統治反対の通告、(3)米ソ両軍の即時撤退、(4)反託運動の決死的な継続が決議された。他方、米軍政庁やソウル市庁に勤務する朝鮮人職員も布告に従って信託統治反対の意思を表明して、ストライキに突入した。

三千人余りの軍政庁職員のうち、職場に留まったのは九百余名であったとされる。反託決議は交通局、逓信局（電信・電話）、電気会社、鉄道、京電、ソウル大学教職員、ソウル医師会、ソウル弁護士会などにまで波及したが、市民生活に大きな影響を及ぼすストライキは回避された。また、歌舞音曲や遊興目的の営業は一切禁止された(35)。

しかし、臨時政府の過激な行動に激怒したホッジは、一九四六年一月一日午後二時に米軍司令部で金九と会談し、「率直かつ断固たる態度で金九を完全に打ちのめした」とされる。金九と臨時政府要人に海外追放を含む強制措置をとることを示唆したのだろう。趙炳玉の証言によれば、その前日の三一日午後に司令部を訪れた趙に対して、ホッジは「軍政を接収しようとする臨時政府要人たちを処分しなければならない」と告げて、その日の夕刻に放送する予定の原稿を示して意見を求めた。そこには、米軍政による法と秩序の維持に服従することを誓約して入国したにもかかわらず、臨時政府要人たちが軍政接収の挙に出たことを非難し、かれらを「今夜零時を期して仁川所在の前日本軍捕虜収容所に収容して、中国に追放する」との文言が含まれていた。驚愕した趙が京橋洞を訪問して金九を説得し、翌日のホッジ・金九会談が実現したのである。ホッジ・金九会談の結果として、一月一日午後八時に臨時政府の宣伝部長である厳恒燮が、金九の代理として中央放送のマイクの前に立って、「私は秩序整然たる示威運動に対して十分な敬意を払うものである。私はこれが信託統治に反対するものであって、けっして連合国の軍政に反対したり、我々の同胞たちの日常生活を混乱させたりするものではないと信じる」と言明したのである。興味深いことに、さらに進んで、厳は「今日、ワシントンから届いた報道によれば、米国国務長官バーンズ氏はわが国に信託統治を実行しない可能性もあると述べたが、私もそうなることを信じる。しかし、もし不幸にも信託統治が決定されるときには、もちろん再び反対運動に立ち上がる。（国民は）これから仕事を続けて、平和的な手段で信託統治を排撃することが適当であると考える」（括弧内引用者）と主張した。一二月三〇日になされたバーンズ国務長官のラジオ演説について、米軍政当局から説明を受けたのだろう。最後に、厳は「とくに軍政庁に勤務する職員たちは一斉に職務に復帰し、地方でもストライキを中止し、職務に復帰することを望む」と付言した。三日間の正月休みを終えてから、米軍政庁は正常に機能したのである(36)。

国民総動員委員会によって展開された反託運動は多分に民族感情をそのまま表現するものであった。しかし、それだけに、その運動が朝鮮民衆の民族感情を代弁していたことは否定できない。政治指導者と民衆の大多数にとって、信託統治論は「朝鮮人には自治能力がない」とする植民地統治の論理と同一であり、民族的自尊心を大きく傷つけたのである。事実、多くの朝鮮人は「信託統治とは韓国を支配する国家が一大国（日本）に代わって複数の大国（米ソ中英）になることだ」（括弧内引用者）と理解した。したがって、臨時政府を中心にする右派勢力が反託運動の主導権を握ったことは、解放後の南朝鮮政治における大きな潮流の変化を意味した。言い換えれば、右派勢力が主導する反託運動が左派勢力の大衆的な基盤を脅かすだけの衝撃力をもったのである。朝鮮共産党は依然としてもっともよく組織された政党であったが、ソ連がモスクワ協定に調印したという事実が信託統治への反対を不可能にし、共産党を朝鮮ナショナリズムから遠ざけたのである。また、新しい臨時民主政府の樹立を決定したことによって、モスクワ協定は重慶臨時政府の正統性だけでなく、共産党が主導する朝鮮人民共和国の存在をも否定した。そればかりか、反託運動の興隆は、独立達成のためには一つに団結しなければならないとする李承晩や金九の主張の正しさを立証するかのようであった(37)。

2　モスクワ協定支持——朴憲永と朝鮮共産党

金九や臨時政府が反託国民総動員委員会を組織する間にも、信託統治反対運動はさまざまな形で盛り上がっていた。一二月三一日までに、韓国民主党、朝鮮国民党、人民党、天道教清友党、朝鮮革命党、新韓民族党などの政党や李承晩、宋鎭禹、洪命憙、鄭泰植、李如星などの政治指導者が、相次いで信託統治に反対する声明や談話を発表したのである。その意味では、方法論的な相違を別にすれば、朝鮮共産党、人民党、朝鮮人民共和国などの左派勢力もまた、信託統治に強く反発した。一二月二九日に発表された非公式談話において、朝鮮人民共和国中央人民委員会代弁人は「朝鮮の信託統治が三国外相会議で決定されたという報道をいましがた読んで、あまりの意外さに驚かざるをえない」と述べた後、「いかなる意味においても、朝鮮の自主独立が侵害を受けるならば、我々は過去に日本帝国主義に抗争した以上に断固として闘わなければならない」と言明した。また、朝鮮共産党の鄭泰植も、個人的意見として、「もし朝鮮に対する信託統治が事実であるとするならば、我々はそれに対して絶対に反対する。五年はおろか五ヵ月間の信託統治でも、我々は絶対に反対する」と主張した。そのような反応は人民党の李如星にも共通しており、李は「これがもし事実であれば、民衆運動を起こし、全面的に反対するだけでなく、この不当な信託管理制をなくすために闘争せざるをえない」と断言した。かれらは信託統治に反対して、朝鮮人民共和国の死守を訴えたかったのだろう(38)。

一二月三〇日に、洪命憙を委員長に推戴し、左派政党、労働組合、社会団体を網羅して結成された「反ファッショ共同闘争委員会」も、信託統治に反対しつつ、左派勢力が反託総動員委員会を中心にする右派勢力の結集や攻勢に対抗しようとするものであった。同委員会は、翌日、「信託統治案撤廃要求声明書」と「国民代表大会招集反対声明書」を採択したが、前者は親日派、反逆分子、独裁政治主義者による民族分裂の扇動によって統一が阻害され、信託統治が課せられたと主張し、信託統治を撤廃するために民族統一戦線の結成を早急に実現しなければならないと訴えるものであった。また後者は、臨時政府が国民代表大会を招集して、政府樹立を企図することに反対するものであった。しかし、それだけではなかった。一二月三一日夕刻には、突然、中央人民委員会の代表である洪南杓、洪東植、李康国、鄭栢が臨時政府の代表である成周寔、張建相、崔東旿と会談して、二つの政府の合作を企図する動きが表面化したのである。さらに、翌朝、中央人民委員会は(1)双方から若干名の委員を選出し、それに全権を委任して統一委員会を構成すること、(2)委員会は早急に統一政府樹立に関する具体案を決定すること、(3)委員会は翌年一月五日までに成案に到達するように努力することを正式に文書で提案したのである。興味深いことに、この提案は、一月五日までに合意に達しなければならない理由を「米ソ共同委員会の開催以前に完遂する差し迫った必要」に求めて、一月二日午前一〇時までに回答が得られるように要求した[39]。

しかし、総動員委員会を中心に反託運動を展開し、部分的にしろ、主権行使さえ実行に移そうとした臨時政府は、左派勢力の主張する「即時対等合作」の提案に応じようとしなかった。臨時政府側が中央人民委員会側の提案の受け取りを拒否した後、両者の交渉は一月二日に再開されたが、交渉の席上、臨時政府代表の金元鳳と金昌淑は各党、各団体を網羅した連合会議を開催し、その席上で統一委員を選挙することを要求したのである。この提案の趣旨は、一月四日、金九によって明確に説明されたが、臨時政府「当面の政策」の第六項および第九項に基づくものであり、各界の領袖を網羅して臨時政府を拡大強化し、その後、非常政治会議（民主領袖会議）を開催して過渡政権を樹立しようとするものにほかならなかった。さらに、臨時政府は一方で従来の政策に固執するとともに、他方で信託統治反対のための大衆運動を継続する決意を示した。総動員委員会中央常務委員会は、一月二日、反託運動を独立運動として再出発させ、信託統治案が完全に取り消されるまで、示威行動、非合作、商店スト、罷業、遊興停止などの方法で、それを継続することなどを定める「反託指導要領」を発表し、そのための指導員を地方に派遣した。信託統治反対運動の大衆的な盛り上がりを背景に、臨時政府の姿勢はより強硬なものに変化していたのである。言い換えれば、臨時政府は人民共和国中央人民委員会に、自己の運動への合流を要求したのである[40]。

こうして、二つの政府の合作交渉は失敗に終わったが、その原因を交渉内容から分析するのは適切でないだろう。なぜならば、交渉が継続する間に、人民共和国と共産党が信託統治に反対する態度を豹変させたからである。たとえば人民共和国中央人民委員会は、一月二日、突然、モスクワ三国外相会議の決定に全面的な支持を表明する決定書を採択した。朝鮮共産党中央委員会もまた、同日、『解放日報』が号外を発行して、「モスクワ会議の結果を慎重に検討した結果」、それを「世界民主主義発展におけるいま一歩の前進」「米英両国にヤルタ会談で決定された民主主義路線をさらに強く再認識させるもの」などと高く評価して、支持する声明を発表した。さらに、「金九一派の反託運動」を米英ソ三国の「友好的援助と協力（信託）をあたかも帝国主義的な委任統治制だと歪曲し、過去の日本帝国主義の侵略と同一視し、朝鮮民族を誤導して、民主主義的連合国と敵対する方向に大衆を欺瞞する政策」であると強く非難し、親日派、民族反逆者、国粋主義者を除く「朝鮮民族統一戦線」の完成が急務であると訴えた。また、その翌日に発表された朝鮮共産党中央委員会宣伝部の談話文は、モスクワ協定の各項目を慎重に検討して、第一に臨時民主政府が民主主義の原則の下に組織されること、第二に信託統治期間が五年以内に限定されること、第三に米ソ共同委員会が、臨時民主政府だけでなく、民主主義的諸政党および社会団体との協議を約束していることなどを強調した。朴憲永共産党総秘書自身も、一月五日の記者会見で、モスクワ三国外相会議の決定に賛成するか反対するかが朝鮮統一のための原則であると強調し、それは政党間の合作としてのみ可能であり、臨時政府との合作は不可能であると主張した。モスクワ協定が朝鮮臨時民主政府の樹立に合意したために、朝鮮人民共和国はその存在意義を失ってしまったのである。解放後の南朝鮮で展開された共産主義運動が重大な転機を迎えていた(41)。

ところで、朝鮮共産党の突然の態度変更の背後には何が存在したのだろうか。すでに指摘したように、ソウルでは、モスクワ協定の内容が正確に伝えられる以前、すなわち二八日午後四時には臨時政府の緊急国務会議が招集されていた。事態の重要性を考慮して、朴憲永が二八日夜に三八度線を越え、翌日午後までに平壌に入ったとする見解が有力である。しかし、平壌にも詳細な情報は存在しなかった。モスクワに派遣されていたロマネンコ少将とポリャンスキー総領事は、一二月三〇日になってようやく平壌に帰任し、朴憲永や金日成と会談したのである。ロマネンコは「米国が信託統治を主張したので、やむなく折衷案として五年間の後見制を実施することにしたが、後見制は信託統治とは根本的に違う」と説明したとされる。また、翌日午前中に、共産党北部朝鮮分局中央執行常務委員会が開催され、それに朴憲永が参加したとされる。言い換えれば、ソ連軍政当局および金日成がモスクワ会議の決定を支持する方針を決定し、朴憲永自身もそれを平壌で受け入れたことが、朝鮮共産党による突然の方針転換を可能にしたのである。朴憲永は一月一日の新年宴会に出席した後、その日の夜に再び三八度線を越えて、翌日の早朝にソウルに到着した。その結果として、前出の共産党声明が一月二日に発表されたのである。他方、一月三日午後一時には、ソウル市町会連合会とソウル市人民委員会を中心にして、反ファッショ共同闘争委員会に参加する政党・社会団体がソウル運動場に集合して、信託統治に反対するためのソウル市民大会を開催する予定であった。しかし、前日の方針転換のために、この集会およびその後のデモ行進も、「信託統治反対」ではなく、「モスクワ決定支持」を掲げるものに転換しなければならなかった。登壇した共産党の李承燁は、モスクワ協定の真意について報告し、決議文を朗読した後、「自主独立万歳」を三唱したのである。(42)

信託統治反対運動が民族的な支持を得るなかで、あえてモスクワ協定支持を主張することは、朝鮮共産党の大衆的な基盤に大きな打撃を与えざるをえなかった。しかし、それにもかかわらず、新しい方針にはそれなりの利点も存在した。なぜならば、右派勢力による信託統治反対は、そのままモスクワ協定、すなわち米英ソによる国際合意への反対を意味したからである。言い換えれば、確かに民族的な支持は信託統治に反対する勢力の側にあったが、国際的な支持はモスクワ協定に賛成する側に与えられたのである。したがって、少なくとも論理的には、左派勢力はその国際的な立場を強化し、米国政府や米軍政府と右派勢力の関係に楔を打ち込むことが可能であった。一二月三一日に平壌で開催された委員会では、やがて樹立される朝鮮臨時民主政府に、北朝鮮と南朝鮮の左派勢力がそれぞれ別個に参加し、南北朝鮮全体で右派勢力との構成比率を「二対一」にする方針が確認されたとされる。事実、その後に開催された米ソ共同委員会において、ソ連軍側はモスクワ協定に反対する勢力を反民主主義的であると規定し、臨時民主政府樹立のための協議対象から排除しようとしたのである。したがって、モスクワ協定が南朝鮮内にもたらしたのは、新しい形の左右対立、すなわち左派勢力を孤立させようとする右派勢力と、国際的連携から右派勢力を排除しようとする左派勢力の間の対立にほかならなかった。しかし、それが進行する過程で、朴憲永らの朝鮮共産党は大衆的な基盤を奪われ、やがて南朝鮮内の抵抗運動に制限されることになった。[43]

3　李承晩と韓国民主党の反託運動

モスクワ協定に対する李承晩の最初の反応は、「この信託統治については、国務省極東部長ヴィンセントがたびた び私的書簡と公式宣言によって表明していたので、このような結果になることを予測し、あらかじめ準備した。その方策どおりに執行する決心である。同胞は五ヵ年の短縮期間という甘言に惑わされることなく、一斉に立ち上がり、予定したとおりに実行するように願うものである。全国民が決心を表明するときには、英米中は絶対に同情するものと信ずる」というものであった。事実、モスクワ協定発表以前の一二月二六日のラジオ演説で、李承晩は信託統治問題を取り上げて、「ワシントンからくる通信によれば、朝鮮の信託統治を主張する者たちがまだいるようだ。我々はこのような者たちに朝鮮がこの案を拒否し、完全独立以外の何ものも容認できないことを知らせたい……もし我々の決心を無視し、信託統治を強要する政府があれば、我々三千万民族は国のために戦って死ぬことがあっても、これを容認できないだろう」と主張していたのである。しかし、同じように信託統治反対運動を展開しても、李承晩の運動は明らかに金九や重慶臨時政府を中心にする運動とは別のものであった。同じ演説のなかで、李承晩は「あらゆる政党は、最近結成された独立促成中央協議会に統合するために万般の努力を傾注してきた……信託統治を拒否することを決意した以上、躊躇することなく中央の支部を各地方に組織し、組織が完成すれば関係団体の連絡も直接実現するだろう」と言明していたのである。李承晩は、自らの統一戦線組織である独立促成中央協議会を拡大しつつ、それを通じて信託統治反対運動を展開しようとしていたのである。[44]

事実、この頃、李承晩は「臨時政府要人は、たとえ個人の資格で入国したとはいえ、その行動にいろいろと約束があり、また責任もあるために、臨時政府が承認されるまで、対外的にその力量を発揮することができない。もし米国国務省の親日派が信託統治を主張すれば、だれがそれに反駁するのか。あるいは臨時政府を承認しなければ、だれがその正統性を主張するのか。それは組織化された輿論と個人の資格による自由な立場でなければならない。その意味で、臨時政府を掩護する団体が必要であり、それが中央協議会である。であるから、臨時政府と中央協議会は何の関係もなく、また別個の団体として活動しなければならない。中央協議会の存在を無用視する意見は臨時政府と中央協議会を離間させようとするものでしかない。」と語っていた。したがって、李承晩にとっては、信託統治問題に対応して、臨時政府が独立促成中央協議会とは別に信託統治反対国民総動員委員会を組織することが不満であった。韓国民主党の白南薫によれば、李承晩はそれを臨時政府側が中央協議会を「不必要である」とし、「無視する」ものであると解釈したのである。それに反発する李承晩が中央協議会の解散を示唆したので、韓国民主党の幹部たちは驚愕し、当惑せざるをえなかった。そもそも、韓国民主党は臨時政府絶対支持を掲げて結党したが、金九らの臨時政府要人よりも早期に帰国した李承晩と緊密な関係を構築したし、臨時政府要人の帰国後は、李承晩と金九を中心にする民族主義陣営の大同団結を推進してきたのである。また、その中心人物が宋鎮禹であった。宋鎮禹が韓国民主党に総裁職を設けず、自らも「首席総務」に就任したのは、やがて李承晩、金九、金奎植らを推戴するためであった[45]。

また、金九の主張が民族感情を直線的に表現して、反託運動を「新しい独立運動」と呼んで臨時政府の主権行使を試みるなど、排外的な色彩を帯びていたのに対して、李承晩は依然として朝鮮独立に対する欧米諸国、とりわけ米国政府や軍政当局の支持を獲得することを重視していた。アーノルド軍政長官との会談後、一二月三一日の記者会見で、李承晩は「この（反託の）決心を世界に表明する決意で、全国の同胞は一斉に立ち上がり、我々の願うことを知らせるために示威行動を開始したのだから、だれもこれをいけないということはできないだろう」（括弧内引用者）と言明したが、それと同時に「米国政府に対してけっして誤解があってはならない……米国政府は我々を解放した恩人であり、軍政当局は絶対に独立に賛成だから、信託統治問題の発生後、再三にわたって、自己の政府に対して反駁と攻撃の公文を送っている。それにもかかわらず、我々が独立の友人を忘れ、恩讐で待遇すれば、これはむしろ独立を阻害することになる」と強調した。それは「外来の託治勢力を排撃する」ことを主張した金九や臨時政府による信託統治反対運動とは明らかに異なったのである(46)。

他方、信託統治反対運動の実施方法については、韓国民主党の宋鎮禹も臨時政府要人たちと意見を異にした。宋鎮禹が首席総務を務める韓国民主党は、ソ連が朝鮮の信託統治を主張したとの誤った報道に接して、すでに一二月二七日午後に緊急中央執行委員会を開催して、その提案を国際信義に反するものとして排撃し、独立貫徹に邁進することを決議していた。また、二九日には、宋鎮禹自身も「老若男女を問わず、三千万が一人も欠けることなく一大国民運動を展開して、反対しなければならない」「この疆土の上にある同志は血の一滴も残すことなく、決死的に奮闘することによって、堂々と当然の民族主権を獲得しなければならない」と力説した。しかし、もっとも重要だったのは、一二月二八日午後八時から臨時政府国務委員会に続いて開催された非常対策会議であった。金九、李始栄などの臨時政府要人が列席する会議に、宋鎮禹は金俊淵を同伴して参加し、臨時政府が米軍政府を否認して主権を行使すべきだとする強硬論に強く反論して、米軍政府との衝突を回避すべきであると主張したのである。それは李承晩の主張と同じであり、米国は世論の国だから、国民運動によって反対意思を表明すれば、信託統治案は撤回されうると指摘し、朝鮮独立を強く支持する中国の存在を想起させ、さらに米軍政府との衝突が米国および民主主義諸国との衝突を引き起こし、共産党に漁夫の利を与えると強調するものであった。しかし、激論が展開されるなかで、宋鎮禹の主張はあたかも信託統治に賛成し、臨時政府に敵対するかのように誤解された。臨時政府側は宋鎮禹を「賛託派」と高圧的に決めつけたが、宋はそれにひるまずに翌朝四時まで議論したとされる。苑西洞の自宅で就寝中の宋鎮禹が、韓賢宇など六人の暗殺者の凶弾に倒れたのは、一二月三〇日午前六時一〇分のことであった。宋鎭禹の遺体には、異なる拳銃から発射された四発の銃弾が残されていた。米軍ＣＩＣ（防諜部隊）が事前に警護の必要性を指摘するなかでの犯行であった。(47)

宋鎭禹は解放後の南朝鮮に発生した一連の暗殺事件の最初の犠牲者であったが、その事件の真相は今日も不明である。韓賢宇は犯行を認めたが、その動機について何も語らなかったのである。しかし、韓国民主党の指導者たちのなかには、それを一二月二八日の非常対策会議での宋鎭禹と臨時政府側との論争と結びつけて理解する者が少なくなかった。事実、重慶から帰った臨時政府要人たちのなかには、朝鮮解放を国内で迎えた韓国民主党の指導者たちを親日行為に加担した「卑怯な機会主義者」とみなし、かれらから政治資金を受け取るべきでないと主張する「国内人士親日論」が存在した。他方、韓民党の指導者のなかにも、臨時政府要人たちを一人では何もできない「無学な連中」とみなして、むしろ米軍政府と積極的に協力すべきだと考える者たちがいた。すでに第三章で指摘したように、宋鎭禹、趙炳玉、張徳秀、張澤相などが「軍政期」をある種の「訓政期」とみなしたことも、臨時政府側から不興や誤解を買う理由になったようである。しかし、臨時政府と韓賢宇との間には何の因縁も確認できなかった。翌年一月七日、宋鎭禹の「竹馬故友」であり、同門であり、同志であり、後見人であり、京城紡織社長、東亜日報社長、普成専門学校（後の高麗大学）校長などを歴任した湖南財閥の総帥である金性洙が、本人の諒承のないままに韓国民主党の第二代首席総務に選出され、政治の第一線に登場した。いずれにせよ、宋鎭禹暗殺事件を契機に、臨時政府と韓国民主党の関係は急速に悪化し、それに反比例するかのように、李承晩と韓国民主党の関係が緊密化していったのである。(48)

4　曺晩植と朝鮮民主党の抵抗

平壌の曺晩植も信託統治には絶対反対であったが、ソ連軍占領地域にあって、そもそも、モスクワ協定についての正確な情報に接することができなかった。ソ連軍当局があらゆる情報手段を遮断したうえに、公式にしろ、非公式にしろ、その内容を外部に伝えようとしなかったからである。曺晩植が軍政当局から説明を受けたのは、ロマネンコがモスクワから帰った一二月三〇日以後のことだろう。チスチャコフ司令官が曺晩植を夕食に招いて、モスクワで決定されたのは「信託統治」ではなく「後見制」であると繰り返し説明し、朝鮮民主党が支持声明を発表するように要請した。曺晩植はそれに応じなかったが、このとき、ソ連軍側は曺晩植を威圧するようなことはしなかったとされる。チスチャコフはいずれ曺もモスクワ会議の決定を支持せざるをえないと判断していたのである。夕食会には、ロマネンコを含む五人の政治将校が陪席した。しかし、翌年一月一日に平壌を脱出した「信頼できる朝鮮人」からの情報として、G-2定期報告はチスチャコフ司令官が三一日に曺晩植を招き、「信託統治」に関して金日成と共同声明を発表するように要請したと記録している。十分な情報を欠いていること、および同僚たちと協議するための時間が必要であることなどを理由にして、曺晩植はそれを拒否した。それに対して、チスチャコフは信託統治に関する抗議行動や公表を禁止した。曺晩植はその日のうちに側近を集めて協議し、「ロシアからの情報だけで行動したくないので、ホッジ将軍の声明を聞きたい」と述べたとされる。翌日、曺晩植は民主党中央委員会を一月二日に招集した。[49]

信託統治には明確に反対したが、米ソ合意という事態の重大性を反映して、曺晩植のモスクワ協定に対する態度は慎重であった。ソ連軍当局と正面から衝突することなしに、十分な情報を収集して集団的に決定しようとしたようである。事実、一月二日の朝鮮民主党中央委員会の決議は、（1）朝鮮が完全な独立国として、自由政府が出現できないことを遺憾に思う、（2）信託統治には賛成できない、そして（3）わが党としては、国内外情勢の推移を冷静に観察した後に完全な態度を表明することにする、というものであった。決議文はただちにチスチャコフ司令官に届けられたが、（3）をみる限り、それは依然として最終的な決定ではなかった。また、曺晩植と民主党が反対したのは「信託統治」であり、モスクワ協定そのものではなかった。ただし、崔庸健、金策などの共産主義者はそれらの会合から排除されたようである。他方、同じ一月二日に、朝鮮共産党北部朝鮮分局責任秘書・金日成、朝鮮労働組合全国評議会北部朝鮮総局委員長・玄昌炯、平南農民委員会委員長・李寛燁、女性総同盟委員長・朴正愛、民主青年同盟委員長・方壽水、朝鮮独立同盟代表・金科奉の六名は、「朝鮮に関するソ米英三国外相モスクワ会議の決定について」と題する共同声明を発表した。それによれば、「モスクワ会議の決定に記載された朝鮮の民主主義的臨時政府の創設は、朝鮮の完全で自由な国家的独立を達成するためのもっとも重要な出発点」であり、それは「現在の南北朝鮮の分離状態を撤廃して、全朝鮮地域を統一する」ものであり、さらに産業、運輸、農業、通信などを急速に復旧発展させ、人民生活の向上と民族文化の復興と発展のために必要な諸条件を創造するものであった。信託統治については、「五年以内を期限として後援制を実施する」[50]（傍点引用者）と表現された。チスチャコフが要求したのは、曺晩植がこの共同声明に名前を連ねることだったのだろう。

確かに「朝鮮民主党・曺晩植」が抜けた穴は小さくなかった。そこに曺晩植の名前が存在すれば、曺晩植を象徴的な指導者に推戴する民主主義民族統一戦線の体裁が整ったからである。したがって、その前後に、金日成や崔庸健だけでなく、ロマネンコ、イグナチエフなどの軍政幹部たちが、「後援制」ないし「後見制」を受け入れるように、曺晩植を熱心に説得した。レベジェフによれば、ロマネンコは「後見制に賛成する声明さえ発表してくれれば、曺晩植先生を初代大統領として迎える」と述べたとされる。しかし、それらが失敗した後の軍政当局の行動は迅速かつ断固としていた。そのための分水嶺になったのが、一月五日午前一一時に開催された平安南道人民政治委員会の緊急会議であった。モスクワ外相会議の決定を討議することを目的として、軍政当局の主導で招集された会議には、チスチャコフ司令官をはじめとして、レベジェフ、ロマネンコ、イグナチエフ、バラサノフその他が参加した。共産側委員は全員が出席したが、民族側は曺晩植を含めて、李允栄、金炳淵、朴賢淑、李宗鉉らのみであった。レベジェフがモスクワ外相会議の決定について説明し、共産側委員がそれを支持する声明を採択するように要求したが、議長である曺晩植は票決することを拒否して、委員長を辞職する意思を表明した。『正路』の報道によれば、「委員長曺晩植氏はこの決定（モスクワ協定）に反対する態度に出て、一部の委員たちもこれに追従するところとなり、曺氏は委員長を辞任することになった」（括弧内引用者）とされる。後任の臨時委員長には、全会一致で朝鮮民主党の洪箕疇が選ばれた。その後、平安南道人民政治委員会は七日午後四時半に会議を再開して、上記五名に代わる朴根昌らの新委員五名を選出した。(51)

辞任に際して、曺晩植は「信託に賛成するにしても反対するにしても、すべて我々朝鮮人の自由意思でなければならない」「どのような口実を設けても、信託統治とは、ある国が他の国の政治に対して干渉することである」「わが国の完全独立を本当に援助しようとするのであれば、なぜ信託統治を強要するのか」と激しく反論したとされる。その論理は李承晩や韓国民主党よりも金九や臨時政府の主張に類似しており、「外来の託治勢力を排撃する」かのようであった。会議の終了後、曺晩植は待機していた乗用車で高麗ホテルに護送され、そこに軟禁された。それ以後、外部との連絡が遮断されたのである。平安南道人民政治委員会の一月五日の決定は、声明書として一月八日の『正路』に掲載されたが、そこには曺晩植や各委員の名前は存在しなかった。議論の内容が紹介されないまま、すでに一月三日に採択されていた一〇人の北朝鮮行政局局長と一人の副局長による声明書に全面的な同意を表明して、「朝鮮臨時民主主義政府組織の基礎である民族統一戦線の鞏固化のために」、全朝鮮人民にモスクワ会議の決定を支持するように訴えたのである。また、その声明書の発表を待っていたかのように、その翌日、すなわち一月六日には、モスクワ外相会議の決定を支持するために、五道行政局、平安南道人民政治委員会、平壌市人民委員会、朝鮮共産党北部朝鮮分局、各政党・労働組合・社会団体など三〇余団体と一般市民一〇余万人が参加する大規模な民衆大会と示威行進が挙行された。それは前年一〇月一四日にソ連軍を歓迎した平壌市民衆大会以来の大規模な集会であった。労働者、農民をはじめとして各界各層から動員された人々は、「大地を揺るがす万歳の声とともに、親日分子・民族反逆者を打倒しよう！ モスクワ会議の決定に反対するのは、ただ親日民族反逆者、民族ファシストだけだ」と叫んだ(52)。

5　民族統一戦線への参加――金科奉と武亭

反日・民主主義民族統一戦線との関連で注目されるのは、一月二日に発表されたモスクワ協定を支持する六人の政党・社会団体代表の共同声明に、「朝鮮独立同盟代表・金科奉」の名前があったことである。また、すでにみたように、共産党北部朝鮮分局中央第三次拡大執行委員会では、前年一二月一八日に朝鮮義勇軍司令・武亭が一九人の中央執行委員の一人として選出されていた。これらの中国共産党と運命をともにし、中国北部地域で活動した朝鮮人共産主義者たちは、どのように北朝鮮に帰国し、そこでの活動を開始したのだろうか。また、モスクワ協定にどのように対応したのだろうか。

一九三八年当時、武漢を拠点に活動していた朝鮮人革命団体、すなわち朝鮮民族革命党、朝鮮民族解放同盟、朝鮮青年前衛同盟そして朝鮮無政府主義者連盟が連合して、朝鮮民族連合戦線の名義で、抗日武装闘争を目的とする朝鮮義勇隊を結成した。しかし、同年一〇月に武漢が陥落した後、一九三九年八月の七党統一会議が決裂すると、そこから脱退した朝鮮民族解放同盟と朝鮮青年前衛同盟の若者たちの多くは、一九四〇年末から中国共産党支配地域に入った。すでに抗日軍政大学などに在籍していた革命青年たちと合流し、翌年一月に八路軍本部の所在地である山西省左権県桐峪で華北朝鮮青年連合会を組織したのである。創立大会では武亭が会長に推挙され、参列した彭徳懐は中朝の団結と広汎な反日統一戦線の結成を呼びかけた。また、一九四二年四月には金科奉が延安に入り、彭徳懐に出迎えられた。活動経歴が豊かな指導者であり、人望のある五三歳の金科奉は、中国共産党による統一戦線工作の理想的な対象だったのだろう。その後、七月に華北朝鮮青年連合会の第二回代表大会が開催され、華北朝鮮独立同盟への改名、金科奉の主席への推戴、青年前衛同盟の中核幹部であり、一足早く延安に入った崔昌益と韓斌の副主席就任が決定された。朝鮮義勇隊も朝鮮義勇軍に改称され、司令官に武亭、政治委員に一九三七年に延安に入った朴一禹、参謀長に黄埔軍官学校を卒業して、朝鮮義勇隊の結成に加わった朴孝三が就任した。これらの措置によって、二つの組織に対する中国共産党の指導が確立したのだろう。この大会にも彭徳懐が参列し、祝辞を述べて演説した[53]。

金科奉（白淵）は一八八九年に慶尚南道機張郡で生まれ、京城の畿湖学校、培材学校で学び、周時経の下で朝鮮語とハングルを研究した。三・一独立運動後、上海臨時議政院で史料や辞典の編纂に従事しつつ、韓国独立党の運動に参加し、一九三五年六月には金元鳳、金奎植らとともに朝鮮民族革命党を創立した。南京陥落後、重慶に移動して民族革命党中央委員として活躍し、朝鮮義勇隊の創設に深く関与した。頑固な民族主義者として、延安到着後も中国共産党に入党せずに、朝鮮革命軍政学校長を兼務して、国際反ファシズム統一戦線の一翼を担った。しかし、彭徳懐がもっとも信頼したのは武亭であった。武亭は一九〇五年に咸鏡北道鏡城郡に生まれ、中学時代から革命運動に参加した。三・一独立運動後、一九二三年に中国に渡り、翌年に北方軍官学校に入学した。また、一九二五年に中国共産党に入党して、広州蜂起に参加した。一九三四年に瑞金から延安への大長征に参加し、朝鮮人革命家として唯一生き残ることになった。日中戦争勃発後、八路軍砲兵司令官を務めて、朱徳や彭徳懐から厚い信頼を獲得した。他方、崔昌益や韓斌は、朝鮮内で共産主義運動に参加し、中国に逃れて朝鮮民族革命党の活動に加わり、さらに青年前衛同盟を組織した。金学武、金昌満、李益星、李相朝などがかれらと行動をともにした。朴一禹は一九〇四年に中国東北の貧農の家庭に生まれ、一九三三年から中国共産党の地下活動に参加した。抗日軍政大学で学び、朝鮮革命軍官学校副校長を務めた。そのほかに、張志楽（金山）のように、一九〇五年に平安北道龍川郡に生まれ、一九二五年に中国共産党に入党して広州蜂起に参加し、海陸豊のソビエト区に入った人物もいた。一九二九年に北上して北平市党委員会組織部長を務めたが、中国官憲に逮捕されて朝鮮に連行された。その後、一九三六年に朝鮮民族解放同盟の代表として延安に到着したが、スパイの嫌疑をかけられ、一九三八年に処刑された（一九八三年に名誉回復）[54]。

いずれにしろ、ソ連軍の対日参戦を契機にして、八月一〇日から一一日にかけて、延安総司令部は各解放区の武装部隊に対して朱徳総司令の名義で七つの命令を連続的に発した。そのうちの第六号命令（一一日一二時）が朝鮮義勇隊司令武亭、副司令朴孝三および朴一禹に対するものであり、それは「ただちに所属部隊を率い、八路軍および旧東北軍各部隊とともに東北に向けて進軍し、敵・傀儡を消滅させ、かつ東北在住の朝鮮人民を組織して、朝鮮解放の任務達成を有利に導くように命令する」とされた。これを受けて、朝鮮独立同盟本部は各地の分会に打電して、朝鮮居留民に八路軍、新四軍に協力して失地を回復し、独立同盟または義勇軍に参加して、朝鮮に進撃するように呼びかけたのである。朴一禹によれば、この頃、中国共産党と八路軍の指導の下で、朝鮮独立同盟は九分会、二学校、そして千人以上の会員を獲得していた。また、興味深いのは、延安総司令部の命令を受けた金科奉主席の談話である。かれはソ連軍に協力して朝鮮を解放し、東北と華北の朝鮮人を組織するだけでなく、「中国に似た」「新民主主義共和国としての新しい朝鮮」（傍点引用者）を樹立すると主張したのである。金科奉らが北朝鮮で創立する政党に「朝鮮新民党」と命名したのはけっして偶然ではなかった。それはソ連の革命理論と距離を置く、中国の新民主主義革命に特有の概念であった。[55]

しかし、開戦と同時にソ連軍が怒濤のように満洲に侵攻し、北部朝鮮にも上陸したために、九月末に延安を出発した朝鮮独立同盟と義勇軍兵士たちが、一〇月末から一一月初めに徒歩で瀋陽に到着したとき、延安総司令部が発した命令はすでに達成されていた。他方、日本軍の降伏後、「共通の敵」を失った中国国民党と共産党の武装勢力は一触即発の状態にあった。蔣介石と毛沢東による「双十協定」（一九四五年一〇月一〇日）にもかかわらず、国共内戦の再発は不可避とみられ、毛沢東、劉少奇らの共産党指導者たちは熱河、外モンゴル、ソ連、朝鮮を後背地にする中国東北部の軍事的な重要性に着目していたのである。そのような情勢を背景にして、一一月四日に瀋陽で開催された朝鮮義勇軍全軍会議で、司令官である武亭は、少数の指導幹部が朝鮮に赴き、大部分の指揮要員と戦闘要員は東北根拠地の建設に参加すると宣言し、さらに東北在住の朝鮮民族を動員して、隊伍を拡充し、中国革命と朝鮮革命のための力量を蓄積するように呼びかけたのである。それは中国共産党の方針を反映していたのだろう。これ以後、朝鮮義勇軍は三つに分けられ、第一支隊（支隊長・金雄、政治委員・方虎山）が南満洲、第二支隊（支隊長・李相朝、政治委員・朱徳海）が北満洲、そして第三支隊（支隊長・李益星、政治委員・朴勲一）が東満洲地域に進出することになった。また、すでにみたように、第八八特別旅団に所属し、朝鮮義勇軍に先行して東北に進出した一部の朝鮮人共産主義者、たとえば姜建、崔光、朴落権は九月に牡丹江を経て延辺に入り、武装力を組織して民主大同盟を設立し、一一月に延安からきた義勇軍幹部たちと合流した。いずれの幹部たちも朝鮮民族の武装化のために努力したのである(56)。

朝鮮に赴いた朝鮮独立同盟と義勇隊の指導幹部たち約七〇人は、新義州を経由して、一二月初めに夕闇の平壌駅に到着した。そこには金科奉、武亭、崔昌益、韓斌、金昌満らの姿があった。しかし、これらの共産主義グループの処遇は、ソ連軍当局にとっても、金日成にとっても難しい問題だったのだろう。事実、朝鮮義勇軍本隊とは別に、二つの部隊が満洲から北朝鮮に入り、武装解除されて、追い返されるという事件が発生した。最初に北朝鮮に帰国しようとしたのは、解放後の瀋陽で募集された約千名の先遣縦隊であり、一〇月一二日に、韓青・隊長、朱然・政治委員に率いられて安東（現在の丹東）から新義州に入った。さらに、金科奉や武亭が出発した後、一二月にも、義勇軍の金浩（支隊長）と金剛（政治委員）が安東で鴨緑江支隊を結成して、新義州に入った。しかし、これら部隊は武装解除されて安東に戻らざるをえなかった。最初に入った韓青は、部隊を朱然に託して平壌で金日成と談判し、帰国した部隊に何らかの任務を与えてくれるように要請したが、金日成もソ連軍司令部も東北に帰るように告げるだけだったとされる。金科奉は「敵が抵抗を放棄する前に、ソ連軍と肩を並べて入国する計画であったが、実現しなかった」と回顧し、この事件について「新義州に到着後、期待した友軍に武装解除までされた」と失望を表明した。一〇月一二日に布告された「ソ連第二五軍司令官の声明書」によって、北朝鮮内のあらゆる武装組織が武器、弾薬を返納して、解散させられたことに言及するまでもなく、ソ連軍当局も金日成も、自分たちの指揮の下にない武装勢力が北朝鮮地域に入ることを警戒したのだろう。しかし、それから数年後、国共内戦に勝利を収めた朝鮮人部隊二個師団が北朝鮮に帰還して、朝鮮人民軍に編入された。金日成が朝鮮戦争の準備を進める一九四九年七月のことであった。最後の一個師団は翌年二月に帰国した。これらの歴戦の部隊が翌年六月に南侵する北朝鮮軍の先頭に立ったのである[57]。

ただし、一〇月一二日の声明書は、その綱領と規約を地方自治機関とソ連軍警務司令部に登録することを条件にして、反日的な民主主義政党と社会団体の結成とその活動を許可していた。民主主義民族統一戦線を結成するために、反日的で、「連ソ容共」の政党や社会団体は歓迎されるべきだったのである。朝鮮共産党に入党した武亭は、同じ頃にウズベク共和国から到着したソ連系朝鮮人の許嘉誼とともに、一時的にではあるが、確かに党北部朝鮮分局の幹部として厚遇された。北朝鮮の民衆のなかで、この時期に、武亭は金日成、朴憲永そして金科奉と並ぶ指導者として受け入れられていたとの証言もある。党分局中央第三次拡大執行委員会では、金日成が責任秘書、金鎔範が第二秘書に就任し、呉淇燮が組織部長に就任したが、武亭は幹部部長、許嘉誼も労働部長に就任した。言い換えれば、武亭も許嘉誼も、単なる執行委員としてではなく、一握りの党幹部として扱われたのである。事実、朝鮮民主青年同盟が主催して、一二月二二日から一週間にわたって連続的に開催された「時局講座」の講師として、武亭は金日成に続いて二番目に登壇し、二三日に「中国共産党の新民主主義と中華民族」と題して講演した。三番目の講師は崔庸健、四番目は呉淇燮であり、曺晩植も二六日に五番目に登壇し、「朝鮮民主党の現政治路線」について講演した。それが曺晩植の最後の仕事であったかもしれない[58]。

しかし、朝鮮語が流暢でなかった許嘉誼はともかく、七人の講師のなかに金科奉の名前はなかった。その後になって、モスクワ協定が発表され、曺晩植の民主党が信託統治に反対して、ソ連軍政当局や金日成に反旗を翻してから、金科奉の率いる朝鮮独立同盟の存在価値が急上昇したのだろう。朝鮮独立同盟が「一ヵ月前に鴨緑江を渡った」とする「帰国第一声」は、「朝鮮同胞に告ぐ」と題して、ようやく一九四六年一月一五日の『正路』第一面に大きく掲載されたのである。また、二月一日には、金科奉によるモスクワ協定と「後見制」に関する論考が掲載され、さらに「金科奉先生の輝かしい闘争史」も紹介された。帰国後、朝鮮共産党に入党した武亭、崔昌益、金昌満、朴一禹らと独立同盟に留まった金科奉、韓斌その他の間には、微妙な政治的葛藤があったかもしれない。ソ連軍政当局や金日成も、中国の影響を受けた朝鮮独立同盟やその指導者たちを同じ共産主義者として朝鮮共産党に吸収すべきか、それとも独立した存在として扱うべきか、重要だが難しい選択に直面しただろう。しかし、それに一つの答えを出したのが、一二月二八日に発表されたモスクワ協定であった。なぜならば、それは米ソ共同委員会が朝鮮の民主的な政党および社会団体と協議することを要求していたからである。曺晩植を排除した朝鮮民主党を早急に再建するとともに、朝鮮独立同盟を朝鮮共産党とは異なる独立した民主主義政党として認定することが、政治的に重要な意味をもったのである。いずれにせよ、ソ連軍政当局に支援された共産党北部朝鮮分局の金日成が、曺晩植らの反ソ反共的な民族主義勢力を排除し、さらにソ連派と延安派共産主義者の協力を得て、一九四六年二月に、北朝鮮臨時人民委員会を樹立したのである。(59)

三　北朝鮮の政権樹立と土地改革

1　「統一管理」の拒絶――モスクワ協定の逆説

モスクワ協定に対するソ連の態度は奇妙であった。それを発表した直後から、その内容を自己流に解釈して、自らの占領する北朝鮮地域内で独自の体制づくりを開始したからである。一つの大戦の戦後処理を終えて、スターリンは冷戦という新しい時代を迎えるための準備に着手したのだろう。そのことが明確になったのは一九四六年一月八日のことであった。その日に、チスチャコフ司令官はホッジ司令官に書簡を送り、一二月二八日（モスクワ時間）に発表されたモスクワ協定の第四項の規定に基づいて、南北朝鮮に関係する緊急問題を検討し、行政と経済の分野で「恒久的な調整を確立する」ために、米ソ両軍司令部代表会議を一月一五日から二〇日の間に開催するように提案したのである。これは米ソ共同委員会とは別の応急的な会合であったが、チスチャコフはソ連側代表としてシトゥイコフ軍事会議委員、ツァラプキン（Tsarapkin, S. K.）特別公使、シャーニン少将、ロマネンコ少将、バラサノフ政治顧問などを指名し、米国側代表と会談する準備が整っているとした。モスクワ協定の実行に着手するという重要なタイミングで、ついにスターリンの代理人ともいえるシトゥイコフが平壌に到着したのだろう。そして、それを反映するかのように、八日午前一〇時に、金日成、金枓奉、崔昌益、崔庸健、崔容達、玄昌炯などの有力政党や社会団体の指導者が参列するなかで、朝鮮民主青年同盟平安南道代表大会が開催され、（1）モスクワ会議の決定に反対する者は民主主義原則を否定する反動分子であり、ソウルの李承晩のような者はその代表的人物である、（2）これから創建される民主主義朝鮮臨時政府には、反民主主義的政党や社会団体を絶対に参加させない、（3）進歩的民主主義政党や社会団体と協力して、親日的反動分子や反民主的民族反逆者を徹底的に粛清し、確固たる民族統一戦線を結成するなど、いくつかの重要な原則を確認した。米ソ両軍司令部間の最初の接触を前に、平壌の曺晩植だけでなく、「ソウルの李承晩」もまた、信託統治に反対する反民主主義的な反動分子として粛清し、将来の朝鮮臨時民主政府から排除することが決議されたのである。(60)

その内容の重要性から判断して、それらの原則は北朝鮮内で決定されたものであるよりも、シトゥイコフの平壌到着と関連して、モスクワで確認されたものだろう。したがって、ソ連国営メディアがその方針を支持する報道を開始しても不思議ではなかった。たとえば一月一二日の『イズヴェスチヤ』紙は、一九四五年八月以来の「復興途上の朝鮮」に関して、スモレンスキー（Smolenskii, V.）評論員による最初の長文記事（当時、外務省と情報局の次官を兼務したロゾフスキーの監修とされる）を掲載した。そのなかでスモレンスキーは、日本人と反逆者の土地没収と農民への無償分配や銀行、交通機関および産業設備の国有化など、広範な民主改革の必要性を主張し、朝鮮の反動分子たちが「政府を自称する金九と、大統領を自認する李承晩の指導の下に、モスクワ三国外相会議の朝鮮に関する決定に反対する運動を組織し……多くの騒乱を引き起こす」ことを激しく非難したのである。金九「政府」や李承晩「大統領」は、ポーランドのロンドン亡命政府の朝鮮版のように理解されたのだろう。当時、モスクワ大使館に勤務していたケナン（Kennan, George F.）参事官は、この記事に注目して、「もし朝鮮に適用されるような『民主主義的な』という言葉の解釈に疑問があるとすれば、それはいまや『イズヴェスチヤ』による李承晩、金九およびその支持者に対する攻撃によって一掃されるべきである。これらの人物は、実践的でなく、ほとんど組織されていないが、それにもかかわらず、ソ連に支援された現在の『民主的な』政党や社会団体、そしてソ連に支配される将来の臨時政府の概念に対して親米的な異議を唱えている」と指摘した。スモレンスキーの記事から、ケナンはソ連の政策の質的な転換を読み取ったのである。(61)

事実、一月二三日に、ワシントンに帰任するハリマン大使と最後に会談したとき、スターリンの態度は変化していた。ハリマンが話題を朝鮮に向けると、そこからは「いいニュースが入って来ない」と不平をいって、朝鮮から入った電報を読み上げたのである。スターリンが問題視したのは、（1）現地の米国代表が信託統治を設定するという決定は廃棄されると主張したり、（2）そのような要求を公然と表明するための集会が開かれたり、（3）現地紙に米国ではなくソ連だけが信託統治を主張しているとの記事が掲載されたりすることであった。スターリンは最初に信託統治を提案したのはローズヴェルトであり、「ソ連政府はもはや信託統治を必要としない」と明言した。さらに、「もし双方がそうしたければ、信託統治は廃止できる」と付け加えた。これに対して、ハリマンは数日後にソウルを訪問するので、現地情勢を自ら確認したいと答え、米国政府はモスクワ外相会議の決定を確実に履行すると約束した。また、外相会議では、その他の問題よりも朝鮮についての不一致が少なかったと指摘して、バーンズ国務長官が朝鮮での実験を「米ソがいかに協力できるかを誇示する素晴らしい機会だ」と考えていると紹介した。しかし、興味深いのは、スターリンが現地情勢——信託統治に好意的ではなかったソ連政府がモスクワ協定を擁護し、信託統治を主導した米国政府がモスクワ協定に反対する李承晩や金九を擁護するという不思議な情勢——を明確に理解していたことであり、双方が合意して信託統治を廃止する可能性にまで言及したことである。それに対するハリマンの応答は、米国政府がソ連の単独行動、すなわち冷戦政策への転換に対応できないことを示していた(62)。

しかし、スターリンの発言は単なる思いつきではなかった。その二日後の一月二五日には、ソ連国営のタス通信が「当局に委任された」声明を発表して、南朝鮮内の「偽りの報道を否定して、真実を明らかにした」からである。言い換えれば、モスクワ協定が「いくつかの本質的な点で、当初の米国草案と違う」ことが暴露されたのである。すでにみたように、米国草案が二人の軍事司令官の下に発足する単一行政府の創設から始まって、次に一人の高等弁務官と一国一人の代表から構成される管理機関による信託統治を想定したのに対して、ソ連代表は朝鮮臨時民主政府の樹立、米ソ共同委員会の設置、朝鮮の民主主義的な政党および社会団体との協議などを要求したことが確認された。また、米国案が信託統治の期間を五年とし、四ヵ国の合意によって、さらに五年を超えない期間としたのに対して、ソ連案はそれを五年以内としたことが強調された。その後、この声明の重要性を示唆するかのように、一月二九日に、金日成、金科奉、崔庸健、玄昌炯、朴正愛ら一〇名の指導者がそれぞれの政党や団体を代表して、タス通信の声明を支持する共同声明を発表したのである。他方、タス通信の声明を検討した米国務省は、それが「内容的に正しい」ことを認めざるをえなかった。しかし、ケナンの見解はそれだけではなかった。スモレンスキーの論評とタス通信の声明を検討して、「朝鮮問題と関係するあらゆる事柄から、ソ連がその他の大国を早期かつ完全に排除しようとしていることに疑問の余地はない」と結論したのである。ケナンはまた、「モスクワ会議に付託された（ソ連の）文書はこの目的を達成するために設計された」（括弧内引用者）ものであるとも主張した。[63]要するに、ソ連案に基づくモスクワ協定こそ、ソ連による将来の単独行動の土台になっていると解釈したのである。

興味深いことに、タス通信の声明が発表されたのは、モスクワ協定を実施するための最初の米ソ協議、すなわち前述の米ソ両軍司令部代表会議が一月一六日からソウルで開催されている最中のことであった。言い換えれば、南朝鮮内で世論の支持を得るためだけでなく、米ソ両軍会議で自らの主張の正当性を訴えるために、ソ連側はタイミングを選んで、モスクワ外相会議での議論を公表したのだろう。しかも、すでにみたように、ソ連側代表団を率いたのは、沿海州軍管区軍事会議委員であるシトゥイコフ大将だった。ソ連側は最初の米ソ会議がもつ重要な意味を正しく認識していたのである。他方、米軍司令部を代表したのは、軍政長官であるアーノルド少将、民政長官であるラーチ（Lerch, Archer L.）少将、軍事使節団の一員としてモスクワに勤務したスポルディング（Spalding, Sidney P.）少将、ベニングホフ政治顧問、軍政長官補佐官ブース（Booth, Robert. H.）大佐などであった。階級的にも、政治経験の面でも、両者は均衡を欠いていたのである。事実、そのことについて、ホッジはマッカーサーに注意を喚起し、来るべき米ソ共同委員会のために、国務省高官と三ッ星（中将）ないし四ッ星（大将）の高級将校を派遣するように要請した。ホッジは、また、ロシア人の取り扱いに戸惑うホッジは、二月初めにソウルを訪問したハリマン大使に助言を求めた。ホッジは、ソ連側に対して強硬な態度をとりすぎて、米ソ会議を破壊してしまうことを恐れていたのである。しかし、ハリマンの答えは「思慮深く行動したり、寛大な態度によって善意を得ようとしたりしても、ほとんど何も得られない」というものであった。ただし、ハリマンは朝鮮全土に権威が及ぶ朝鮮政府を南朝鮮に樹立しようとすることには反対し、「最終的な統一のためのドア」を開けておくことが重要だと助言した。それが問題の本質だったのである。また、ロシア人を扱った経験のある将校を南朝鮮に派遣すべきだと考えて、ハリマンは大戦中に軍事使節団長としてモスクワに勤務したディーン少将をバーンズ国務長官に推薦したが、陸軍省がその人事を受け入れなかった。[64]

米国側が両軍代表会議に期待したのは、前年一一月八日のハリマン書簡が指摘したような問題を解決して、モスクワ協定が規定するように、南朝鮮の米軍司令部と北朝鮮のソ連軍司令部の間に「経済・行政問題の恒久的な調整」を確立することであった。したがって、ワシントンの国務・陸軍・海軍三省調整委員会（SWNCC）も、一月五日、経済および行政問題で、ソ連軍代表からできるだけ多くの同意を獲得するように命令した。会議には間に合わなかったが、一月二八日に三省調整委員会が採択した包括的な指針である「朝鮮のための政治政策」（SWNCC 176/18）も、米ソ間で合意された措置が、米ソ共同委員会の「中央統制」によって、できるだけ早期に南北朝鮮の「民事行政の統合」に発展し、究極的に「文民化」されることを期待したのである。しかし、一月二〇日までに一五の討議事項に合意した後、経済、行政そして運輸の三分科会を設置したが、米ソ両軍会議の議論はそれ以上に進展しなかった。なぜならば、米軍側が三八度線の障壁を撤廃し、南北の輸送網や公共施設を単一の行政機関の下で連結し、銀行、通貨、商業活動に画一的な財政政策を適用し、さらに商品や特定の人々の自由な往来を保障するように主張したのに対して、ソ連軍側はそのような「統一管理」を拒絶して、それらを二つの占領地域の間の「交換や調整」の問題として取り扱ったからである。しかも、会議が進展するにつれて、ソ連軍側の最大の目的が南朝鮮からの米の調達であることが判明した。ソ連軍側は、電力、石炭、化学製品などとの交換によって、それを獲得しようとしたのである。米軍側は南朝鮮での米不足を理由にそれを拒否したが、一月二五日、ソ連軍側は遅滞なく米が提供されなければ南朝鮮への送電を中止すると警告した。結局、この問題で対立したために、ほとんど何の成果もないまま、米ソ両軍会議は二月五日に終了した(65)。

他方、北朝鮮では、その間に、一月一四日の平安南道人民政治委員会の決定に基づいて、平安南道各市郡の各層各派を代表する一四四名の委員が選出され、一月二三日および二四日に、平安南道人民政治委員会拡大委員会が開催された。開会を宣言した洪箕疇・臨時委員長は「モスクワ三国外相会議の決定を理解しない一部の反動分子」がついに退陣し、「曺前委員長が追放された」ことを強調した。また、祝辞を述べた金日成も、李周淵と洪箕疇による説得にもかかわらず、曺晩植が民主主義に反対する反動陣営に身を投じたことを非難した。他方、金日成は、人民政治委員会が人民の生活と直結する地方行政機関として、数十の工場を活発に操業し、農業政策で三・七制を実施するなどの成果を挙げたことを称賛した。事業総括報告では、李周淵副委員長が、（1）食糧問題解決のために穀物買収を完遂する、（2）男女共学を実施する、（3）軍需工場を平和産業に転換することなどを強調した。最後に、平安南道人民政治委員会を平安南道人民委員会に改称し、共産党九名、民主党九名、そして各社会団体一一名からなる新任委員とその部署が決定された。委員長には民主党の洪箕疇、副委員長に共産党の李周淵と民主党の洪基璜が選出された。ソ連軍政当局にとっては、北朝鮮進駐当時に直面した難問の一つ、すなわち反ソ反共的な平安南道人民政治委員会の解散がようやく実現したのである。なお、有名無実になった朝鮮民主党は、二月五日に朝鮮民主党熱誠者協議会を開催して中央委員を改選し、臨時委員長兼総務部長に金日成の母方の叔父である康良煜牧師が就任した。崔庸健は副委員長と中央執行委員長を務めた。また、二月八日には民族宗教である天道教青友党が発足し、その綱領や政策を発表するとともに、モスクワ協定の支持を宣言した[66]。

政党の外郭団体ともいえる社会団体は、前年一一月後半から組織され始めた。もっとも重要な産業別労働組合の全国組織である朝鮮労働組合全国評議会は、第四章でみたように、一一月五、六日にソウルで結成されていた。北朝鮮では、一一月三〇日に六道代表者三〇〇名余りを集めて、その北部朝鮮総局の結成大会が開催されたのである。組織準備委員会による報告後、呉淇燮の報告と討論が満場一致で承認された。発足当初の「全評」北部朝鮮総局（玄昌炯委員長）には、ソウル中央の影響力が大きかったようである。「朝鮮人民共和国万歳」が叫ばれたり、「朝鮮無産階級の首領朴憲永同務」にメッセージが送られたりした。他方、青年団体の統一組織である北朝鮮民主青年同盟に対しては、金日成の影響力が大きかった。一〇月二八日に開催された共産主義青年同盟熱誠者会議で、金日成は「共青」を

「民青」に改編する決定を採択させ、一〇月三〇日に北朝鮮民主青年同盟組織準備委員会を発足させたのである。その準備委員会は、四〇余万人の加盟者を集め、翌年一月一六日および一七日に北朝鮮民主主義青年団体代表者会議を開催して、「朝鮮民主青年同盟北朝鮮委員会」(方壽永委員長)を結成した。初日の会議では呉淇燮の祝辞があり、二日目には金日成、ソ連軍民政部のメクレル中佐、そして張鍾植・教育局長が祝辞を述べた。さらに、一月三一日に全国農民組合総連盟北朝鮮連盟(姜鎮健委員長)結成大会が開催され、李舜根・農林局長が「朝鮮の農業が旧来の封建的土地所有関係と日本帝国主義の略奪関係の二元的性格の下で呻吟した」と報告した。興味深いことに、これらの北朝鮮社会団体は、いずれもソウルにある全国組織の北朝鮮地域代表という形式をとった。しかし、早期に結成された「全評」はともかく、「民青」や「全農」は、ソウル中央への従属よりも、むしろ米ソ共同委員会や統一民主臨時政府を意識して、南北両地域にまたがる組織的な統一性を強調したようである。ソ連軍政当局や金日成は、朝鮮の統一管理を拒絶しつつも、南朝鮮の左翼系社会団体への政治的影響力を確保しようとしたのだろう[67]。

2 金日成政権の樹立——北朝鮮臨時人民委員会

モスクワ協定そのものは米ソの妥協の産物であったが、スモレンスキー評論やタス通信声明にみられるように、その後数週間のうちにソ連の朝鮮政策の転換が始まった。日本、中国、ルーマニア、ブルガリアはもちろん、バルカン、イラン、満洲、ダーダネル海峡と同じく、いまや、朝鮮半島も世界的に拡大する米ソ対立の係争地の一つになったのである。しかし、朝鮮での米ソの単独行動は、いうまでもなく、米ソ両国の軍隊による分割占領という地域的な特徴を反映していた。米ソはそれぞれの占領地域内にそれぞれ独自の政治・経済・イデオロギー体制を構築しようとしたのである。もちろん、当初はその意識に大きな落差が存在した。モスクワ協定に関する米国の理解が相当にナイーブであったのに対して、ソ連はその後の展開を予知していたかのようであった。言い換えれば、明らかに、ソ連側が最初に単独行動に踏み切ったのである。米側は相当に当惑した。また、ケナンが指摘するほど計画的であったかどうかは別にして、後にみるように、ソ連側草案を基にしたモスクワ協定の内容が、ソ連の単独行動への転換を容易にしたことも否定できない。さらに、北朝鮮における曺晩植の抵抗はソ連軍政当局や金日成の予想を超えるものであり、それは南朝鮮における李承晩や金九の反対運動よりも深刻な意味をもっていた。なぜならば、それこそ、民族主義者との連合によって北朝鮮にブルジョア民主政権を樹立するという初期の協調路線の維持を不可能にしたからである。(68)

そのような情勢のなかで、北朝鮮の統合的な政権機関を樹立するための会合、すなわち「北部朝鮮各政党、各社会団体、各行政局および各道、市、郡人民委員会代表拡大協議会」が、一九四六年二月八日午後五時過ぎに平壌で開催され、「北朝鮮臨時人民委員会」の樹立が宣言された。それは一方的に実行された唐突な「金日成政権」の樹立であり、住民選挙も事前告示などの手続きを経ることがなかった。事実、それはモスクワ協定を支持する一一の「民主的な」政党、社会団体、行政組織、そして地方人民委員会の一五〇余名の代表からなる集会で決議されたのである。金科奉が開会を宣言し、臨時執行部が選出された後、金日成が「目前の朝鮮政治情勢と北朝鮮臨時人民委員会の組織問題に関して」報告し、それについての討論を経て、「北朝鮮臨時人民委員会」の樹立が宣言された。八日の議事はわずか四時間で、午後九時までに終了した。また、翌日午前一一時に再開された会議で、金日成委員長、金科奉副委員長、康良煜書記長を含む、武亭、崔庸健、李文煥、韓熙鎮、李舜根、李鳳洙、韓東燦、張鍾植、尹基寧、方禹鏞、崔容達、洪箕疇、玄昌炯、李箕永、姜鎮健、朴正愛、洪基璜、康永根、方壽永、金徳泳の二三名の委員が選出された。しかし、それが法律的に裏づけられたのは、約一ヵ月後の三月六日に制定された「北朝鮮臨時人民委員会構成に関する規定」(臨時人民委員会決定第三号の二)によってであり、この決定が北朝鮮の「最高行政主権機関」の権限、任務、組織などに関するはじめての法令になった。憲法の統治機構に関する部分に相当したのである。従来の行政一〇局はその機能を継続し、そのほかに宣伝、企画および総務の三部が置かれた。ただし、いまだに立法と行政が未分化の状態にあり、中央行政機関に対応する中央立法機関（人民会議）を別個にもつことはなかった。したがって、北朝鮮臨時人民委員会はそれだけ絶大な権限を行使することができたともいえる。(69)

金日成の報告によれば、北朝鮮臨時人民委員会が必要とされたのは、第一に、ソ連軍による北朝鮮解放後、「大衆的政党と社会団体が自由に発生し」、民主党、共産党そして朝鮮独立同盟が活動を開始し、労働組合、女性同盟、民主青年同盟、農民同盟、朝ソ文化協会などの「大衆的民主団体」が組織され、それらすべてが「唯一の民主主義的人民戦線の基礎の上に、自由な民主主義的朝鮮独立国家を早期に実現する」ことを目標として掲げたからであった。言い換えれば、民主主義民族統一戦線が結成され、それを基礎にして北朝鮮臨時人民委員会が樹立されたと主張したのである。また、第二に、地方人民委員会と行政一〇局が組織されたにもかかわらず、それらを統合的に指導する「唯一の北朝鮮中央主権機関」が存在せず、そのことが「北朝鮮の政治、経済、文化生活を指導する」うえで大きな障害になっているという事情が指摘された。金日成によれば、中央行政機関、すなわち北朝鮮臨時人民委員会を組織しようとする意見は、まず民主的諸政党と社会団体の指導者から提起された。それらの指導者たちが「発起部」を組織してソ連軍司令官に陳情し、その賛同を得て、拡大協議会が開催されることになったのである。しかし、第三に、北朝鮮臨時人民委員会の樹立は、モスクワ協定が予定する朝鮮臨時民主政府の設立と密接に関係していた。金日成はそれが「モスクワ外相会議の決定を実践に移し、民族統一戦線の基礎の上に、将来樹立される民主主義朝鮮臨時政府の建設を促進するために」必要であると力説した。要するに、南朝鮮に先駆けて、北朝鮮に政権機構を樹立しようとしたのである。二月一〇日の『正路』社説は、北朝鮮臨時人民委員会の指導部について、「朝鮮の民族的英雄・金日成将軍を首班にして」、「偉大な英雄的指導者たちが我々の信望と期待に応えて出馬した」と指摘しただけでなく、北朝鮮人民に対して「全国的に統一された民主主義中央政府を組織するための基礎的模範になり、推進力になろう」（傍点引用者）と呼びかけたのである。(70)

さらに、北朝鮮臨時人民委員会の樹立と同時に、金日成が急進的な土地改革の実施を主張したことも注目される。北朝鮮臨時人民委員会の直面する一一の課題を列挙した金日成は、その第一に政権機関からの親日派や反民主主義分子の一掃を掲げたが、第二に「日本帝国主義と民族反逆者および朝鮮の大地主たちの手中にあった使用できる土地と森林を国有化する」（傍点引用者）ことを基礎にして、「小作制度をなくし、土地を農民たちに無償分配することを準備し、実施する」（傍点引用者）と言明したのである。また、「封建的土地所有者は何よりも農村に封建勢力を保存しようとし、いかなる民主主義的改革に対してもすべて反対する……これを改革することなしには、農村経済の発展と復興が不可能であるだけでなく、自由民主主義的な朝鮮国家の建設も不可能である」と主張した。拡大協議会の決定書も、北朝鮮臨時人民委員会の創設に続いて、「最短期間内に土地改革を実施する」ことを採択した。いまや、「土地問題の解決は目前の朝鮮民主政治における偉大でもっとも中心的な課業の一つである」「親日分子、大地主の土地を農民に無償分配しよう！」という標語が掲げられたのである。これらはいずれも、非親日朝鮮人地主の土地所有を認め、「三・七制」を基本にする小作制を容認した前年一〇月の「土地問題決定書」の穏健な内容を大きく変更するものであった。北朝鮮臨時人民委員会、すなわち金日成政権の樹立と土地改革の実施は明らかに一対の決定だったのである。(71)

二日間にわたる会議の終了後、二月一〇日、一〇万人の民衆を集めて、北朝鮮臨時人民委員会の樹立を祝う慶祝示威が平壌市庁前広場で開催された。この日の朝は「寒くも暑くもなく清く澄みわたり」、各政党、労働団体、社会団体、学生、一般市民が太極旗や連合国旗、そして人民政権を支持し、擁護する旗幟を高く掲げていた。そのなかを、花束と錦で装飾された金日成と金料奉の巨大な肖像画を先頭にして、楽隊の行列が突き進んだのである。午後一時半に金日成、金料奉、康良煜その他の委員がバルコニーに現れ、「大きく力強い万歳の声」に迎えられた。平安南道人民委員会の洪箕疇による開会の辞に続いて、金日成委員長から当面の課題についての説明がなされ、金料奉副委員長が「今日のこの出発こそ、わが国の完全な独立のための歴史的な出発だから、我々はもっとも盛大に慶祝しなければならない」と強調した。それに続いて、慶祝スローガンと万歳が叫ばれ、金日成と金料奉の肖像画を先頭に掲げる街頭行進が出発した。要するに、金日成を中心とする北朝鮮の共産主義者たちは、朝鮮独立同盟や再出発した朝鮮民主党と連合し、北朝鮮に結成される民族統一戦線を土台にして北朝鮮臨時人民委員会を創設し、ただちに北朝鮮だけで急進的な土地改革に着手することによって、モスクワ協定が約束した統一的な朝鮮臨時民主政府の樹立のための主導権を確保しようとしたのである[72]。

3　土地改革の推進――「激しい階級闘争」

それでは、土地問題に関する穏健な方針はいつ変更されたのだろうか。その意味では、チスチャコフ司令官とペンコフスキー参謀長が一月二日に発した北朝鮮駐屯ソ連軍司令官の第二号命令書が注目に値する。なぜならば、それは（1）北朝鮮各道において「全農家を個々に調査して、各種の土地使用者たちの所有地（農民、小作農、地主、寺院の所有地その他）と一切の国有地、以前の日本人所有地を細密に調査し、登録する」ことを要求しただけでなく、（2）農林局長と各道人民委員長にその調査を二月一五日までに完了するように命令し、さらに（3）各道の軍警務司令官に、期日までの調査完了のために各方面に協力するように要求していたからである。その二重、三重の命令内容からみて、明らかに、ソ連軍政当局は農村の土地所有の実態について早急に厳密な調査を実施し、信頼できる統計資料を獲得する必要に迫られていたのだろう。それが一月二日に発令されたのだから、ここでも、前年一二月末のモスクワ協定締結が分水嶺になっていた。もちろん、そのことは、それ以前にも「農業改革」の必要性が認識されていたことを否定するものではない。たとえばソ連軍政内部でも、北朝鮮の小作制を清算することの重要性が強調され、ハンガリーの経験を参考にしながら、日本人およびその積極的な協力者が所有する土地の無償没収、自分で耕作せずに、その土地を全部小作させる土地所有者の土地の強制購入、五ヘクタール（一町分＝０・９９ha）以上の土地所有者がその一部だけを自分で耕作する場合には、小作させる土地の強制購入、それらの没収ないし購入した土地の人民委員会による管理、二〇年分割償還での土地販売などの改革案が検討されていた。「日本人と反逆者の土地を没収して、農民に無償分配する」としたスモレンスキー（ロゾフスキー）論評も、そのような改革案の内容を反映していたのだろう[73]。

その意味では、二月八日の金日成報告が、小作制度の撤廃はともかく、土地国有化にまで踏み込んだのは行き過ぎだったのかもしれない。なぜならば、この時点では、チスチャコフとペンコフスキーが要求した農村の土地所有に関する実態調査が完了していなかったからである。事実、二月一五日に開催された朝鮮共産党北部朝鮮分局中央第四次拡大執行委員会の報告で、金日成は土地改革の内容に関して多くを語らなかった。同委員会の決定書も、「土地問題に関して最短期間内に土地の数目と等別（面積と等級）、人口数と労働力の状態について仔細に調査し」（括弧内引用者）、「土地に関して農民大衆の意見を切実に収集し、農民大衆の意見と要求によって土地問題を整理する」（傍点引用者）と主張するだけであった。おそらく、二月八日の金日成報告に示された急進的な土地改革案が多くの抵抗に直面していたのだろう。金聖甫によれば、北朝鮮の土地改革の方針をめぐっては、二月末から三月初めにかけて、ソ連国防省と外務省の間に論争が発生し、ソ連共産党中央委員会内でメレツコフとシトゥイコフの無償没収・国有化、無償分与案とロゾフスキーの無償没収、有償分配案が対立したとされる。事実、メレツコフとシトゥイコフが、モロトフ、ブルガーニン（Bulganin, Nikolai A.）そしてアントノフに宛てて、二月中旬に提出したとみられる重要な報告書は、五ヘクタールを超える土地を所有する者を「地主」として認定することなどを前提にして、（1）すべての朝鮮人地主と個人の土地の国有化、（2）半他作小作の完全な禁止およびすべての小作地の国有化、（3）すべての日本人および朝鮮人民の敵が所有する土地の没収、（4）地主の影響力を排除するために、地主たちの土地を他の郡に分配する、などを内容とする土地改革法令案を作成したことを報告し、それについての指示を要請した。さらに、二月二三日に平壌で農民大会が開催され、土地改革についての法令案が討議されることも報告された。金日成の報告はこの国防省案と内容的に一致していたのである。(74)

実際に土地改革の口火を切ったのは、平安南道江東郡、成川郡そして順川郡の農民たちであった。それぞれ二月一八日に農民大会を開催して、土地要求決議文や金日成将軍への嘆願書を採択したのである。たとえば江東郡の農民は、春耕を前に農地を無償で分配して、「日帝が保存してきた封建的土地所有関係」を清算し、「完全独立を促進するために土地問題を解決しなければならない」と決議した。また、成川郡の農民は、解放後に三・七制が発令されたが、小作人を脅して、隠密裏に五・五制を強要する地主が多いと訴え、微温的な三・七制度を維持して民族統一戦線の障害にするよりも、「土地を地主から没収し、国有化して、農民の労力に応じて適正に耕作権を付与する」ことを要求した。さらに、順川郡の農民は、「我々農民のもっとも切実な要求、すなわち土地をもちたいという希望が、将軍と北朝鮮臨時人民委員会によって成就されることを固く信じる」と訴えた。『朝鮮労働党歴史教材』によれば、金日成は「土地改革に先立って直接農村に出かけ、多くの農民たちの意見を聴取し、農村の実情を精密に分析した」し、「一九四六年二月下旬に、党の指導の下で各地の農民代表たちによる農民大会が招集され、土地改革の実施についての問題が全面的に討議された」（傍点引用者）のである。(75)

それらの農民大会に続いて、二月二三日から二六日にかけて、「全国農民組合総連盟北朝鮮連盟代表者大会」が平壌市の平安南道人民委員会会議室で開催された。北朝鮮六道から道代表各三人、郡代表各一人、それに女性代表を加えた一一一人が招集され、三つの分科委員会（土地問題、増産問題、食糧問題）に分かれて討議を重ねたのである。党北部朝鮮分局中央第四次拡大執行委員会の決定書に示されたように、「土地に関して農民大衆の意見を切実に収集」するだけでなく、「農民大衆の意見と要求によって土地問題を整理する」との方針が堅持されたのだろう。また、二七日に討議の結果を整理した後、三・一運動記念日を除いて、二月二八日から三月三日までの三日間、連盟代表者大会本会議が開催され、土地改革についての総合的な議論が展開された。第一日目（二月二八日）の会議は、午後三時から一五〇名の代表によって開始され、姜鎮健委員長による開会の辞と金日成委員長による臨時人民委員会樹立についての経過報告があったが、三・一運動記念日を翌日に控えて、「北朝鮮臨時人民委員会に送るメッセージ」を採択して終了した。総連盟代表たちは、北朝鮮臨時人民委員会による「土地を農民に分与する」との決定に感謝し、労働者階級と農民の固い同盟を基礎にして臨時人民委員会が樹立されたことを歓迎した。土地改革のための農民の要求は、翌日、むしろ三・一運動記念行事のなかで解き放たれたのである。二月初めから準備された三・一運動二七周年記念行事を契機に、北朝鮮各地で民衆示威大会が挙行され、多くの農民が「土地はそれを耕す農民に！」「我々は土地改革を要求する！」などのスローガンを掲げて参加した。事実上、それが土地改革を開始する号砲になったのである。(76)

三月一日に平壌駅前広場に参集した三〇万民衆のなかには、平安南道各地から列車で駆けつけた農民たちも少なくなかった。午前一一時半に李周淵（平安南道人民委員会副委員長）の開会宣言があり、愛国歌斉唱によって記念式典が幕を開け、金日成、金鎔範、洪箕疇、崔昌益そして崔庸健の記念演説とイグナチエフ大佐の祝辞がそれに続いた。その記念演説のなかで、金日成は「農民問題――すなわち自分の同胞が自分の民族を搾取する小作制度をなくし、農民に土地を与える、『耕す者に土地を与える』という原則の下で、土地問題を解決しなければならない。このようにして、農産物の増産と同胞が同胞を搾取する現象をなくさなければならない」と力説したのである。また、三・一運動記念行事を終えて、三月二日午前一一時半に再開された全国農民組合北朝鮮連盟大会では、共産党北部朝鮮分局の金鎔範をはじめとし、二月二六日に発足したばかりの新民党（旧朝鮮独立同盟）、民主党、天道教清友党、女性同盟、全評北朝鮮総局、民主青年同盟などの代表が祝辞を述べ、その後、分科委員会で起案された土地問題と農業増産に関する建議案が議論された。さらに、最終日の三月三日には、李舜根・北朝鮮臨時人民委員会農林局長による総合報告があり、司法局長・崔容達、朝鮮共産党平安南道責任秘書・張時雨など、八人による討論が続いた。その後、土地改革の原則について合意が成立し、金日成が演説した。金日成は土地改革が「農民革命」であり、その過程で展開される「階級闘争」（傍点引用者）に関心を高めるように注意を喚起した。さらに、全農北朝鮮連盟が土地問題解決のための建議案を臨時人民委員会に提出することが満場一致で可決され、崔庸健を委員長とし、各道代表二名からなる一三名の法案作成委員を選出した(77)。

興味深いのは、李舜根の報告にも、その後に採択された「北朝鮮農民連盟代表大会決定書」にも、「土地を国有化する」という文言が存在しないことである。李舜根は「地主の圧迫から解放し、農民をして地主に隷属させないように個人経営に依拠するようにし、小作制を撤廃する」（傍点引用者）として、「没収した土地を無償で分与し、農民に永遠に利用させる」（傍点引用者）ことを提案した。また、没収される山林や灌漑施設についても、国有化ではなく「人民化」と表現した。それが最大の争点になったのだろう。他方、「代表大会決定書」も、土地を「農民に永遠の所有として譲り渡す」ことを臨時人民委員会に要請し、李舜根報告にある「人民化」を「人民化（国有化）」と表記した。小作制の撤廃とともに、農民自身による土地の所有や経営が認められたのである。いずれにせよ、土地改革法案についての最終的な討議は、三月五日正午から午後六時まで、金日成委員長の指導の下で、北朝鮮臨時人民委員会委員と各局長によって「激烈かつ真摯に」進行した。同日付で公布された「北朝鮮土地改革についての法令」第一条によれば、土地改革の課題は「日本人の土地所有と朝鮮地主の土地所有および小作制を撤廃し、土地利用権を耕作者に与える」（傍点引用者）と定義され、「北朝鮮の農業制度は地主に隷属しない農民の個人所有である農民経営に依拠する」（傍点引用者）ことが明確にされた。また、没収される山林や灌漑施設は「臨時人民委員会の処理に委任する」ことにされた。金日成による「国有化」の主張は貫徹されなかったのである(78)。

しかし、北朝鮮の歴史文献によれば、土地改革の即時実施とその基本方針を決定したのは、三月初めに開催された朝鮮共産党北部朝鮮分局中央第五次拡大執行委員会であった。また、不思議なことに、この委員会でなされた金日成の「土地法令についての解釈報告」(傍点引用者)とされる演説は、『金日成選集』(全四巻)はもちろん、『金日成著作選集』(全一〇巻)にも、さらに『金日成著作集』(全四七巻)にも収録されなかったし、委員会の開催日時も公表されなかった。後日発掘された同委員会の決定書(日付なし)が「今般、北朝鮮臨時人民委員会で公布された土地改革法令は、現段階における国際的、国内的なあらゆる情勢からみてもっとも適切なもの」(傍点引用者)であり、「北朝鮮分局は(これを)承認し、(その)絶対支持を表明すると同時に、この法令の実行を決議する」(括弧内引用者)としたのである。委員会が土地改革法令の公布後に開催されたことは明白である。ただし、それにもかかわらず、そこで確認されたのは、「地主階級を完全に消滅させる」ために「封建的搾取制度である小作制度を完全に撤廃」するだけでなく、「民族反逆者と親日派の悪行を暴露」し、「民主主義に反対する反共、反ソ分子の経済的根拠を完全に粛清」し、さらに「党内の不純分子と実践を通じて徹底的に戦い、かれらを整理することによって党組織をさらに鞏固にする」ことであった。「国有化」を撤回した金日成が、土地改革法令の穏健な改革路線に「解釈的な」修正を加えたのだろう。決定書に示された階級闘争的な土地改革路線こそ、金日成にとって譲れないものだったのである。三月六日に開催された平安南道党第三次拡大委員会の決定書が、この党分局委員会の決定書を引用しつつ、土地改革の徹底的な遂行を決議したことからみて、党分局中央第五次拡大執行委員会は、それ以前、すなわち三月五日に、おそらく北朝鮮臨時人民委員会に引き続いて開催されたのだろう。もっとも、このときの金日成報告とみられるものが、日付を記さないまま、三月九日付の『正路』に談話として掲載されている。金日成は、そこで、「地主に隷属していた農村経営を農民個人所有の経営にする」ことを含めて、北朝鮮臨時人民委員会が公布した土地改革法令を絶対支持し、「だれであれ、この法令に反対することは民主主義に反対することである」と警告した。(79)

それから二〇数年後に、党と国家機関の幹部を前にして、金日成は「わが国では、地主の土地を没収して国家所有にしたのではなく、土地に対する農民たちの世紀的な宿望を考慮して、農民の所有として引き渡した。これは農民たちに大きな喜びを与え、かれらの労働の熱意と積極性を呼び起こすのに大きく作用した」と率直に語った。国有化するよりも、農民の宿望を満たすことを優先したのだから、それは明らかに金日成の側からの「譲歩」であった。しかし、それと同時に、金日成は「我々は地主から没収した土地を農民たちの所有として引き渡しながら……分与された土地を他人に売ったり、小作に出したりすることはできないし、自ら耕作しない場合には国家に返さなければならないと言い渡した。このような措置は、事実上、地主から没収した土地を国有化したのと変わりない」とも語った。さらに、金日成は北朝鮮の土地改革のいま一つの特徴は「それが徹底的に遂行されたことである」として、北朝鮮よりも先に土地改革を実施した外国の経験に言及しながら、「我々は五町歩以上を所有する地主の土地を全部無償で没収し、土地をもたないか、あるいは少ししかもたない農民に無償で分け与えた……もしわが国で五町歩ではなく、八～一〇町歩以上をもつ地主の土地を没収対象として規定したり、あるいは没収対象として規定された地主の土地を全部没収せずに、少なからざる土地を地主に渡し、その残りだけを没収したりしたならば、一部の地主は土地をまったく取り上げられないか、また少し取り上げられただけで、富農に転換したことだろう」（傍点引用者）とも語った。(80)

しかし、この金日成の主張は、自らが三月八日に批准し、李舜根農林局長が同日に公示した「土地改革法令についての細則」の規定に明らかに違反している。なぜならば、その「第二章第五」は、「五町歩を超過する土地を所有しても、土地の一部分を自力で耕作し、一部分を小作に出す土地所有者においては、ただ小作に出した土地だけを没収する」（傍点引用者）と明記していたからである。さらに、土地改革法令は、自己の所有地を没収された地主でも、「自己の努力によって耕作しようとする地主は……農民と同等の権利をもって他郡でのみ土地をもつことができる」（第六条三）と規定した。実際に、四月二二日に農林局長が発表した「北朝鮮土地改革総決算」によれば、「他郡に移住する地主」に対して九、六二二町歩の土地が割り当てられた。また、北朝鮮人民委員会企画局が編纂した『一九四

土地改革総括表

（単位：町）

区別			耕作地			果樹園	敷地	その他	総面積	戸数
			田	畑	計					
土地改革以前の所有状況	没収土地	日本人国家および日本人団体	75,640	35,021	110,661	900	1,062	4,771	117,394	12,919
		民族反逆者、逃走者の土地	6,291	6,100	12,391	127	754	53	13,325	1,366
		五町歩以上所有する地主の土地	152,397	78,335	230,732	984	6,030	1,236	238,982	29,683
		全部小作させる者の土地	181,441	77,417	258,858	292	4,236	744	264,130	11,069
		断続的に小作させた土地	265,563	88,149	353,712	381	3,960	1,004	359,057	228,866
		聖堂、僧院、宗教団体の土地	10,184	4,724	14,908	8	279	95	15,290	4,124
		計	691,516	289,746	981,262	2,692	16,321	7,903	1,008,178	288,027
	没収に該当しない土地		647,845	112,075	759,920	21,695	25,687	4,618	811,920	311,586
	総面積		1,339,361	401,821	1,741,182	24,387	42,008	12,521	1,820,098	599,613
土地改革以後の所有状況	分与土地	雇傭者に	7,905	4,734	12,639	37	427	—	13,103	14,071
		土地のない農民に	414,333	182,075	596,408	35	14,030	975	611,464	443,934
		土地の少ない農民に	229,904	91,523	321,427	55	8,135	356	329,973	329,376
		移住した地主に	978	205	1,183	—	24	—	1,207	868
		計	653,120	278,537	931,657	127	22,616	1,331	955,731	788,249
	人民委員会の公有地になった土地		17,707	2,262	19,969	1,223	1,295	5,904	28,391	2,723
	分与できない休閑地		33,417	8,286	41,703	5	481	1,163	43,352	—
	分与されない自作農地		621,252	108,767	730,019	21,674	17,312	3,820	772,825	292,991
	学校その他の団体の自耕地		2,065	3,435	5,500	20	266	36	5,822	837
	功労者の自耕地		150	66	216	1	10	—	227	417
	耕作権を農民に与えた土地		16,736	3,398	20,134	1,381	105	25	21,645	25,010
	総面積		1,327,711	401,353	1,729,064	23,050	41,980	12,254	1,806,348	1,085,117

出典：『1946年度北朝鮮人民経済統計集』（北朝鮮人民委員会企画局編纂、1947年12月刊行、153頁）を訳出。（数字は原文ママ）。

六年度　北朝鮮人民経済統計集』には、「移住した地主」八六八戸に、田畑と敷地の合計として、一、二〇七町歩が分与されたことが記録されている。この数字の差異が何に起因するかは不明だが、北朝鮮からの越南者の証言によれば、土地没収や地主追放の実態は地域によって相当に異なり、小作地のみ没収されて自作地がそのまま留保されたケースもあれば、僻地に追放されたり、移住先を指定されないまま追放されたりするケースもあった。他郡でも、定住できない地主が少なくなかったことだろう。しかし、興味深いことに、李舜根は地主たちが「無能な寄生虫生活をせずに、勇敢で進取性のある建国闘士として、他の産業方面で活躍する」ことを期待し、「地主たちが商工方面に積極的に進出することをいくらでも奨励し、愛護する」と語っていた。いずれにせよ、「細則」第一章に規定されたように、北朝鮮の土地改革は各道・市・郡人民委員会の責任によって実施された。各農村の雇農、土地のない小作人、そして土地の少ない小作人の総会で、その農村の人口数によって五人ないし九人の農村委員が選出されて、農村委員会を組織した。その農村委員会が土地の没収や分与に大きな役割を担ったのである。法令（第一七条）によれば、土地改革は三月末日までに、すなわち「細則」の公布から約三週間で終了することが決められていた[81]。

しかし、それでは、前年末までの穏健な政策を変更して、なぜ金日成は階級闘争的な土地改革路線を推進したのだろうか。それには、曺晩植粛清以後の「反民主主義」勢力との闘争の激化やシトゥイコフの階級闘争路線が大きく作用したように思われる。シトゥイコフは米ソ共同委員会を設置し、朝鮮の民主主義的な政党および社会団体と協議しつつ、「朝鮮臨時民主政府を樹立する」とのモスクワ協定を携えて一月上旬に平壌に到着したのである。言い換えれば、シトゥイコフは早急に北朝鮮に人民政権（臨時人民委員会）を樹立し、土地改革を推進することによって、北朝鮮に独自の政治経済体制を構築しつつ、米軍代表との協議に備えようとしたのである。それこそ、土地改革を早急かつ急進的に推進しなければならない最大の理由であったと思われる。そして、いうまでもなく、そのための現地パートナーが金日成であった。事実、金日成の積極的な協力なしに、シトゥイコフはそれらの事業の成功を望めなかっただろう。それは金日成にとっても同じであった。和田春樹は「朝鮮には曺晩植のようなのは一人だけだろうか。何百人といる。連中はまだまだ打撃を加えてくるだろう。だから、同志チスチャーコフよ、警戒するんだ。朝鮮の同志たちに、もっと階級闘争の本質を教えてやらなければならない」とする二月末のシトゥイコフの警告と「その後私は一度ならず、シトゥイーコフのこの言葉を思い出すことになった」というチスチャコフの回想を引用して、シトゥイコフの階級闘争路線が演じた役割を明確に説明した。しかも、シトゥイコフがスターリンやジュダーノフから学んだ階級闘争論では、「国内の敵は国外の敵の手先だ」とされていたのである。[82]

しかし、土地改革の過程で、金日成が階級闘争の必要性を強調したいま一つの理由として、三・一運動記念大会を舞台とする金日成暗殺未遂のテロ事件があったことを指摘しなければならない。現場にいたチスチャコフは、その事件を回想して、「共産党と人民委員会の指導者、ソ連軍司令部代表が立ち並ぶ演壇に沿って、民衆の示威行進が始まったとき、突然、一つの隊列から演壇に向けて手榴弾が飛んできた」と描写した。しかし、演壇の下に立っていたノヴィチェンコ (Novichenko, Ia. T.) 少尉がそれに飛びついて、処理に困って「手榴弾に覆い被さった」のである。ノヴィチェンコは一命を取り留めたが、その右手を失い、左手の骨と足の指が砕けた。この事件は南朝鮮から派遣された反共秘密結社「白衣社」の決死隊員たちによる犯行であり、テロの標的にされたのは金日成であった。その行動拠点になった平壌の梨花旅館の息子・金仁鎬の証言によれば、白衣社は申翼熙・臨時政府内務部長と連結する組織であり、梨花旅館は植民地時代に臨時政府関係者の連絡場所として利用されていた。しかし、金日成暗殺に失敗し、投擲者を逮捕された隊員たちは、次に崔庸健と金策を襲撃したが失敗し、三月一一日に、金日成の母方の叔父である北朝鮮臨時人民委員会書記長・康良煜宅に爆弾を投じて、康の息子とその婚約者を殺害した。したがって、これらのテロ事件が金日成に与えた衝撃の大きさは想像に難くない。三月一七日の『正路』は「『テロ』・強盗団の頭目 李承晩・金九を打倒しよう」と題して一面全面に南朝鮮の李承晩、金九そして韓国民主党を非難する記事を掲載し、それを翌日も連載したのである。興味深いことに、その記事は「土地改革法令の実現は民族反逆者に致命傷を与えた」（傍点引用者）と指摘し、「李・金一派は暗殺団を組織して北朝鮮に送り、人民委員会の主要領導者たちの暗殺を計画し……北朝鮮の政治を混乱させようとした」「『臨政』内務部は北朝鮮に『テロ』を輸送するために奔忙している」（傍点引用者）と主張した。金日成はテロ団が申翼煕の命令で派遣されたと確信したのである[83]。

さらに、三月一三日に咸興で発生した反共学生事件も、新義州学生事件と同じく、金日成に階級闘争の重要性を確信させたことだろう。当時、共産党咸興市委員会に多くの友人をもち、日本人避難民の救済に奔走していた磯谷季次は、その日記の三月一三日の条に「本日興南への途上咸興に向かい行進せる学生を見る。咸興にて行われるデモに参加せるものなり。数約二百名、数日来社会不安激化す」と記し、翌日の条で「昨日咸興市内に学生・小市民等による暴動ありしを聞く。市党部李達進君暴徒のために負傷す……暴動の原因は現在の（北朝鮮臨時人民）委員会政治に対する地主・資本家・小市民等の不満によるものにて、直接の原因は土地改革法案に対する反対を食糧問題に結びつけてなせるものなり。死者数名、保安隊の負傷者十数名にのぼる如し」（括弧内・傍点引用者）と分析した。これについて、その後まもなく、金日成は「土地改革があった後に、階級闘争はますます尖鋭化した。農民たちは地主を憎み、地主たちは最後の悪あがきをする。反動たちのファッショ的テロ行為はそのまま継続している」「咸興では、専門・中学生たちの示威があった。これは咸鏡南道道党と咸興市党に警戒心が不足したことを証明する」と指摘した。さらに、後に「土地改革法令が発布されると、反動どもは土地改革を破綻させようとして破壊・隠密策動を敢行した。しかし、当時、我々にはたとえ臨時人民委員会であれ人民政権があり、人民の武装力である保安幹部訓練所があり、保安機関があった。このように、我々は自己の権力機関をもっていたために、敵の反革命的な策動をそのつど徹底的に打ち砕くことができた」と率直に語った。金日成政権の樹立と急進的な土地改革の推進はやはり一対のものだったのである。米ソ共同委員会の開催を前にして、土地改革は激しい階級闘争のなかで進展し、金日成は強い革命的な意思をもってそれに打ち勝とうとした(84)。

四　米ソ共同委員会の失敗――冷戦認識と単独行動

1　冷戦開始のなかの米ソ協議

米ソ共同委員会がソウルで開幕した一九四六年三月は、二月九日のスターリンの「新五ヵ年計画」演説から始まって、二月二二日のケナンの「長文電報」を経て、三月五日のチャーチルの「鉄のカーテン」演説にいたる時期であった。主要国家の指導者たちが「交渉の不可能性」という冷戦認識を共有し始めたのである。たとえば、ラジオを通じてソ連国民に呼びかけた二月九日の演説で、スターリンは「世界経済の資本主義体制は危機と戦争の要素を宿している」とし、資本主義発展の不均衡に起因する資源と市場の争奪から、「資本主義世界は二つの敵対的な陣営に分かれて戦争する」と主張していた。これはレーニンの帝国主義論による第二次世界大戦の説明であり、また第三次世界大戦の予言であった。「戦争の不可避性」を確信したスターリンは、戦前の三つの五ヵ年計画がドイツに対する勝利をもたらしたのだから、重工業優先と農業集団化の方針を堅持すれば、今後の三つの五ヵ年計画によって、すなわち一五年後に、ソ連は「いかなる不測の事態に対しても安全になる」と主張したのである。モスクワでの任務を終えて帰国したばかりのハリマン大使は、その演説が「第一義的にソ連国民に向けられている」と指摘しつつ、スターリンが大戦の犠牲で疲弊したソ連国民に新しい五ヵ年計画への献身を要求したとの観点からそれを説明した。さらに、ロシア人は外国人を警戒するだけでなく、「自国の後進性を熟知している」と付け加えた。しかし、多くの米国人にとって、スターリンの演説は資本主義と共産主義が平和的に共存できる可能性を否定するものであり、「戦争終結以来、どの主要な政治家も口にしたことがない好戦的な言辞」にほかならなかった(85)。

また、スターリン演説の二週間後という効果的なタイミングで、モスクワ大使館に勤務するケナン参事官から国務省に長文の電報が届けられた。世界が二つの陣営に分裂し、平和共存が不可能であるというソ連の主張について、ケナンはそれが外部情勢についての客観的な分析から到達した結論ではないと明確に指摘した。クレムリンの指導者たちはロシア人が数世紀にわたって必要と感じてきた専制的な支配を正当化する必要に迫られ、それをマルクス主義のイデオロギーによって実行していると説明したのである。しかし、ソ連国家が権力と影響力を増大させるだけでなく、「隠されたコミンテルン、すなわちモスクワと緊密に調整して、指令される世界共産主義の地下活動の執行機関」を通じて活動するというのだから、ケナンの説明は不吉であり、センセーショナルであった。他方、米国各地を講演した英国のチャーチル元首相も、ミズーリ州フルトンのウェストミンスター大学で米国国民に対して明確なメッセージを伝えようとした。米国大統領によって紹介されるという光栄に浴しつつ、「英語を話す人民の同盟」について語ったのである。チャーチルは「戦争と専制」の脅威について語り、「あらゆる栄光を失ったヨーロッパとアジアの大部分の恐ろしい破滅を目の当たりにしている」と指摘したうえで、冷戦史を飾る有名な一節を唱えた。「バルト海のステッティンからアドリア海のトリエステまで、大陸を横断して鉄のカーテンが下りた。その背後には、中央および東ヨーロッパの古代国家のすべての首都がある。ワルシャワ、ベルリン、プラハ、ウィーン、ブダペスト、ベオグラード、ブカレストそしてソフィア、これらのすべての有名な都市とその周囲の住民はソ連圏内にあり、何らかの形で、ソ連の影響力だけでなく、モスクワからの著しく高度で、増大する統制力に従属している」と語ったのである。(86)

米ソ共同委員会が朝鮮王朝の離宮であった徳寿宮で開幕したのは、それに続く時期のことであった。二月五日に米ソ両軍会議が終了するときに、ホッジとシトゥイコフは米ソそれぞれ五人の委員から構成される一〇名の共同委員会を設置すること、ソウルを開催地とするが、必要な場合には委員会が平壌を訪問すること、委員会は南北朝鮮双方の民主主義的な政党と社会団体と協議すること、委員会は米ソ両軍会議の終了後一ヵ月以内に活動を開始することなどについて合意文書を交換していたのである。しかし、それにもかかわらず、ホッジ司令官はソ連が北朝鮮地域を閉鎖し、「報道管制」を敷いていることに強い不満を抱き、共同委員会の冒頭で、ソ連側に南北朝鮮での言論、報道そして移動の自由を強く要求することを計画し、国務省にその許可を求めた。それが保障されなければ、共同委員会は南北朝鮮の政党や指導者と自由に接触したり、朝鮮人の生の声を聞いたりできないと主張したのである。また、ホッジはその要求が国務省を通じてソ連側に伝えられることを希望し、それが実現すればそれだけ、「ソ連に支配される共産主義朝鮮政府よりも、真に民主的な朝鮮政府を樹立する機会が大きくなる」と主張した。さらに、ホッジは北朝鮮で中央政府（臨時人民委員会）が樹立されたことを報告し、ソ連は一方でその政府を北朝鮮の民主主義政府として受け入れるように主張し、他方で南朝鮮でも共産主義者の代表権を要求して、米ソ共同委員会によって樹立される朝鮮臨時政府を共産主義支配の下に置こうとするに違いないと警告した。それに対抗するために、二月一四日に、ホッジは自らの諮問機関として李承晩を議長とし、金九と金奎植を副議長にする朝鮮代表南朝鮮民主議院（Korean Representative Democratic Council of South Korea）を発足させた。その権威を高めることによって、朝鮮内の支持を固めようとしたのである。[87]

しかし、米ソ共同委員会の席上で米国代表団が北朝鮮地域の開放を強く要求することを承認しつつも、国務省はそれを政府レベルでソ連側に要求することには消極的であった。「それを提起することによって、何かが得られることはない」とするハリマンの見解を紹介し、むしろ現地の米軍当局が「自由かつ独立した朝鮮」のための米国の政策について明確に表明すべきであると強調したのである。また、ホッジやベニングホフが寄せた情報から、国務省もソ連当局が東ヨーロッパで多くの政府を支配したのと同じ戦術を朝鮮にも適用していると判断した。しかし、それにもかかわらず、南北朝鮮の統一管理だけでなく、国務省は米ソ共同行動を基本原則とする戦後朝鮮政策に執着し、それを変更しようとしなかった。たとえば、もっとも重要な臨時民主政府を構成する朝鮮人指導者について、前出の政治方針（SWNCC 176/18）は、「できるかぎり朝鮮人の意思を代表する指導者が、全国のあらゆる民主的政党や社会団体との完全な協議を経たうえで選抜されるべきである」と要求し、さらに「左右の極端論者ではなく、明確な多数派である強力で有能な指導者」を発見し、選抜するために特別の努力が払われるべきであるとした。ソ連との共同行動が優先されていたのである。しかも、実行可能であれば、それは選挙を経て実現することが望ましかった。ただし、米ソ共同委員会がそのような選抜方法や指導者の構成に合意できない場合、米ソ両軍司令官がそれぞれの占領区域から人口比に応じて臨時政府の構成メンバーを別個に選抜すべきであった。それも不可能な場合に、米軍司令官は独自に諮問的な役割を演じるグループを組織することが許されたのである。(88)

したがって、米ソ共同委員会の開幕以前に、ホッジ司令官が李承晩を議長にする諮問機関として南朝鮮民主議院を組織したことは、この指令に対する明白な違反であった。言い換えれば、国務省の政策方針と現地朝鮮で実施される政策の間にギャップが存在したのである。事実、二月二八日に、国務省はそれを埋めるためのメッセージをホッジ司令官に送り、あらためて「金九と関係するグループでも、ソ連に支配されたグループでもなく、朝鮮のために確固たる進歩的計画を推し進める指導者」を発見するために全力を尽くすように要求した。国務省にとっては、そのようなグループが「四つの自由（言論と表現の自由、信仰の自由、欠乏からの自由、恐怖からの自由）と基礎的な土地改革と財政改革を強調する進歩的な計画を詳細に作り上げ」（括弧内引用者）、「ソ連に支援された共産主義グループに対抗する」ことこそ望ましかったのである。国務省はまた、中国国民党によって支持され、長期にわたって国務省と満足できる関係をもたない金九と李承晩グループを偏愛すべきでないと率直に指摘し、上記のような「進歩的な指導者グループ」を発見できない場合には、金九グループに進歩的な政策を採用させ、実行させるべきであると主張した。おそらく、国務省は信託統治反対運動の先頭に立った金九や南朝鮮民主議院の議長に就任した反共的な李承晩が、不必要な言動によってソ連側委員との間に摩擦を引き起こし、朝鮮臨時民主政府の誕生を妨げることを警戒したのだろう。

それは米ソ共同行動を破綻させる行為であった。そのような事情を反映して、共同委員会開幕の前日、すなわち三月一九日に、李承晩は健康不安を理由にして民主議院議長を辞退し、中道派の金奎植副議長がそれを兼務した(89)。

2　協議対象――「連ソ容共」の要求

米ソ共同委員会が正式に開幕したのは三月二〇日午後一時のことである。米国側委員は、アーノルド少将、ラングドン政治顧問、ワシントンから対ソ交渉の専門家として派遣されたセイヤー（Thayer, Charles W.）国務省代表、ブース大佐、そして東京の総司令部（GHQ）から派遣されたブリットン大佐（Britton, Frank H.）の五人であった。他方、ソ連側を代表したのは、シトゥイコフ大将、ツァラプキン特別公使、レベジェフ少将、バラサノフ政治顧問、そしてコルクレンコ（Korkulenko, T. I.）大佐であった。ソ連代表団は多数の専門家や技術者を随行させ、総勢で一〇二人に達した。しかし、皮肉なことに、共同委員会の討議がかれらの助力を必要とすることはなかった。ラジオ中継された冒頭演説で、シトゥイコフ首席代表がソ連側の非妥協的な姿勢を明示したからである。階級闘争論の信奉者であるシトゥイコフは、民主的制度を創設するための北朝鮮での努力を紹介した後、そのような活動が反動勢力や反民主勢力によって激しく妨害されたと非難し、「将来の臨時民主朝鮮政府は、モスクワ外相会議の決定を支持するあらゆる民主的政党と組織の広範な連合を基礎にして樹立されなければならない」（傍点引用者）と主張し、「そのような政府だけが日本支配の政治的および経済的残滓を完全に一掃し、国内の反動的かつ反民主的勢力に対して決定的な闘争を開始し、経済復興のための急進的な施策を実行し、さらに朝鮮人に政治的自由を与えることができる」と指摘したのである。さらに、シトゥイコフは「ソ連は朝鮮が真に民主的かつ独立した国家になり、ソ連に忠実（友好的）であり、将来、対ソ攻撃のための基地にならないことに重大な関心をもっている」（括弧内引用者）と言明して、ソ連の朝鮮での基本的な目的を公式に表明した(90)。

共同委員会第一回会議では、モスクワ協定第二項（Ⅲ-2）に規定されたように、（1）朝鮮臨時民主政府の形成を支援し、（2）適切な政策を予備的に作成することが議論された。米ソ共同委員会が朝鮮の民主的政党や社会団体と協議して作成する勧告書が、最終的な決定の前に、米ソ英中政府によって審議されることになっていたのである。前者と関連して、米国代表団は朝鮮の政治指導者から構成され、共同委員会とともに活動し、朝鮮臨時民主政府のための候補者を選定する協議機関（a Korean Consultative Union）を設置することを提案した。また、後者に関しては、南北朝鮮の行政的統合、あらゆる通信施設の再統合、南北両区域間の旅行規制の撤廃、そしてラジオ、新聞、公開演説による情報の自由な伝達を実現することを提案した。他方、ソ連代表団は共同委員会の活動を、（1）臨時朝鮮民主政府の創設と、（2）朝鮮人の政治、経済、社会的進歩のための補助と援助（信託統治）の二段階に区分し、前者と関連して、モスクワ協定に反対する朝鮮の政党や団体には協議対象になる資格がないと主張した。シトゥイコフは反ソ反共勢力を共同委員会の協議対象から排除しようとしたのだろう。その後も、この主張が米ソ間の論争の焦点になった。また、おそらく同じ理由で、ソ連側は協議機関の設置に反対した。米国側委員はモスクワ協定、とりわけ「民主主義」概念の一方的な解釈に強く反論し、信託統治を嫌うからといって、そのことをその政党や社会団体を協議対象から除外するための基準にしてはならないと主張したのである。事実、ソ連側の主張が厳格に適用されれば、信託統治に賛成した朝鮮共産党を除いて、南朝鮮には臨時政府の形成を支援するための協議対象になる政党や社会団体は存在しなかった。わずかに金奎植が、後に民族自主連盟に結集する金炳魯や洪命熹とともに、信託統治に反対するよりも臨時民主政府樹立を優先していただけである。(91)

三月二九日までに、共同委員会は米ソそれぞれの委員が共同議長を務める三つの分科会を設置し、そこで（1）民主的政党や社会団体との協議条件、順序など、（2）臨時民主政府の機構、組織原則など、（3）臨時民主政府の政綱、法規問題などについて議論することにしたが、もっとも重要な問題、すなわち協議対象の選定をめぐる原則的な対立は少しも解消しなかった。四月九日、米ソ共同委員会はついに暗礁に乗り上げたのである。しかし、その理由は不明だが、その後、四月一六日までにソ連側の姿勢が軟化したかに思われた。モスクワ協定第三項（Ⅲ-3）についても、ラングドンとセイヤーは「信託統治」という挿入句を使用しない声明を準備するようにソ連側を説得した。他方、報告を受けた国務省は交渉の進展を歓迎し、政治的な見解の如何にかかわらず、非協力的な極端論者を協議対象として選定しないことの重要性を再確認した。こうして、アーノルドが議長を務める四月一七日の会議で、米ソはついに難関を突破したかのようにみえた。米国側は諮問機関の設置を断念し、ただちに南北両区域の民主的な政党および社会団体と協議することを提案し、その協議対象についても、形式的にソ連側の主張を受け入れて、「その目的と方法において真に民主的な政党および社会団体」と協議することに合意したのである。ただし、翌日発表された米ソ共同委員会第五号声明によれば、そのような民主的政党および社会団体は、モスクワ協定の第一項（Ⅲ-1）に述べられた「朝鮮に関する決定の目的」を支持し、第二項（Ⅲ-2）を履行するために、「臨時朝鮮民主政府を結成するための共同委員会の決定」を守り、さらに、「臨時朝鮮民主政府の参加を得て、共同委員会が第三項（Ⅲ-3）に予見される諸施策に関する提案を作成することに協力する」との宣言書（誓約書）を提出することを要求された。(92)

したがって、残された問題は、そのような米国代表団の努力にもかかわらず、信託統治に強く反対していた韓国内の右派政党や社会団体が米ソ共同委員会の合意を受け入れて、第五号声明が要求する宣言書に署名するかどうかであった。事実、金九、趙素昂、趙琬九、金昌淑、鄭寅普など、民主議院内の非常国民会議系（重慶臨時政府系）元老議員たちは、金奎植の説得にもかかわらず、「共同委員会に協力して政府を樹立することは、信託統治に屈服することである」として、誓約書への署名を拒否したのである。そのために、四月二二日、ホッジ司令官はモスクワ協定の各条項と「信託統治」が意味することについても改めて詳細に説明し、誓約書への署名を促す談話を発表しなければならなかった。ホッジは、さらに四月二七日にも特別声明を発表して、「宣言書に署名する政党と社会団体には、信託統治に賛成ないし反対する意見発表の特典を保障する」「宣言書にしたからといって、その政党や社会団体が信託統治に賛成するとか、あるいは支持するという言質を与えたことにはならないが、署名しないものは共同委員会との協議対象にならない」ことを確認した。それを受けて、四月三〇日、「信託統治を前提とする一切の問題を絶対に排撃する」としつつも、非常国民会議も第五号声明を受け入れる方針を決定したのである。しかし、五月一日に民主議院の名義で発表された決議文は、さらに率直に、宣言書への署名が「米ソ共同委員会と協議して臨時政府樹立に参加し、信託統治に反対できる契機である」と声明して、傘下の各政党と社会団体に第五号声明に賛成することを促した。こうして、すでに第五号声明への賛意を表明していた李承晩を含めて、右派政党と社会団体が一斉に態度を決し、共同委員会との協議に参加する態勢を整えたのである。(93)

しかし、李承晩や金九らを協議対象から排除することは、シトゥイコフとソ連代表団にとって、必ず達成されるべき目標であった。ホッジの説得が始まると、四月二三日の共同委員会で、ソ連側は議論を振り出しに戻してしまった。過去にモスクワ協定の信託統治条項に反対したことのある個人は、どの政党や社会団体であれ、それを代表することができないという主張を展開したのである。ソ連側の主張を受け入れれば、信託統治に強く反対した金九と重慶臨時政府要人、そして李承晩や韓国民主党指導者たちも朝鮮臨時政府の形成に参加できなかった。事実、鄭容郁が発掘した内部文書によれば、ソ連側が構想していた臨時政府閣僚名簿は、金日成、崔庸健、武亭、金科奉、呉淇燮、崔昌益など有力な北朝鮮共産主義者で占められ、南朝鮮からは呂運亨、朴憲永、金奎植、許憲、洪南杓が起用されるのみであった。呂運亨と金奎植が首相および副首相として入閣していたことは示唆的であるが、もっとも有力な李承晩と金九、そして非常国民会議と韓国民主党の指導者はすべて閣僚名簿から排除されていたのである。米国側委員はこのソ連側の主張を「政党の粛清」であり、言論の自由の原則に違反するものであると批判した。その後、五月六日の第二四回会議で、アーノルド首席代表はついに「協議問題、したがって臨時政府の形成が無期限に遅延することは明らかである」として、「六月一日までに境界線を撤去することを目標にして、共同委員会がとるべき措置を検討する」（傍点引用者）ように提案した。しかし、五月一日の民主議院の声明を激しく批判した後、シトゥイコフは「三八度線（の撤去）についていえば、それは飴玉で子供をあやすのに似ている。朝鮮人は、もし政府が樹立されれば、それが統一朝鮮であることを十分に理解している。もしいかなる臨時政府も樹立されなければ、それは朝鮮政府ではない」（括弧内引用者）と主張して、米国側の提案を検討することを拒否した。討議すべき議題を失って、アーノルドはついに共同委員会の無期延期を要請した(94)。

米ソ共同委員会の議論が打ち切られた後、五月八日午前一〇時に、シトゥイコフ首席代表とホッジ米軍司令官の会談が開催された。このときシトゥイコフは、モスクワ協定に対する南朝鮮内の反対は「反動的な反対」であり、ソ連側委員にはホッジ司令官の四月二二日の談話が理解できないと指摘した。その談話を利用して、民主議院が五月一日の決議を採択したが、それはモスクワ協定についての「一方的な解釈」であると主張したのである。さらに続けて、ソ連側が特定の人物を協議対象から除外するように要求する理由について、シトゥイコフはきわめて率直に「ソ連は朝鮮の緊密な隣国であり、そのために朝鮮にソ連に忠実（友好的）な臨時民主政府が樹立されることに関心をもっている。モスクワ協定に反対し、声高にソ連を批判する指導者は、ソ連を中傷して、その顔に泥を塗った。もしかれらがその政府で権力を握れば、その政府はロシアに対して忠実でなくなり、その国民は……ソ連に反対する敵対行動を組織するための手段になるだろう」と言明したのである。したがって、米ソ共同委員会第一回会議の冒頭および無期休会後のホッジとの会談で、二度にわたって、シトゥイコフはソ連の朝鮮政策の基本を同じ内容で率直かつ明確に定義したことになる。それはソ連に隣接する朝鮮に反ソ統一政府が誕生することに対する地政学的な不安感であった。そのように語った翌日、すなわち五月九日に、シトゥイコフを含むソ連代表団はソウルを離れた(95)。

3　決裂の衝撃――部分的単独行動へ

共同委員会の失敗は米ソの朝鮮政策の基本的な対立、すなわち非両立性を露呈するものであった。米国がウィルソン的な民族自決主義を基盤にして、自由・独立・統一朝鮮を追求するという戦後政策を維持したのに対して、ソ連はそのような米国の政策に地政学的な不安を感じて、北朝鮮地域に独自の親ソ的体制を構築し、さらに米ソ共同委員会が樹立する統一臨時政府から南朝鮮内の反ソ反共勢力を排除しようとしたのである。その意味では、米国の政策は攻撃的（普遍的）かつ統一志向的であり、ソ連の政策は防御的（局地的）かつ分断志向的であった。ただし、統一臨時政府から反ソ反共勢力が排除されれば、それは親ソ統一政府にならざるをえない。ソ連の政策は意図においては防御的であっても、行動において著しく拡張的だったのである。いうまでもなく、それがロシア人の対外行動に特有の「防御的拡張」である。事実、ソ連の非妥協的態度に衝撃を受けて、トルーマン大統領を含む米国の政策決定者たちは、朝鮮問題を地域的な枠組みを超える戦略問題として認識した。たとえば、五月二九日から六月四日まで、大統領の賠償問題特使として北朝鮮（平壌，水豊，元山地区）を訪問したポーレーは、六月二二日、トルーマン大統領に宛てた書簡で、「朝鮮は小国であり、我々の軍事力全体からみれば小さな負担であるが、それはイデオロギーの戦場であり、アジアにおける我々の成功全体がそれに依存するかもしれない」と力説した。ポーレーは「ソ連軍は明らかに長期駐留の構えである」と確信し、その目的を地政戦略的に分析したのである。また、ポーレーは、賠償の一部として、必要な工業施設を日本から朝鮮に移転すること、米国がより大きな技術援助を提供することなどを進言した。トルーマンはそれに全面的に賛同して、南朝鮮への米軍の長期駐留を承認した。ホッジ司令官への十分な支援を約束しただけでなく、それをパターソン（Patterson, Robert P.）陸軍長官に要請したのである。(96)

ただし、トルーマンのポーレーへの返書は、国務省内で時間をかけて検討された。それは七月六日にロヴェット極東局長によって起草され、アチソン国務次官を経て、トルーマン大統領の承認を獲得したのである。したがって、それには共同委員会失敗後の新しい情勢についての国務省、陸軍省、そして海軍省の見解が反映されていたといってよい。事実、六月六日までに、ヒルドリング（Hilldring, John）占領地域担当国務次官補の下で、SWNCC 176／18に代わる朝鮮政策の暫定指針（"Policy for Korea"）が作成されていた。しかし、興味深いことに、米ソ共同委員会の失敗が米国の朝鮮政策に及ぼす影響は最小限に抑制された。米国の目的は「外国の支配から独立し、国際連合の会員国たる資格をもつ自治政府の樹立」と明確に定義されたし、さらなる米ソ共同委員会での交渉を通じて臨時朝鮮政府を樹立するとの基本方針も維持された。依然として、第二次世界大戦中に確立した朝鮮政策の原則が生きていたのである。ただし、それらが実現するまでの間、米国の南朝鮮での「単独行動」が部分的に許容された。その最大のものが、基本目的の達成を容易にするための米軍の長期駐留、すなわち「南朝鮮軍事占領」の継続だったのである。(97)

そのほかの「単独行動」として、国務省は南朝鮮で広範な選挙を実施して、米軍司令官に対する諮問的な役割を担う立法機関を設立することを企画した。一時的にしろ、米ソ共同委員会が失敗に終わったのだから、米軍政府は南朝鮮に民主主義制度を定着させるために必要な条件を創造しなければならなかったし、そのためには建設的な経済および教育改革が必要とされたからである。後に金奎植院長の下で「南朝鮮過渡立法議院」として出発する立法機関には、そのような改革計画を立案し、実施するための法案を作成する役割が期待され、あらゆる主要な改革がこの立法機関を通じて推進されるべきであるとされた。また、新たに選出される立法機関は、左派勢力を包含しない民主議院よりも強力で、南朝鮮内の全党派を代表しなければならなかった。ホッジ司令官とは異なって、国務省は依然として「日本の降伏後に海外から帰国した高齢の朝鮮人指導者」に対する不信感を抱き続けて、その政治的存在がソ連との合意の達成を著しく困難にし、「米国の目的達成を助けるよりも、全体として妨げている」と理解していたのである。(98)

一九四五年九月中旬に始まるロンドン外相理事会を前にして、バーンズが意図したのは、ソ連軍占領下のブルガリアやルーマニアで、すべての重要な民主的党派を代表する臨時政府（interim governmental authority）を樹立して、自由選挙を実施すること、すなわちヤルタ会談で採択された「解放ヨーロッパ宣言」を実行に移すことであった。他方、日本軍国主義の復活を警戒するスターリンとモロトフは、そこで対日管理機関の設立に合意し、それへのソ連の積極的な参加を実現しようとしていた。そのため、バーンズの画策によって、その問題が議題から外されると、スターリンは会議そのものを決裂させてしまった。日本占領からソ連を排除しようとする米国の政策に憤慨して、スターリンは「一人で行く」（単独行動）決意を固めたのである。朝鮮でも、一〇月中旬までに、それまで漠然と存在した米ソ両軍司令部間の緩やかな連携が撤回された。したがって、一二月後半にモスクワで開催される米英ソ三国外相会議が、ブルガリアやルーマニア問題だけでなく、朝鮮独立問題を正面から討議するため最初で最後の連合国会議になることは、米ソ両国政府によって十分に認識されていた。事実、モスクワ協定が締結されたとき、バーンズは朝鮮独立問題について十分に議論して、ソ連側と「聡明なる妥協」に到達したものと理解したのである。しかし、その過程で、モロトフは朝鮮臨時民主政府の樹立と米ソ共同委員会での協議を組み合わせて、全国的な自由選挙の実施を巧みに回避し、反ソ反共的な統一朝鮮政府の樹立を阻止するための装置を設計することに成功した。米ソ共同行動を拒否できるという意味で、それこそ「分断の種子」であった。事実、三月に米ソ共同委員会が開催されると、ソ連側はモスクワ協定に反対する南朝鮮の政治勢力を「反民主主義的」と定義して、共同委員会の協議対象から排除したのである。これは、ヤルタ協定に反対するポーランドのロンドン亡命政府の指導者たちを「反民主主義的」と定義して、臨時民主政府樹立のための会合から排除したのと同じやり方であった。ソ連にとって、モスクワ協定は「解放ヨーロッパ宣言」の朝鮮版にほかならなかったのである。

他方、モスクワ協定が朝鮮臨時民主政府の樹立を決定したことは、南朝鮮の政治勢力、とりわけ金九が指導する大韓民国臨時政府と朴憲永が指導する朝鮮共産党に大きな衝撃を与えた。なぜならば、その臨時民主政府は、すでに存在する大韓民国臨時政府や朝鮮人民共和国政府とは異なり、米ソ共同委員会が南北朝鮮の民主的政党・社会団体と協議して樹立するものだったからである。金九は反託国民総動員委員会を組織して、その決定に激しく抵抗する運動を展開した。大韓民国臨時政府による主権行使まで試みて、ホッジ司令官の怒りを買ったのである。また、朴憲永は朝鮮人民共和国を放棄するだけでなく、モスクワ協定を支持する運動を展開して、南朝鮮の民族主義勢力と激しく対立せざるをえなかった。他方、李承晩と韓国民主党は、信託統治に反対しつつも、米軍政府に対する非難を抑制して、それとの協力を維持しようとした。その代償として、韓国民主党は首席総務である宋鎮禹を失ったのである。しかし、北朝鮮情勢の変化はさらに極端であった。一九四六年一月初旬のシトゥイコフ大将の平壌赴任とともに、単極的ないし冷戦的な政治統合が一挙に進展したのである。モスクワ協定の受け入れを拒否する曺晩植と朝鮮民主党が政治舞台から排除されただけでなく、金日成を首班にする北朝鮮臨時人民委員会が設立され、北朝鮮全域で急進的な土地改革が推進された。金日成政権の樹立と土地改革の推進は、近い将来に朝鮮民主主義臨時政府が樹立される可能性を想定して、その主導権を確保するための一対の措置であった。シトゥイコフと金日成にとって、それに抵抗する者こそ反革命分子であり、激しい階級闘争の対象になったのである。北朝鮮の農村は、いまや、「民主主義の根拠地」に変換されつつあった。また、南朝鮮での反託運動の高揚に直面したソ連政府は、当初から官製メディアを通じて李承晩や金九を「反民主主義的な」反動分子として糾弾した。ソウルで開催された米ソ共同委員会でも、モスクワ協定に反対する右派勢力をその協議対象から除外するように強く要求し、共同委員会の討議を破綻させてしまった。しかも、これらの一連の事態は、興味深いことに、スターリンの冷戦宣言、すなわち二月九日の「新五ヵ年計画」演説やチャーチルの三月五日の「鉄のカーテン」演説と並行して進展した。朝鮮半島が全世界的な米ソ冷戦のいま一つの舞台になったのである。

（1） Report by Secretary Byrnes, 5 October 1945, Department of State, *A Decade of American Foreign Policy: Basic Documents, 1945–1949* (Washington, D. C., 1985), pp. 45–46. Memorandum by the United States Delegation to the Council of Foreign Ministers, 19 September 1945, *Foreign Relations of the United States* (Hereafter cited as *FRUS*), *1945*, II, pp. 263–267.

（2） *Ibid.*, pp. 163–173. トリポリタニアに対するスターリンの執着については、*See, ibid.*, pp. 775–776. バーンズは、一人の執政官の下に米英ソ仏伊と人民代表から構成される諮問理事会を設置する方式を構想したようである。*See*, James F. Byrnes, *Speaking Frankly* (New York: Harper & Brothers, 1947), pp. 77–78, 94–95; W. Averell Harriman and Elie Abel, *Special Envoy to Churchill and Stalin, 1941–1946* (New York: Random House, 1975), pp. 488, 492–493, 499–500; Roger Bullen and M. E. Pelly, eds., *Documents on British Policy Overseas: Conferences and Conversations 1945: London, Washington and Moscow* (Hereafter cited as *DBPO*), Series I, Volume II (London: Her Majesty's Stationery Office, 1985), pp. 26–35.

（3） Harriman and Abel, *Special Envoy to Churchill and Stalin*, pp. 504–505; Michael Dobbs, *Six Months in 1945: From World War to Cold War* (London: Arrow Books, 2013), p. 319; *Time*, 17 September 1945.

（4） Bevin to Balfour, 14 August 1945 and 4 September 1945, *DBPO*, Series I, Volume II, pp. 5–6, 49–50; *FRUS, 1945*, II, pp. 99–109, 112–123.

（5） *FRUS, 1945*, II, pp. 313–315, 335–339, 357–358; *DBPO*, Series I, Volume II, pp. 327–329. 英国政府の詳細な立場については、*See*, "Control of Japan," Memorandum by Far Eastern Department, 10 September 1945, *ibid.*, pp. 96–100.

（6） *FRUS, 1945*, II, pp. 357-358.

（7） *DBPO*, Series I, Volume II, pp. 354-358; United States Initial Post-Surrender Policy for Japan, Department of State *Bulletin*, 23 September 1945, pp. 423-427; Robert L. Messer, *The End of an Alliance: James F. Byrnes, Roosevelt, Truman, and the Origins of the Cold War* (Chapel Hill: The University of North Carolina Press, 1982), pp. 126, 133-136; Charles Bohlen, *Witness to History, 1929-1969* (New York: Norton, 1973), p. 247; Truman to Stalin, Stalin to Truman, and Truman to Stalin, 22 and 23 September 1945, Ministry of Foreign Affairs of the U.S.S.R., *Correspondence Between the Chairman of the Council of Ministers of the U.S.S.R. and the Presidents of the U. S. A. and the Prime Ministers of Great Britain During the Great Patriotic War of 1941-1945* (Moscow: Foreign Language Publishing House, 1957), Vol. II, pp. 271-273.

（8） Harriman and Abel, *Special Envoy to Churchill and Stalin*, pp. 514-515. 横手慎二『スターリン』（中公新書、二〇一四年）、二三七—二三八頁。

（9） ロンドン外相理事会の重要性を早くから指摘したのは呉忠根だろう。呉忠根「朝鮮分断の国際的起源——原則の放棄と現状の承認」、『朝鮮半島の国際政治』（日本国際政治学会編『国際政治』第九二号、一九八九年、九六—一一五頁）を参照されたい。

（10） 呉忠根「朝鮮分断の国際的起源」、一〇一—一〇二頁。*FRUS, 1945*, II, pp. 1065-1066, 1071-1072.

（11） SWNCC 176/8, 13 October 1945, *FRUS, 1945*, VI, pp. 1073-1081; SWNCC 79/1, 22 October 1945, *ibid.*, pp. 1093-1096; SWNCC 101/4, 24 October 1945, *ibid.*, pp. 1096-1103; Vincent to Vittrup, 7 November 1945, *ibid.*, pp. 1113-1114; Vincent to Acheson, *ibid.*, pp. 1127-1128; Byrnes to Harriman, 3 November 1945, *ibid.*, pp. 1106-1109; Harriman to Byrnes, 9 November 1945, *ibid.*, p. 1119; Harriman to Byrnes, 23 November 1945, *ibid.*, p. 1133; Harriman to Molotov, 8 November 1945, *FRUS, 1945*, II, p. 627.

（12） Harriman and Abel, *Special Envoy to Churchill and Stalin*, p. 504; Harriman to Byrnes, 12 November 1945, *FRUS, 1945*, VI, pp. 1121-1122.

(13) *DBPO*, Series I, Volume II, pp. 492–494, 501; *FRUS, 1945*, II, p. 561; Harriman and Abel, *Special Envoy to Churchill and Stalin*, pp. 508–510.

(14) Harriman to Byrnes, 14, 18 October 1945, *FRUS, 1945*, II, pp. 563–565; Harriman and Abel, *Special Envoy to Churchill and Stalin*, pp. 510–511; Jörg K. Hoensch, *A History of Modern Hungary 1867–1986* (translated by Kim Traynor, London and New York: Longman, 1988), p. 172.

(15) *Ibid.*, pp. 508–509, 511–512; Memorandum of Conversation between Stalin and Harriman, 24 October 1945, *FRUS, 1945*, VI, p. 782; Byrnes to Harriman, 12 October 1945, *ibid.*, pp. 562–563; Truman to Stalin, 24 October 1945, Ministry of Foreign Affairs of the U.S.S.R., *Correspondence between the Chairman of the Council of Ministers of the U.S.S.R. and the Presidents of the U.S.A. and the Prime Ministers of Great Britain during the Great Patriotic War of 1941–1945* (Moscow: Foreign Languages Publishing House, 1957), Volume II, pp. 274–276; James F. Byrnes, *All in One Lifetime* (New York: Harper, 1958), p. 319.

(16) *FRUS, 1945*, VI, pp. 782–785; Harriman and Abel, *Special Envoy to Churchill and Stalin*, pp. 513–514; Milovan Djilas, *Conversations with Stalin* (London: Rupert Hart-Davis, 1962), pp. 30–31.

(17) Memorandum of Conversation between Stalin and Harriman, 25 October 1945, *FRUS, 1945*, VI, pp. 787–793; Harriman and Abel, *Special Envoy to Churchill and Stalin*, pp. 514–516.

(18) Roberts to Sargent, 27 October 1945, *DBPO*, Series I, Volume II, pp. 506–509; Harriman to Byrnes, 13 November 1945, *FRUS*, Vol. VI, pp. 849–851; Harriman and Abel, *Special Envoy to Churchill and Stalin*, pp. 516–519; Hoensch, *A History of Modern Hungary*, p. 173.

(19) Byrnes, *All in One Lifetime*, pp. 326–327; Byrnes to Winant, 29 November 1945, *FRUS, 1945*, II, pp. 587–589; Winant to Byrnes, 29 November 1945, *ibid.*, p. 599; Harriman to Molotov, 7 December 1945, *ibid.*, pp. 599–600; Molotov to Harriman, 7 December 1945, *ibid.*, p. 601; Kerr to Bevin, *DBPO*, Series I, Volume II, pp. 635–636; Teletype Conversation between Bevin and Byrnes, 27 November 1945, *ibid.*, pp. 639–641.

（20） U.S. Minutes of the First Session, 16 December 1945, *FRUS, 1945*, II, pp. 610–618, 627; British Record of the First Meeting, 16 December 1945, *DBPO*, Series I, Volume II, pp. 722–726.
（21） *DBPO*, Series I, Volume II, pp. 726–728; *FRUS, 1945*, II, pp. 618–621.
（22） *Ibid.*, pp. 641–643; *DBPO*, Series I, Volume II, p. 741.
（23） *FRUS, 1945*, II, pp. 660, 696–698; *DBPO*, Series I, Volume II, pp. 792–793.
（24） "Regarding Korea," Memorandum by Soviet Delegation, 20 December 1945, *FRUS, 1945*, II, pp. 699–700; *DBPO*, Series I, Volume II, pp. 795–796. ロシア語のソ連案が配布されたようである。米英から公開された文書には翻訳上の差異がある。
（25） *FRUS, 1945*, II, pp. 699–700. エフ・イ・シャブシーナ「第二次世界大戦後の朝鮮」、イェ・エム・ジューコフ編『植民地体制の危機——極東アジア諸国民の民族解放闘争』下巻（ソ同盟科学アカデミー太平洋問題研究所、民族問題研究会、東京、発行年不詳）、一六二一—一六五頁。E・M・ジューコフ監修『極東国際政治史　１８４０—１９４９』下巻（日本語版・江口朴郎監修、平凡社、一九五七年）、三四〇—三四三頁。田鉉秀「ソ連軍の北韓進駐と対北韓政策」、『韓国独立運動史研究』第九巻（独立記念館韓国独立運動史研究所、一九九五年一二月）、三七四頁。
（26） 田鉉秀「ソ連軍の北韓進駐と対北韓政策」、三七二—三七六頁。*FRUS, 1945*, II, pp. 716–717, 721, 820–821.
（27） "Korea and the Far East," Radio Broadcast, 19 January 1946, Department of State *Bulletin*, 27 January 1946, pp. 104–110; Report by Secretary Byrnes, 30 December 1945, *ibid.*, pp. 1033–1036, 1047; Report by Secretary Byrnes, 5 October 1945, *ibid.*, pp. 507–512. もちろん、バーンズが演説する頃には、南朝鮮内では激しい信託統治反対運動が表面化していた。バーンズの演説にはそれに対する慰撫の側面があったことだろう。
（28） Report by Secretary Byrnes, 5 October 1945, *ibid.*, pp. 507–512.
（29） Langdon to Byrnes, 1 December 1945, *FRUS, 1945*, VI, pp. 1140–1142.
（30） MacArthur to JCS, 16 December 1945, *ibid.*, pp. 1144–1148.
（31） *Ibid.*, pp. 1150–1151; *G-2 Periodic Report*, 30 December 1945, Headquarters USAFIK; XXIV Corps History Section,

"Trusteeship: Third Draft," Box 29, RG 332, WNRC; C. Leonard Hoag, *American Military Government in Korea: War Policy and the First Year of Occupation: 1941~1946*, Draft Manuscript, the Office of the Chief of Military History, Department of Army, 1970, pp. 341-342; *History of United State Army Force in Korea*, Draft Manuscript, the Office of the Chief of Military History, Department of Army, Chapter IV, Part II, pp. 72-73.『東亜日報』一九四五年一二月二八日、二九日、三〇日。上記のG-2の報告は公電が「正午頃に到着した」と記録した。しかし、ホッジは同日の記者会見で「今日、午後一時一五分に公報に接し、三国外相会議の朝鮮に関する内容を知った」と言明した。公電は各党領袖への説明の最中に到着したのだろうか。

(32)『東亜日報』一九四五年一二月三〇日。

(33)『東亜日報』一九四五年一二月三〇日。『ソウル新聞』一九四五年一二月三〇日。

(34)『東亜日報』一九四五年一二月三〇日、三一日、一九四六年一月二日。『ソウル新聞』一九四五年一月一日。*G-2 Periodic Report*, 2 January 1946; 首都管区警察庁編『解放以後首都警察発達史』（発行人・張澤相、一九四七年）、一二六—一二七頁。趙炳玉『私の回顧録』（ソウル、民教社、一九五九年）、一六八頁。

(35)『東亜日報』一九四五年一二月三一日、一九四六年一月一日、二日。『中央日報』一九四六年一月一日。XXIV Corps History Section, "Trusteeship: Third Draft," pp. 10-11.

(36) *Ibid.*, p. 11; *G-2 Periodic Report*, 2 January 1946.『東亜日報』一九四六年一月一日。趙炳玉『私の回顧録』、一六五—一六七頁。

(37) 李昊宰『韓国外交政策の理想と現実』（長澤裕子訳、法政大学出版局、二〇〇八年）、一八九頁。

(38)『東亜日報』一九四五年一二月二九日、三〇日。『ソウル新聞』一九四五年一二月二九日、三〇日。『自由新聞』一九四五年一二月二九日、三〇日。

(39)『ソウル新聞』一九四六年一月一日。『朝鮮日報』一九四六年一月一日。

(40)『東亜日報』一九四六年一月三日。『ソウル新聞』一九四六年一月四日。『中央日報』一九四六年一月四日。『朝鮮日報』一九四六年一月四日。『ソウル新聞』一九四六年一月五日。

（41）『朝鮮日報』一九四六年一月四日。『解放日報』一九四六年一月六日（号外再録）。『ソウル新聞』一九四六年一月六日、八日。

（42）中央日報特別取材班『朝鮮民主主義人民共和国』上巻（ソウル、中央日報社、一九九二年）、一八六―一九二頁。朴炳燁『金日成と朴憲永、そして呂運亨』（ソウル、先人、二〇一一年）、二五―三五頁。ただし、韓載徳が朴憲永の平壌秘密訪問について証言していた（朴甲東『朴憲永』、人間社、一九八三年、一三五―一三六頁）。『中央日報』一九四六年一月三日。『朝鮮日報』一九四六年一月四日。『東亜日報』一九四六年一月四日。

（43）朴炳燁『金日成と朴憲永、そして呂運亨』、三一頁。

（44）『東亜日報』一九四五年一二月二八日、二九日。

（45）『東亜日報』一九四五年一二月二七日。白南薫『私の一生』（ソウル、解慍白南薫先生記念事業会、一九六八年）、一六五頁。金度演『私の人生白書』（ソウル、常山回顧録出版同志會、一九六七年）、一六一頁。古下先生伝記編纂委員会編『古下宋鎭禹先生伝』（ソウル、東亜日報社出版局、一九六五年）、三一九頁。

（46）『東亜日報』一九四六年一月二日。

（47）『東亜日報』一九四六年一二月二八日、二九日、三〇日。『古下宋鎭禹先生伝』、三三六―三三九頁。仁村記念会『仁村金性洙伝』（ソウル、仁村記念会、一九七六年）、四九四―四九五頁。李敬南『雪山 張徳秀』（ソウル、東亜日報社、一九八一年）、三三四―三三七頁。

（48）『古下宋鎭禹先生伝』、三三〇―三三二頁。金度演『私の人生白書』、一六三頁。李敬南『雪山 張徳秀』、三三五―三三七頁。『仁村金性洙伝』、四九四―四九七頁。*G-2 Periodic Report*, 31 December 1945. パク・テギュン、チョン・チャンヒョン『暗殺』（京畿道坡州市、歴史人、二〇一六年）、七三―八一頁。

（49）金局厚『平壌のソ連軍政』（ソウル、ハヌル、二〇〇八年）、一四一―一四二頁。古堂曺晩植先生記念事業会編『古堂曺晩植伝記――北韓一千万同胞と生死を共にする』（ソウル、キッパラン、二〇一〇年）、三三八頁。朴明洙『曺晩植と解放後韓国政治』（京畿道坡州市、ブックコリア、二〇一五年）、一六六―一六七頁。*G-2 Periodic Report*, 6 January 1945.

（50）『古堂曺晩植伝記』、三三八―三四〇頁。朴明洙『曺晩植と解放後韓国政治』、一六八―一七〇頁。和田春樹「ソ連の北朝鮮政策——一九四五年十一月〜一九四六年三月」、『社会科学研究』（東京大学社会科学研究所）第三三巻六号（一九八二年三月）、八一—八二頁。『正路』一九四六年一月三日。

(51) 金局厚『平壌のソ連軍政』、一四三—一四四頁。『古堂曺晩植伝記』、三四二—三四三頁。和田春樹「ソ連の北朝鮮政策——一九四五年十一月〜一九四六年三月」、八三—八四頁。モスクワ協定の全文は『正路』（一九四六年一月三日）に紹介されたが、信託統治は「後見制」と翻訳されていた。一月二日の朝鮮共産党北部朝鮮分局ほかの共同声明書では「後援制」とされた（『正路』一九四六年一月一二日）。

(52)『古堂曺晩植伝記』、三四四—三四九頁。『正路』一九四六年一月八日。柳文華『解放後四年間の国内外重要日誌』（民主朝鮮社、一九四九年）、二一頁。

(53) 崔昌益「朝鮮独立同盟と朝鮮義勇軍」、朝鮮歴史編纂委員会編『朝鮮民族解放闘争史』（朝鮮歴史研究会訳、三一書房、一九五二年）、三二六—三三〇頁。沈之淵『朝鮮新民党研究』（ソウル、ドンニョン、一九八八年）二四—三八頁。姜萬吉『朝鮮民族革命党と統一戦線』（ソウル、和平社、一九九一年）、二五〇—二六〇頁。沈之淵『忘れられた革命家の肖像——金科奉研究』（ソウル、図書出版インガンサラン、一九九三年）、七四—七七頁。沈志華『最後の「天朝」——毛沢東・金日成時代の中国と朝鮮』上巻（朱建栄訳、岩波書店、二〇一六年）、四六—五二頁。

(54)「金科奉先生の輝かしい闘争史」、『正路』一九四六年二月一日。北朝鮮臨時人民委員会副委員長・金科奉の談話と略歴、『正路』一九四六年二月一四日。北朝鮮臨時人民委員会各委員の抱負、武亭同志の談話と略歴、『正路』一九四六年二月二〇日。沈志華『最後の「天朝」』上巻、二八、四六—五二頁。沈之淵『朝鮮新民党研究』、三四—三七頁。中央日報特別取材班『朝鮮民主主義人民共和国』上巻、一三五—一四三頁。沈之淵『忘れられた革命家の肖像』、七四—七七頁。

(55) 金午星『指導者群像』（ソウル、大成出版社、一九四六年）、七一—八〇頁。延安総部命令（『解放日報』一九四五年八月一二日）、日本国際問題研究所中国部会編『新中国資料集成』第一巻（日本国際問題研究所、一九六三年）、八二頁。沈之淵『朝鮮新民党研究』、八〇—八一頁。沈志華『最後の「天朝」』上巻、五二頁。「新民主主義」と中ソ理論の葛藤については、平松成雄「中ソの〝人民民主主義〟論（一）」、『法学研究』（慶應義塾大学法学研究会）第三七巻四号（一九六四年四月）、八五—八八頁。

(56) 沈志華『最後の「天朝」』上巻、八五—八八頁。金景一「歴史的視角からみた朝鮮民族部隊の帰国」、赤木完爾編著『朝鮮戦争——休戦50周年の検証・半島の内と外から』(慶應義塾大学出版会、二〇〇三年)、七三—七四頁。全軍会議の開催については、金景一が引用した李昌役の証言(『朝鮮義勇軍及其第五支隊』、金東和編『閃光的青春』、延辺人民出版社、一九九二年)のほかに、それを一九四五年一一月一〇日とする洪淳官の証言がある。両者の証言内容は重要な点でほぼ一致しているが、洪はその会議が中国共産党との合同会議であったと主張した(中央日報特別取材班『朝鮮民主主義人民共和国』上巻、一五七—一五九頁)。

(57) 中央日報特別取材班『朝鮮民主主義人民共和国』上巻、一四八—一六二頁。金科奉「朝鮮独立同盟の回顧と展望(二)」、『正路』一九四六年二月一三日。金昌順『北韓十五年史』(ソウル、知文閣、一九六一年)、六一—六五頁。沈之淵『忘れられた革命家の肖像』、九二—九六頁。沈志華『最後の「天朝」』上巻、七二—七四頁。金景一「朝鮮民族部隊の帰国」、赤木完爾編著『朝鮮戦争』、七六—八二頁。

(58) 中央日報特別取材班『朝鮮民主主義人民共和国』上巻、一四四頁。和田春樹『北朝鮮現代史』(岩波書店、二〇一二年)、二九—三〇頁。『正路』一九四五年一二月二六日。

(59) 『正路』一九四六年一月一五日、二月一日。朝鮮戦争当時、ソ連軍事顧問団長であったラズバエフの『6・25戦争報告書』第一巻(ソウル、韓国国防部軍事編纂研究所、二〇〇一年)に収録された北朝鮮政治家一覧には、崔昌益、朴一禹が朝鮮共産党に在籍したことが記録されている。また、金昌満も党分局機関紙『正路』(一九四六年一月三日)への寄稿(「進歩的民主主義文化を建設するために戦おう」)が確認される。沈之淵『忘れられた革命家の肖像』、一〇一—一〇四頁。

(60) Hodge to Byrnes, 12 January 1946, *FRUS, 1946*, Vol. VIII, pp. 608-609.『正路』一九四六年一月一二日。

(61) スモレンスキー「復興途上の朝鮮」(朝ソ文化協会咸興支部編纂『解放後の朝鮮——ソ連新聞論説集』、一九四六年)、二九—三六頁。スモレンスキーの記事は朝鮮語に訳出され、『正路』(一九四六年二月七日・八日)に掲載された。和田春樹「ソ連の北朝鮮政策——一九四五年十一月~一九四六年三月」、『社会科学研究』八五頁。なお、スモレンスキーとロゾフスキーの関係については、河原地英武「ソ連の朝鮮政策——1945~1948」、桜井浩編『解放と革命——朝鮮民主主義人民共和国の成立過程』(アジア経済研究所、一九九〇年)、二三—二四頁。Kennan to Byrnes, 25 January 1946,

FRUS, 1946, VIII, pp. 619-621; Erick van Ree, *Socialism in One Zone: Stalin's Policy in Korea 1945-1947* (Oxford, New York: BERG, 1989), p. 145.

(62) Harriman to Byrnes, 25 January 1946, *FRUS, 1946,* VIII, p. 622; Harriman and Abel, *Special Envoy to Churchill and Stalin*, pp. 532-533.

(63) TASS Statement on the Korean Question, 25 January 1946, *The Soviet Union and the Korean Question* (London: Soviet News, 1950), pp. 9-11; *FRUS, 1946,* VIII, pp. 617-622.『正路』一九四六年一月三一日。

(64) Hoag, *American Military Government in Korea*, pp. 375-377; Harriman and Abel, *Special Envoy to Churchill and Stalin*, pp. 541-544.

(65) SWNCC 176/13, JCS to McArthur, 5 January 1946, *FRUS, 1946*, VIII, pp. 607-608; Political Policy for Korea (SWNCC 176/18), 18 January 1946, sent to McArthur on February 11, *ibid.*, pp. 623-627; Benninghoff to Byrnes, 15 February 1946, *ibid.*, pp. 633-636; *United States Policy Regarding Korea, Part III, December 1945-June 1950* (Division of Historical Policy Research, Office of Public Affairs, Department of States, 1951), pp. 2-3; Hoag, *American Military Government in Korea*, pp. 378-387.

(66)『正路』一九四六年一月一六日、二六日、二七日、二月七日、一三日。中央委員人事については、『正路』(一九四六年二月一三日)を参照。しかし、二月七日付の『正路』は党首を洪基璜、副党首を崔庸健と報じていた。柳文華『解放後四年間の国内外重要日誌』、三〇頁。金昌順『北韓十五年史』、一六四—一六六頁。

(67)『正路』一九四五年一二月五日、一九四六年一月二三日、二五日。白峯『金日成伝』第二巻(金日成伝翻訳委員会訳、雄山閣、一九六九年)、六一—七二頁。李舜根「全農北朝鮮連盟結成大会総合報告」、『正路』一九四六年二月六日。ただし、北朝鮮女性総同盟(朴正愛委員長)の結成は一一月一八日のことであり、全国婦女総同盟に先行した。

(68) John Lewis Gaddis, *Russia, the Soviet Union, and the United States: An Interpretive History* (New York: John Wiley and Sons, 1978), pp. 180-183. 和田春樹「ソ連の北朝鮮政策——一九四五年十一月〜一九四六年三月」、『社会科学研究』八四—八五頁。

(69)「人民の政権　北朝鮮人民委員会樹立！」、『正路』一九四六年二月一〇日。藤井新『北朝鮮の法秩序——その成立と変容』（世織書房、二〇一四年）、一一一—一一三頁。

(70)「人民の政権　北朝鮮人民委員会樹立！」、社説「北朝鮮臨時人民委員会の誕生」および金日成「目前の朝鮮政治情勢と北朝鮮臨時人民委員会の組織問題について」、『正路』一九四六年二月一〇日。

(71) 金日成「目前の朝鮮政治情勢と北朝鮮臨時人民委員会の組織問題について」、「決定書」、「標語」、『正路』一九四六年二月一〇日。ソヌ・モンリョン『人民政権の樹立とその鞏固化のための朝鮮労働党の闘争』（平壌、朝鮮労働党出版社、一九五八年）、二五—二八頁。

(72)『正路』一九四六年二月二二日。事実、朝鮮共産党北朝鮮分局中央第六次拡大執行委員会（一九四六年四月一〇日）での金日成の報告は、土地改革の歴史的意義について、「北朝鮮農村を民主主義の根拠地に変換する」だけでなく、「北朝鮮臨時人民委員会が統一臨時政府の核心になり、模範になる」との観点から正当化した（『党政治路線および党事業総結と決定——党文献集（一）』、二六—二七頁）。

(73) 翰林大学校アジア文化研究所編『朝鮮共産党文件資料集（1945〜46）』（江原道春川市、翰林大学校出版部、一九九三年）、七五頁。『ロシア文献翻訳集』第二六巻（ロシア連邦国防部中央文書保管所所在文献、イジェフン訳、ソウル、先人、二〇一七年）、二二一—二二五頁。農村の土地所有に関する実態調査がどのように実施されたかは明らかではないが、「ソ連軍司令官の命令によって、地主、自作農、小作農はすべて登録することになっているので、今月六日から一一日までに平壌市産業部農林課を訪れて申告する」ことが求められた。その申告内容には「牛と馬の所有主」も含まれていた（『正路』一九四六年二月七日）。また、「農民委員会平安南道連盟では、道内の土地関係に関する基本調査を完成し、土地問題の根本的な解決のための資料を作成するために、全職員を総動員して道内各地に派遣した」（『正路』一九四六年二月一七日）。

(74)「目前の党内情勢と当面の課業——朝鮮共産党北朝鮮分局中央第四次拡大執行委員会における決定」一九四六年二月一五日）、『党政治路線および党事業総結と決定——党文献集（一）』、一九—二四頁。金聖甫「北韓の土地改革（1946年）と農村階層構成変化——決定過程と地域事例」、『東方学誌』第八七輯（延世大学国学研究院、一九九五年秋）、七二

―七五頁。『ロシア文献翻訳集』第二六巻、二八―三二頁。

(75)『正路』一九四六年二月二五日。朝鮮労働党中央委員会直属党歴史研究所『朝鮮労働党歴史教材』(平壌、朝鮮労働党出版社、一九六四年)、一六一頁。土地改革を総括する文献によれば、「土地問題の解決において根本的意義をもつ没収対象を正しく規定するために」、金日成は平安南道粛川郡をはじめ、「各地の農村に親しく出むいて一ヵ月あまりも農民とともに暮らしながら、かれらと話し合い相談する過程を通して、複雑にからみあった土地所有関係を深く了解した」とされる(『わが国における土地改革の歴史的経験』、日本語版、平壌、外国文出版社、一九七四年、七七頁)。

(76)『正路』一九四六年二月二七日、三月一日、四日。『わが国における土地改革の歴史的経験』、六一頁。三・一独立運動を記念する共同準備委員会は、北朝鮮の各政党、社会団体代表を集めて二月五日に発足し、朝鮮共産党北部朝鮮分局の呉淇燮が委員長に、朝鮮民主党の洪箕疇と朝鮮独立同盟の崔昌益がそれぞれ副委員長に就任した(『正路』一九四六年二月一二日)。北朝鮮各地で開催された民衆示威大会の動員数は、平壌の三〇万人をはじめとし、咸興で一三万人、新義州で一〇万人、鎮南浦で六万人、咸鏡南道全体で八六万八千人と記録された(柳文華『解放後四年間の国内外重要日誌』、三二頁)。

(77)『正路』一九四五年三月四日、六日。沈之淵『朝鮮新民党研究』、八〇―八一頁。チスチャコフとレベジェフがシトゥイコフに宛てた北朝鮮農民連盟代表大会についての報告、『ロシア文献翻訳集』第二六巻、二八―三二頁。

(78)李舜根の総合報告および北朝鮮農民連盟代表大会決定書(いずれも一九四六年三月三日)、『正路』一九四五年三月七日。「北朝鮮土地改革についての法令」(一九四六年三月五日)、『正路』一九四五年三月八日。

(79)『朝鮮労働党歴史教材』、一六一頁。白峯『金日成伝』第二巻、九〇頁。『わが国における土地改革の歴史的経験』、六四頁。これらのうち、『金日成伝』第二巻が会議の日付を特定し、はじめて三月四日としたが、本文中に挙げた理由から、それはいかにも不自然である。「朝鮮共産党北鮮分局第五次拡大執行委員会決定書」、日付なし、および「朝鮮共産党平南道第三次拡大委員会決定書」、一九四六年三月六日、『朝鮮共産党文献資料集(1945~46)』、二二三―二二六、一八八―一九一頁。金日成談話「土地改革法発布は民族的福利から出発」、『正路』一九四六年三月九日。しかし、驚くべきことに、『金日成全集』第三巻(平壌、朝鮮労働党出版社、一九九二年)が、ついに党分局中央第五次拡大執行委員会での金日成の結論として「土地改革を実施することについて」（一九四六年三月四日）を収録した。

(80) 金日成「わが国の民主主義革命と社会主義革命のいくつかの経験について」（一九六九年一〇月一一日）、『金日成著作選集』第五巻（平壌、朝鮮労働党出版社）、三四三―三四四頁。このような金日成の指摘とは別に、当時の農村には「どうして他人の土地、しかも自分たちの生活を全面的に維持してきた地主の土地を奪って、無償で自分のものにすることができようか」とする贖罪感に似た情緒が広範に存在したとする有力な指摘もある。この種の情緒のために、地主たちの他郡への移住が必要とされたのかもしれない。キム・ギョンホ「北韓土地改革の特徴に関する考察」、『土地法学』第二一号（ソウル、二〇〇五年）、一三七頁。

(81) 「土地改革法令についての細則」（一九四六年三月八日）、『正路』一九四六年三月一二日。木村光彦・鄭在貞「北朝鮮の土地改革――農地没収と再分配をめぐる諸問題」、『アジア経済』第三七巻一〇号（アジア経済研究所、一九九六年）、五五―五六頁。北朝鮮土地改革総決算、『正路』一九四六年四月二二日。「土地改革総括表」、『一九四六年度 北朝鮮人民経済統計集』（北朝鮮人民委員会企画局編纂、一九四七年）、一五三頁。李舜根農林局長談話「地主よ!栄誉ある建国に勇往邁進せよ」、『正路』一九四六年三月九日。土地改革終了直後に開催された党北部朝鮮分局中央第六次拡大執行委員会（一九四六年四月一〇日）での金日成報告によれば、平安南道の場合、農村委員会数は二、三六〇個、委員数は一七、五九二名であった。六道全体では、農村委員会数一一、〇〇一個、委員数九〇、六九七名に達した。また、金日成は「党第五次拡大委員会の決定どおり、予定した期間内にこの事業を順調に勝利のうちに完成した」と報告した。金日成「土地改革事業の総括と今後の課業」、『党政治路線および党事業総結と決定――党文献集（一）』、二五―二七頁。

(82) 和田春樹『北朝鮮現代史』、三一頁。和田春樹「ソ連の北朝鮮政策――一九四五年十一月〜一九四六年三月」、『社会科学研究』、八四―八五頁。チスチャコフ「第25軍の戦闘行路」、ソ連科学アカデミー編『レニングラードから平壌まで』（ソウル、ハムソン、一九八九年）、六〇―六一頁。

(83) チスチャコフ「第25軍の戦闘行路」、『レニングラードから平壌まで』、六一頁。金仁鎬「一九四六年 白衣社 金日成暗殺未遂事件に加担」、『月刊 朝鮮』（ソウル、朝鮮日報社）二〇一六年九月号。『正路』一九四六年三月一七日、一八日。「金九、李承晩徒党の殺人放火の罪悪行為」、『ファッショ・反民主分子の正体』（平壌、朝鮮「三一」記念共同委員会、一

九四六年）、二二三—二二六頁。都珍淳『韓国民族主義と南北関係——李承晩・金九時代の政治史』（ソウル大学校出版部、一九九七年）、七六—八〇頁。

（84） 磯谷季次『朝鮮終戦記』（未來社、一九八〇年）、七三—七四頁。金日成の朝鮮共産党北朝鮮分局第六次拡大執行委員会での報告「土地改革事業の総括と今後の課業」（一九四六年四月一〇日）、『正路』一九四六年四月二〇日。金日成「わが国の民主主義革命と社会主義革命のいくつかの経験について」（一九六九年一〇月一一日）、『金日成著作選集』第五巻、三三九—三四〇頁。

（85） Joseph Stalin, 9 February 1946, "New Five-year Plan for Russia," *Vital Speeches of the Day* (New York: City News Publishing, 1946), Vol. 12-10, pp. 300-304; Harriman and Abel, *Special Envoy to Churchill and Stalin*, pp. 546-547; William O. McCagg, Jr., *Stalin Embattled 1943-1948* (Detroit: Wayne State University, 1978) pp. 223-227; John Lewis Gaddis, *The United States and the Origins of the Cold War 1941-1947* (New York: Columbia University Press, 1972), pp. 299-301.

（86） Kennan to Byrnes, 22 February 1946, *FRUS, 1946*, VI, pp. 696-709; George F. Kennan, *Memoirs 1925-1950* (Boston: Little, Brown, 1967), pp. 292-295; Gaddis, *The United States and the Origins of the Cold War*, pp. 302-304; Winston Churchill, "Alliance of English-Speaking People," 5 March 1946, *Vital Speeches of the Day*, Vol. 12-11, pp. 329-332.

（87） Agreement on Establishment of a Joint Commission, 20 February 1946, *FRUS, 1946*, VIII, pp. 637-638; MacArthur [from Hodge] to JCS, *ibid.*, pp. 632-633; MacArthur [from Hodge] to Byrnes, 24 February 1946, *ibid.*, pp. 640-642.『東亜日報』一九四六年二月一五日。『朝鮮日報』一九四六年二月一六日。なお、南朝鮮民主議院は正式には「在南朝鮮大韓国民代表民主議院」と呼称された。

（88） JCS to MacArthur, 28 February 1946, *FRUS, 1946*, VIII, p. 644; SWNCC 176/18, 28 January 1946, *ibid.*, pp. 623-627.

（89） State Department Message to MacArthur, 28 February 1946, *ibid.*, pp. 645-646; Langdon to Byrnes, 10 April 1946, *ibid.*, pp. 658–659. 尤史研究会編・沈之淵著『宋南憲回顧録』(ソウル、図書出版ハヌル、二〇〇〇年)、七一―七三頁。『ソウル新聞』一九四六年三月二一日。

(90) Text of statement of Shtikov, opening session of US-Soviet Joint Commission, 20 March 1946, *ibid.*, pp. 652–654; *US-USSR Joint Commission: Report of US Delegation*, Box 34, XXIV Corps History Section, USAFIK, RG332,WNRC; Hoag, *American Military Government in Korea*, pp. 414–415. シトゥイコフの冒頭発言中の「友好的」(friendly) は「忠実な」(faithful) と翻訳されるべきであったとの有力な指摘が存在した。*See*, *History of USAFIK* (Chapter IV, Part II), p. 166.『ソウル新聞』一九四六年三月二三日。

(91) *US-USSR Joint Commission*, pp. 4–5; *United States Policy Regarding Korea, Part III*, pp. 5–6; *History of USAFIK* (Chapter IV, Part II), pp. 169–171. 沈之淵『米・ソ共同委員会研究』(ソウル、清蹊研究所、一九八九年)、三一―三七頁。尤史研究会・姜萬吉・沈之淵著『尤史金奎植1・反日独立闘争と左右合作』(ソウル、図書出版ハヌル、二〇〇〇年)、一七八―一七九頁。鄭容郁『解放前後米国の対韓政策』(ソウル、ソウル大学校出版文化院、二〇〇三年)、二二九―二三二頁。

(92) Byrnes to Certain Diplomatic Officer, 11 April 1946, *FRUS, 1946*, VIII, p. 659; Langdon and Thayer to Byrnes, Received 14 April 1946, *ibid.*, p. 660; Byrnes to Langdon, 16 April 1946, *ibid.*, pp. 660–661; Acheson to Certain Diplomatic Officer, 23 April 1946, *ibid.*, p.661; *United States Policy Regarding Korea, Part III*, p. 6; Joint Communique No. 5, 17 April 1946, *US-USSR Joint Commission*, pp. 53–55; *History of USAFIK* (Chapter IV, Part II), pp. 193–197.『東亜日報』一九四六年四月一九日。鄭容郁『解放前後米国の対韓政策』、二二三―二二五、二二三―二二五頁。

(93)『ソウル新聞』一九四六年四月二〇日。『朝鮮日報』一九四六年四月二四日。『東亜日報』一九四六年四月二八日。『朝鮮日報』一九四六年五月三日。李庭植『金奎植の生涯』(ソウル、新丘文化社、一九七四年)、一三四―一三六頁。徐仲錫『韓国現代民族運動研究』(ソウル、歴史批評社、一九九六年)、三七七―三七九頁。尤史研究会・姜萬吉・沈之淵著『尤史金奎植1』、一八一―一八四頁。沈之淵『米・ソ共同委員会研究』、一一―一三頁。

(94) Hodge to Byrnes, 9 May 1946, *FRUS, 1946*, VIII, pp. 665–667; *US-USSR Joint Commission*, pp. 56–59; *United States*

Policy Regarding Korea, Part III, pp. 6-7. 鄭容郁『解放前後米国の対韓政策』、二一四頁。米軍防諜部隊（CIC）も釜山や仁川人民委員会が発行した類似の内部文書を入手した。それによれば、排除されるべき反動的指導者とされたのは、李承晩、金九、安在鴻、金性洙、趙琬九、曺晩植、張徳秀、趙素昂である。*See*, *FRUS*, *1946*, VIII, p. 702.

（95） *US-USSR Joint Commission*, pp. 60-61; *History of USAFIK* (Chapter IV, Part II), pp. 212-213.

（96） Pauley to Truman, 22 June 1946, *FRUS*, *1946*, VIII, pp. 706-709; Truman to Pauley, 16 July 1945, *ibid.*, pp. 713-714; Truman to Patterson, not dated, *ibid.*, pp. 721-722; Statement by Edwin W. Pauley, Department of State *Bulletin*, 4 August 1946, p. 233.『ソウル新聞』一九四六年六月五日。ロシア人の対外行動の特徴については、「九世紀初頭から今日に至るまで、ロシア人の主要な原動力は恐怖である。野心よりも恐怖がロシア社会の組織と拡張の主要な原理である」とのハレーの分析を参照されたい。朝鮮半島でのソ連の目標は半島全体の「連ソ容共」化であり、北部朝鮮での親ソ政権の樹立だったのだろう。*See*, Louis J. Halle, *The Cold War as History* (New York: Harper & Row, 1967), pp. 12, 67-69. ポーレーが大統領に指摘したソ連の地政戦略的目的は、（1）ソ連南東部国境の防衛、（2）満洲および華北に対する戦略的位置、（3）将来起こりうる対日戦への配慮、（4）極東における不凍港の確保の四つであった。

（97） Hilldring to OPD, War Department, Annex "Policy for Korea," 6 June 1946, *FRUS*, *1946*, VIII, pp. 692-699.

（98） *Ibid.*, pp. 693-694.

エピローグ——理念の世界と現実の世界

第二次世界大戦中のスターリンの態度には理念的な色彩が希薄であった。連合国宣言に参加し、カイロ宣言に明確な支持を与えたが、そこに主要な関心があったようには思えない。ローズヴェルトの主張に異議を唱えることなしに、スターリンは太平洋や極東地域の軍事情勢の推移を注意深く観察していたのである。スターリンが一九四四年一〇月に構想していた対日戦争計画は、「米軍が日本の守備隊を南方の諸島に分断し、ソ連軍が日本の地上軍を中国で分断する」というものであった。米英軍がノルマンディーに上陸して第二戦線を構築したように、ソ連軍が満洲と中国に侵攻し、米国との連合戦争によって対日戦争に勝利しようとしたのである。ヨーロッパとアジアに跨るというソ連の地政学的な条件を反映して、スターリンが対日戦争に賭ける決意はけっして小さくなかった。また、注目すべきことに、このときすでに、スターリンは「北部朝鮮の諸港はソ連の地上軍および海軍によって占領されるべきである」と語っていた。ウラジオストクに隣接する羅津港や清津港に関心を示したのである。しかし、一九四五年六月にアントノフ参謀総長の下で作成された作戦計画は、第一段階の攻勢で、ソ連の三つの方面軍が関東軍を満洲中央部で分断するというものであった。その満洲作戦に雄基、羅津、清津の三港に対する小規模の上陸作戦が付随したのである。朝鮮半島での本格的な作戦（ソウルへの進撃）は、サハリンや千島列島での作戦と同じく、遼東半島への進撃と並行する第二段階の攻勢の一部を構成した。ただし、おそらく米軍による上陸作戦が実施される可能性に配慮して、ソウル以南への進撃は予定していなかった。

興味深いことに、同じ頃に作成された米国の戦争構想では、朝鮮半島は日本列島や満洲と区別され、米ソ両軍による水陸共同作戦が実施される第三の作戦区域として想定された。しかし、米軍による南九州侵攻作戦（オリンピック作戦）が一一月初めに開始される予定であり、マッカーサー元帥がそのために総力を結集しつつあったのだから、朝鮮での米ソ共同作戦はいかにも非現実的な政治優位の構想であったといわざるをえない。原爆開発の成功という巨大な軍事技術革命がなければ、第一段階の満洲作戦の終了後、おそらく一九四五年九月後半から一〇月前半にソ連軍がソウルを占領し、さらに釜山に向けて南下しようとしたことだろう。言い換えれば、広島と長崎への原子爆弾の投下が米ソの軍事的立場を再び均衡させ、朝鮮分断の第一の契機を用意したのである。それどころか、トルーマン大統領とバーンズ国務長官は、原子爆弾の投下によって、ソ連が参戦する前に日本が降伏することを期待した。そのために、ポツダムでの米ソ参謀長会議において、マーシャル陸軍参謀総長は米ソの陸上作戦の境界線について議論しようとしなかったのである。原爆実験成功の情報に接したマーシャルは、「朝鮮攻撃の可能性は九州上陸後に決定されなければならない」と強弁したのである。しかし、このとき、バーンズの要請によって、ハル中将は何人かの作戦参謀を集めて、米ソの陸上作戦の境界線について検討し、「三八度線上ではなかったが、その近くにあり、全般的にそれに沿った」境界線を選定した。マーシャルがそれをソ連側に提示しなかったのは、流動化した事態に対応して、バーンズが「小さな原爆外交」を試みたからだろう。もしソ連が参戦する前に日本が降伏すれば、陸上境界線の存在がソ連軍の北部朝鮮への進駐に不必要な根拠を与えることになったからである。

しかし、長期にわたる封鎖と爆撃、原子爆弾の連続投下、そして八月九日のソ連軍参戦の衝撃の下で、八月一〇日に、日本政府は条件付きながらポツダム宣言受諾の意思を表明した。それによって、米ソ間に陸上作戦の境界線を設定する問題が再び浮上したのである。しかも、その境界線はただ単に進駐する米ソ両軍部隊の衝突を防止するだけでなく、日本軍の降伏を正式に受理し、それぞれの占領地域を画定するための重要な境界線になっていた。言い換えれば、それはやがて布告される一般命令第一号の一部だったのである。バーンズの意を受けて、リンカーン准将と三人の大佐が陸軍省の草案を作成し、朝鮮の中心都市であるソウルや主要な港湾を南側に含み、英国と中国の占領部隊を引き受けるだけの余裕がある北緯三八度線を選択した。その後、その境界線は統合戦争計画委員会、国務・陸軍・海軍三省調整委員会、そして統合参謀本部で検討され、八月一五日にトルーマン大統領の承認を獲得した。また、対外的にも、同日中に、ソ連、英国、中国の三首脳、すなわちスターリン、アトリー、そして蔣介石に通知された。もちろん、その境界線は単純な軍事的便宜によって設定されたものではなかった。事実、米国務省は「米軍が実行可能な限り北方で降伏を受理すべきである」と主張し、海軍は三九度線に固執した。しかし、トルーマンが提案し、スターリンがそれに異議を唱えなかったのだから、三八度線を境界線とする朝鮮半島への進駐は、間違いなく第二次世界大戦最後の「米ソの共同作戦」であった。

もちろん、そのことは解放されたヨーロッパをめぐってソ連と米英間に相互不信が拡大していたことを否定するものではない。とりわけ深刻だったのが、ポーランド独立問題をめぐる対立であった。すでにヤルタ会談において、ポーランド内外の主要政党から構成される民族統一臨時政府を樹立し、自由選挙を実施する問題が米英とソ連の間の最大の政治的争点になっていたのである。チャーチルはスターリンに対して「国境線よりもポーランドの主権と独立に関心がある」と率直に指摘し、英国は「ドイツの侵略からポーランドを守るために」命を賭けて参戦したと主張した。しかし、スターリンは、ソ連にとって、ポーランドの将来は「戦略的な安全保障」の問題であると指摘し、「歴史を通じて、ポーランドはロシアを攻撃するための回廊であった。過去三〇年間に、ドイツはこの回廊を二度通過した……ソ連は強力で独立した民主的なポーランドを望んでいる」と反論した。その後、ソ連はロンドン亡命政府の指導者たちを反民主主義的であるとして排除して、六月末に、強引に親ソ的な「民族統一」政府を樹立したのである。いま一つの合意である自由選挙については、それを形式的にさえ実施しようとしなかった。ポツダム会談の前夜、スティムソン陸軍長官が朝鮮独立問題を「極東に移植されたポーランド問題」と表現した背景には、そのように複雑なヨーロッパ情勢が存在したのである。やや厳密に観察すれば、ポーランド独立問題はスターリンの地政学的な不安感を刺激し、原子爆弾の開発と投下は三八度線の設定を可能にした。

その後、一年にも満たない短期間に、ポーランドやドイツ問題だけでなく、原子力エネルギー、対日管理機関、ブルガリアとルーマニアの政府承認問題、イラン問題、中国問題などで、米ソ間に目標の非両立性が確認され、一九四六年春までに冷戦が不可避になった。その結果、朝鮮半島でも、米ソ両軍を隔てるために設定された陸上境界線が二つの体制を隔てる「鉄のカーテン」の一部に変化した。ポーランド問題や三八度線の設定が第二次世界大戦の終幕を告げる冷戦の序曲であったとすれば、朝鮮分断をもたらした第二の契機は冷戦の開始であった。分断は二つの大戦の狭間に生まれた「鬼神」だったのである。ヨーロッパとアジアで「二つの敵」と戦ったスターリンがもっとも恐れたのは、四半世紀後にドイツや日本の帝国主義や軍国主義が再興し、ポーランドや朝鮮を対ソ攻撃の回廊や跳躍台として利用することであった。いまや米帝国主義がそれを後押しするかもしれなかった。ウィルソン的な政治理念とスターリンの地政学的な不安感が衝突したのだから、安全保障上の重要度に違いはあっても、ポーランド問題と朝鮮問題は本質的に同じだったのである。一九四五年一二月に米英ソの外相がモスクワ協定に合意したとき、ソ連側にはポーランド問題と関連する既視感が存在したことだろう。曺晩植らの「反動分子」を粛清し、金日成を首班とする北朝鮮臨時人民委員会を樹立する過程は、すでにポーランドで実験済みであった。さらに、翌年三月に統一的な朝鮮臨時民主政府を樹立するために米ソが共同委員会を開催したとき、シトゥイコフ代表が「ソ連は朝鮮が真に民主的かつ独立した国家になり、ソ連に友好的（忠実）であり、将来、対ソ攻撃のための基地にならないことに重大な関心をもっている」（括弧内引用者）と明言した。それによって、ポーランドと朝鮮の間に存在した約一年間の「冷戦の時差」が一挙に解消されたのである。

以上みたように、朝鮮分断は圧倒的に国際政治の産物であった。しかし、それでは朝鮮独立運動や解放後の朝鮮政治は分断に対して何の役割も演じなかったのだろうか。あるいは、それは国際政治によっていかに影響ないし制限されたのだろうか。そのような観点からみれば、米国の戦後政策の最大の特徴は、朝鮮に四大国による信託統治を設定しようとしたことである。もちろん、連合国宣言やカイロ宣言は、民族自決や領土不拡大の原則など、ウィルソン的な理想主義を土台にしていた。したがって、それは多分に理念（イデオロギー）の世界に属したのである。現実（リアリティ）の世界では、太平洋の戦局が連合国側に有利に進展するにつれて、ローズヴェルト大統領も国務省関係者たちも、朝鮮独立問題をめぐる国際的な権力関係の複雑性に注目せざるをえなかった。とりわけ蔣介石総統は、この地域に対するソ連の地政学的な野心を警戒し、大韓民国臨時政府に対する影響力を強めて、それを国際的に承認することに積極的であった。また、インド独立問題を抱える英国は朝鮮の即時独立に反対であった。さらに、国務省は海外で展開される独立運動が組織的に統合されているとも、朝鮮内と十分な連絡を維持しているとも考えなかった。そのような大国間の利害対立を調整し、米国のリーダーシップを確保しつつ、朝鮮の将来の「自由・独立」を確実にするために、ローズヴェルト大統領と国務省によって信託統治が構想されたのである。一般的な理解とは異なり、一九四三年一二月に米英中首脳が発表したカイロ宣言も、朝鮮の将来の「自由・独立」を表明しただけでなく、それに「やがて」という限定句を付けて、暫定的な信託統治を示唆していた。ローズヴェルトにとって、「四人の警察官」構想と同じく、それは理念の世界と現実の世界を調和させるための試みだったのである。

しかし、そのことが朝鮮の戦後政治に及ぼした影響は計り知れないほど大きかった。事実、信託統治構想を土台にしたために、米国の戦後朝鮮政策には、いくつかの明確な政策的な原則が設定されざるをえなかったのである。グルー国務長官代理が戦争終結の約二ヵ月前に表明したように、その第一は朝鮮人民の自由な意思の表明、すなわち戦後に樹立される政府の「究極的な形態や人的構成を選択する権利」を尊重することであった。しかし、その第二の原則はソ連との共同行動であり、第三の原則は占領行政の統一管理（中央管理）であった。一見して明らかなように、第二次世界大戦中の米ソ協調が戦後に維持されなければ、いずれの原則も実行できなかった。したがって、米国の政策の核心はソ連との共同行動であり、それによって南北朝鮮の統一管理を実現し、さらに朝鮮を四大国の信託統治の下に置いて、国際的な利害対立を調整しながら、将来の独立に備えさせることだったのである。いかなる意味でも、それは朝鮮分断を指向するものではなかった。しかし、そこには大きな矛盾が存在したことは否定できない。なぜならば、信託統治構想もまた理念が優越する世界であり、米国が朝鮮の統一管理を主張すればするほど、それが北部朝鮮を占領するソ連の警戒心を刺激したからである。ソ連にとっては、米国との共同行動や南北統一管理よりも、北部朝鮮に自らの安全に寄与する体制を構築する方がはるかに容易であり、わかりやすかったのである。したがって、そのような米ソ間の政策対立の深刻化が朝鮮分断を促進したのである。

他方、米軍進駐前の南朝鮮を支配していたのは、さまざまな種類の機会主義であった。本国政府がポツダム宣言を受諾したことを知ると、朝鮮総督府の遠藤柳作政務総監は、一九四五年八月一五日早朝に呂運亨を招いて、治安維持への協力を要請した。ソ連軍の京城進駐を予想した遠藤は、政治犯を事前に釈放することによって、それに伴う混乱を最小限に抑制しようとしたのである。しかし、呂運亨の行動は遠藤による要請の範囲を超えていた。ソ連が数日内に京城に進駐するとの朝鮮総督府の情勢判断に依存して、その日のうちに朝鮮建国準備委員会を発足させたのである。さらに、米軍の進駐が明らかになった後も、その予定日の前日である九月六日に、呂運亨が提携する共産主義勢力の主導によって、朝鮮人民共和国の樹立が宣言された。それは数百名の中核的な左派勢力による既成事実づくりにほかならなかった。したがって、その二日後に南朝鮮に進駐したホッジ司令官は、南朝鮮占領の出発点から、軍政当局に挑戦する南朝鮮内の左派勢力と対峙しなければならなかったのである。しかし、ポーランド問題と比較するならば、もっとも重要だったのは、重慶にある大韓民国臨時政府の取り扱いであった。それはドイツ軍に追われたポーランド政府、すなわちロンドン亡命政府とは明らかに異なっていた。しかし、大規模な民衆蜂起を伴った三・一独立運動を継承する組織であり、上海から重慶に移転し、解放当時、金九主席と金奎植副主席の下で再び統一戦線組織としての形態を整えていた。しかも、南朝鮮では、朝鮮人民共和国に対抗する民族主義右派勢力が重慶臨時政府の絶対支持を掲げていた。左派勢力が朝鮮人民共和国を樹立し、李承晩をその主席に推戴したのは、部分的にしろ、重慶から帰国する大韓民国臨時政府に対抗できる政府組織を必要としたからであった。

したがって、国際的な信託統治を構想する米国政府にとって、大韓民国臨時政府と金九主席はもっとも警戒すべき存在であった。なぜならば、かれらは臨時政府を名乗ることを止めなかったし、その背後には中国政府や蔣介石総統の支持があると信じられたからである。金九が九月三日に発表した「臨時政府当面の政策」一四ヵ条はきわめて穏当なものであったが、それでも、もし重慶臨時政府が早期に帰国し、米軍政府の基礎が固まる前に政府として行動すれば、南朝鮮は大きな政治的混乱に陥ったことだろう。臨時政府による権力行使は、米軍政府による直接統治、米ソの共同行動、そして信託統治構想に対する正面からの挑戦を意味したからである。金九主席と金奎植副主席を含む臨時政府要人の帰国は難航し、一一月二三日まで実現しなかった。第二陣は一二月一日に帰国した。大韓民国臨時政府と金九の抵抗は、一二月末にモスクワ協定が発表されたときに頂点に達したが、そのときまでに米軍政府は確たる基盤を整えていた。他方、米国在住の李承晩は一〇月一六日に個人の資格で帰国し、翌日、ホッジ司令官の司会の下で、米軍政庁会議室での記者会見に臨んだ。それだけでなく、帰国途上の東京で、李承晩はマッカーサーおよびホッジと会談していた。混乱した南朝鮮の政局を収拾するために、二人は李承晩「個人」を政治的な求心点として利用しようとしたのである。歓呼で迎えられた李承晩は、しばらくの間は朝鮮人民共和国への態度を明確にしないまま、大韓民国臨時政府とも一定の距離を置いて、独自の統一戦線組織である独立促成中央協議会の組織化に努力したが、やがてその反共的な立場を露骨に表明して、左派勢力やソ連と対決する姿勢を明らかにした。

他方、北朝鮮に進駐したソ連軍政当局は米軍政当局とは別の困難に直面した。スターリンの指令に基づいて、反日民主政党や組織の広汎な連合を基礎に「北朝鮮にブルジョア民主主義政権を確立」しようとしたが、そこで指導的な役割を果たすべき朝鮮共産党中央委員会と朴憲永総秘書がソウルを舞台にする政治闘争に没頭し、北朝鮮での党活動や政府樹立に大きな関心を払わなかったからである。そのうえ、北朝鮮の中心地域である平壌や平安南道地域は伝統的にキリスト教勢力が強力であった。さらに、地方の共産主義者たちは、習慣的にソウルの指示を仰ぎ、左傾的な誤りを犯していた。そのような状況のなかで、軍政当局の協力者として頭角を現したのが、一九三〇年代後半の満洲で抗日武装闘争に従事し、解放当時、ハバロフスク郊外で軍事訓練を受けていた金日成大尉らのグループだったのである。イグナチエフやロマネンコの支援を得て、朝鮮共産党北部朝鮮分局を組織し、ソ連軍歓迎民衆大会で「民族の英雄」として紹介されたのも、行政機関の組織的な強化に取り組んだのも金日成であった。さらに、モスクワ外相会議以後、平壌に到着したシトゥイコフとともに、金日成は北朝鮮臨時人民委員会を組織し、その首班に就任して急進的な土地改革を実施した。金日成が北朝鮮を「民主主義の根拠地」に変えることによって、シトゥイコフは米ソ共同委員会で南朝鮮の反ソ的な右派勢力の排除を要求し、統一的な臨時民主政府の樹立を主張することができたのである。その後も、金日成は一九四六年七月に北朝鮮民主主義民族統一戦線を結成し、さらに北朝鮮共産党と朝鮮新民党の合同を推進して、八月末に勤労大衆の利益を代表する北朝鮮労働党を創建した。

しかし、北朝鮮における単独行動の進展にもかかわらず、米ソ共同委員会の流産後、米国政府や軍政当局がソ連軍政当局と同じように行動したと考えるのは早計である。六月初旬に、国務省のヒルドリング次官補が陸軍省と海軍省の同意を得て、マッカーサーに伝達した政策文書は、従来の朝鮮政策の目的を達成するために、米国政府が依然として「共同委員会でのさらなる交渉」と「南朝鮮での単独行動」を組み合わせようとしていたことを示している。言い換えれば、米国政府は新たに南朝鮮占領（米軍駐留）を継続することを決意し、南朝鮮に立法機関（南朝鮮過渡立法院）を設立して、社会、経済的改革計画を立案させるなどの措置をとろうとしたのである。トルーマン大統領はそれに土地の再配分や特定産業の国有化が含まれることを希望した。また、米軍政府は左右の極端論者を排除し、金奎植と呂運亨を中心にする左右合作、すなわち中道派連合によって、そのような政策を推進しようとした。しかし、左右合作運動から排除された李承晩は、それだけ反共主義と南朝鮮単独政府論に傾斜せざるをえなかったのである。米国の朝鮮政策が冷戦政策に転換したのは、一九四七年五月に再開された第二次米ソ共同委員会が七月に決裂状態に陥ってからのことである。それは米英ソによるパリ外相会議が決裂し、冷戦が「引返し不能点」に達したことと密接に関係していた。その後、九月末にソ連政府は米ソ両軍の朝鮮からの早期同時撤退を提案し、米国は一〇月に朝鮮独立問題を国際連合に付託した。朝鮮半島の冷戦はヨーロッパ冷戦と並行して進展し、その過程で分割占領が朝鮮分断に姿を変えたのである。

第二次世界大戦中、ローズヴェルトとチャーチルは理念の世界と現実の世界の均衡を目指したが、スターリンは理念の世界にほとんど関心を示さなかった。しかし、一九四六年二月から三月にかけて、米英との二極的な対立を覚悟すると、スターリンはいち早く自らの政策を社会主義イデオロギーで武装した。ケナンが指摘したように、スターリンは冷戦に打ち勝つために専制的支配を必要とし、それを正当化するために戦争の不可避性や階級闘争（暴力闘争）の必然性を強調したのである。たとえそれが虚構であっても、米ソにとって、理念の世界は現実の世界を説明する唯一の手段であった。言い換えれば、理念の世界を排除した現実の世界は存在しないのである。しかし、理念と現実があまりにも乖離すれば、そこには混乱と悲劇しか残らない。過剰な理念が南北朝鮮に二つの単独政府を樹立し、それが武力統一を促進したのである。第二次世界大戦と米ソ冷戦という二つの大戦の狭間で進行した朝鮮分断において、朝鮮の民族的指導者が果たした役割はそれほど大きくなかった。三八度線による米ソの分割占領や冷戦の勃興という現実を考慮すれば、南北朝鮮の指導者にポーランドやチェコスロバキアの指導者以上の選択の余地があったとは思えない。フィンランドとは、与えられた条件が違いすぎた。事実、分断を回避するために、李承晩や金九が率先してソ連の要求を受け入れ、金日成がそれを尊重するようなことがありえただろうか。それこそフィンランド方式であったが、一九三九年のソ連との「冬戦争」での激しい抵抗やパーシキヴィ（Paasikivi, J. K.）の思慮深く、かつ統合されたリーダーシップは、フィンランドに固有のものであった。李承晩も、金九も、金日成も、そして朴憲永も、呂運亨も、金奎植も、曺晩植も、自説を曲げることはなかったが、それだけ自分の運命から逃れられなかったのである。

主要参考文献一覧

公文書館史料・未刊行草稿（マイクロフィルムを含む）

〈英語文献〉

Decimal File 1940–1944, Central Records of the Department of State, RG 59, National Archives and Records Administration at College Park, Maryland.

The Occupation of Japan, Part 1: U.S. Planning Documents, 1942–1945, microform（Washington, D.C.: Congressional Information Service, 1987）.

Post World War II Foreign Policy Planning: State Department Records of Harley A. Notter, 1939–1945, microform（Division of Special Research, Department of State）.

Records of the United States Joint Chiefs of Staff, RG 218, NARA.

Records of the Joint Chiefs of Staff, Part 1, 1942–1945, microform（University Publications of America, 1981）.

Records of the Office of Strategic Services, Washington Director's Office Administrative Files, 1941–1945, Microfilm, RG 226, NARA.

ABC File, Records of the War Department, RG 165, NARA.

OPD File, Records of the War Department, RG 165, NARA.

General and Special Staffs File, Records of the War Department, RG 165, NARA.

"BLACKLIST" Operations File, Records of the General Headquarters, United States Army Forces, Pacific, RG 4, MacArthur Memorial Archives in Norfolk, Virginia.

Incoming Messages File, "Korea: October 1945 to December 1946", Radio and Cable Center, Records of the General

Headquarters, United States Army Forces, Pacific, RG 9, MMA.

XXIV Corps History Section File, United States Theaters of War, WWII, RG 332, Washington National Records Center in Suitland, Maryland.

John R. Hodge Official File, 1944–1948, Records of the US Army Field Command, 1940–1952, RG 338, WNRC.

The Entry of the Soviet Union into the War against Japan: Military Plans, 1941–1945, Unpublished Manuscript, Office of Military History, Department of the Army.

Headquarters USAFIK, *G-2 Periodic Report*, XXIV Corps History Section, RG 332, WNRC.

________, *G-3 Operation Report*, XXIV Corps History Section, RG 332, WNRC.

________, *US-USSR Joint Commission: Report of US Delegation*, XXIV Corps History Section, Box 34, WNRC.

U.S. State Department, *United States Policy Regarding Korea, 1834–1941* (Division of Historical Policy Research, Office of Public Affairs, Department of States, 1947).

________, *United States Policy Regarding Korea, Part II 1941–1945* (Division of Historical Policy Research, Office of Public Affairs, Department of States, 1950).

________, *United States Policy Regarding Korea, Part III, December 1945-June 1950* (Division of Historical Policy Research, Office of Public Affairs, Department of States, 1951).

History of United State Army Force in Korea, Draft Manuscript, the Office of the Chief of Military History, Department of the Army.

History of United States Military Government in Korea, Part I: Period of September 1945–30 June 1946, Historical Manuscript File, the Office of the Historical Research Division, United States Army Military Government in Korea.

McGrath, Paul, *United States Army in the Korean Conflict*, Draft Manuscript, Office of the Chief of Military History.

Hoag, C. Leonard, *American Military Government in Korea: War Policy and the First Year of Occupation: 1941~1946*, Draft Manuscript, the Office of the Chief of Military History, Department of the Army, 1970.

Strother, Kenneth C., "Experiences of a Staff Officer, Headquarters XXIV Corps in the Occupation of Korea, September-

November, 1945," Personal Manuscript.

〈日本語文献〉


『終戦時朝鮮築電報綴』一九四五年八月（防衛省防衛研究所戦史研究センター）。

『朝軍特命綴』日本軍連絡部、一九四五年九月（防衛省防衛研究所戦史研究センター）。

神崎長『神崎大佐日記』一九四四年一月―一九四六年七月（防衛省防衛研究所戦史研究センター）。

朝鮮軍残務整理部「朝鮮における戦争準備」、『朝鮮軍概要史』（宮田節子編・解説、不二出版、一九八九年）。

井原潤次郎・参謀長の証言、宮田節子監修・宮本正明解説『朝鮮軍・解放前後の朝鮮』朝鮮総督府関係者・録音記録（5）、（学習院大学東洋文化研究所、二〇〇四年三月）。

公的刊行物・資料集

〈英語文献〉

U.S. President, *Public Papers and Addresses of Franklin D. Roosevelt,* 1941–1945, Compiled by Samuel I. Rosenman (New York: Russell & Russell, 1969).

________, *Public Papers of the Presidents of the United States, Harry S. Truman*, 1945–1950 (Washington, D. C.: Government Printing Office, 1961–1965).

Committee of International Relations, U.S. House of Representatives, Selected Executive Session Hearings of the Committee, 1943–50, *United States Policy in the Far East*, Part 2 (Washington, D. C.: Government Printing Office, 1976).

Committee of Foreign Relations, U.S. Senate, *The United States and Korean Problem: Documents 1943–1953* (Washington, D.C.:U.S. Government Printing Office, 1953).

United States Statutes at Large, XXX (Washington, D. C.: Government Printing Office, 1899).

U.S. State Department, *Department of State Bulletin*, February 28, 1942-August 4, 1946.

U.S. State Department, *Foreign Relations of the United States, The Conferences at Washington, 1941–1942, and Casablanca,*

1943 (Washington, D.C.: Government Printing Office,1968).

________, *Foreign Relations of the United States, 1942*, I, 1960.

________, *Foreign Relations of the United States, 1942, China*, 1956.

________, *Foreign Relations of the United States, 1943, Washington and Quebec*, 1970.

________, *Foreign Relations of the United States, 1943, China*, 1957.

________, *Foreign Relations of the United States, 1943*, III, 1963.

________, *Foreign Relations of the United States, 1943, Cairo and Teheran*, 1961.

________, *Foreign Relations of the United States, 1944*, V, 1965.

________, *Foreign Relations of the United States, 1945*, I, 1969.

________, *Foreign Relations of the United States, 1945*, II, 1967.

________, *Foreign Relations of the United States, 1945*, VI, 1969.

________, *Foreign Relations of the United States, 1945*, VII, 1969.

________, *Foreign Relations of the United States, Berlin (Potsdam), 1945*, I, 1960.

________, *Foreign Relations of the United States, Berlin (Potsdam), 1945*, II, 1960.

________, *Foreign Relations of the United States, 1945, Malta and Yalta*, 1955.

________, *Foreign Relations of the United States, 1946*, I, 1973.

________, *Foreign Relations of the United States, 1946*, VI. 1972.

________, *Foreign Relations of the United States, 1946*, VIII, 1971.

U.S. State Department, *A Decade of American Foreign Policy: Basic Documents, 1941–1949* (Revised Edition, Washington, D.C.: Government Printing Office, 1985).

Cabinet Papers, Public Record Office, microfilm (London: Adam Matthew Publications, 1999).

Bullen, Roger and Pelly, M. E. eds., *Documents on British Policy Overseas: Conferences and Conversations 1945: London, Washington and Moscow*, Series I, Volume II (London: Her Majesty's Stationery Office, 1985).

Correspondence Between Chairman of the Council of Ministers of the U.S.S.R. and the President of the U.S.A. and the Prime Ministers of Great Britain During the Great Patriotic War of 1941-1945, Two Volumes（Moscow: Foreign Language Publishing House, 1957).

Cline, Ray S., *Washington Command Post: The Operation Division*（Washington, D. C.: Office of the Chief of Military History, Department of the Army, 1951).

Appleman, Roy E., *South to the Naktong, North to the Yalu*（Washington, D. C.: Office of the chief of Military History, Department of the Army, 1961).

Reports of General MacArthur: The Campaigns of MacArthur in the Pacific, I, Prepared by his General Staff（Washington, D. C.: Government Printing Office, 1966).

Schnabel, James F., *Policy and Direction: The First Year*（Washington, D. C.: Office of the chief of Military History, Department of the Army, U.S. Government Printing Office, 1972).

Hayes, Grace Person, *The History of the Joint Chiefs of Staff in World War II: The War Against Japan*（Annapolis: Naval Institute Press, 1982).

Young Ick Lew, edited, *The Syngman Rhee Correspondence in English, 1904~1948*, Vol. 7, Institute for Modern Korean Studies, Yonsei University, 2009.

〈日本語文献〉　＊刊行年順

『朝鮮民主主義人民共和国重要法令集』（政治経済研究所、一九四九年）。

金日成選集刊行委員会編訳『金日成選集』第一巻、第二巻、補巻（三一書房、一九五二年）。

朝鮮歴史編纂委員会『朝鮮民族解放闘争史』（朝鮮歴史研究会訳、三一書房、一九五二年）。

山名酒喜男『朝鮮総督府終政の記録（一）』（友邦協会、一九五六年）。

日本国際問題研究所編『新中国史料集成』第一巻（日本国際問題研究所、一九六三年）。

森田芳夫『朝鮮終戦の記録――米ソ両軍の進駐と日本人の引き上げ』（巌南堂書店、一九六四年）。

外務省編『終戦史録3』（北洋社、一九七七年）。

神谷不二編集代表『朝鮮問題戦後資料』第一巻（日本国際問題研究所、一九七六年）。

大蔵省財政室編『昭和財政史3―アメリカの対日占領政策』（東洋経済新報社、一九七六年）。

森田芳夫・長田かな子『朝鮮終戦の記録―資料編第一巻・日本統治の終焉』（巌南堂書店、一九七九年）。

森田芳夫・長田かな子『朝鮮終戦の記録―資料編第二巻・南朝鮮地域の引揚と日本人世話会の活動』（巌南堂書店、一九八〇年）。

森田芳夫・長田かな子『朝鮮終戦の記録―資料編第三巻・北朝鮮地域日本人の引揚』（巌南堂書店、一九八〇年）。

萩原遼編『米国国立公文書館所蔵・北朝鮮の極秘文書』上巻、（夏の書房、一九九六年）。

『京城日本人世話會関連資料』（九州大学韓国研究センター、二〇〇九年）。

〈韓国語文献〉　＊刊行年順

安在鴻『新民族主義と新民主主義』ソウル、民友社、一九四五年（안재홍『신민족주의와 신민주주의』민우사、1945년）。

民主主義民族戦線編『朝鮮解放年報』ソウル、文友印書館、一九四六年（민주주의민족전선 편『조선해방년보』문우인서관、1946년）。

光州府総務課公報係編『解放前後回顧』光州府、一九四六年（광주부 총무과 공보계 편『해방전후 회고』광주부、1946년）。

全国人民委員会『全国人民委員会代表者大会議事録』ソウル、朝鮮精版社、一九四六年（전국인민위원회『전국인민위원회대표자대회 회의록』조선정판사、1946년）。

朝鮮人民党『人民党の路線』ソウル、新文化研究所、一九四六年（조선인민당『인민당의 노선』신문화연구소、1946년）。

鄭時遇編『独立と左右合作』ソウル、京城三義社、一九四六年（정시우 편『독립과 좌우합작』경성삼의사、1946년）。

全国農民組合総連盟書記部『全国農民組合総連盟結成大会会議録』ソウル、朝鮮精版社、一九四六年（전국농민조합총연맹 서기부『전국농민조합총연맹 결성대회 회의록』조선정판사、1946년）。

首都管区警察庁編『解放以後首都警察発達史』ソウル、発行人・張澤相、一九四七年（수도관구경찰청 편『해방 이후 수도경

찰 발달사』 장택상 발행、１９４７년)。

梁又正編著『李承晩大統領独立路線の勝利』下巻、ソウル、独立精神普及会、一九四八年（양우정 편저『이승만대통령 독립노선의 승리』하권、독립정신보급회、１９４８년)。

内務部治安局『美軍政法令集』ソウル、内務部治安局、一九五六年（내무부치안국『미군정 법령집』내무부 치안국、１９５６년)。

大検察庁捜査局『左翼事件実録』第一巻、ソウル、大検察庁捜査局、一九六五年（대검찰청 수사국『좌익사건 실록』제1권、대검찰청 수사국、１９６５년)。

秋憲樹編『資料 韓国独立運動』第一巻〜第四巻、ソウル、延世大学出版部、一九七一年—一九七五年（추헌수 편『자료 한국독립운동』제1권-제4권、연세대학교 출판부、１９７１년-１９７５년)。

国史編纂委員会『資料 大韓民国史』第一巻、第二巻、ソウル、探求堂、一九七三年（국사편찬위원회『자료 대한민국사』제1권、제2권、탐구당、１９７３년)。

大韓民国国会図書館『大韓民国臨時政府議政院文書』ソウル、大韓民国国会図書館、一九七四年（대한민국국회도서관『대한민국임시정부 의정원 문서』１９７４년)。

金南植『「南労党」研究資料集』第一輯、第二輯、ソウル、亜細亜問題研究所共産圏資料叢書、高麗大学出版部、一九七四年（김남식『「남로당」연구 자료집』제1집、제2집、아세아문제연구소 공산권 자료총서、고려대학교 출판부、１９７４년)。

崔鍾健訳編『大韓民国臨時政府文書総覧』ソウル、知人社、一九七六年（최종건 역편『대한민국 임시정부 문서 총람』지인사、１９７６년)。

韓国精神文化研究院『韓国獨立運動史資料集（中國人士證言）』ソウル、博文社、一九八三年（한국정신문화연구원『한국 독립운동사 자료집 (중국인사 증언)』박문사、１９８３년)。

金南植・李庭植・韓洪九『韓国現代史資料叢書（１９４５〜１９４８）』1-15、ソウル、トルペゲ、一九八六年（김남식・이정식・한홍구『한국 현대사 자료 총서 (１９４５〜１９４８)』1-15、돌베개、１９８６년)。

翰林大学アジア文化研究所編『朝鮮共産党文件資料集（一九四五〜四六）』江原道春川市、翰林大学出版部、一九九三年（한림대학교 아시아문화연구소 편『조선공산당 문건 자료집 (１９４５〜４６)』한림대학교 출판부、１９９３년)。

翰林大学アジア文化研究所編『北韓経済統計集一九四六・一九四七・一九四八年度』江原道春川市、翰林大学出版部、一九九四年（한림대학교 아시아문화연구소 편『북한경제 통계집1946・1947・1948년도』한림대학교 출판부、1994년）。

翰林大学アジア文化研究所編『ホッジ書簡綴』第一巻、江原道春川市、翰林大学出版部、一九九五年（한림대학교 아시아문화연구소 편『하지 문서집』제1권、한림대학교 출판부、1995년）。

雩南李承晩文書編纂委員会編『雩南李承晩文書 東文篇』（建国期）第一三巻～一五巻、延世大学現代韓国学研究所・中央日報社、一九九八年（우남 이승만문서 편찬위원회 편『우남 이승만 문서 동문편』（건국기）제13권 - 제15권、연세대학교 현대한국학연구소・중앙일보사、1998년）。

国史編纂委員会『米軍政期軍政団・軍政中隊文書1』二〇〇〇年（국사편찬위원회『미군정기 군정단・군정중대문서1』2000년）。

韓国国防部軍事編纂研究所編『ラズバエフの6・25戦争報告書』第一巻、ソウル、韓国国防部軍事編纂研究所、二〇〇一年（한국국방부 군사편찬연구소 편『라주바예프의 6・25전쟁 보고서』제1권、2001년）。

鄭容郁『米軍政資料研究』ソウル、ソニン、二〇〇三年（정용욱『미군정 자료 연구』선인、2003년）。

国史編纂委員会『シュティコフ日記、一九四六―四八』田鉉秀訳・解題、ソウル、国史編纂委員会、二〇〇四年（국사편찬위원회『슈티코프 일기、1946-48년』전현수 역・해제、2004년）。

国史編纂委員会『大韓民国臨時政府資料集13』（韓国光復軍Ⅳ）ソウル、国史編纂委員会、二〇〇六年（국사편찬위원회『대한민국 임시정부 자료집13』한국광복군Ⅳ、2006년）。

『ロシア文献翻訳集ＸＸⅥ』（ロシア連邦国防部中央文書保管所所在文献）東国大学対外交流研究院資料叢書、イジェフン訳、ソニン、二〇一七年（『러시아문서 번역집ＸＸⅥ』러시아연방 국방부 중앙문서보관소 소재 문헌、동국대학교 대외교류연구원 자료총서、이재훈 역、선인、2017년）。

〈朝鮮語文献〉＊刊行年順

金日成将軍・述『民族大同団結について』朝鮮共産党清津市委員会、一九四六年（김일성 장군『민족대동단결에 대하여』조

선공산당청진시위원회、1946년)。

呉淇燮『モスクワ三相会議の朝鮮問題に関する決定と反動派たちの反対闘争』平壌、一九四六年（오기섭『모스크바삼상회의의 조선문제에 관한 결정과 반동파들의 반대투쟁』1946년)。

スモレンスキー『朝鮮臨時人民政府の創設についての問題に関して』平壌、一九四六年（스모렌스키『조선임시인민정부의 창설에 대한 문제에 관하여』1946년)。

『ファッショ・反民主分子の正体』平壌、朝鮮三一紀念共同準備委員會発行、一九四六年（『파쇼・반민주분자의 정체』조선삼일기념공동준비위원회 발행、1946년)。

韓雪野編『反日闘士演説集』平壌、八・一五会報一周年記念中央準備委員會発行、一九四六年（한설야 편『반일 투사 연설집』8・15회보 1주년기념 중앙준비위원회 발행、1946년)。

『党の政治路線および党事業総結と決定・党文献集（一）』平壌、発行日と発行所なし（『당의 정치 노선 및 당사업 총결과 결정・당 문헌집⑴』평양、발행일과 발행소 기재 없음)。

北朝鮮労働党中央委員会『北朝鮮労働党創立大会会議録』平壌、一九四六年（북조선로동당 중앙위원회『북조선로동당 창립대회 회의록』、1946년)。

北朝鮮人民委員会企画局編纂『一九四六年度北朝鮮人民経済統計集』平壌、一九四七年（북조선인민위원회 기획국 편찬『1946년도 북조선 인민경제 통계집』1947년)。

北朝鮮労働党中央委員会『北朝鮮労働党第二次全党大会会議録』平壌、一九四八年（북조선로동당 중앙위원회『북조선로동당 제2차 전당대회 회의록』1948년)。

金日成『朝鮮民主主義人民共和国樹立の道』平壌、北朝鮮労働党出版社、一九四八年（김일성『조선민주주의인민공화국 수립의 길』조선로동당출판사、1948년)。

金日成『党の鞏固化のために』平壌、朝鮮労働党出版社、一九五二年（김일성『당의 공고화를 위하여』조선로동당출판사、1952년)。

朝鮮労働党中央党学校教材『朝鮮労働党闘争史——講義速記（一）』平壌、朝鮮労働党出版社、一九五八年（조선로동당 중앙당학교 교재『조선로동당 투쟁사 - 강의 속기⑴』조선로동당출판사、1958년)。

朝鮮労働党中央委員会直属党歴史研究所『朝鮮労働党歴史教材』平壌、朝鮮労働党出版社、一九六四年（조선로동당중앙위원회 직속 당역사연구소『조선로동당 역사교재』조선로동당출판사、1964년）。

〈中国語文献〉

中華民国重要史料初編編集委員会編『中華民国重要史料初編――対日抗戦時期』第三篇、戦時外交（台北、中国国民党中央委員会党史委員会刊行、中華民国七十年、一九五九年）。

回想録・著作集

〈英語文献〉

Byrnes, James F., *Speaking Frankly* (New York: Harper & Brothers, 1947).

Byrnes, James F., *All in One Lifetime* (New York: Harper & Brothers, 1958).

Churchill, Winston S., *The Grand Alliance, The Second World War* (London: Cassell, 1950).

Churchill, Winston S., *Triumph and Tragedy, The Second World War* (London: Cassell, 1954).

Dilks, David, ed. *The Diaries of Sir Alexander Cadogan, 1938-1945* (New York: G. P. Putnam's Sons, 1971).

Eden, Anthony, *The Reckoning* (Boston: Houghton Mifflin, 1965).

Ferrell, Robert H., ed., *Off the Record: The Private Papers of Harry S. Truman* (New York: Harper & Row, 1980).

Harriman, W. Averell and Elie Abel, *Special Envoy to Churchill and Stalin, 1941–1946* (New York: Random House, 1975).

Hull, Cordell, *The Memoirs of Cordell Hull*, Vol. II (New York: Macmillan, 1948).

King, Ernest J., *Fleet Admiral King: A Naval Record* (New York: Norton).

Leahy, William D., *I Was There* (New York: Whittlesey House, McGraw-Hill, 1950).

Millis, Walter ed. with B. S. Duffield, *The Forrestal Diaries* (New York: Viking Press, 1951).

Stillwell, Joseph W., *The Stillwell Papers* (New York: William Sloane Associates, 1948).

Truman, Harry S., *Memoirs: Year of Decisions* (New York: Doubleday, 1955).

Wells, Sumner, *The Time for Decision* (New York: Harper & Brothers, 1944).

〈日本語文献〉

磯谷季次『朝鮮終戦記』（未來社、一九八〇年）。

金日成『金日成著作集1』（日本語版、平壌、外国文出版社、一九八〇年）。

朝鮮労働党中央委員会党歴史研究所『金日成主席革命活動史』（平壌、日本語版、外国文出版社、一九八三年）。

白峯『金日成伝』全三巻（雄山閣、一九六九―一九七〇年）。

八木信雄『日本と韓国』（増補改定版、大阪、日韓文化出版社、一九八三年）。

〈韓国語文献〉 ＊가나다順

金九『白凡逸志』ソウル、国士院、一九四七年（김구『백범일지』국사원、1947년）。

金九『白凡金九全集』第五巻（大韓民国臨時政府Ⅱ）大韓毎日新報社、一九九九年（김구『백범김구전집』제5권（대한민국임시정부Ⅱ）、대한매일신보사、1999년）。

金度演『私の人生白書・常山回想録』常山金度演博士回顧録出版同志會、一九六七年（김도연『나의 인생백서・상산회상록』상산 김도연박사 회고록 출판 동지회、1967년）。

金俊燁『長征1――私の光復軍時代（上）』京畿道坡州市、ナナム、一九八七年（김준엽『장정1―나의 광복군시대（상）』나남、1987년）。

金俊燁『長征2――私の光復軍時代（下）』京畿道坡州市、ナナム、一九八九年（김준엽『장정2―나의 광복군시대（하）』나남、1989년）。

夢陽呂運亨先生全集発刊委員会『夢陽呂運亨全集1』ソウル、ハヌル、一九九一年（몽양 여운형선생전집간행위원회『몽양 여운형 전집1』한울、1991년）。

白南薫『私の一生』ソウル、解慍白南薫先生記念事業会、一九六八年（백남훈『나의 일생』해온 백남훈 선생 기념사업회、1968년）。

徐載弼・金道泰『徐載弼博士自叙伝』ソウル、首善社、一九四八年（서재필・김도태『서재필 박사 자서전』수선사、1948년）。

安在鴻選集刊行委員会編『民世安在鴻選集』第二巻、知識産業社、一九八三年（안재홍선집 간행위원회 편『민세 안세홍선집』제2권、지식산업사、1983년）。

雩南實録編纂會『雩南實録一九四五—一九四八』ソウル、雩南實録編纂會、一九七六年（우남실록편찬회『우남실록1945-1948』우남실록편찬회、1976년）。

尤史研究会編・沈之淵著『宋南憲回顧録』ソウル、図書出版ハヌル、二〇〇〇年（우산연구회 편・심지연 저『송남헌 회고록』도서출판 한울、2000년）。

而丁朴憲永全集編集委員会編『而丁朴憲永全集』第二巻、ソウル、歴史批評社、二〇〇四年（이정 박헌영 전집 편집위원회 편『이정 박헌영 전집』제2권、역사비평사、2004년）。

林炳稷『林炳稷回想録——近代韓国外交の裏面史』ソウル、女苑社、一九六四年（임병직『임병직 회상록 - 근대 한국외교의 이면사』여원사、1964년）。

張俊河『石枕』全面改訂版、京畿道坡州市、トルペゲ、二〇一五年（장준하『돌베개』전면개정판、돌베개、2015년）。

趙炳玉『私の回想録』ソウル、民教社、一九五九年（조병옥『나의 회상록』민교사、1959년）。

〈朝鮮語文献〉 ＊가나다順

金日成『金日成選集1』平壌、朝鮮労働党出版社、一九五四年（김일성『김일성 선집1』조선로동당출판사、1954년）。

金日成『金日成著作選集1』平壌、朝鮮労働党出版社、一九六七年（김일성『김일성 저작선집1』조선로동당출판사、1967년）。

金日成『金日成著作選集5』平壌、朝鮮労働党出版社、一九六七年（김일성『김일성 저작선집5』조선로동당출판사、1967년）。

金日成『金日成全集3』平壌、朝鮮労働党出版社、一九九二年（김일성『김일성 전집3』조선로동당출판사、1972년）。

金日成『金日成著作集1』平壌、朝鮮労働党出版社、一九七九年（김일성『김일성 저작집1』조선로동당출판사、1979

년)。

金日成『金日成同志回顧録・世紀とともに8』平壌、朝鮮労働党出版社、一九九八年（김일성『김일성동지 회고록——세기와 더불어8』조선로동당출판사、1998년）。

金日成同志略伝編纂委員会『金日成同志略伝』復刻発行、東京、九月書房、一九七二年（김일성동지 약전 편찬위원회『김일성동지 약전』복각발행、동경、九月書房、1972년）。

『金日成主席革命活動史』一九八二年版、平壌、朝鮮労働党出版社、一九八二年（『김일성주석 혁명 활동사』1982년판、조선로동당출판사、1982년）。

『偉大なる首領 金日成同志略伝』平壌、朝鮮労働党出版社、二〇一二年（『위대한 수령 김일성동지 약전』조선로동당출판사、2012년）。

朝鮮労働党中央委員会宣伝扇動部『金日成将軍略伝』（復刻発行、東京、学友書房、一九五二年（조선로동당 중앙위원회 선전선동부『김일성장군 약전』（복각발행、동경、学友書房、1952년）。

単行本

〈英語文献〉

Alperovitz, Gar, *Atomic Diplomacy: Hiroshima and Potsdam* (London: Pluto Press, 1994, First Published in the USA by Simon and Schuster, 1965).
Armstrong, Charles K., *The North Korean Revolution 1945–1950* (New York: Cornell University Press, 2003).
Bohlen, Charles, *Witness to History, 1929–1969* (New York: Norton, 1973).
Brzezinski, Zbigniew K., *The Soviet Bloc: Unity and Conflict* (Cambridge, Massachusetts: Harvard University Press, 1960).
Cho, Soon Sung, *Korea in World Politics, 1940–1950* (Berkeley: University of California Press, 1967).
Cumings, Bruce, *The Origins of the Korean War: Liberation and the Emergence of Separate Regimes 1945–1947* (Princeton, New Jersey: Princeton University Press, 1981).
Dallek, Robert, *Franklin D. Roosevelt and American Foreign Policy, 1932–1945* (New York: Oxford University Press,

1979).

Deane, John R., *The Strange Alliance: The Story of Our Efforts at Wartime Co-operation with Russia* (New York: The Viking Press, 1947).

Djilas, Milovan, *Conversation with Stalin* (London: Rupert Hart-Davis, 1962).

Dobbs, Charles M., *The Unwanted Symbol: American Foreign Policy, the Cold War and Korea, 1945–1950* (Kent, Ohio: Kent State University Press, 1981).

Dobbs, Michael, *Six Months in 1945: FDR, Stalin, Churchill, and Truman-From World War to Cold War* (London: Arrow Books, 2013).

Dunn, Dennis J., Caught Between Roosevelt & Stalin: America's Ambassadors to Moscow (Lexington, Kentucky: University Press of Kentucky, 1998).

Eckert, Carter J., *Offspring of Empire: The Koch'ang Kims and the Colonial Origins of Korean Capitalism 1876–1945* (Seattle: University of Washington Press, 1991).

Feis, Herbert, *Churchill Roosevelt Stalin: The War They Waged and the Peace They Sought* (Princeton, New Jersey: Princeton University Press, 1966)

Feis, Herbert, *The China Tangle: The American Effort in China from Pearl Harbor to the Marshall Mission* (Princeton, New Jersey: Princeton University Press, 1972).

Frank, Richard B., *Downfall: The End of the Imperial Japanese Empire* (New York: Random House, 1999).

Gaddis, John Lewis, *The United States and the Origins of the Cold War, 1941–1947* (New York: Columbia University Press, 1972).

Gaddis, John Lewis, *Russia, the Soviet Union, and the United States: An Interpretive History* (New York: John Wiley and Sons, 1978).

Gaddis, John Lewis, *The Long Peace: Inquiries into the History of the Cold War* (New York: Oxford University Press, 1987).

Gaddis, John Lewis, *We Now Know: Rethinking Cold War History* (New York: Oxford University Press, 1997).

Gaddis, John Lewis, *The Cold War: A New History* (New York: The Penguin Press, 2005).

Grew, Joseph G., *Turbulent Era: A Diplomatic Record of Forty Years*, II (Boston: Houghton Mifflin, 1952).

Halle, Louis J., *The Cold War as History* (New York: Harper& Row, 1967).

Halsey, William F. and J. Bryan III, *Admiral Halsey's Story* (New York: Whittlesey House, McGraw-Hill, 1947).

Hart, B. H. Liddell, *History of the Second World War* (London: Cassell, 1970).

Henderson, Gregory, *Korea: The Politics of the Vortex* (Cambridge, Massachusetts: Harvard University Press, 1968).

Hoensch, K., *A History of Modern Hungary 1867–1986* (translated by Kim Traynor, London and New York: Longman, 1988).

Holloway, David, *Stalin and the Bomb: The Soviet Union and Atomic Energy 1939–1956* (New Haven: Yale University Press, 1994).

Hoyt, Edwin P., *How They Won the War in the Pacific: Nimitz and His Admirals* (New York: Weybright and Talley, 1970).

James, D. Clayton, *The Years of MacArthur: Triumph and Desarster1945–1964* (Boston: Houghton Mifflin, 1985).

Jakobson, Max, *Finnish Neutrality: A Study of Finnish Foreign Policy Since the Second World War* (London: Hugh Evelyn, 1968).

Kennan, George F., *Memoirs 1925–1950* (Boston: Little, Brown, 1967).

Kennedy, Paul, *Engineers of Victory: The Problem Solvers Who Turned the Tide in the Second World War* (New York: Allen Lane, 2013).

Kim, Seung-young, *American Diplomacy and Strategy toward Korea and Northeast Asia, 1882–1950 and After: Perception of Polarity and US Commitment to a Periphery* (New York: Palgrave MacMillan, 2009).

LaFeber, Walter, *America, Russia , and the Cold War 1945–1975*, Third Edition (New York: Wily and Sons, 1976).

Lankov, Andrei, *From Stalin to Kim Il Sung: The Formation of North Korea 1945–1960* (Hurst: London, 2002).

Mastny, Vojtech, *Russia's Road to the Cold War: Diplomacy, Warfare, and the Politics of Communism, 1941–1945* (New

York: Columbia University Press, 1979).

Mastny, Vojtech, *The Cold War and Soviet Insecurity: The Stalin Years* (New York: Oxford University Press, 1996).

Matray, James Irving, *The Reluctant Crusade: American Foreign Policy in Korea, 1945–1950* (Honolulu: University of Hawaii Press, 1985).

McCagg, William O., Jr., *Stalin Embattled, 1943–1948* (Detroit: Wayne State University Press, 1978).

McCoy, Donald R., *The Presidency of Harry S. Truman* (Lawrence: University Press of Kansas, 1984).

Meade, R. Grant, *American Military Government in Korea* (New York: King's Crown Press, Columbia University, 1951).

Messer, Robert L., *The End of an Alliance: James F. Byrnes, Roosevelt, Truman, and the Origins of the Cold War* (Chapel Hill: The University of North Carolina Press, 1982).

Mikolajczyk, Stanislaw, *The Rape of Poland: Pattern of Soviet Aggression* (Connecticut: Greenwood Press, 1972, Originally Published in 1948 by Whittlesey House).

Myant, Martin, *Poland: A Crisis for Socialism* (London: Lawrence and Wishart, 1982).

Nagorski, Andrew, *The Greatest Battle: Stalin, Hitler, and the Desperate Struggle for Moscow That Changed the Course of World War II,* (New York: Simon & Schuster, 2007).

Oliver, Robert T., *Syngman Rhee: The Man Behind the Myth* (New York: Dodd Mead, 1954).

Oliver, Robert T., *Syngman Rhee: The Man Behind the Myth* (Westport, Connecticut: reprinted by Greenwood Press, 1973).

Rhee, Syngman, *Japan Inside Out: The Challenge of Today* (New York: Revell, 1941).

Roberts, Geoffrey, *Stalin's Wars: From World War to Cold War, 1939–1953* (New Haven: Yale University Press, 2006).

Sandusky, Michael C., *America's Parallel* (Alexandria, Virginia: Old Dominion Press, 1983).

Scalapino, Robert A. and Chong-Sik Lee, *Communism in Korea, Part 1: The Movement* (Berkeley: University of California Press, 1973).

Sherwin, Martin J., *A World Destroyed: The Atomic Bomb and the Grand Alliance* (New York: Vintage Books, 1977).

Sherwood, Robert E., *Roosevelt and Hopkins: An Intimate History* (New York: Harper and Brothers, 1948).

Smith, Bradley F., *The Shadow Warriors: O.S.S. and the Origins of C.I.A* (New York: Basic Books, 1983).

Smith, Robert, *MacArthur in Korea: The Naked Emperor* (New York: Simon and Schuster, 1982).

Stimson, Henry L. and McGeorge Bundy, *On Active Service in Peace and War* (New York: Harper and Brothers, 1947).

Suh, Dae-Sook, *The Korean Communist Movement 1918-1948* (Princeton: Princeton University Press, 1967).

Suh, Dae-Sook ed., *Documents of Korean Communism 1918-1948* (Princeton: Princeton University Press, 1970).

Suh, Dae-Sook, *Korean Communism, 1945-1980: A Reference Guide to the Political System* (Honolulu: University Press of Hawaii, 1981).

Suh, Dae-Sook, *Kim Il Sung: The North Korean Leader* (New York: Columbia University Press, 1988).

Szymanski, Albert, *Class Struggle in Socialist Poland* (New York: Praeger, 1984).

Thorne, Christopher, *Allies of a Kind: The United States, Britain, and the War against Japan, 1941~1945* (London: Hamish Hamilton, 1978).

Toll, Ian W., *Pacific Crucible: War at Sea in the Pacific, 1941-1942* (New York: Norton, 2012).

Tuchman, Barbara W. *Stillwell and the American Experience in China, 1911-45* (New York: Macmillan, 1970).

van Ree, Erik, *Socialism in One Zone: Stalin's Policy in Korea 1945-1947* (Oxford, New York, Munich: Berg, 1989).

Walker, J. Samuel, *Prompt & Utter Destruction: Truman and the Use of Atomic Bombs against Japan* (Chapel Hill: The University of North Carolina Press, 2004).

Williams, William Appleman, *The Tragedy of American Diplomacy*, Second Edition (New York: Dell, 1972).

Yu, Maochun, *OSS in China: Prelude to Cold War* (New Heaven: Yale University Press, 1996).

〈日本語文献〉

饗庭孝典・ＮＨＫ取材班『朝鮮戦争――分断三八度線の真実を追う』（日本放送協会、一九九〇年）。

赤木完爾『第二次世界大戦の政治と戦略』（慶應義塾大学出版会、一九九七年）。

家近亮子『蔣介石の外交戦略と日中戦争』（岩波書店、二〇一二年）。

五百旗頭真『米国の日本占領政策』上・下巻（中央公論社、一九八五年）。

五百旗頭真『占領期――首相たちの新日本』（講談社、二〇〇七年）。

林隠『北朝鮮王朝成立秘史――金日成正伝』（自由社、一九八二年）。

李昊宰著・長澤裕子訳『韓国外交政策の理想と現実――李承晩外交と米国の対韓政策に対する反省』（法政大学出版局、二〇〇八年）。

入江昭『日米戦争』（中央公論社、一九七八年）。

神谷不二『現代国際政治の視角』（有斐閣、一九六六年）。

金正明編『朝鮮独立運動Ⅱ――民族主義運動篇』（原書房、一九六七年）。

金一、崔賢、朴成哲、呉振宇ほか『チュチェの光のもと抗日革命20年』第五巻（平壌、日本語版、外国文出版社、一九八六年）。

桜井浩編『解放と革命――朝鮮民主主義人民共和国の成立過程』（アジア経済研究所、一九九〇年）。

澤正彦『南北キリスト教史論』（復刻版、日本基督教団出版局、二〇〇六年、初版一九八二年）。

サンケイ新聞社『蔣介石秘録』第一四巻（一九七七年）。

高峻石『南朝鮮労働党史』（勁草書房、一九七八年）。

沈志華著・朱建栄訳『最後の「天朝」――毛沢東・金日成時代の中国と北朝鮮』上巻（岩波書店、二〇一六年）。

ジューコフ、E・M監修、江口朴郎監修『極東国際政治史 1840―1949』下巻（日本語版、平凡社、一九五七年）。

徐正敏『日韓キリスト教関係史研究』（日本キリスト教団出版局、二〇〇九年）。

徐大粛著・古田博司訳『金日成と金正日――革命神話と主体思想』（岩波書店、一九九六年）。

外山操編『陸海軍将官人事総覧〈陸軍篇〉』（芙蓉書房、一九八一年）。

ソ連共産党中央委員会付属マルクス・レーニン主義研究所編・川内唯彦訳『第二次世界大戦史』第一〇巻（弘文堂、一九六六年）。

中沢志保『ヘンリー・スティムソンと「アメリカの世紀」』（国書刊行会、二〇一四年）

長田彰文『日本の朝鮮統治と国際関係――朝鮮独立運動とアメリカ1910―1922』（平凡社、二〇〇五年）。

長谷川毅『暗闘──スターリン、トルーマンと日本降伏』（中央公論新社、二〇〇六年）。

秦郁彦編『日本陸海軍総合事典』（東京大学出版会、一九九一年）。

福田茂夫『第二次大戦の米軍事戦略』（中央公論社、一九七九年）。

藤井新『北朝鮮の法秩序──その成立と変容』（世界織書房、二〇一四年）。

マリノフスキー著・石黒寛訳『関東軍撃滅す──ソ連極東軍の戦略秘録』（徳間書店、一九六八年）。

閔庚培著・澤正彦訳『韓国キリスト教史』（日本基督教団出版局、一九七四年）。

横手慎二『スターリン──「非道の独裁者」の実像』（中公新書、中央公論社、二〇一四年）。

柳東植『韓国のキリスト教』（東京大学出版会、一九八七年）。

和田春樹『金日成と満州抗日戦争』（平凡社、一九九二年）。

和田春樹『北朝鮮現代史』（岩波新書、岩波書店、二〇一二年）。

〈韓国語文献〉＊가나다順

KBS光復六〇周年特別プロジェクト『8・15の記憶』ソウル、ハンギルサ、二〇〇五年（KBS광복60주년 특별프로젝트『8・15의 기억』한길사、2005년）。

姜萬吉『朝鮮民族革命党と統一戦線』ソウル、和平社、一九九一年（강만길『조선민족협력당과 통일전선』화평사、1991년）。

古堂曺晩植先生記念事業会編『古堂曺晩植伝記・北韓一千万同胞と生死を共にする』ソウル、キッパラン、二〇一〇年（고당 조만식 선생기념사업회 편『고당 조만식 전기・북한 일천만 동포와 생사를 같이 하겠소』기파랑、2010년）。

古下先生伝記編纂委員会編『古下宋鎭禹先生伝』ソウル、東亜日報社出版局、一九六五年（고하선생전기 편찬위원회 편『고하 송진우선생 전』동아일보사 출판국、1965년）。

金局厚『平壌のカレイスキー・エリートたち』ソウル、ハヌル、二〇一三年（김국후『평양의 카레이스키 엘리트들』한울、2013년）。

金局厚『平壌のソ連軍政』ソウル、ハヌル、二〇〇八年（김국후『평양의 소련군정』한울、2008년）。

キムクォンジョン『近代転換期韓国社会とキリスト教受容』ソウル、ブックコリア、二〇一六年（김권정『근대 전환기 한국 사회와 기독교 수용』북코리아、2016년）。

金基兆『三八線分割の歴史——米・ソ日間の戦略対決と戦時外交秘史』ソウル、東山出版社、一九九四年（김기조『38선 분할의 역사—미・소간의 전략대결과 전시외교 비사』동산출판사、1994년）。

キムギヒョブ『解放日記』第一巻、ソウル、ノモブックス、二〇〇一年（김기협『해방일기』제1권、너머북스、2001년）。

金南植『南労党研究』ソウル、トルペゲ、一九八四年（김남식『남로당 연구』돌베개、1984년）。

金三雄『闘士と紳士 安昌浩評伝』ソウル、ヒョンアムサ、二〇一三年（김삼웅『투사와 신사 안창호 평전』현암사、2013년）。

金午星『指導者群像』ソウル、大成出版社、一九四六年（김오성『지도자 군상』대성출판사、1946년）。

金雲泰『米軍政の韓国統治』ソウル、博英社、一九九二年（김운태『미군정의 한국통치』박영사、1992년）。

金俊淵『独立路線』第六版、ソウル、時事時報社出版局、一九五九年（김준연『독립노선』제6판、시사시보사 출판국、1959년）。

金昌順『北韓十五年史』ソウル、知文閣、一九六一年（김창순『북한15년사』지문각、1961년）。

金鐘鳴『朝鮮新民主主義革命史』五月書房、一九五三年（김종명『조선신민주주의 혁명사』오월서방、1953년）。

金喜坤『大韓民国臨時政府研究』ソウル、知識産業社、二〇〇四年（김희곤『대한민국임시정부연구』지식산업사、2004년）。

南時旭『韓国保守勢力研究』京畿道、ナナム出版、二〇〇五年（남시욱『한국 보수세력 연구』나남、2005년）。

都珍淳『韓国民族主義と南北関係——李承晩・金九時代の政治史』ソウル、ソウル大学出版部、一九九七年（도진순『한국 민족주의와 남북관계 - 이승만・김구시대의 정치사』서울대학교 출판부、1997년）。

朴甲東『朴憲永』ソウル、人間社、一九八三年（박갑동『박헌영』인간사、1983년）。

朴明洙『曺晩植と解放後韓国政治』ソウル、ブックコリア、二〇一五年（박명수『조만식과 해방후 한국정치』북코리아、2015년）。

朴炳燁『金日成と朴憲永、そして呂運亨』ソウル、先人出版社、二〇一〇年（박병엽『김일성과 박헌영 그리고 여운형』선인출판사、２０１０년）。

朴炳燁『朝鮮民主主義人民共和国の誕生』ソウル、先人出版社、二〇一〇年（박병엽『조선민주주의인민공화국의 탄생』선인출판사、２０１０년）。

朴駟遠『南労働党総批判』上巻、ソウル、極東情報社、一九四八年（박일원『남로동당 총비판』상권、극동정보사、１９４８년）。

パクテギュン・チョンチャンヒョン『暗殺』京畿道坡州市、歴史人、二〇一六年（박태균・정창현『암살』역사인、２０１６년）。

方仁厚『北韓「朝鮮労働党」の形成と発展』ソウル、高麗大学校亜細亜問題研究所、一九六七年（방인후『북한 조선로동당의 형성과 발전』고려대학교 아세아문제연구소、１９６７년）。

シャブシーナ著、キムミョンホ訳『１９４５年・南韓にて』ソウル、ハヌル、一九九六年（파냐 이시악꼬브나 샤브시나 저、김명호 역『１９４５년 남한에서』한울、１９９６년）。

徐仲錫『韓国現代民族運動研究——解放後民族国家建設運動と統一戦線』ソウル、歴史批評社、一九九六年（서중석『한국현대 민족운동 연구 - 해방후 민족국가 건설운동과 통일전선』역사비평사、１９９６년）。

ソ連科学アカデミー編『レニングラードから平壌まで』翻訳書、ソウル、ハムソン、一九八九年（소련과학아카데미 편『레닌그라드에서 평양까지』번역서、함성、１９８９년）。

孫世一『李承晩と金九』ソウル、一潮閣、一九七〇年（손세일『이승만과 김구』일조각、１９７０년）。

孫世一『李承晩と金九』第六巻、ソウル、朝鮮ニュースプレス、二〇一五年（손세일『이승만과 김구』제6권、조선뉴스프레스、２０１５년）。

宋南憲『解放三年史Ⅰ（一九四五—一九四八）』ソウル、カチ、一九七七年（송남헌『해방3년사Ⅰ（１９４５-１９４８）』까치、１９７７년）。

宋南憲『韓国現代政治史』第一巻、ソウル、成文閣、一九八〇年（송남헌『한국 현대정치사』제1권、성문각、１９８０년）。

新義州反共学生義挙記念會『鴨緑江辺のたいまつ——新義州反共学生義挙の真相記』青丘出版社、一九六四年（신의주 반공

학생의거 기념회『압록강변의 횃불 – 신의주 반공 학생의거의 진상기』청구출판사、1964년)。

沈之淵『韓国現代政党論』ソウル、創作と批評社、一九八四年（심지연『한국 현대정당론』창작과 비평사、1948년）。

沈之淵『韓国民主党研究』第一巻、ソウル、プルビッ、一九八二年（심지연『한국 민주당 연구』제1권、풀빛、1982년）。

沈之淵『人民党研究』ソウル、慶南大学極東問題研究所、一九九一年（심지연『인민당 연구』경남대 극동문제연구소、1991년）。

沈之淵『朝鮮新民党研究』ソウル、ドンニョン、一九八八年（심지연『조선신민당 연구』동녁、1988년）。

沈之淵『米・ソ共同委員会研究』ソウル、清蹊研究所、一九八九年（심지연『미소공동위원회 연구』청계연구소、1989년）。

沈之淵『忘れられた革命家の肖像——金科奉研究』ソウル、図書出版インガンサラン、一九九三年（심지연『잊혀진 혁명가의 초상 – 김두봉 연구』도서출판 인간사랑、1993년）。

アンムンソク『呉淇燮評伝』（全羅北道全州、全北大学出版文化院、二〇一三年（안문석『오기섭 평전』전북대학교 출판문화원、2013년）。

安鎭『米軍政と韓国の民主主義』ソウル、ハヌル・アカデミー、二〇〇五年（안진『미군정과 한국의 민주주의』한울아카데미、2005년）。

呂ヨング『わが父・呂運亨』ソウル、キムヨンサ、二〇〇一年（여연구『나의 아버지 여운형』김영사、2001년）。

呂運弘『夢陽呂運亨』ソウル、青廈閣、一九六七年（여운홍『몽양 여운형』청문각、1967년）。

呉泳鎭『一つの証言——作家の手記』ソウル、中央文化社、一九五二年（오영진『하나의 증언 – 작가의 수기』중앙문화사、1952년）。

尤史研究会・姜萬吉・沈之淵著『尤史金奎植1・反日独立闘争と左右合作』ソウル、図書出版ハヌル、二〇〇〇年（우사연구회・강만길・심지연 저『우사김규식1・항일독립투쟁과 좌우합작』도서출판 한울、2000년）。

柳永益『李承晩の生と夢——大統領になるまで』ソウル、中央日報社、一九九六年（유영익『이승만의 삶과 꿈 – 대통령이 되기까지』중앙일보사、1996년）。

柳永益『李承晩大統領再評価』ソウル、延世大学出版部、二〇〇六年（유영익『이승만 대통령 재평가』연세대학교 출판부、2006년）。

柳文華『解放後四年間の国内外重要日誌』ソウル、民主朝鮮社、一九四九年（유문화『해방후4년간의 국내외 중요일지』민주조선사、1949년）。

兪鎭午『未來に向かう窓——歴史の分水嶺に立って』ソウル、一潮閣、一九七八年（유진오『미래로 향한 창-역사의 분수령에 서서』일조각、1978년）。

李康国『民主主義朝鮮の建設』ソウル、朝鮮人民報社、一九四六年（이강국『민주주의조선의 건설』조선인민보사、1946년）。

李敬南『雪山 張徳秀』ソウル、東亜日報社、一九八一年（이경남『설산 장덕수』동아일보사、1981년）。

李起夏『韓国政党発達史』ソウル、議会政治社、一九六一年（이기하『한국정당발달사』의회정치사、1961년）。

李東炫『韓国信託統治研究』ソウル、平民社、一九九〇年（이동현『한국 신탁통치 연구』평민사、1990년）。

李萬珪『呂運亨闘争史』ソウル、民主文化社、一九四七年（이만규『여운형투쟁사』민주문화사、1947년）。

李範奭『民族と青年——李範奭論説集』ソウル、白水社、一九四八年（이범석『민족과 청년-이범석 논설집』백수사、1948년）。

李承晩『独立精神』ソウル、東西文化社、二〇一〇年（이승만『독립정신』도서문화사、2010년）。

李完範『三八線画定の真実——一九四四～一九四五』ソウル、知識産業社、二〇〇一年（이완범『38선 획정의 진실-1944～1945』지식산업사、2001년）。

李元淳編著『人間 李承晩』ソウル、新太陽社出版局、一九六五年（이원순 편『인간 이승만』신태양사출판국、1965년）。

李庭植『金奎植の生涯』ソウル、新丘文化社、一九七四年（이정식『김규식의 생애』신구문화사、1974년）。

李庭植『李承晩の青年時代』ソウル、東亜日報社、二〇〇二年（이정식『이승만의 청년시대』동아일보사、2002년）。

李庭植『李承晩の旧韓末改革運動——急進主義からキリスト教立国論へ』ソウル、培材大学出版部、二〇〇五年（이정식『이승만의 구한말 개혁운동-급진주의에서 기독교 입국론으로』배재대학출판부、2005년）。

李炫熙『大韓民国臨時政府史』ソウル、集文堂、一九八二年（이현희『대한민국임시정부사』집문당、1982년）。

イヒェスク『米軍政期支配構造と韓国社会』ソウル、ソニン、二〇〇八年（이혜숙『미군정기 지배구조와 한국사회』선인、2008년）。

仁村記念会『仁村金性洙伝』ソウル、仁村記念会、一九七六年（인촌기념회『인촌 김성수 전』1976년）。

イムギョンソク『而丁朴憲永一代記』ソウル、歴史批評社、二〇〇四年（임경석『이정 박헌영 일대기』역사비평사、2004년）。

張時華編『建国訓話』ソウル、敬天愛人社、一九四五年（장시화 편『건국신화』경천애인사、1945년）。

鄭容郁『解放前後米国の対韓政策』ソウル、ソウル大学校出版文化院、二〇〇三年（정용욱『해방 전후 미국의 대한정책』서울대학교 출판문화원、2003년）。

鄭秉峻『雩南李承晩研究』ソウル、歴史批評社、二〇〇五年（정병준『우남 이승만 연구』역사비평사、2005년）。

曺奎河・李庚文・姜聲才『南北の対話』ソウル、ハノル文庫、一九七二年（조규하・이경문・강성재『남북의 대화』한얼문고、1972년）。

趙凡来『韓国独立党研究 一九三〇―一九四五』ソウル、先人、二〇一一年（조범래『한국독립당 연구 1930-1945』선인、2011년）。

朝鮮産業労働調査所編『正しい路線のために』ソウル、ウリ文化社、一九四五年（조선산업노동조사소 편『바른 노선을 위해』우리문화사、1945년）。

趙霊岩『古堂曺晩植』釜山、政治新聞社、一九五三年（조영암『고당 조만식』정치신문사、1953년）。

中央日報特別取材班『秘録・朝鮮民主主義人民共和国』上・下巻、ソウル、中央日報社、一九九三年（중앙일보 특별취재반『비록 조선민주주의인민공화국』상・하、중앙일보사、1993년）。

崔永禧『激動の解放3年』江原道春川市、翰林大学アジア文化研究所、一九九六年（최영희『격동의 해방3년』한림대학교 아시아문화연구소、1996년）。

韓国日報編『証言・金日成を語る』ソウル、韓国日報社、一九九一年（한국일보편『증언 김일성을 말한다』한국일보사、1991년）。

韓根祖『古堂曺晩植』ソウル、太極出版社、一九七〇年（한근조『고당 조만식』태극출판사、1970년）。

韓崇弘『韓景職』ソウル、ブックコリア、二〇〇九年（한승홍『한경직』북코리아、2009년）。

韓豹頊『李承晩と韓米外交』ソウル、中央日報社、一九九六年（한표욱『이승만과 한미외교』중앙일보사、1996년）。

咸錫憲『意味でみた韓国歴史』ソウル、第一出版社、一九七七年（함석헌『뜻으로 본 한국역사』제일출판사、1977년）。

咸錫憲『人間革命』ソウル、一字社、一九六一年（함석헌『인간혁명』일자사、1961년）。

黄苗禧『重慶 大韓民国臨時政府史』ソウル、景仁文化社、二〇〇二年（황묘희『중경 대한민국임시정부사』경인문화사、2002년）。


〈中国語文献〉


梁敬錞『開羅會議』（台北、台湾商務印書館、一九七三年）。

唐縦『在蔣介石身辺八年』（台北、群衆出版社、一九九一年）。

論文

〈英語文献〉

Bernstein, Barton J., "Roosevelt, Truman, and Atomic Bomb, 1941-1945: A Reinterpretation," *Political Science Quarterly*, Spring 1975.
Bernstein, Barton J., "The Atomic Bombing Reconsidered," *Foreign Affairs*, January/February 1995.
Friedrich, Carl J., "Military Government and Democratization: A Central Issue of American Foreign Policy," *American Experiences in Military Government in World War II* (New York: Rinehart and Company, 1948) .
Grey, Arthur L. Jr., "The Thirty-Eight Parallel," *Foreign Affairs*, Vol. 29, No. 3, 1951.
Kim, Seung-Young, "The Rise and Fall of the United States Trusteeship Plan for Korea as a Peace-maintenance Scheme," *Diplomacy & Statecraft*, 24, 2013.
Lauterbach, Richard E., "Hodge's Korea," *The Virginia Quarterly Review*, Vol. 23, No. 3, 1947.
McCune, Shannon, "The Thirty-Eight Parallel in Korea," *World Politics*, Vol. 1, No.2, January 1949.

Snow, Edgar, "We meet Russia in Korea," *The Saturday Evening Post*, Vol. 218, No. 39, March 30, 1946.
Suh, Dae-Sook, "A Preconceived Formula for Sovietization: The Communist Takeover of North Korea," Thomas T. Hammond, ed., *The Anatomy of Communist Takeover* (New Haven: Yale University Press, 1975).
Suh, Dae-Sook, "Soviet Koreans and North Korea," Dae-Sook Suh, ed., *Koreans in the Soviet Union* (Honolulu: Center for Korean Studies, University of Hawaii, 1987).
Taylor, Philip H., "Military Government Experience in Korea," Carl J. Friedrich and Associates, *American Experiences in Military Government in World War II* (New York: Rinehart and Company, 1948).
Weathersby, Kathryn, "Soviet Aims in Korea and the Origins of the Korean War, 1945–1950: New Evidence from Russian Archives," Working Paper No. 8, Cold War International History Project, Woodrow Wilson International Center for Scholars, November 1993.
Zhukov and Zabrodin, "Korea, Short Report," 29 June 1945, Kathryn Weathersby, "Soviet Aims in Korea and the Origins of the Korean War, 1945–1950: New Evidence from Russian Archives", Working Paper No. 8, Cold War International History Project, Woodrow Wilson International Center for Scholars, November 1993.

〈日本語文献〉


家近亮子「中国の抗日戦争と戦後構想」、『東アジア近現代通史』（6）（岩波書店、二〇一一年）。

遠藤柳作「政権授受の真相を語る」、『國際タイムス』一九五七年八月一六日。

大畑篤四郎「日露戦争」、外務省外交資料館日本外交史辞典編纂委員会『日本外交史辞典』（山川出版社、一九九二年）。

河原地英武「ソ連の朝鮮政策――１９４５～１９４８」、桜井浩編『解放と革命――朝鮮民主主義人民共和国の成立過程』一九九〇年。

菅英輝「原爆投下決定をめぐる論争」、『海外事情』（拓殖大学海外事情研究所）一九九六年四月。

木村光彦・鄭在貞「北朝鮮の土地改革――農地没収と再分配をめぐる諸問題」、『アジア経済』（アジア経済研究所）第三七巻一〇号、一九九六年。

権寧俊「抗日戦争期における韓国臨時政府の政治活動と中国国民政府」、『県立新潟女子短期大学研究紀要』第四四号、二〇〇七年。

呉忠根「戦時米ソ交渉における朝鮮問題――ポツダム会談を中心に」、『法学研究』（慶應義塾大学法学研究会）第五六巻六号、一九八三年。

呉忠根「朝鮮分断の国際的起源――原則の放棄と現状の承認」、日本国際政治学会編『国際政治――朝鮮半島の国際政治』第九二号、一九八九年。

崔昌益・朝鮮歴史研究会訳「朝鮮独立同盟朝鮮義勇軍」、朝鮮歴史編纂委員会編『朝鮮民族解放史』（三一書房、一九五二年）。

シャブシーナ、エフ・イ「第二次世界大戦後の朝鮮」、イェ・エム・ジューコフ編『植民地体制の危機――極東アジア諸国民の民族解放闘争』下巻（ソ同盟科学アカデミー太平洋問題研究所、民族問題研究会、東京、発行年不詳）。

鐸木昌之「朝鮮民族解放運動をめぐる国際関係――中国共産党および中国政府を中心に」、中村勝範編著『近代日本政治の諸相――時代による展開と考察』（慶應通信、一九八九年）。

鐸木昌之「北朝鮮における党建設」、桜井浩編『解放と革命――朝鮮民主主義人民共和国の成立過程』（アジア経済研究所）一九九〇年。

鐸木昌之「朝鮮解放直後における金日成路線――史料批判をとおしてみた『朝鮮共産党北朝鮮分局』創設と金日成演説」、『アジア経済』第三〇巻二号、一九八二年。

段瑞聡「一九四二年蔣介石のインド訪問」、『中国研究』（慶應義塾大学日吉紀要）第三号、二〇一〇年。

金景一「歴史的視角からみた朝鮮民族部隊の帰国」、赤木完爾編著『朝鮮戦争――休戦五〇周年の検証・半島の内と外から』（慶應義塾大学出版会、二〇〇三年）。

中尾美知子・中西洋「米軍政・全評・大韓労総――朝鮮〝解放〟から大韓民国への軌跡」、『経済学論集』（東京大学経済学会）第四九巻四号、一九八四年。

長田彰文「日本の朝鮮統治における『皇民化政策』と在朝米国人宣教師への圧力・追放――神社参拝問題を中心に」、『上智史学』第五四号、二〇〇九年一一月。

平松成雄「中ソの〝人民民主主義〟論――中ソ関係の一考（一）」、『法学研究』第三七巻四号、一九六四年。

フェリス、ジョン「太平洋戦争後期における連合国側の戦略」、『太平洋戦争とその戦略』（戦争史研究国際フォーラム報告書、防衛省防衛研究所）二〇一〇年三月。

フランク、リチャード著、赤木完爾訳「『決号』――一九四五年における日本の政治戦略・軍事戦略」、『法学研究』第八九巻八号、二〇一六年。

フランク、リチャード・B「アジア・太平洋戦争の終結――新たな局面」、『歴史からみた戦争の終結』（戦争史研究国際フォーラム報告書、防衛省防衛研究所）二〇一六年三月。

細谷雄一「『ユナイテッド・ネーションズ』への道（一）――イギリス外交と「大同盟」の成立、一九四一―四二年」、『法学研究』第八三巻四号、二〇一〇年。

細谷雄一「『ユナイテッド・ネーションズ』への道（二）―イギリス外交と『大同盟』の成立、一九四一―四二年」、『法学研究』、第八三巻五号、二〇一〇年。

細谷雄一「国連構想と地域主義（一）――グラッドウィン・ジェブと大国間協調の精神、一九四二―四三年」、『法学研究』第八三巻九号、二〇一〇年。

森田芳夫「朝鮮における終戦――十年前の八・一五」（二）、『親和』（日韓親和會）第二三号、一九五五年。

横手慎二「第二次大戦期のソ連の対日政策一九四一―一九四四」『法学研究』七一巻一号、一九九八年。

ヨシハラ、トシ「比較の視点からみた接近阻止――大日本帝国、ソ連、21世紀の中国」、『統合及び連合作戦の歴史的考察』（戦争史研究国際フォーラム報告書、防衛省防衛研究所）二〇一五年三月。

和田春樹「ソ連の朝鮮政策――一九四五年八月―十月」、『社会科学研究』第三三巻四号、一九八一年。

和田春樹「ソ連の北朝鮮政策――一九四五年十一月～一九四六年三月」、『社会科学研究』第三三巻六号、一九八二年。

和田春樹「朝鮮共産党北部朝鮮分局の創設」、『社会科学研究』第四二巻三号、一九九〇年。

〈韓国語文献〉 ＊가나다順
姜聲允「朝鮮労働党創建史についての歴史的再考察」、平和問題研究所『統一問題研究』通巻三九号、二〇〇三年上半期号（강성윤「조선로동당창건사에 대한 역사적 재고찰」、평화문제연구소『통일문제연구』통권39호、2003년 상반기호）。

コウジョンヒョウ「大韓民国臨時政府大統領としての李承晩」、柳永益『李承晩大統領再評価』ソウル、延世大学出版部、二〇〇六年（고정휴「대한민국임시정부 대통령으로서의 이승만」、유영익 편『이승만 대통령 재평가』연세대학교 출판부、2006년）。

キムギョンホ「北韓土地改革の特徴に関する考察」、『土地法学』第二一号、二〇〇五年（김경호「북한토지개혁의 특징에 관한 고찰」、『토지법학』21호、2005년）。

金聖甫「北韓の土地改革（一九四六年）と農村階層構成変化——決定過程と地域事例」、『東方学誌』第八七輯、ソウル、延世大学国学研究院一九九五年秋号（김성보「북한의 토지개혁（1946년）과 농촌계층 구성 변화—결정과정과 지역사례—」、『동방학지』제87집、연세대학교 국학연구원、1995년 가을호）。

キムヨンボク「解放直後北韓人民委員会の組織と活動」、『解放前後史の認識5』ソウル、ハンキルサ、一九八九年（김용복「해방직후 북한인민위원회의 조직과 활동」、『해방전후사의 인식5』한길사、1989년）。

金昌珍「八・一五直後光州地方における政治闘争——一九四五~四六年人民委員会活動と米軍政の性格」、歴史問題研究所編『歴史批評』第一集、ソウル、歴史批評社、一九八七年（김창진「8・15직후 광주지방에서의 정치투쟁—1945~46년 인민위원회 운동과 미군정의 성격」、역사문제연구소 편『역사비평』제1집、역사비평사、1987년）。

金学俊「三八度線画定に関する論争の分析」、『韓国政治学会報』第一〇輯、ソウル、一九七六年（김학준「38선획정에 관한 논쟁의 분석」、『한국정치학회보』제10집、1976년）。

都珍淳「韓半島の分断と日本の介入」、『分断の明日、統一の歴史』ソウル、当代、二〇〇一年（도진순「한반도 분단과 일본의 개입」.『분단의 내일、통일의 역사』당대、2001년）。

ムンジェアン「これから韓国語で放送する」、ムンジェアン他著『8・15の記憶』ソウル、ハンキルサ、二〇〇五年（문제안「이제부터 한국말로 방송한다」、문제안 외『8・15의 기억』한길사、2005년）。

潘炳律「李承晩と李東輝」、柳永益編『李承晩研究——独立運動と大韓民国建国』ソウル、延世大学出版部、二〇〇四年（반병률「이승만과 이동휘」、유영익 편『이승만연구—독립운동과 대한민국 건국』연세대학교출판부、2004년）。

安在鴻「八・一五前後のわが政界」、『セハン民報』一九四九年九月（안재홍「8・15전후의 우리의 정계」、『새한민보』1949년 9월）。

李欄「解放前後の呂運亨」、李庭植編『呂運亨――時代と思想を超越した融和主義者』ソウル、ソウル大学出版部、二〇〇八年（이란「해방전후의 여운형」、이정식편『여운형―시대와 사상을 넘어선 융화주의자』서울대학교 출판부、2008년）。

李完範「米国の三八度線画定過程とその政治的意図――一九四五年八月一〇日～一五日」、『韓国政治学会報』第二九輯一号、ソウル、一九九五年（이완범「미국의 38선 획정 과정과 그 정치적 의도―1945년8월10일～15일」、『한국정치학회보』제29집、제1호、1995년）。

李用熙「三八度線画定新攷――ソ連対日参戦史に沿って」、『亜細亜学報』第一輯、ソウル、一九六五年（이용희「38선 획정 신고―소련 대일 참전사에 연하여」、『아세아학보』제1집、1965년）。

李仁「解放前後片々録」、『新東亜』一九六七年二月（이인「해방전후편록」、『신동아』1967년2월）。

李庭植「呂運亨と建国準備委員会」、『歴史学報』第一三四・一三五合併号、ソウル、一九九二年九月（이정식「여운형과 건국준비위원회」『역사학보』제134・135합병호、1992년9월）。

全相仁「解放空間と普通の人々の日常生活」、金英浩編『建国六〇年の再認識』ソウル、キバラン、二〇〇八年（전상인「해방공간과 보통사람의 일상생활」、김영호 편『건국60년의 재인식』기파랑、2008년）。

田鉉秀「ソ連軍の北韓進駐と対北韓政策」、『韓国独立運動史研究』第九巻、ソウル、独立記念館韓国独立運動史研究所、一九九五年一二月（전현수「소련군의 북한 진주와 대북한 정책」、『한국독립운동사연구』제9권、독립기념관 한국독립운동사연구소、1995년12월）。

秋憲樹「中日戦争と臨時政府の軍事活動」、亜細亜学術研究会『亜細亜学報』第一一輯、一九七五年六月（추헌수「중일전쟁과 임시정부의 군사활동」（아세아학술연구회『아세아학보』제11집、1975년 6월）。

韓詩俊「李承晩と大韓民国臨時政府」、柳永益編『李承晩研究――独立運動と大韓民国建国』ソウル、延世大学出版部、二〇〇四年（한시준「이승만과 대한민국임시정부」유영익 편『이승만연구―독립운동과 대한민국 건국』연세대학교 출판부、2004년）。

咸錫憲「私が経験した新義州学生事件」、『一粒の声』ソウル、「一粒の声」社、一九七一年一一月号。（함석헌「내가 경험한 신의주 학생 사건」、『씨알의 소리』씨알의 소리사、1971년 11월호）。

咸錫憲「私が迎えた八・一五」、『一粒の声』ソウル、「一粒の声」社、一九七三年八月号（함석헌「내가 맞은 8・15」、『씨

알의 소리』 씨알의 소리사、1973년 8월호)。

〈朝鮮語文献〉

金科奉「朝鮮独立同盟の回顧と展望」(一)、『正路』一九四六年二月一三日(김두봉「조선독립동맹의 회고와 전망」(一)、『정로』1946년2월13일)。

スモレンスキー「復興途上の朝鮮」、朝ソ文化協会咸興支部編纂『解放後の朝鮮――ソ連新聞論説集』、一九四六年(스모렌스키「부흥도상의 조선」、한소문화협회 함흥지부 편찬『해방후의 조선―소련신문 논설집』1946년)。

〈中国語文献〉

胡春恵「中国為韓国独立問題在外交的奮闘」、王大任・林秋山主編『中韓文化論集』(台北、中華学術院韓国研究所、一九七五年)。

あとがき

「なぜ朝鮮分断について執筆したのか」と問われれば、その答えは二つある。

第一の動機は、少壮の学者時代に朝鮮戦争について研究したことに起因している。そのときから、朝鮮戦争の真の原因は朝鮮分断にあったのではないかとの深刻な疑問を抱くようになった。事実、その戦争の発生は、国際政治的な対立だけでなく、南北朝鮮の指導者および民衆レベルに存在した民族統一というナショナリズムと切り離すことができなかった。本書でみたように、それは朝鮮分断が大国主導の国際政治の産物であったことの「裏返し」でもあった。

第二の動機は、一見して明らかなように、朝鮮分断が日本現代史と切っても切れない関係にあったからである。それが大日本帝国の滅亡の一断面であったという意味で、朝鮮分断は日本現代史の一部であるといっても過言ではない。しかし、なぜか、歴史好きな日本人がそれをタブーのように扱って、深入りしない。したがって、本書は朝鮮研究者の「義憤」から始まった。

しかし、日本海軍による真珠湾攻撃から始まった本書の記述は、米ソ冷戦が開始され、一九四六年五月に第一次米ソ共同委員会が決裂した時点で終了している。さらに一章を執筆し、米ソ対立の拡大、左右合作と単独政府論、そして南北協商など朝鮮半島に二つの国家が成立するまでの歴史を見届けるべきであった、との悔いが残らないわけではない。しかし、執筆が長期に及んだだけでなく、すでに五〇〇頁を超える長編になってしまった。二つの大戦の「狭間」に焦点を当てて、分断の起源を論ずるだけで満足して、読者諸賢の諒承を請う次第である。

ところで、筆者が本書の執筆を決意したのは、慶應義塾大学での四〇年に及ぶ勤務が終わりに近づいた頃のことである。その間に執筆したものを整理したいと考えたからである。しかし、実際の作業は新規の執筆に近いものになり、退職後まもなく完成するはずのものが大幅に遅れてしまった。日米戦争の軍事史に深入りしてしまったこと、最近一〇年、一五年の間に、韓国で史料の発掘、編集、研究に大きな進展があり、それらの成果を吸収するために、多くの時間を費やしたことなどが原因であった。それに加えて、最近に至るまで、北朝鮮の核・ミサイル開発、板門店での南北首脳会談、そしてシンガポールでの米朝首脳会談など、朝鮮半島では現状分析を必要とする事態が続出し、そのためにも多くの時間を費やせざるをえなかった。寛大にも本書を慶應義塾大学法学研究会叢書の一冊として刊行することをご承諾いただいた慶應義塾大学法学研究会、編集を担当してくれた慶應義塾大学出版会、そして忍耐強く本書を仕上げてくれた同出版会の乗《よつのや》みどりさんには、心から感謝し、また深くお詫び申し上げる。

本来ならば、ここで、多くの先生方や友人、同僚、そして後輩のために、固有名詞を挙げて「謝辞」を記さなければならない。慶應義塾大学や延世大学で学んだ時期の指導教授、先輩諸兄、そして同僚諸氏、さらにハワイ大学やジョージ・ワシントン大学に留学したり、米国立公文書館や議会図書館に通ったりした時期にお世話になった諸先生には、特別の恩義を感じている。そのうちの何人かの先生はすでに鬼籍に入られた。また、本書執筆に際して、学術的な助言をいただいた諸兄、そして史料の収集や整理に協力してくれた後輩諸氏にも、厚くお礼を申し上げたい。それぞれのお名前を挙げることはしないが、心から感謝している。なお、参考文献一覧の作成に当たっては、崔慶原准教授（九州大学韓国研究センター）に多大な協力をいただいた。

分断七〇年の暑い夏の日に

著者

初出一覧

プロローグ　書下ろし
第一章　「朝鮮独立問題と信託統治構想――四大国「共同行動」の模索」、『法学研究』八二巻八号（二〇〇九年八月）
第二章　「三八度線設定の地政学――対日軍事作戦と国際政治」、『慶應の政治学　国際政治』（慶應義塾大学法学部、二〇〇八年一二月）
第三章　「米軍の南朝鮮進駐――間接統治から直接統治へ」、赤木完爾・今野茂充編著『戦略史としてのアジア冷戦』（慶應義塾大学出版会、二〇一三年）
「南朝鮮解放の政治力学――米軍進駐と左右対立の構図」、『法学研究』八八巻四号（二〇一五年四月）
第四章　「南朝鮮解放の政治力学（二・上）――海外指導者の帰国と国内政治の再編成」、『法学研究』八八巻八号（二〇一五年八月）
「南朝鮮解放の政治力学（二・下）――海外指導者の帰国と国内政治の再編成」、『法学研究』八八巻一〇号（二〇一五年一〇月）
第五章　「ソ連軍政初期の金日成政治・組織路線――〝民族統一戦線〟と〝独自の共産党〟をめぐって」、『法学研究』六五巻二号（一九九二年二月）
第六章　書下ろし
エピローグ　書下ろし
※ただし、第一、二、および五章は大幅に加筆した。

マ行

ヤ行

ラ行

ナ行

ハ行

【事項】

ア行

カ行

サ行

ヤ行

ラ行

ワ行

崔益翰（チェイクハン）　190, 197, 199, 200, 204
崔元澤（チェウォンテク）　194
崔光（チェグァン）　465
崔謹愚（チェクンウ）　186, 216, 217
崔昌益（チェチャンイク）　463, 465, 467
崔賢（チェヒョン）　13, 293, 361, 362
崔興琮（チェフンジョン）　220
崔明鶴（チェミョンハク）　332
崔泳旭（チェヨングク）　221
崔庸健（チェヨンゴン）　352, 362, 366, 378, 379, 482, 487
崔容達（チェヨンダル）　177, 178, 186, 189, 203, 211, 216, 475
チスチャコフ, I･M　327, 328, 331-334, 336, 337, 340, 342, 343, 351, 363, 366, 368, 369, 377, 395, 429, 467
チャーチル，ウインストン・S　8, 9, 24, 25, 27, 28, 31, 40-43, 47, 56-58, 80, 97, 101, 107, 489, 490, 502, 520, 526
沈志華　360
ツァラプキン，S・K　468, 493
ディーン，ジョン・R　29, 95, 99, 105, 327
ディックオーヴァー，アール・R　247, 248
テイラー，マイロン・C　22
デレヴャンコ，K・N　429
ド・ゴール，シャルル　4, 35
ドノヴァン，ウィリアム・J　36, 284, 286-285
都容浩（トヨンホ）　332
トルーマン，ハリー・S　46, 47-49, 52, 53, 57, 58, 97, 98, 108, 114, 115, 128, 129, 134, 135, 155, 159, 171, 262, 288, 330, 394, 423, 426, 432, 433, 437, 498, 519, 520, 525
トロツキー，レフ　183

ナ行

長崎祐三　178, 180
西広忠雄　169, 174, 175, 180, 181
ニミッツ，チェスター　86-89, 91, 101, 117, 125, 127, 250
ネルー，ジャワハルラール　15, 17
呂運亨（ノウンヒョン）　153, 172, 174-181, 183-185, 187-191, 194, 196, 200-204, 207, 210-218, 223, 244, 263, 266, 268, 279, 280, 283, 301, 304, 306, 307, 309, 496, 523, 525, 526
呂運弘（ノウンホン）　176, 177, 210, 211
野副昌徳　357

ハ行

バーンズ，ジェームズ・F　47, 53, 57, 106-108, 111, 114, 115, 121, 125, 126, 129, 134, 247, 259, 420, 422, 424, 427, 429, 430, 432, 434, 436-438, 440, 442, 443, 445, 449, 470, 500, 519
朴一禹（バクイルウ）　463, 467
朴義琓（バクウィワン）　367
朴正愛（バクジョンエ）　364, 371, 460, 470, 475
朴成哲（バクソンチョル）　362
朴落権（バクナククォン）　465
朴孝三（バクヒョサム）　463
朴炳燁（バクビョンヨブ）　354
朴憲永（バクホンヨン）　153, 178, 190, 191, 194-200, 203, 208, 217, 218, 223, 267-269, 274, 277, 302-305, 307, 350, 355, 356, 366, 368, 371, 374, 381, 387, 395, 396, 402, 421, 453, 455, 524, 526
朴文圭（バクムンギュ）　177, 203
パスヴォルスキー，レオ　22
パブロフ，V・N　33, 51
咸尚勲（ハムサンフン）　189
咸錫憲　（ハムソクホン）　390, 391
バラサノフ，G・M　378, 468, 493
原田一郎　181
バランタイン，ジョセフ・W　247
ハリス，チャールズ・S　161, 162, 200
ハリマン，W・アヴェレル　23, 25, 27-29, 42, 43, 45, 47-51, 56, 57, 93-96, 99, 102, 105, 107, 123, 327, 424, 428-430, 432, 433, 435-439, 470, 471, 489, 491
ハル，コーデル　11, 13, 18, 19, 21, 22, 25, 27, 34, 37, 46, 93, 108, 113, 114, 125, 136,

呉鉄城　15, 296, 298
コナリー，トム　21

サ行
サージェント，クライド・B　285, 286
シーキン，I・V　381
シック, ローレンス　169, 170, 206, 209, 219
シトゥイコフ, T・F　343-345, 363, 468, 471, 479, 486, 487, 490, 493, 497, 498, 501, 521, 525
沈之淵（シムジヨン）　215
シャーウッド，ロバート・E　32, 33
シャーニン，G・I　327, 332, 340, 468
シャブシーナ，F・I　442
張建相（ジャンゴンサン）　308
張澤相（ジャンサンテク）　191, 219, 266, 458
張時雨（ジャンシウ）　337
張鍾植（ジャンジョンシク）　475
張徳秀（ジャンドクス）　183, 191, 192, 216, 264, 266, 458
ジューコフ，ゲオルギー　429
周保中　357, 360
朱基徹（ジュギチョル）　335
ジュダーノフ，A・A　343, 345
朱寧河（ジュニョンハ）　337, 364, 371
蔣介石　9, 15-17, 23-26, 33, 42, 51, 83, 84, 91, 97, 155, 245, 252, 290, 292, 297, 298, 309, 310, 464, 522, 524
蔣廷黻　16
趙素昂（ジョソウン）　11, 35, 39, 248, 290, 292, 302, 303, 447, 495
趙東祐（ジョドンホ）　185, 186, 194, 216
趙炳玉（ジョビョンオク）　153, 191, 193, 209, 218, 219, 224, 264, 265, 448, 449, 458
曺晩植（ジョマンシク）　201, 215, 216, 324, 325, 335, 336, 338, 339, 351, 352, 366, 368, 369, 374-379, 382, 392, 394, 396, 421, 459-461, 466-468, 473, 475, 487, 521, 526
鄭在達（ジョンジェダル）　194
鄭達憲（ジョンダルホン）　337, 364, 382
鄭泰植（ジョンテシク）　203, 450
鄭栢（ジョンベク）　176, 177, 184, 186, 188-190, 194, 197, 199
鄭容郁（ジョンヨンウク）　496
ジラス，ミロヴァン　331
申翼熙（シンイクヒ）　35, 201, 204, 447, 448, 487
愼鏞鎬（シンヨンホ）　182
菅井潤次郎　157, 287
スターリン, ヨシフ　3, 9, 10, 25, 28-34, 40-49, 51-58, 60, 80, 93-99, 101, 103, 105-108, 111, 115, 116, 121, 123, 125, 128, 130, 135, 156, 204, 257, 275, 325, 327, 330, 331, 343, 345-349, 351, 352, 355, 367, 368, 370, 375, 377, 381, 394, 395, 420, 423, 425-430, 433-436, 467, 469, 470, 489, 500, 502, 518-521, 524, 526
スティムソン，ヘンリー・L　47-50, 53, 55, 57, 88, 97, 98, 102, 106, 107, 248, 520
スティルウェル，ジョセフ・W　25, 83, 154, 155, 284, 332
ステッティニアス, エドワード・R・Jr.　46-48
スヌーク，ヴェルマ・L　334
スポルディング，シドニー・P　471
スモレンスキー，V　468, 470, 479
セイヤー，チャールズ・W　493, 495
宋子文　16, 17, 23, 51, 56, 58, 108, 123
宋美齢　22
徐相日（ソサンイル）　191, 193, 264
徐載弼（ソジェピル）　193
徐仲錫（ソジュンソク）　202
徐大粛（ソデスク）　368
薛義植（ソルウィシク）　191
孫科　16
成周寔（ソンジュシク）　307
宋鎭禹（ソンジンウ）　153, 174, 175, 181-185, 191-193, 203, 215, 216, 224, 266, 272, 301, 302, 304, 335, 450, 456-458
宋成寛（ソンソングァン）　332

タ行
タフト，ウィリアム・H　10, 97

岡久雄　180-182
呉淇燮（オキソプ）　353, 356, 364, 368, 371, 372, 382, 386, 387
呉振宇（オジンウ）　361
オスプカ＝モラフスキー，エドヴァルト　41, 55
呉世昌（オセチャン）　193
厳恒燮（オムハンソプ）　299, 301, 371, 372, 449

カ行

カー，クラーク　47, 55
ガードナー，マシアス・B　125, 126, 129, 135
カープ，ウィリアム・A　219
ガウス，クラレンス　14, 18, 35
桂太郎　10
カドガン，アレクサンダー　26, 27
姜健（カンゴン）　361, 362
神崎長　182
姜鎭健（カンジンゴン）　475, 481
姜ミハエル（カンミハエル）　346, 364, 366
康良煜（カンヤンウク）　473, 475, 477, 487
岸勇一　332
金一（キムイル）　361, 362
金日成（キムイルソン）　4, 5, 13, 201, 293, 325, 345, 346, 353-379, 381-388, 391-402, 420, 421, 453, 454, 460, 465-468, 470, 473-475, 477, 479-488, 501, 521, 525, 526
金元鳳（キムウォンボン）　201, 204, 244, 290, 291, 293, 302, 463
金奎植（キムギュシク）　183, 201, 204, 208, 244, 252, 253, 262, 280, 289, 290, 292, 299, 300, 304, 309, 310, 446, 447, 457, 463, 491, 493, 494, 496, 499, 523, 525, 526
金九（キムグ）　4, 11, 15, 48, 193, 201, 204, 208, 244, 245, 252, 253, 256, 262, 271, 280, 286, 287, 290, 295, 297, 298, 300, 304, 305, 307-310, 351, 381, 421, 446, 447, 449, 450, 452, 456, 457, 469, 491, 492, 495, 496, 501, 523, 524, 526
金光俠（キムグァンヒョプ）　362
金炯善（キムヒョンソン）　216
金局厚（キムグクホ）　360
金志雄（キムジウン）　305
金在圭（キムジェギュ）　332
金俊淵（キムジュンヨン）　153, 184, 185, 189, 191, 224, 457
金承化（キムスンファ）　367
金世鎔（キムセヨン）　204
金晳（キムソク）　220, 221
金錫璜（キムソクファン）　299, 305
金性洙（キムソンス）　153, 182-184, 191, 201, 215, 224, 272, 302, 335, 458
金昌満（キムチャンマン）　465, 467
金度寅（キムドイン）　191, 193, 264
金枓奉（キムドゥボン）　244, 290, 293, 462, 464-467, 470, 475, 477
金徳泳（キムドクヨン）　195, 475
金東元（キムドンウォン）　193
金南植（キムナムシク）　201
金炳魯（キムビョンロ）　189, 191, 193, 201, 204, 216, 219, 264, 300
金若山（キムヤクサン）　447
金永煥（キムヨンファン）　→金日成
金鎔範（キムヨンボム）　337, 355, 364, 366, 371, 381, 383, 386, 466
金用茂（キムヨンム）　215, 219
ギャディス，ジョン・L　20
キローフ，ジェームズ・S　169
キング，アーネスト・J　24, 87, 88, 92, 99, 101, 109
キンケード，トーマス・C　162
権泰錫（グォンデソク）　186, 188
権東鎭（グォンドンジン）　193, 265, 448
櫛淵鎧一　332
グッドパスター，Jr.・A・J　104, 116
グッドフェロー，M・プレストン　36, 285
クリップス，スタッフォード　17
グルー，ジョセフ・C　34, 47-50, 52, 53, 102, 107, 522
ケナン，ジョージ・F　469, 470, 475, 489, 490, 526
上月良夫　157, 158, 162, 164, 287

索　引

【人名】

ア行

アーノルド，アーチボルド・V　162, 169, 170, 212–216, 219, 222, 260, 262, 265, 280, 283, 300, 304, 305, 456, 471, 493, 495–497
アーノルド，ヘンリー・V　24, 82, 92
アイゼンハワー，ドワイト・D　24, 429
アチソン，ディーン　171, 251, 252, 256, 257, 309, 498
アッチソン，ジョージ　252–255, 258
アトリー，クレメント　424, 519
阿部信行　163, 168, 170, 205, 222
安吉（アンギル）　361, 366
安在鴻（アンジェホン）　153, 174, 175, 177, 179, 180, 182, 183, 185, 186, 189, 190, 200, 201, 203, 216, 263, 266, 268, 300, 305, 307, 309, 332, 447, 448
アンダーウッド，ホレイス・H　221
安昌浩（アンチャンホ）　183, 289, 290
アントノフ，アレクセイ，I　95, 99, 101, 103, 108–111, 113, 114, 121, 125, 204, 347, 395, 479, 518
イーデン，アンソニー　9, 19, 20, 22, 23, 29, 44, 45, 57
李仁（イイン）　183, 191, 193, 219
李康国（イガングク）　177, 178, 190, 203, 204, 213, 216, 301
李奎甲（イギュガプ）　186
生田清三郎　182, 184
イグナチエフ，A・M　343, 345, 353, 364, 368, 369, 378, 396, 460, 481, 525
イサコフ，F・A　329
李舟河（イジュハ）　364, 370, 371
李周淵（イジュヨン）　337, 473, 481
李始栄（イシヨン）　193
李舜根（イスングン）　474, 475, 481–484, 486
李承晩（イスンマン）　4, 11, 35, 36, 39, 48, 61, 167, 183, 193, 201, 204, 208, 244, 245–255, 259–271, 273, 274, 280, 289, 291, 297, 299, 304–310, 351, 374, 395, 421, 450, 455–458, 469, 492, 496, 523–526
李承燁（イスンヨプ）　217, 370, 454
李錫玖（イソック）　185
磯谷季次　488
李東輝（イドンヒ）　183, 244
井原潤次郎　161
李鉉相（イヒョンサン）　216, 265
李勲求（イフング）　219
李昊宰（イホジェ）　152
李鳳洙（イボンス）　475
李萬珪（イマンギュ）　176, 177, 186, 203, 204
李卯黙（イミョムク）　218
任信永（イムシンヨン）　209
林春秋（イムチュンチュ）　361, 362
李文煥（イムンファン）　475
李如星（イヨソン）　177, 201, 306, 307, 450
李英（イヨン）　194, 197–200
李容卨（イヨンソル）　219
ヴァン・リー，エリック　345
ヴィシンスキー，アンドレイ　93, 430, 437
ウィリアムズ，ジョージ・Z　218, 219
ウィルソン，ウッドロー　3, 8, 12, 20, 21, 35, 36, 44, 47, 420, 521
ヴィンセント，ジョン・C　255, 257, 268, 443, 455
ウェデマイヤー，アルバート・C　109, 249, 284–287, 297
ウェルズ，サムナー　13, 17–19, 21, 22, 27, 445
ヴォイチンスキー，グリゴリー　183
元世勲（ウォンセフン）　191, 193, 265
遠藤柳作　162, 169, 172, 174–178, 180, 181, 523
呉胤善（オユンソン）　335, 338
王寵恵（オウチョウケイ）　26
オースティン，ウォーレン・R　21

跋

学問的価値の高い研究成果であつてそれが公表せられないために世に知られず、そのためにこれが学問的に利用せられずして、そのまま忘れられるものは少なくないであろう。又たとえ公表せられたものであつても、口頭で発表せられたために広く伝わらない場合があり、印刷公表せられた場合にも、新聞あるいは学術誌等に断続して載せられた場合は、後日それ等をまとめて通読することに不便がある。これ等の諸点を考えるならば、学術的研究の成果は、これを一本にまとめて出版することが、それを周知せしめる点からも又これを利用せしめる点からも最善の方法であることは明かである。この度法学研究会において法学部専任者の研究でかつて機関誌「法学研究」および「教養論叢」その他に発表せられたもの、又は未発表の研究成果で、学問的価値の高いもの、または、既刊のもので学問的価値が高く今日入手困難のものなどを法学研究会叢書あるいは同別冊として逐次刊行することにした。これによつて、われわれの研究が世に知られ、多少でも学問の発達に寄与することができるならば、本叢書刊行の目的は達せられるわけである。

昭和三十四年六月三十日

慶應義塾大学法学研究会

著者紹介

小此木 政夫（おこのぎ まさお）

慶應義塾大学名誉教授。1945年生まれ。
慶應義塾大学大学院法学研究科博士課程修了。法学博士（慶應義塾大学）。
専門：国際政治論、現代韓国朝鮮政治論。
主要業績：『朝鮮戦争——米国の介入過程』（中央公論社、1986年）、『金正日時代の北朝鮮』（編著、日本国際問題研究所、1999年）、『市場・国家・国際体制』（共編著、慶應義塾大学出版会、2001年）、『東アジア地域秩序と共同体構想』（共編、慶應義塾大学出版会、2009年）、『日韓新時代と東アジア国際政治』（共編、慶應義塾大学出版会、2012年）、ほか。

慶應義塾大学法学研究会叢書 89

朝鮮分断の起源
——独立と統一の相克

2018年10月12日 初版第1刷発行

著　者———小此木政夫
発行者———慶應義塾大学法学研究会
　　　　代表者 萩原能久
　　　　〒108-8345 東京都港区三田2-15-45
　　　　TEL 03-5427-1842
発売所———慶應義塾大学出版会株式会社
　　　　〒108-8346 東京都港区三田2-19-30
　　　　TEL 03-3451-3584 FAX 03-3451-3122
装　丁———Boogie Design
印刷・製本——株式会社加藤文明社
カバー印刷——株式会社太平印刷社

Printed in Japan ISBN 978-4-7664-2545-1